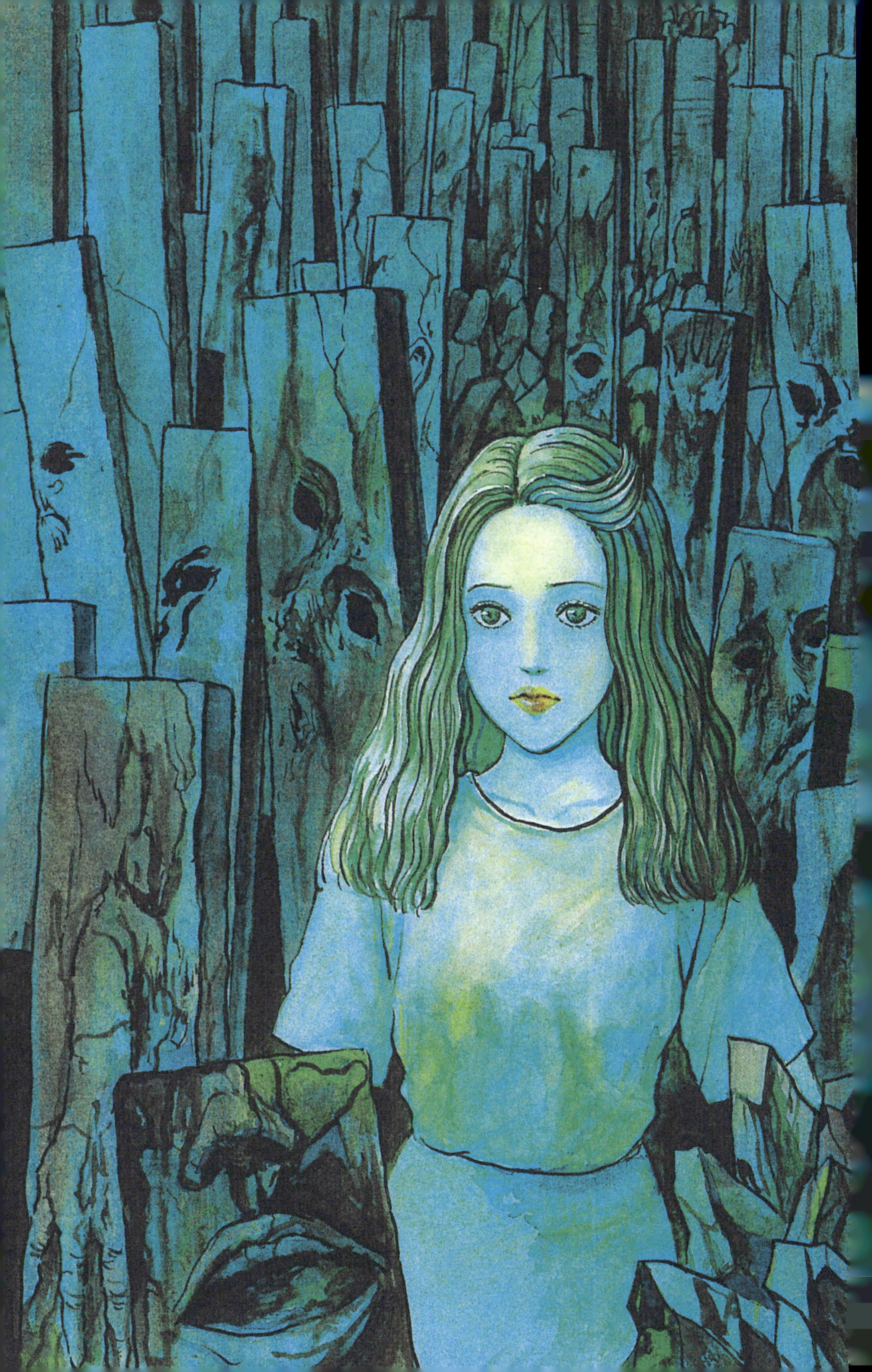

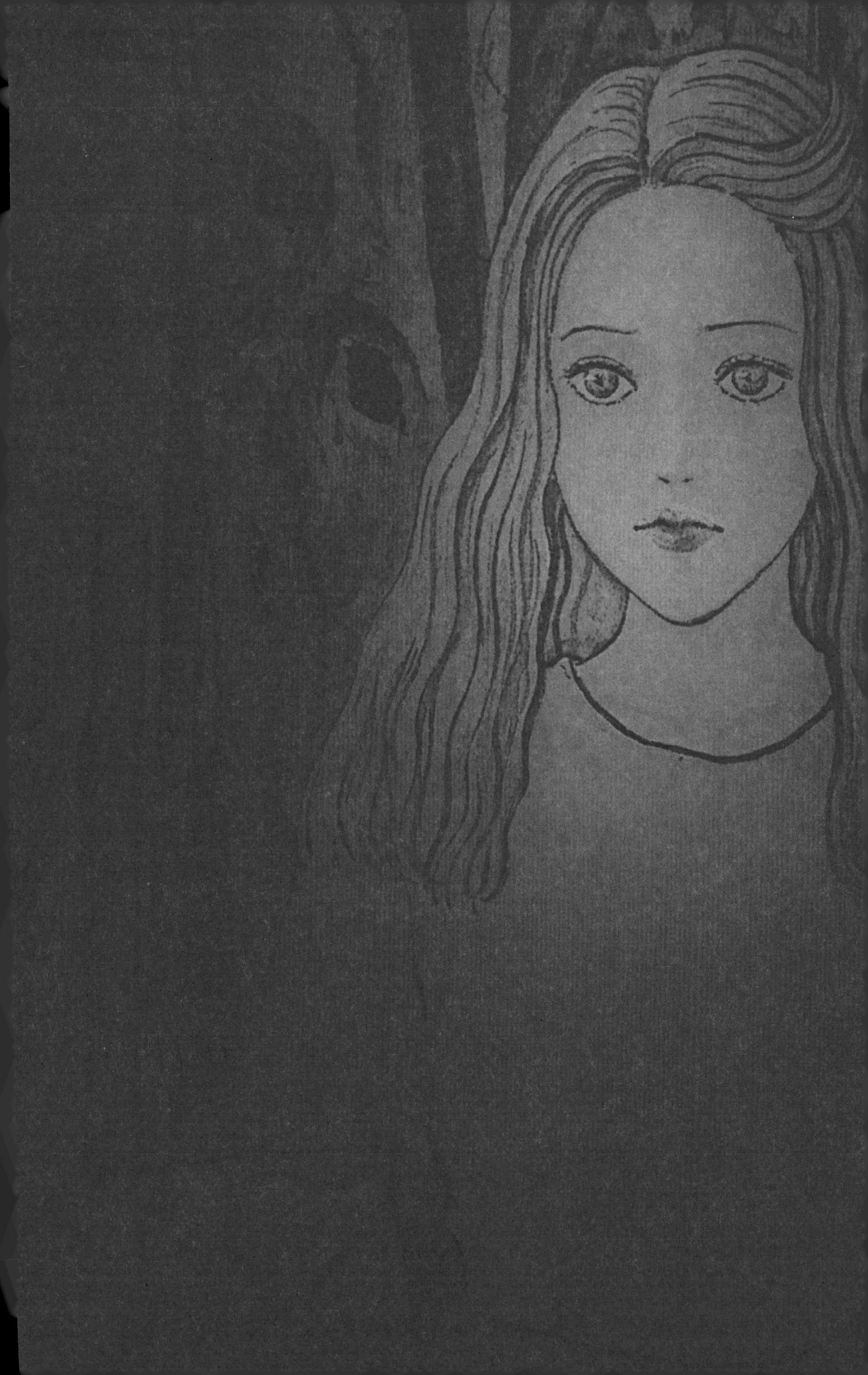

TOMB TOWN

Der steinerne Tod

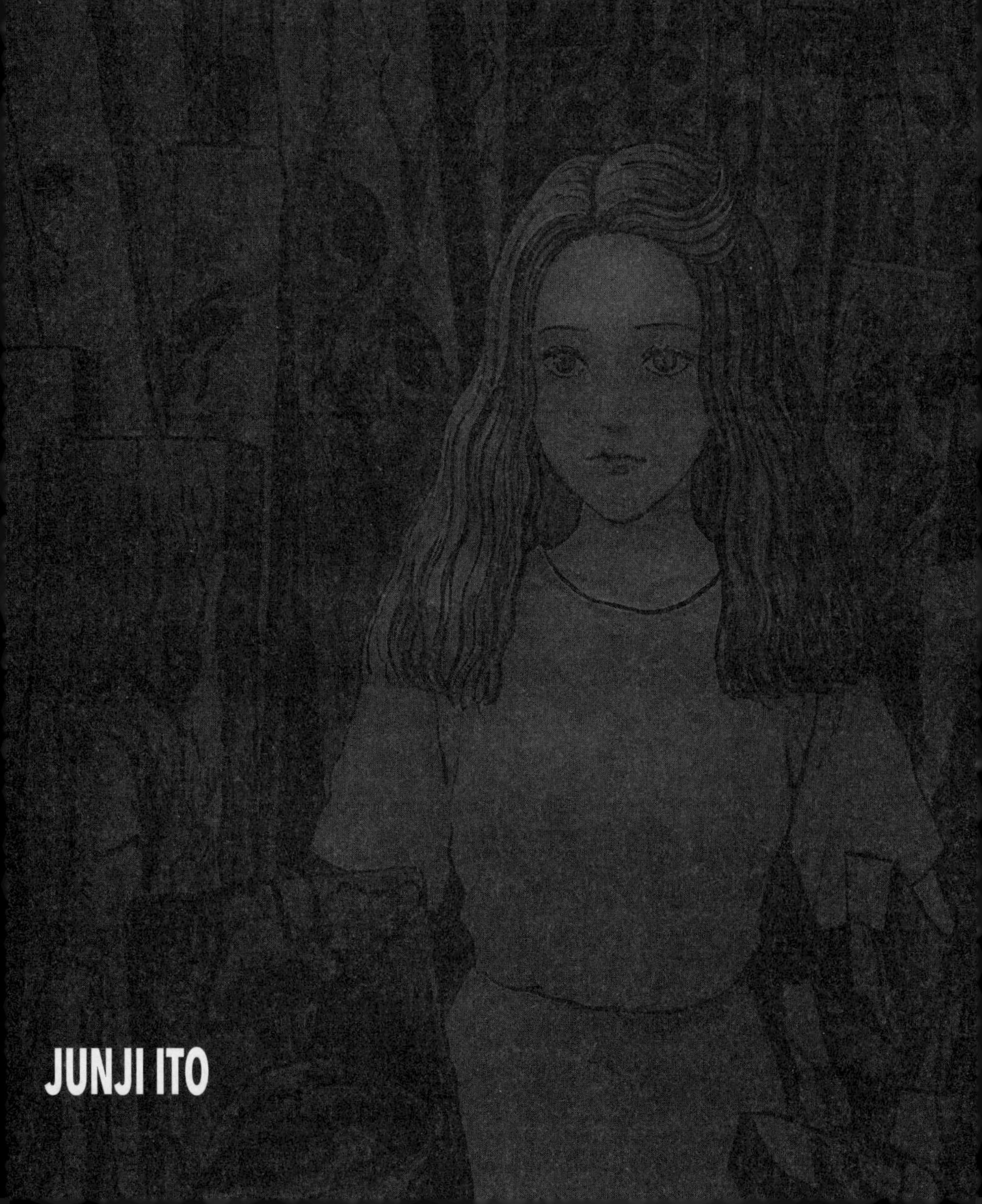

JUNJI ITO

INHALT

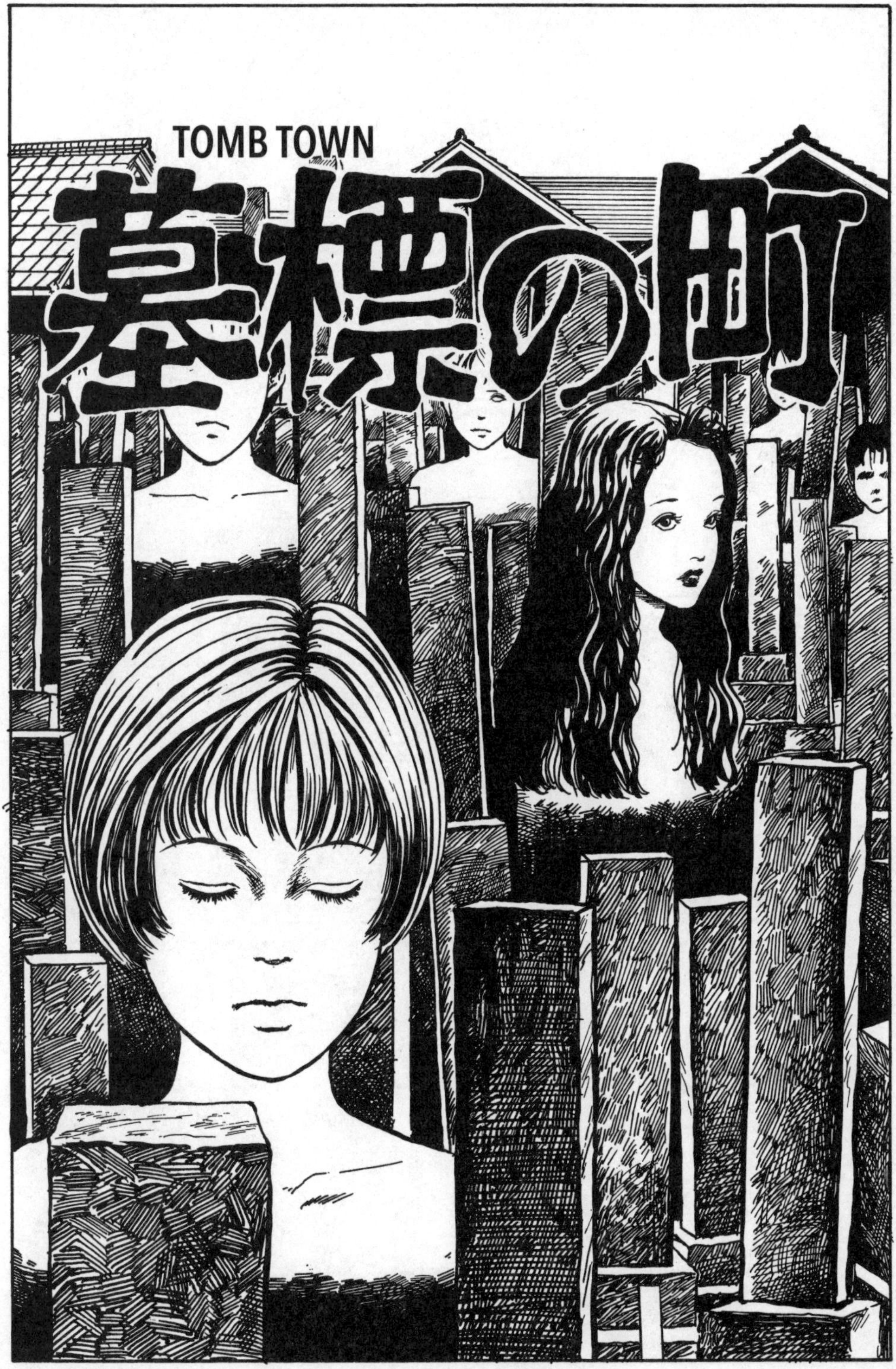
TOMB TOWN
墓標の町

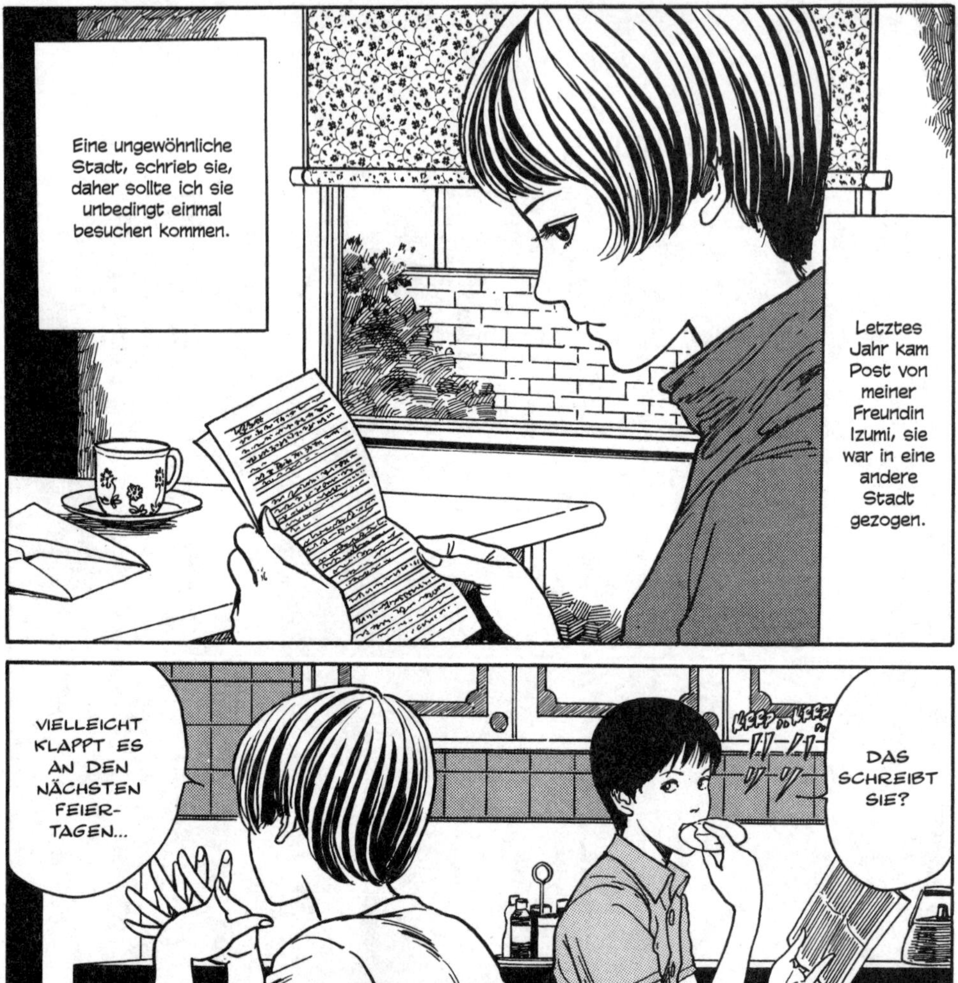
Letztes Jahr kam Post von meiner Freundin Izumi, sie war in eine andere Stadt gezogen.
Eine ungewöhnliche Stadt, schrieb sie, daher sollte ich sie unbedingt einmal besuchen kommen.
DAS SCHREIBT SIE?
VIELLEICHT KLAPPT ES AN DEN NÄCHSTEN FEIERTAGEN...
ABER KAORU! WIR KÖNNTEN DOCH GEMEINSAM FAHREN, MIT MEINEM NEUEN WAGEN!
IST DAS OKAY FÜR DICH? ICH MEINE, DU HAST JA GERADE ERST DEINEN FÜHRERSCHEIN GEMACHT.
HAST DU ETWA ANGST?

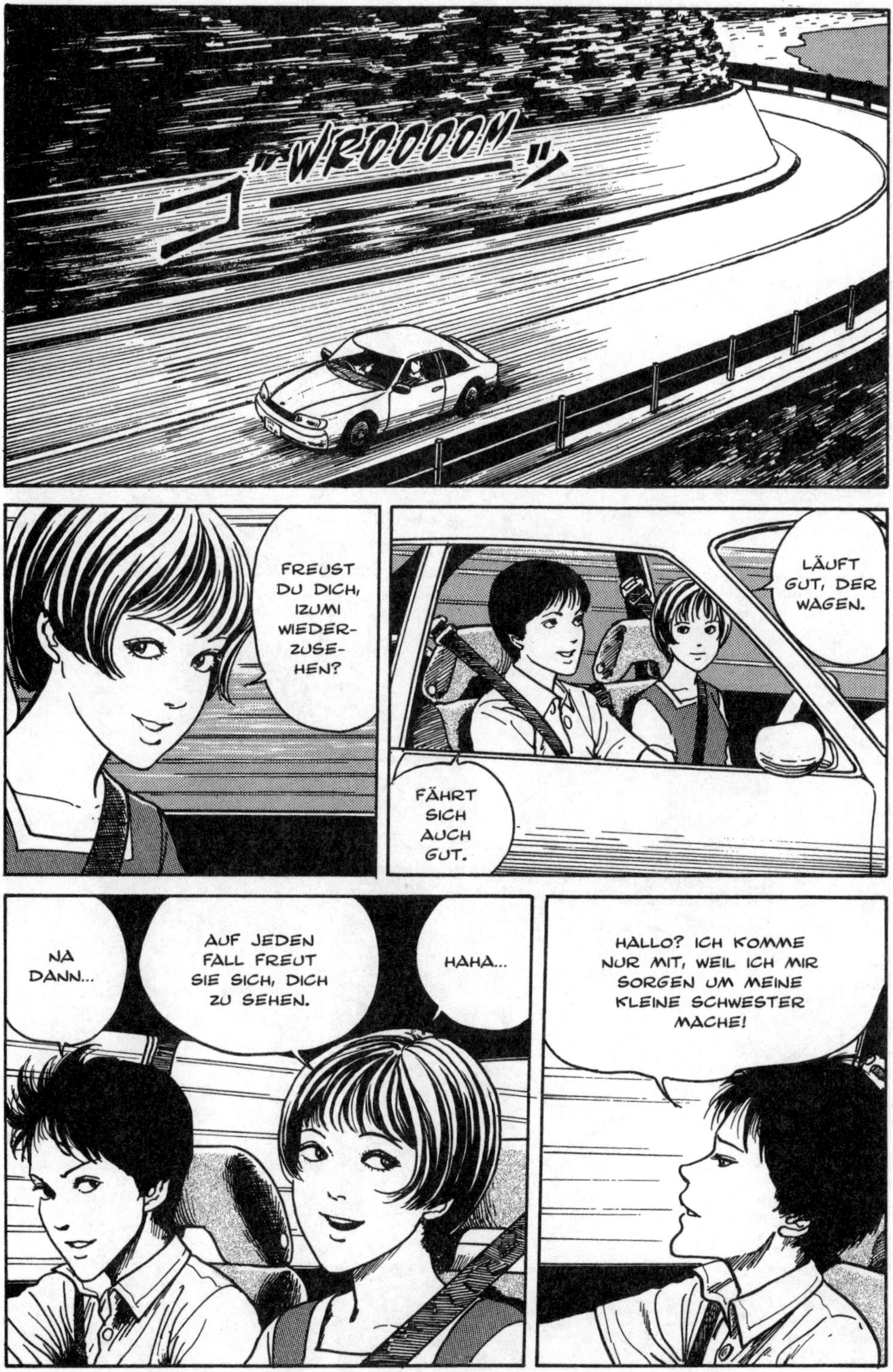
WROOOOM
LÄUFT GUT, DER WAGEN.
FÄHRT SICH AUCH GUT.
FREUST DU DICH, IZUMI WIEDER-ZUSE-HEN?
HALLO? ICH KOMME NUR MIT, WEIL ICH MIR SORGEN UM MEINE KLEINE SCHWESTER MACHE!
HAHA...
AUF JEDEN FALL FREUT SIE SICH, DICH ZU SEHEN.
NA DANN...

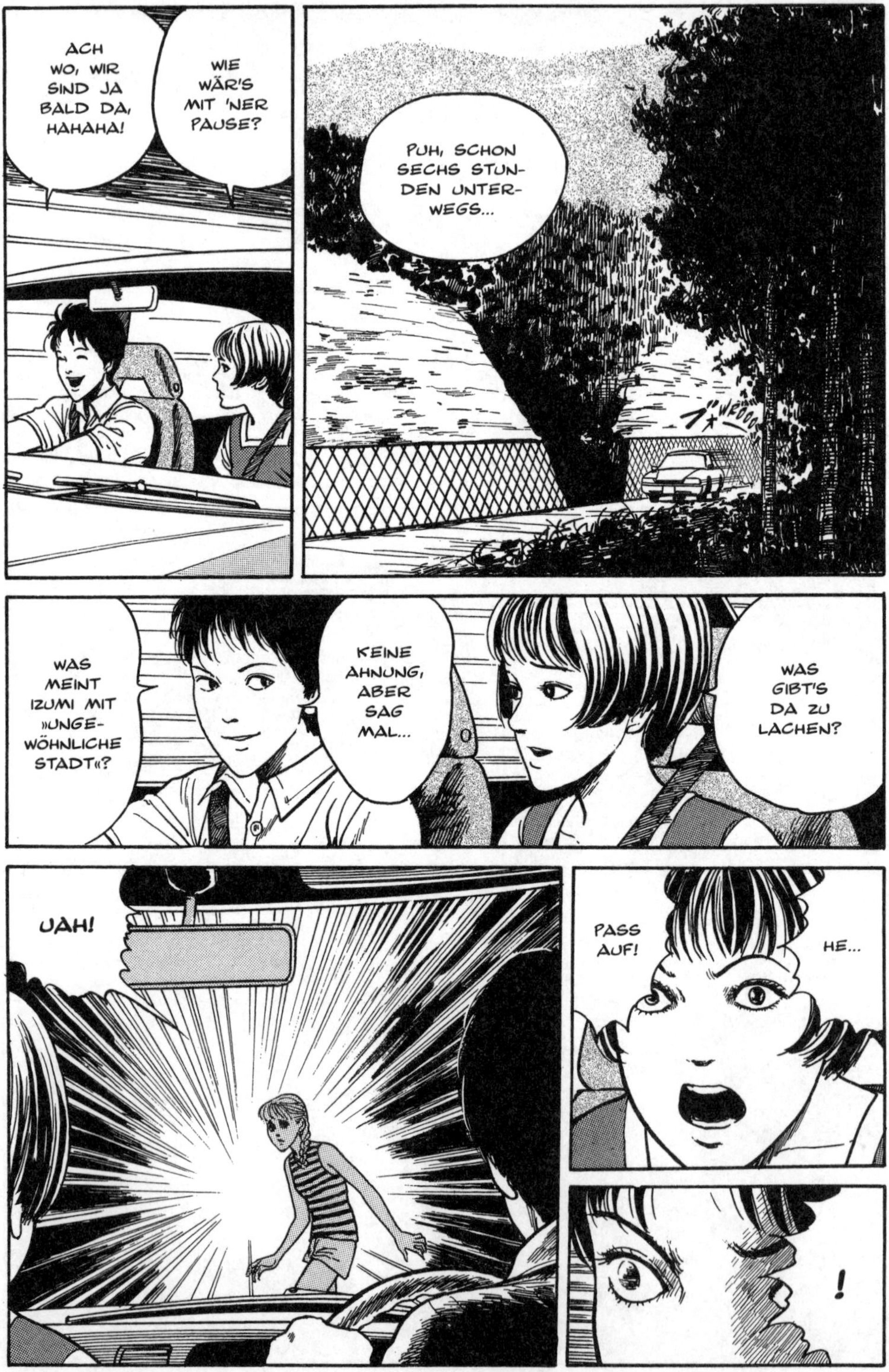
PUH, SCHON SECHS STUNDEN UNTERWEGS...
WROOO
WIE WÄR'S MIT 'NER PAUSE?
ACH WO, WIR SIND JA BALD DA, HAHAHA!
WAS GIBT'S DA ZU LACHEN?
KEINE AHNUNG, ABER SAG MAL...
WAS MEINT IZUMI MIT »UNGEWÖHNLICHE STADT«?
HE...
PASS AUF!
!
UAH!

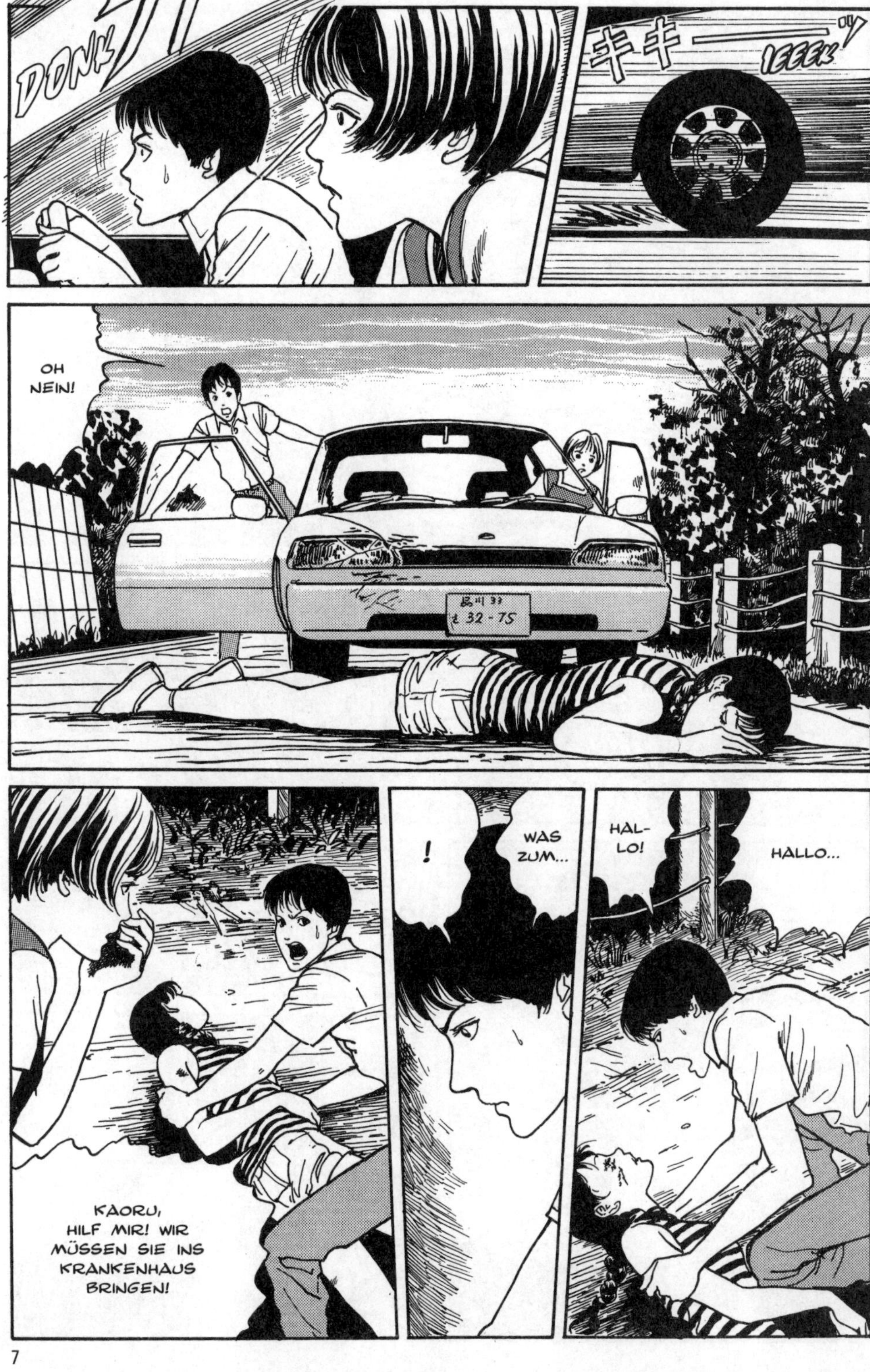
キキー
IEEEK
DONK
OH NEIN!
HALLO...
HAL-LO!
WAS ZUM...
!
KAORU, HILF MIR! WIR MÜSSEN SIE INS KRANKENHAUS BRINGEN!

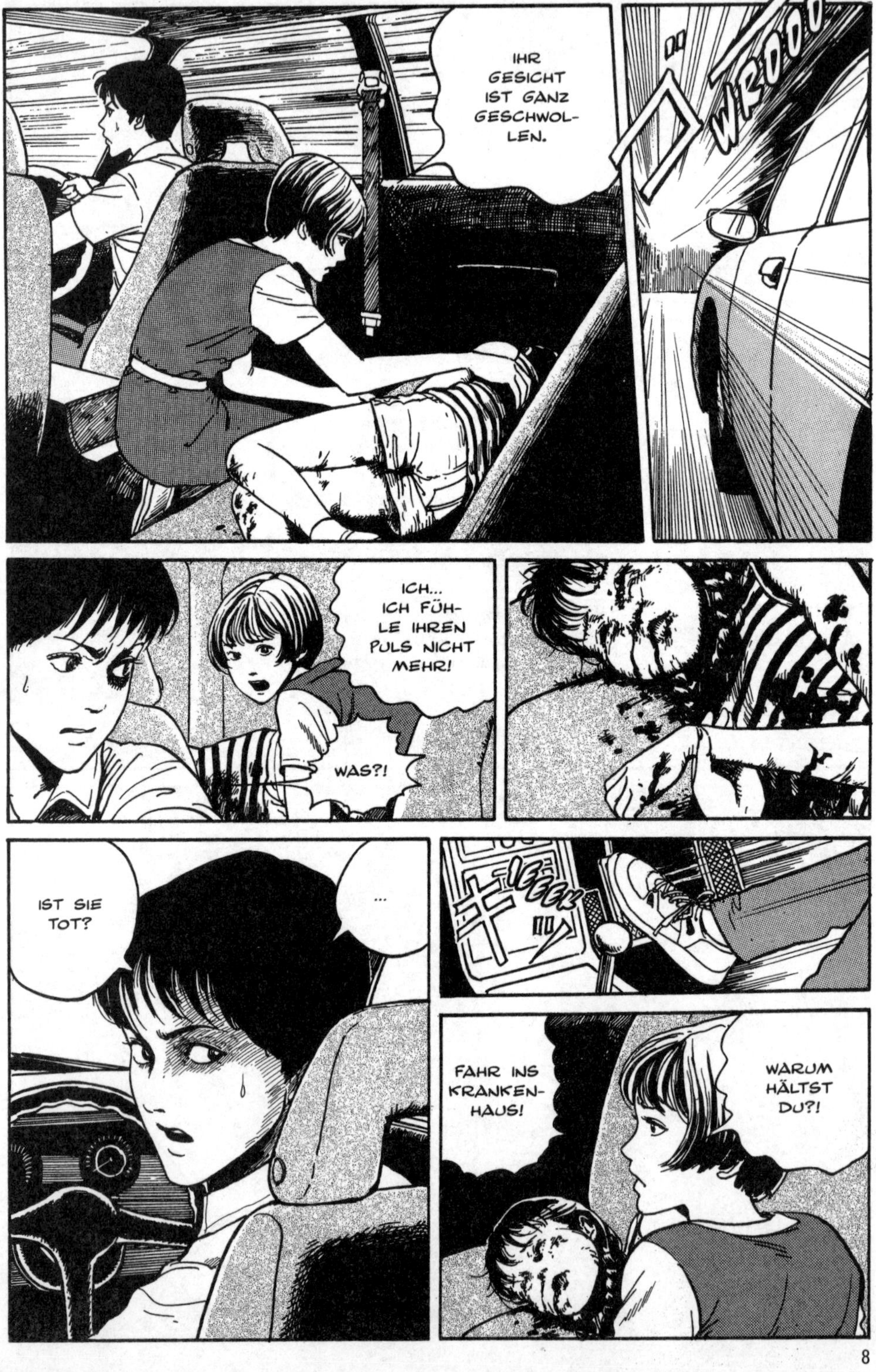
WROOO
IHR GESICHT IST GANZ GESCHWOLLEN.
ICH... ICH FÜHLE IHREN PULS NICHT MEHR!
WAS?!
WARUM HÄLTST DU?!
FAHR INS KRANKENHAUS!
...
IST SIE TOT?

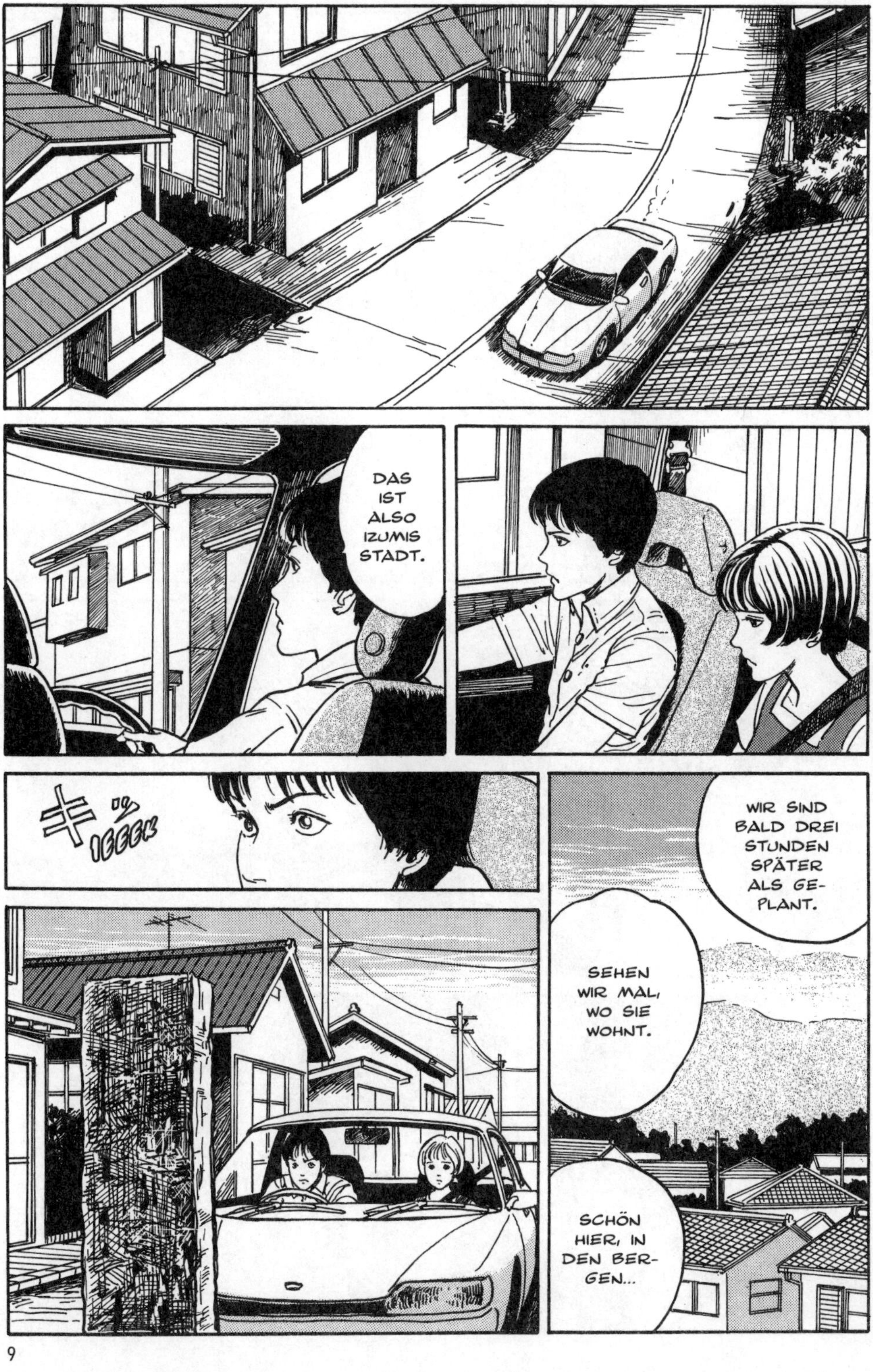
DAS IST ALSO IZUMIS STADT.
キッ
IEEEK
WIR SIND BALD DREI STUNDEN SPÄTER ALS GE-PLANT.
SEHEN WIR MAL, WO SIE WOHNT.
SCHÖN HIER, IN DEN BERGEN...

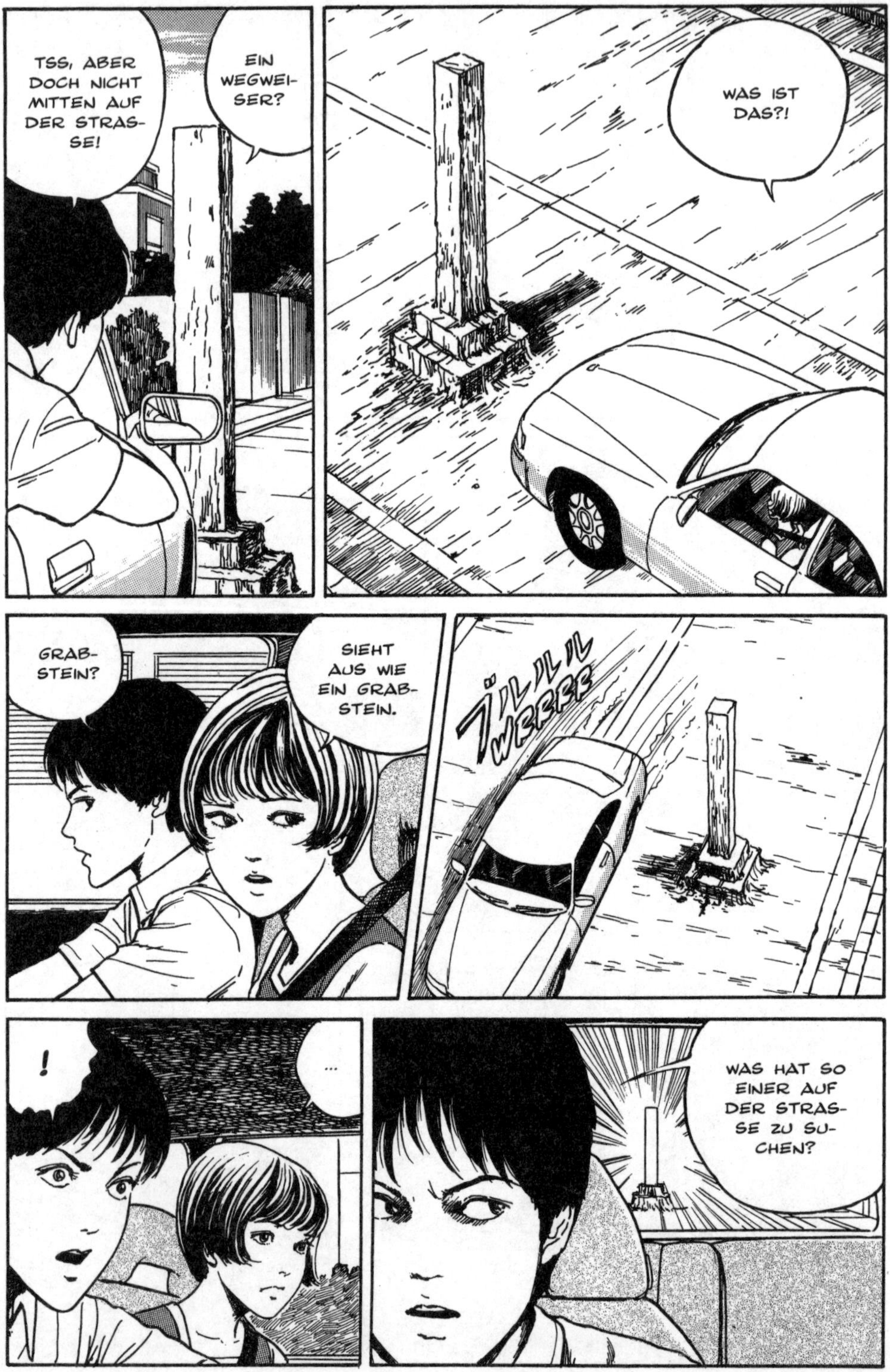
WAS IST DAS?!
EIN WEGWEI-SER?
TSS, ABER DOCH NICHT MITTEN AUF DER STRAS-SE!
ブルルル WRRRR
SIEHT AUS WIE EIN GRAB-STEIN.
GRAB-STEIN?
WAS HAT SO EINER AUF DER STRAS-SE ZU SU-CHEN?
...
!

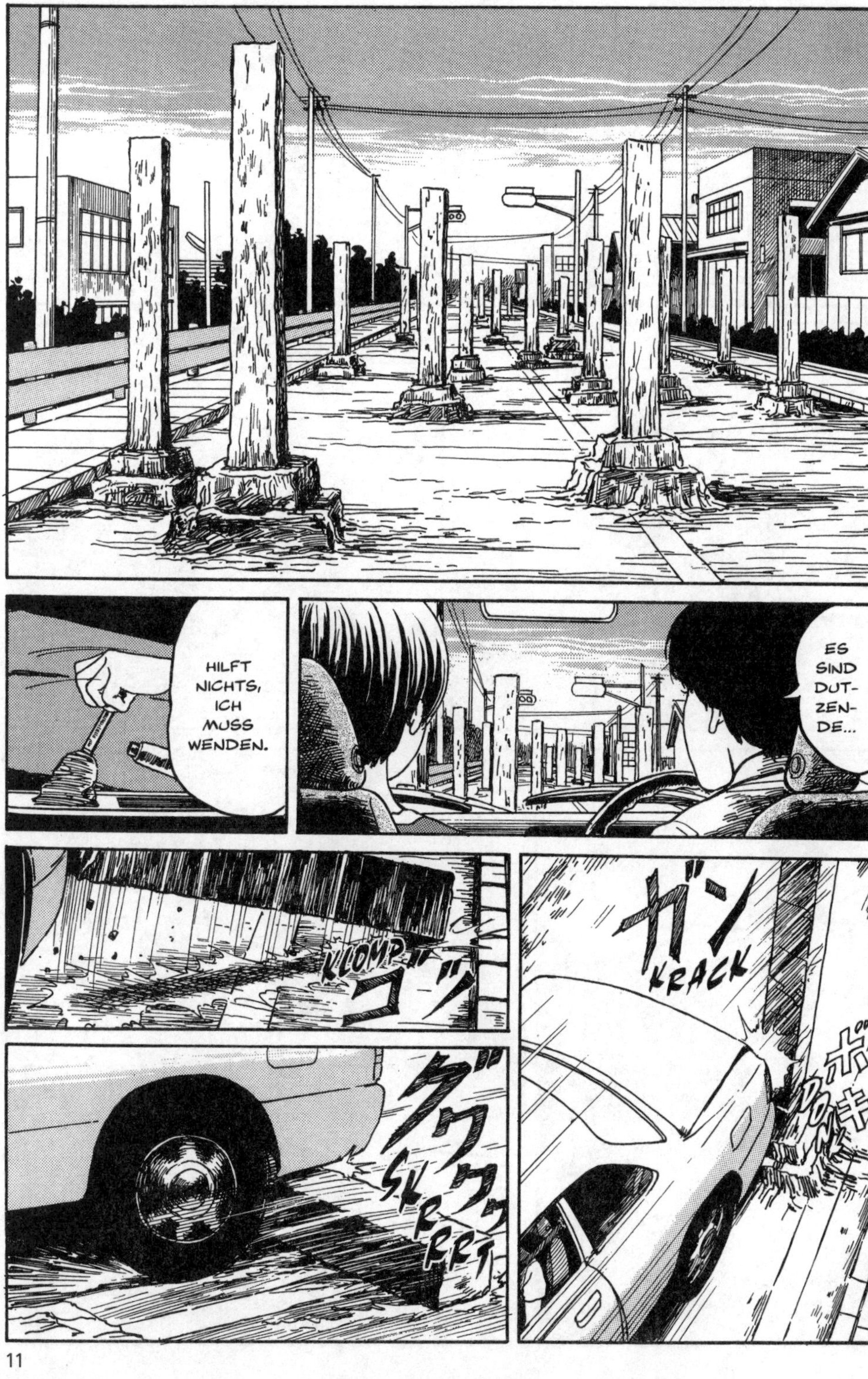

ES SIND DUT-ZEN-DE...
HILFT NICHTS, ICH MUSS WENDEN.
KRACK
KLOMP
DONK
SKRRRT

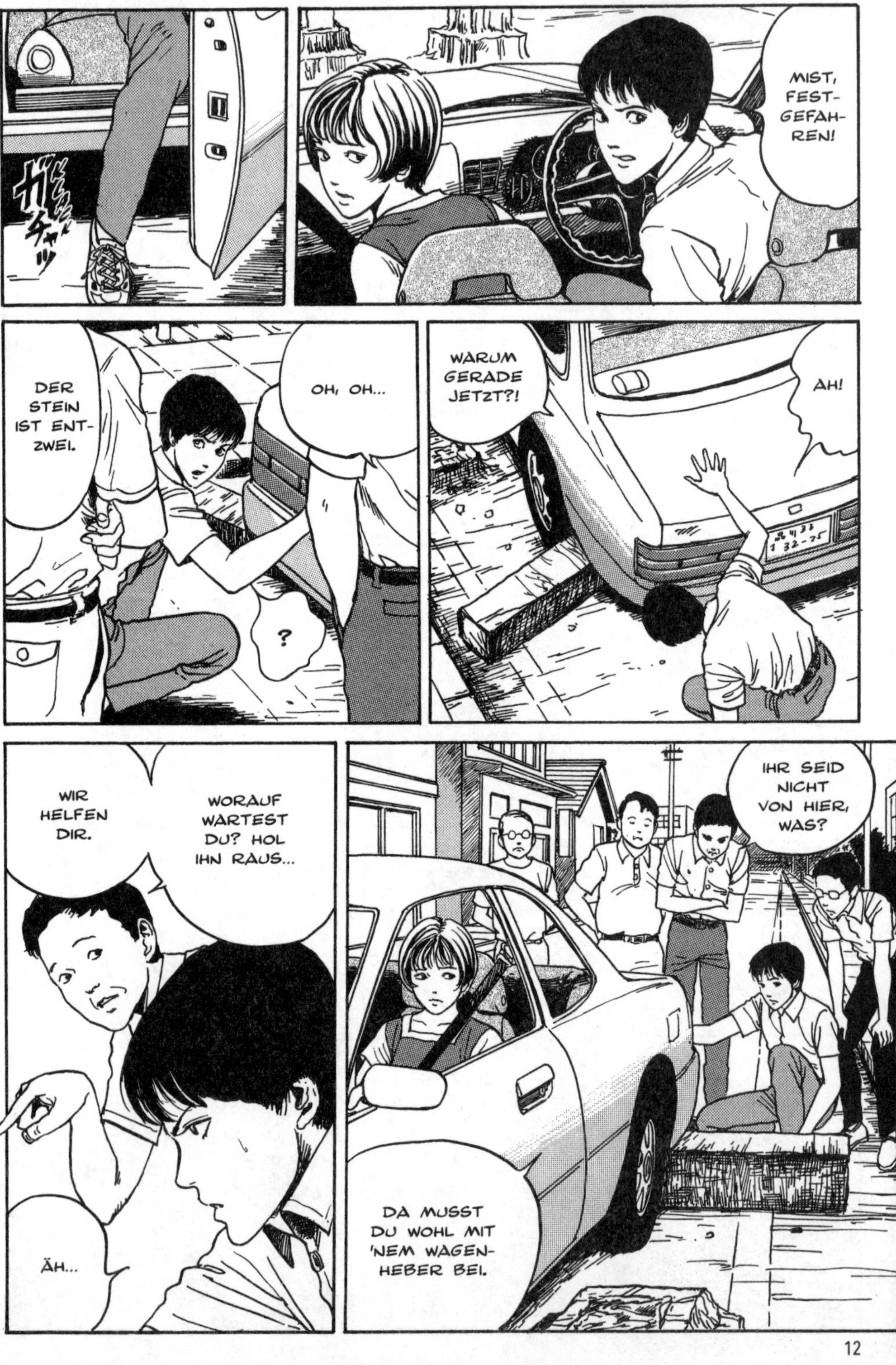
MIST, FEST-GEFAHREN!
ガチャッ
AH!
WARUM GERADE JETZT?!
OH, OH...
?
DER STEIN IST ENTZWEI.
IHR SEID NICHT VON HIER, WAS?
DA MUSST DU WOHL MIT 'NEM WAGENHEBER BEI.
WORAUF WARTEST DU? HOL IHN RAUS...
WIR HELFEN DIR.
ÄH...

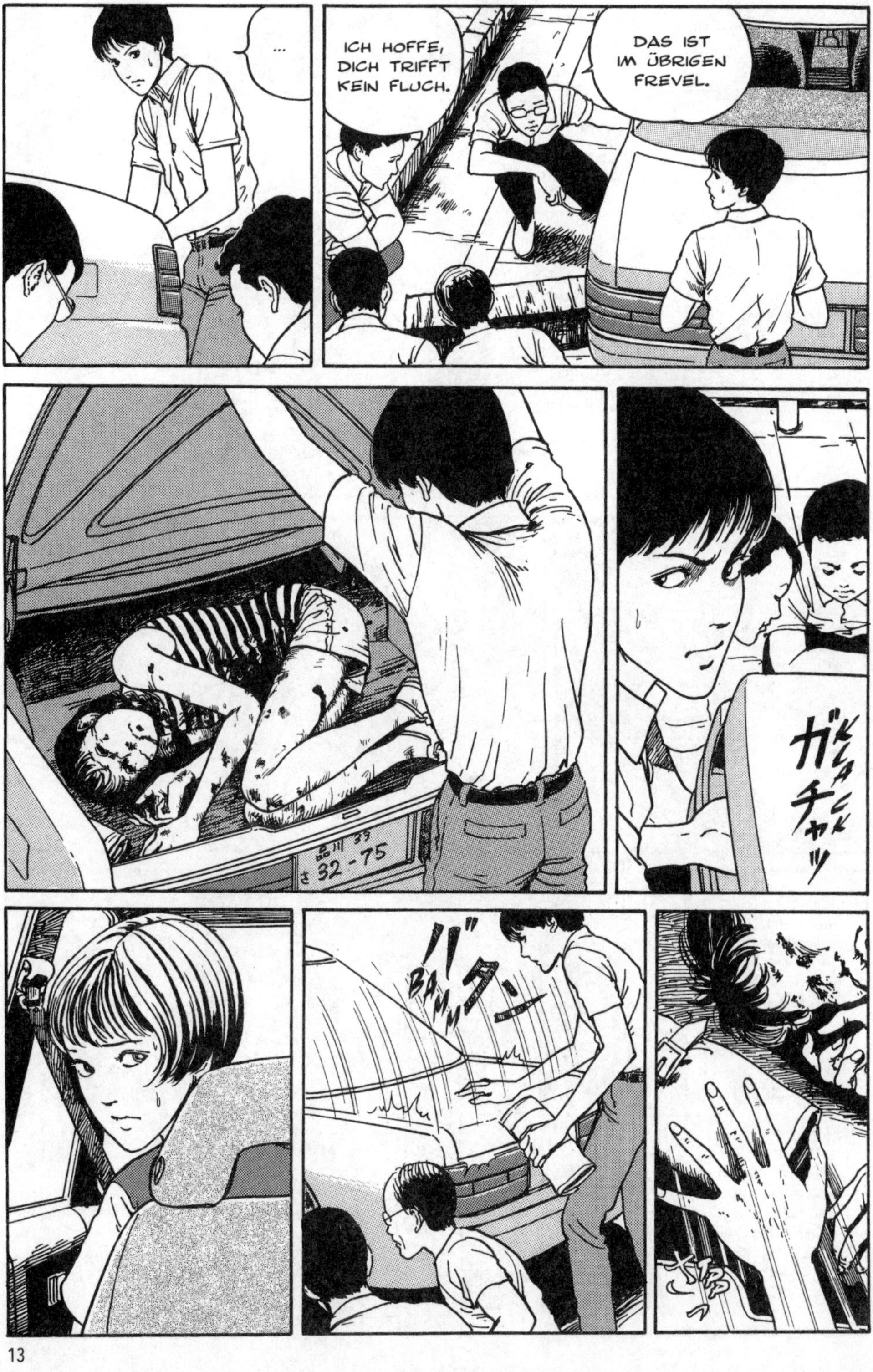

DAS IST IM ÜBRIGEN FREVEL.
ICH HOFFE, DICH TRIFFT KEIN FLUCH.
...
ガチャッ
KLACK
BAMM

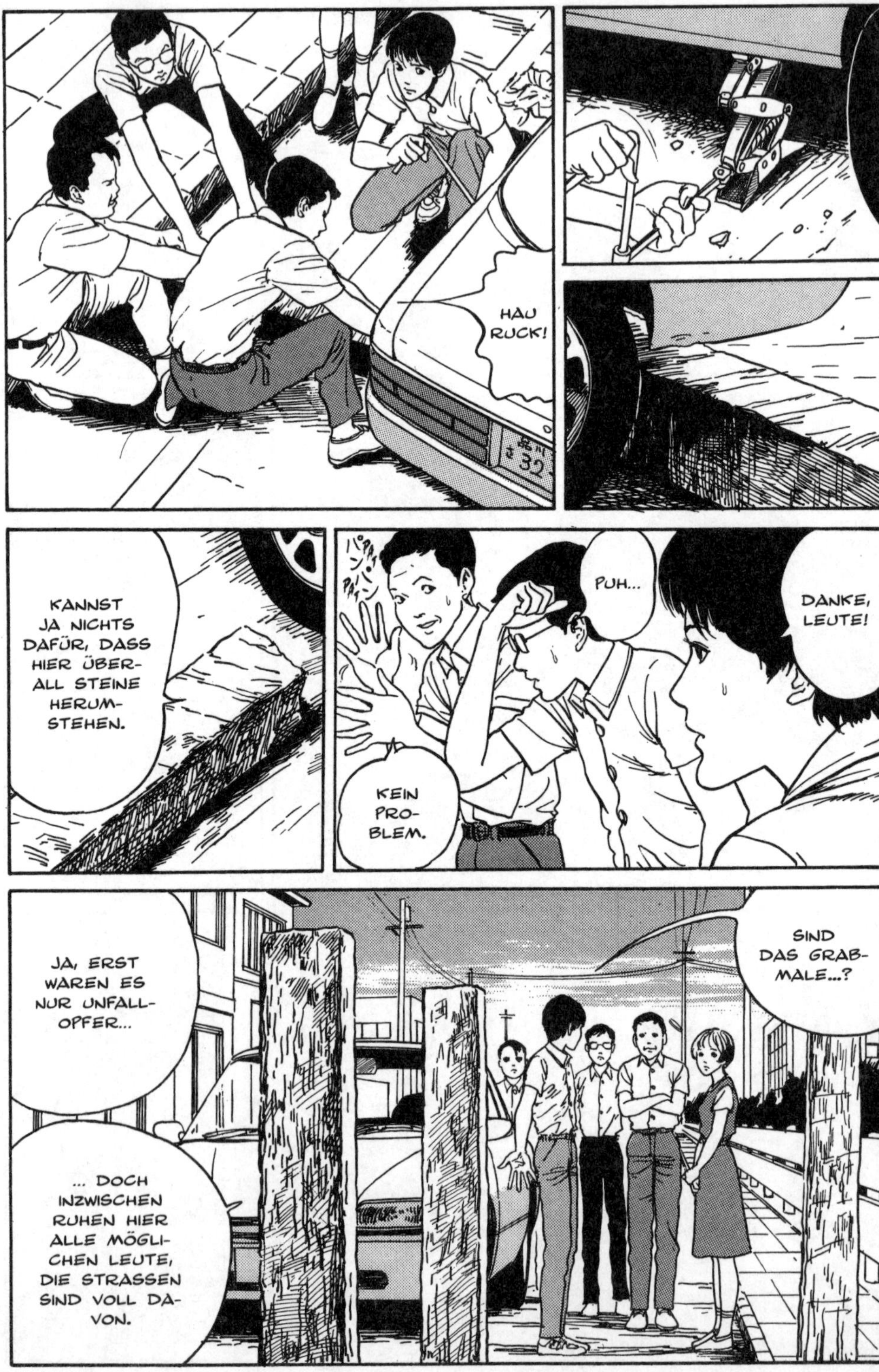
HAU RUCK!
DANKE, LEUTE!
PUH...
KEIN PROBLEM.
KANNST JA NICHTS DAFÜR, DASS HIER ÜBERALL STEINE HERUMSTEHEN.
SIND DAS GRABMALE...?
JA, ERST WAREN ES NUR UNFALLOPFER...
... DOCH INZWISCHEN RUHEN HIER ALLE MÖGLICHEN LEUTE, DIE STRASSEN SIND VOLL DAVON.

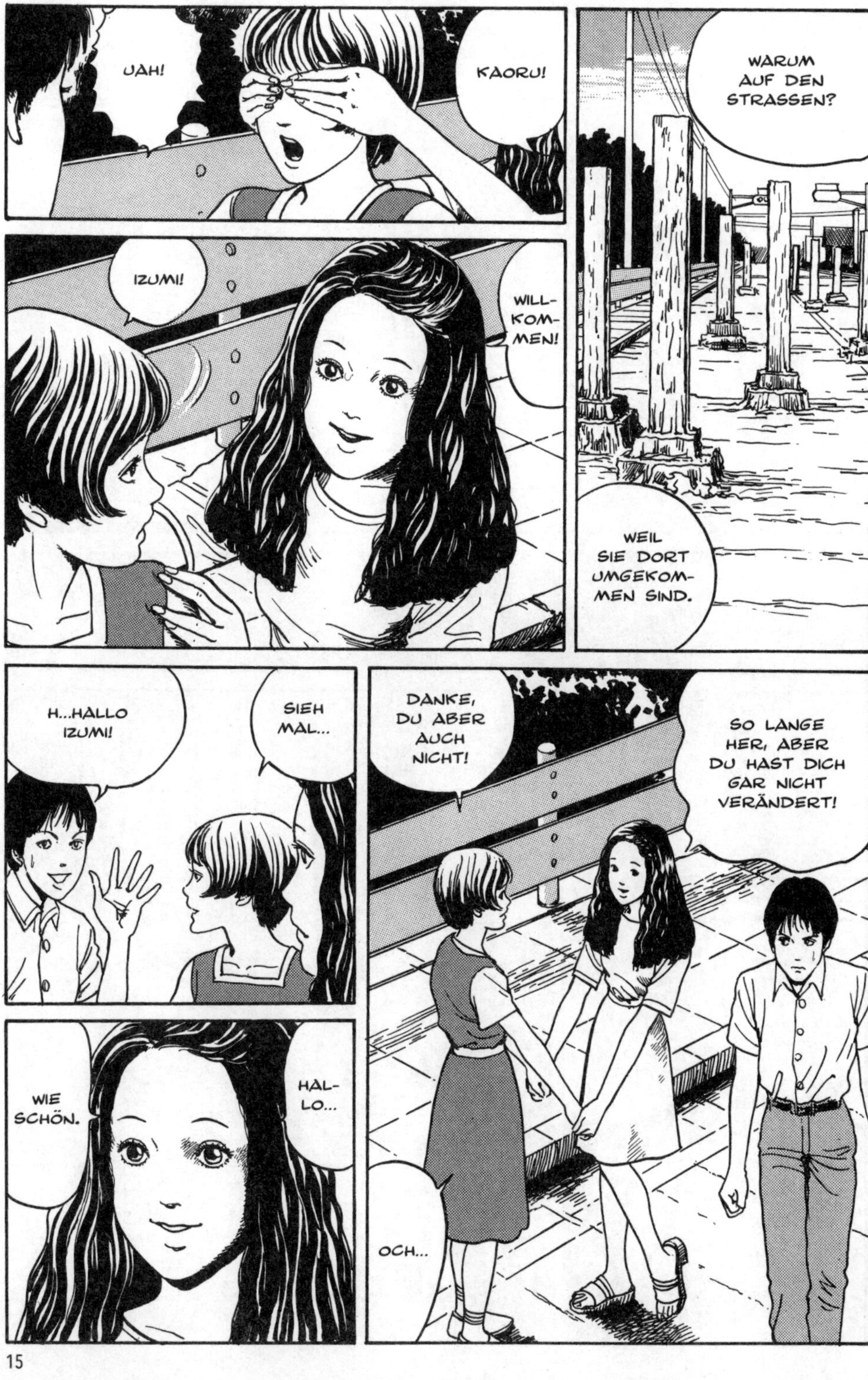
WARUM AUF DEN STRASSEN?
WEIL SIE DORT UMGEKOMMEN SIND.
KAORU!
UAH!
WILL-KOM-MEN!
IZUMI!
SO LANGE HER, ABER DU HAST DICH GAR NICHT VERÄNDERT!
DANKE, DU ABER AUCH NICHT!
OCH...
SIEH MAL...
H...HALLO IZUMI!
HAL-LO...
WIE SCHÖN.

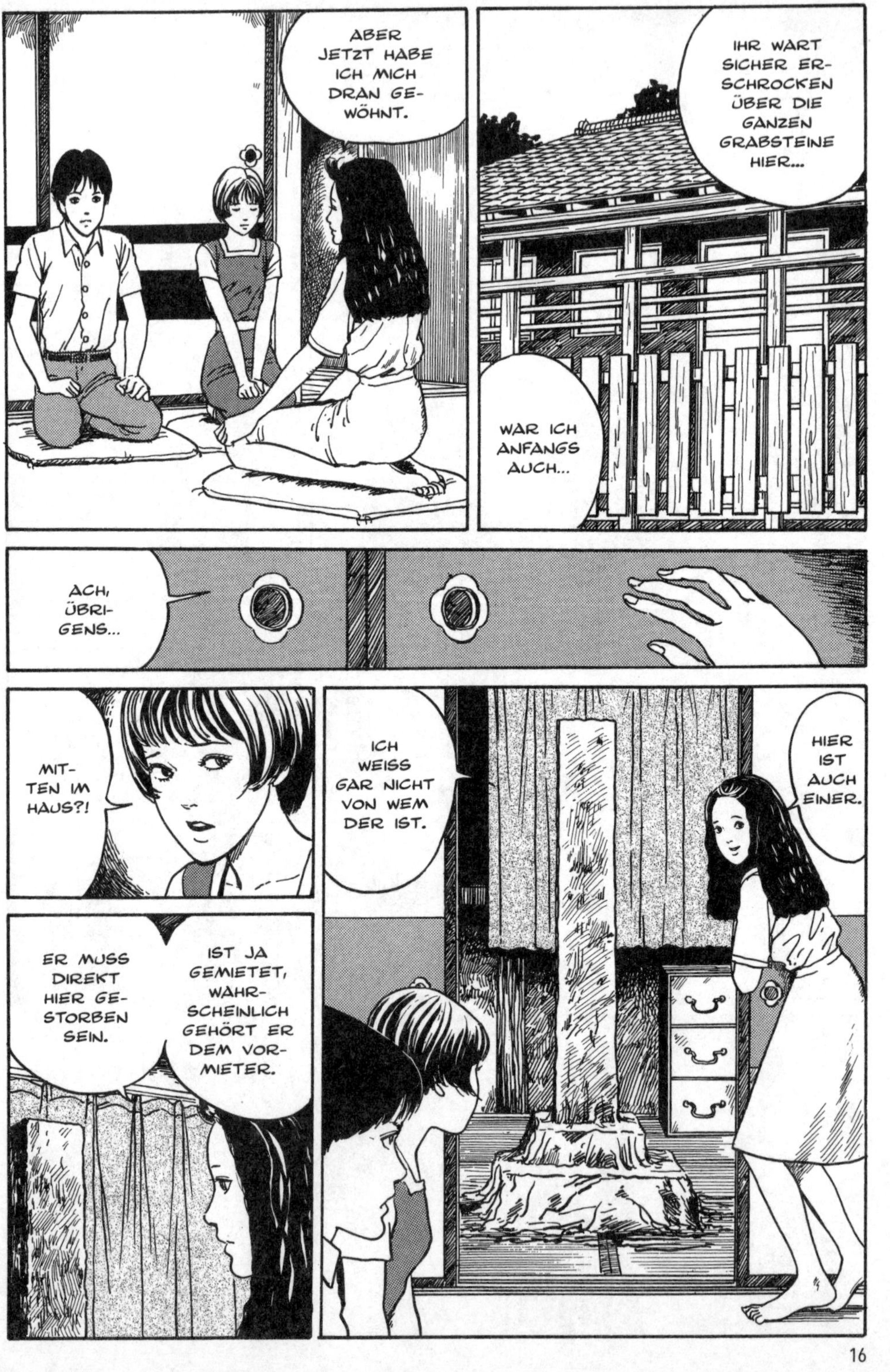

ABER JETZT HABE ICH MICH DRAN GE-WÖHNT.
IHR WART SICHER ER-SCHROCKEN ÜBER DIE GANZEN GRABSTEINE HIER...
WAR ICH ANFANGS AUCH...
ACH, ÜBRI-GENS...
MIT-TEN IM HAUS?!
ICH WEISS GAR NICHT VON WEM DER IST.
HIER IST AUCH EINER.
ER MUSS DIREKT HIER GE-STORBEN SEIN.
IST JA GEMIETET, WAHR-SCHEINLICH GEHÖRT ER DEM VOR-MIETER.

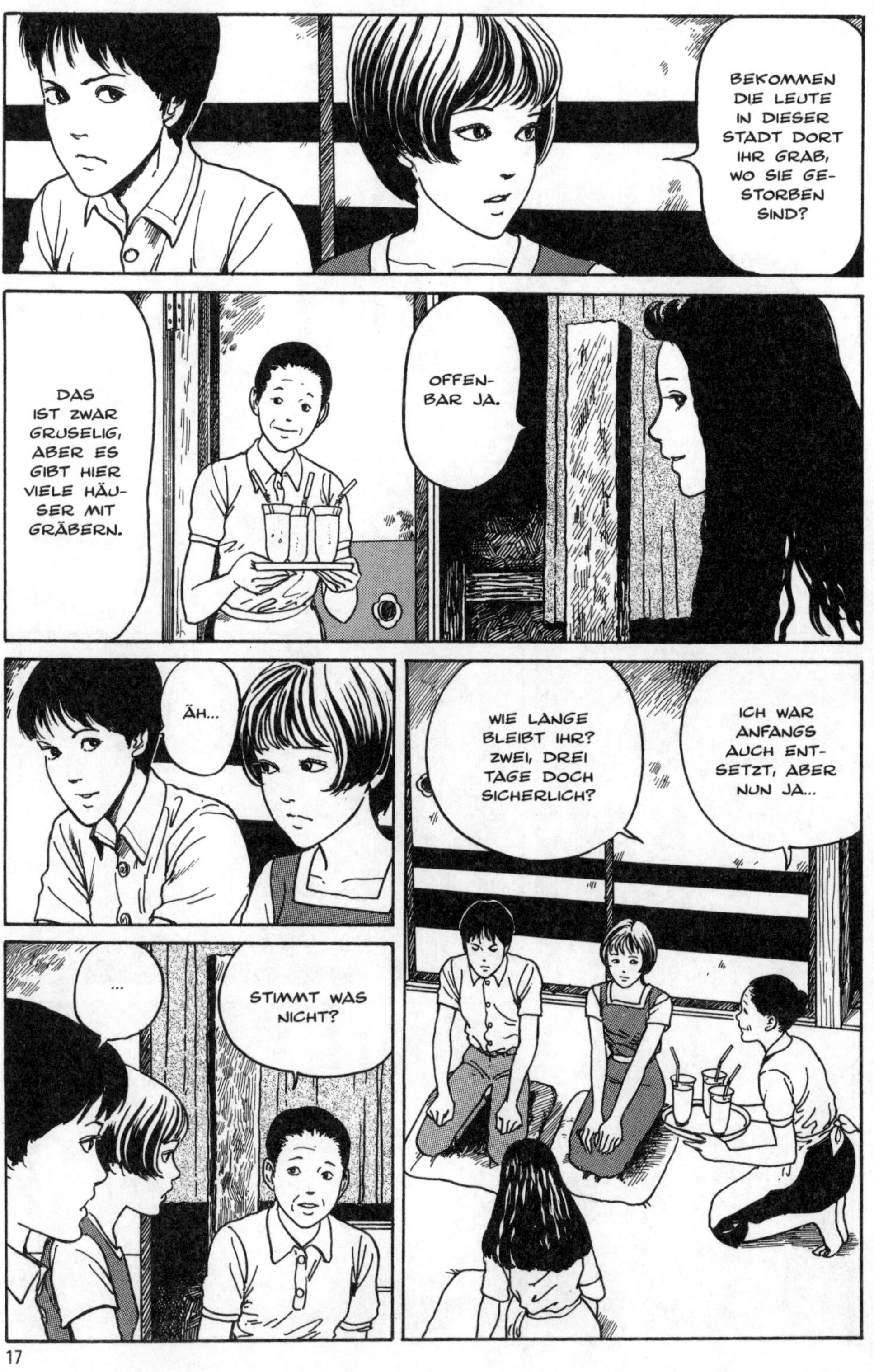

BEKOMMEN DIE LEUTE IN DIESER STADT DORT IHR GRAB, WO SIE GESTORBEN SIND?
OFFENBAR JA.
DAS IST ZWAR GRUSELIG, ABER ES GIBT HIER VIELE HÄUSER MIT GRÄBERN.
ICH WAR ANFANGS AUCH ENTSETZT, ABER NUN JA...
WIE LANGE BLEIBT IHR? ZWEI, DREI TAGE DOCH SICHERLICH?
ÄH...
STIMMT WAS NICHT?
...

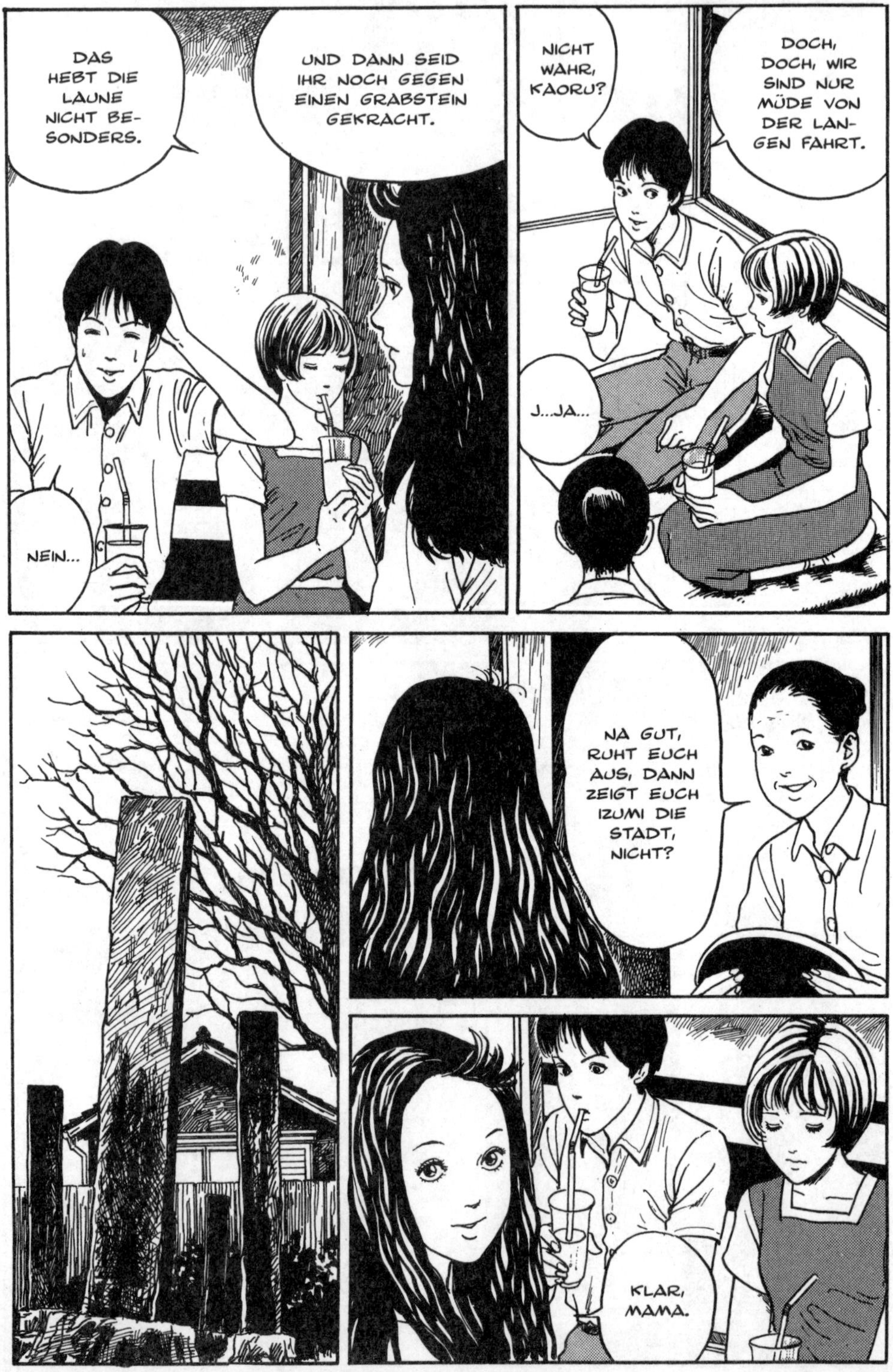
DOCH, DOCH, WIR SIND NUR MÜDE VON DER LANGEN FAHRT.
NICHT WAHR, KAORU?
J...JA...
UND DANN SEID IHR NOCH GEGEN EINEN GRABSTEIN GEKRACHT.
DAS HEBT DIE LAUNE NICHT BESONDERS.
NEIN...
NA GUT, RUHT EUCH AUS, DANN ZEIGT EUCH IZUMI DIE STADT, NICHT?
KLAR, MAMA.

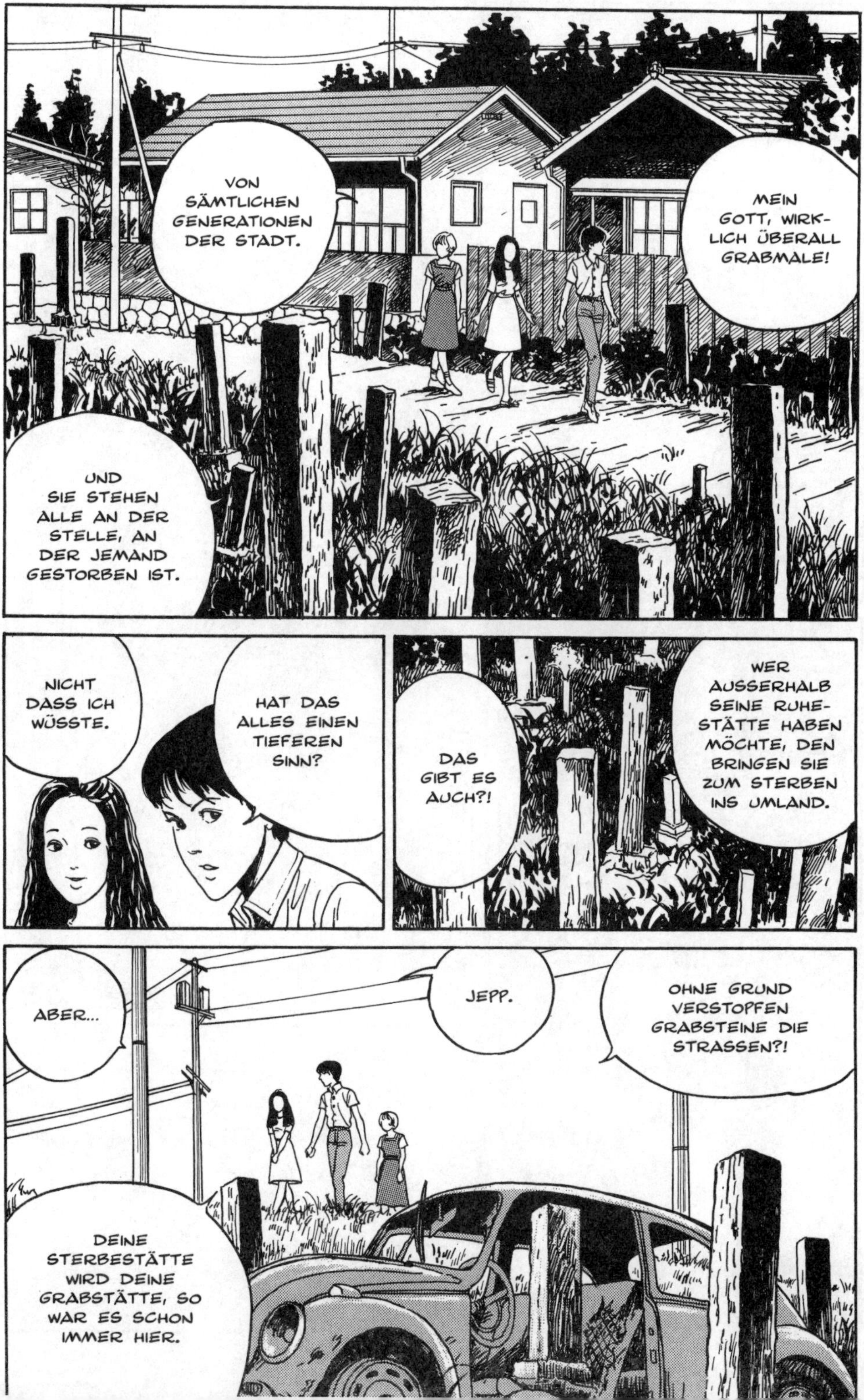
MEIN GOTT, WIRKLICH ÜBERALL GRABMALE!
VON SÄMTLICHEN GENERATIONEN DER STADT.
UND SIE STEHEN ALLE AN DER STELLE, AN DER JEMAND GESTORBEN IST.
WER AUSSERHALB SEINE RUHESTÄTTE HABEN MÖCHTE, DEN BRINGEN SIE ZUM STERBEN INS UMLAND.
DAS GIBT ES AUCH?!
HAT DAS ALLES EINEN TIEFEREN SINN?
NICHT DASS ICH WÜSSTE.
OHNE GRUND VERSTOPFEN GRABSTEINE DIE STRASSEN?!
JEPP.
ABER...
DEINE STERBESTÄTTE WIRD DEINE GRABSTÄTTE, SO WAR ES SCHON IMMER HIER.

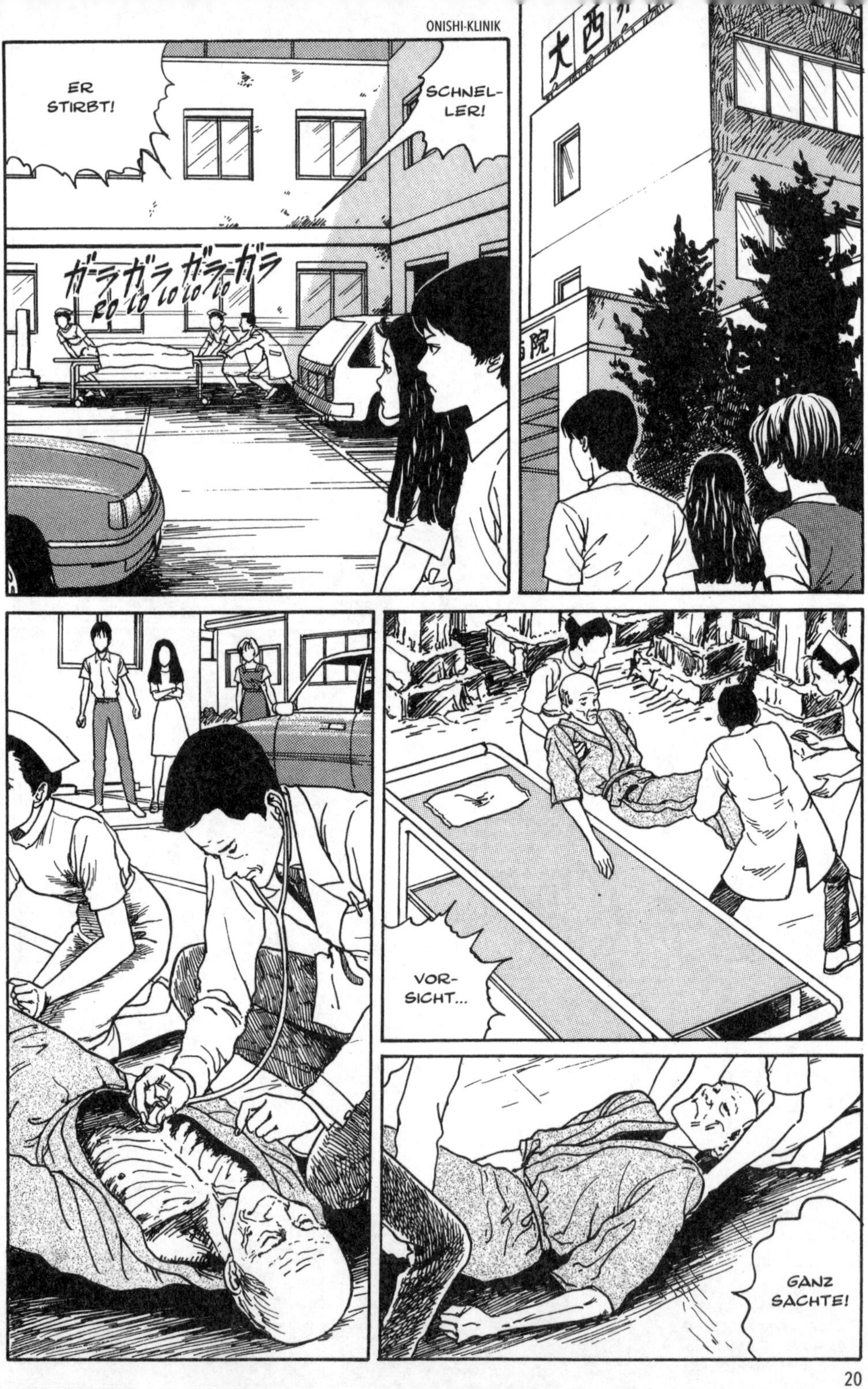
ONISHI-KLINIK
大西
院
SCHNEL-
LER!
ER
STIRBT!
ガラガラガラガラ
ROLOLOLOLO
VOR-
SICHT...
GANZ
SACHTE!

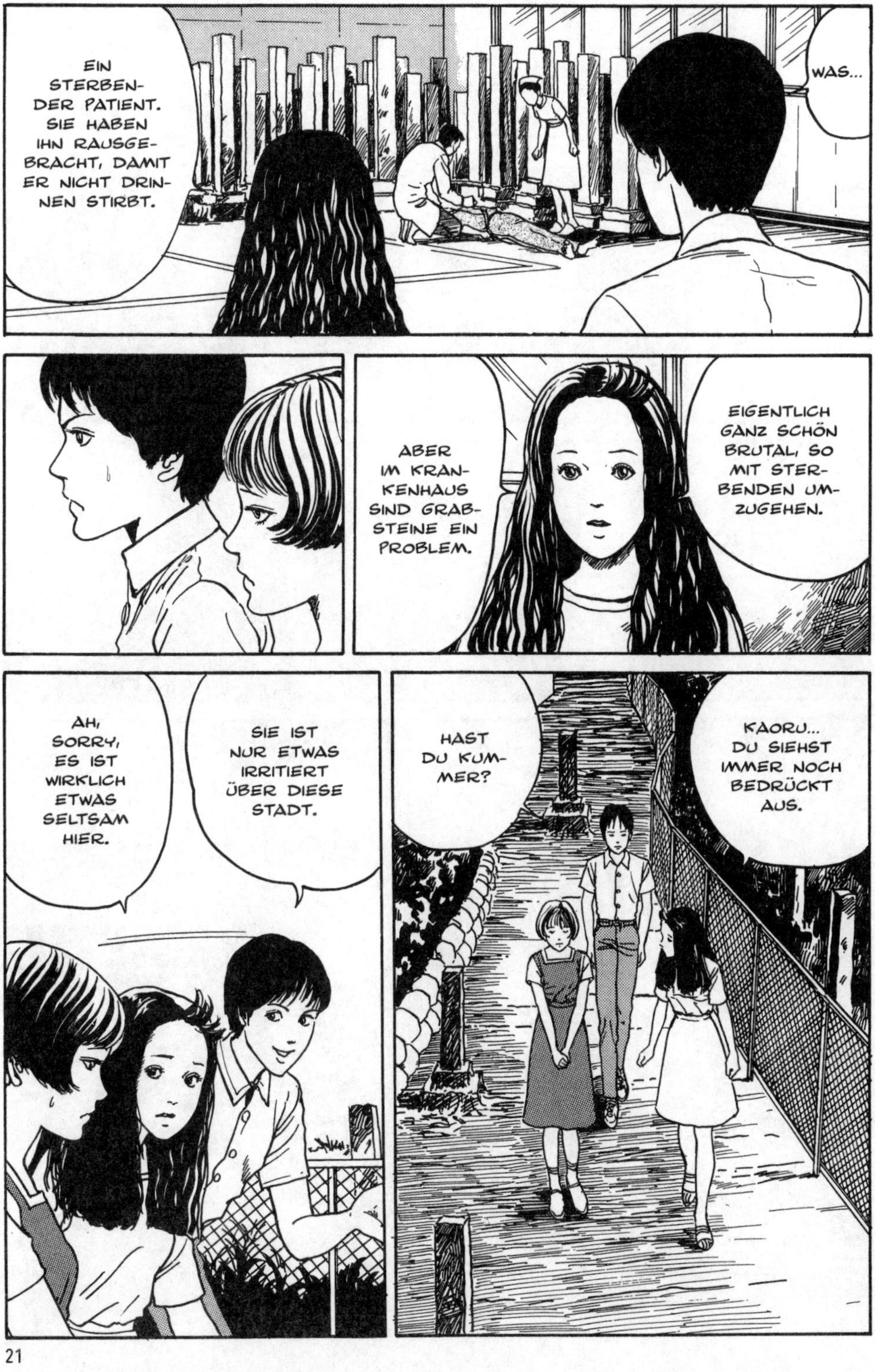

WAS...
EIN STERBENDER PATIENT. SIE HABEN IHN RAUSGEBRACHT, DAMIT ER NICHT DRINNEN STIRBT.
EIGENTLICH GANZ SCHÖN BRUTAL, SO MIT STERBENDEN UMZUGEHEN.
ABER IM KRANKENHAUS SIND GRABSTEINE EIN PROBLEM.
KAORU... DU SIEHST IMMER NOCH BEDRÜCKT AUS.
HAST DU KUMMER?
SIE IST NUR ETWAS IRRITIERT ÜBER DIESE STADT.
AH, SORRY, ES IST WIRKLICH ETWAS SELTSAM HIER.

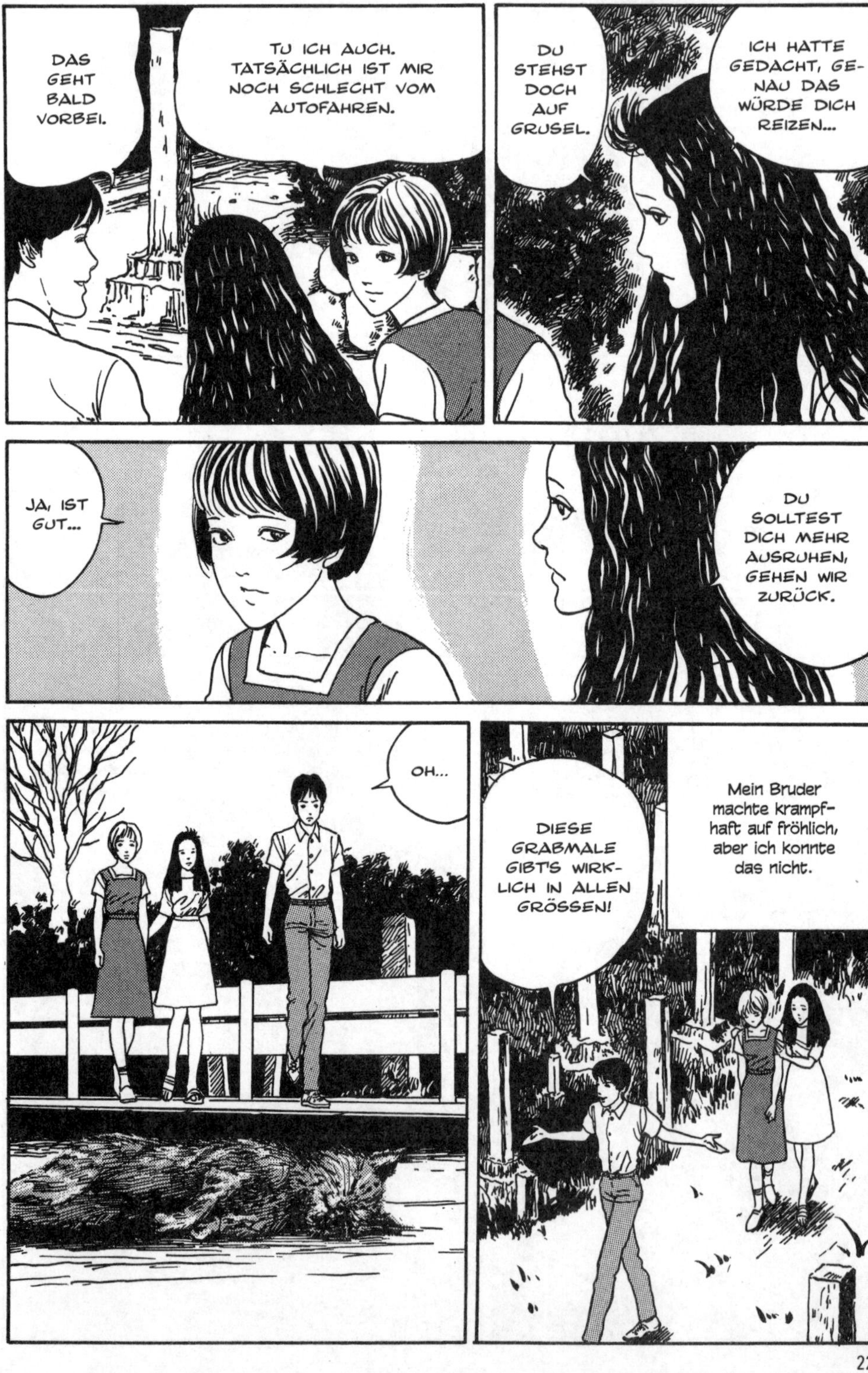
DAS GEHT BALD VORBEI.
TU ICH AUCH. TATSÄCHLICH IST MIR NOCH SCHLECHT VOM AUTOFAHREN.
DU STEHST DOCH AUF GRUSEL.
ICH HATTE GEDACHT, GE-NAU DAS WÜRDE DICH REIZEN...
JA, IST GUT...
DU SOLLTEST DICH MEHR AUSRUHEN, GEHEN WIR ZURÜCK.
OH...
DIESE GRABMALE GIBT'S WIRK-LICH IN ALLEN GRÖSSEN!
Mein Bruder machte krampf-haft auf fröhlich, aber ich konnte das nicht.

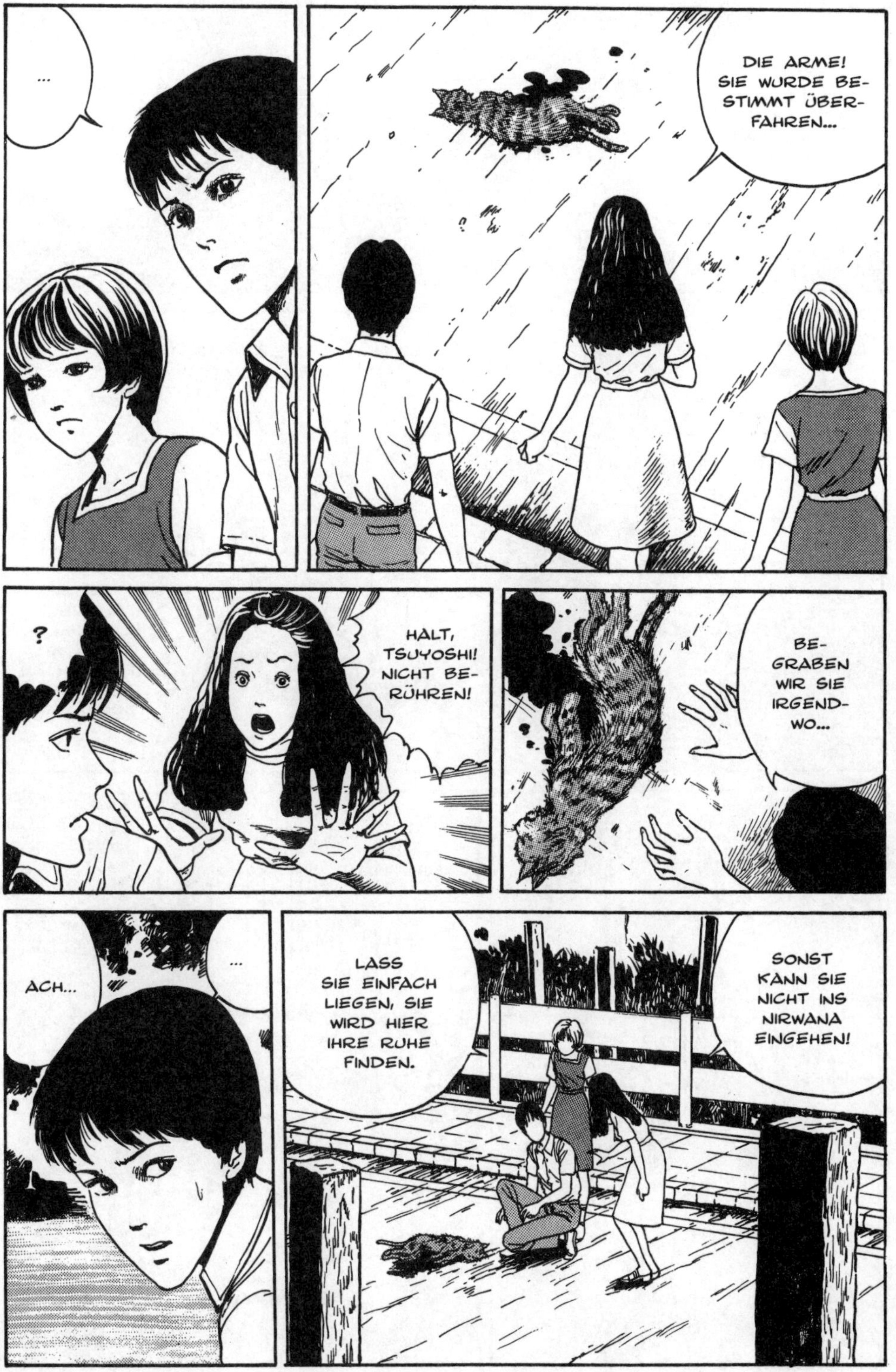
DIE ARME! SIE WURDE BESTIMMT ÜBERFAHREN...
...
BEGRABEN WIR SIE IRGENDWO...
?
HALT, TSUYOSHI! NICHT BERÜHREN!
LASS SIE EINFACH LIEGEN, SIE WIRD HIER IHRE RUHE FINDEN.
SONST KANN SIE NICHT INS NIRWANA EINGEHEN!
...
ACH...

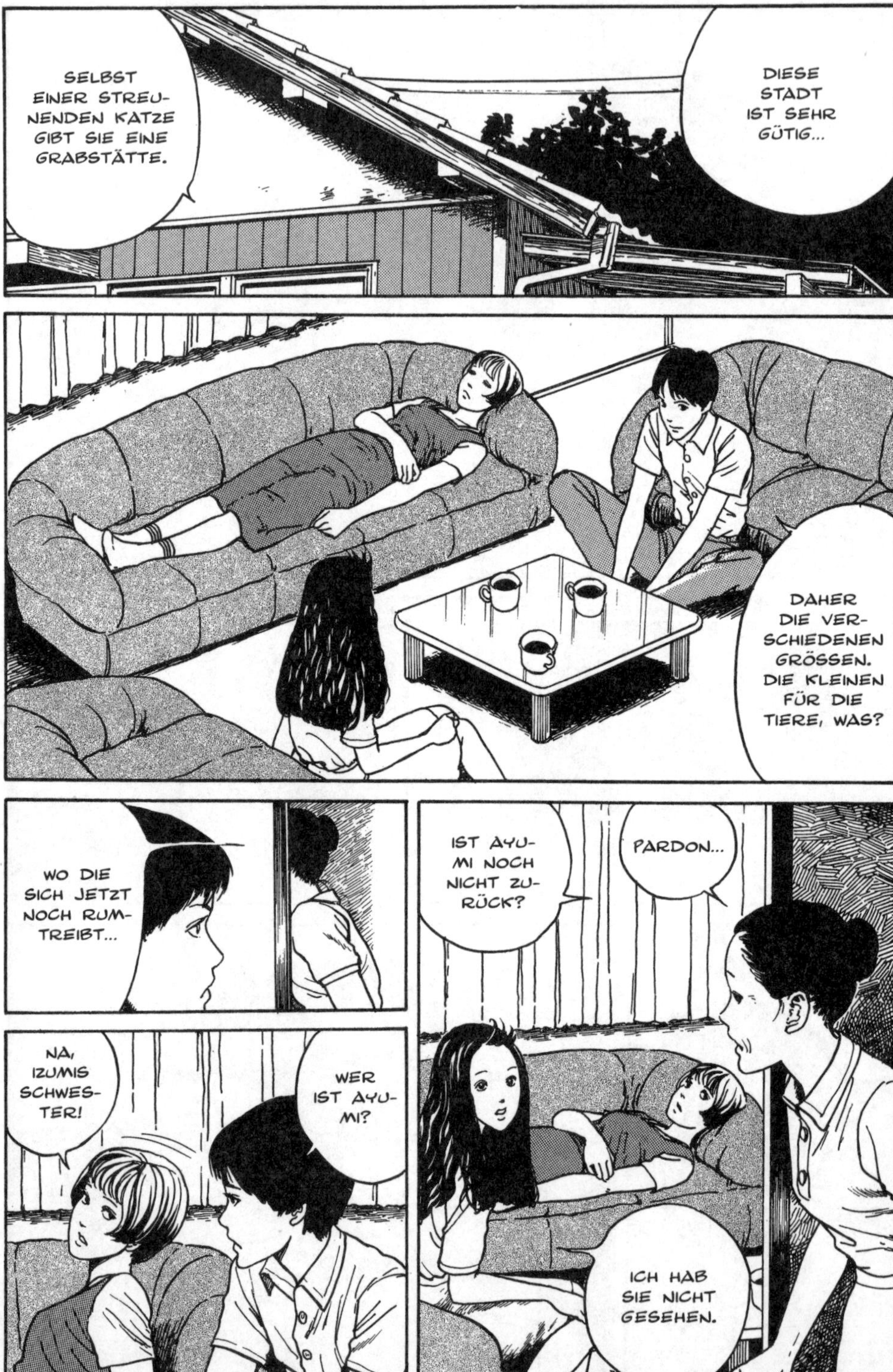
DIESE STADT IST SEHR GÜTIG...
SELBST EINER STREU-NENDEN KATZE GIBT SIE EINE GRABSTÄTTE.
DAHER DIE VER-SCHIEDENEN GRÖSSEN. DIE KLEINEN FÜR DIE TIERE, WAS?
PARDON...
IST AYU-MI NOCH NICHT ZU-RÜCK?
ICH HAB SIE NICHT GESEHEN.
WO DIE SICH JETZT NOCH RUM-TREIBT...
WER IST AYU-MI?
NA, IZUMIS SCHWES-TER!

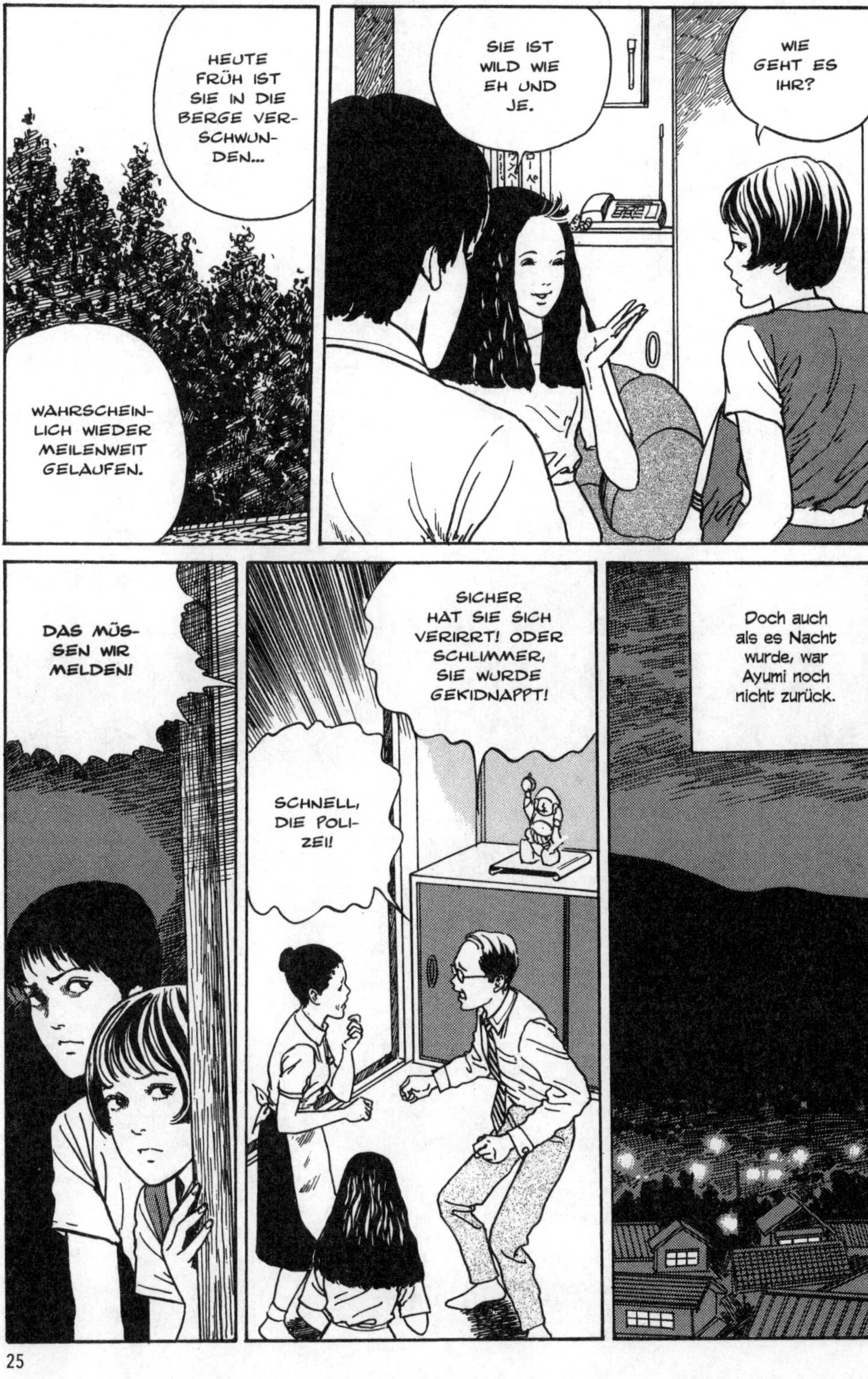
HEUTE FRÜH IST SIE IN DIE BERGE VER-SCHWUN-DEN...
WAHRSCHEIN-LICH WIEDER MEILENWEIT GELAUFEN.
SIE IST WILD WIE EH UND JE.
WIE GEHT ES IHR?
DAS MÜS-SEN WIR MELDEN!
SICHER HAT SIE SICH VERIRRT! ODER SCHLIMMER, SIE WURDE GEKIDNAPPT!
SCHNELL, DIE POLI-ZEI!
Doch auch als es Nacht wurde, war Ayumi noch nicht zurück.

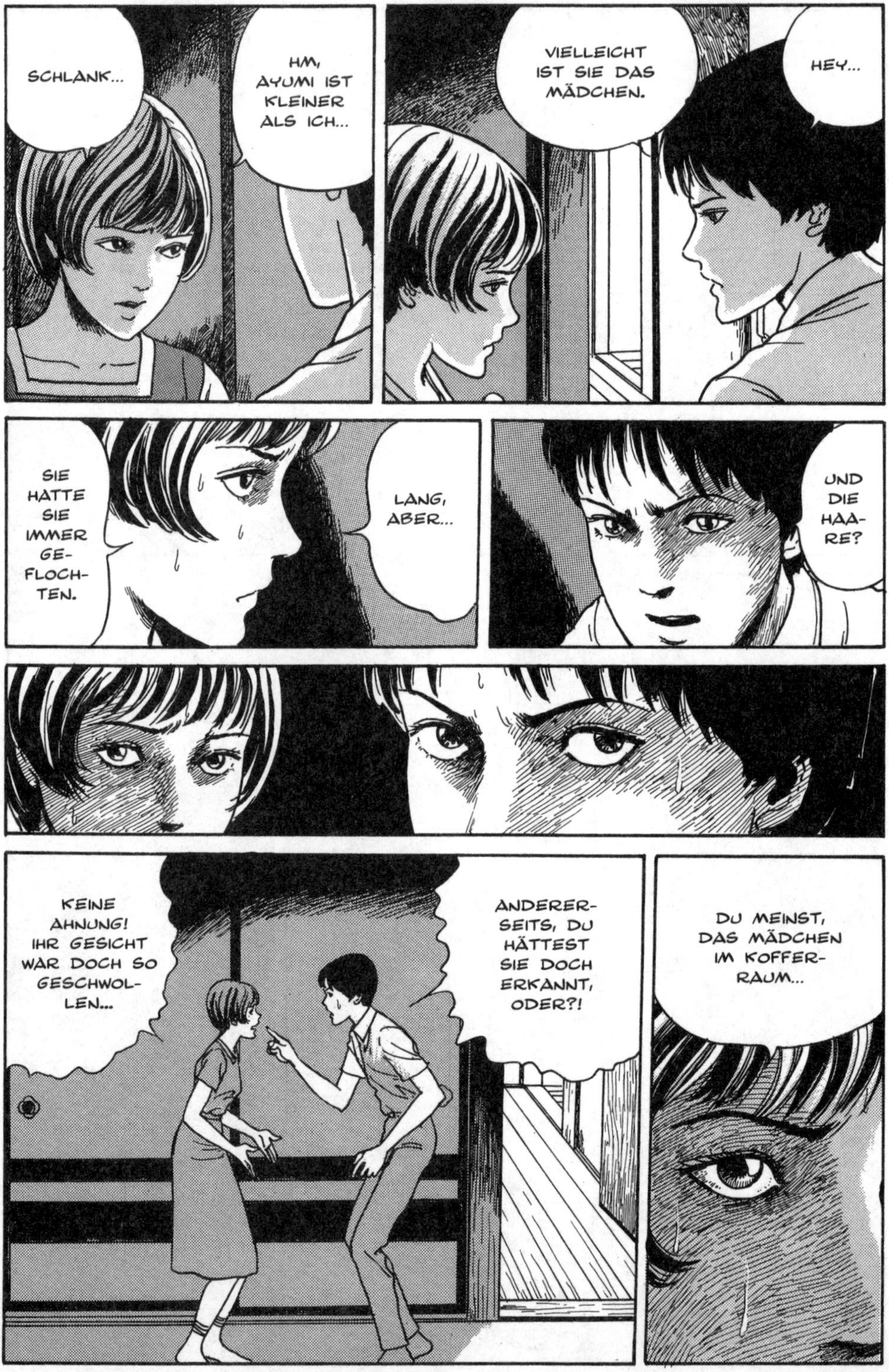
HEY...
VIELLEICHT IST SIE DAS MÄDCHEN.
HM, AYUMI IST KLEINER ALS ICH...
SCHLANK...
UND DIE HAA-RE?
LANG, ABER...
SIE HATTE SIE IMMER GE-FLOCH-TEN.
DU MEINST, DAS MÄDCHEN IM KOFFER-RAUM...
ANDERER-SEITS, DU HÄTTEST SIE DOCH ERKANNT, ODER?!
KEINE AHNUNG! IHR GESICHT WAR DOCH SO GESCHWOL-LEN...

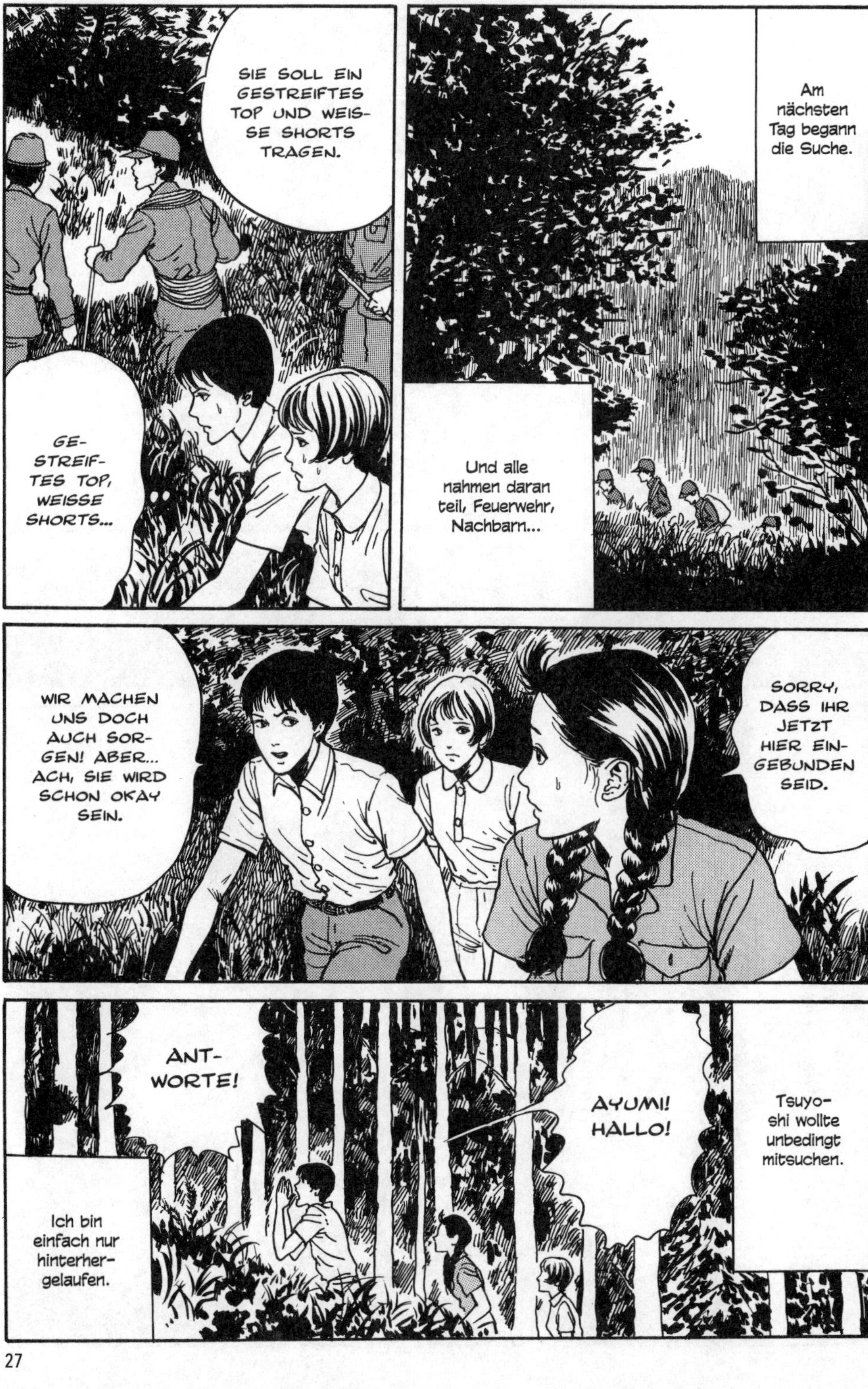
Am nächsten Tag begann die Suche.
Und alle nahmen daran teil, Feuerwehr, Nachbarn...
SIE SOLL EIN GESTREIFTES TOP UND WEISSE SHORTS TRAGEN.
GESTREIFTES TOP, WEISSE SHORTS...
SORRY, DASS IHR JETZT HIER EINGEBUNDEN SEID.
WIR MACHEN UNS DOCH AUCH SORGEN! ABER... ACH, SIE WIRD SCHON OKAY SEIN.
Tsuyoshi wollte unbedingt mitsuchen.
AYUMI! HALLO!
ANTWORTE!
Ich bin einfach nur hinterhergelaufen.

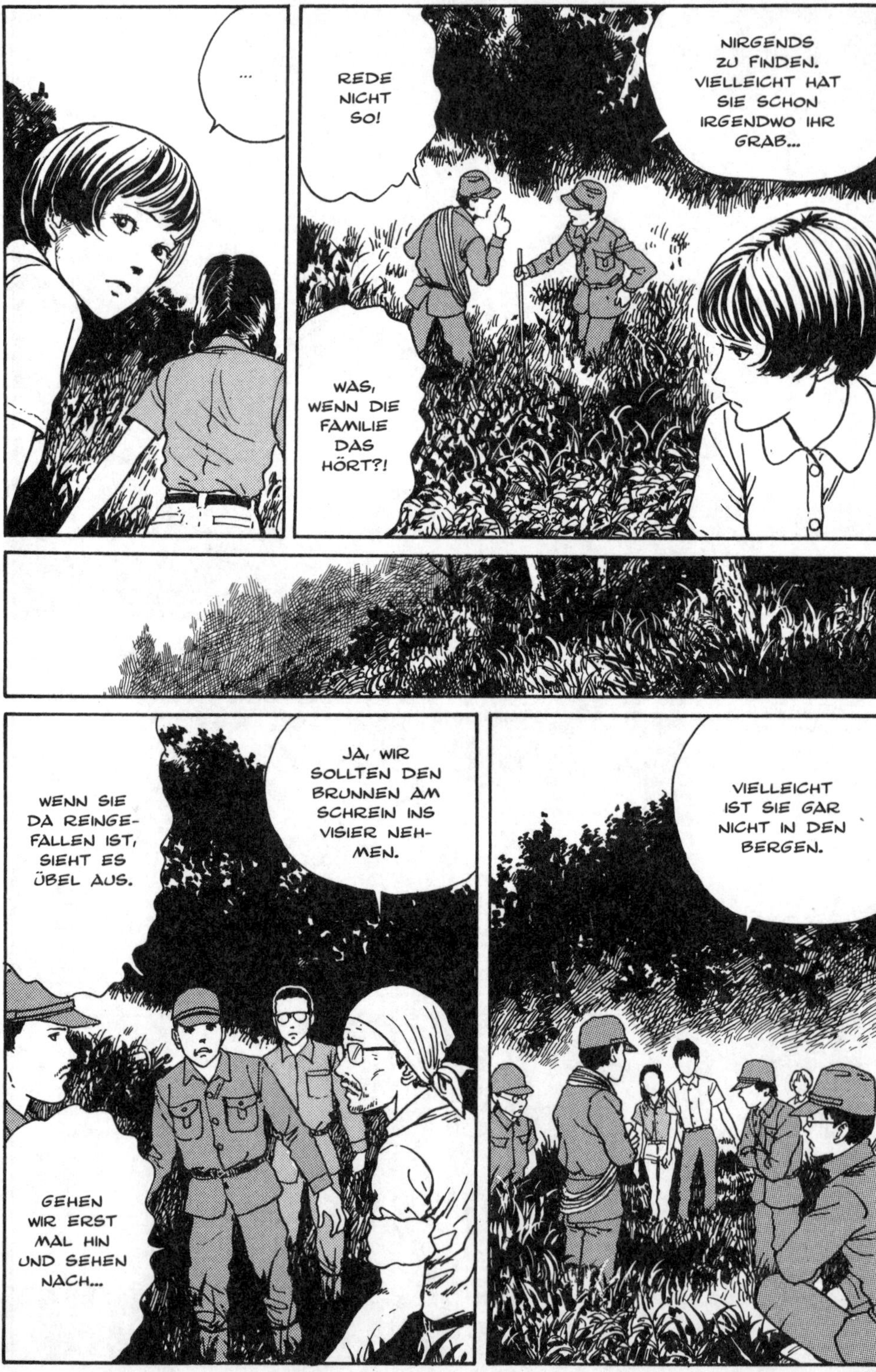
NIRGENDS ZU FINDEN. VIELLEICHT HAT SIE SCHON IRGENDWO IHR GRAB...
REDE NICHT SO!
WAS, WENN DIE FAMILIE DAS HÖRT?!
...
VIELLEICHT IST SIE GAR NICHT IN DEN BERGEN.
JA, WIR SOLLTEN DEN BRUNNEN AM SCHREIN INS VISIER NEH-MEN.
WENN SIE DA REINGE-FALLEN IST, SIEHT ES ÜBEL AUS.
GEHEN WIR ERST MAL HIN UND SEHEN NACH...

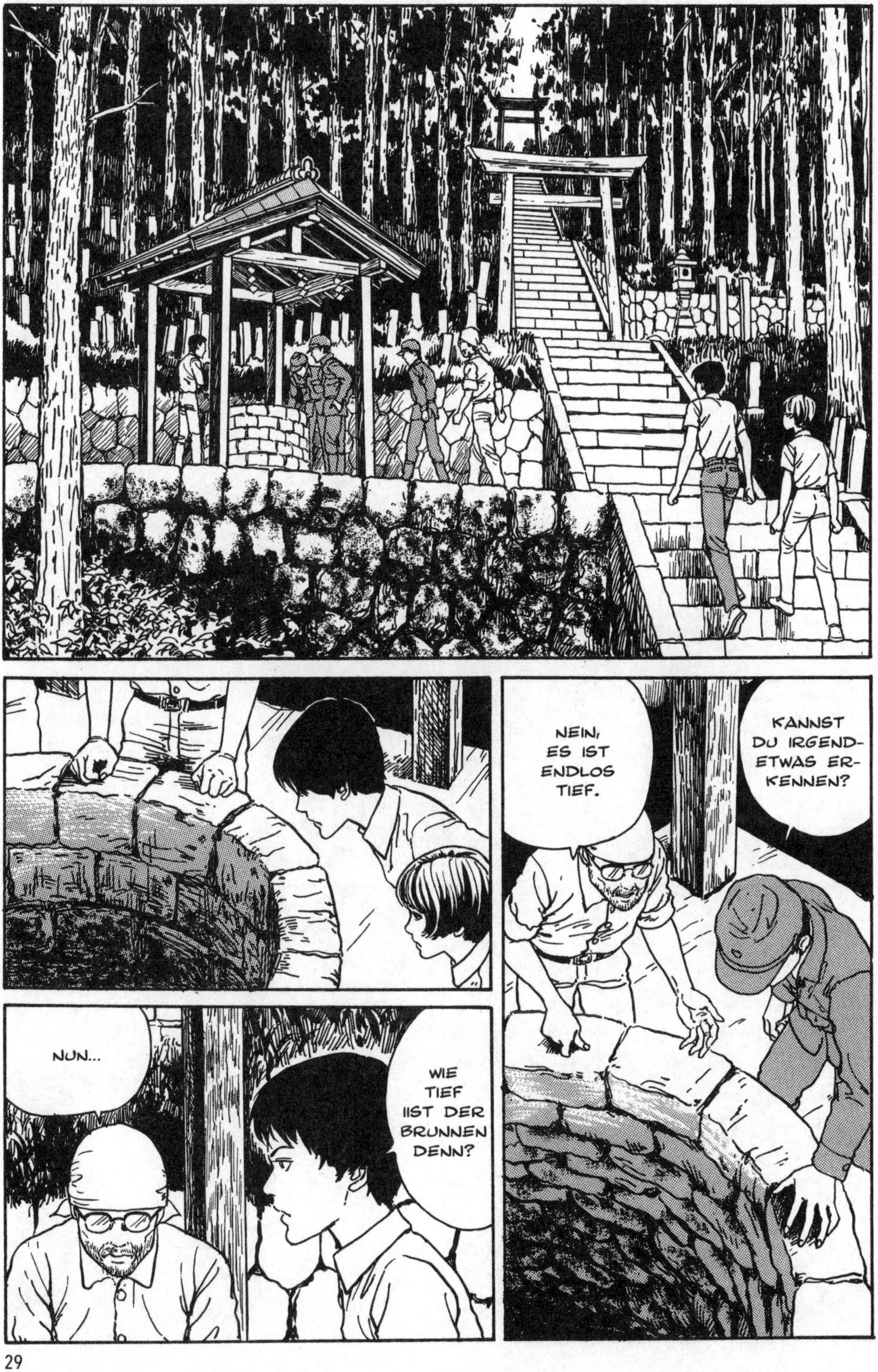
KANNST DU IRGEND-ETWAS ER-KENNEN?
NEIN, ES IST ENDLOS TIEF.
WIE TIEF IIST DER BRUNNEN DENN?
NUN...

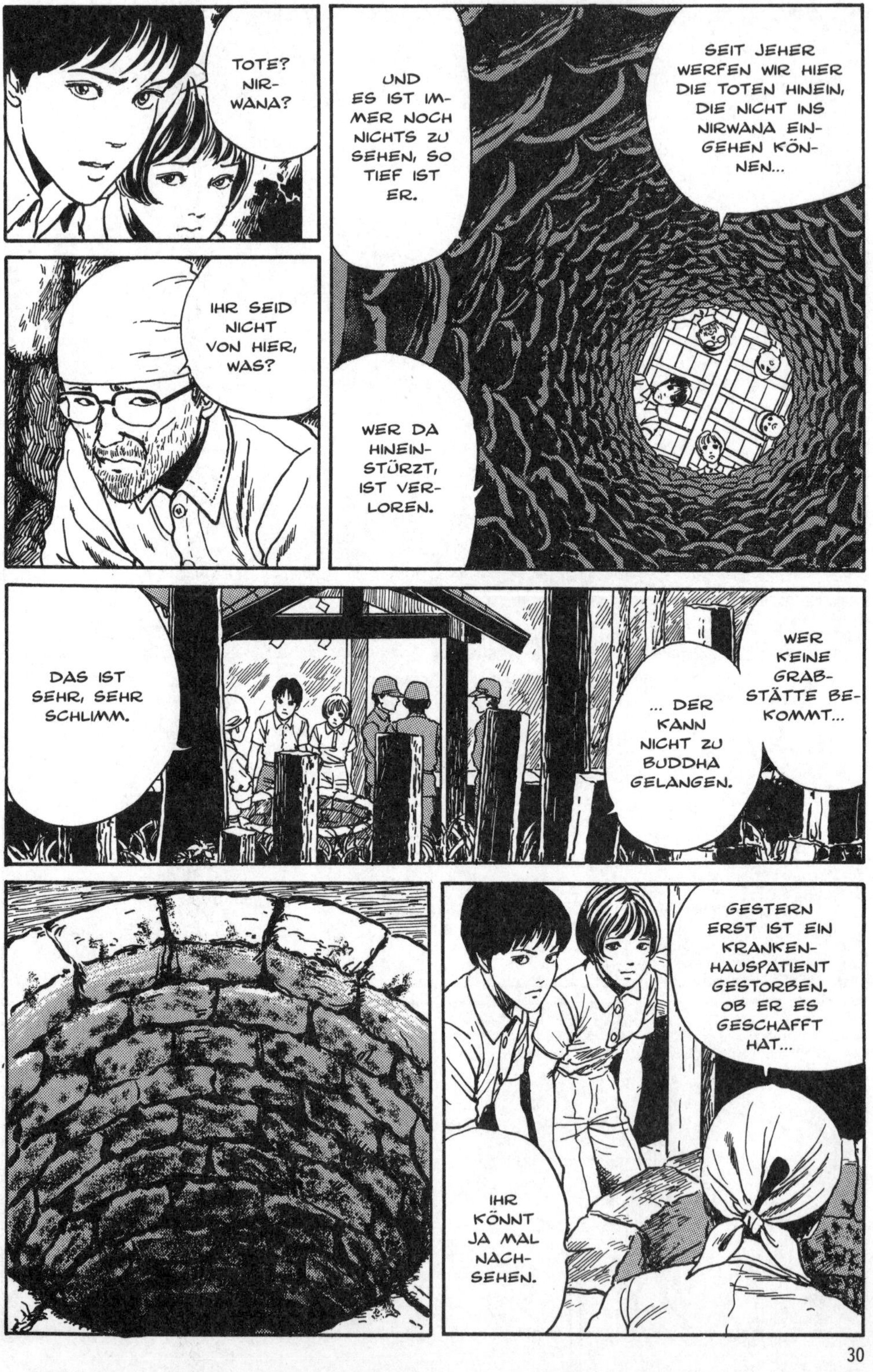
SEIT JEHER WERFEN WIR HIER DIE TOTEN HINEIN, DIE NICHT INS NIRWANA EINGEHEN KÖNNEN...
UND ES IST IMMER NOCH NICHTS ZU SEHEN, SO TIEF IST ER.
WER DA HINEINSTÜRZT, IST VERLOREN.
TOTE? NIRWANA?
IHR SEID NICHT VON HIER, WAS?
WER KEINE GRABSTÄTTE BEKOMMT...
... DER KANN NICHT ZU BUDDHA GELANGEN.
DAS IST SEHR, SEHR SCHLIMM.
GESTERN ERST IST EIN KRANKENHAUSPATIENT GESTORBEN. OB ER ES GESCHAFFT HAT...
IHR KÖNNT JA MAL NACHSEHEN.

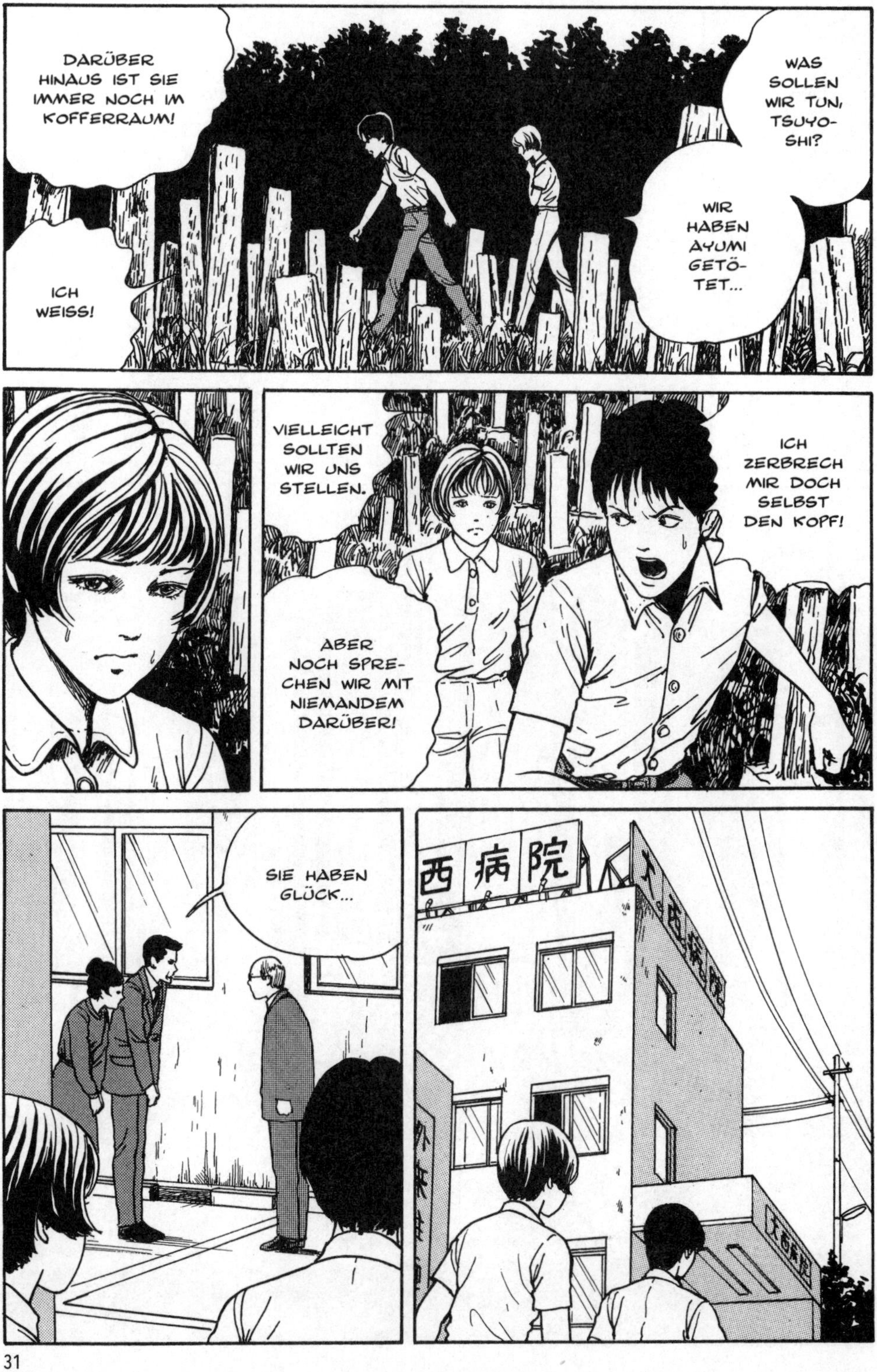
WAS SOLLEN WIR TUN, TSUYO-SHI?
WIR HABEN AYUMI GETÖ-TET...
DARÜBER HINAUS IST SIE IMMER NOCH IM KOFFERRAUM!
ICH WEISS!
ICH ZERBRECH MIR DOCH SELBST DEN KOPF!
VIELLEICHT SOLLTEN WIR UNS STELLEN.
ABER NOCH SPRE-CHEN WIR MIT NIEMANDEM DARÜBER!
西病院
SIE HABEN GLÜCK...

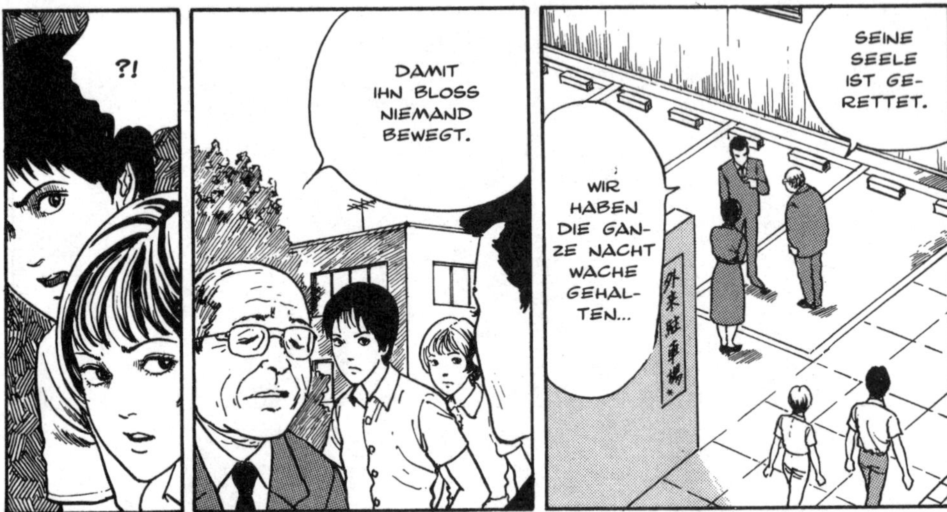

* BESUCHERPARKPLATZ

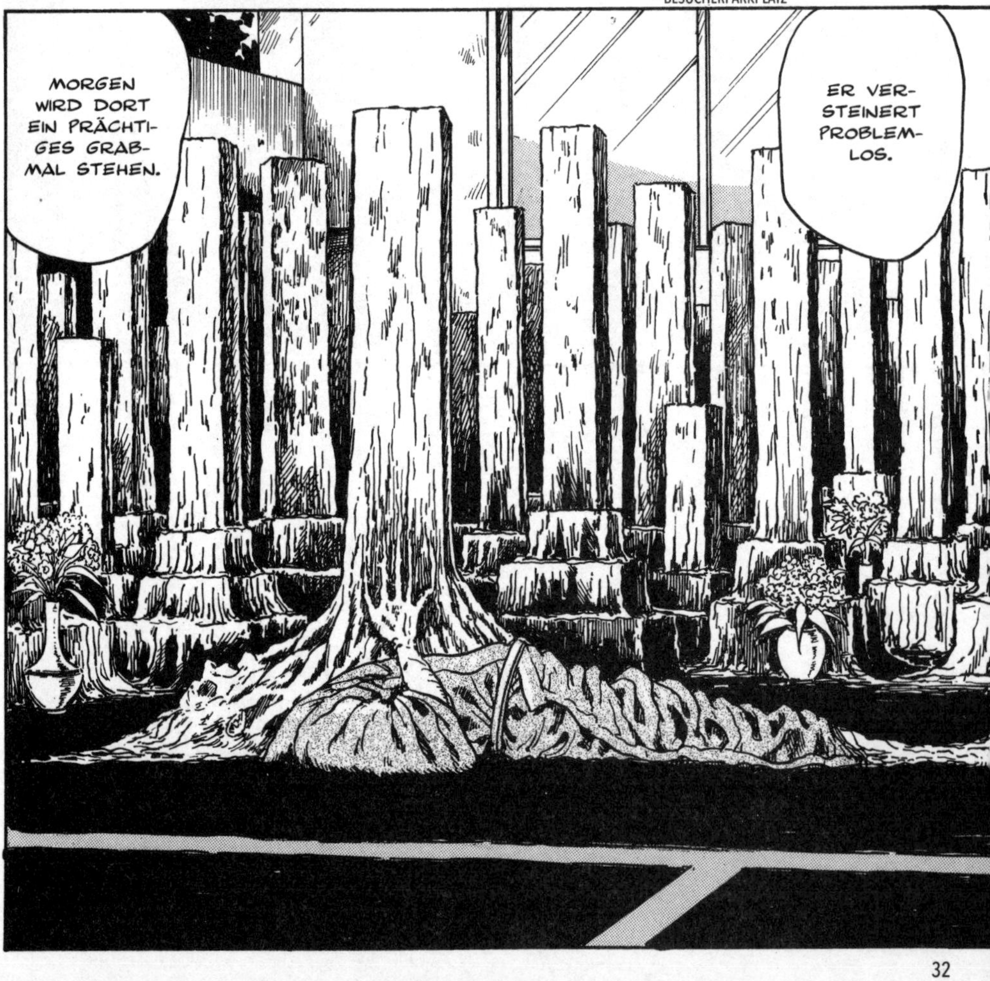

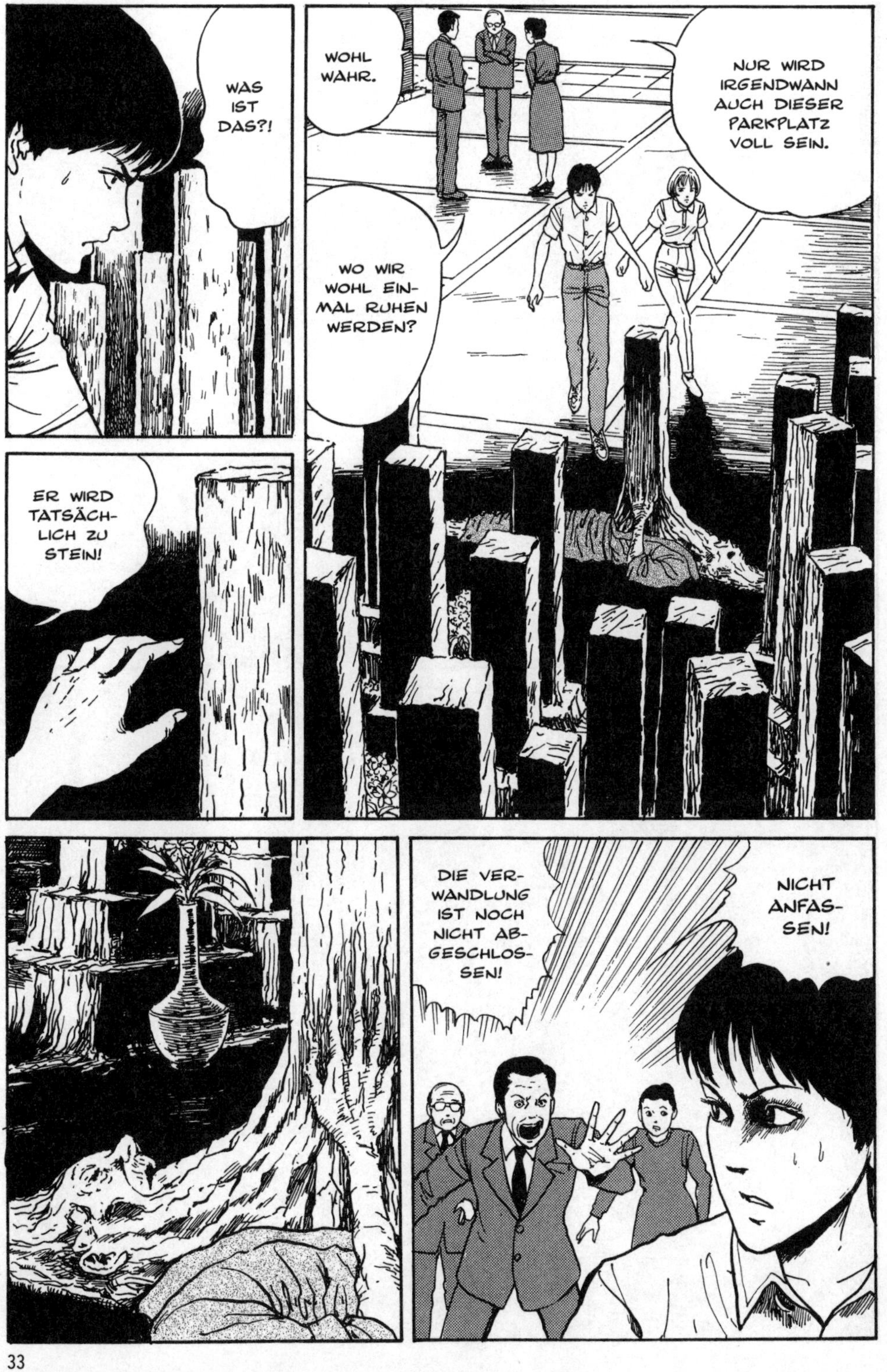
WAS IST DAS?!
WOHL WAHR.
NUR WIRD IRGENDWANN AUCH DIESER PARKPLATZ VOLL SEIN.
WO WIR WOHL EIN-MAL RUHEN WERDEN?
ER WIRD TATSÄCH-LICH ZU STEIN!
NICHT ANFAS-SEN!
DIE VER-WANDLUNG IST NOCH NICHT AB-GESCHLOS-SEN!

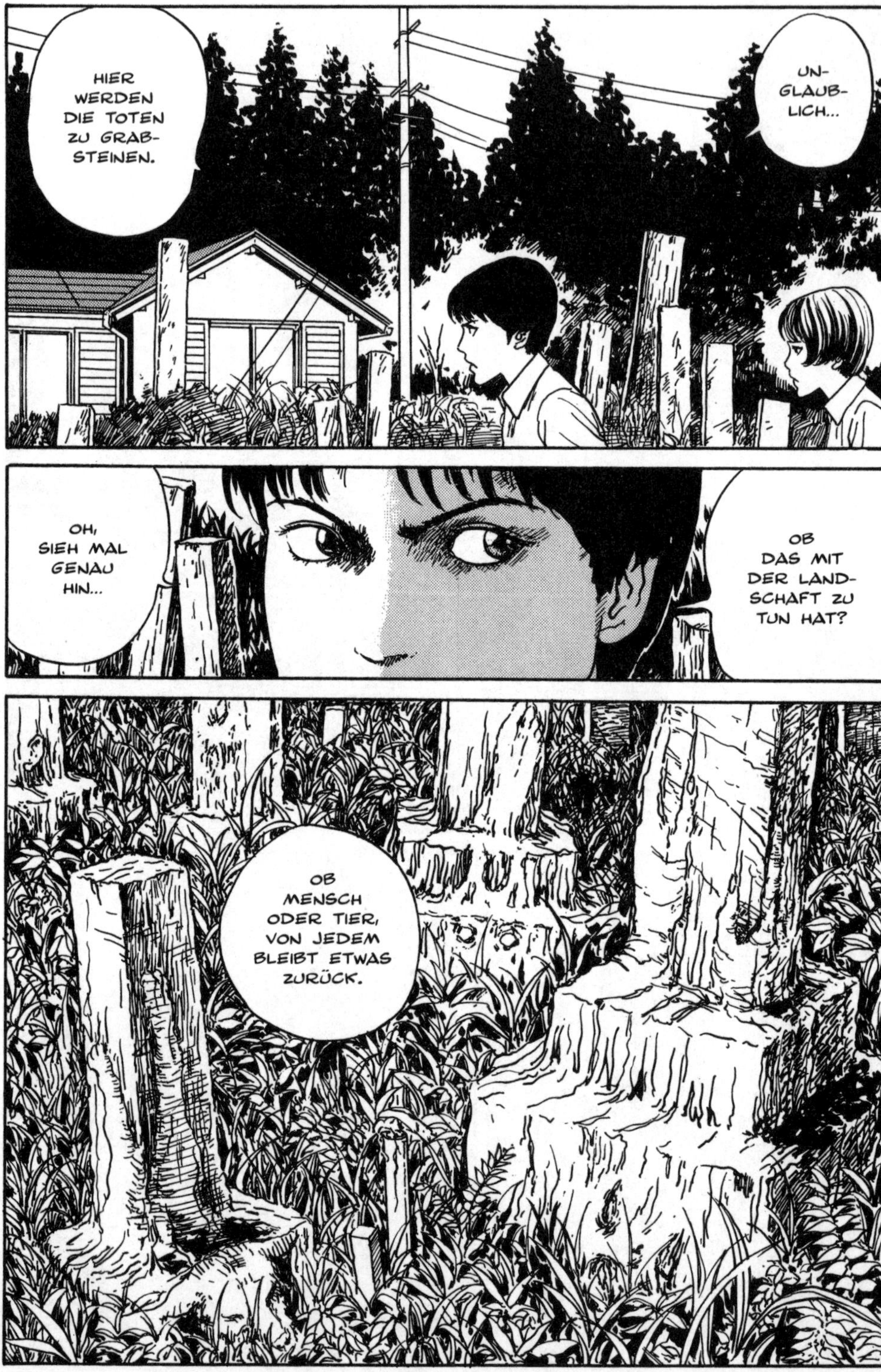
HIER WERDEN DIE TOTEN ZU GRAB-STEINEN.
UN-GLAUB-LICH...
OH, SIEH MAL GENAU HIN...
OB DAS MIT DER LAND-SCHAFT ZU TUN HAT?
OB MENSCH ODER TIER, VON JEDEM BLEIBT ETWAS ZURÜCK.

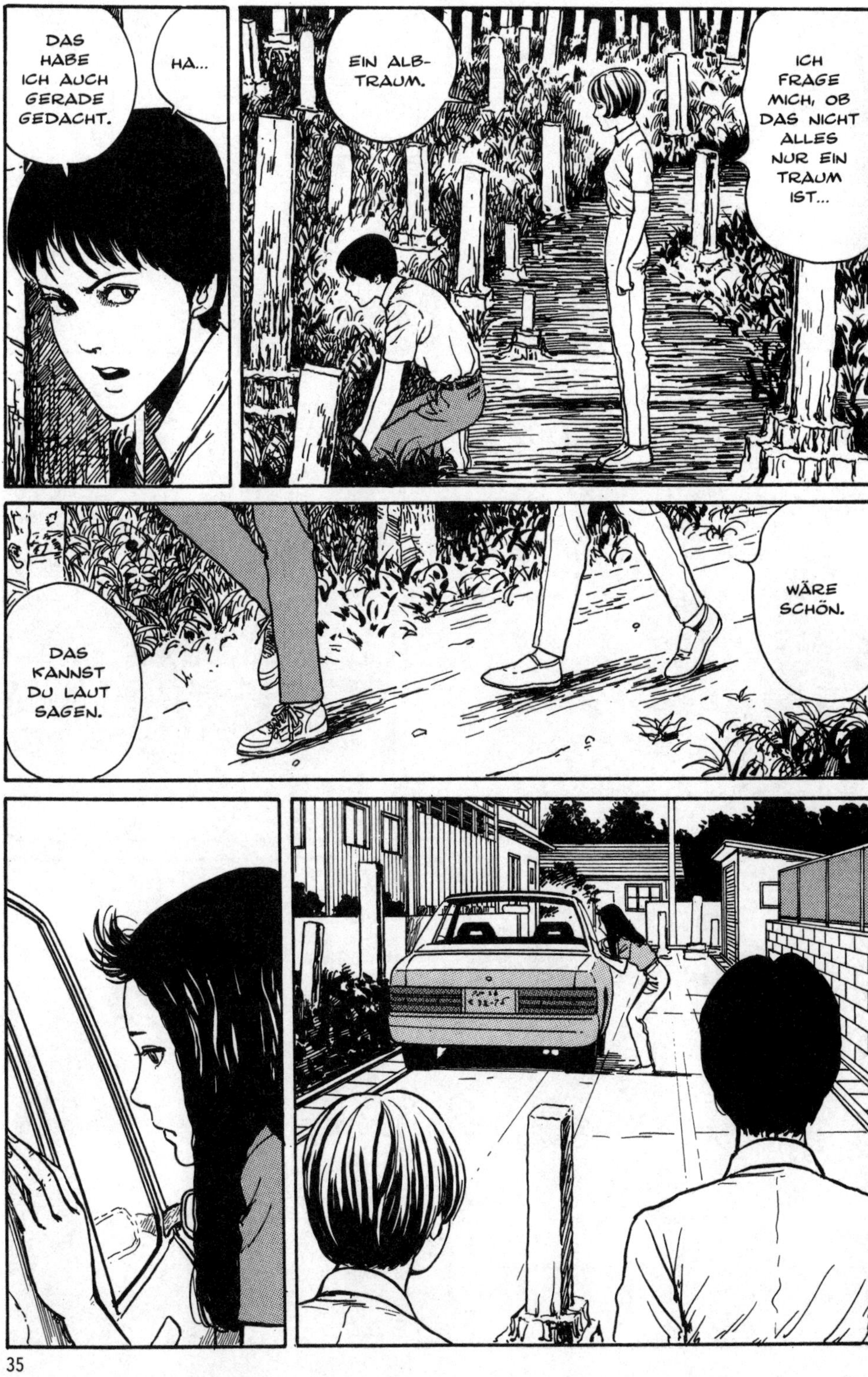
ICH FRAGE MICH, OB DAS NICHT ALLES NUR EIN TRAUM IST...
EIN ALB-TRAUM.
HA...
DAS HABE ICH AUCH GERADE GEDACHT.
WÄRE SCHÖN.
DAS KANNST DU LAUT SAGEN.

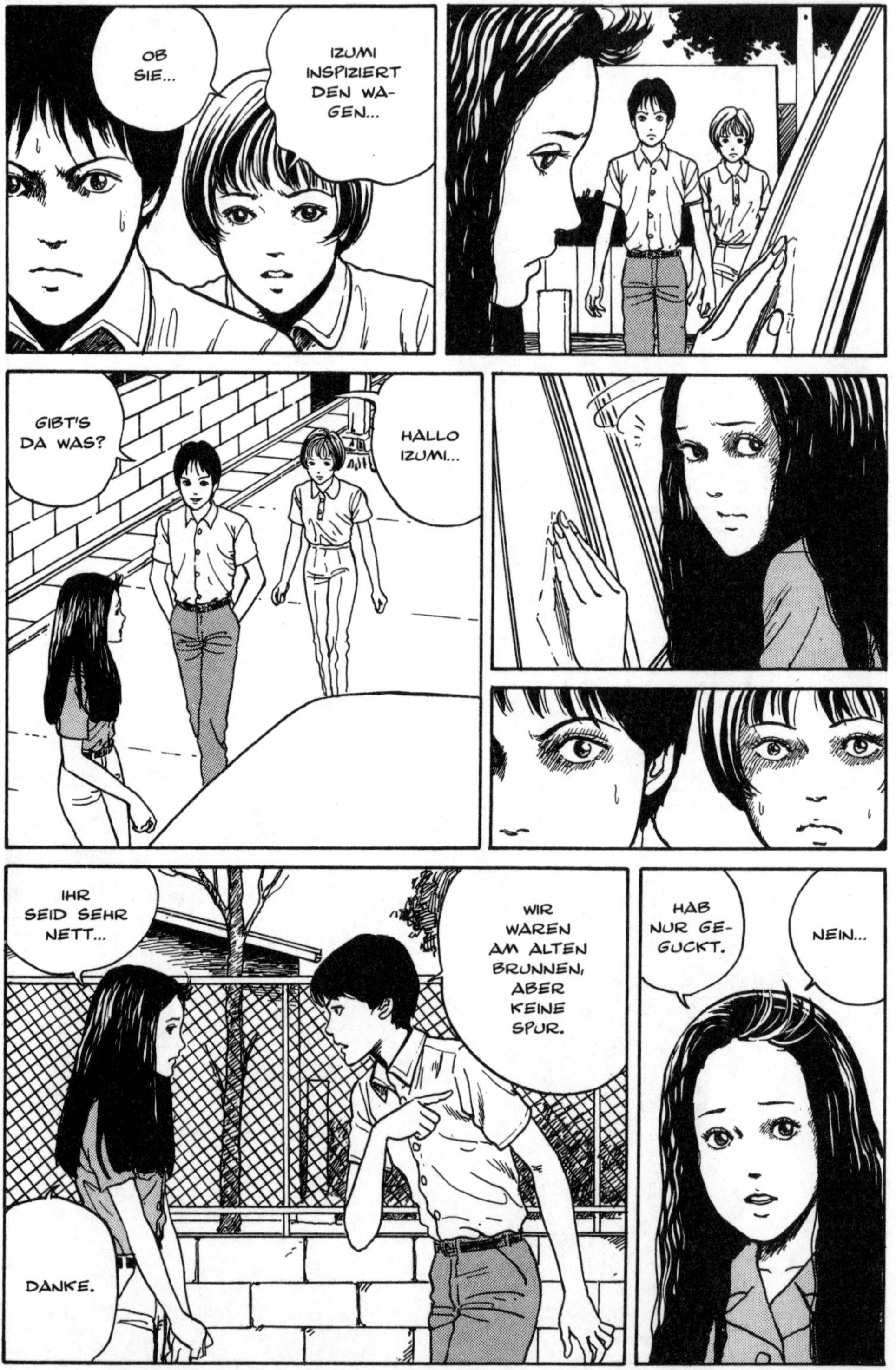
IZUMI INSPIZIERT DEN WAGEN...
OB SIE...
HALLO IZUMI...
GIBT'S DA WAS?
NEIN...
HAB NUR GEGUCKT.
WIR WAREN AM ALTEN BRUNNEN, ABER KEINE SPUR.
IHR SEID SEHR NETT...
DANKE.

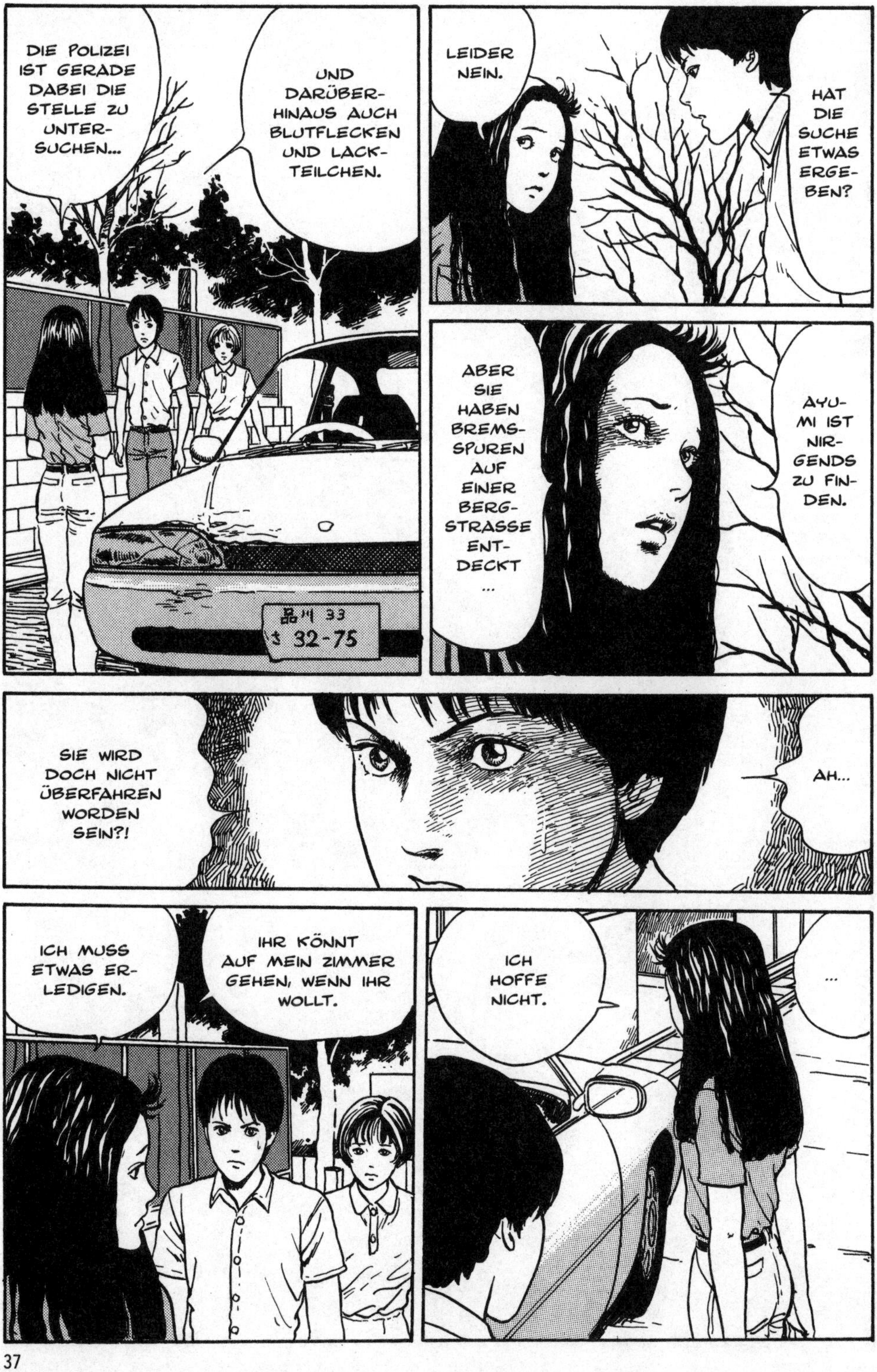
HAT DIE SUCHE ETWAS ERGEBEN?
LEIDER NEIN.
AYUMI IST NIRGENDS ZU FINDEN.
ABER SIE HABEN BREMSSPUREN AUF EINER BERGSTRASSE ENTDECKT ...
DIE POLIZEI IST GERADE DABEI DIE STELLE ZU UNTERSUCHEN...
UND DARÜBERHINAUS AUCH BLUTFLECKEN UND LACKTEILCHEN.
品川 33
さ 32-75
AH...
SIE WIRD DOCH NICHT ÜBERFAHREN WORDEN SEIN?!
...
ICH HOFFE NICHT.
IHR KÖNNT AUF MEIN ZIMMER GEHEN, WENN IHR WOLLT.
ICH MUSS ETWAS ERLEDIGEN.

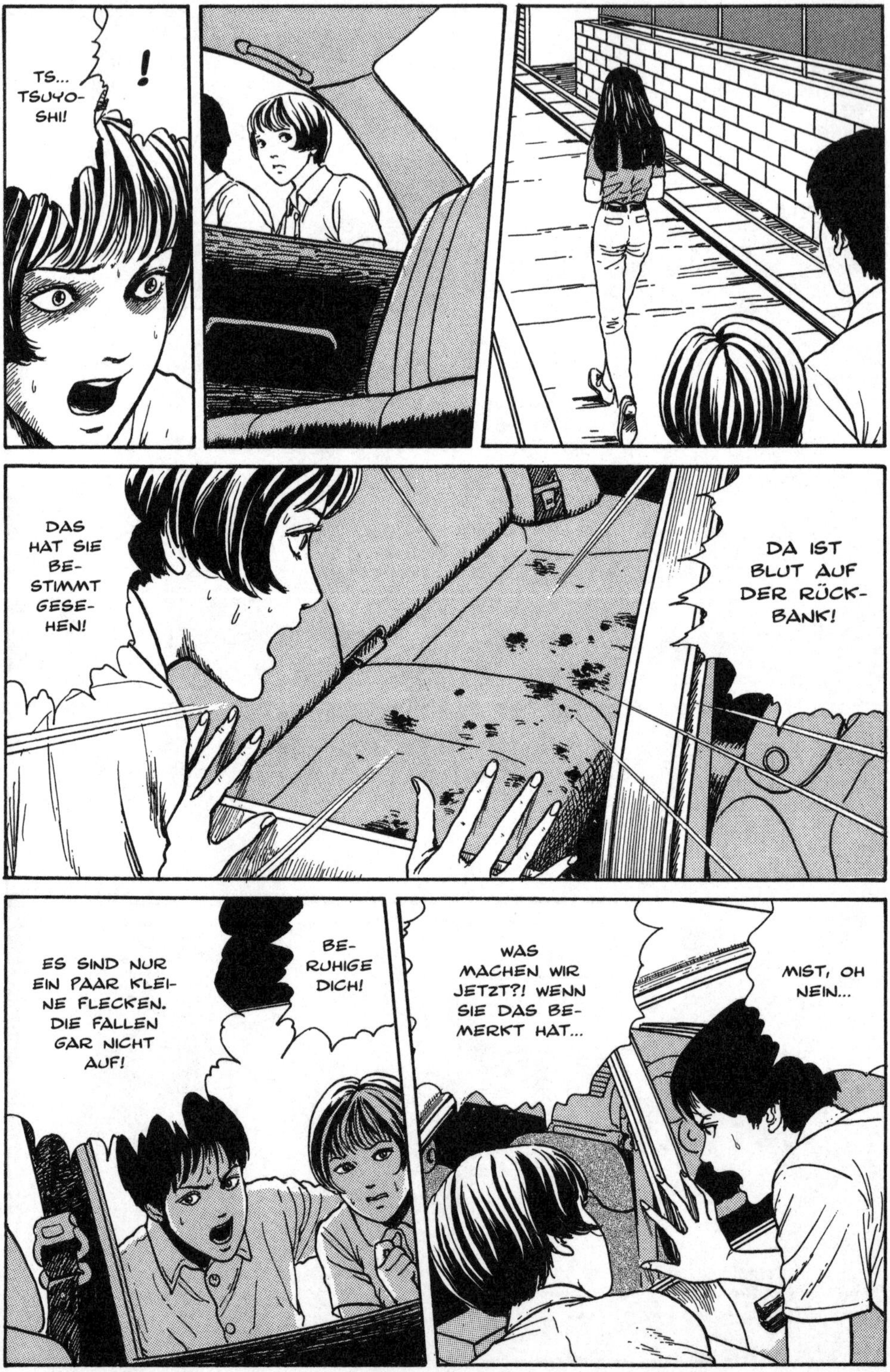
!
TS... TSUYOSHI!
DA IST BLUT AUF DER RÜCKBANK!
DAS HAT SIE BESTIMMT GESEHEN!
MIST, OH NEIN...
WAS MACHEN WIR JETZT?! WENN SIE DAS BEMERKT HAT...
BERUHIGE DICH!
ES SIND NUR EIN PAAR KLEINE FLECKEN. DIE FALLEN GAR NICHT AUF!

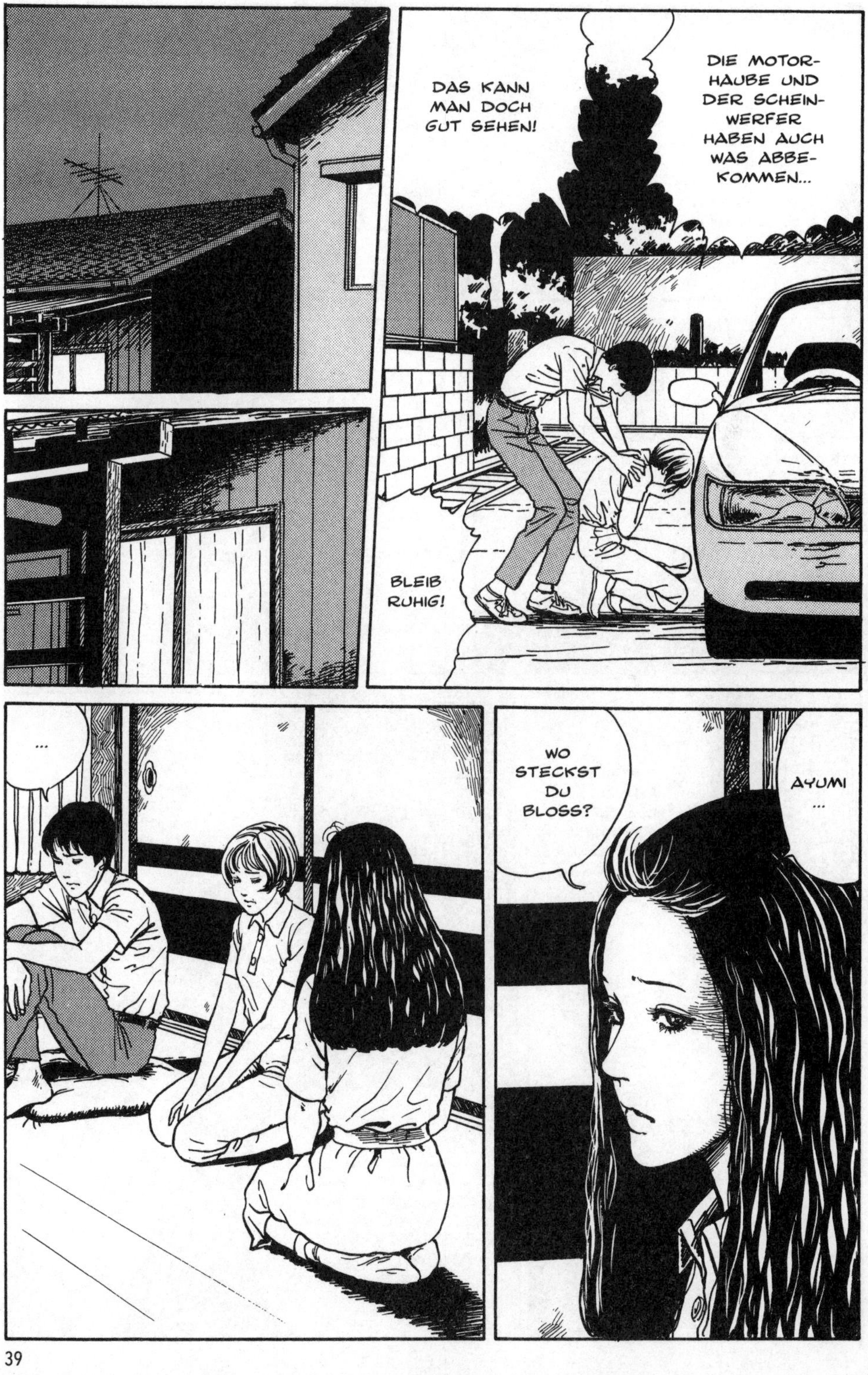
DIE MOTOR-
HAUBE UND
DER SCHEIN-
WERFER
HABEN AUCH
WAS ABBE-
KOMMEN...
DAS KANN
MAN DOCH
GUT SEHEN!
BLEIB
RUHIG!
AYUMI
...
WO
STECKST
DU
BLOSS?
...

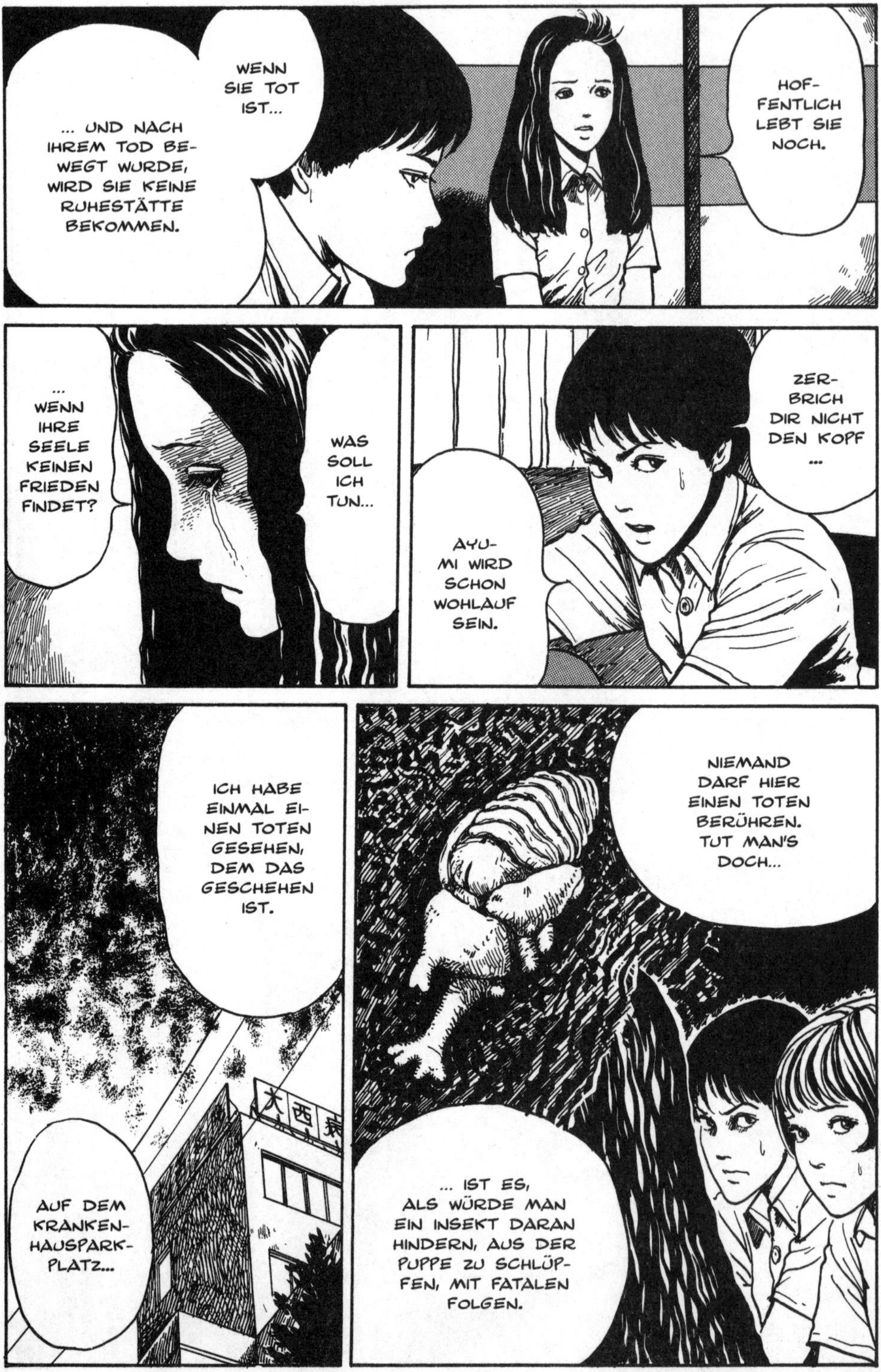
HOFFENTLICH LEBT SIE NOCH.
WENN SIE TOT IST...
... UND NACH IHREM TOD BEWEGT WURDE, WIRD SIE KEINE RUHESTÄTTE BEKOMMEN.
ZERBRICH DIR NICHT DEN KOPF ...
AYUMI WIRD SCHON WOHLAUF SEIN.
WAS SOLL ICH TUN...
... WENN IHRE SEELE KEINEN FRIEDEN FINDET?
NIEMAND DARF HIER EINEN TOTEN BERÜHREN. TUT MAN'S DOCH...
... IST ES, ALS WÜRDE MAN EIN INSEKT DARAN HINDERN, AUS DER PUPPE ZU SCHLÜPFEN, MIT FATALEN FOLGEN.
ICH HABE EINMAL EINEN TOTEN GESEHEN, DEM DAS GESCHEHEN IST.
AUF DEM KRANKENHAUSPARKPLATZ...

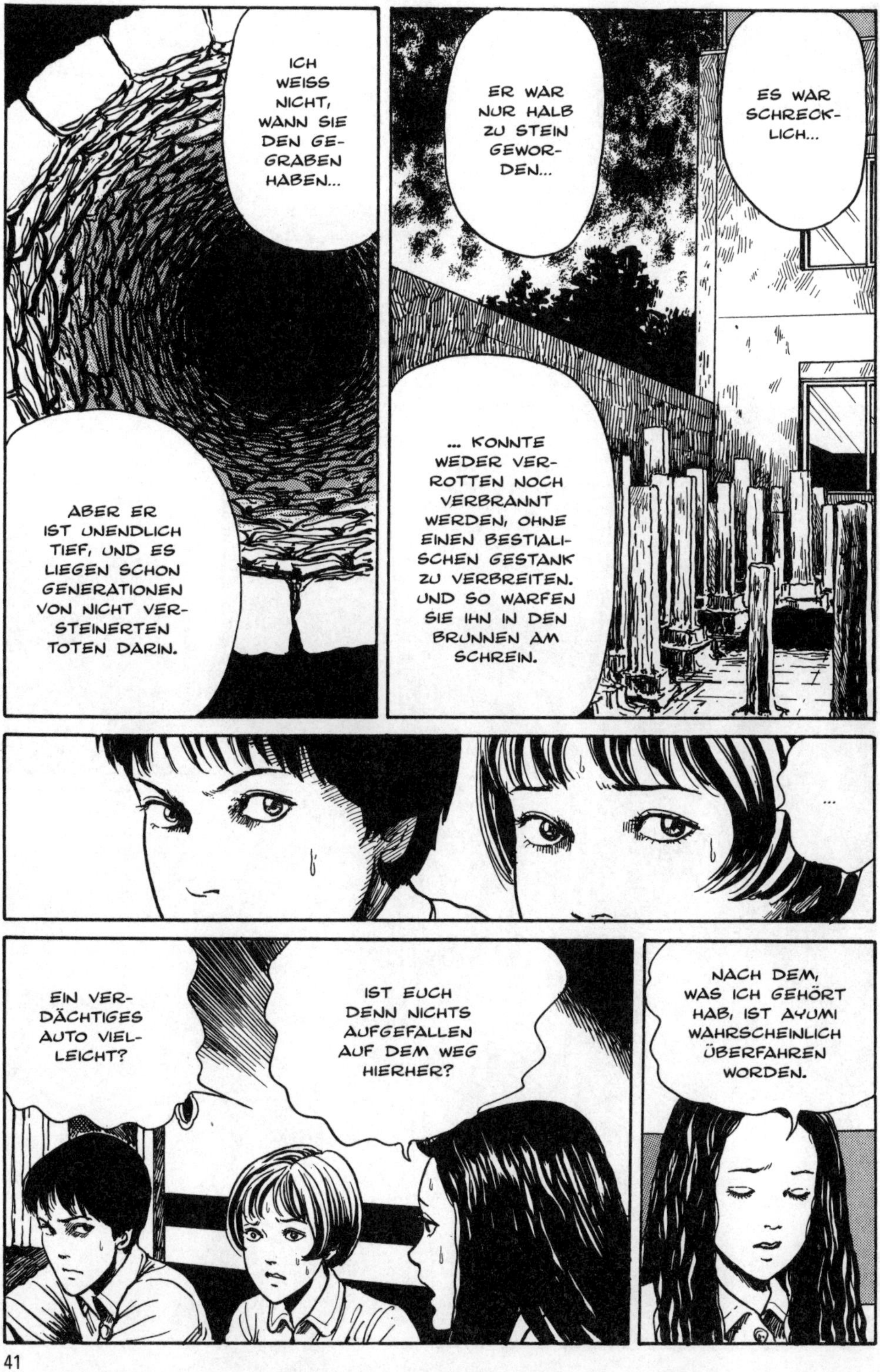
ES WAR SCHRECK-LICH...
ER WAR NUR HALB ZU STEIN GEWOR-DEN...
... KONNTE WEDER VER-ROTTEN NOCH VERBRANNT WERDEN, OHNE EINEN BESTIALI-SCHEN GESTANK ZU VERBREITEN. UND SO WARFEN SIE IHN IN DEN BRUNNEN AM SCHREIN.
ICH WEISS NICHT, WANN SIE DEN GE-GRABEN HABEN...
ABER ER IST UNENDLICH TIEF, UND ES LIEGEN SCHON GENERATIONEN VON NICHT VER-STEINERTEN TOTEN DARIN.
...
NACH DEM, WAS ICH GEHÖRT HAB, IST AYUMI WAHRSCHEINLICH ÜBERFAHREN WORDEN.
IST EUCH DENN NICHTS AUFGEFALLEN AUF DEM WEG HIERHER?
EIN VER-DÄCHTIGES AUTO VIEL-LEICHT?

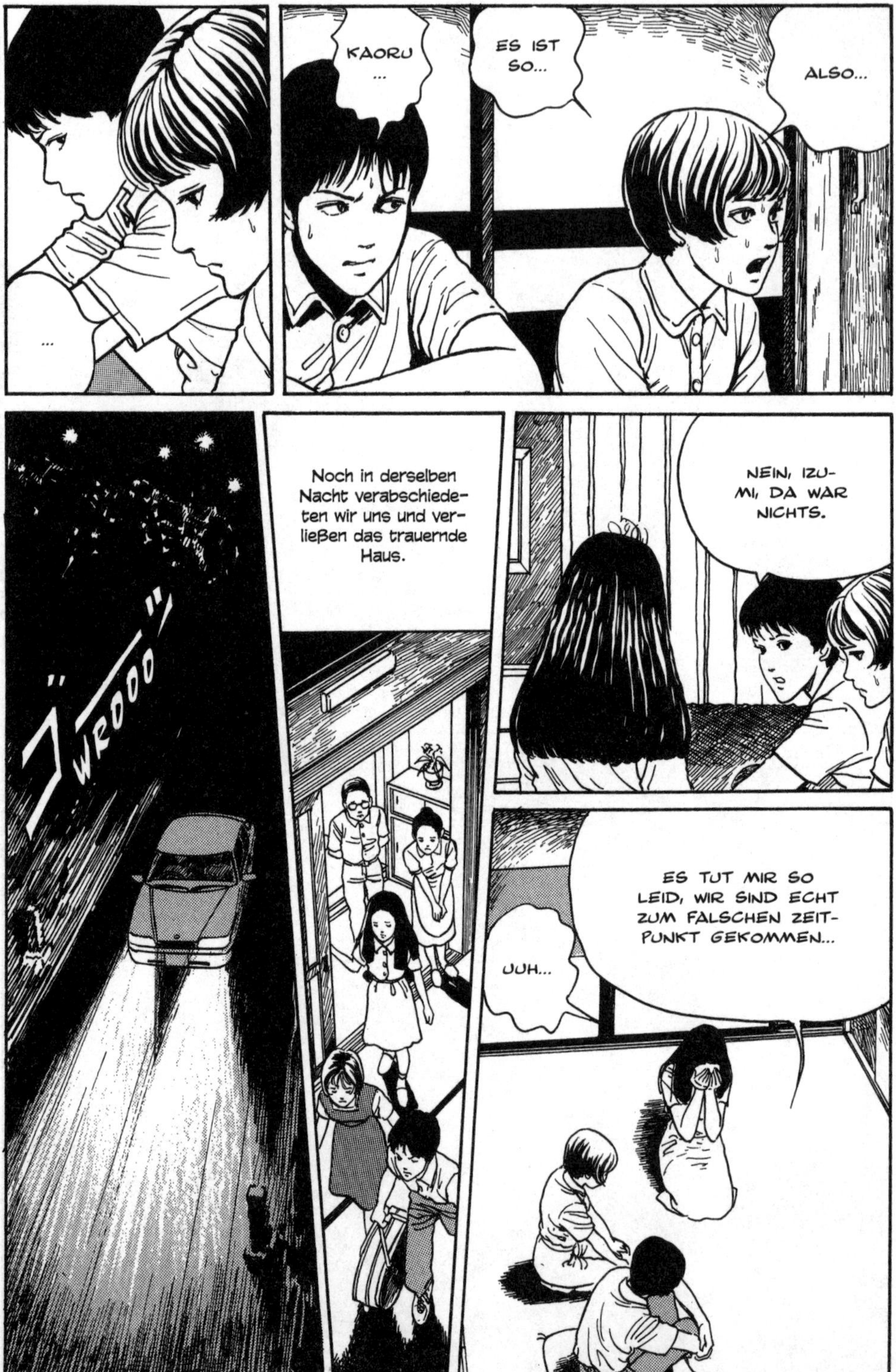
ALSO...
ES IST SO...
KAORU ...
...
NEIN, IZUMI, DA WAR NICHTS.
ES TUT MIR SO LEID, WIR SIND ECHT ZUM FALSCHEN ZEITPUNKT GEKOMMEN...
UUH...
Noch in derselben Nacht verabschiedeten wir uns und verließen das trauernde Haus.
WROOO

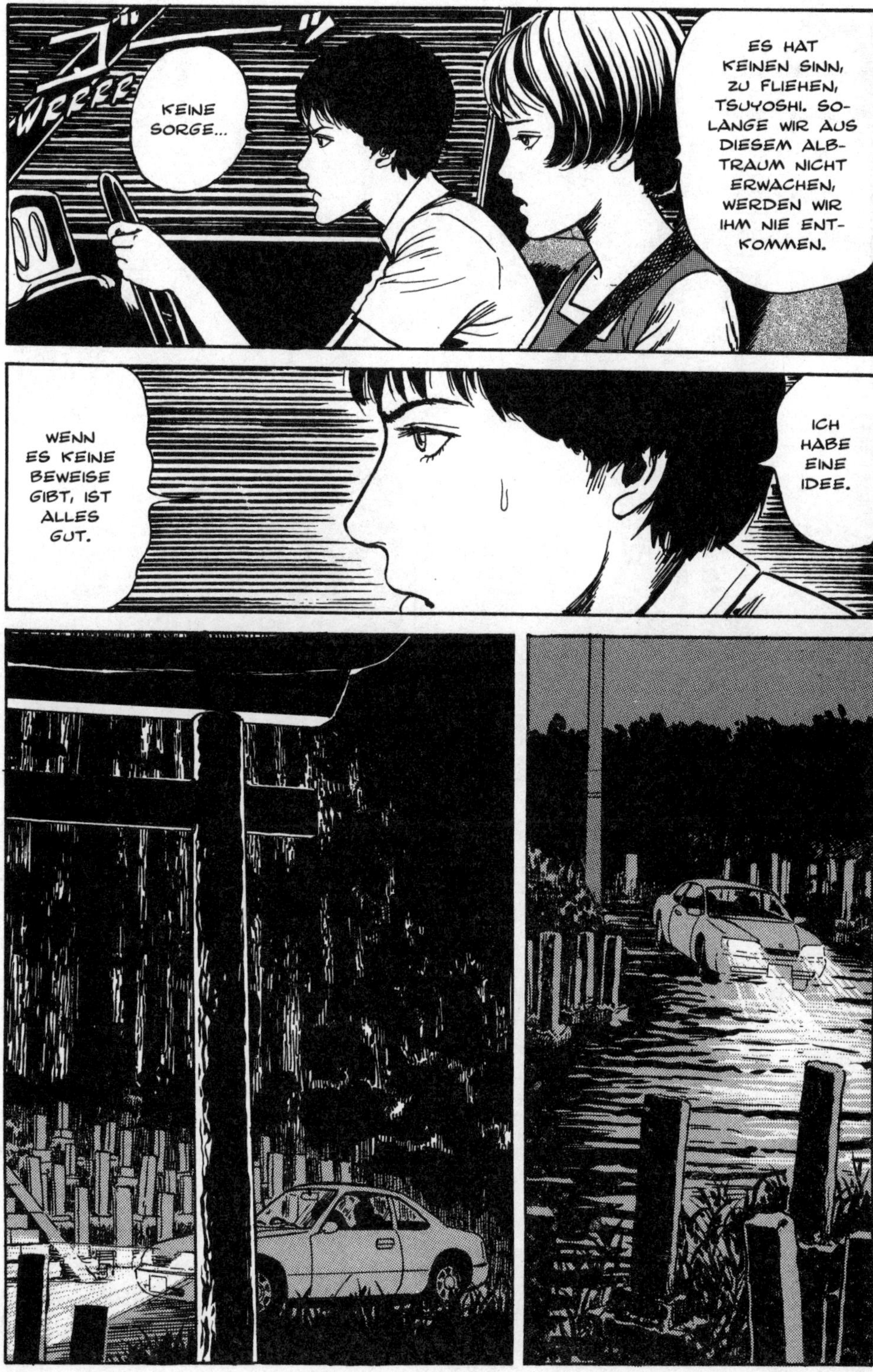
WRRRR
ES HAT KEINEN SINN, ZU FLIEHEN, TSUYOSHI. SOLANGE WIR AUS DIESEM ALBTRAUM NICHT ERWACHEN, WERDEN WIR IHM NIE ENTKOMMEN.
KEINE SORGE...
ICH HABE EINE IDEE.
WENN ES KEINE BEWEISE GIBT, IST ALLES GUT.

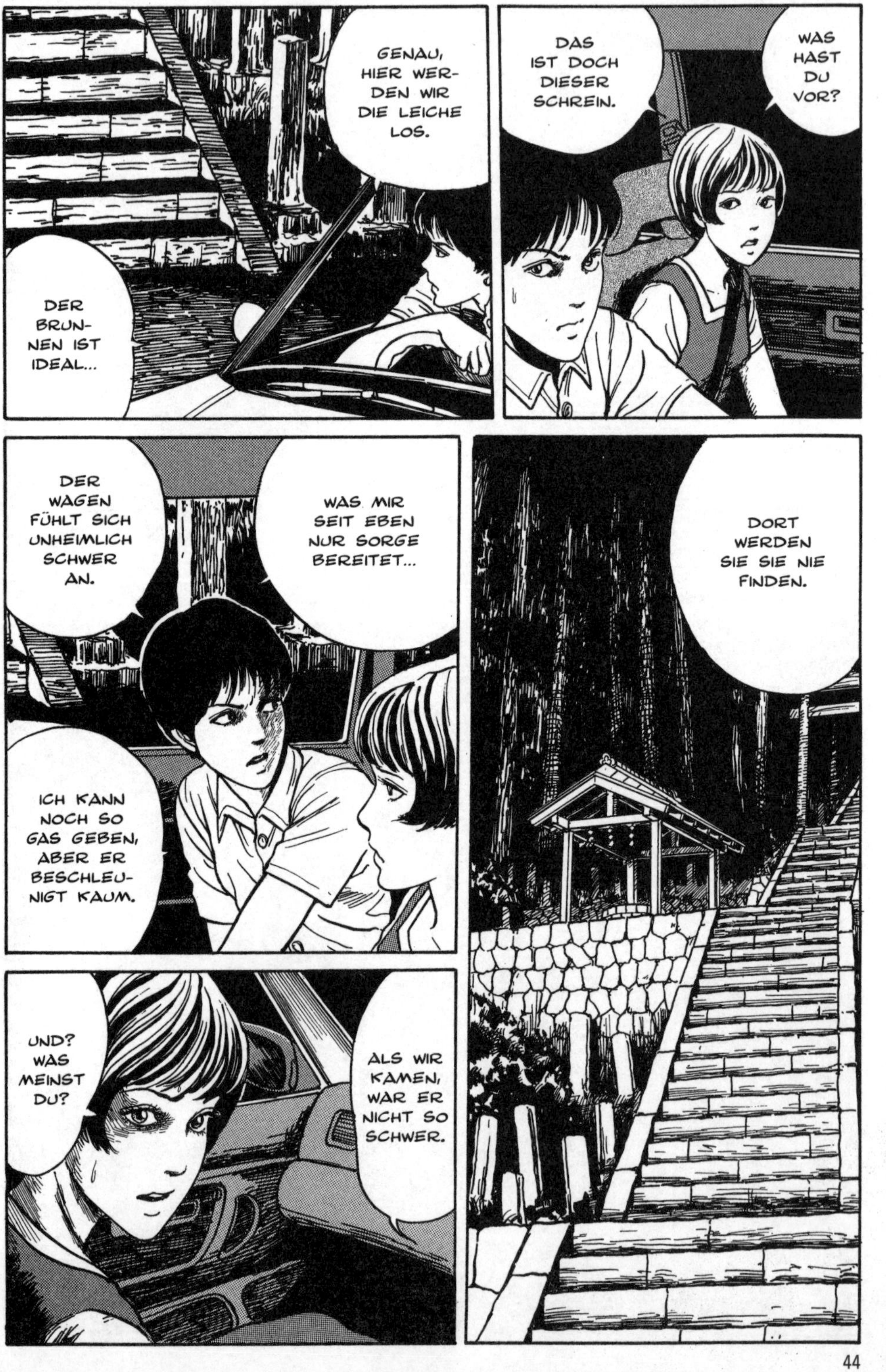
WAS HAST DU VOR?
DAS IST DOCH DIESER SCHREIN.
GENAU, HIER WER-DEN WIR DIE LEICHE LOS.
DER BRUN-NEN IST IDEAL...
DORT WERDEN SIE SIE NIE FINDEN.
WAS MIR SEIT EBEN NUR SORGE BEREITET...
DER WAGEN FÜHLT SICH UNHEIMLICH SCHWER AN.
ICH KANN NOCH SO GAS GEBEN, ABER ER BESCHLEU-NIGT KAUM.
ALS WIR KAMEN, WAR ER NICHT SO SCHWER.
UND? WAS MEINST DU?

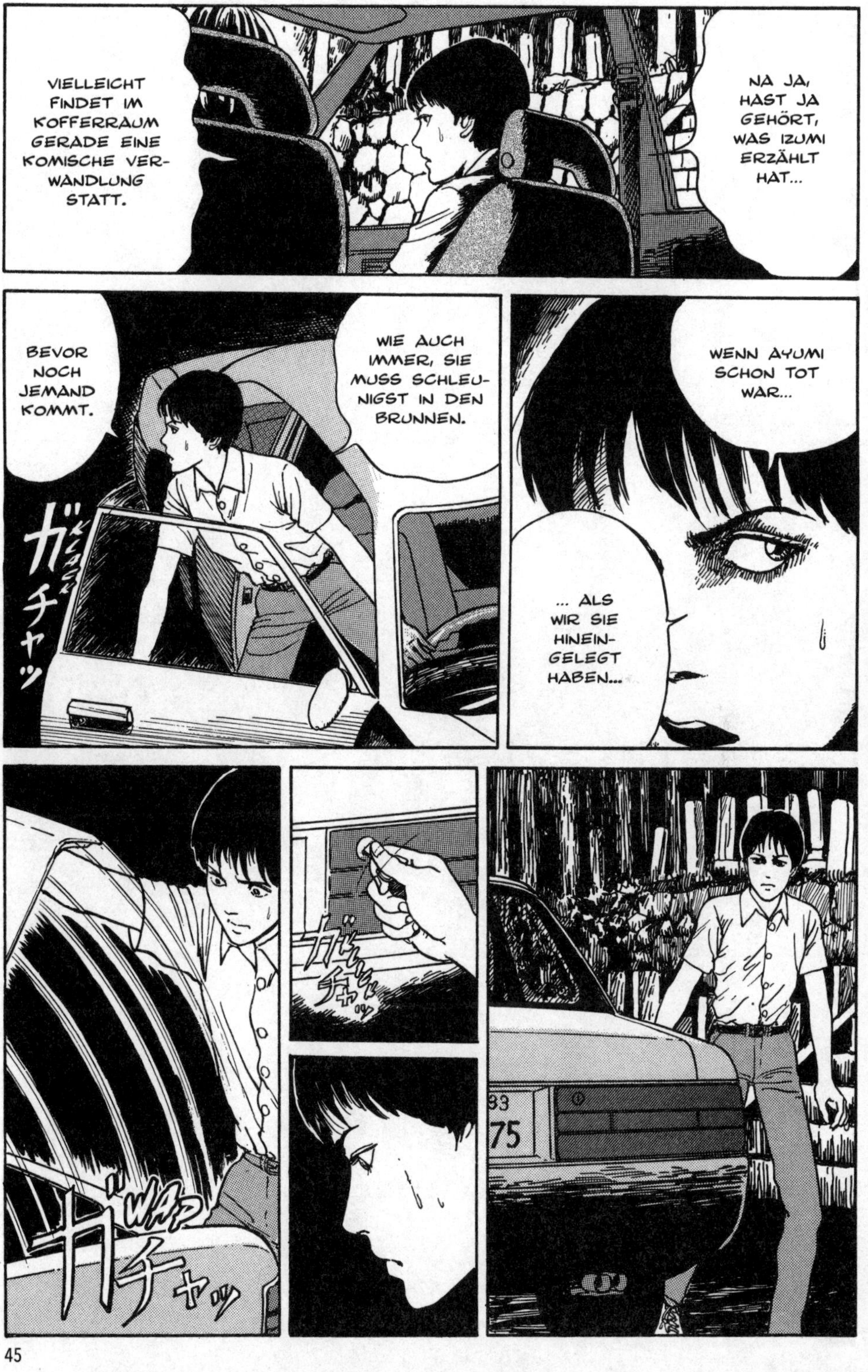
NA JA, HAST JA GEHÖRT, WAS IZUMI ERZÄHLT HAT...
VIELLEICHT FINDET IM KOFFERRAUM GERADE EINE KOMISCHE VER-WANDLUNG STATT.
WENN AYUMI SCHON TOT WAR...
... ALS WIR SIE HINEIN-GELEGT HABEN...
WIE AUCH IMMER, SIE MUSS SCHLEU-NIGST IN DEN BRUNNEN.
BEVOR NOCH JEMAND KOMMT.
KLACK
ガチャッ
WAP
ガチャッ

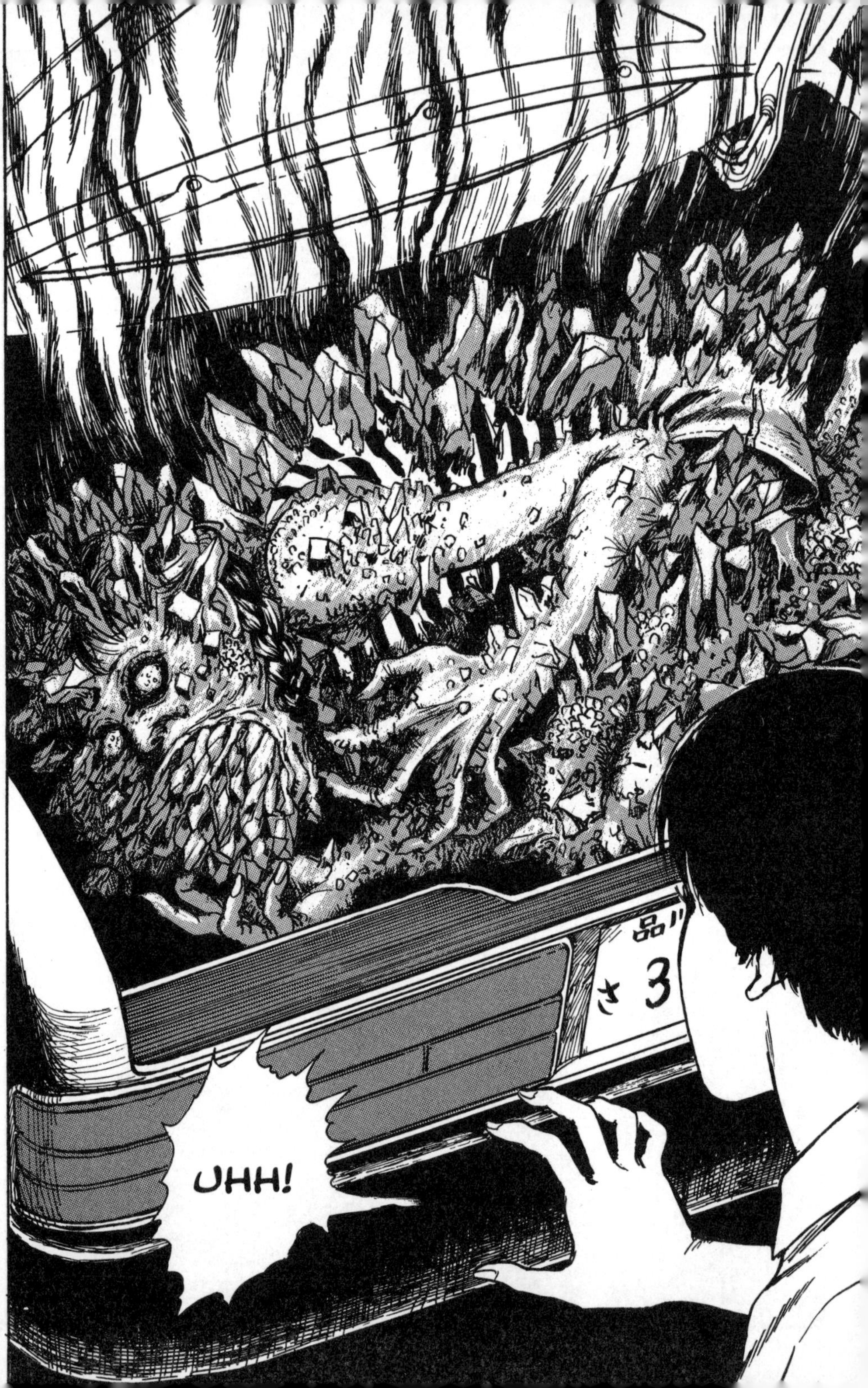
UHH!

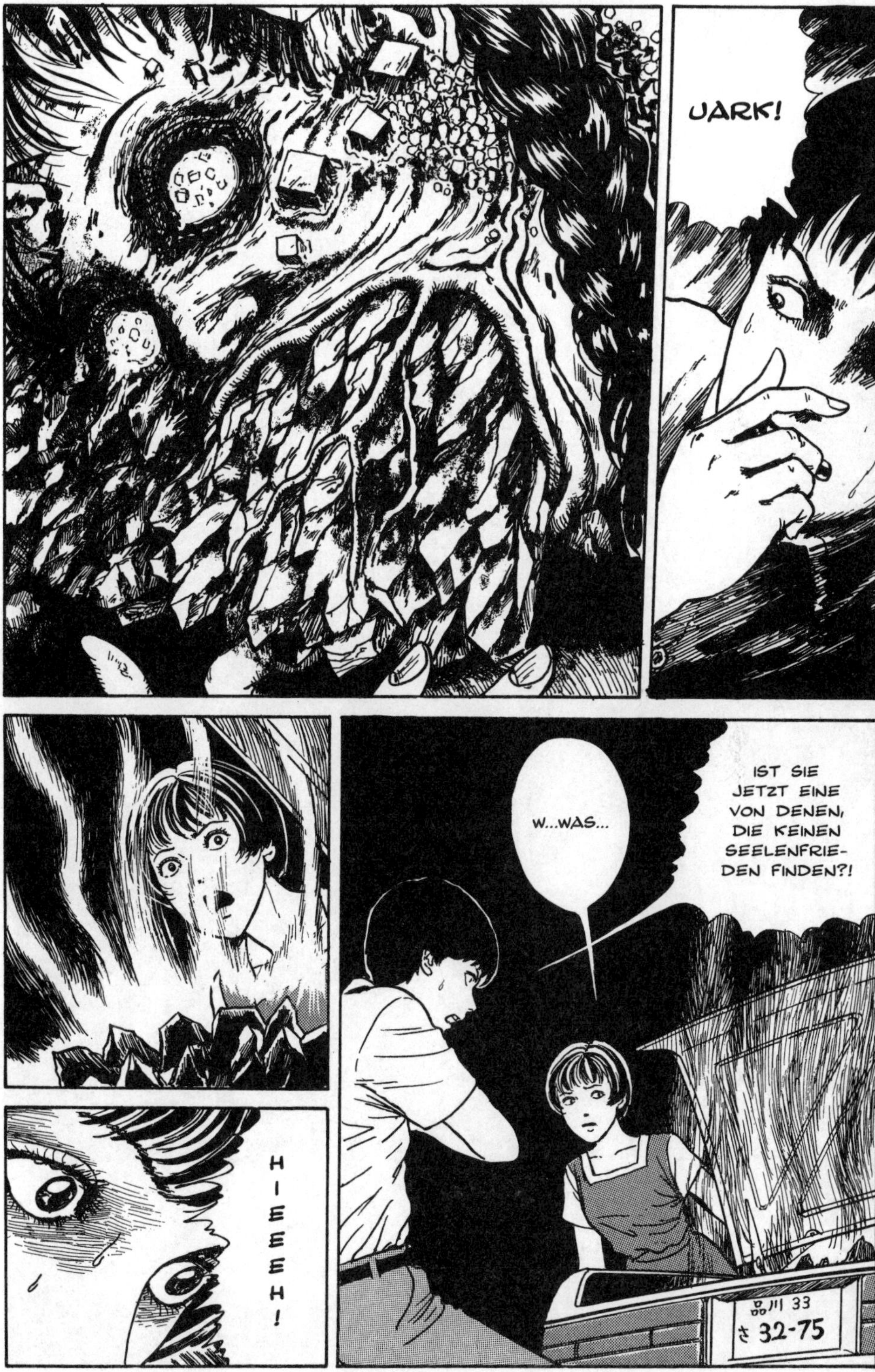
UARK!
HIEEEH!
W...WAS...
IST SIE JETZT EINE VON DENEN, DIE KEINEN SEELENFRIE-DEN FINDEN?!
品川 33
さ 32-75

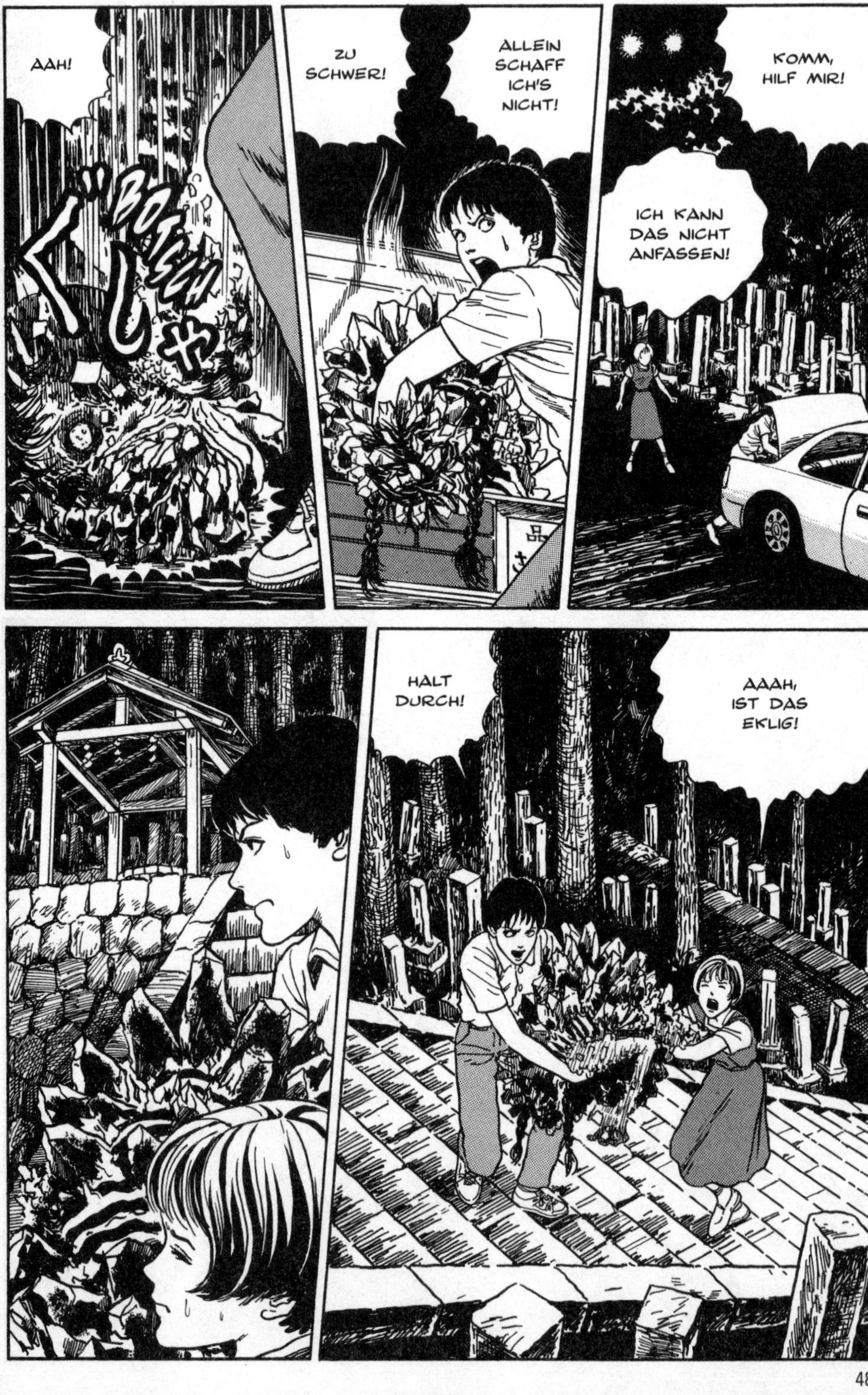
KOMM, HILF MIR!
ICH KANN DAS NICHT ANFASSEN!
ALLEIN SCHAFF ICH'S NICHT!
ZU SCHWER!
AAH!
BOMSCH
AAAH, IST DAS EKLIG!
HALT DURCH!

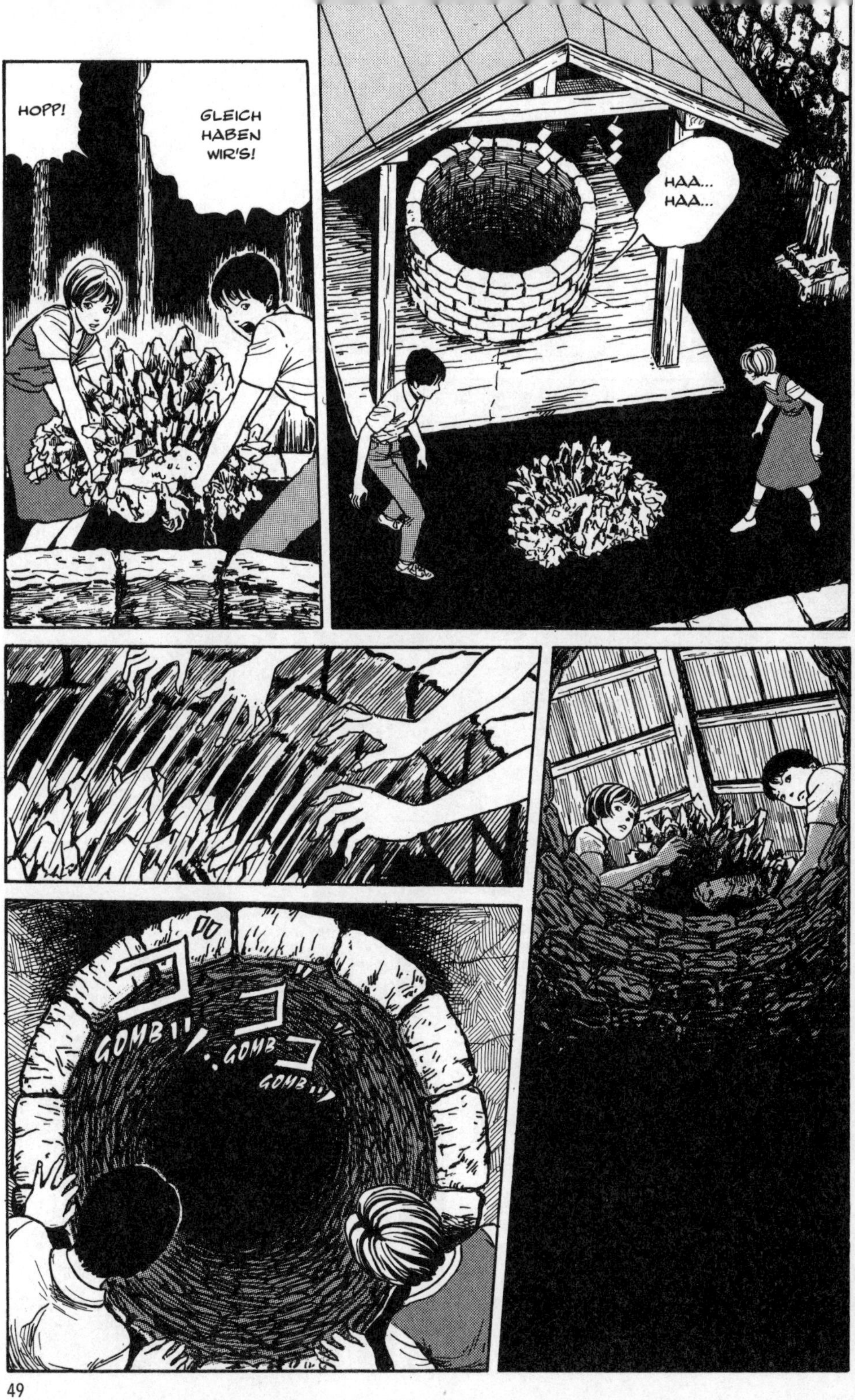
HOPP!
GLEICH HABEN WIR'S!
HAA... HAA...
GOMB
GOMB
GOMB

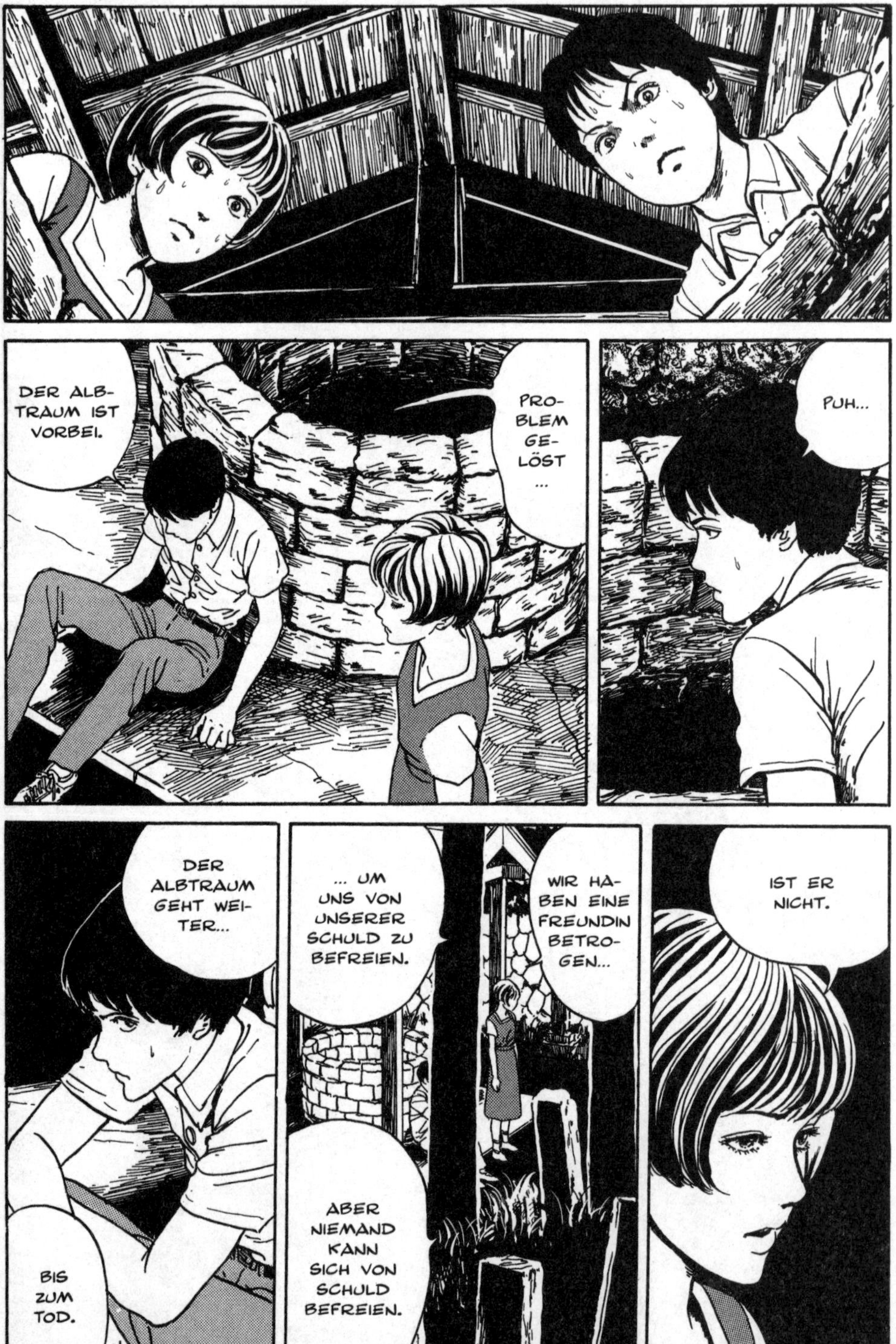
PUH...
PRO-BLEM GE-LÖST ...
DER ALB-TRAUM IST VORBEI.
IST ER NICHT.
WIR HA-BEN EINE FREUNDIN BETRO-GEN...
... UM UNS VON UNSERER SCHULD ZU BEFREIEN.
ABER NIEMAND KANN SICH VON SCHULD BEFREIEN.
DER ALBTRAUM GEHT WEI-TER...
BIS ZUM TOD.

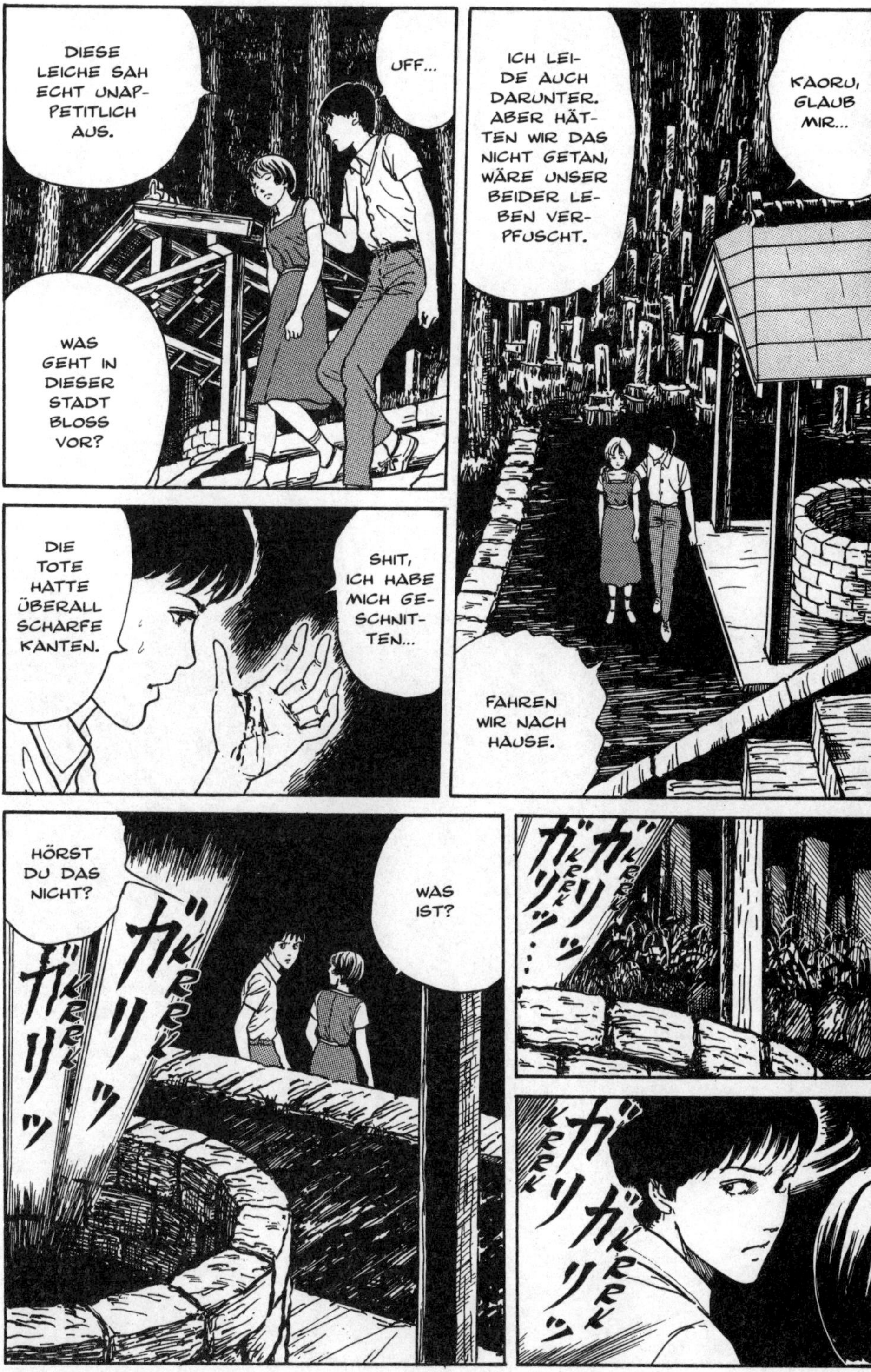
UFF...
DIESE LEICHE SAH ECHT UNAP-PETITLICH AUS.
WAS GEHT IN DIESER STADT BLOSS VOR?
KAORU, GLAUB MIR...
ICH LEI-DE AUCH DARUNTER. ABER HÄT-TEN WIR DAS NICHT GETAN, WÄRE UNSER BEIDER LE-BEN VER-PFUSCHT.
SHIT, ICH HABE MICH GE-SCHNIT-TEN...
DIE TOTE HATTE ÜBERALL SCHARFE KANTEN.
FAHREN WIR NACH HAUSE.
HÖRST DU DAS NICHT?
WAS IST?

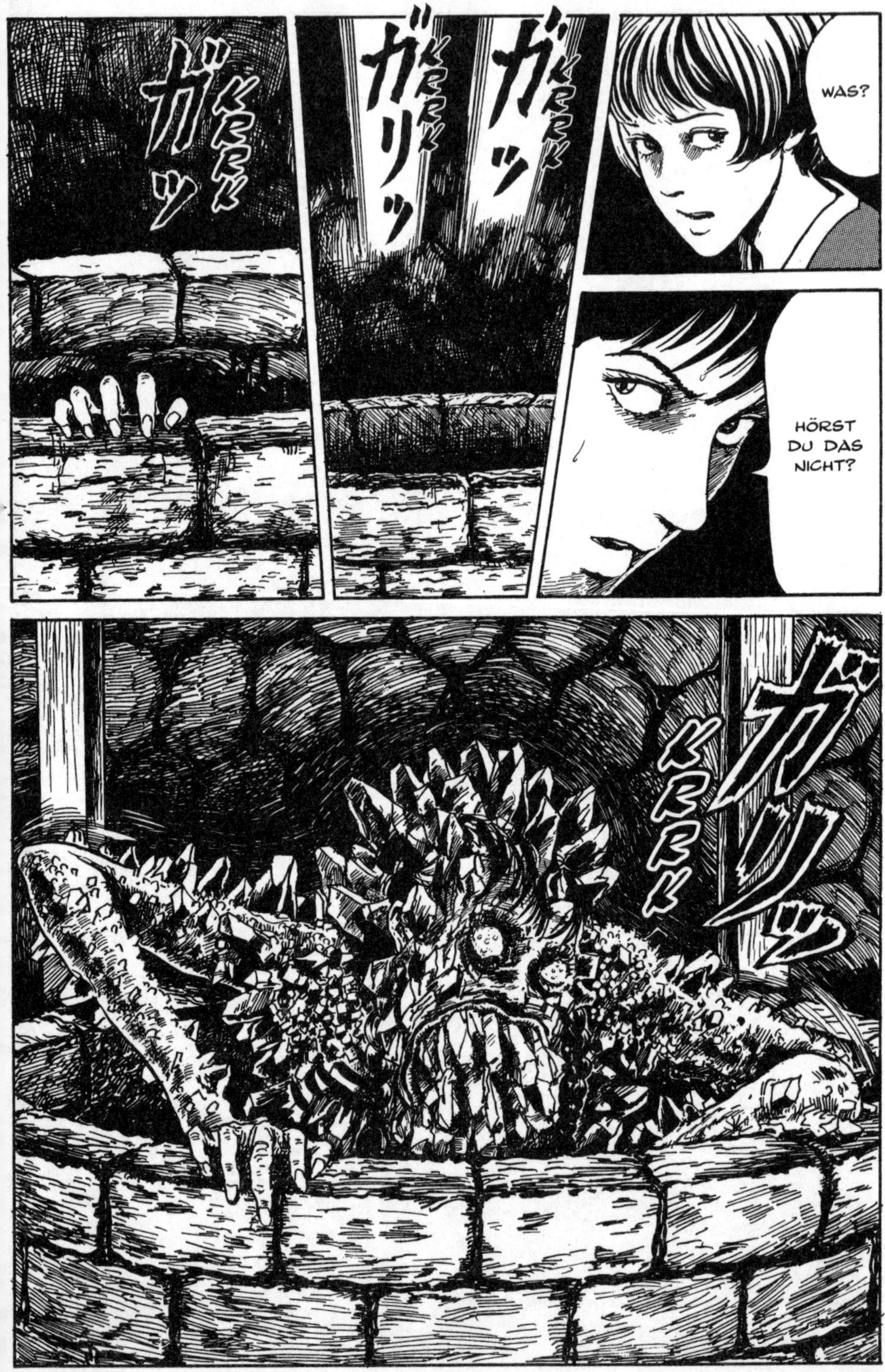
WAS?
HÖRST DU DAS NICHT?
ガッ KRRK
ガリッ KRRK
ガッ KRRK
ガリッ KRRK

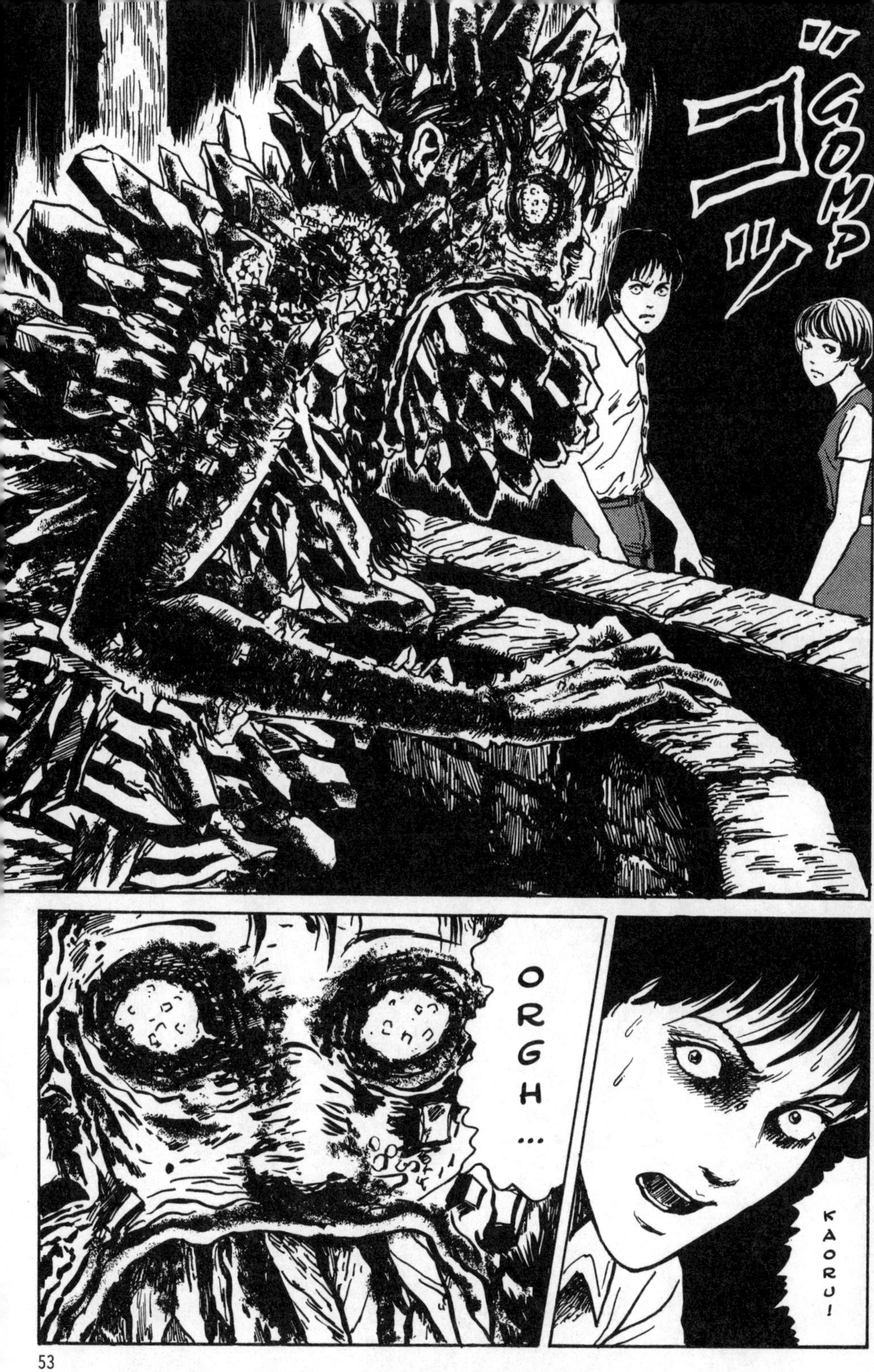
GOMP
ORGH...
KAORU!

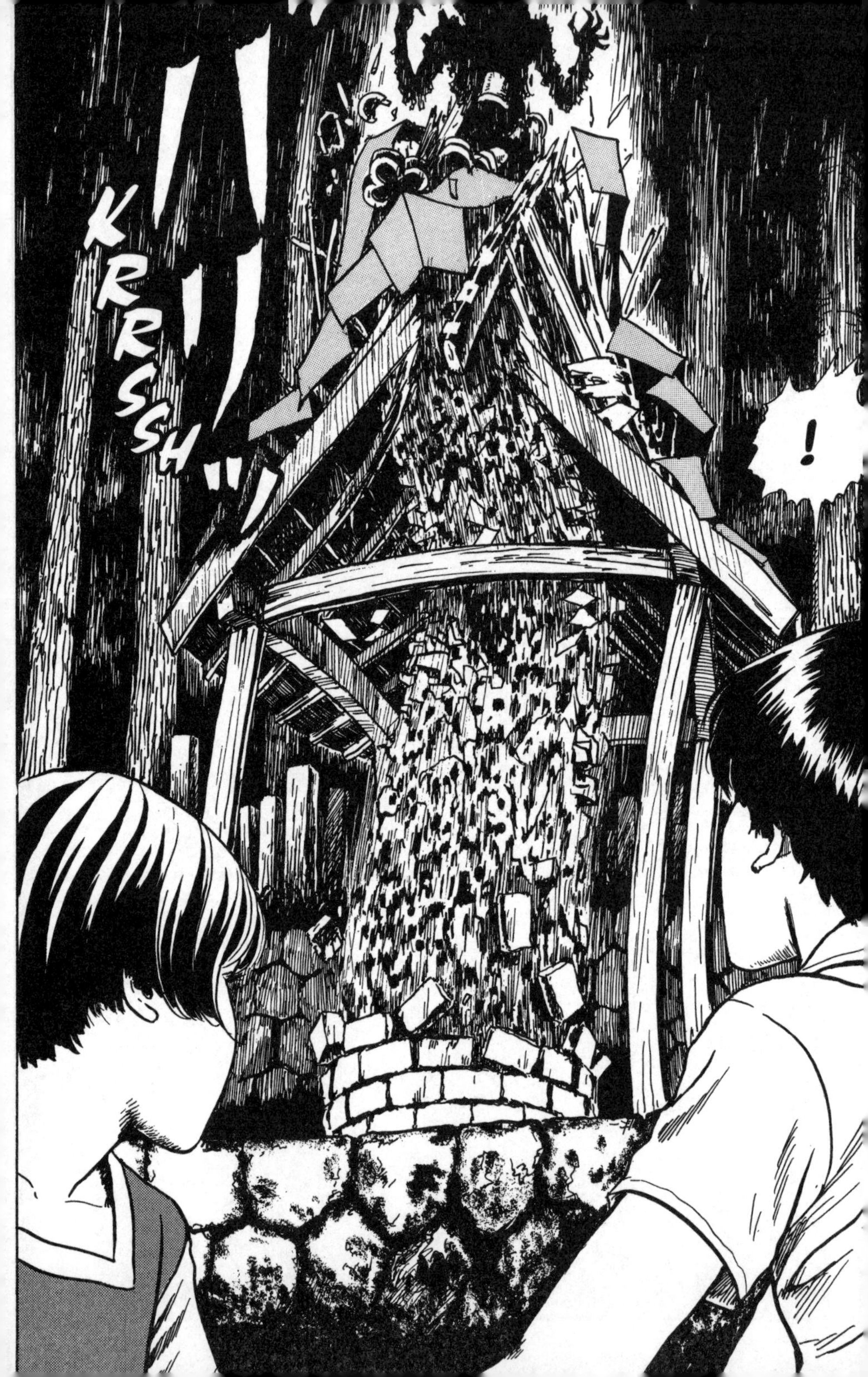
KRRSSH
!

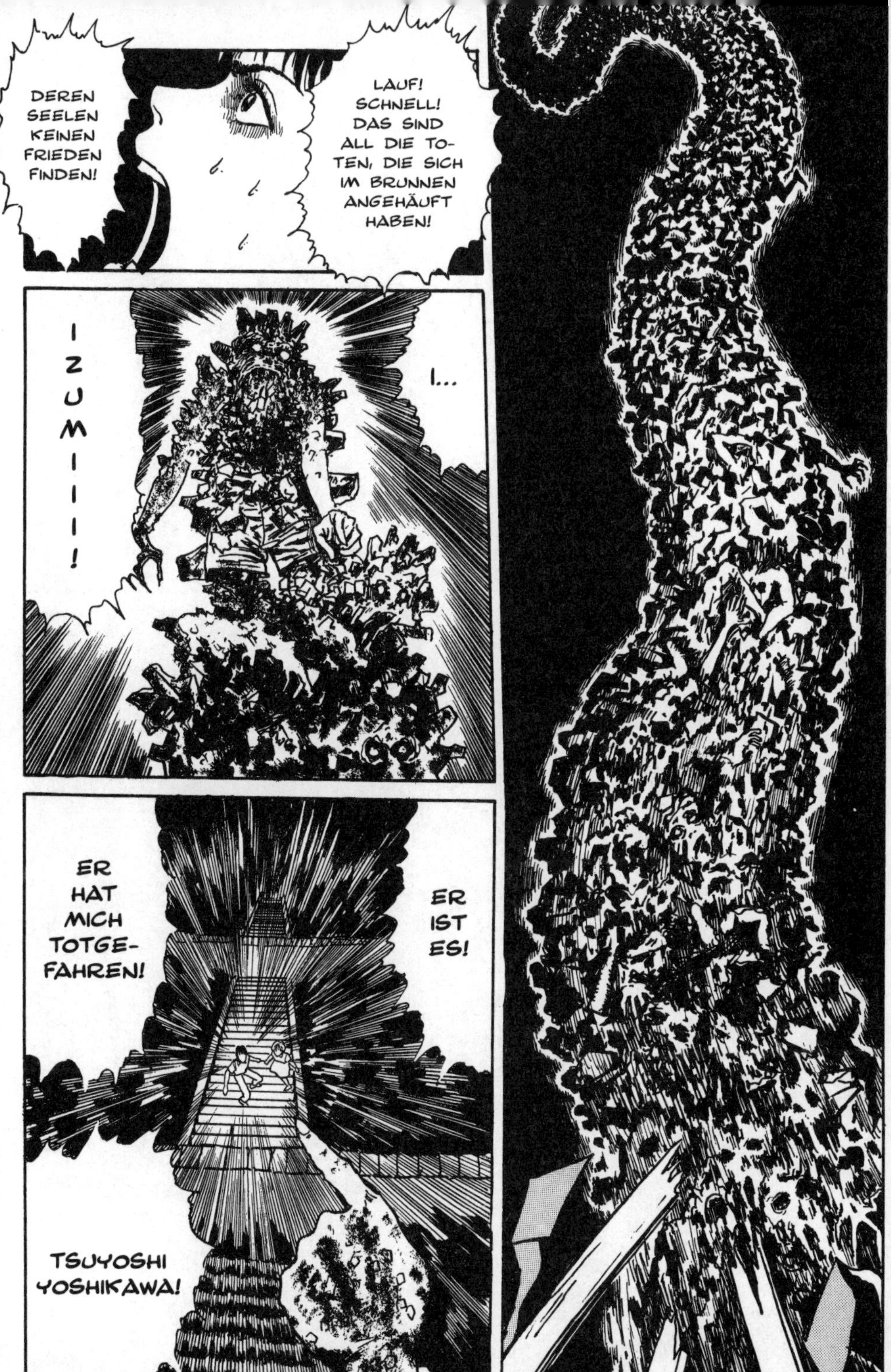

LAUF! SCHNELL! DAS SIND ALL DIE TOTEN, DIE SICH IM BRUNNEN ANGEHÄUFT HABEN!
DEREN SEELEN KEINEN FRIEDEN FINDEN!
I...
IZUMIIII!
ER IST ES!
ER HAT MICH TOTGEFAHREN!
TSUYOSHI YOSHIKAWA!

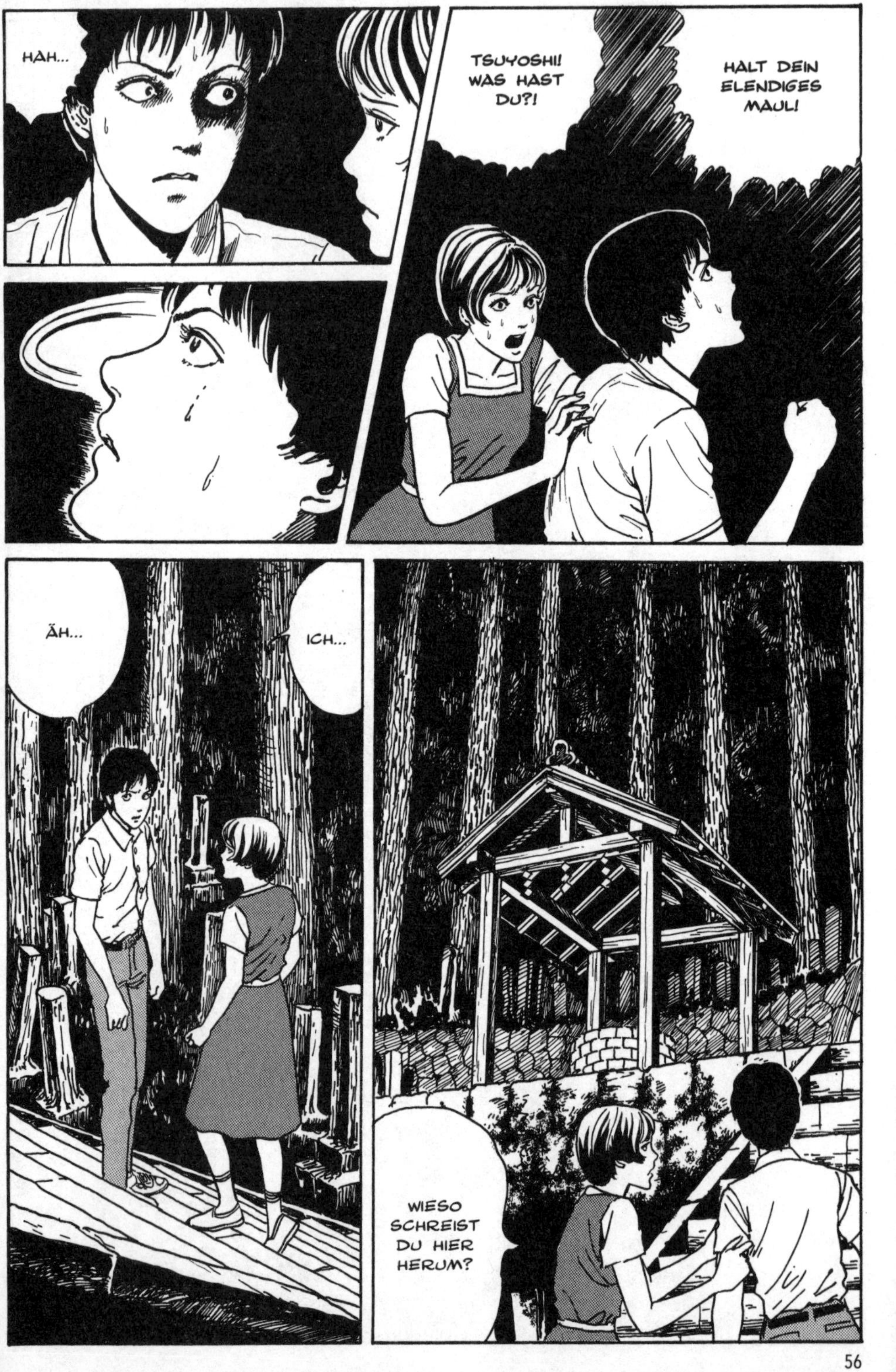
HAH...
TSUYOSHI! WAS HAST DU?!
HALT DEIN ELENDIGES MAUL!
ÄH...
ICH...
WIESO SCHREIST DU HIER HERUM?

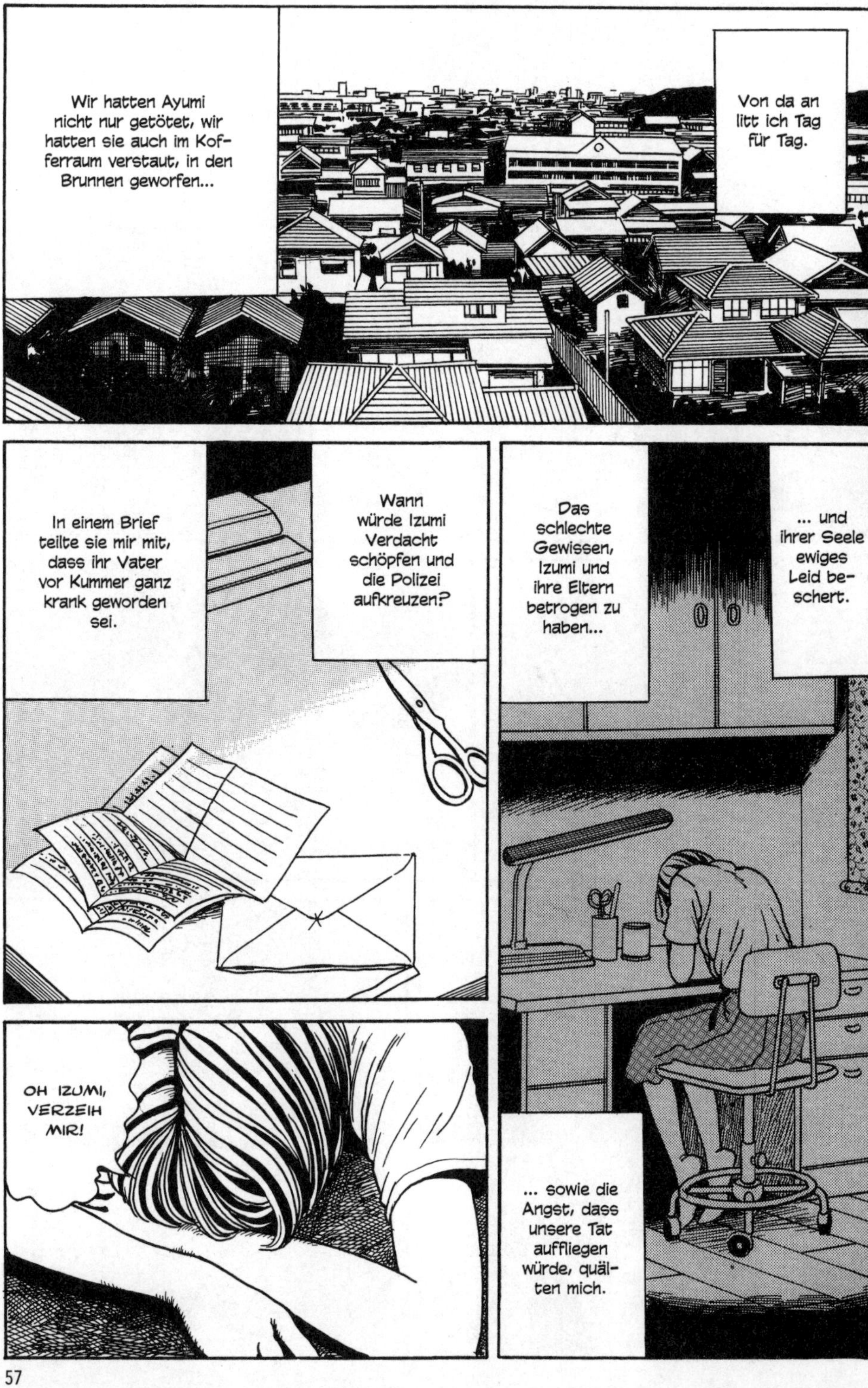

Wir hatten Ayumi nicht nur getötet, wir hatten sie auch im Kofferraum verstaut, in den Brunnen geworfen...
Von da an litt ich Tag für Tag.
In einem Brief teilte sie mir mit, dass ihr Vater vor Kummer ganz krank geworden sei.
Wann würde Izumi Verdacht schöpfen und die Polizei aufkreuzen?
Das schlechte Gewissen, Izumi und ihre Eltern betrogen zu haben...
... und ihrer Seele ewiges Leid beschert.
OH IZUMI, VERZEIH MIR!
... sowie die Angst, dass unsere Tat auffliegen würde, quälten mich.

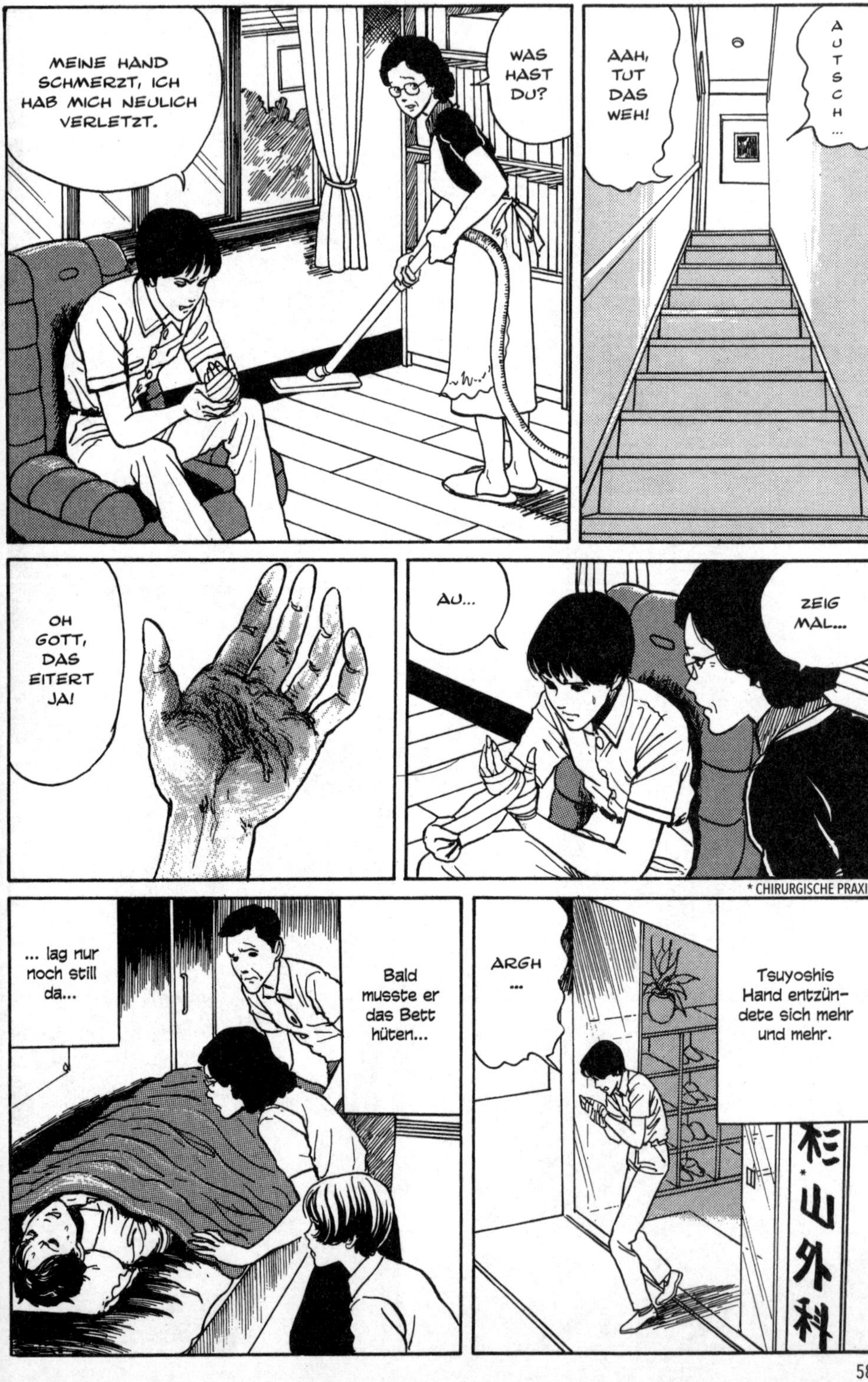

* CHIRURGISCHE PRAXIS

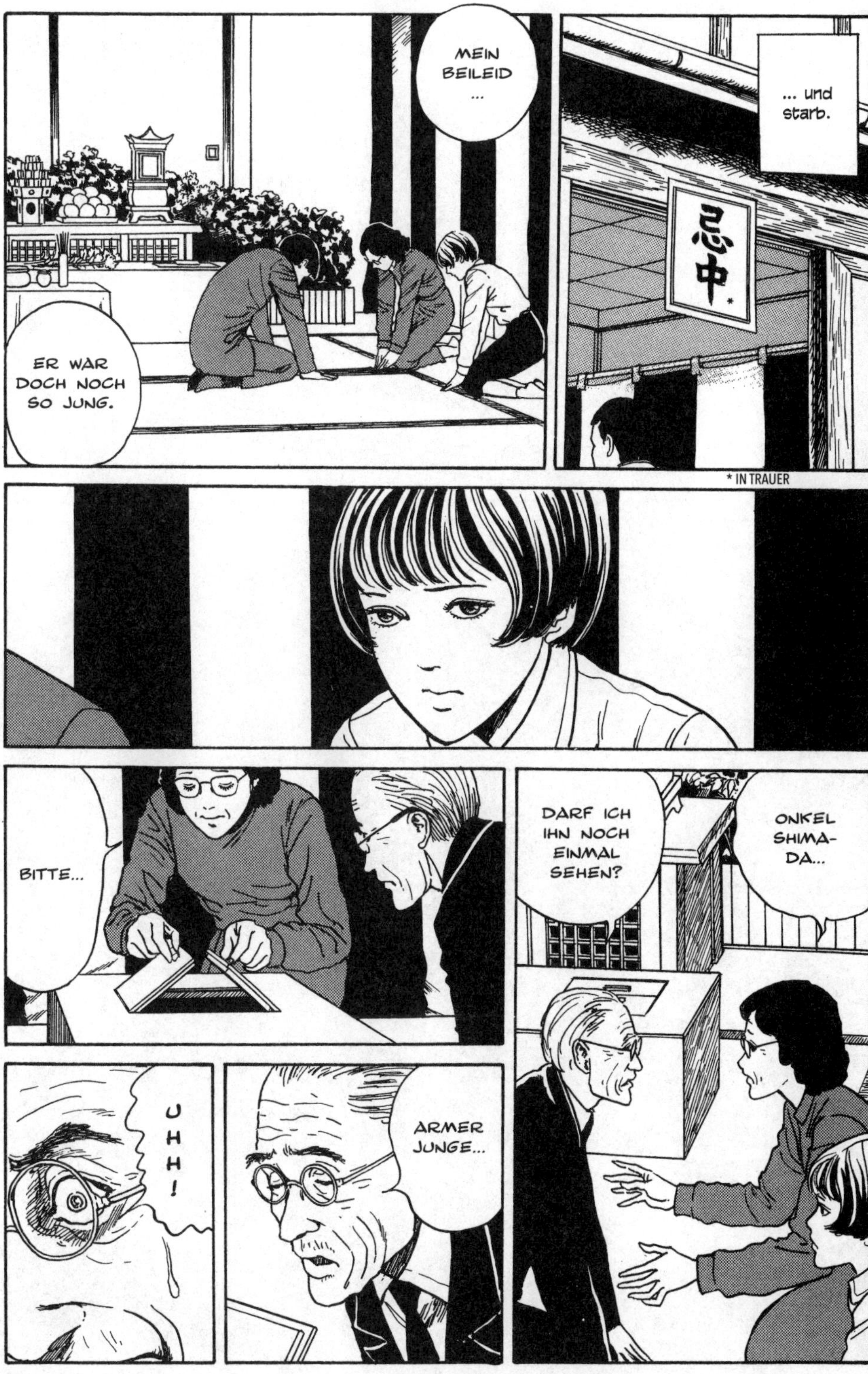
... und starb.
忌中*
MEIN BEILEID ...
ER WAR DOCH NOCH SO JUNG.
ONKEL SHIMADA...
DARF ICH IHN NOCH EINMAL SEHEN?
BITTE...
ARMER JUNGE...
UHH!

* IN TRAUER

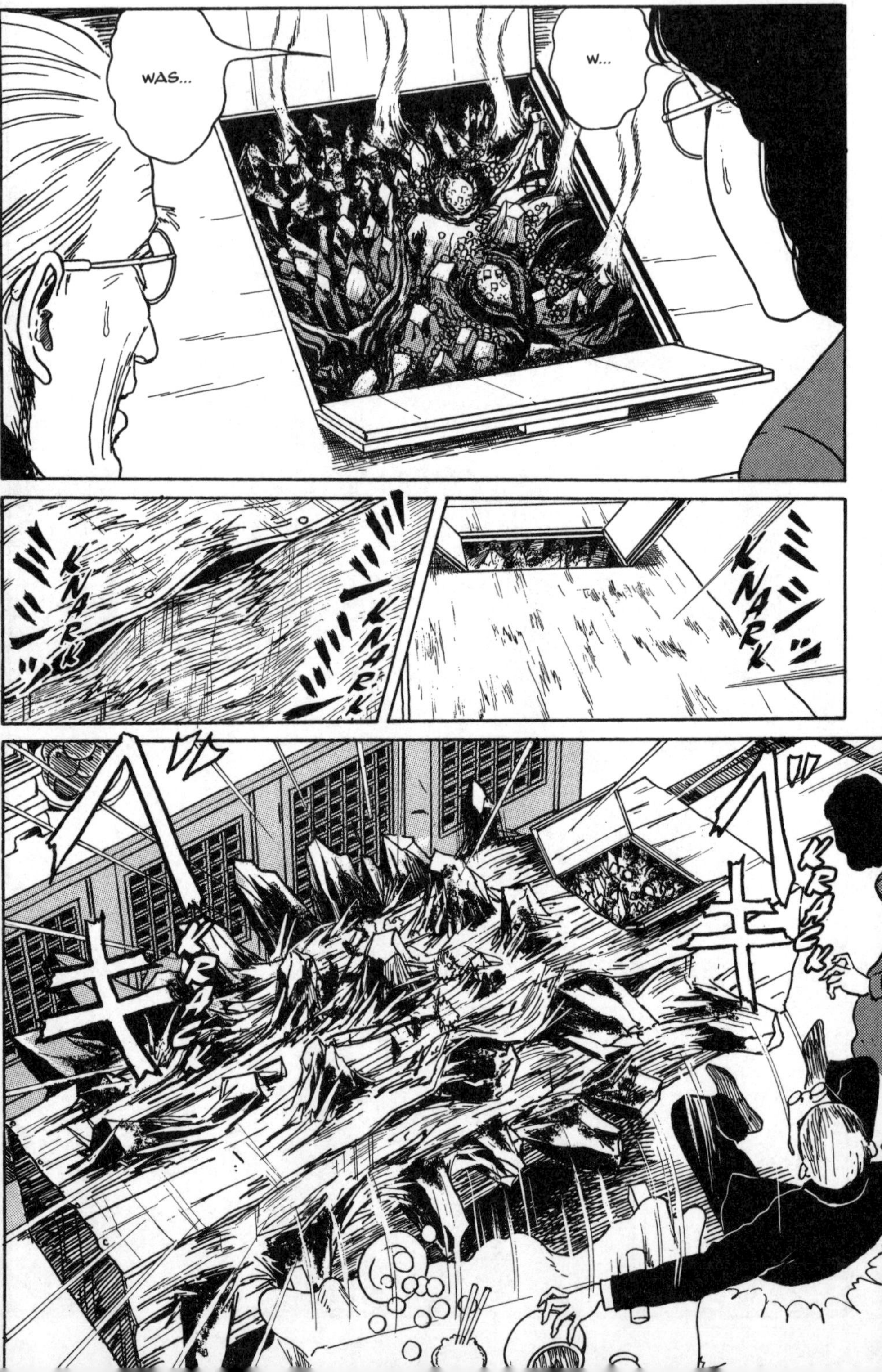
W...
WAS...
KNARK
KNARK
KNARK
KRACK
KRACK

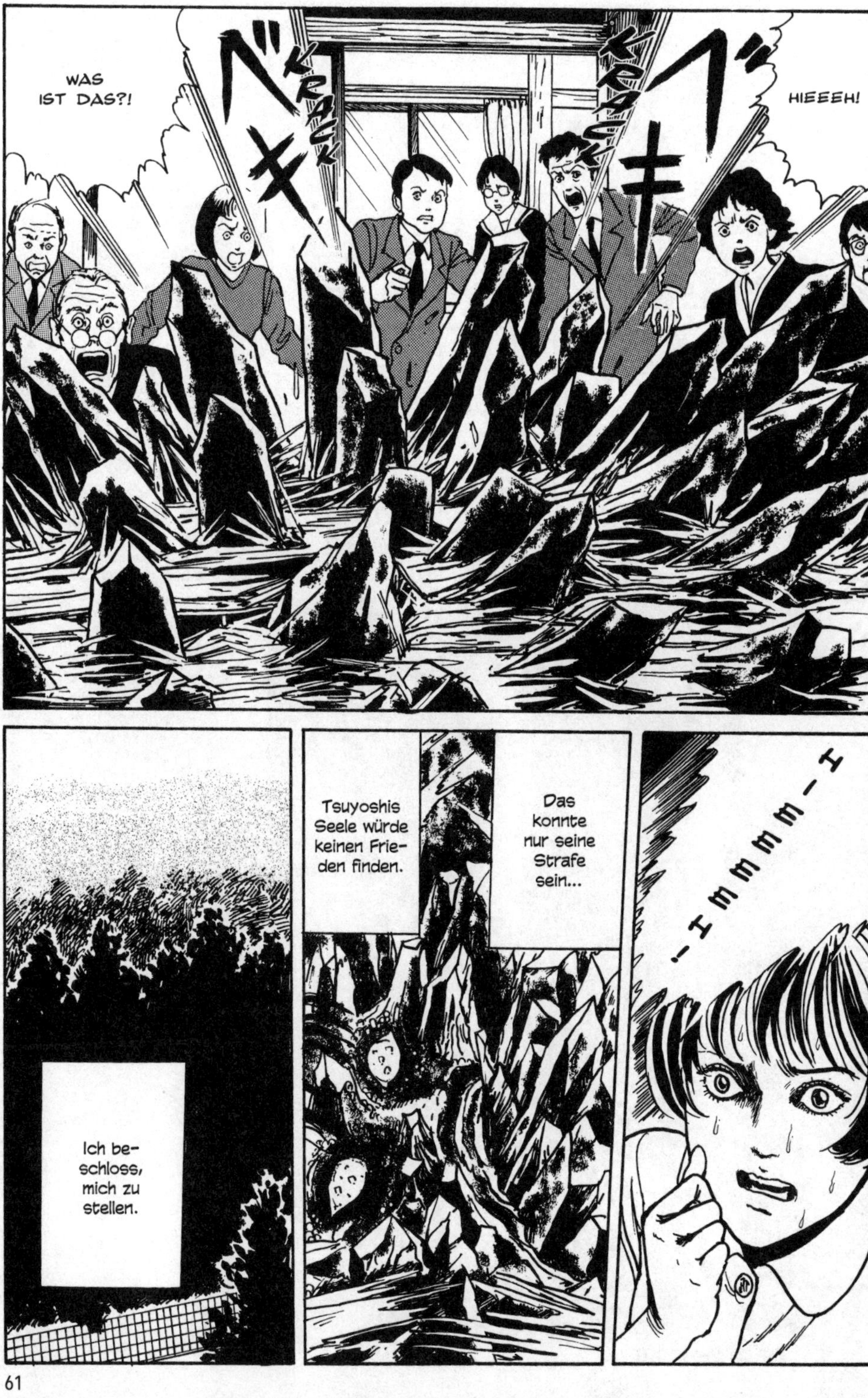
HIEEEH!
ベキ
KRACK
ベキ
KRACK
WAS IST DAS?!
Das konnte nur seine Strafe sein...
Tsuyoshis Seele würde keinen Frieden finden.
Ich beschloss, mich zu stellen.

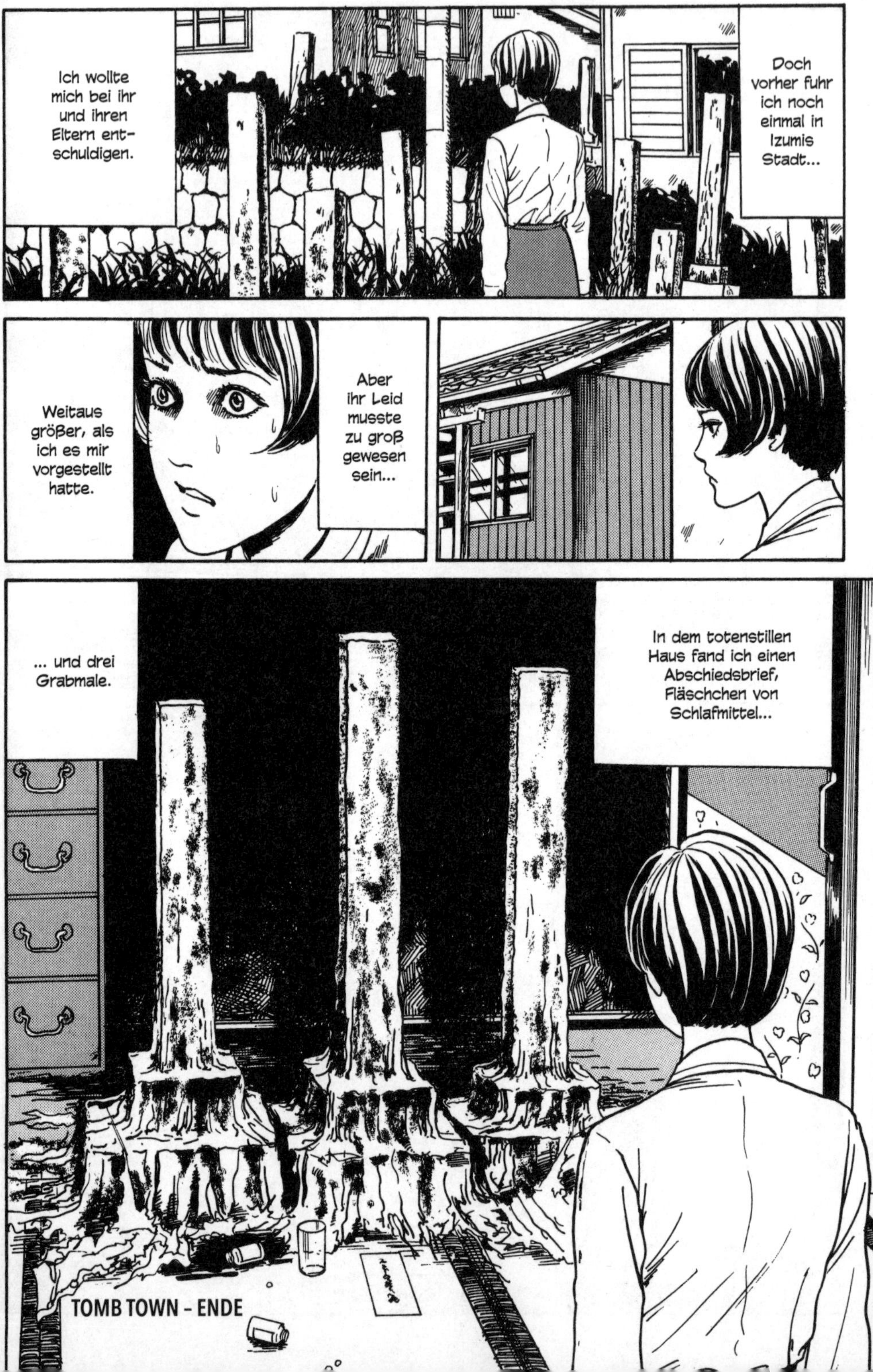
Doch vorher fuhr ich noch einmal in Izumis Stadt...
Ich wollte mich bei ihr und ihren Eltern entschuldigen.
Aber ihr Leid musste zu groß gewesen sein...
Weitaus größer, als ich es mir vorgestellt hatte.
In dem totenstillen Haus fand ich einen Abschiedsbrief, Fläschchen von Schlafmittel...
... und drei Grabmale.
TOMB TOWN – ENDE

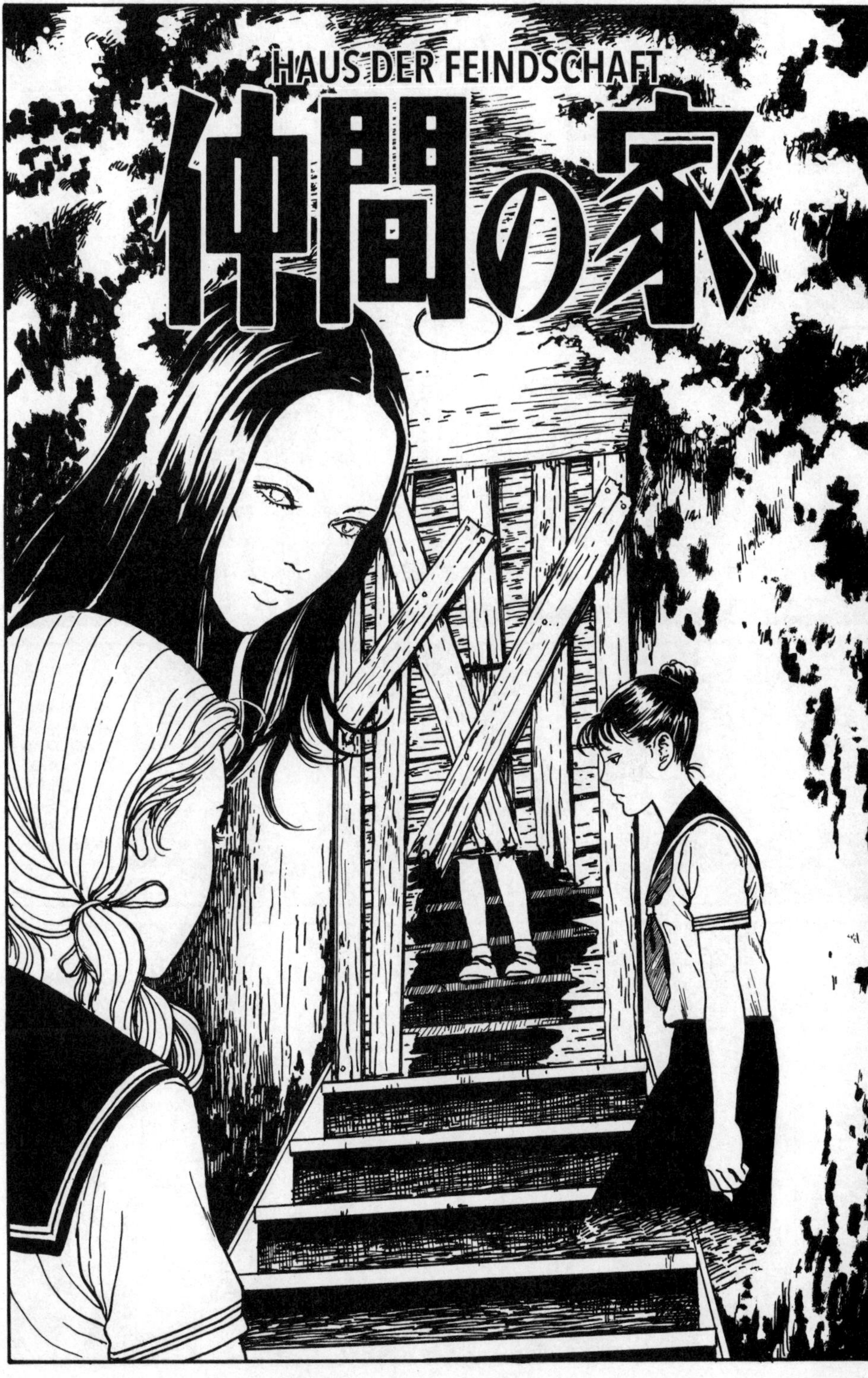
HAUS DER FEINDSCHAFT
仲間の家

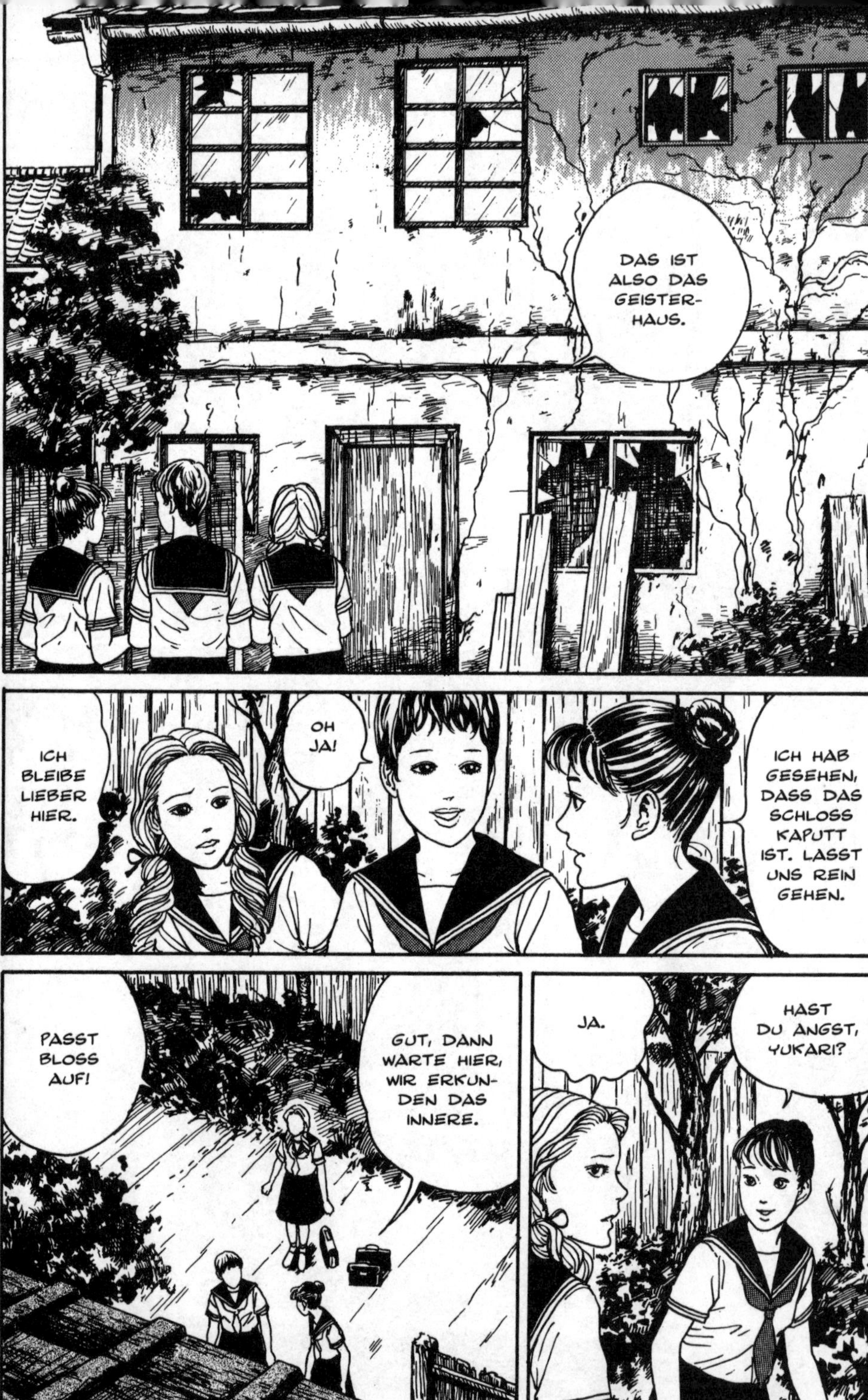
DAS IST ALSO DAS GEISTERHAUS.
ICH HAB GESEHEN, DASS DAS SCHLOSS KAPUTT IST. LASST UNS REIN GEHEN.
OH JA!
ICH BLEIBE LIEBER HIER.
HAST DU ANGST, YUKARI?
JA.
GUT, DANN WARTE HIER, WIR ERKUNDEN DAS INNERE.
PASST BLOSS AUF!

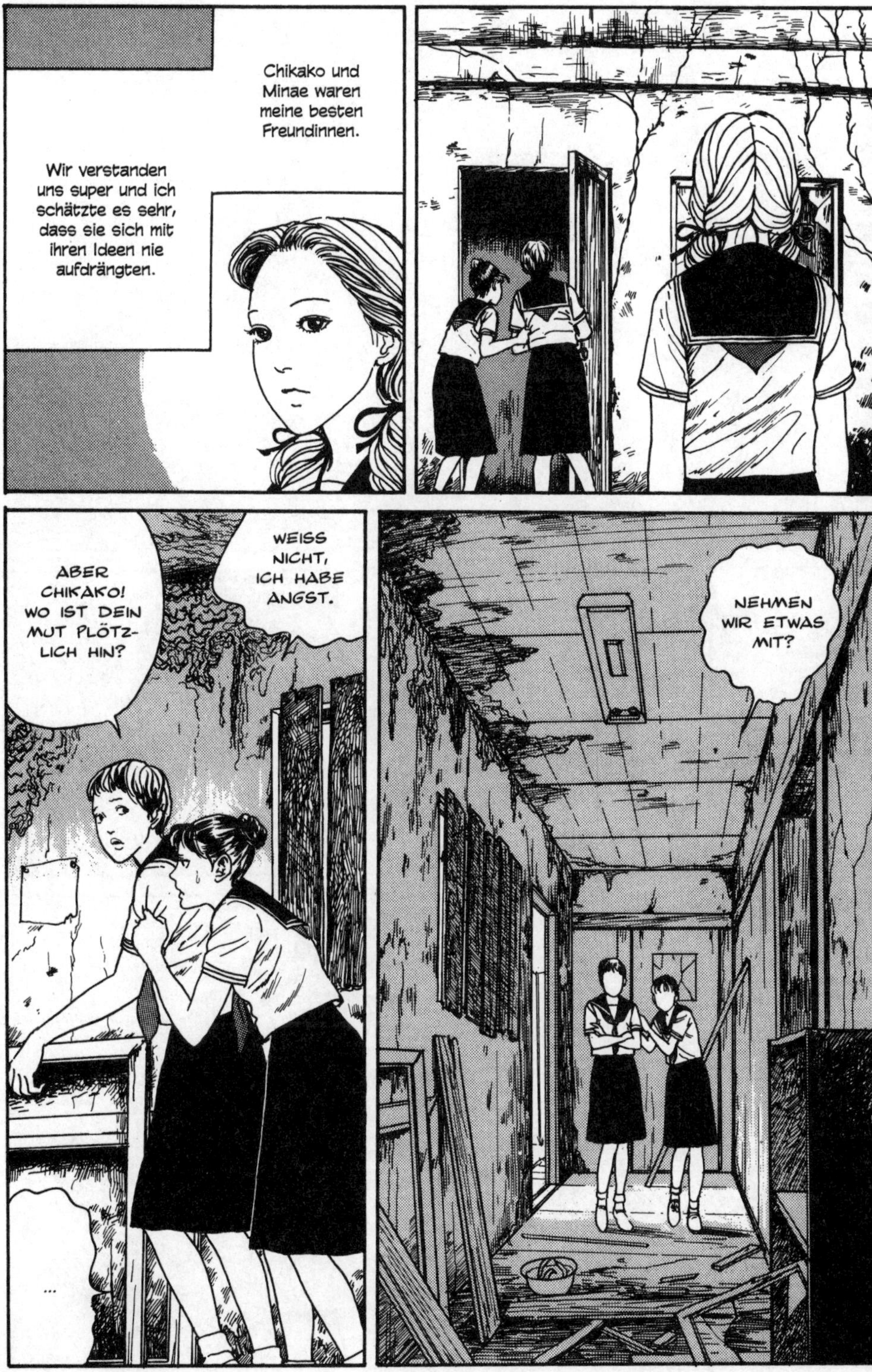
Chikako und Minae waren meine besten Freundinnen.
Wir verstanden uns super und ich schätzte es sehr, dass sie sich mit ihren Ideen nie aufdrängten.
ABER CHIKAKO! WO IST DEIN MUT PLÖTZLICH HIN?
WEISS NICHT, ICH HABE ANGST.
...
NEHMEN WIR ETWAS MIT?

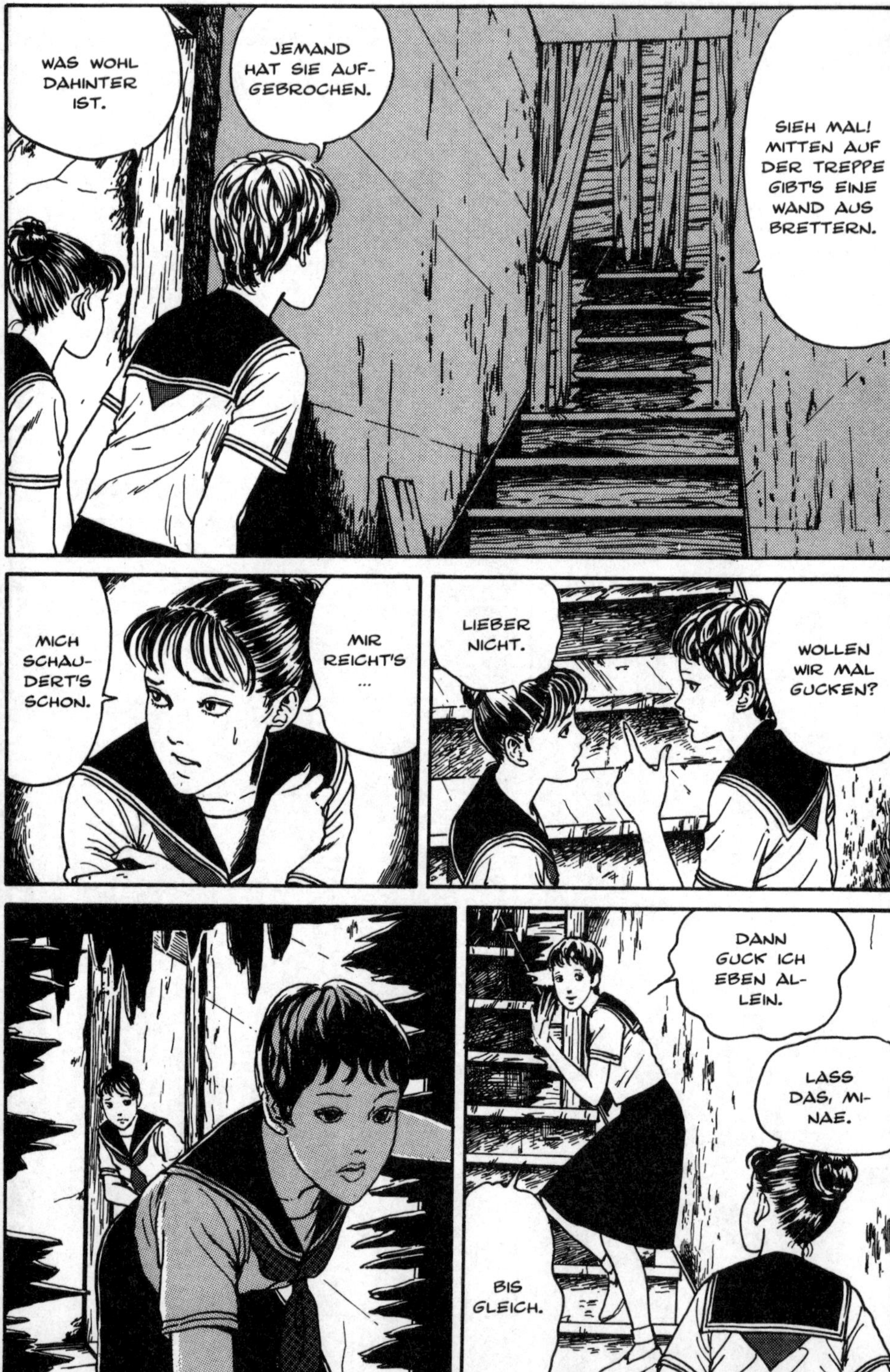
SIEH MAL! MITTEN AUF DER TREPPE GIBT'S EINE WAND AUS BRETTERN.
JEMAND HAT SIE AUF-GEBROCHEN.
WAS WOHL DAHINTER IST.
WOLLEN WIR MAL GUCKEN?
LIEBER NICHT.
MIR REICHT'S ...
MICH SCHAU-DERT'S SCHON.
DANN GUCK ICH EBEN AL-LEIN.
LASS DAS, MI-NAE.
BIS GLEICH.

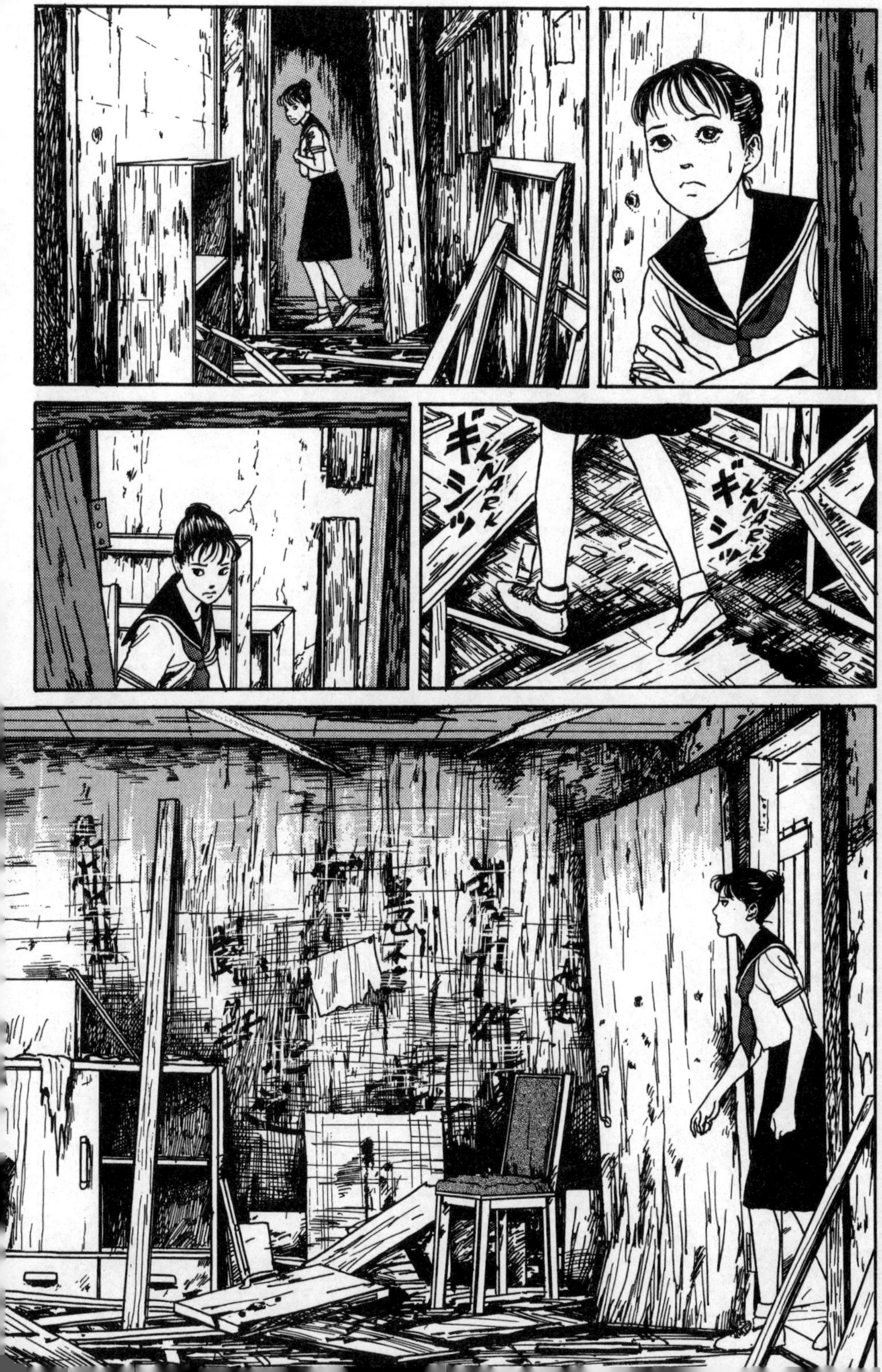
ギシッ
KNARK
ギシッ
KNARK

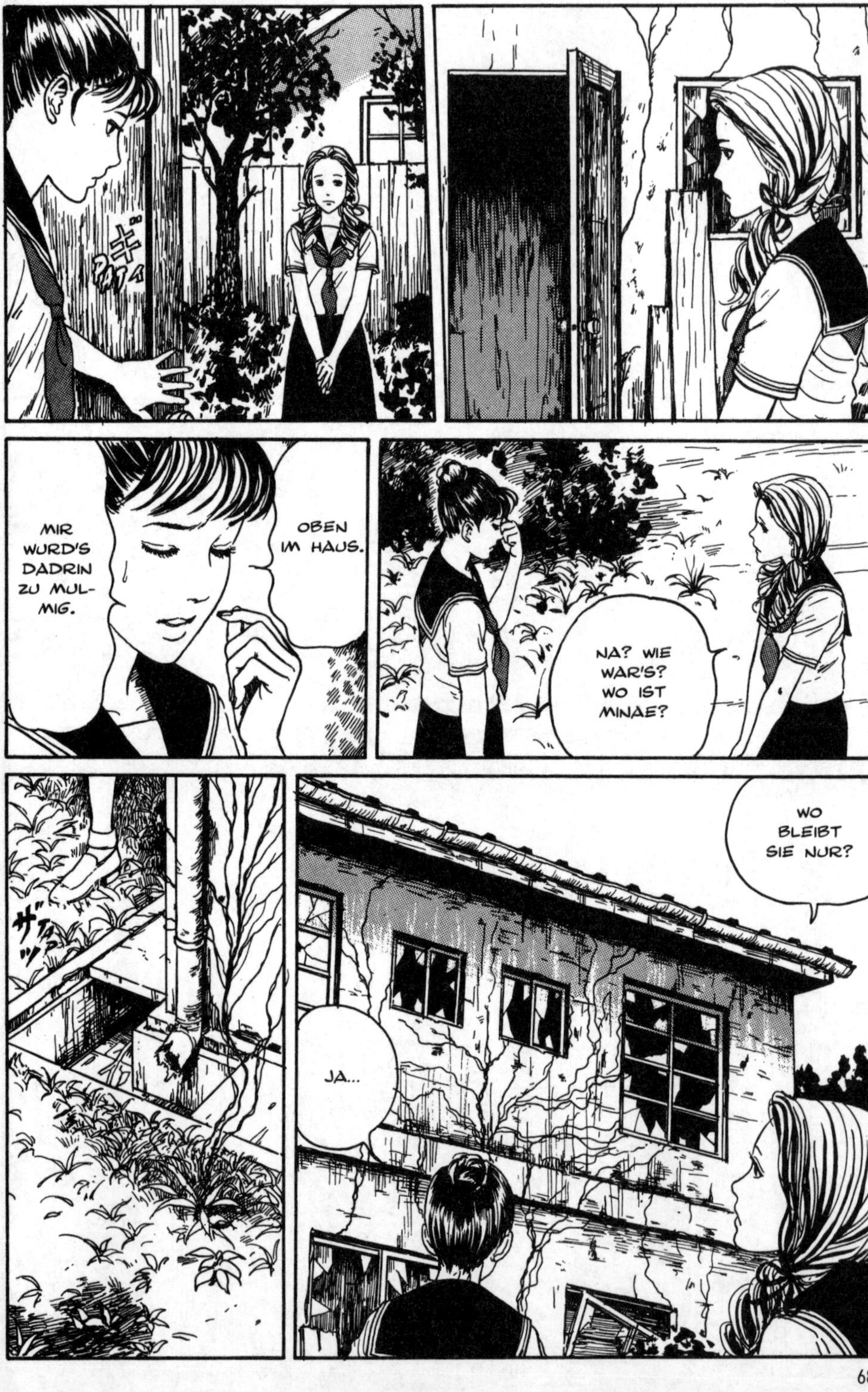
NA? WIE WAR'S? WO IST MINAE?
OBEN IM HAUS.
MIR WURD'S DADRIN ZU MUL-MIG.
WO BLEIBT SIE NUR?
JA...

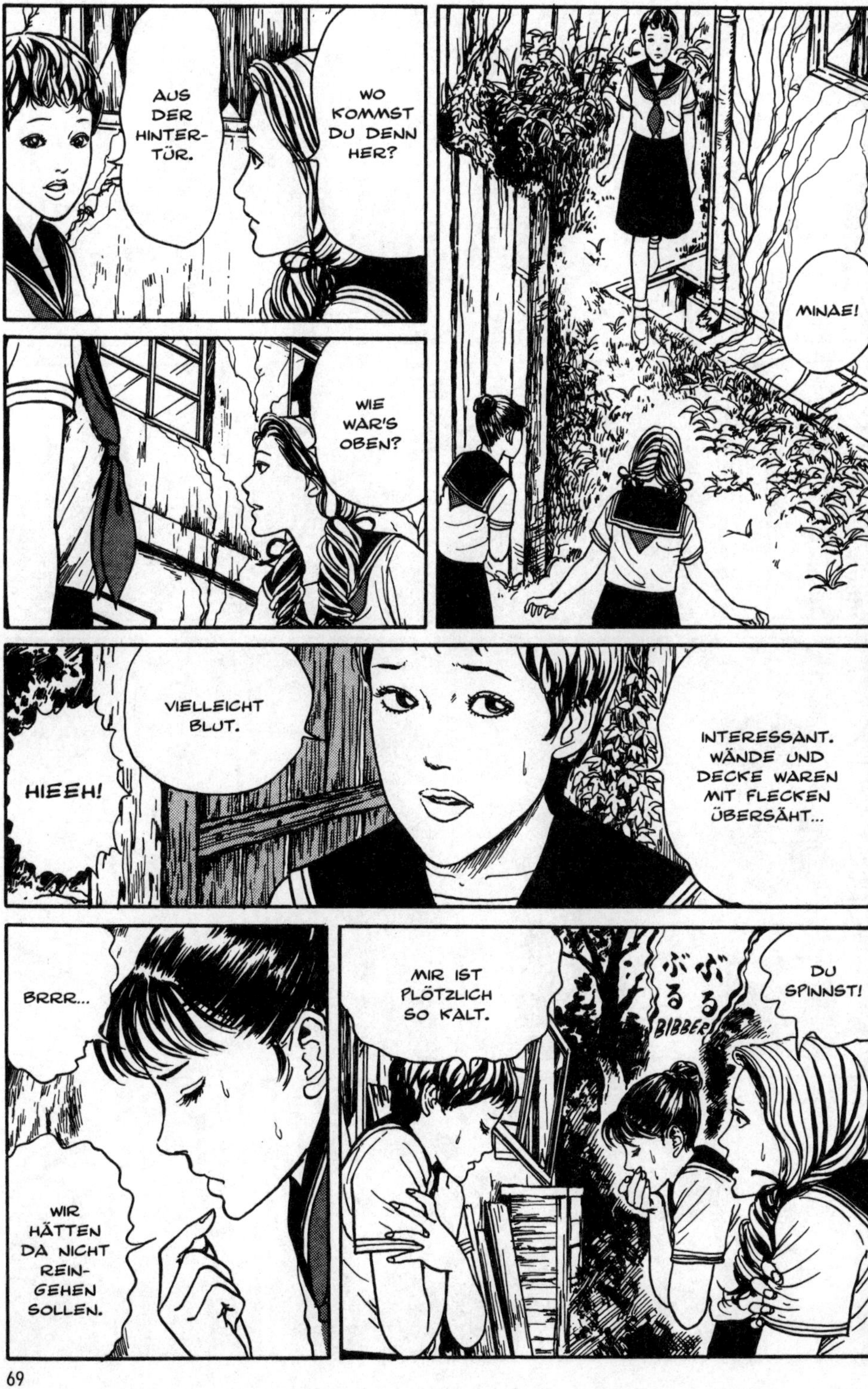
MINAE!
WO KOMMST DU DENN HER?
AUS DER HINTER-TÜR.
WIE WAR'S OBEN?
INTERESSANT. WÄNDE UND DECKE WAREN MIT FLECKEN ÜBERSÄHT...
VIELLEICHT BLUT.
HIEEH!
MIR IST PLÖTZLICH SO KALT.
ぶるぶる
BIBBER!
DU SPINNST!
BRRR...
WIR HÄTTEN DA NICHT REIN-GEHEN SOLLEN.

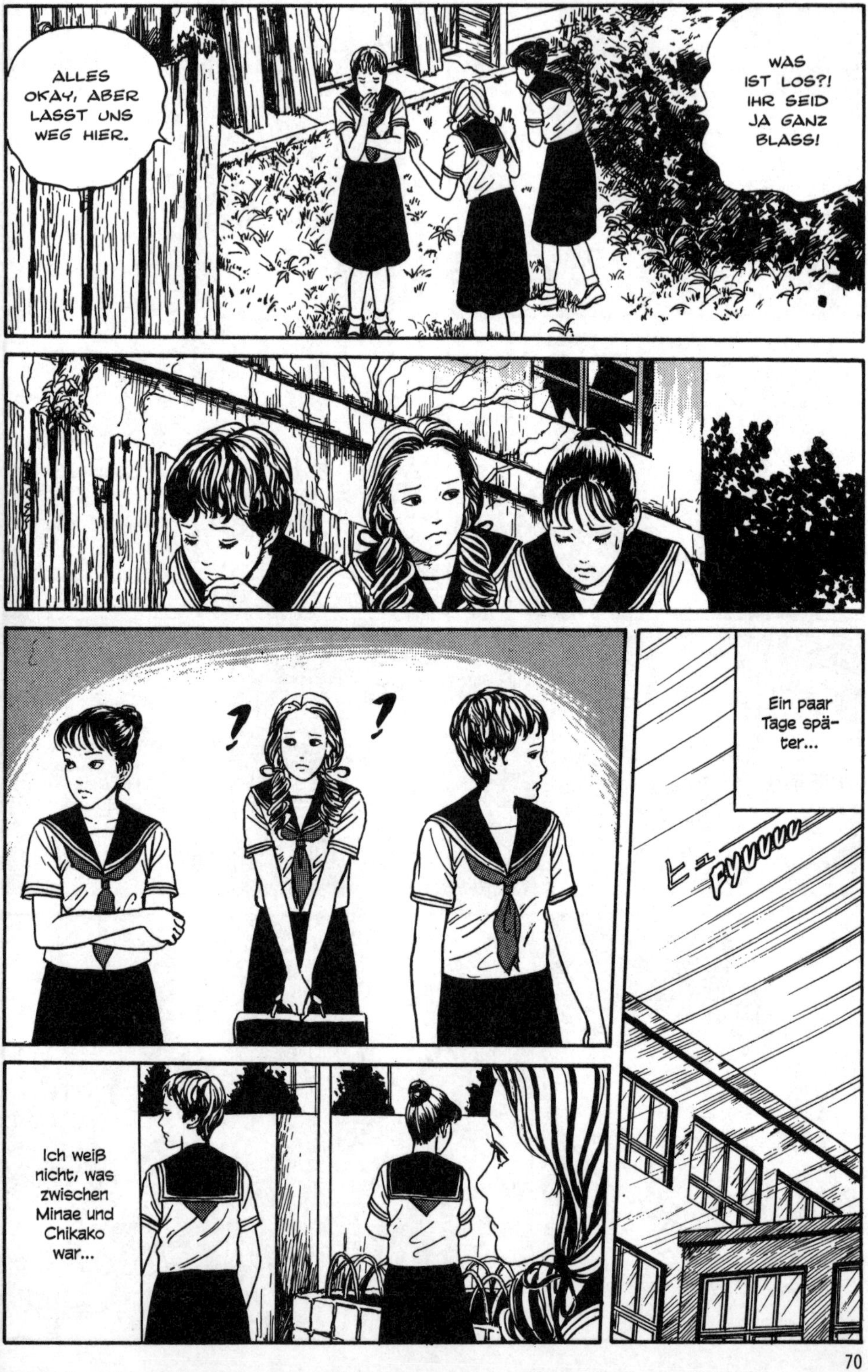
WAS IST LOS?! IHR SEID JA GANZ BLASS!
ALLES OKAY, ABER LASST UNS WEG HIER.
Ein paar Tage später...
ヒュ FYUUUU
Ich weiß nicht, was zwischen Minae und Chikako war...

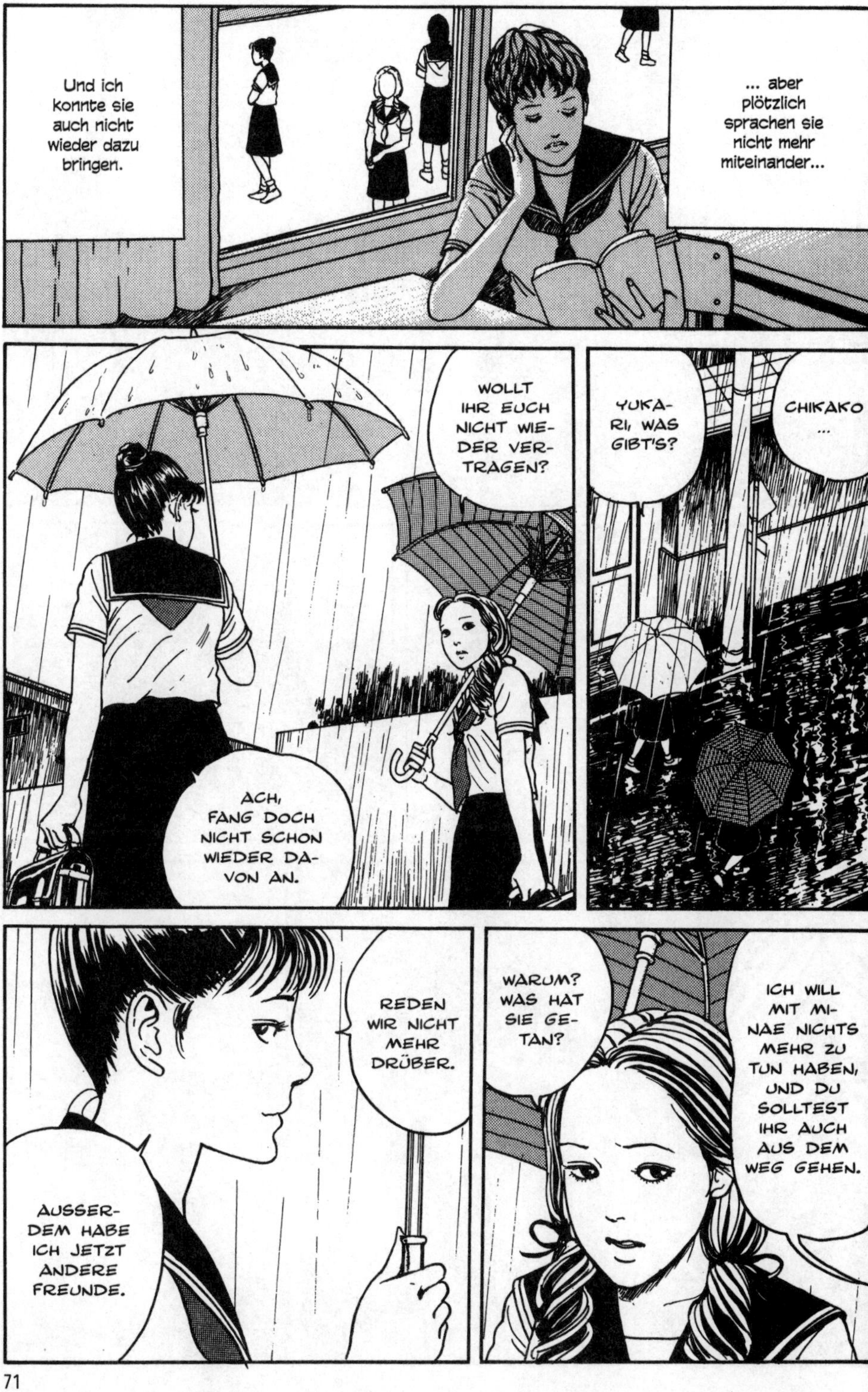
... aber plötzlich sprachen sie nicht mehr miteinander...
Und ich konnte sie auch nicht wieder dazu bringen.
CHIKAKO ...
YUKARI, WAS GIBT'S?
WOLLT IHR EUCH NICHT WIEDER VERTRAGEN?
ACH, FANG DOCH NICHT SCHON WIEDER DAVON AN.
ICH WILL MIT MINAE NICHTS MEHR ZU TUN HABEN, UND DU SOLLTEST IHR AUCH AUS DEM WEG GEHEN.
WARUM? WAS HAT SIE GETAN?
REDEN WIR NICHT MEHR DRÜBER.
AUSSERDEM HABE ICH JETZT ANDERE FREUNDE.

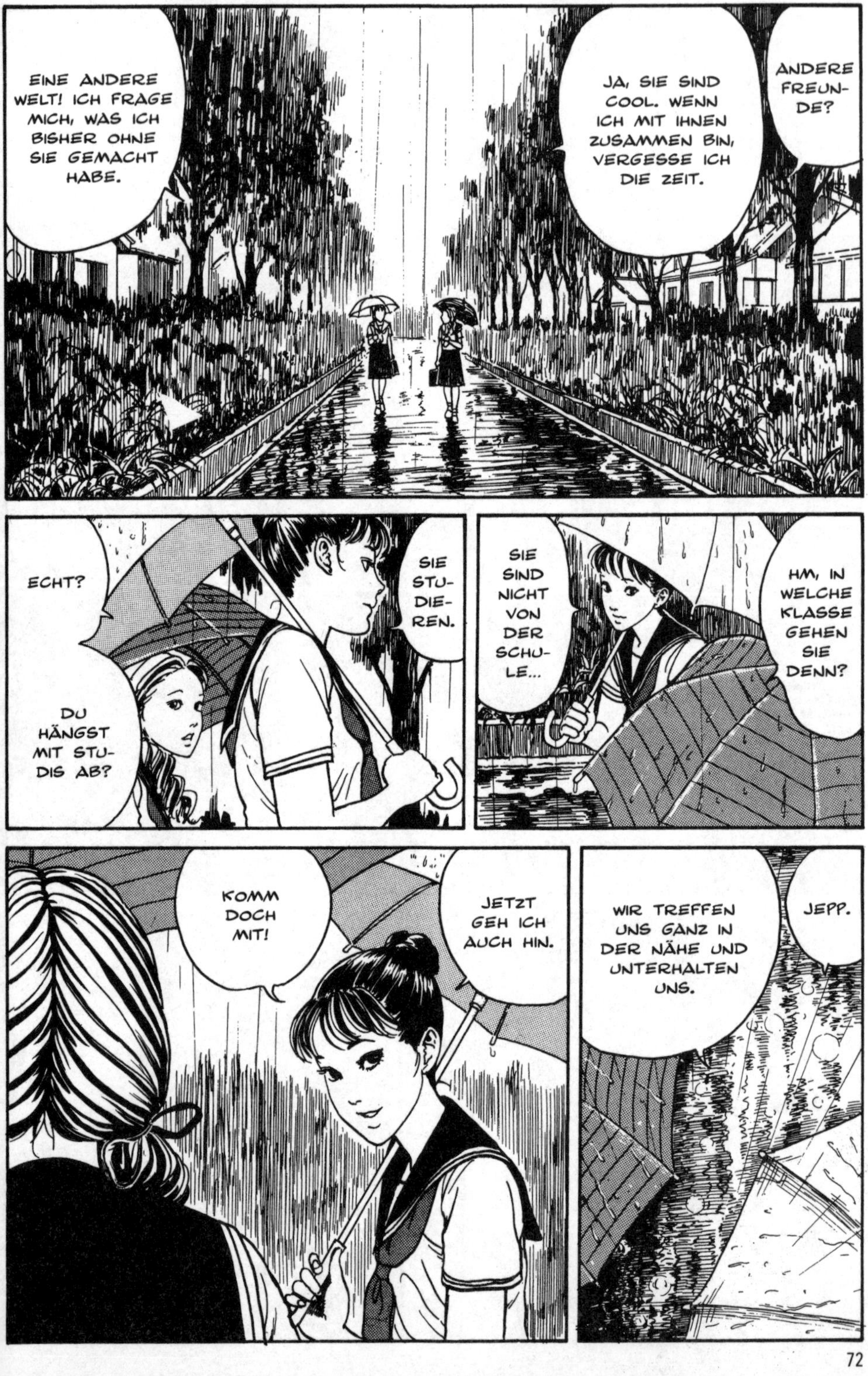
ANDERE FREUN-DE?
JA, SIE SIND COOL. WENN ICH MIT IHNEN ZUSAMMEN BIN, VERGESSE ICH DIE ZEIT.
EINE ANDERE WELT! ICH FRAGE MICH, WAS ICH BISHER OHNE SIE GEMACHT HABE.
HM, IN WELCHE KLASSE GEHEN SIE DENN?
SIE SIND NICHT VON DER SCHU-LE...
SIE STU-DIE-REN.
ECHT?
DU HÄNGST MIT STU-DIS AB?
JEPP.
WIR TREFFEN UNS GANZ IN DER NÄHE UND UNTERHALTEN UNS.
JETZT GEH ICH AUCH HIN.
KOMM DOCH MIT!

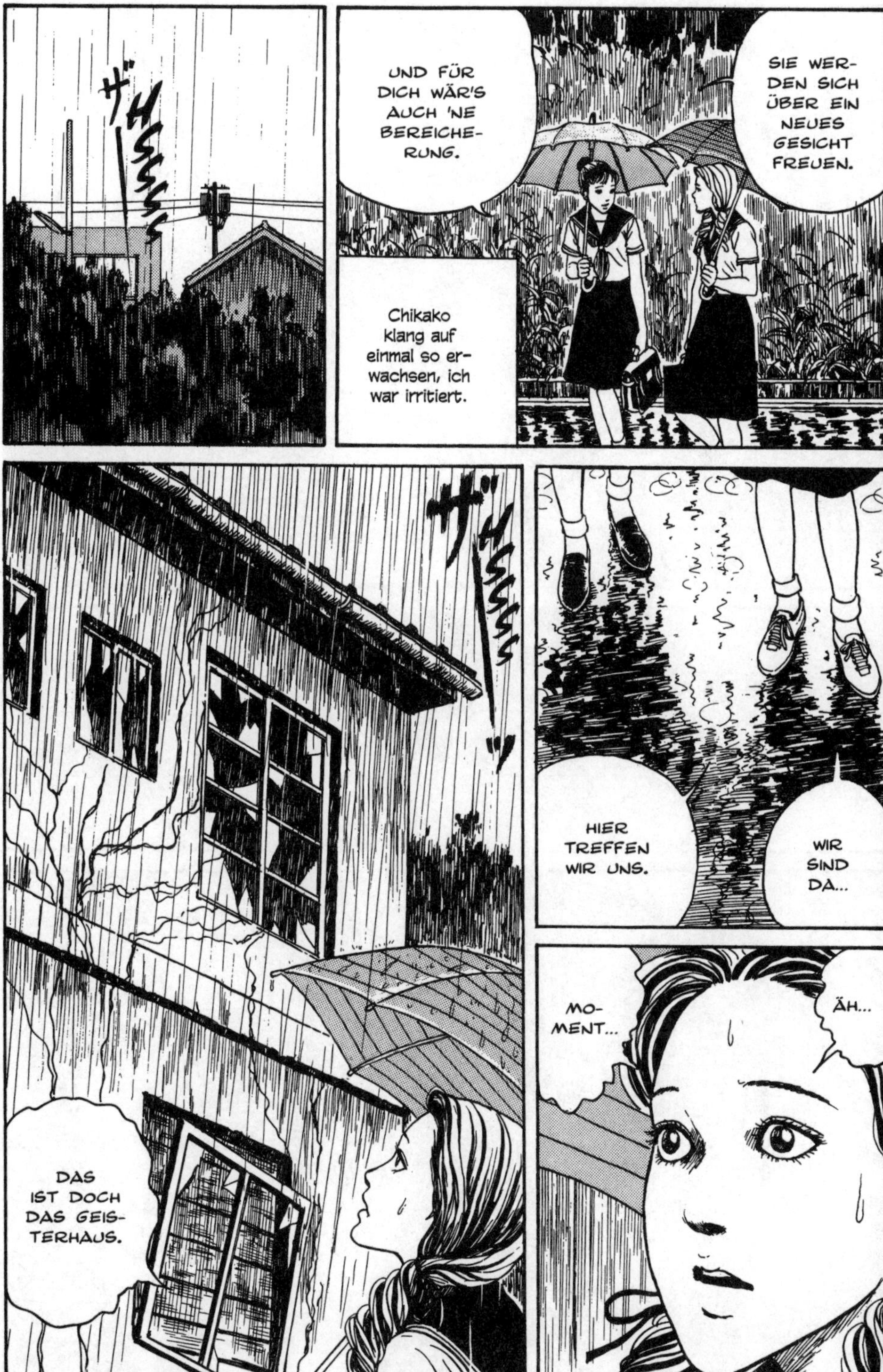
SIE WERDEN SICH ÜBER EIN NEUES GESICHT FREUEN.
UND FÜR DICH WÄR'S AUCH 'NE BEREICHERUNG.
Chikako klang auf einmal so erwachsen, ich war irritiert.
WIR SIND DA...
HIER TREFFEN WIR UNS.
ÄH...
MOMENT...
DAS IST DOCH DAS GEISTERHAUS.

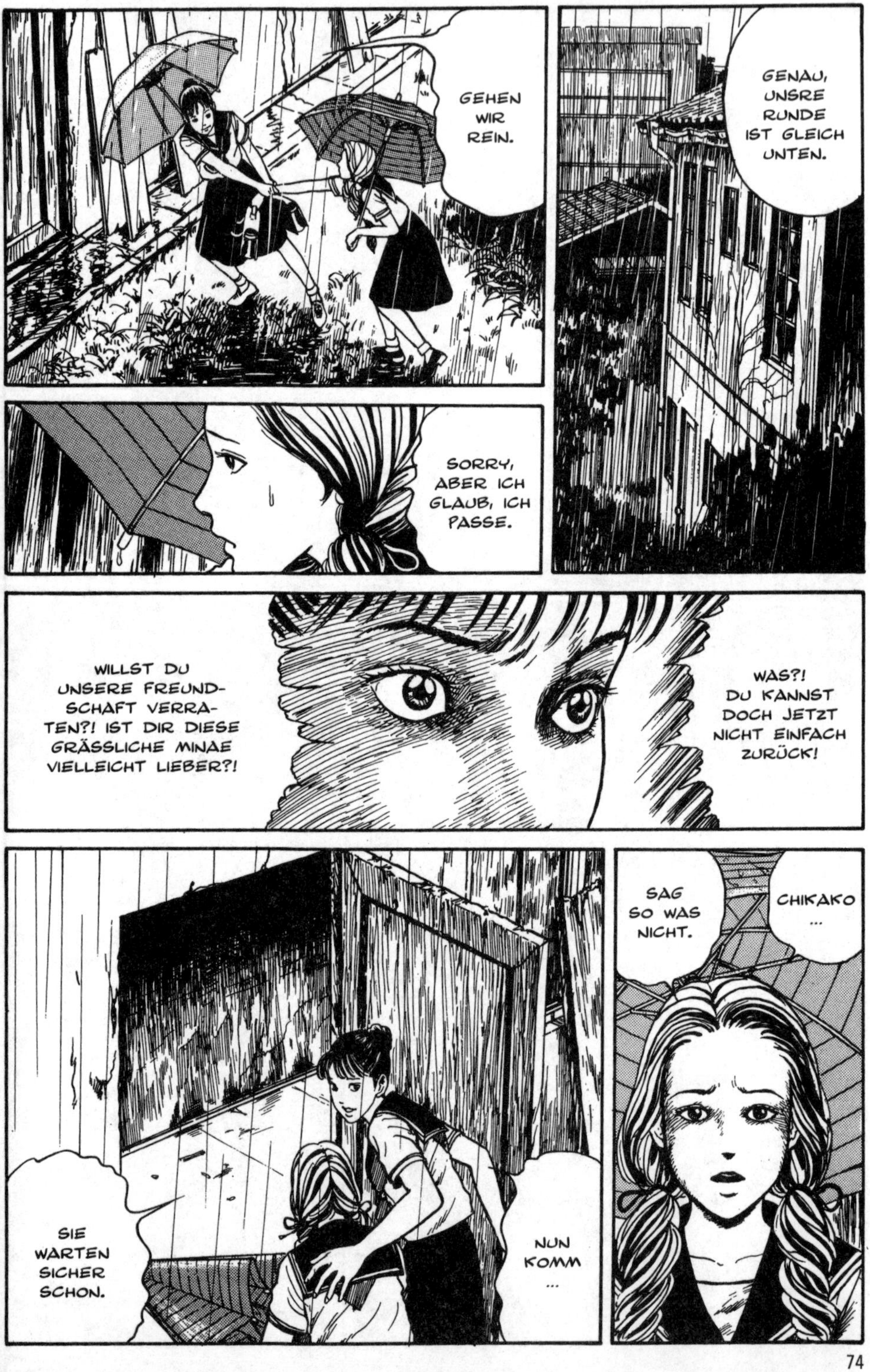
GENAU, UNSRE RUNDE IST GLEICH UNTEN.
GEHEN WIR REIN.
SORRY, ABER ICH GLAUB, ICH PASSE.
WAS?! DU KANNST DOCH JETZT NICHT EINFACH ZURÜCK!
WILLST DU UNSERE FREUND-SCHAFT VERRA-TEN?! IST DIR DIESE GRÄSSLICHE MINAE VIELLEICHT LIEBER?!
CHIKAKO ...
SAG SO WAS NICHT.
NUN KOMM ...
SIE WARTEN SICHER SCHON.

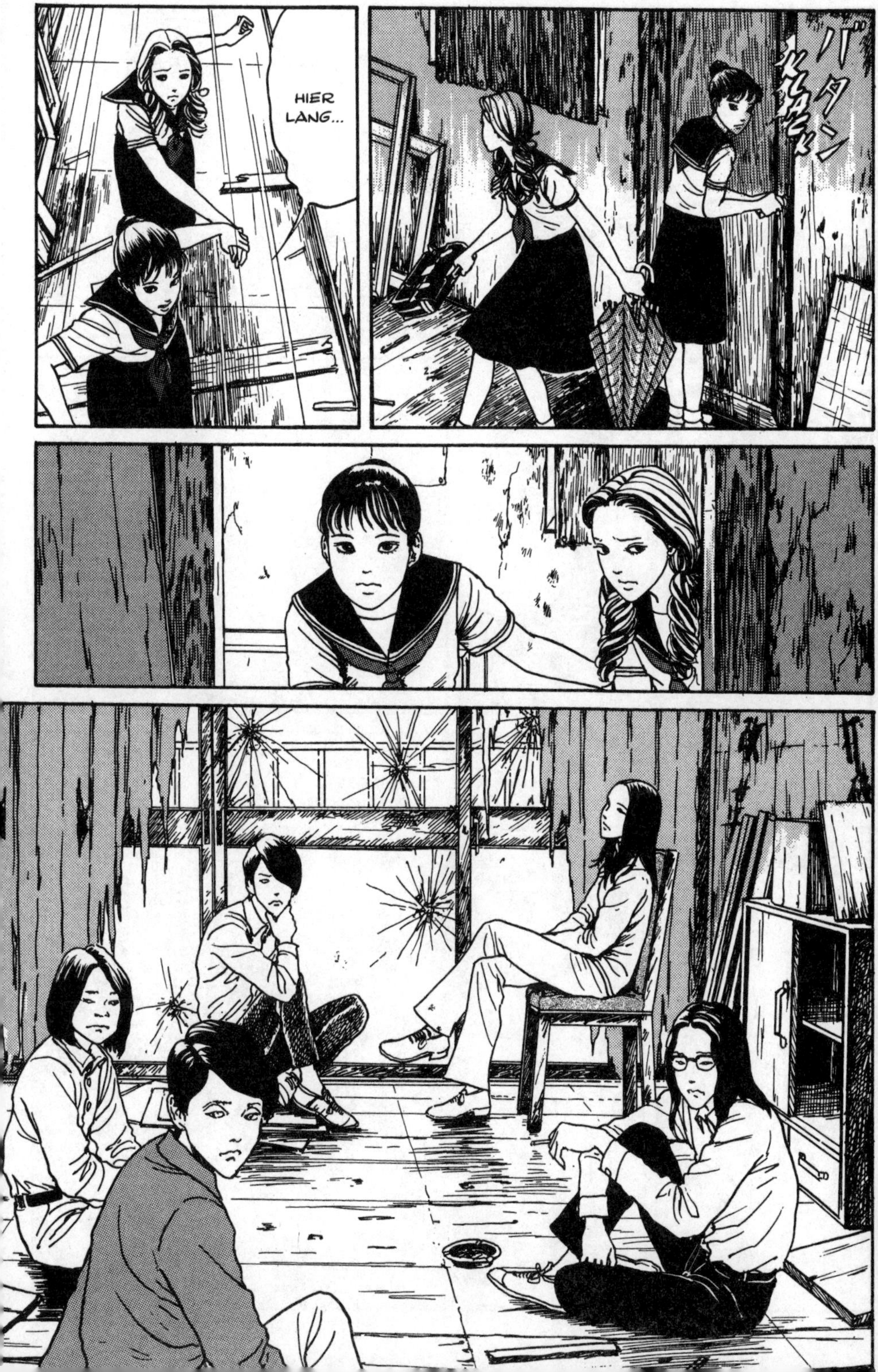

HIER LANG...
バターン
KLACK

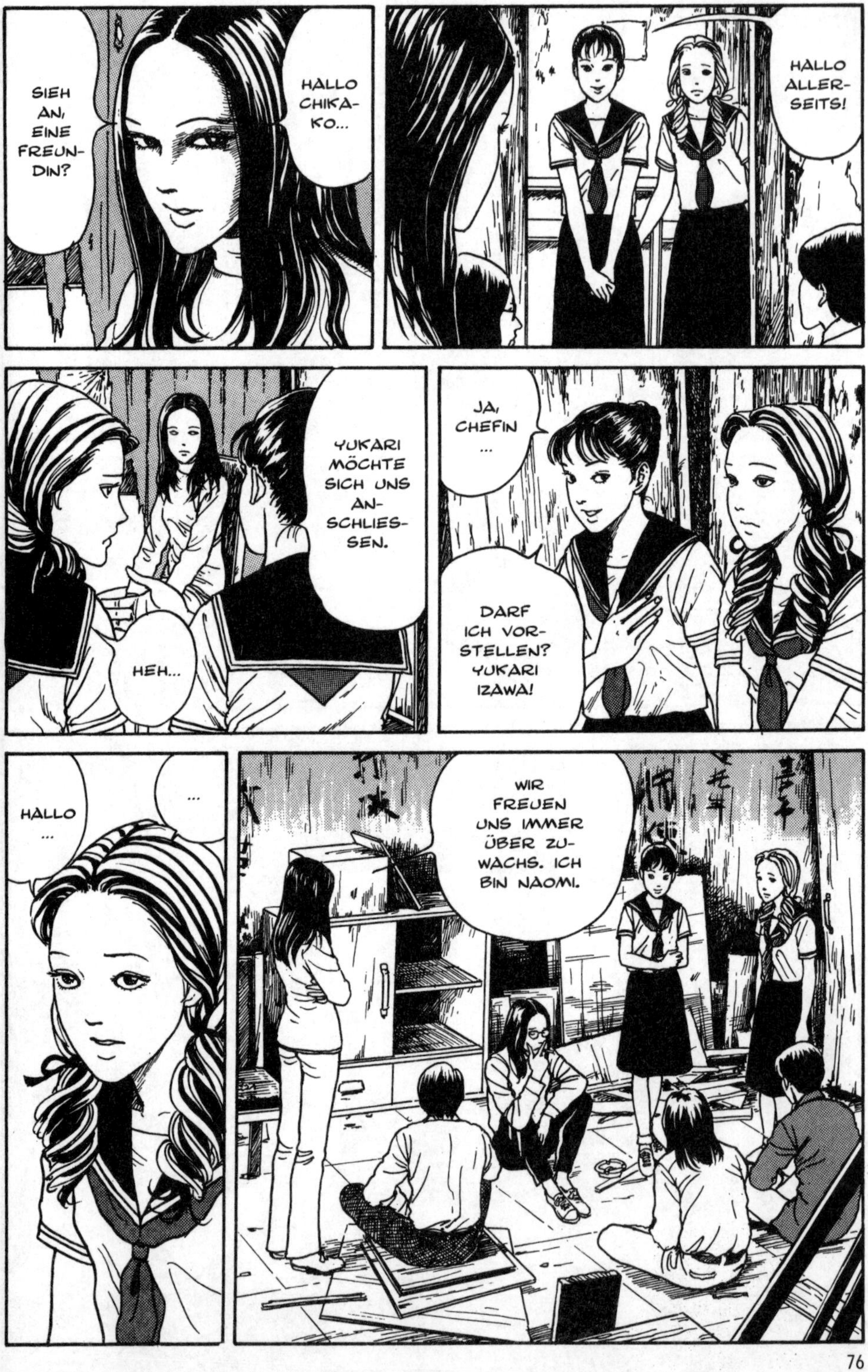
HALLO ALLERSEITS!
HALLO CHIKAKO...
SIEH AN, EINE FREUNDIN?
JA, CHEFIN ...
DARF ICH VORSTELLEN? YUKARI IZAWA!
YUKARI MÖCHTE SICH UNS ANSCHLIESSEN.
HEH...
WIR FREUEN UNS IMMER ÜBER ZUWACHS. ICH BIN NAOMI.
...
HALLO ...

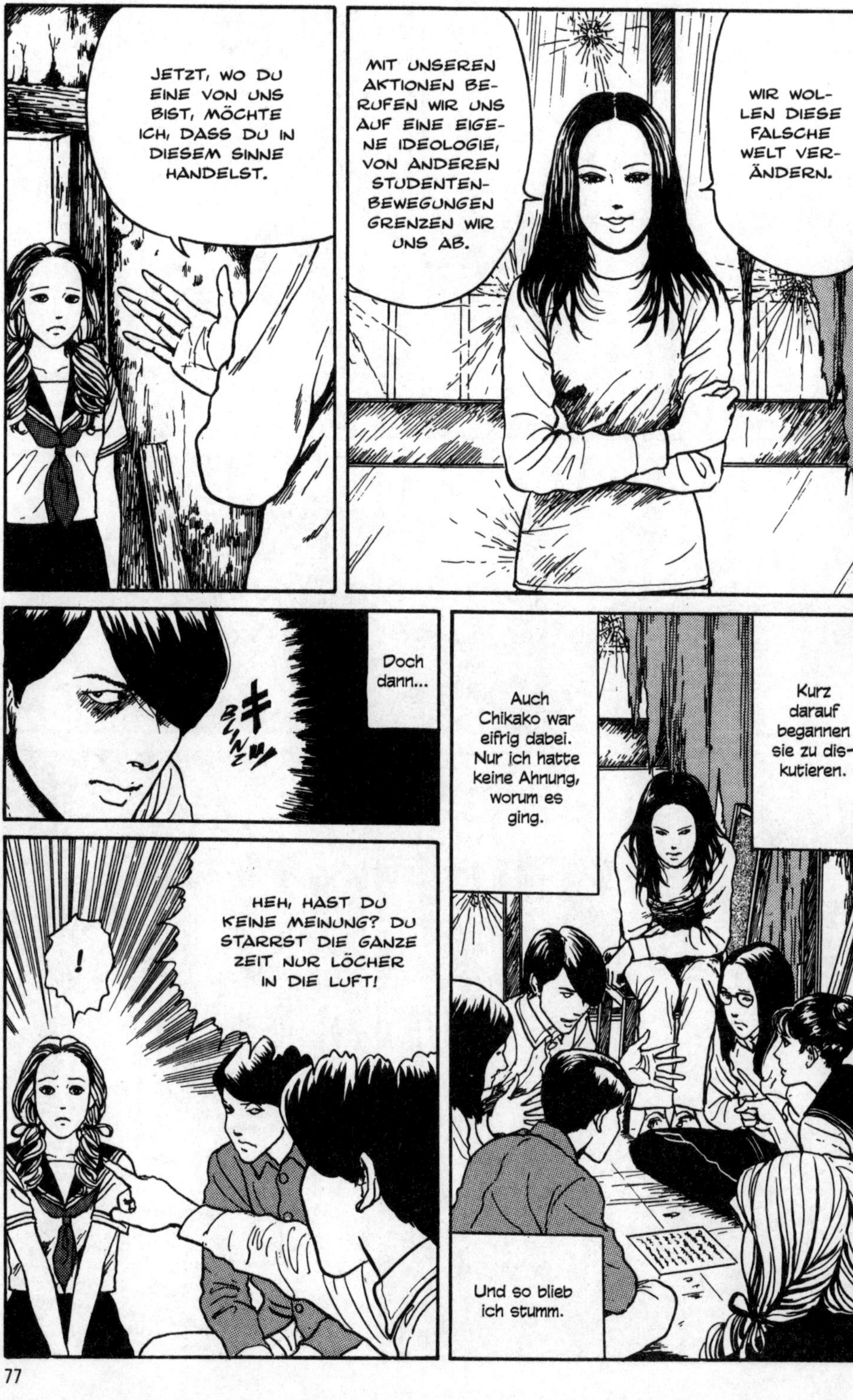
WIR WOLLEN DIESE FALSCHE WELT VERÄNDERN.
MIT UNSEREN AKTIONEN BERUFEN WIR UNS AUF EINE EIGENE IDEOLOGIE, VON ANDEREN STUDENTENBEWEGUNGEN GRENZEN WIR UNS AB.
JETZT, WO DU EINE VON UNS BIST, MÖCHTE ICH, DASS DU IN DIESEM SINNE HANDELST.
Kurz darauf begannen sie zu diskutieren.
Auch Chikako war eifrig dabei. Nur ich hatte keine Ahnung, worum es ging.
Und so blieb ich stumm.
Doch dann...
BLINZ
!
HEH, HAST DU KEINE MEINUNG? DU STARRST DIE GANZE ZEIT NUR LÖCHER IN DIE LUFT!

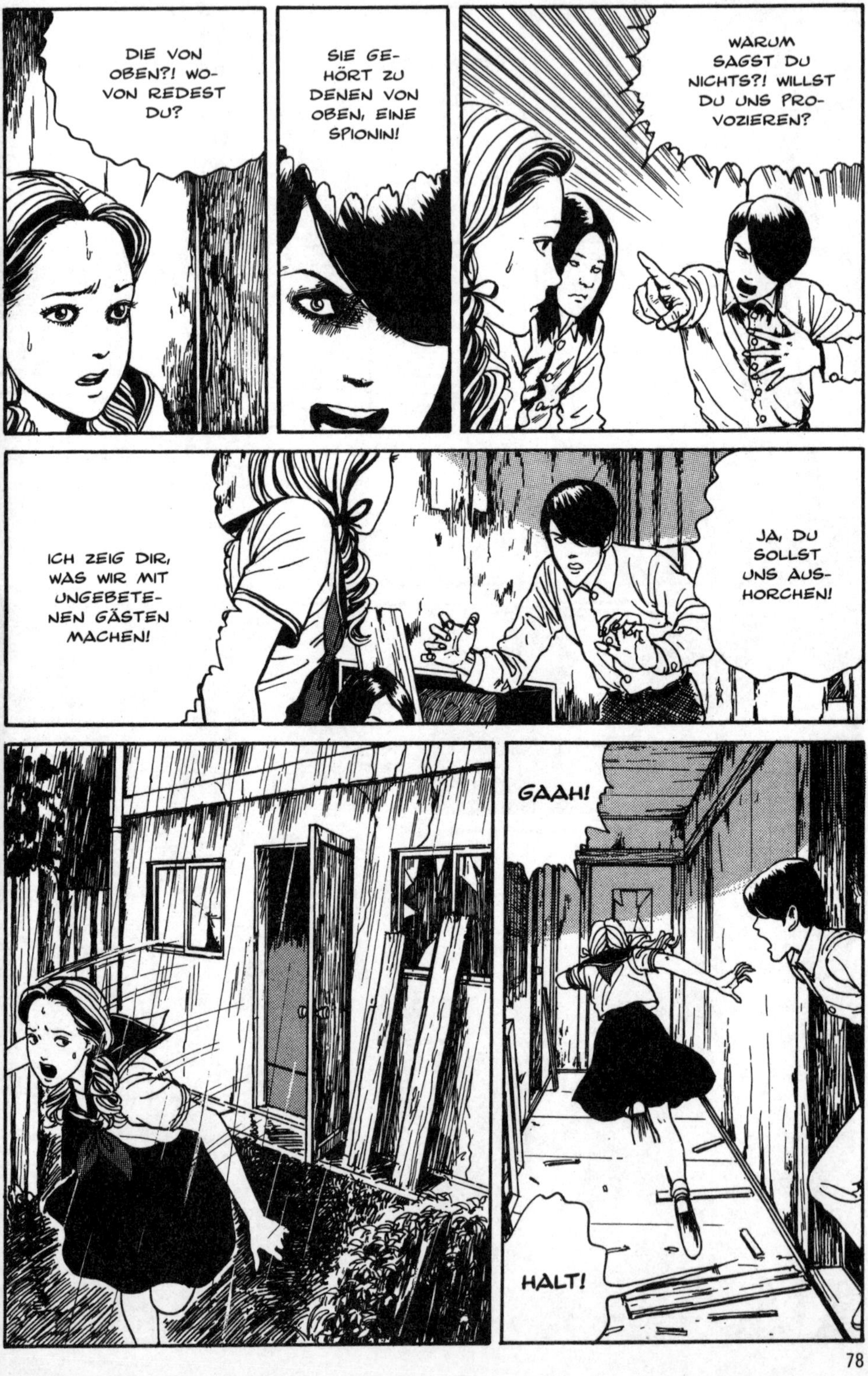
DIE VON OBEN?! WO-VON REDEST DU?
SIE GE-HÖRT ZU DENEN VON OBEN, EINE SPIONIN!
WARUM SAGST DU NICHTS?! WILLST DU UNS PRO-VOZIEREN?
JA, DU SOLLST UNS AUS-HORCHEN!
ICH ZEIG DIR, WAS WIR MIT UNGEBETE-NEN GÄSTEN MACHEN!
GAAH!
HALT!

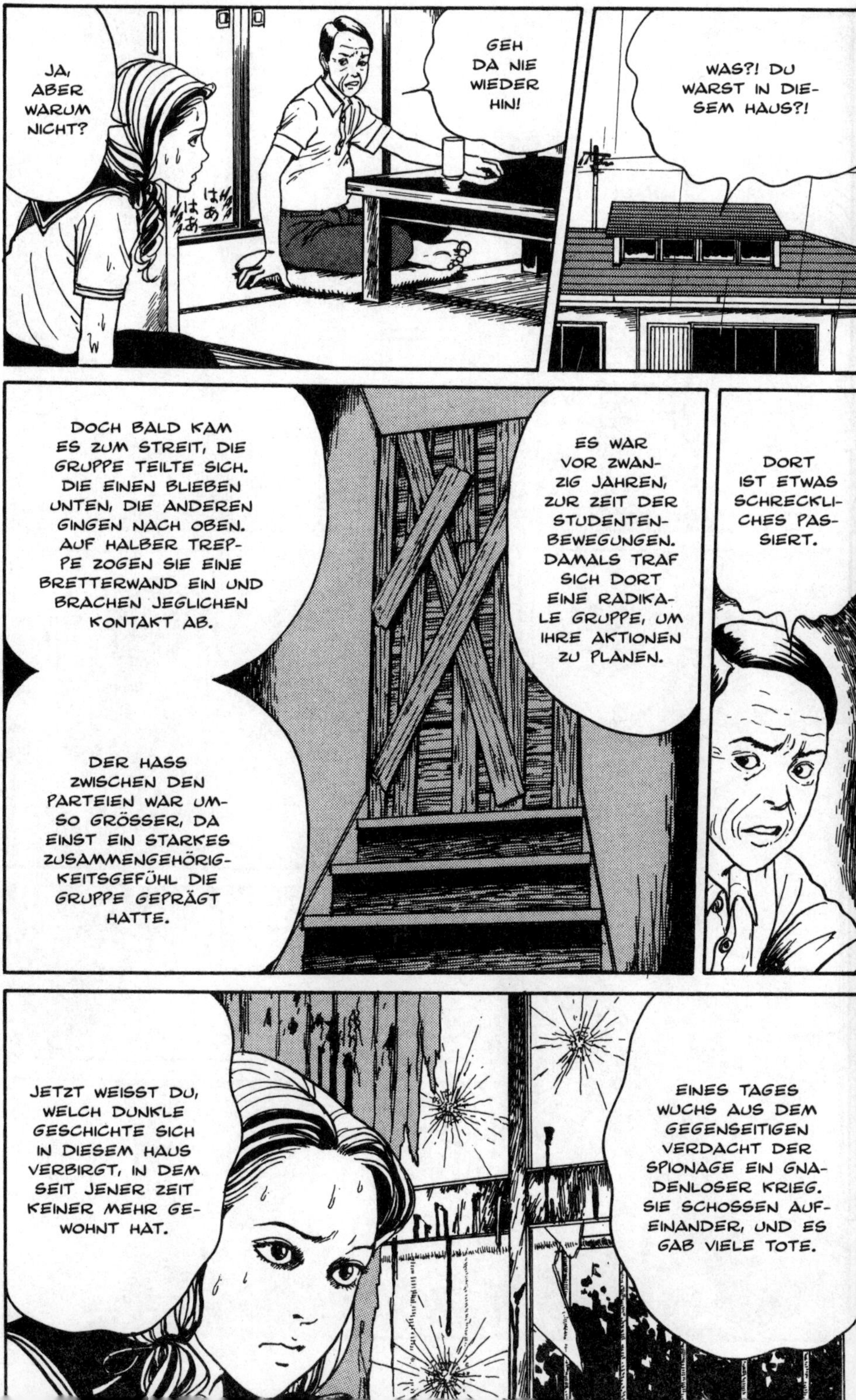
WAS?! DU WARST IN DIESEM HAUS?!
GEH DA NIE WIEDER HIN!
JA, ABER WARUM NICHT?
DORT IST ETWAS SCHRECKLICHES PASSIERT.
ES WAR VOR ZWANZIG JAHREN, ZUR ZEIT DER STUDENTENBEWEGUNGEN. DAMALS TRAF SICH DORT EINE RADIKALE GRUPPE, UM IHRE AKTIONEN ZU PLANEN.
DOCH BALD KAM ES ZUM STREIT, DIE GRUPPE TEILTE SICH. DIE EINEN BLIEBEN UNTEN, DIE ANDEREN GINGEN NACH OBEN. AUF HALBER TREPPE ZOGEN SIE EINE BRETTERWAND EIN UND BRACHEN JEGLICHEN KONTAKT AB.
DER HASS ZWISCHEN DEN PARTEIEN WAR UMSO GRÖSSER, DA EINST EIN STARKES ZUSAMMENGEHÖRIGKEITSGEFÜHL DIE GRUPPE GEPRÄGT HATTE.
EINES TAGES WUCHS AUS DEM GEGENSEITIGEN VERDACHT DER SPIONAGE EIN GNADENLOSER KRIEG. SIE SCHOSSEN AUFEINANDER, UND ES GAB VIELE TOTE.
JETZT WEISST DU, WELCH DUNKLE GESCHICHTE SICH IN DIESEM HAUS VERBIRGT, IN DEM SEIT JENER ZEIT KEINER MEHR GEWOHNT HAT.

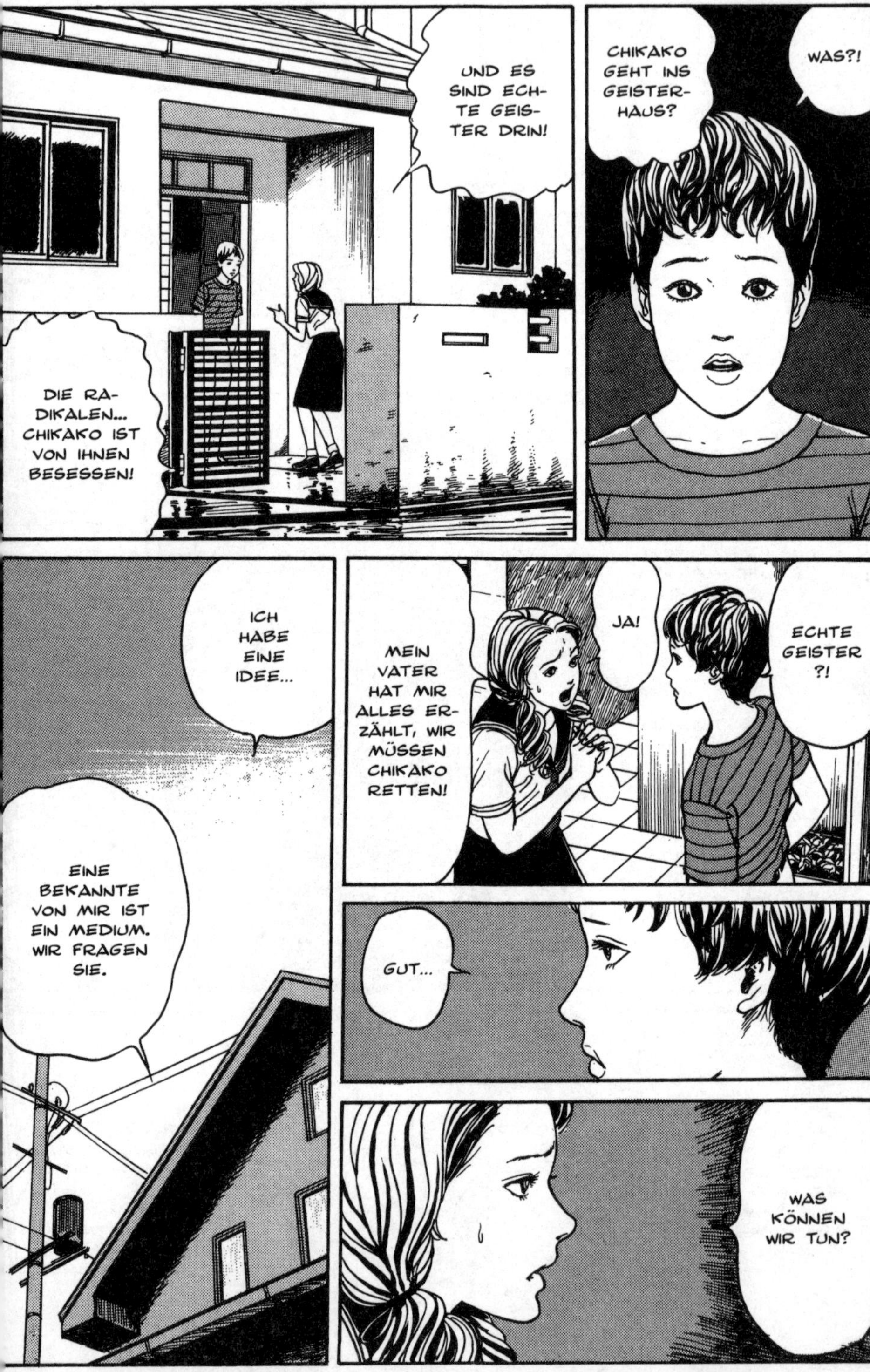
WAS?!
CHIKAKO GEHT INS GEISTERHAUS?
UND ES SIND ECHTE GEISTER DRIN!
DIE RADIKALEN... CHIKAKO IST VON IHNEN BESESSEN!
ECHTE GEISTER ?!
JA!
MEIN VATER HAT MIR ALLES ERZÄHLT, WIR MÜSSEN CHIKAKO RETTEN!
GUT...
WAS KÖNNEN WIR TUN?
ICH HABE EINE IDEE...
EINE BEKANNTE VON MIR IST EIN MEDIUM. WIR FRAGEN SIE.

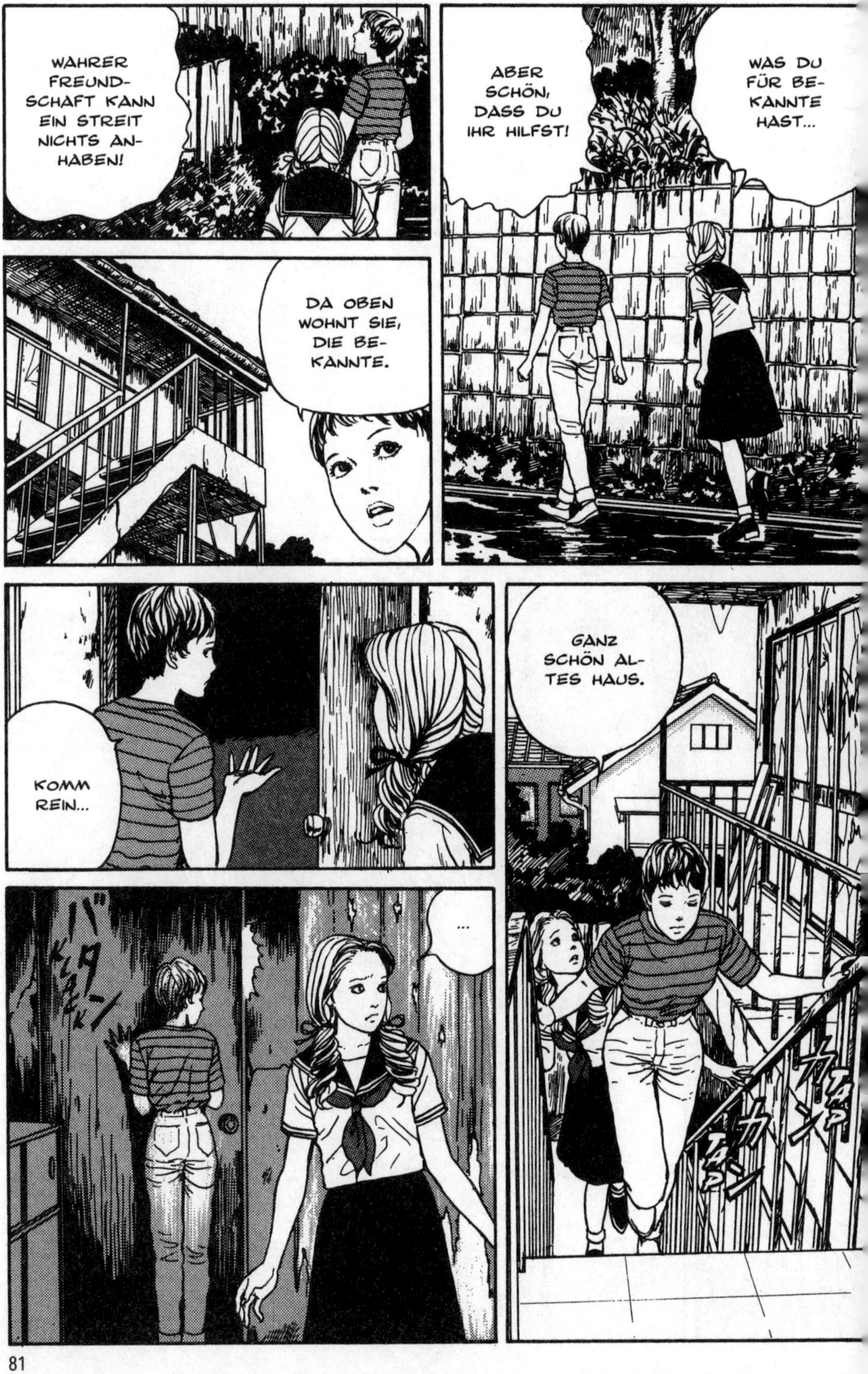
WAS DU FÜR BEKANNTE HAST...
ABER SCHÖN, DASS DU IHR HILFST!
WAHRER FREUNDSCHAFT KANN EIN STREIT NICHTS ANHABEN!
DA OBEN WOHNT SIE, DIE BEKANNTE.
GANZ SCHÖN ALTES HAUS.
TAP
TAP
KOMM REIN...
...
KLACK

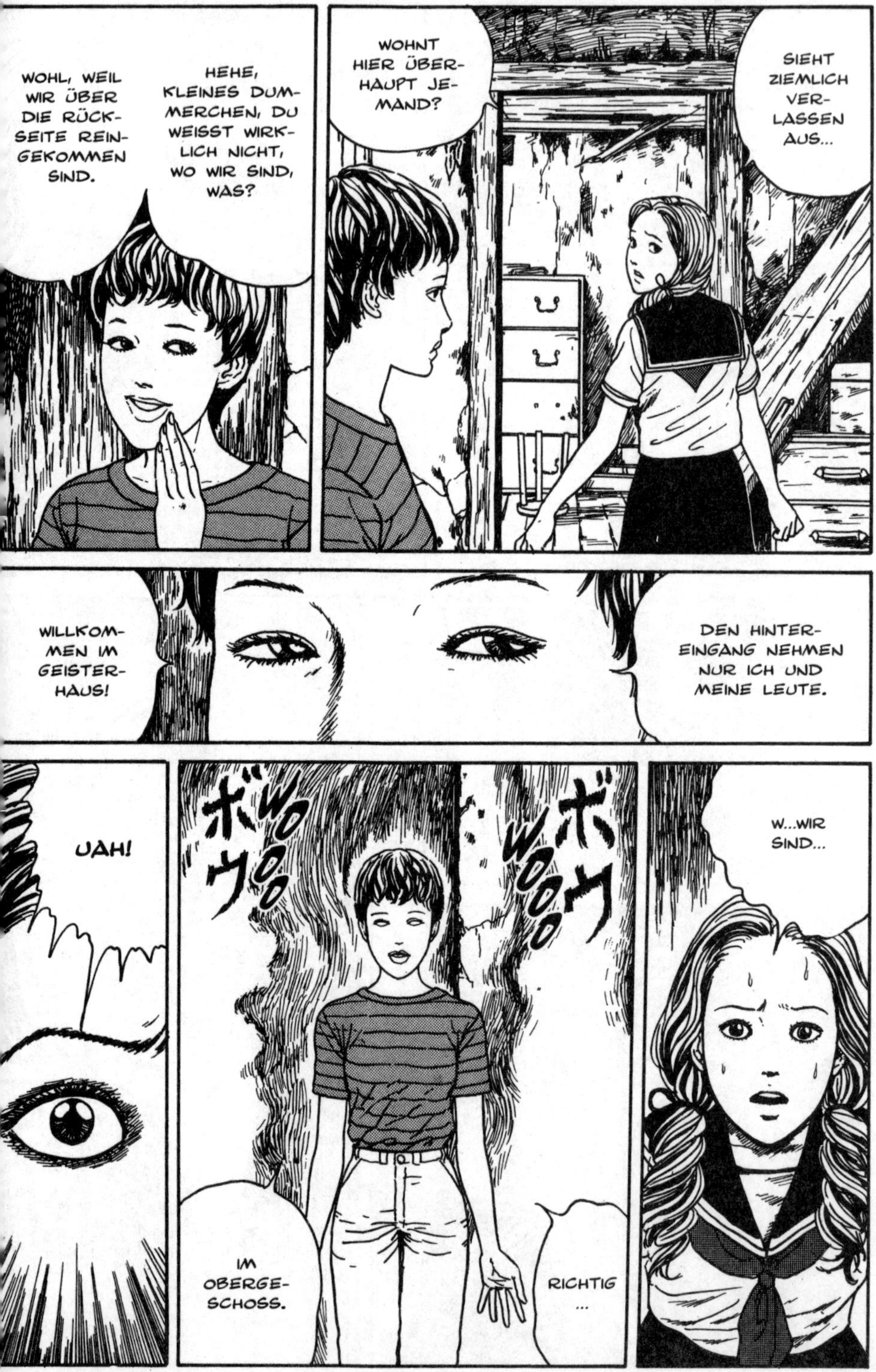
SIEHT ZIEMLICH VERLASSEN AUS...
WOHNT HIER ÜBERHAUPT JEMAND?
HEHE, KLEINES DUMMERCHEN, DU WEISST WIRKLICH NICHT, WO WIR SIND, WAS?
WOHL, WEIL WIR ÜBER DIE RÜCKSEITE REINGEKOMMEN SIND.
DEN HINTEREINGANG NEHMEN NUR ICH UND MEINE LEUTE.
WILLKOMMEN IM GEISTERHAUS!
W...WIR SIND...
ボウ
WOOOO
ボウ
WOOOO
RICHTIG ...
IM OBERGESCHOSS.
UAH!

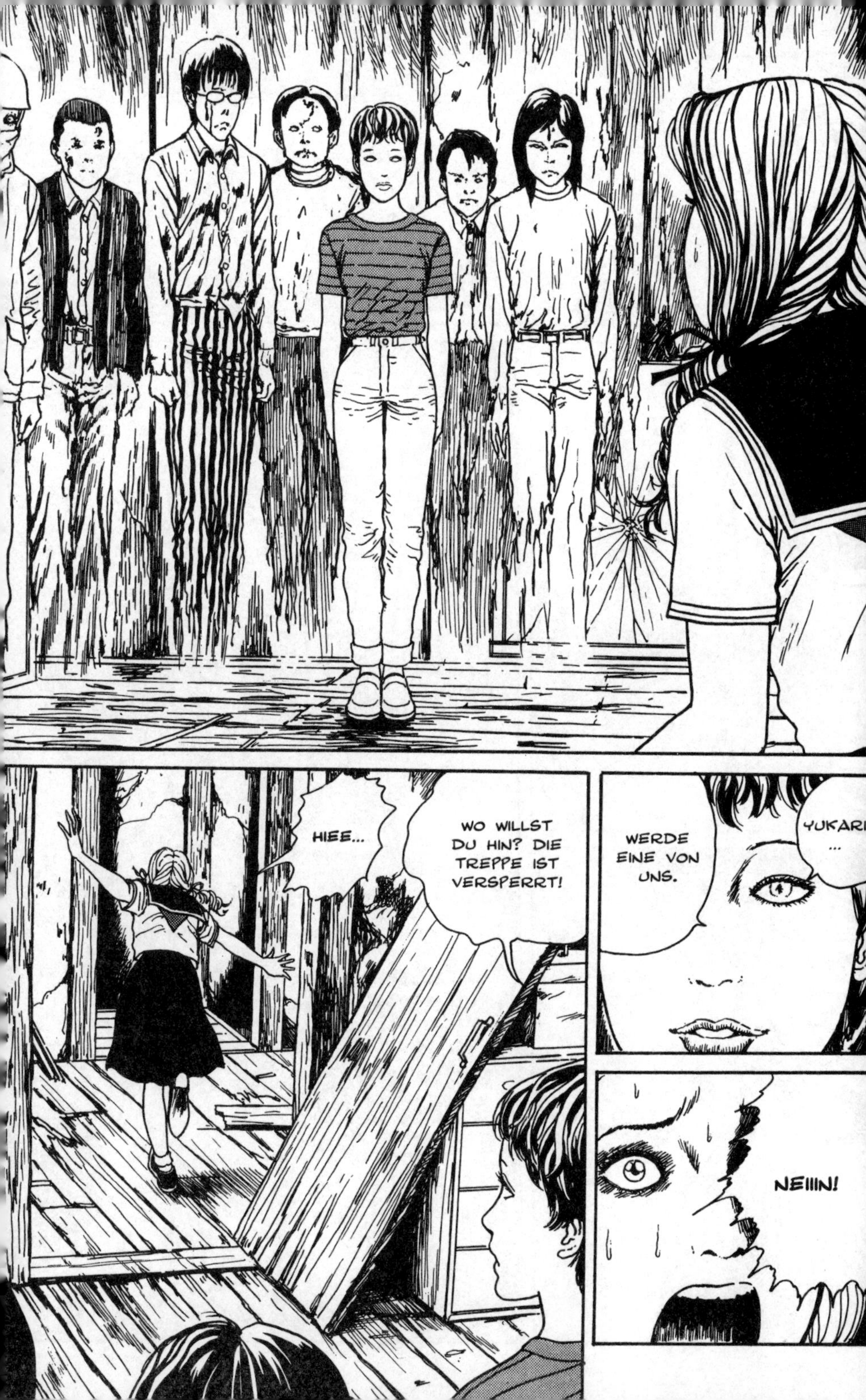
YUKARI …
WERDE EINE VON UNS.
NEIIIN!
WO WILLST DU HIN? DIE TREPPE IST VERSPERRT!
HIEE…

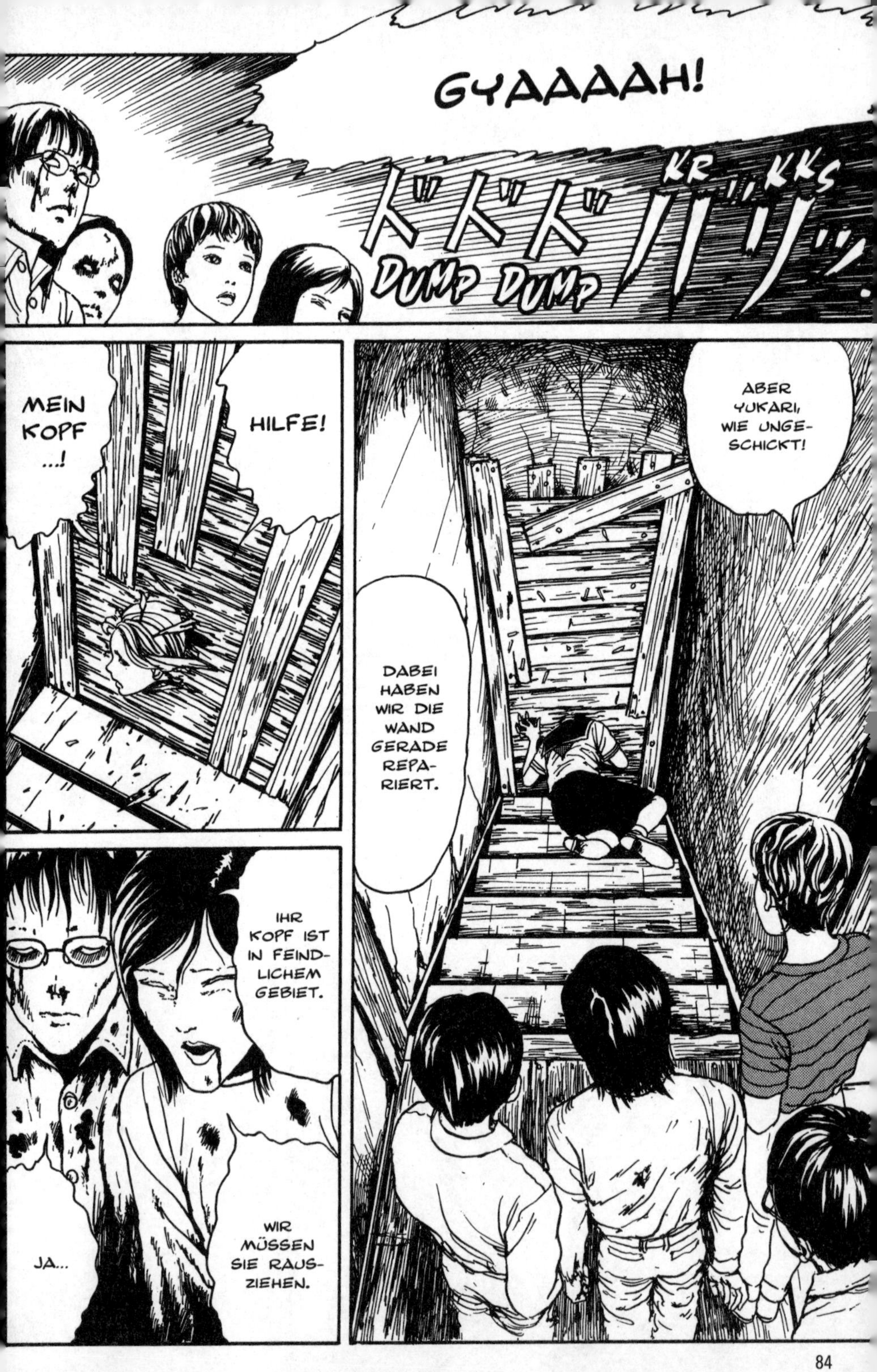
GYAAAAH!
ドドド
DUMP DUMP
バリッ
KRKKS
MEIN KOPF ...!
HILFE!
ABER YUKARI, WIE UNGE-SCHICKT!
DABEI HABEN WIR DIE WAND GERADE REPA-RIERT.
IHR KOPF IST IN FEIND-LICHEM GEBIET.
JA...
WIR MÜSSEN SIE RAUS-ZIEHEN.

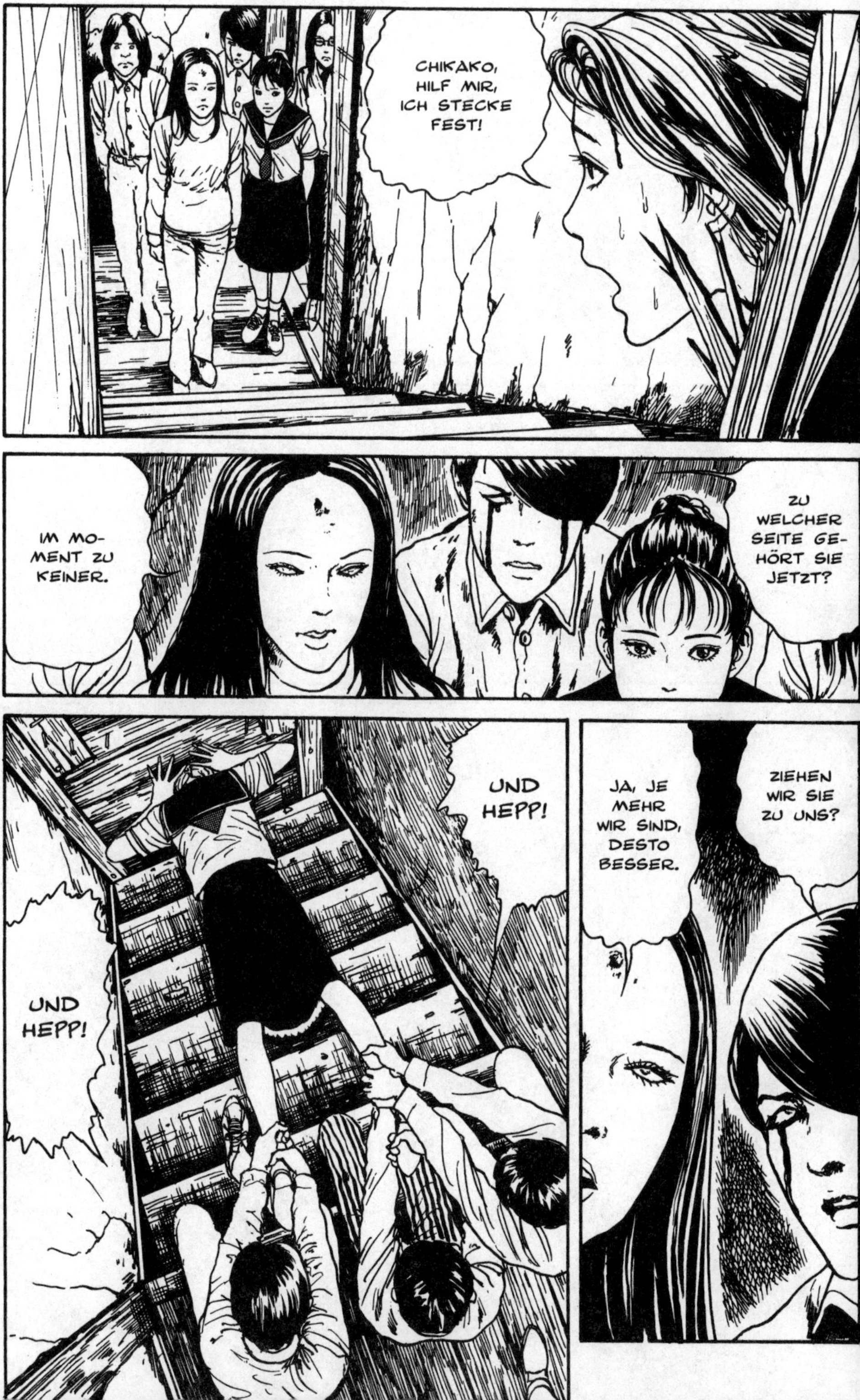
CHIKAKO, HILF MIR, ICH STECKE FEST!
ZU WELCHER SEITE GEHÖRT SIE JETZT?
IM MOMENT ZU KEINER.
ZIEHEN WIR SIE ZU UNS?
JA, JE MEHR WIR SIND, DESTO BESSER.
UND HEPP!
UND HEPP!

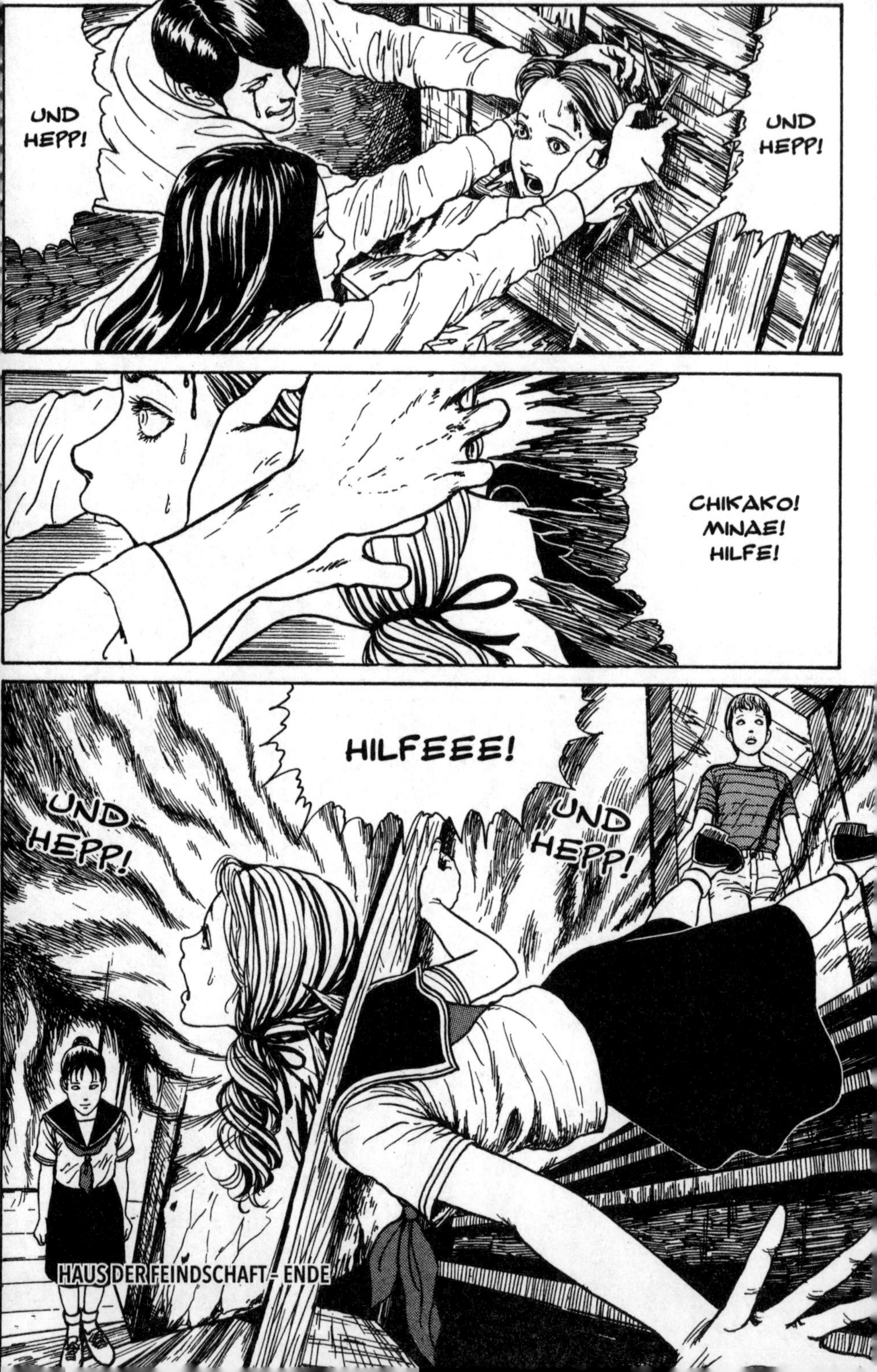
UND HEPP!
UND HEPP!
CHIKAKO! MINAE! HILFE!
HILFEEE!
UND HEPP!
UND HEPP!
HAUS DER FEINDSCHAFT – ENDE

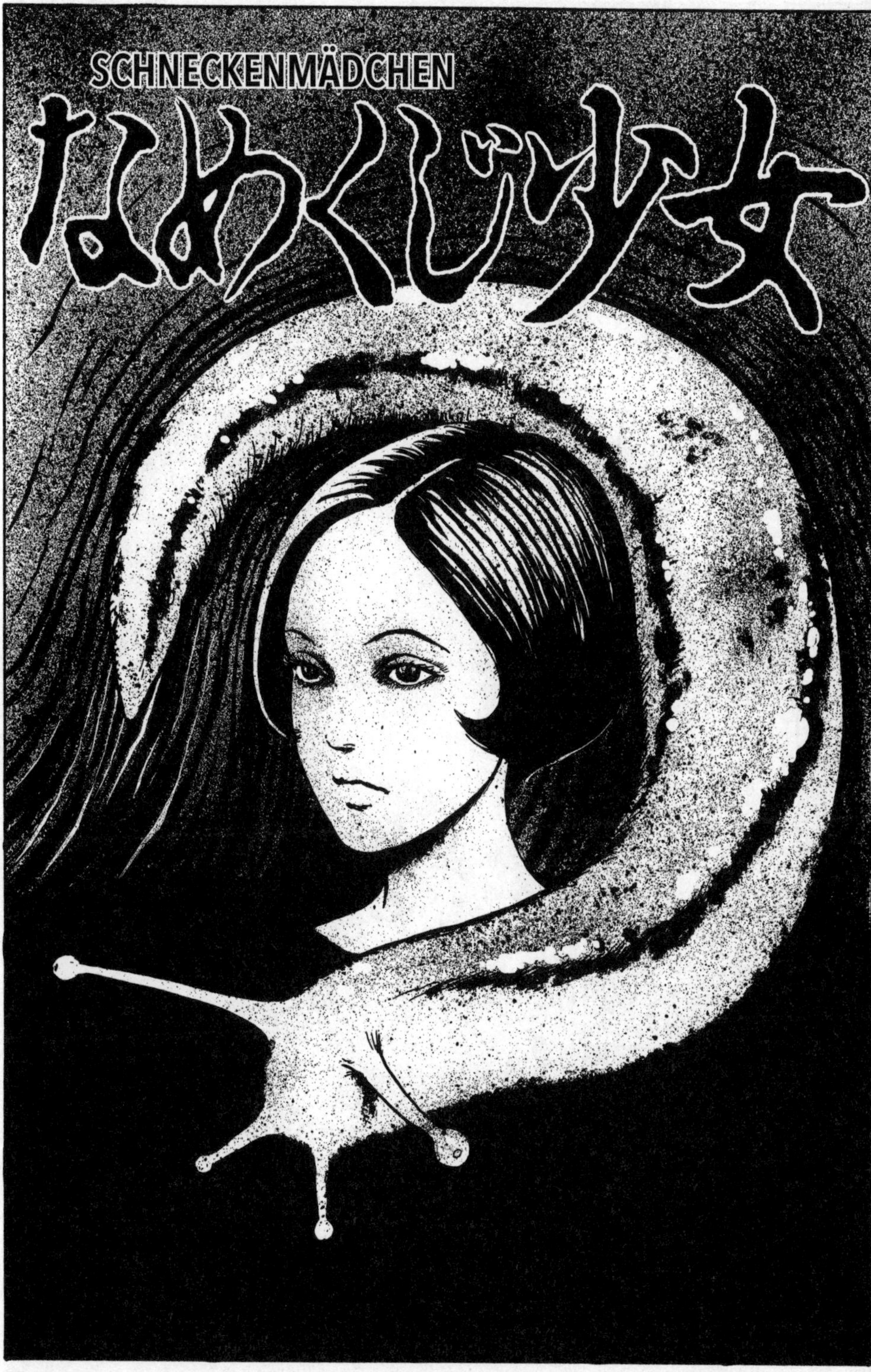
SCHNECKENMÄDCHEN
なめくじ少女

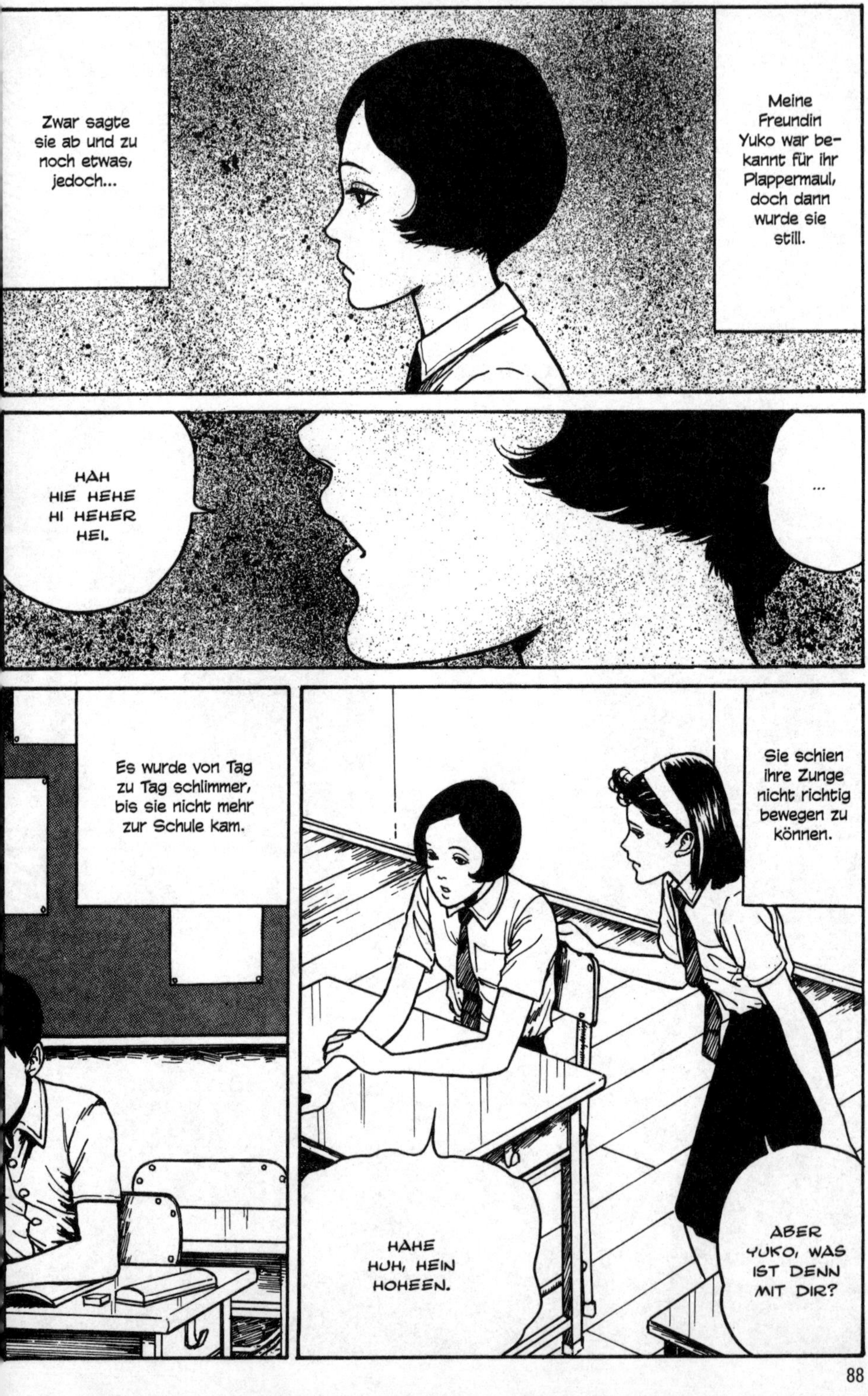
Meine Freundin Yuko war bekannt für ihr Plappermaul, doch dann wurde sie still.
Zwar sagte sie ab und zu noch etwas, jedoch...
...
HAH HIE HEHE HI HEHER HEI.
Sie schien ihre Zunge nicht richtig bewegen zu können.
ABER YUKO, WAS IST DENN MIT DIR?
HAHE HUH, HEIN HOHEEN.
Es wurde von Tag zu Tag schlimmer, bis sie nicht mehr zur Schule kam.

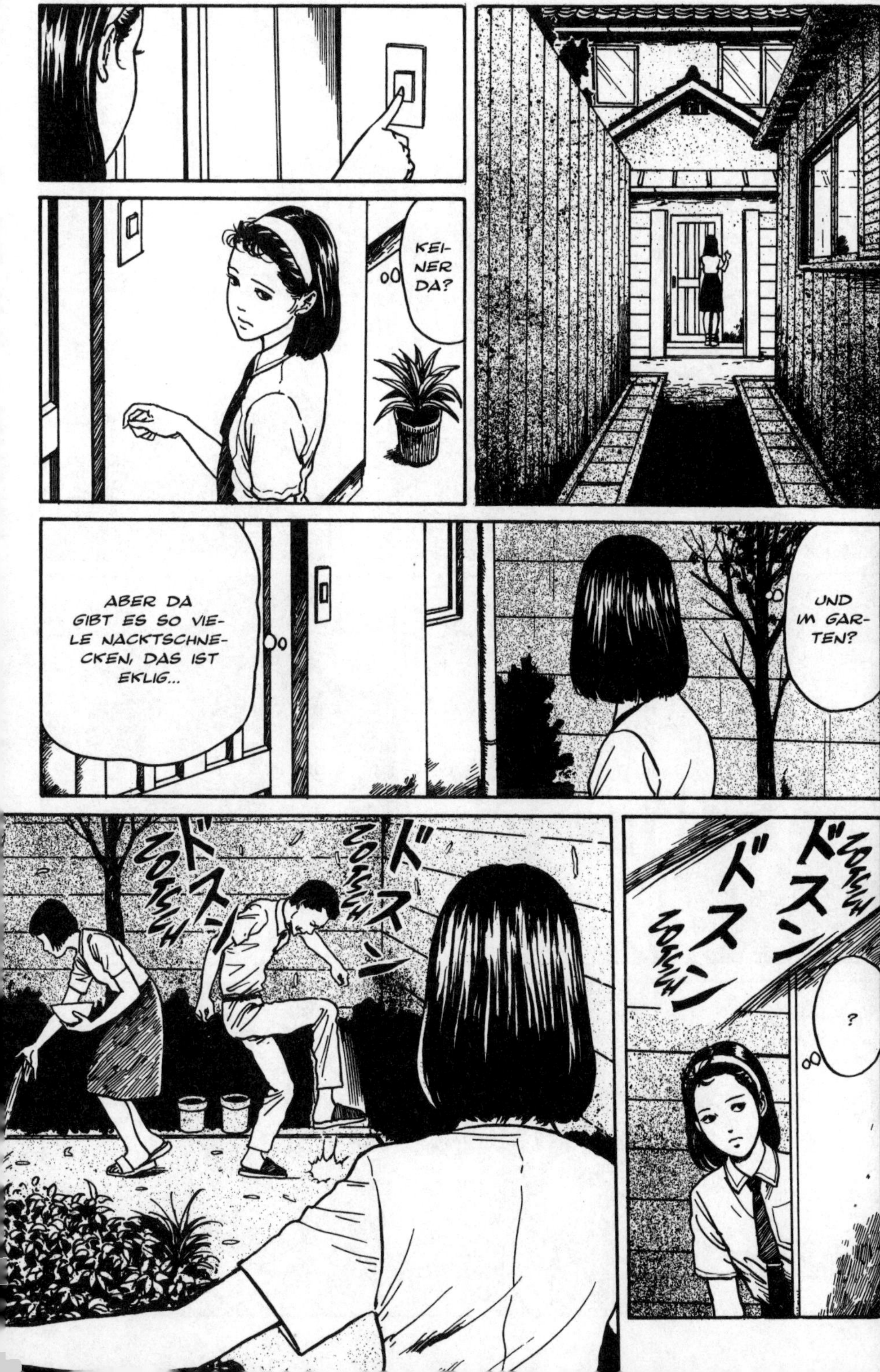
KEINER DA?
UND IM GARTEN?
ABER DA GIBT ES SO VIELE NACKTSCHNECKEN, DAS IST EKLIG...
ドスン
ドスン
?
ドスン
ドスン

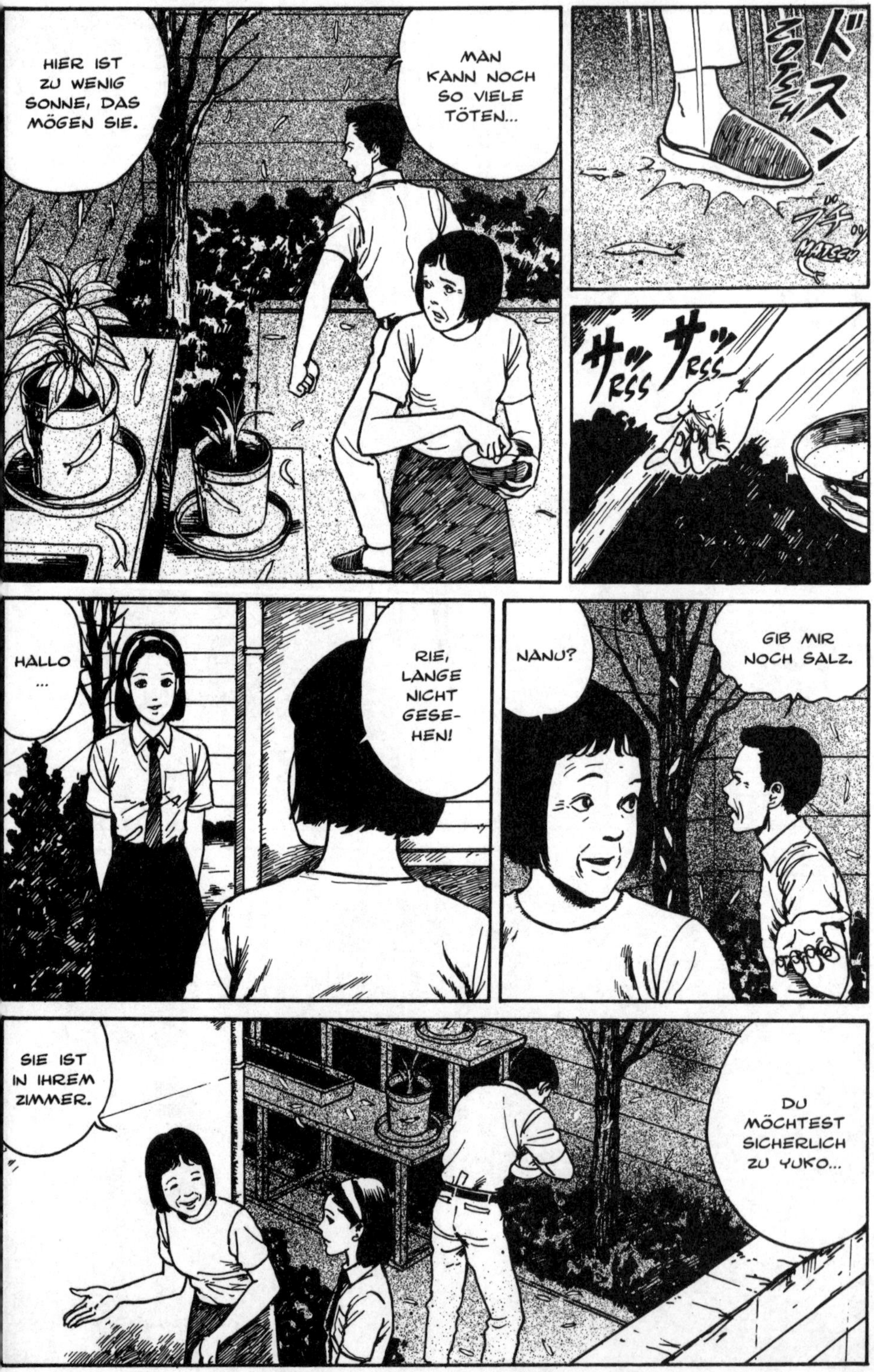
ドスン
ZOMPSCH
ブチッ
MATSCH
HIER IST ZU WENIG SONNE, DAS MÖGEN SIE.
MAN KANN NOCH SO VIELE TÖTEN...
サッ
RSS
サッ
RSS
GIB MIR NOCH SALZ.
NANU?
RIE, LANGE NICHT GESEHEN!
HALLO ...
DU MÖCHTEST SICHERLICH ZU YUKO...
SIE IST IN IHREM ZIMMER.

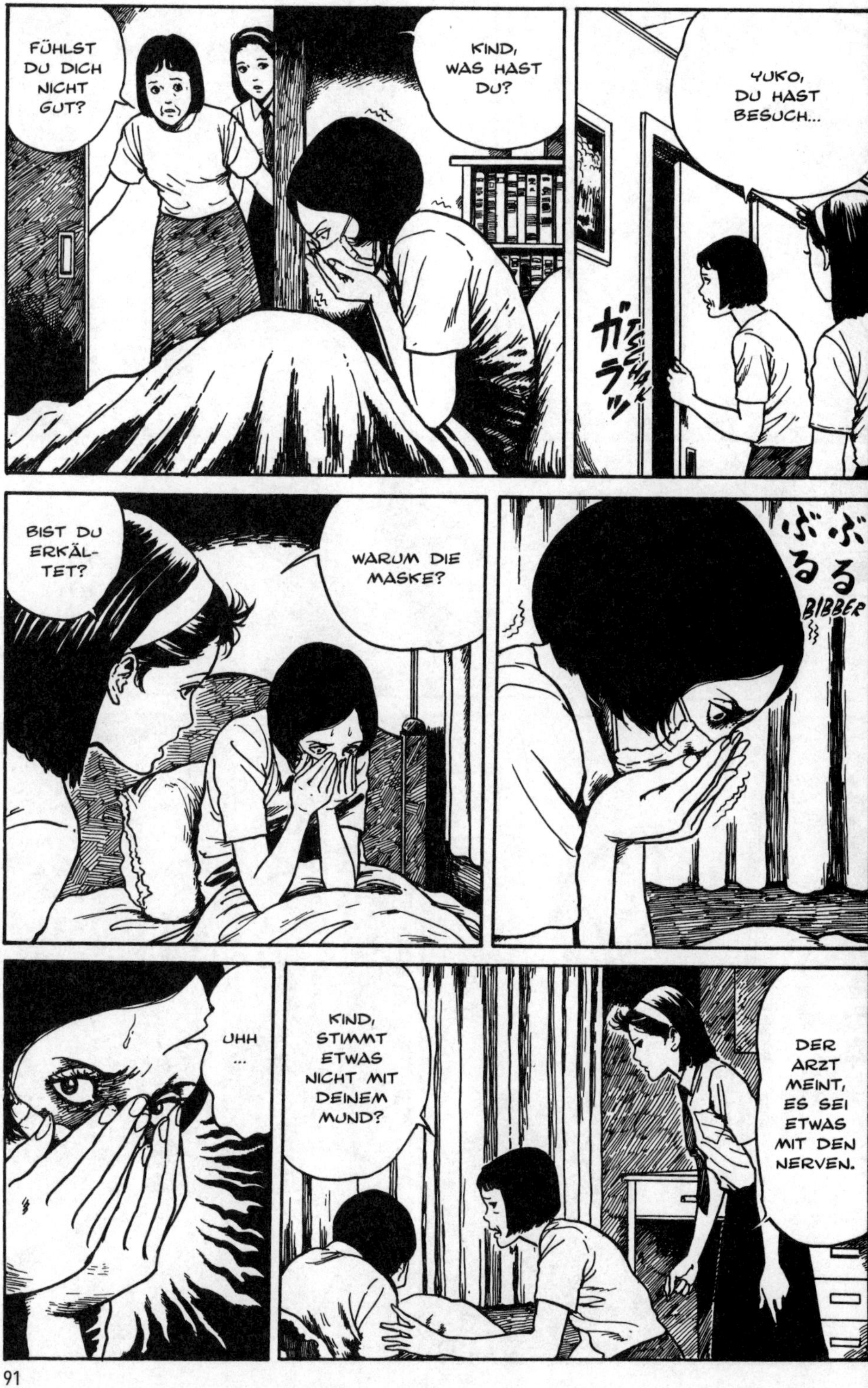
YUKO, DU HAST BESUCH...
ガラッ
TSCHAK
KIND, WAS HAST DU?
FÜHLST DU DICH NICHT GUT?
ぶるぶる
BIBBER
WARUM DIE MASKE?
BIST DU ERKÄLTET?
DER ARZT MEINT, ES SEI ETWAS MIT DEN NERVEN.
KIND, STIMMT ETWAS NICHT MIT DEINEM MUND?
UHH ...

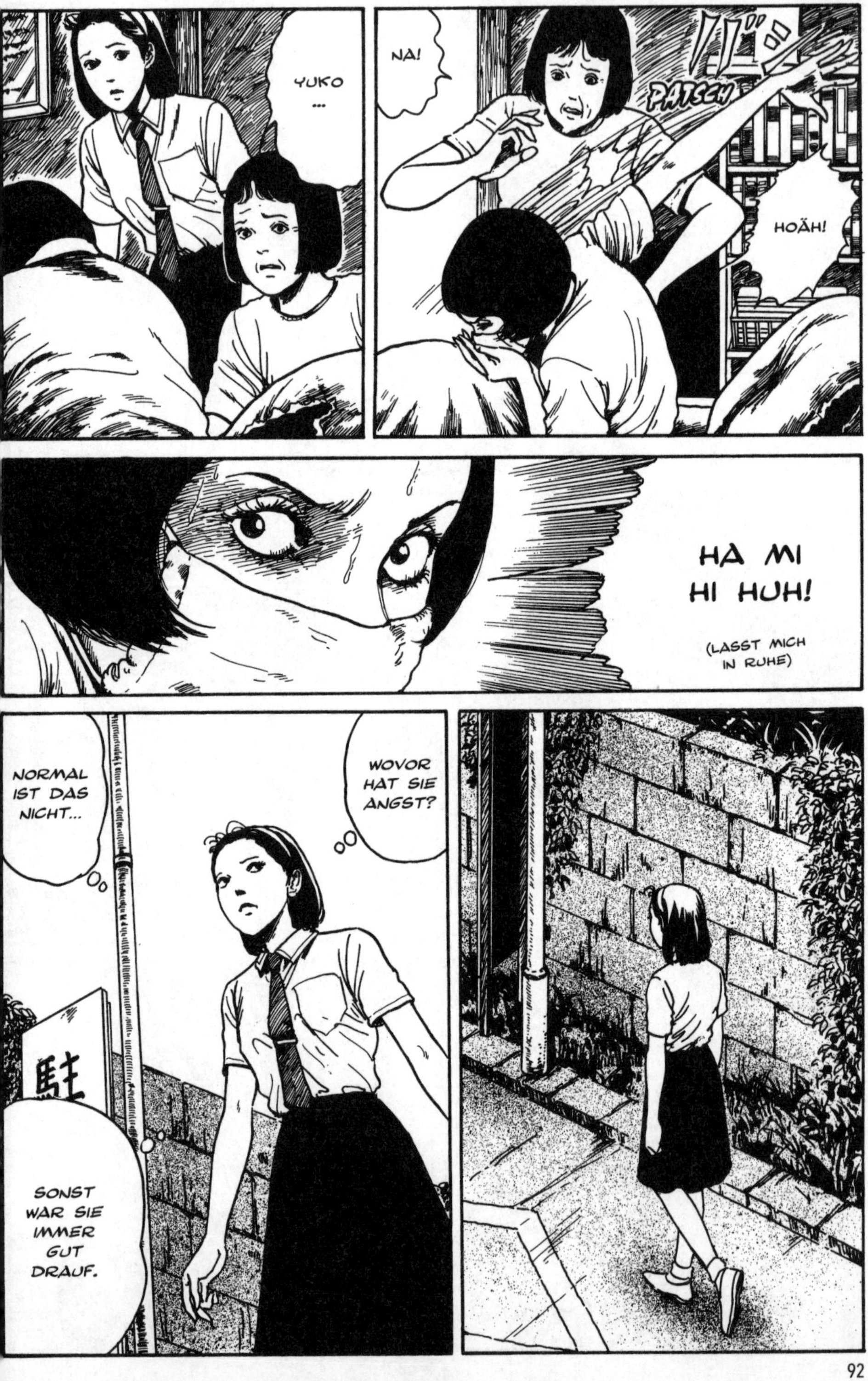
NA!
PATSCH
HOÄH!
YUKO ...
HA MI HI HUH!
(LASST MICH IN RUHE)
WOVOR HAT SIE ANGST?
NORMAL IST DAS NICHT...
SONST WAR SIE IMMER GUT DRAUF.

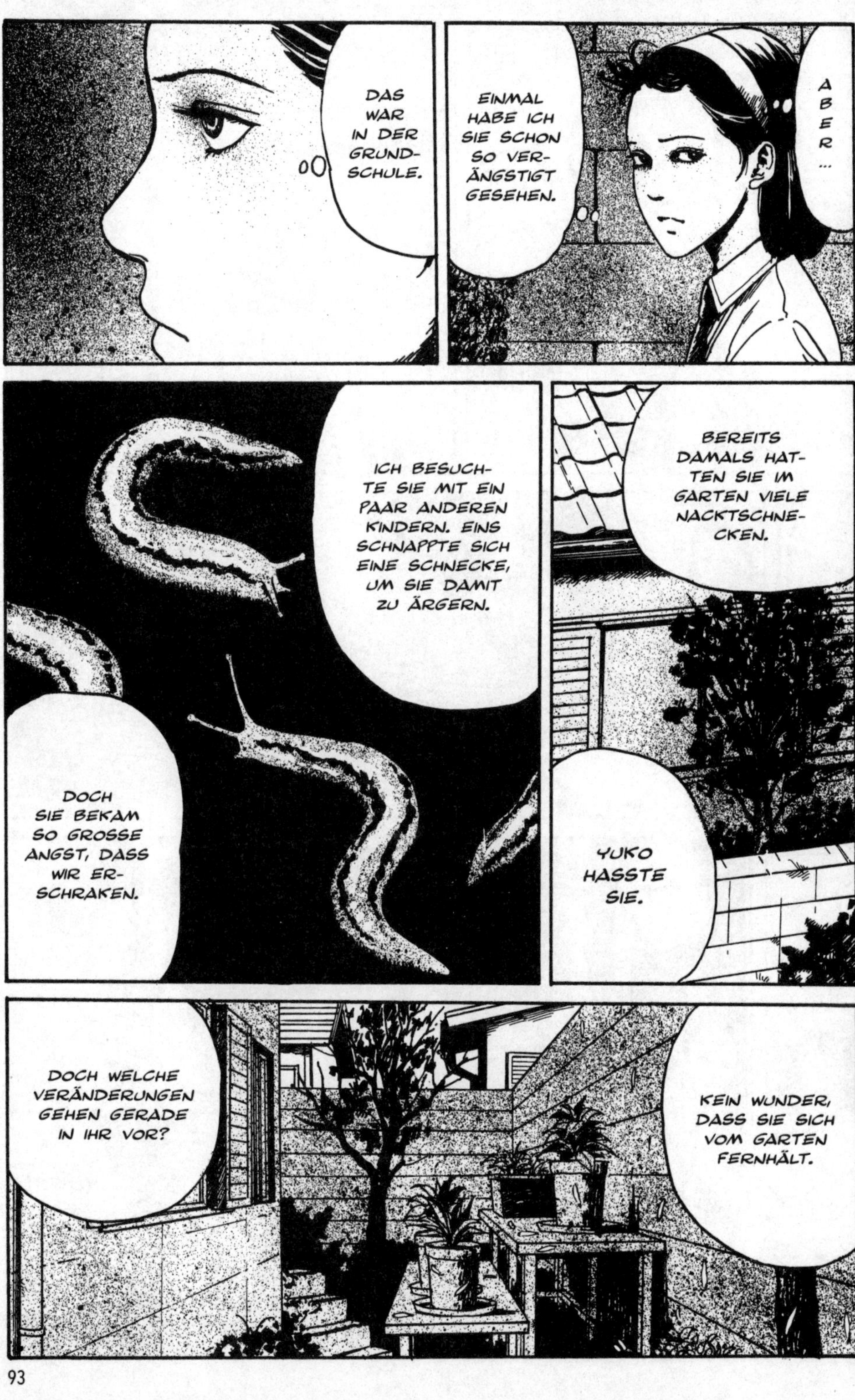
ABER ...
EINMAL HABE ICH SIE SCHON SO VERÄNGSTIGT GESEHEN.
DAS WAR IN DER GRUNDSCHULE.
BEREITS DAMALS HATTEN SIE IM GARTEN VIELE NACKTSCHNECKEN.
YUKO HASSTE SIE.
ICH BESUCHTE SIE MIT EIN PAAR ANDEREN KINDERN. EINS SCHNAPPTE SICH EINE SCHNECKE, UM SIE DAMIT ZU ÄRGERN.
DOCH SIE BEKAM SO GROSSE ANGST, DASS WIR ERSCHRAKEN.
KEIN WUNDER, DASS SIE SICH VOM GARTEN FERNHÄLT.
DOCH WELCHE VERÄNDERUNGEN GEHEN GERADE IN IHR VOR?

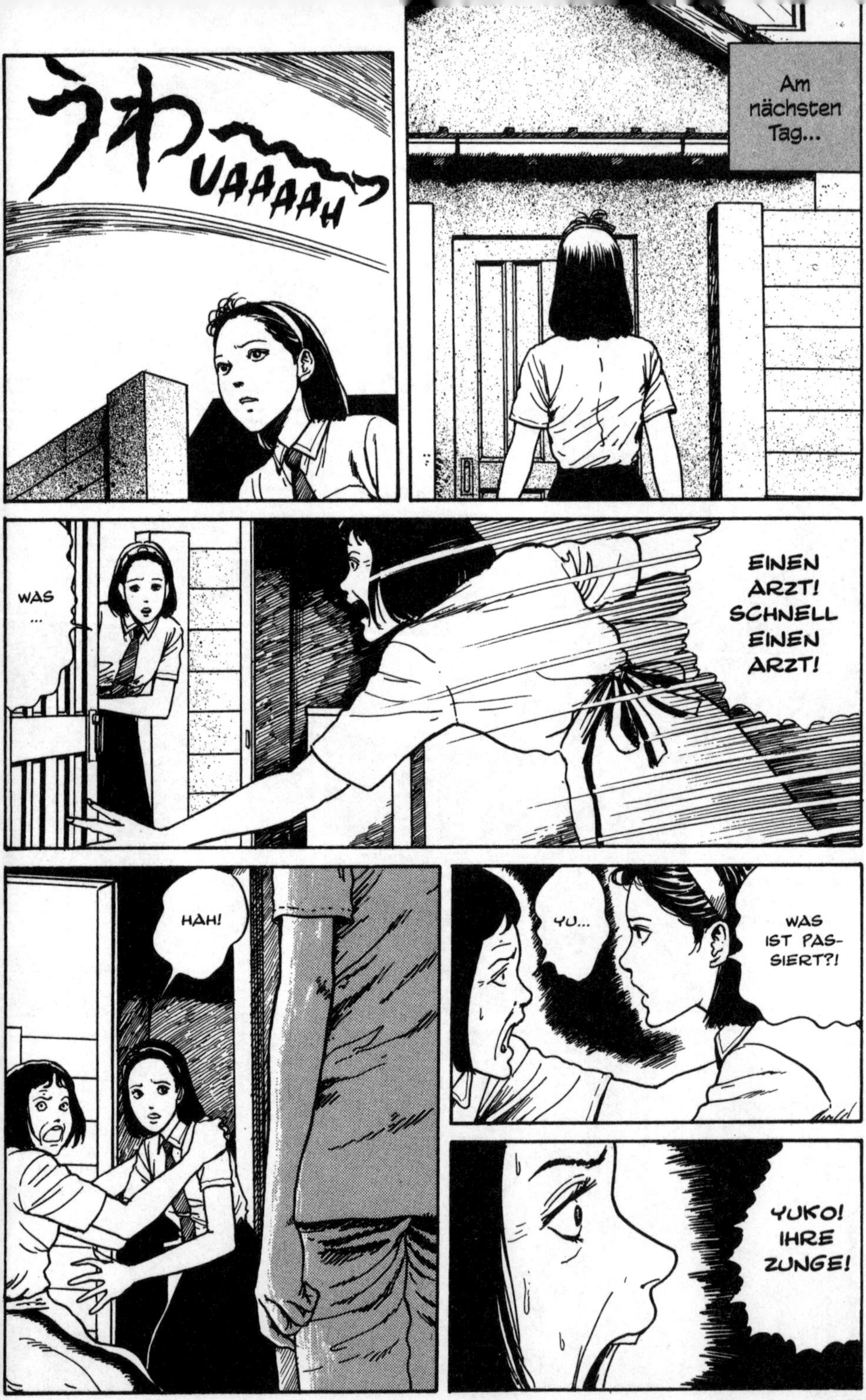
Am nächsten Tag...
うわ〜っ
UAAAAH
EINEN ARZT! SCHNELL EINEN ARZT!
WAS ...
WAS IST PAS- SIERT?!
YU...
YUKO! IHRE ZUNGE!
HAH!

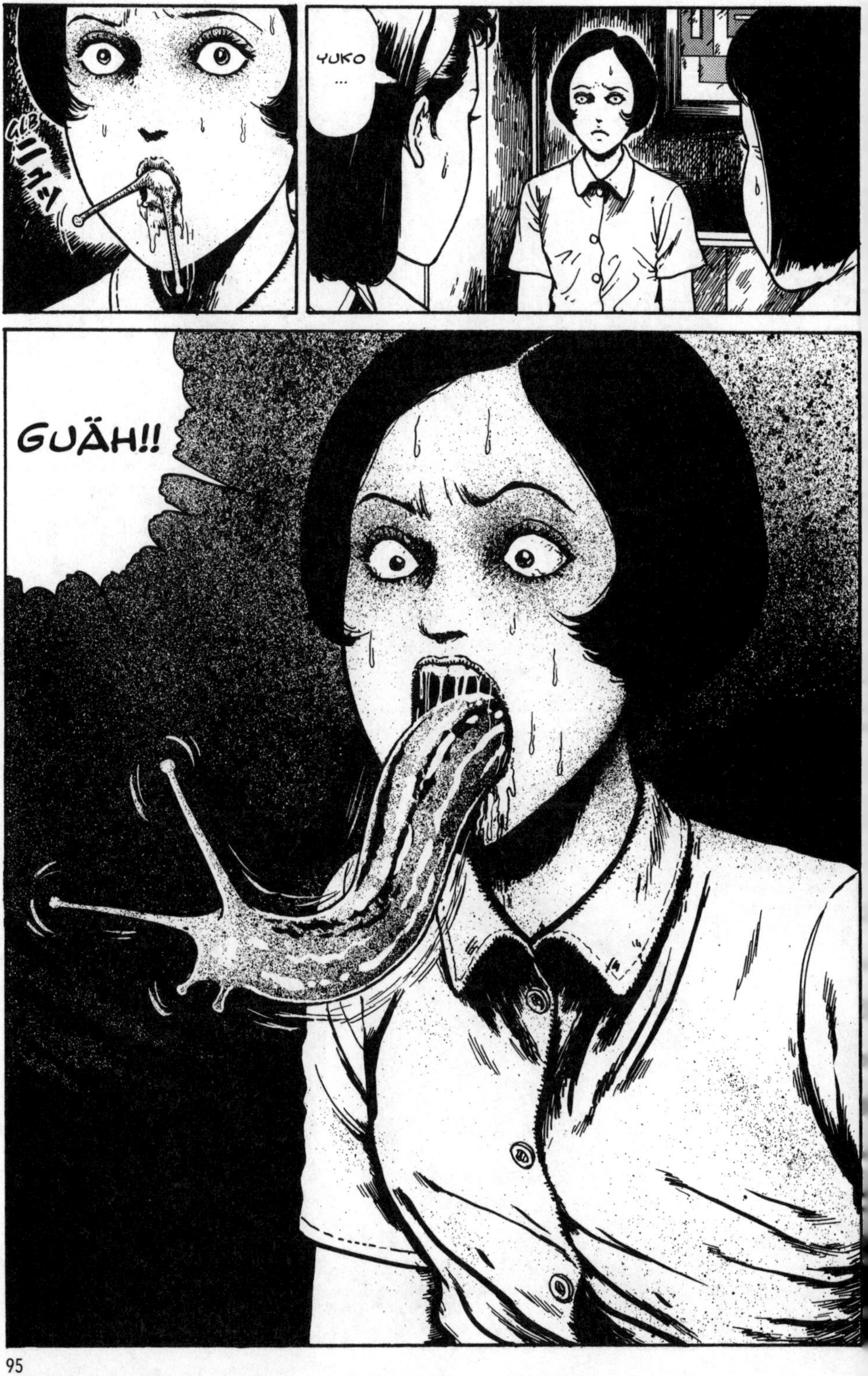
YUKO
...
GLB
ニュッ
GUÄH!!

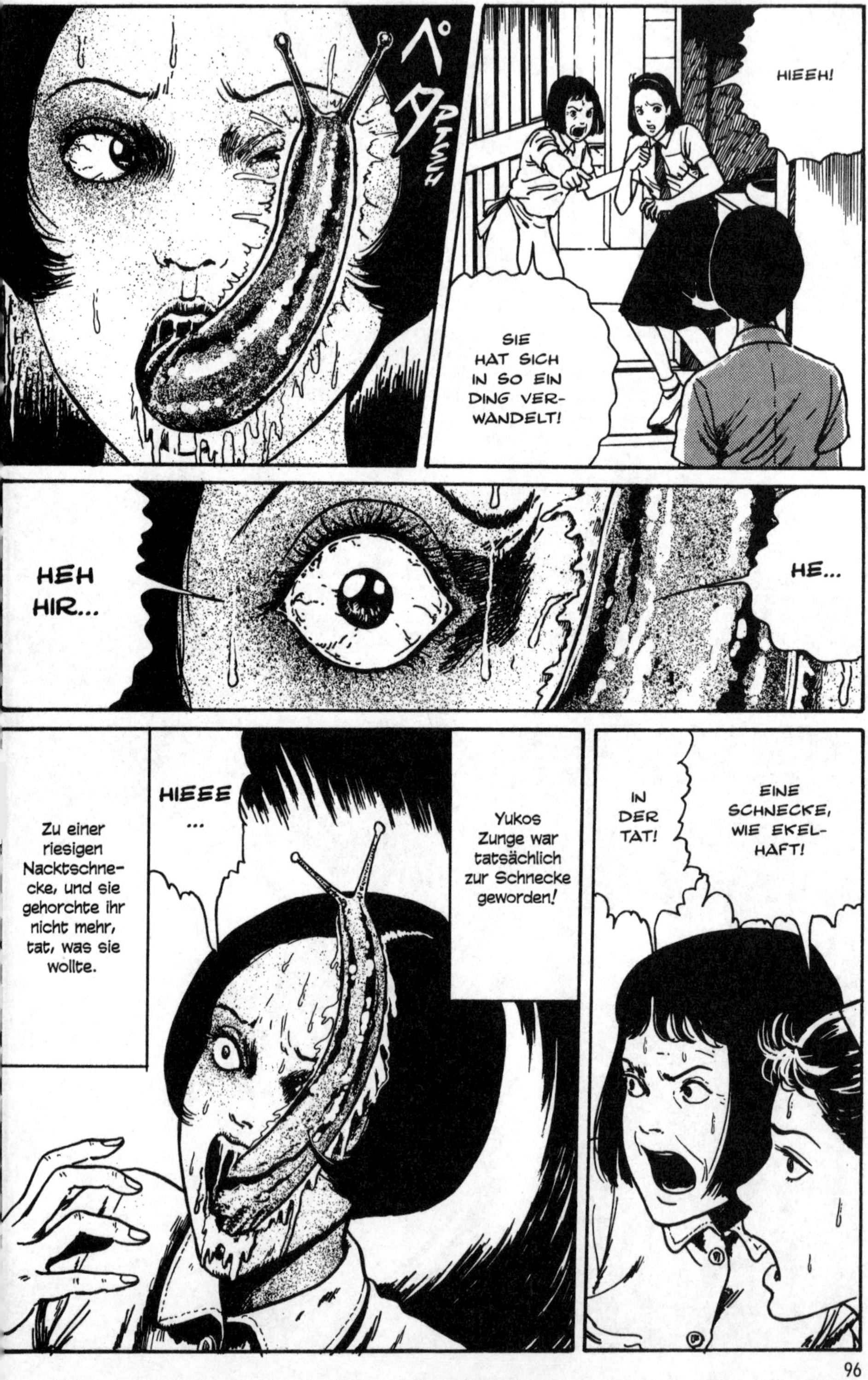
HIEEH!
SIE HAT SICH IN SO EIN DING VER-WANDELT!
PAPTSCH
HE...
HEH HIR...
EINE SCHNECKE, WIE EKEL-HAFT!
IN DER TAT!
Yukos Zunge war tatsächlich zur Schnecke geworden!
HIEEE ...
Zu einer riesigen Nacktschnecke, und sie gehorchte ihr nicht mehr, tat, was sie wollte.

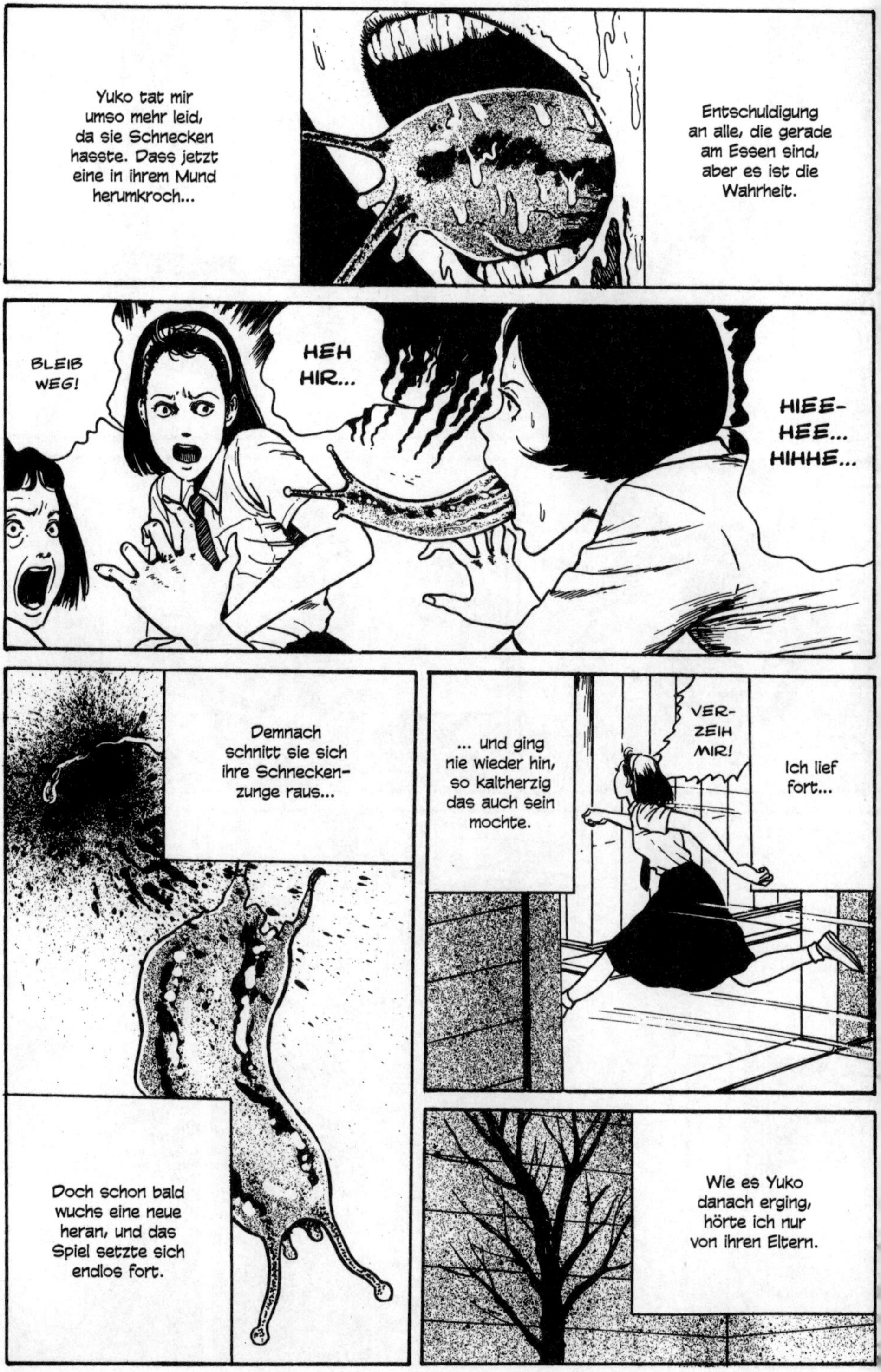
Yuko tat mir umso mehr leid, da sie Schnecken hasste. Dass jetzt eine in ihrem Mund herumkroch...
Entschuldigung an alle, die gerade am Essen sind, aber es ist die Wahrheit.
BLEIB WEG!
HEH HIR...
HIEE-HEE... HIHHE...
Demnach schnitt sie sich ihre Schnecken-zunge raus...
Doch schon bald wuchs eine neue heran, und das Spiel setzte sich endlos fort.
VER-ZEIH MIR!
Ich lief fort...
... und ging nie wieder hin, so kaltherzig das auch sein mochte.
Wie es Yuko danach erging, hörte ich nur von ihren Eltern.

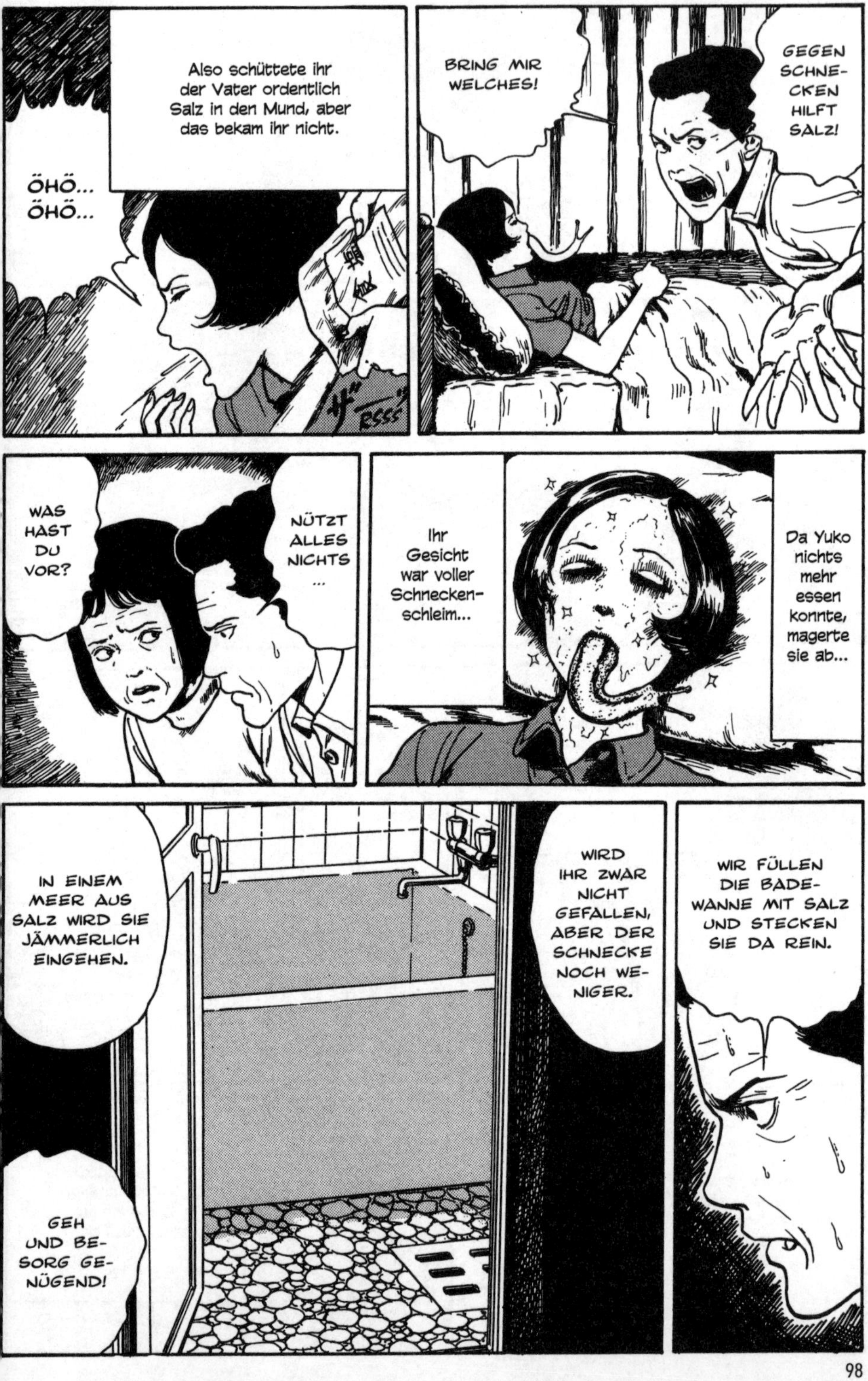
GEGEN SCHNECKEN HILFT SALZ!
BRING MIR WELCHES!
Also schüttete ihr der Vater ordentlich Salz in den Mund, aber das bekam ihr nicht.
ÖHÖ... ÖHÖ...
RSSS
Da Yuko nichts mehr essen konnte, magerte sie ab...
Ihr Gesicht war voller Schneckenschleim...
NÜTZT ALLES NICHTS ...
WAS HAST DU VOR?
WIR FÜLLEN DIE BADEWANNE MIT SALZ UND STECKEN SIE DA REIN.
WIRD IHR ZWAR NICHT GEFALLEN, ABER DER SCHNECKE NOCH WENIGER.
IN EINEM MEER AUS SALZ WIRD SIE JÄMMERLICH EINGEHEN.
GEH UND BESORG GENÜGEND!

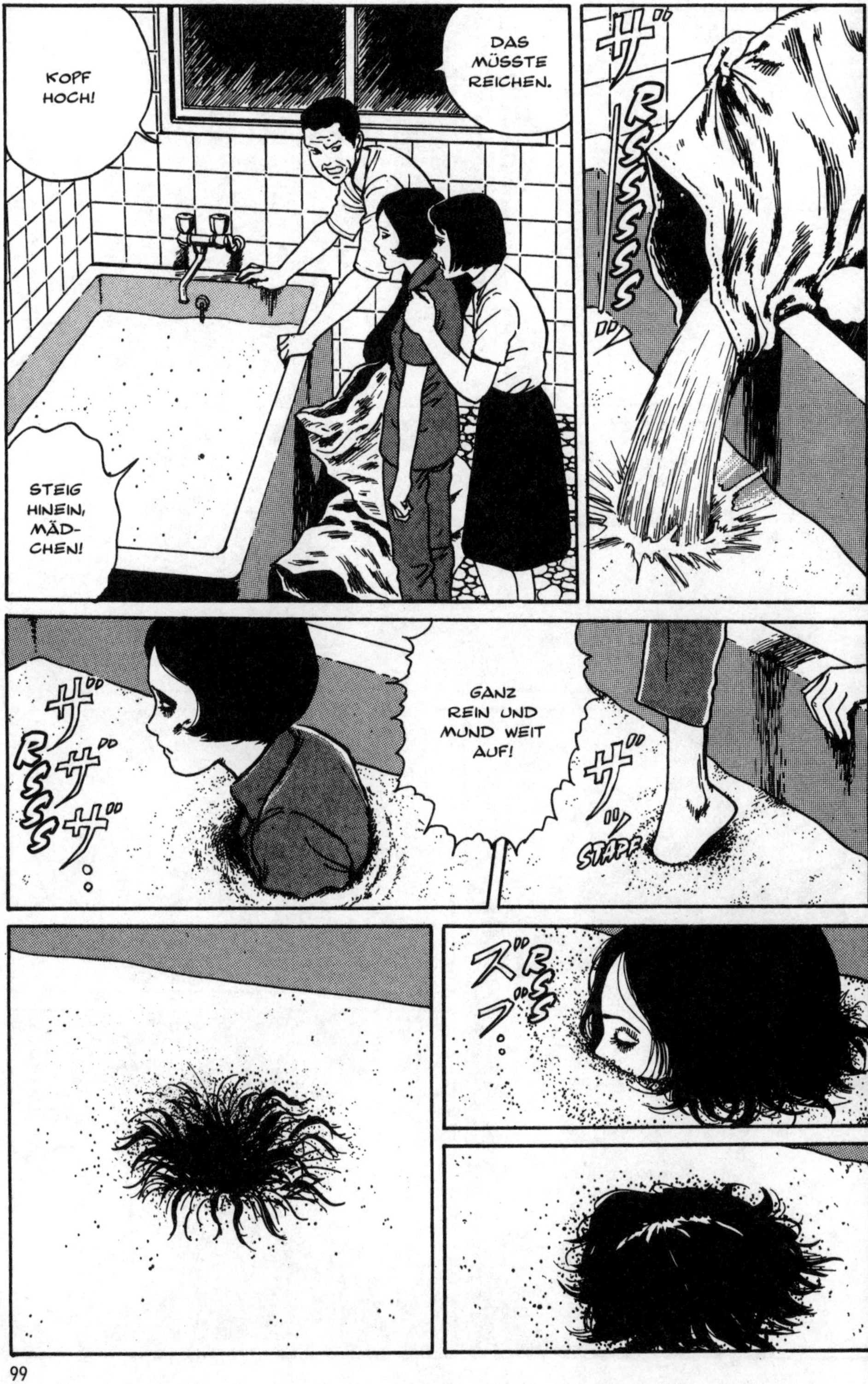
RSSSSSS
DAS MÜSSTE REICHEN.
KOPF HOCH!
STEIG HINEIN, MÄDCHEN!
STAPF
GANZ REIN UND MUND WEIT AUF!
RSSS
RSS

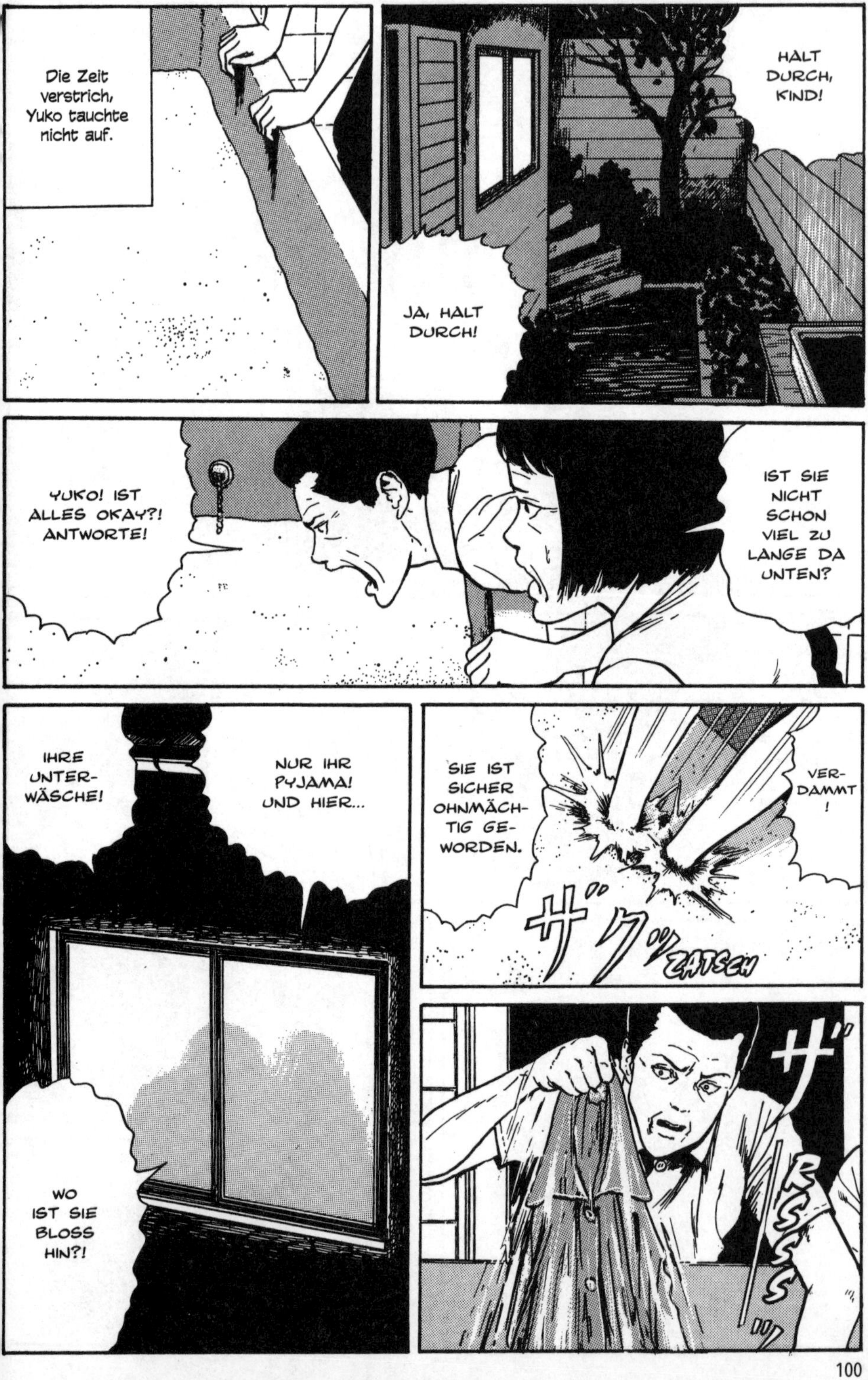
HALT DURCH, KIND!
JA, HALT DURCH!
Die Zeit verstrich, Yuko tauchte nicht auf.
IST SIE NICHT SCHON VIEL ZU LANGE DA UNTEN?
YUKO! IST ALLES OKAY?! ANTWORTE!
VERDAMMT!
SIE IST SICHER OHNMÄCHTIG GEWORDEN.
ザクッ
ZATSCH
ザッ
RSSSS
NUR IHR PYJAMA! UND HIER...
IHRE UNTERWÄSCHE!
WO IST SIE BLOSS HIN?!

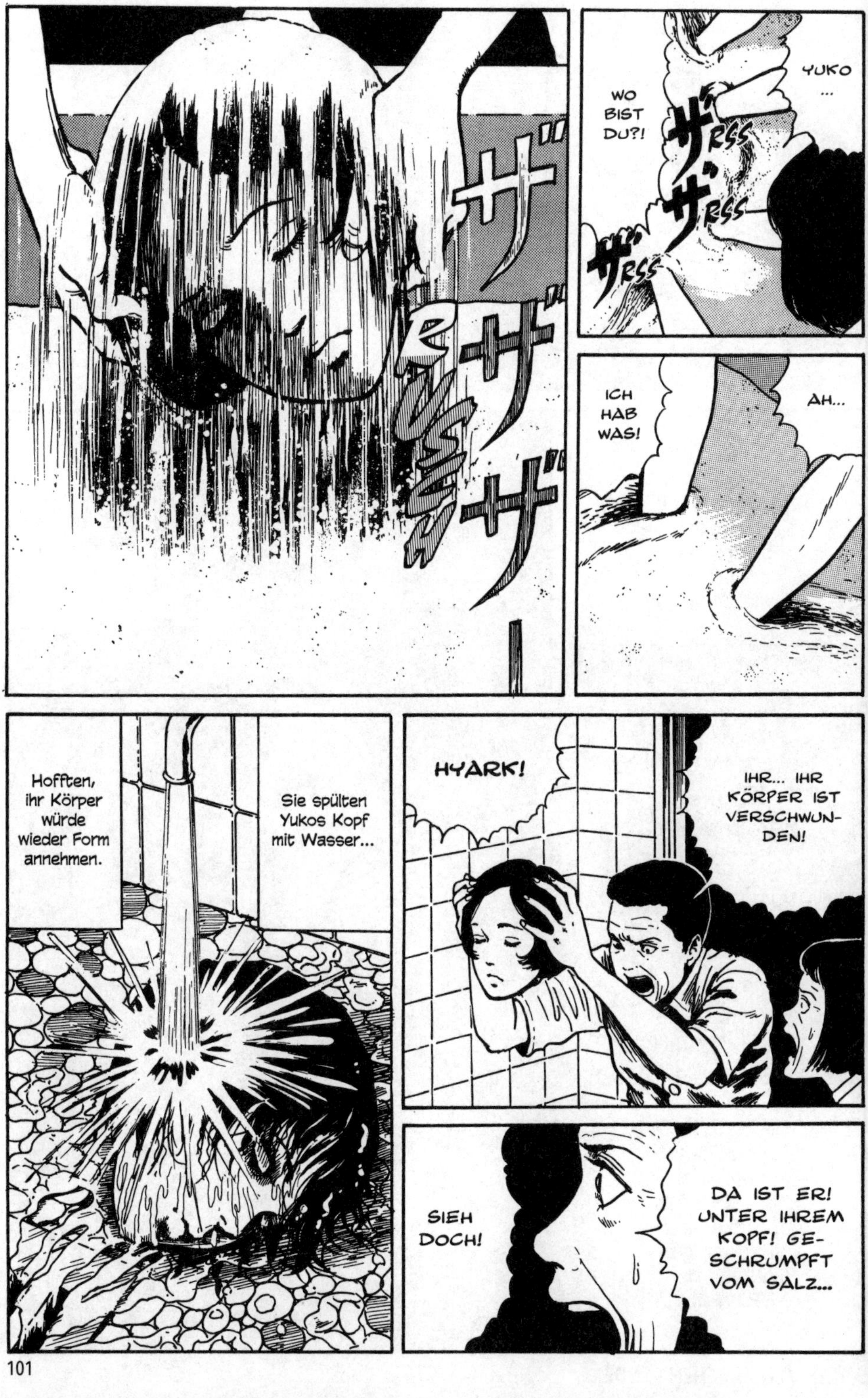
YUKO ...
WO BIST DU?!
RSS
RSS
RSS
AH...
ICH HAB WAS!
Sie spülten Yukos Kopf mit Wasser...
Hofften, ihr Körper würde wieder Form annehmen.
HYARK!
IHR... IHR KÖRPER IST VERSCHWUNDEN!
DA IST ER! UNTER IHREM KOPF! GESCHRUMPFT VOM SALZ...
SIEH DOCH!

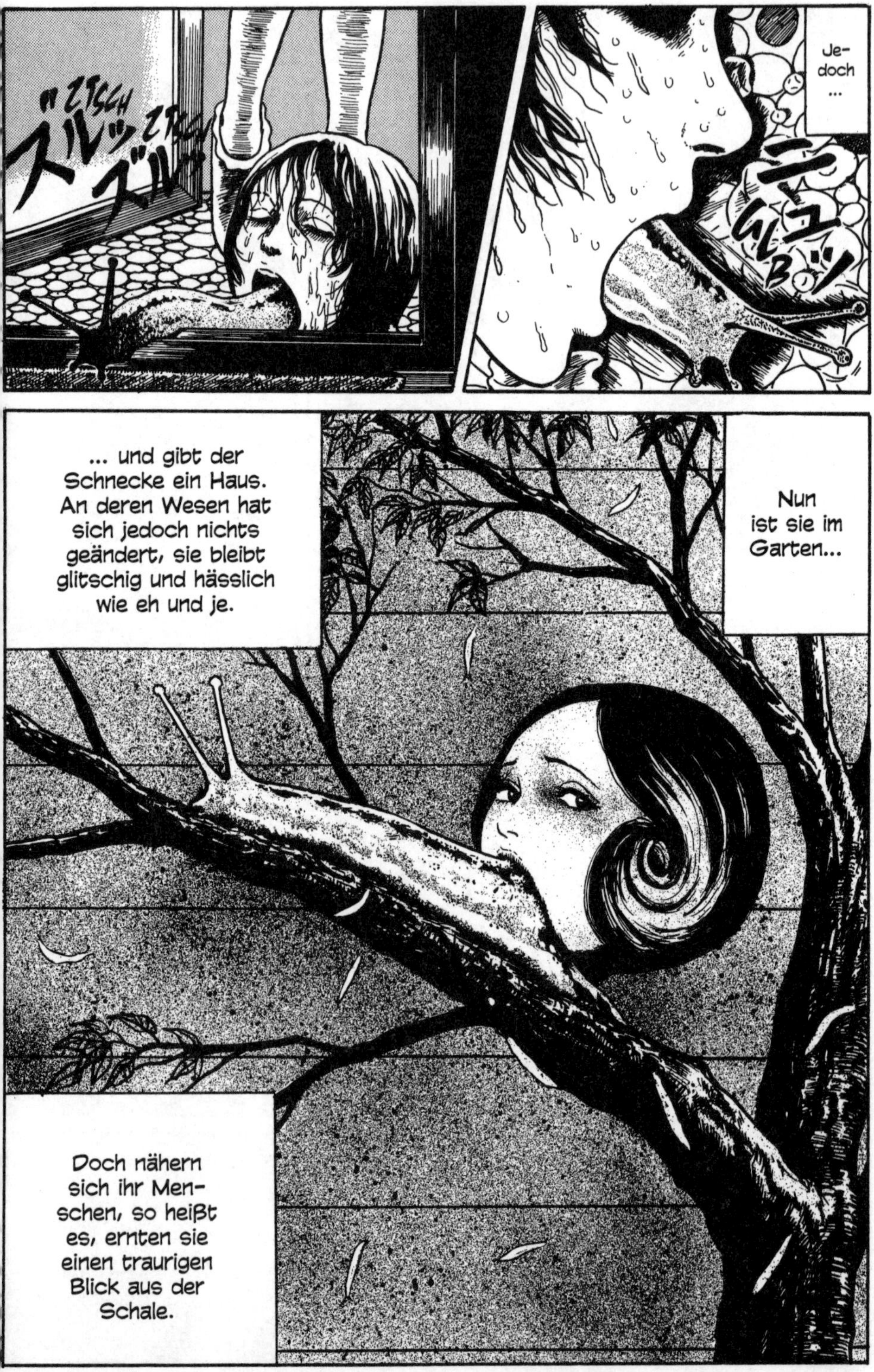

SCHNECKENMÄDCHEN – ENDE

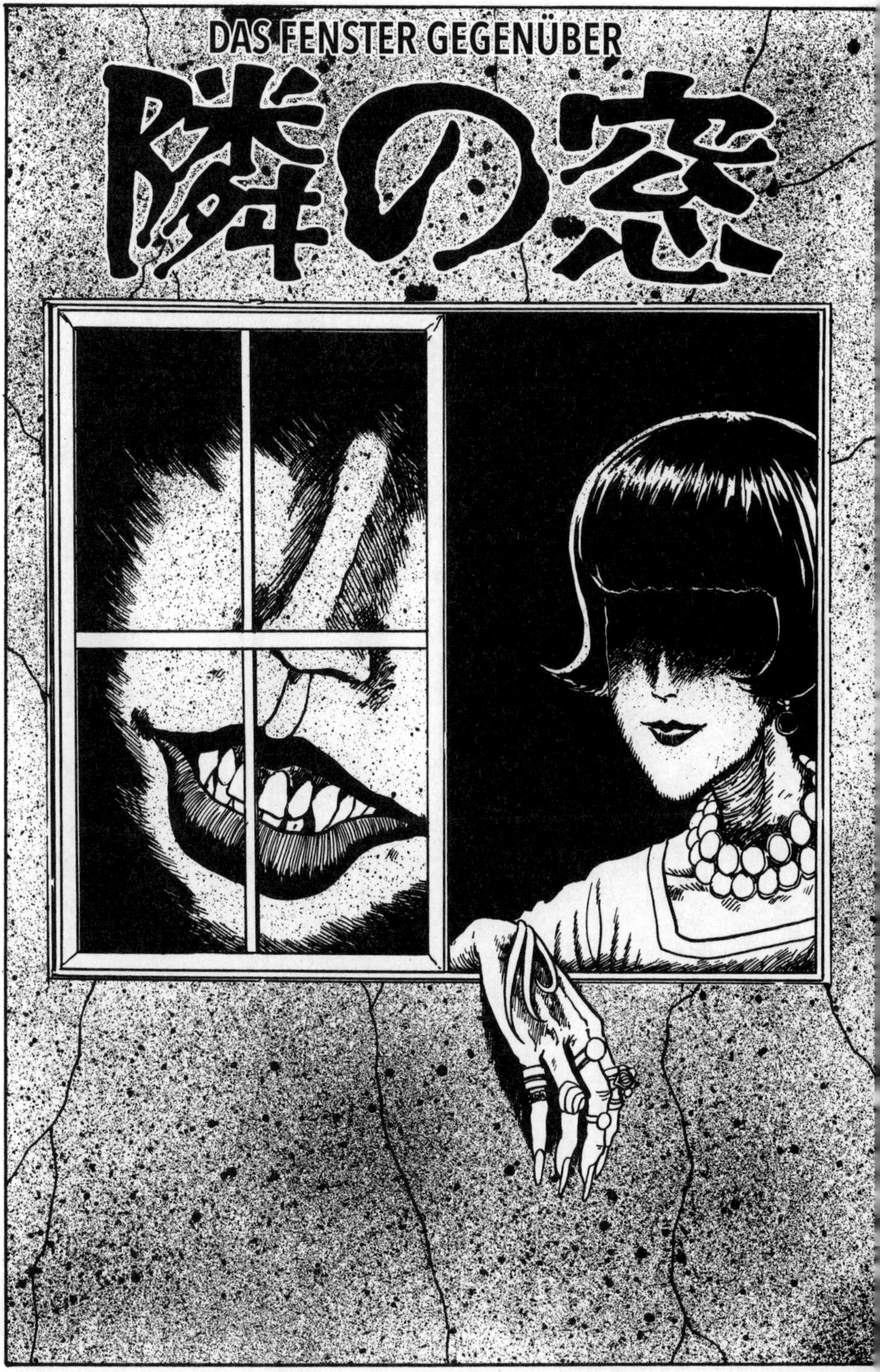
DAS FENSTER GEGENÜBER
隣の窓

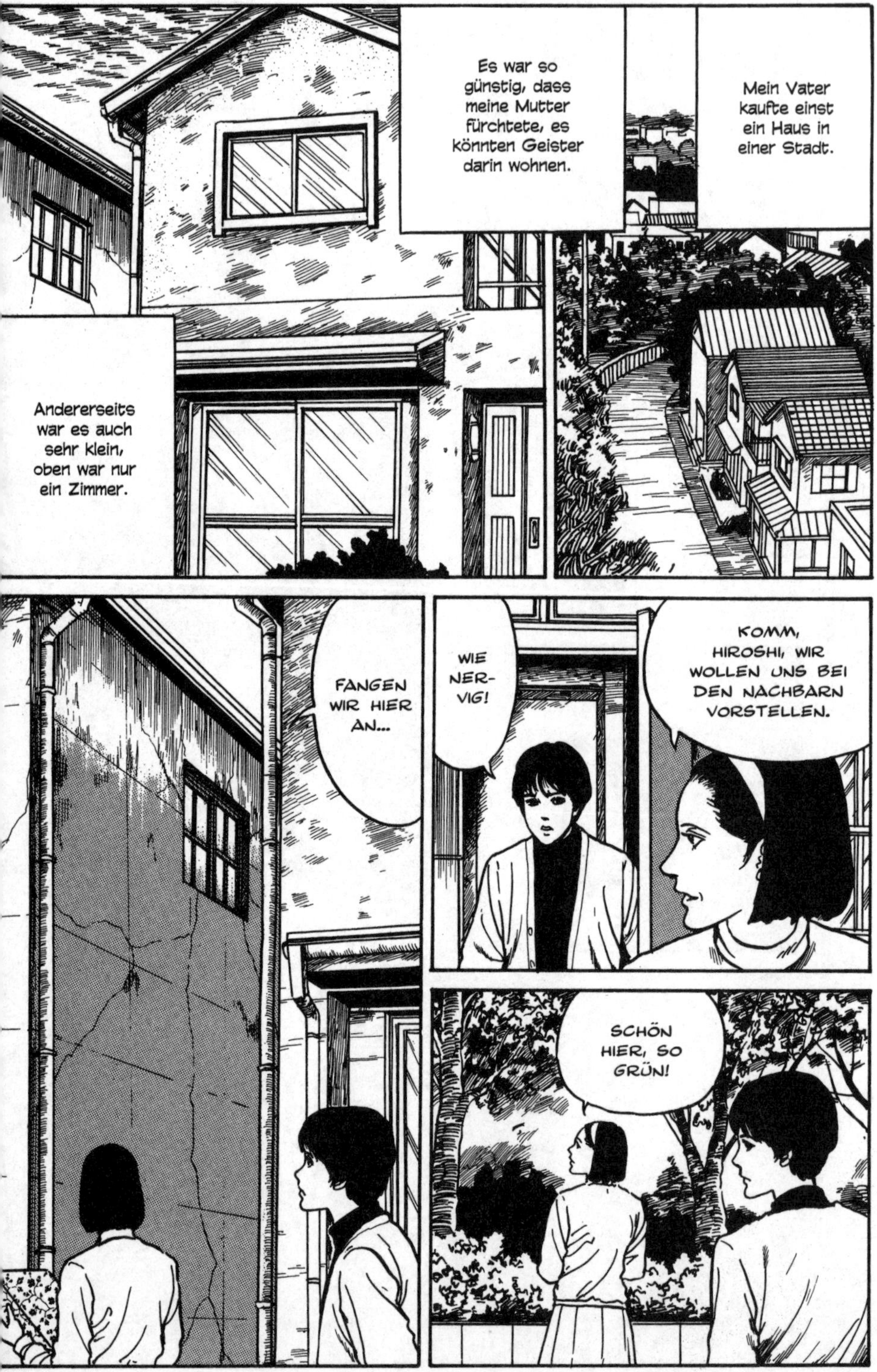
Mein Vater kaufte einst ein Haus in einer Stadt.
Es war so günstig, dass meine Mutter fürchtete, es könnten Geister darin wohnen.
Andererseits war es auch sehr klein, oben war nur ein Zimmer.
KOMM, HIROSHI, WIR WOLLEN UNS BEI DEN NACHBARN VORSTELLEN.
WIE NER-VIG!
SCHÖN HIER, SO GRÜN!
FANGEN WIR HIER AN...

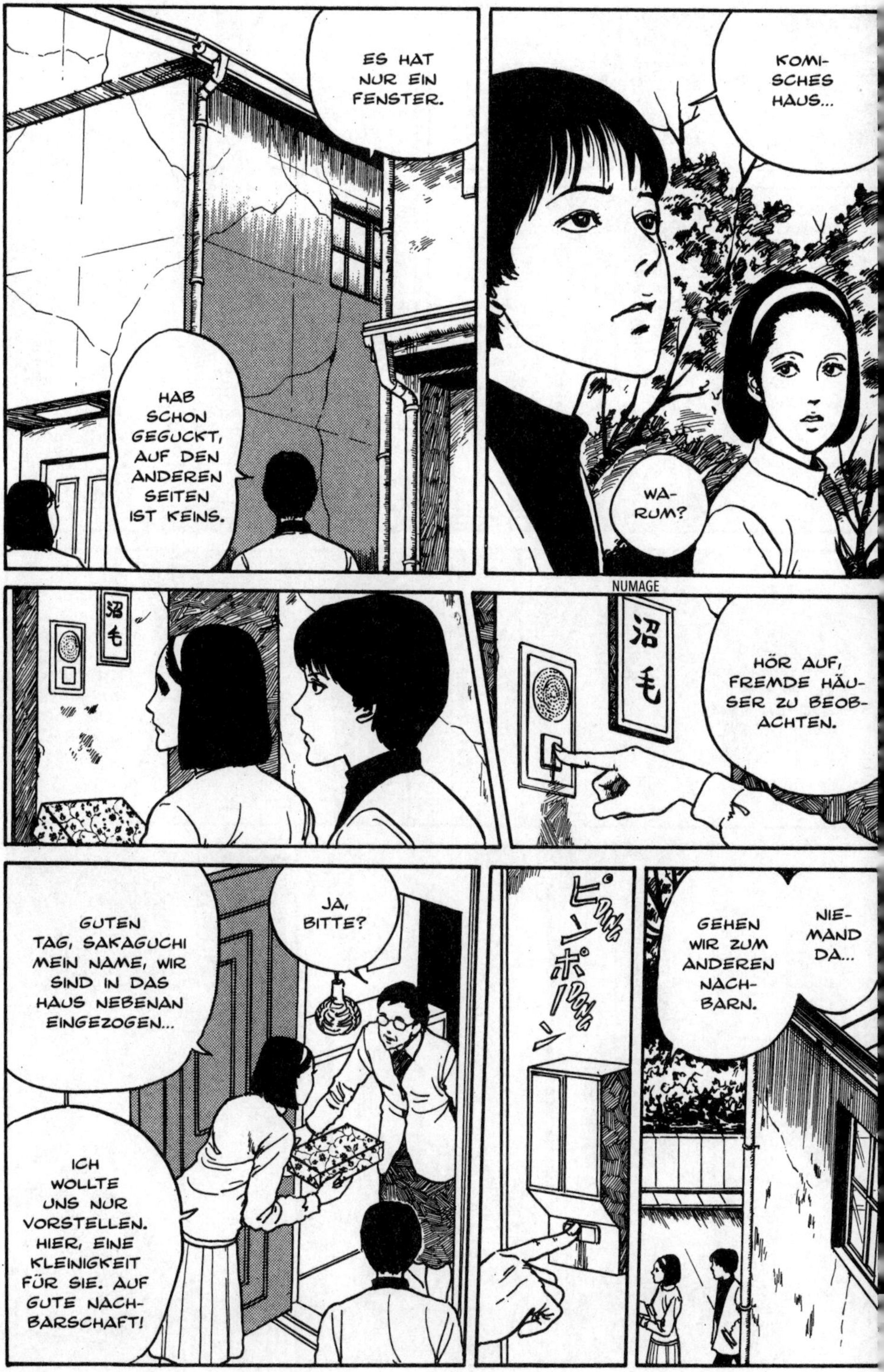
KOMISCHES HAUS...
WARUM?
ES HAT NUR EIN FENSTER.
HAB SCHON GEGUCKT, AUF DEN ANDEREN SEITEN IST KEINS.
NUMAGE
沼毛
HÖR AUF, FREMDE HÄUSER ZU BEOBACHTEN.
NIEMAND DA...
GEHEN WIR ZUM ANDEREN NACHBARN.
ピンポーン
JA, BITTE?
GUTEN TAG, SAKAGUCHI MEIN NAME, WIR SIND IN DAS HAUS NEBENAN EINGEZOGEN...
ICH WOLLTE UNS NUR VORSTELLEN. HIER, EINE KLEINIGKEIT FÜR SIE. AUF GUTE NACHBARSCHAFT!

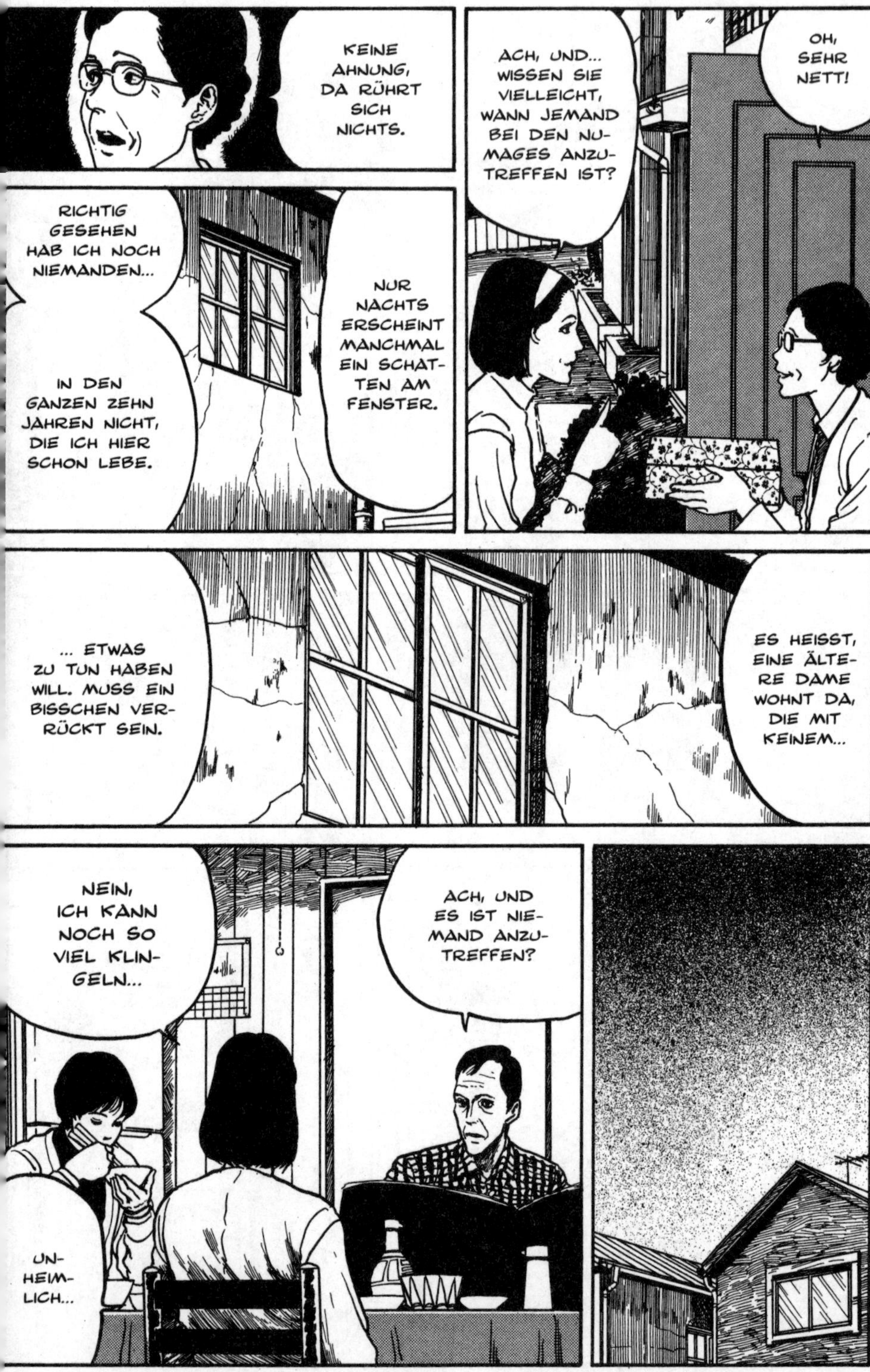
OH, SEHR NETT!
ACH, UND... WISSEN SIE VIELLEICHT, WANN JEMAND BEI DEN NUMAGES ANZUTREFFEN IST?
KEINE AHNUNG, DA RÜHRT SICH NICHTS.
RICHTIG GESEHEN HAB ICH NOCH NIEMANDEN...
IN DEN GANZEN ZEHN JAHREN NICHT, DIE ICH HIER SCHON LEBE.
NUR NACHTS ERSCHEINT MANCHMAL EIN SCHATTEN AM FENSTER.
ES HEISST, EINE ÄLTERE DAME WOHNT DA, DIE MIT KEINEM...
... ETWAS ZU TUN HABEN WILL. MUSS EIN BISSCHEN VERRÜCKT SEIN.
ACH, UND ES IST NIEMAND ANZUTREFFEN?
NEIN, ICH KANN NOCH SO VIEL KLINGELN...
UNHEIMLICH...

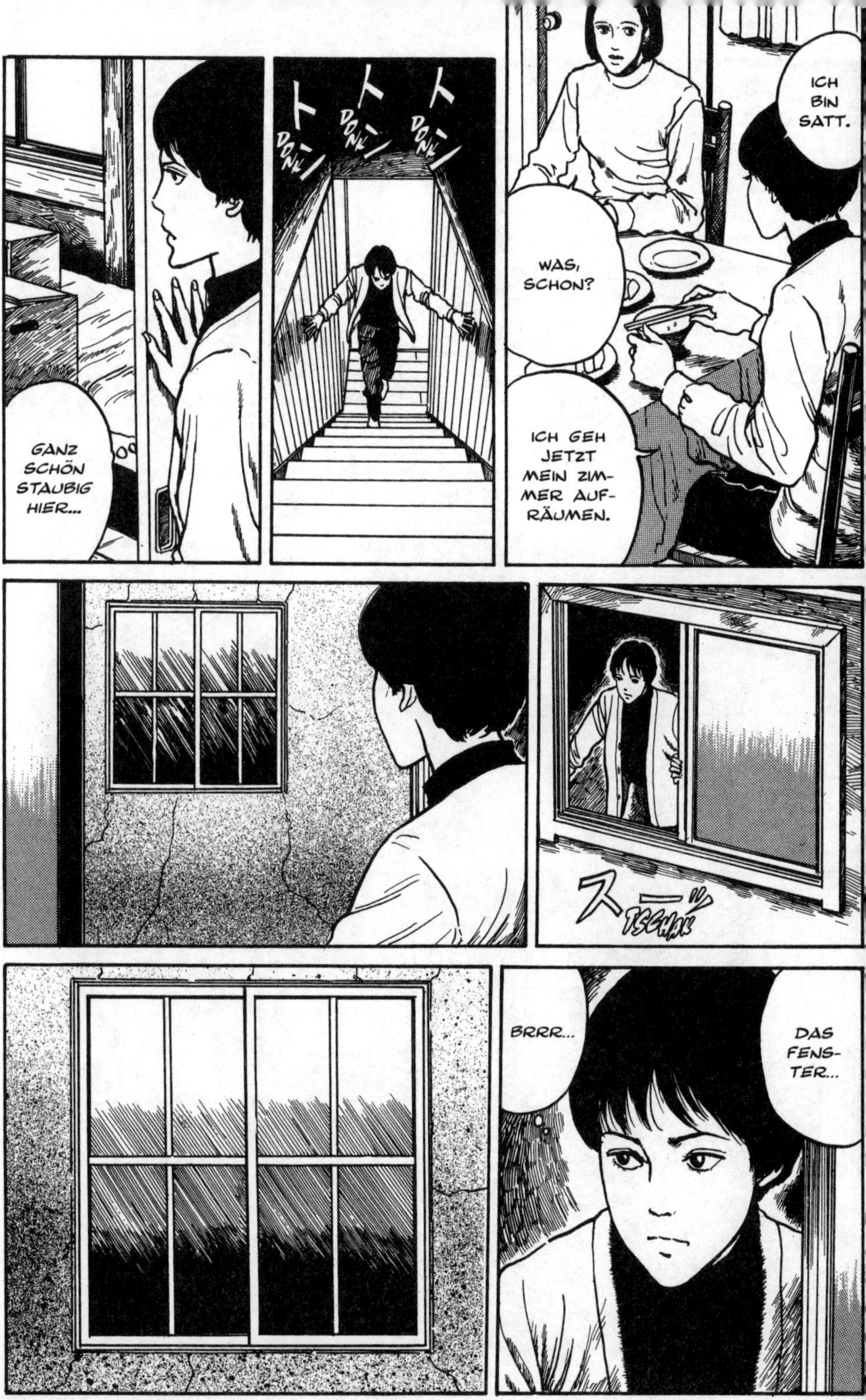
ICH BIN SATT.
WAS, SCHON?
ICH GEH JETZT MEIN ZIMMER AUFRÄUMEN.
DONK DONK DONK
GANZ SCHÖN STAUBIG HIER...
TSCHAK
DAS FENSTER...
BRRR...

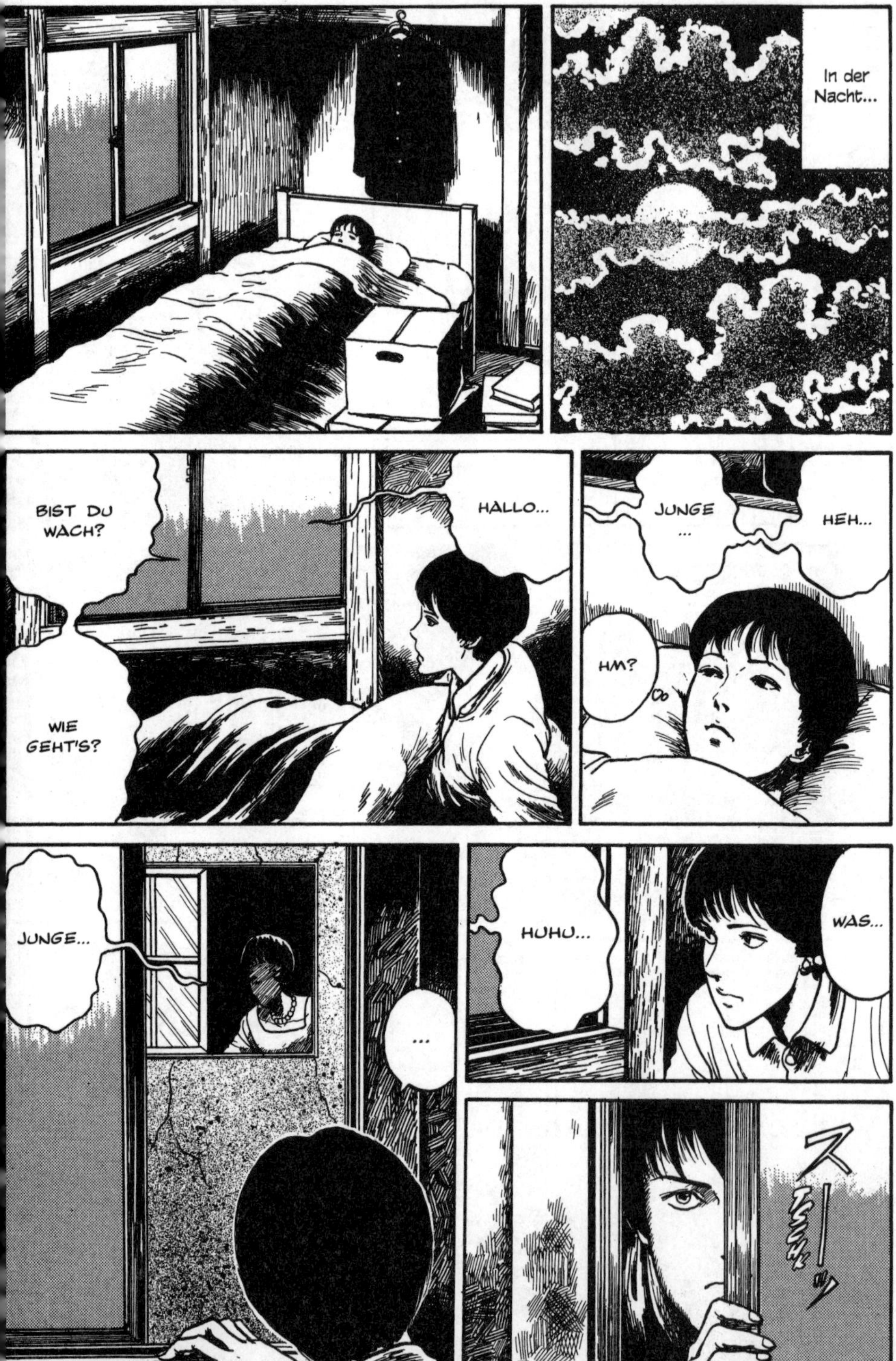
In der Nacht...
HEH...
JUNGE ...
HM?
HALLO...
BIST DU WACH?
WIE GEHT'S?
WAS...
HUHU...
JUNGE...
...
スーッ
TSCHH

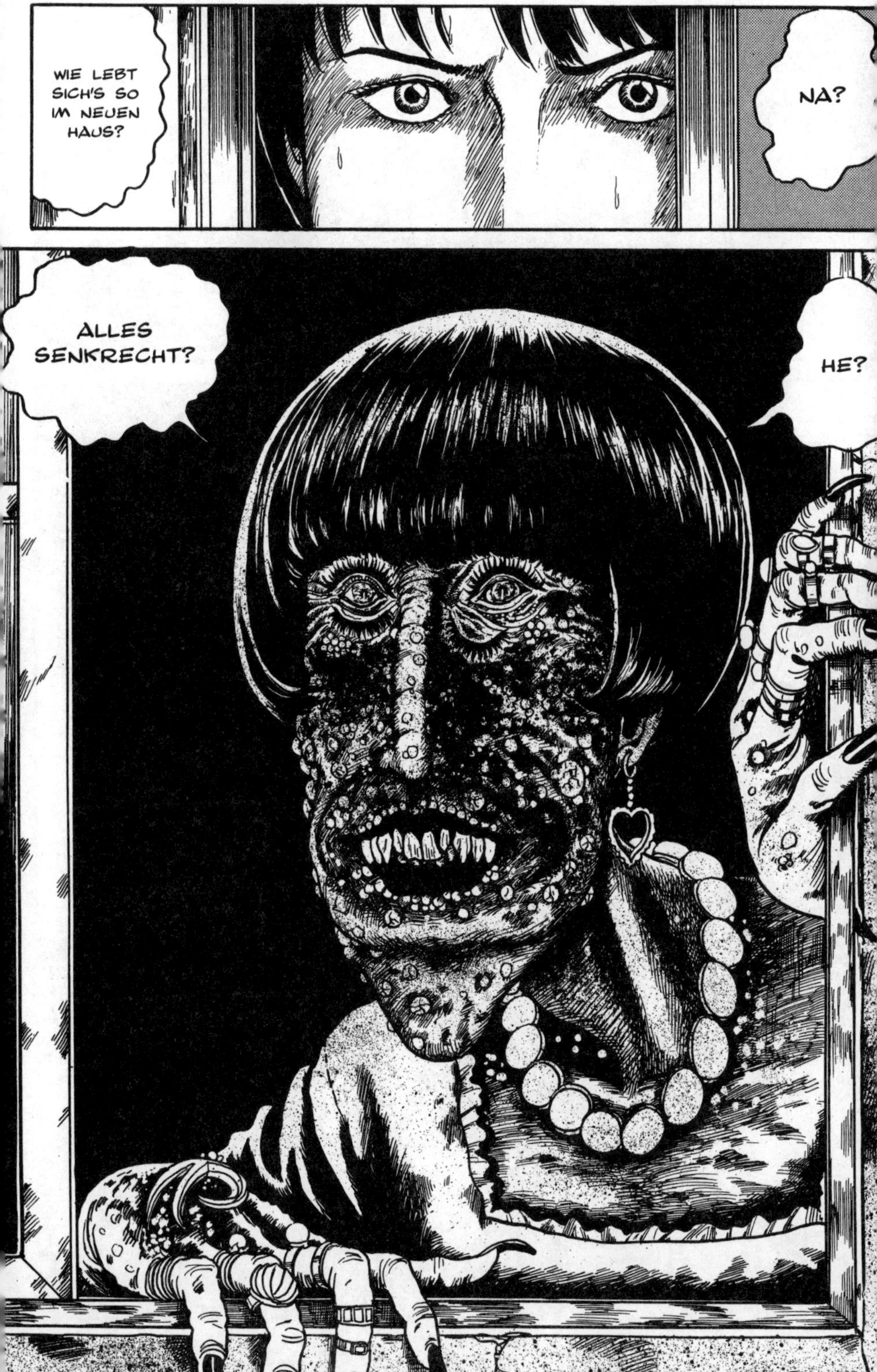
WIE LEBT SICH'S SO IM NEUEN HAUS?
NA?
ALLES SENKRECHT?
HE?

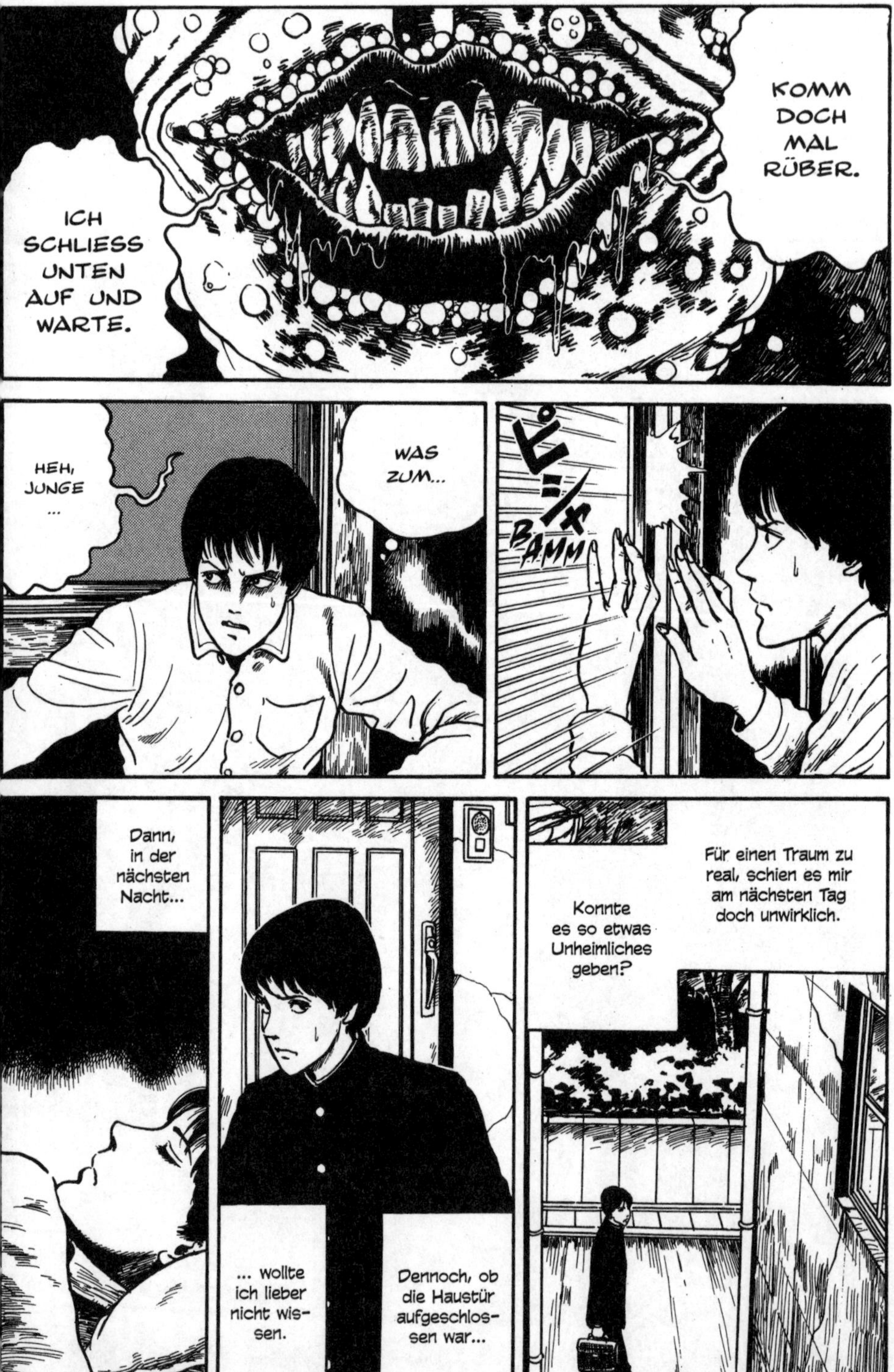
KOMM DOCH MAL RÜBER.
ICH SCHLIESS UNTEN AUF UND WARTE.
BAMM
WAS ZUM...
HEH, JUNGE ...
Für einen Traum zu real, schien es mir am nächsten Tag doch unwirklich.
Konnte es so etwas Unheimliches geben?
Dennoch, ob die Haustür aufgeschlossen war...
... wollte ich lieber nicht wissen.
Dann, in der nächsten Nacht...

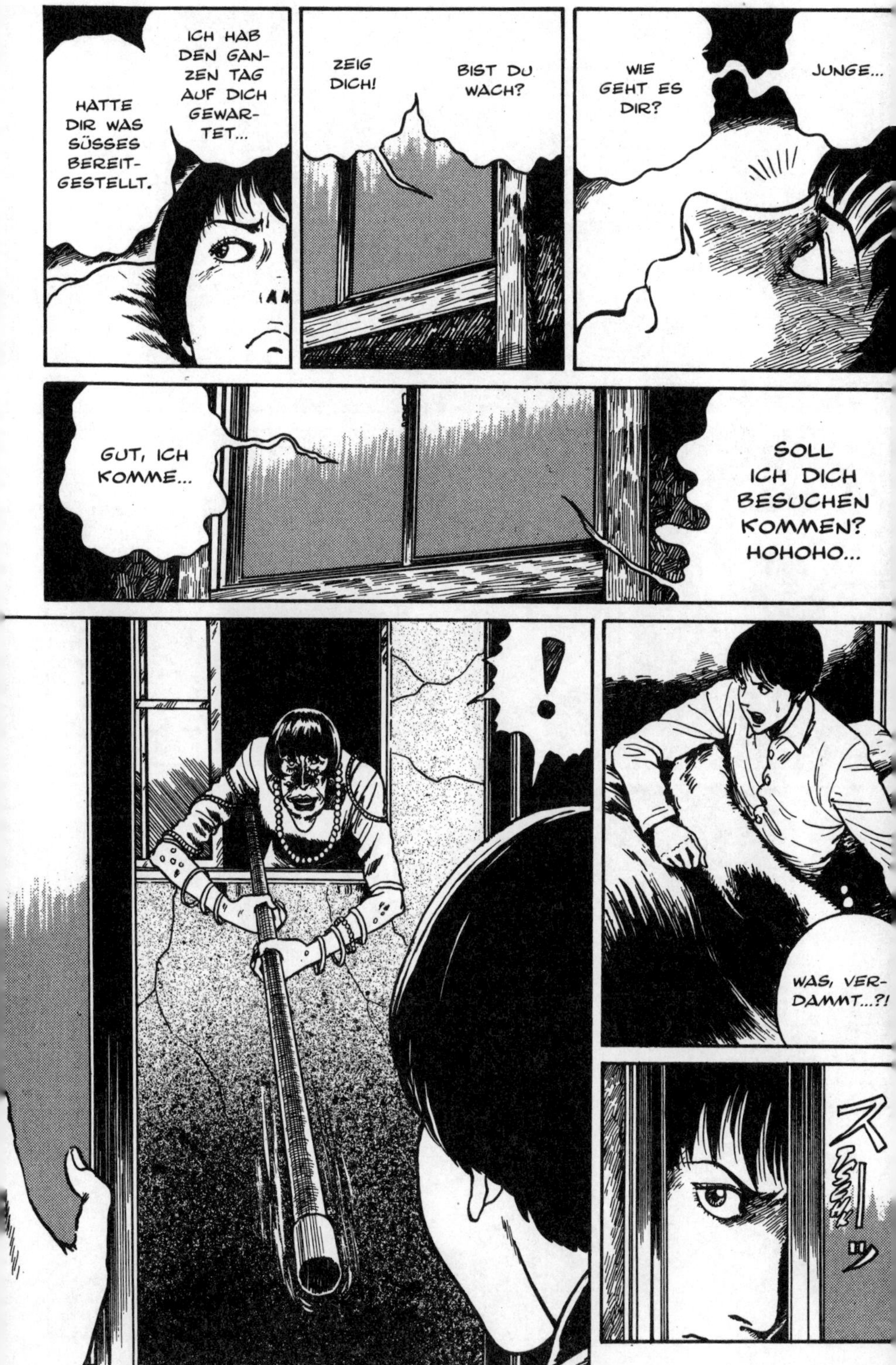
JUNGE...
WIE GEHT ES DIR?
BIST DU WACH?
ZEIG DICH!
ICH HAB DEN GANZEN TAG AUF DICH GEWARTET...
HATTE DIR WAS SÜSSES BEREITGESTELLT.
SOLL ICH DICH BESUCHEN KOMMEN? HOHOHO...
GUT, ICH KOMME...
!
WAS, VERDAMMT...?!
スーッ

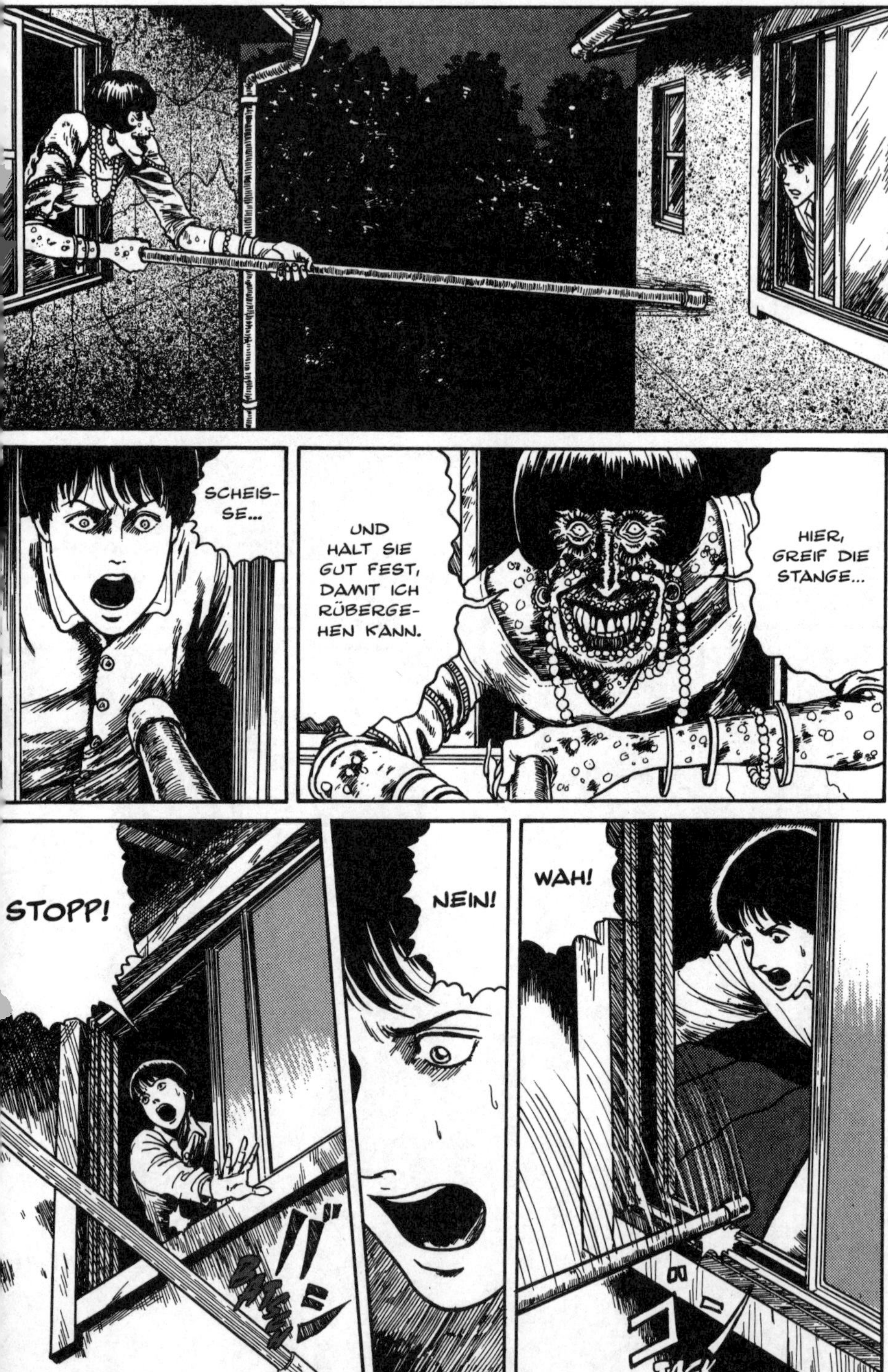
HIER, GREIF DIE STANGE...
UND HALT SIE GUT FEST, DAMIT ICH RÜBERGEHEN KANN.
SCHEISSE...
WAH!
TACK
NEIN!
STOPP!

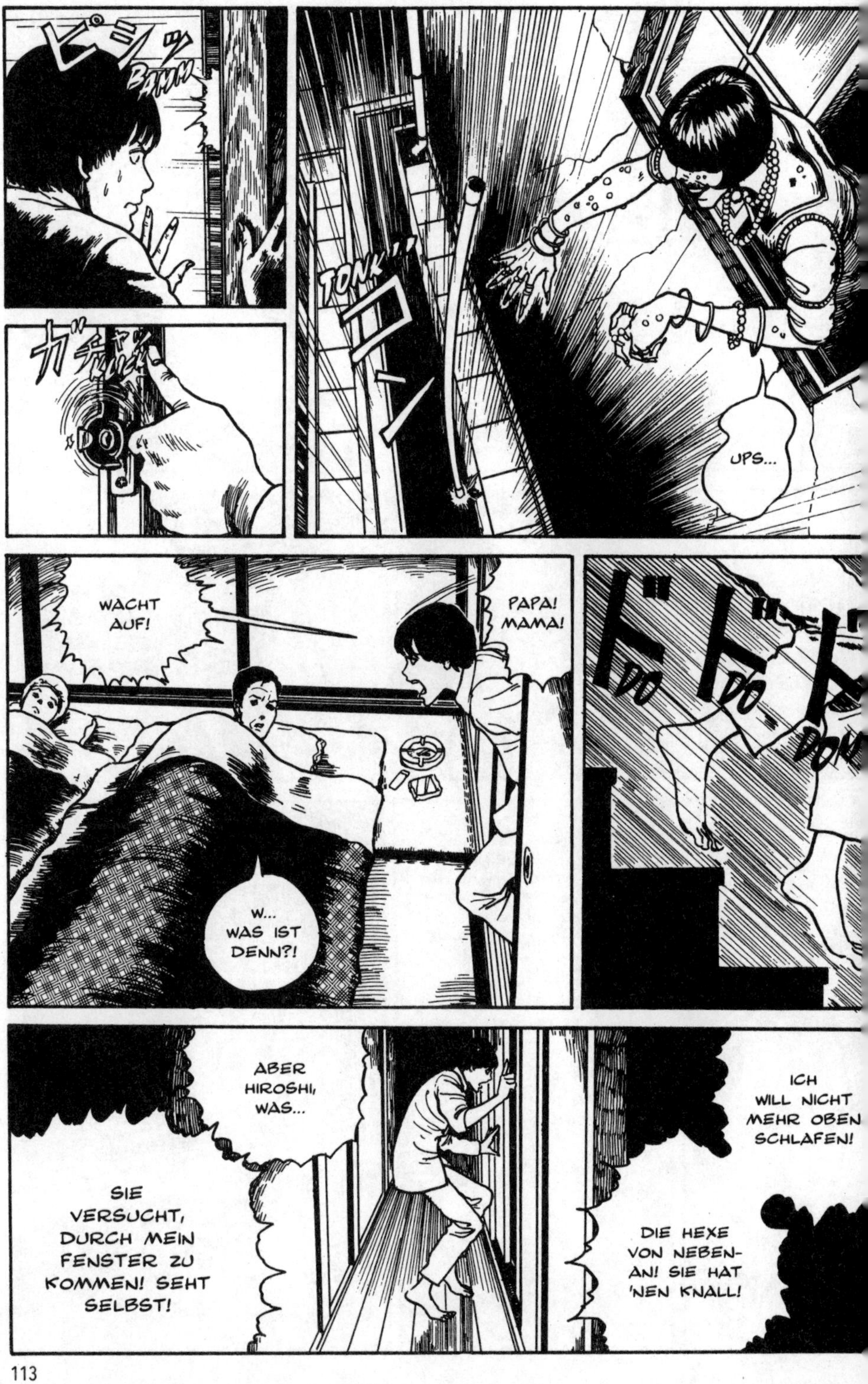

TONK!!
UPS...
ピシッ
BAMM
DO DO DOM
PAPA! MAMA!
WACHT AUF!
W... WAS IST DENN?!
ICH WILL NICHT MEHR OBEN SCHLAFEN!
DIE HEXE VON NEBEN-AN! SIE HAT 'NEN KNALL!
ABER HIROSHI, WAS...
SIE VERSUCHT, DURCH MEIN FENSTER ZU KOMMEN! SEHT SELBST!

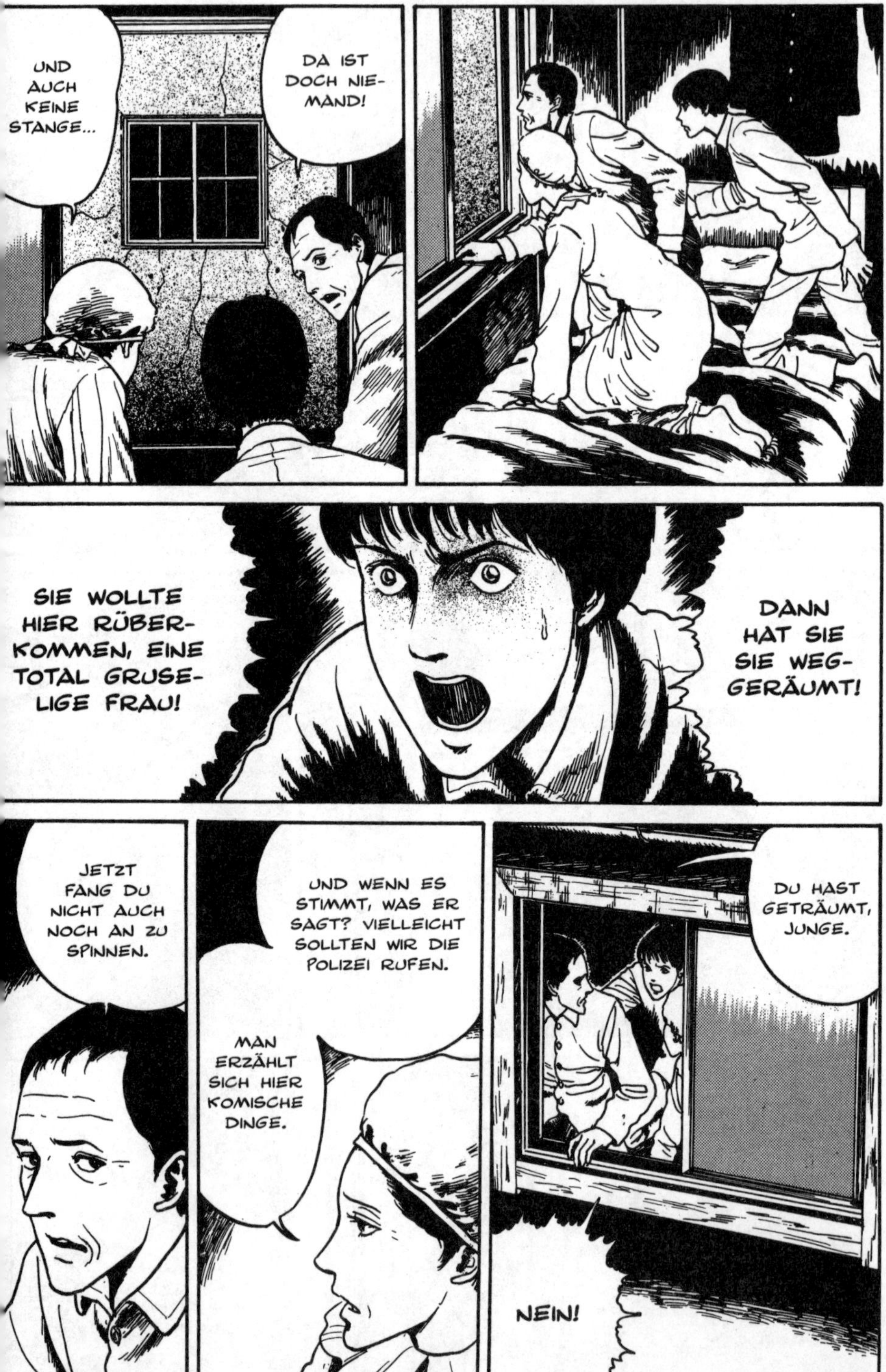
DA IST DOCH NIEMAND!
UND AUCH KEINE STANGE...
DANN HAT SIE SIE WEGGERÄUMT!
SIE WOLLTE HIER RÜBERKOMMEN, EINE TOTAL GRUSELIGE FRAU!
DU HAST GETRÄUMT, JUNGE.
NEIN!
UND WENN ES STIMMT, WAS ER SAGT? VIELLEICHT SOLLTEN WIR DIE POLIZEI RUFEN.
MAN ERZÄHLT SICH HIER KOMISCHE DINGE.
JETZT FANG DU NICHT AUCH NOCH AN ZU SPINNEN.

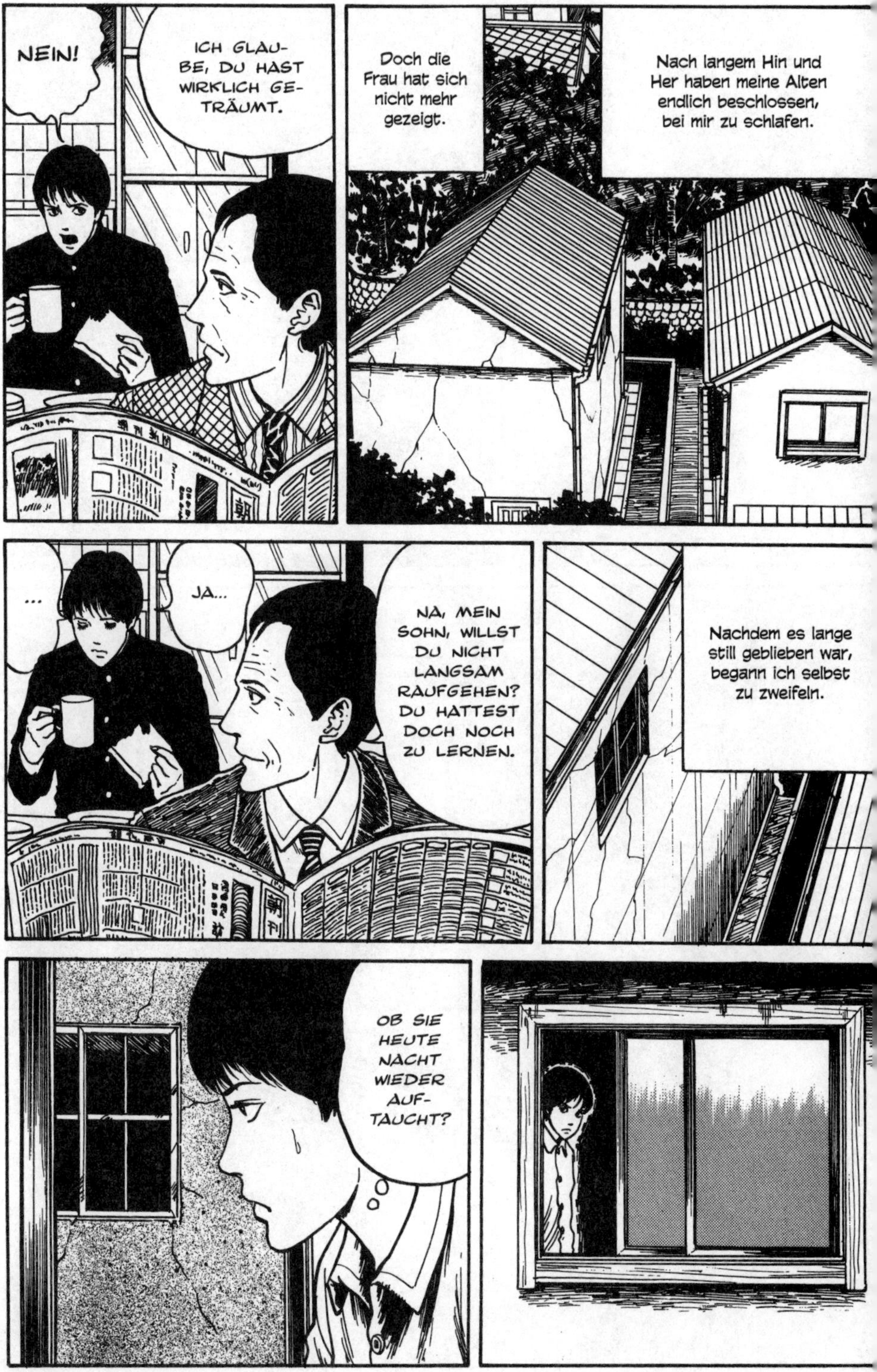
Nach langem Hin und Her haben meine Alten endlich beschlossen, bei mir zu schlafen.
Doch die Frau hat sich nicht mehr gezeigt.
ICH GLAUBE, DU HAST WIRKLICH GETRÄUMT.
NEIN!
Nachdem es lange still geblieben war, begann ich selbst zu zweifeln.
NA, MEIN SOHN, WILLST DU NICHT LANGSAM RAUFGEHEN? DU HATTEST DOCH NOCH ZU LERNEN.
JA...
...
OB SIE HEUTE NACHT WIEDER AUFTAUCHT?

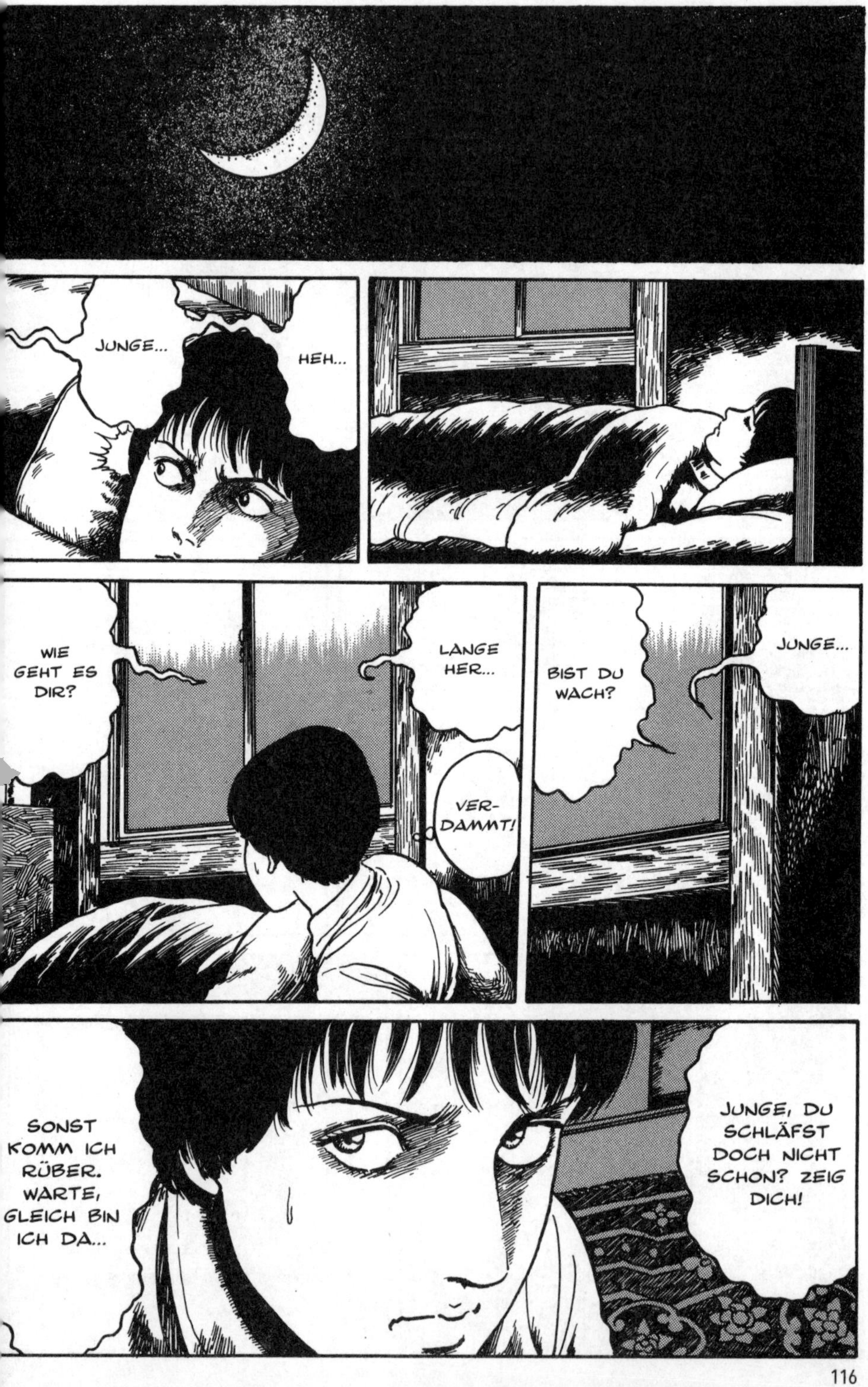
HEH...
JUNGE...
JUNGE...
BIST DU WACH?
LANGE HER...
WIE GEHT ES DIR?
VER-
DAMMT!
JUNGE, DU SCHLÄFST DOCH NICHT SCHON? ZEIG DICH!
SONST KOMM ICH RÜBER. WARTE, GLEICH BIN ICH DA...

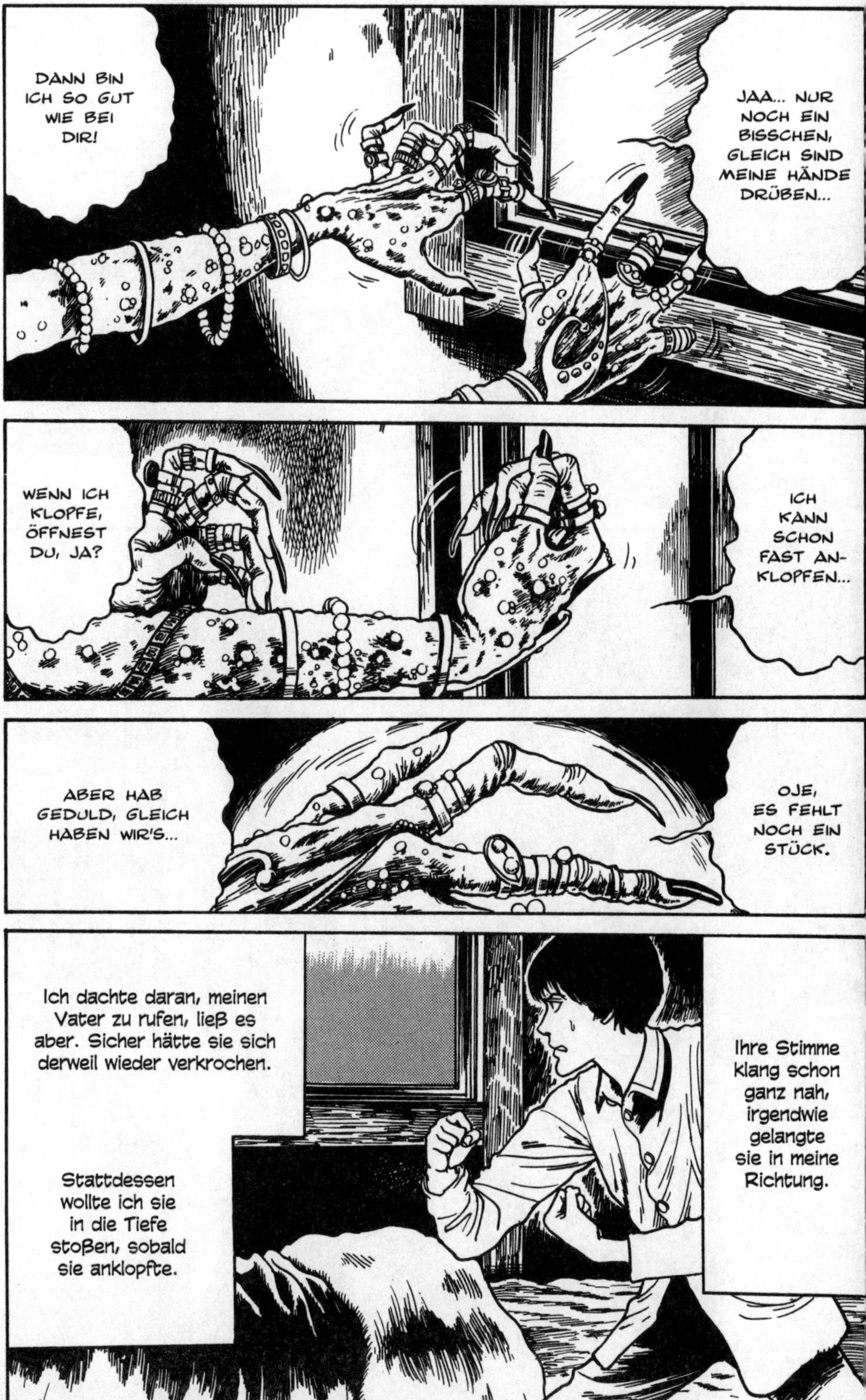
JAA... NUR NOCH EIN BISSCHEN, GLEICH SIND MEINE HÄNDE DRÜBEN...
DANN BIN ICH SO GUT WIE BEI DIR!
ICH KANN SCHON FAST ANKLOPFEN...
WENN ICH KLOPFE, ÖFFNEST DU, JA?
OJE, ES FEHLT NOCH EIN STÜCK.
ABER HAB GEDULD, GLEICH HABEN WIR'S...
Ihre Stimme klang schon ganz nah, irgendwie gelangte sie in meine Richtung.
Ich dachte daran, meinen Vater zu rufen, ließ es aber. Sicher hätte sie sich derweil wieder verkrochen.
Stattdessen wollte ich sie in die Tiefe stoßen, sobald sie anklopfte.

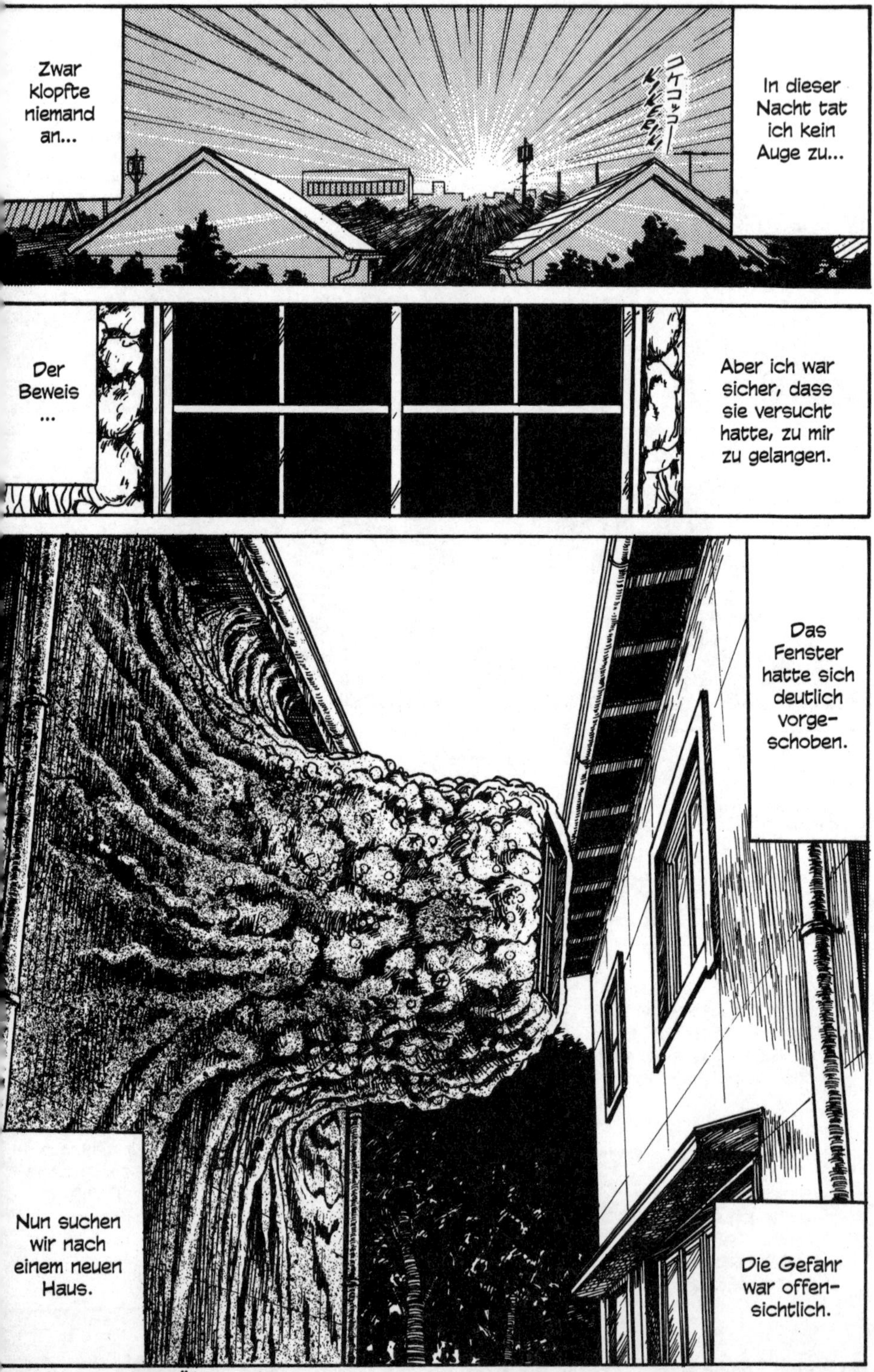

DAS FENSTER GEGENÜBER – ENDE

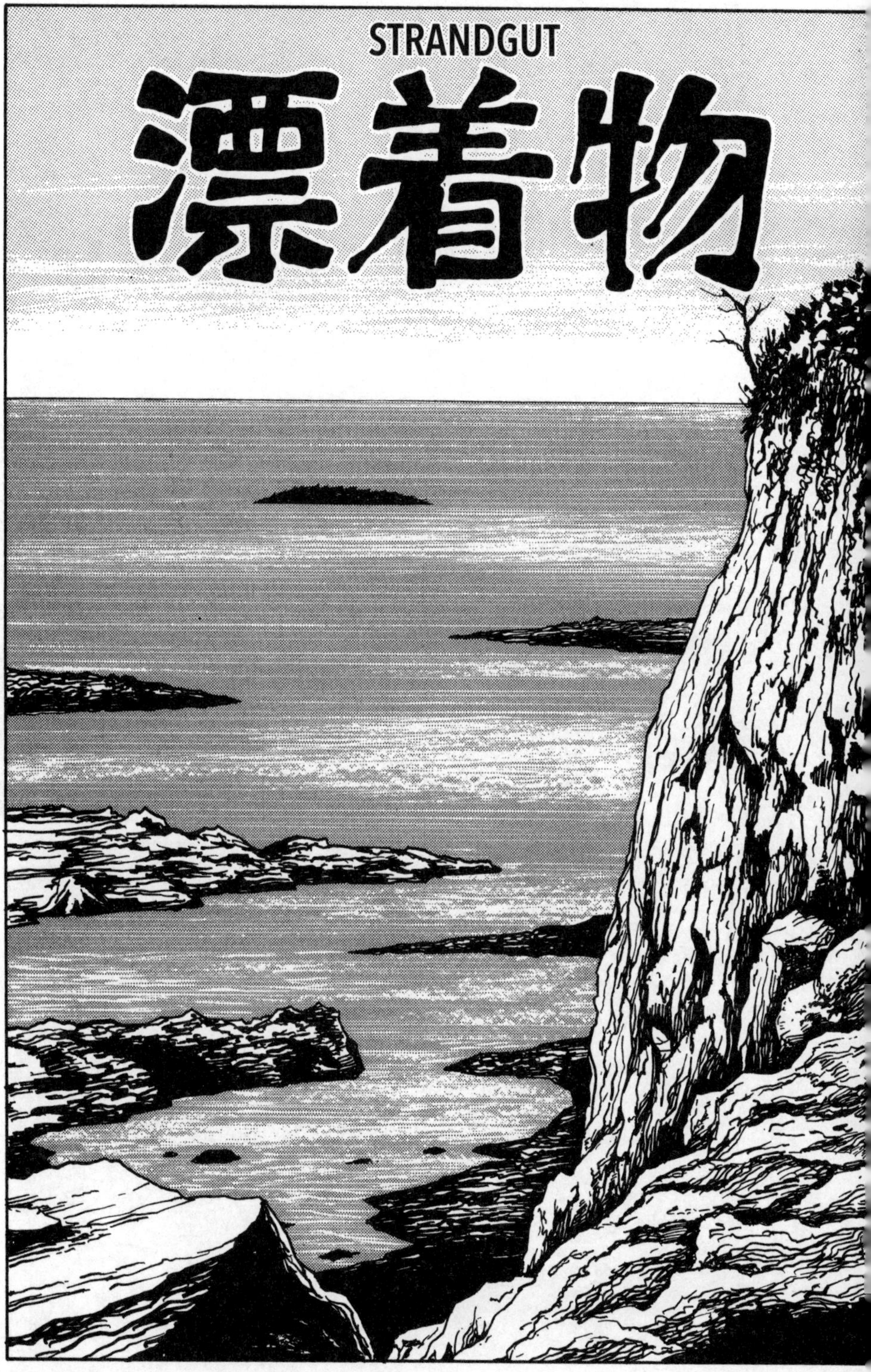
STRANDGUT
漂着物

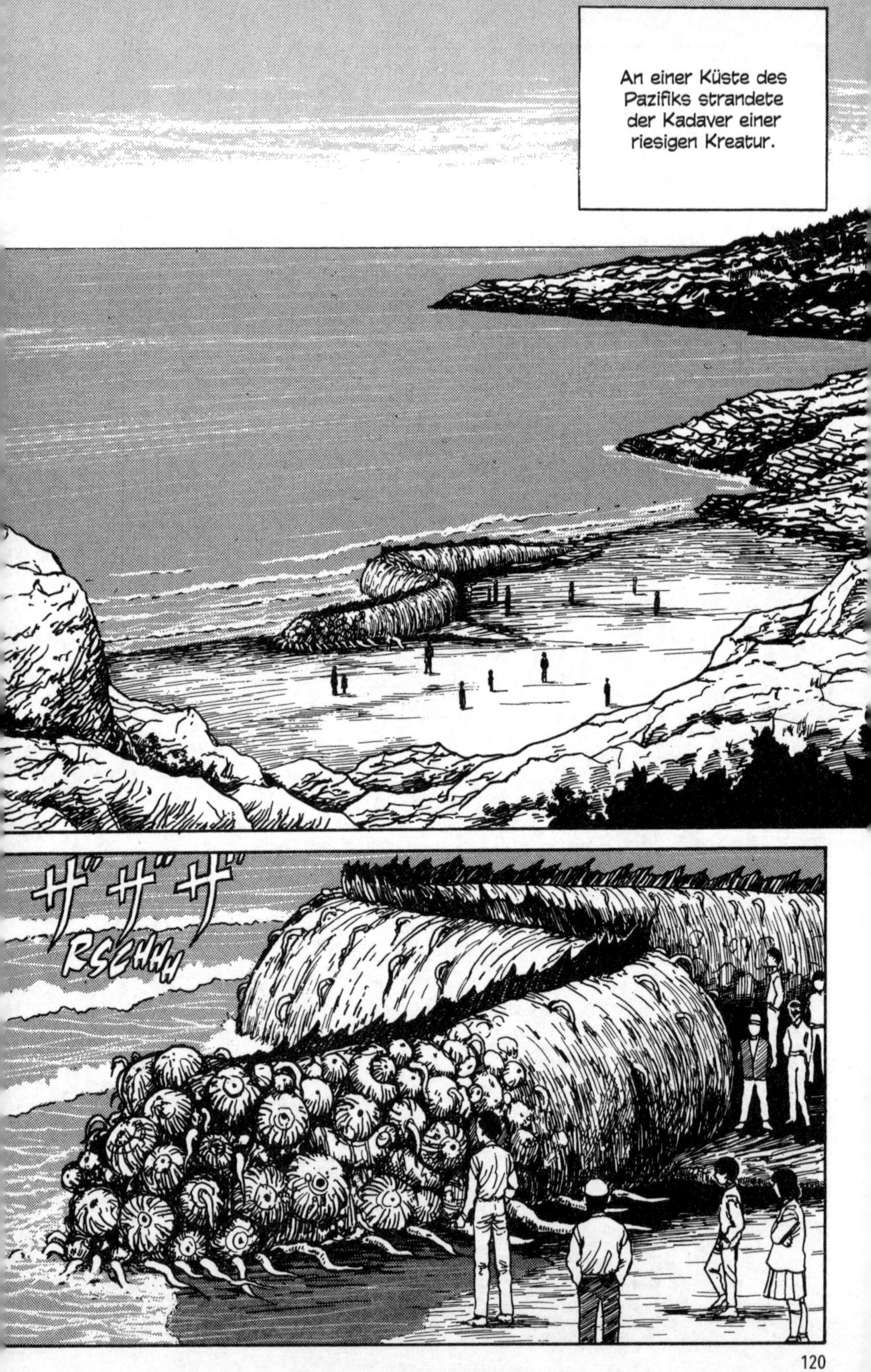
An einer Küste des Pazifiks strandete der Kadaver einer riesigen Kreatur.
ザザザ
RSCHHH

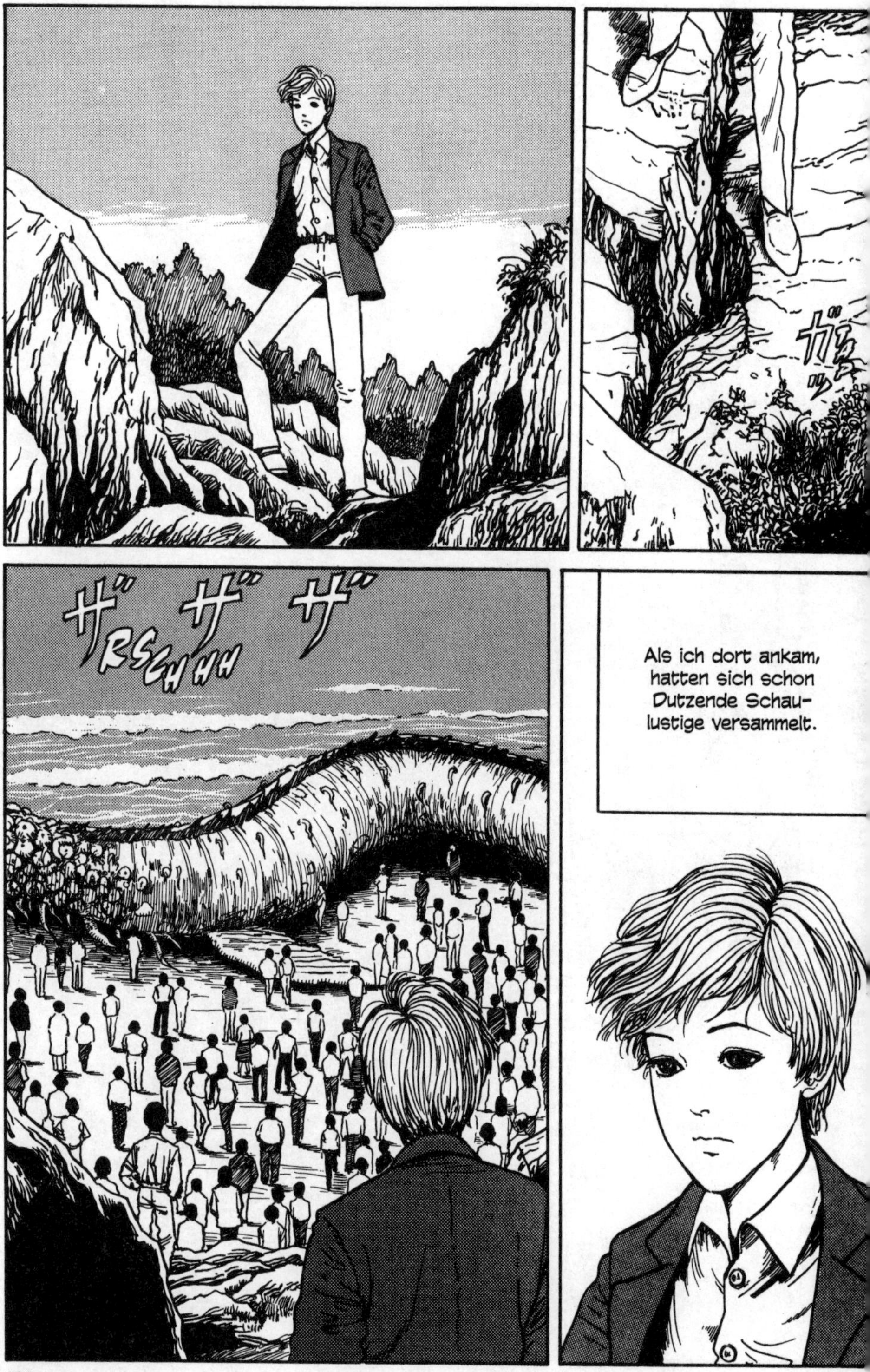
ガッ
ザザザ
RSCHHH
Als ich dort ankam, hatten sich schon Dutzende Schaulustige versammelt.

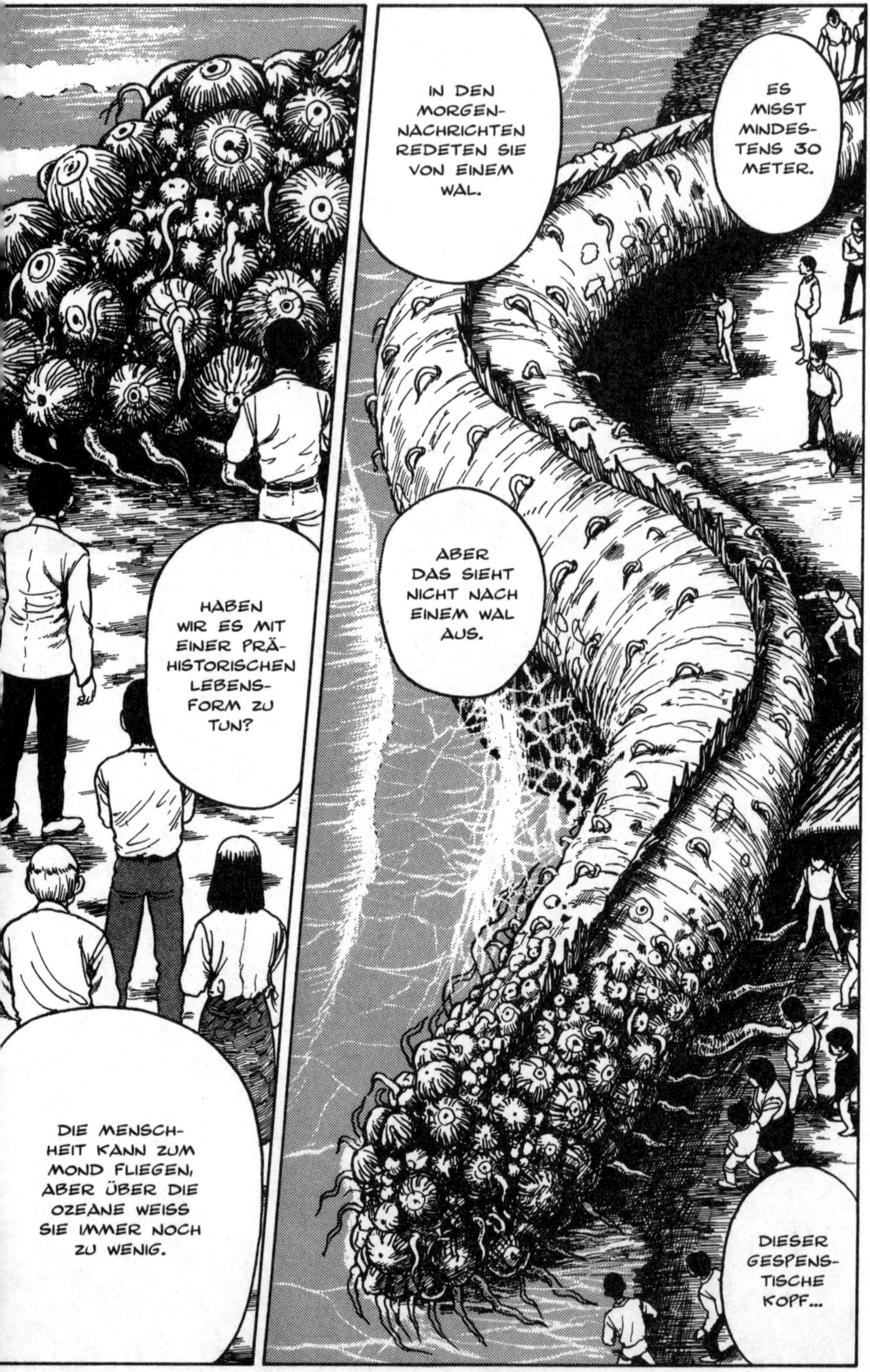
ES MISST MINDESTENS 30 METER.
IN DEN MORGENNACHRICHTEN REDETEN SIE VON EINEM WAL.
ABER DAS SIEHT NICHT NACH EINEM WAL AUS.
DIESER GESPENSTISCHE KOPF...
HABEN WIR ES MIT EINER PRÄHISTORISCHEN LEBENSFORM ZU TUN?
DIE MENSCHHEIT KANN ZUM MOND FLIEGEN, ABER ÜBER DIE OZEANE WEISS SIE IMMER NOCH ZU WENIG.

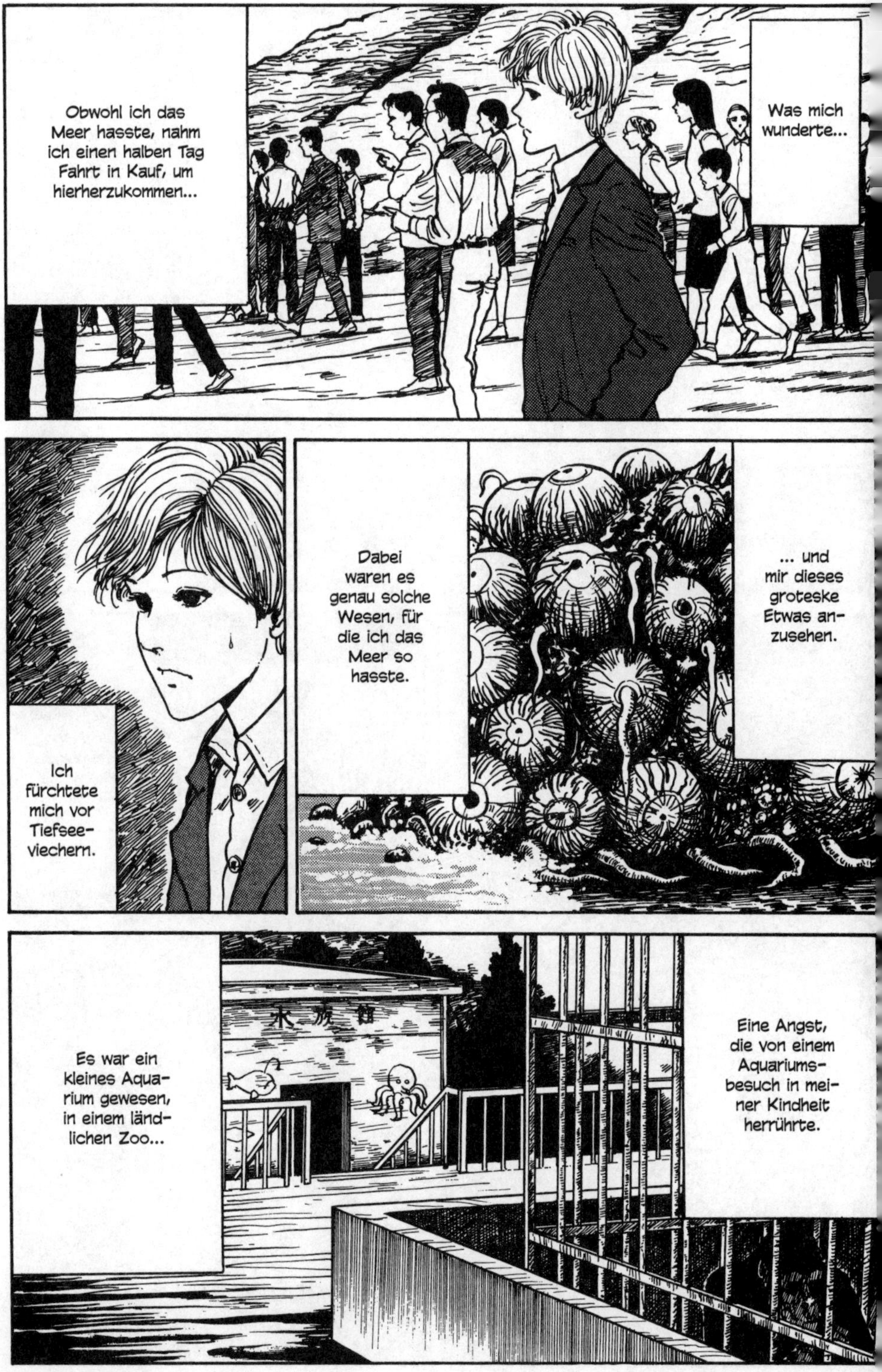
Was mich wunderte...
Obwohl ich das Meer hasste, nahm ich einen halben Tag Fahrt in Kauf, um hierherzukommen...
... und mir dieses groteske Etwas anzusehen.
Dabei waren es genau solche Wesen, für die ich das Meer so hasste.
Ich fürchtete mich vor Tiefseeviechern.
Eine Angst, die von einem Aquariumsbesuch in meiner Kindheit herrührte.
Es war ein kleines Aquarium gewesen, in einem ländlichen Zoo...

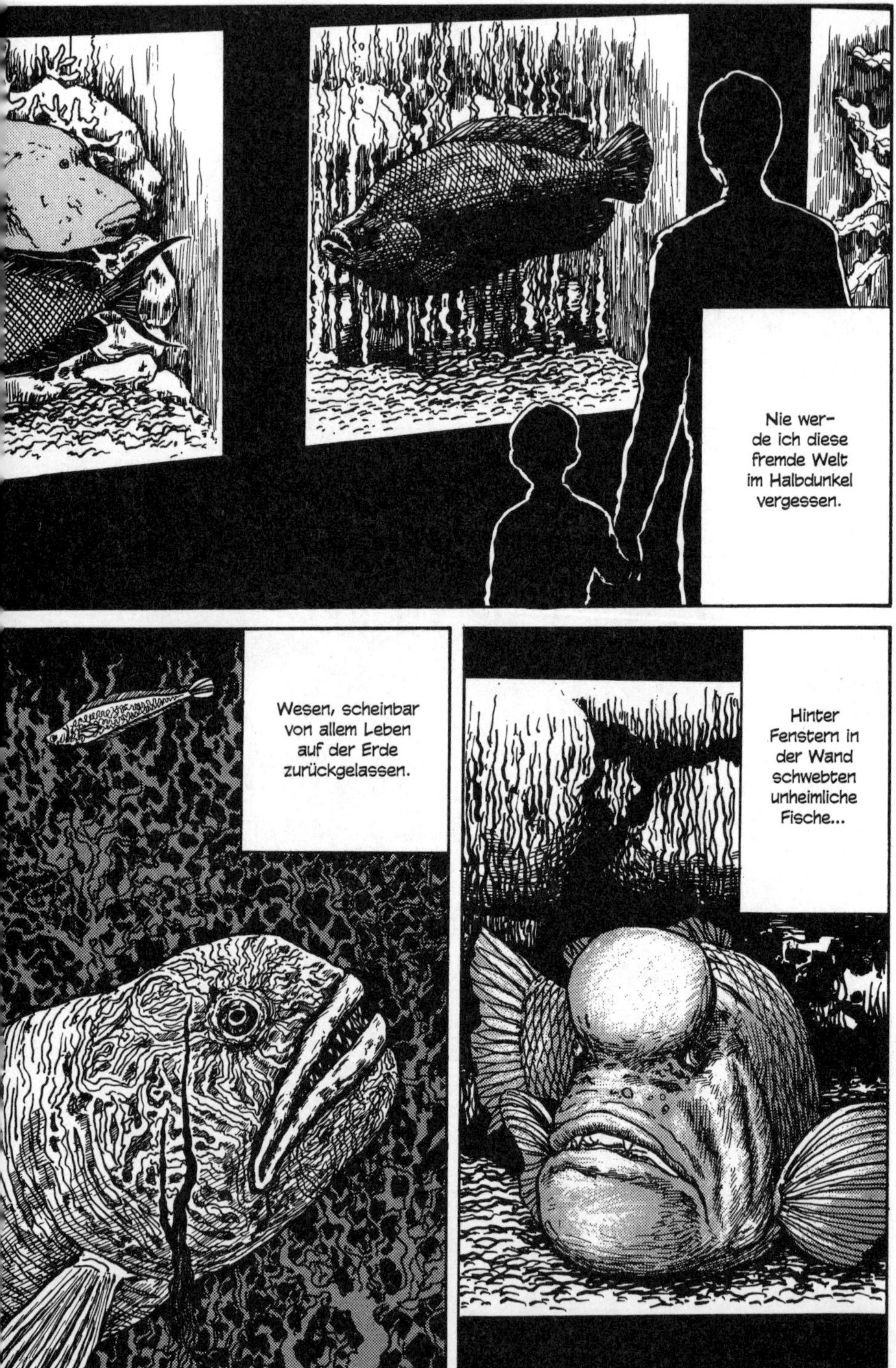
Nie werde ich diese fremde Welt im Halbdunkel vergessen.
Hinter Fenstern in der Wand schwebten unheimliche Fische...
Wesen, scheinbar von allem Leben auf der Erde zurückgelassen.

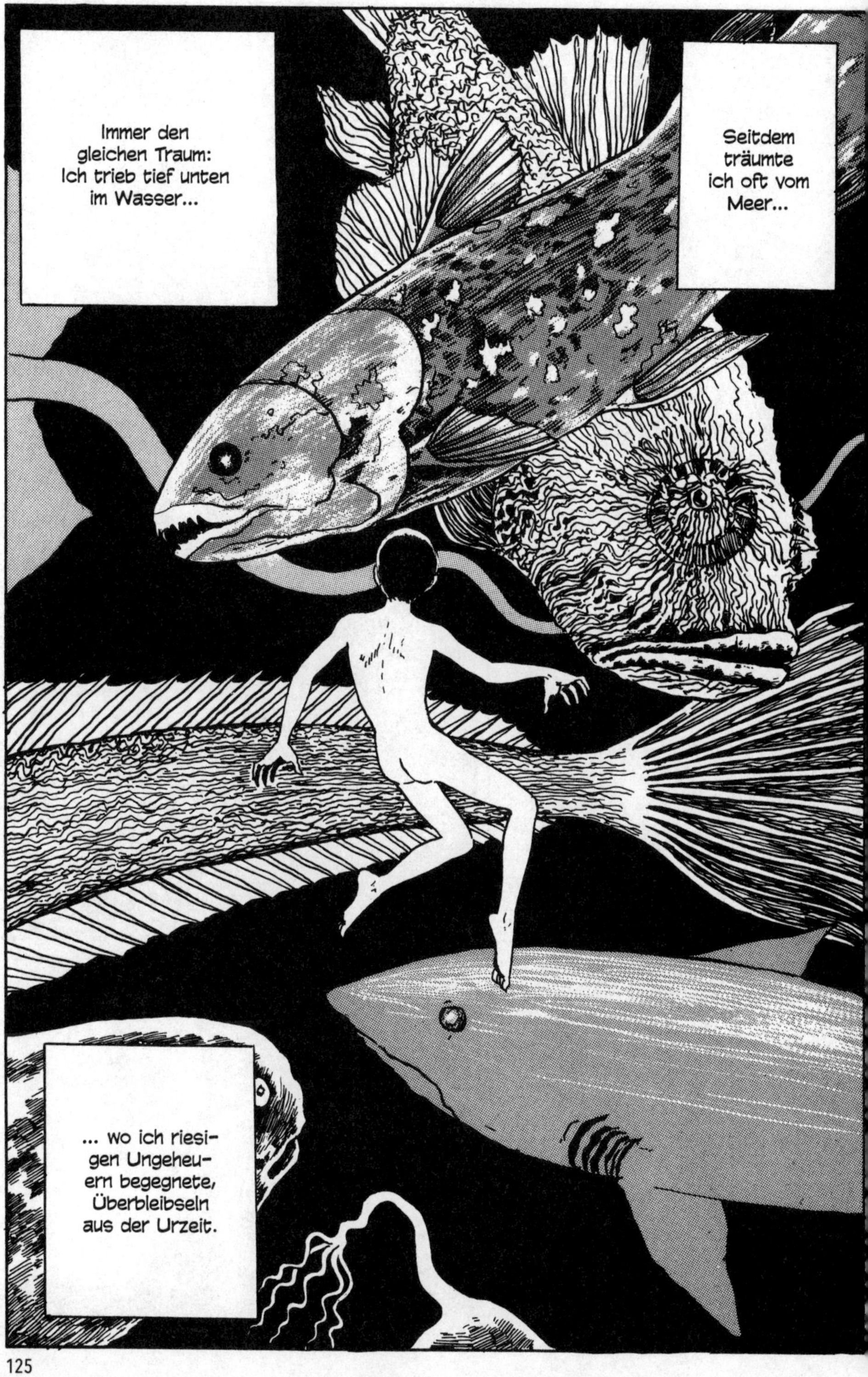
Seitdem träumte ich oft vom Meer...
Immer den gleichen Traum: Ich trieb tief unten im Wasser...
... wo ich riesigen Ungeheuern begegnete, Überbleibseln aus der Urzeit.

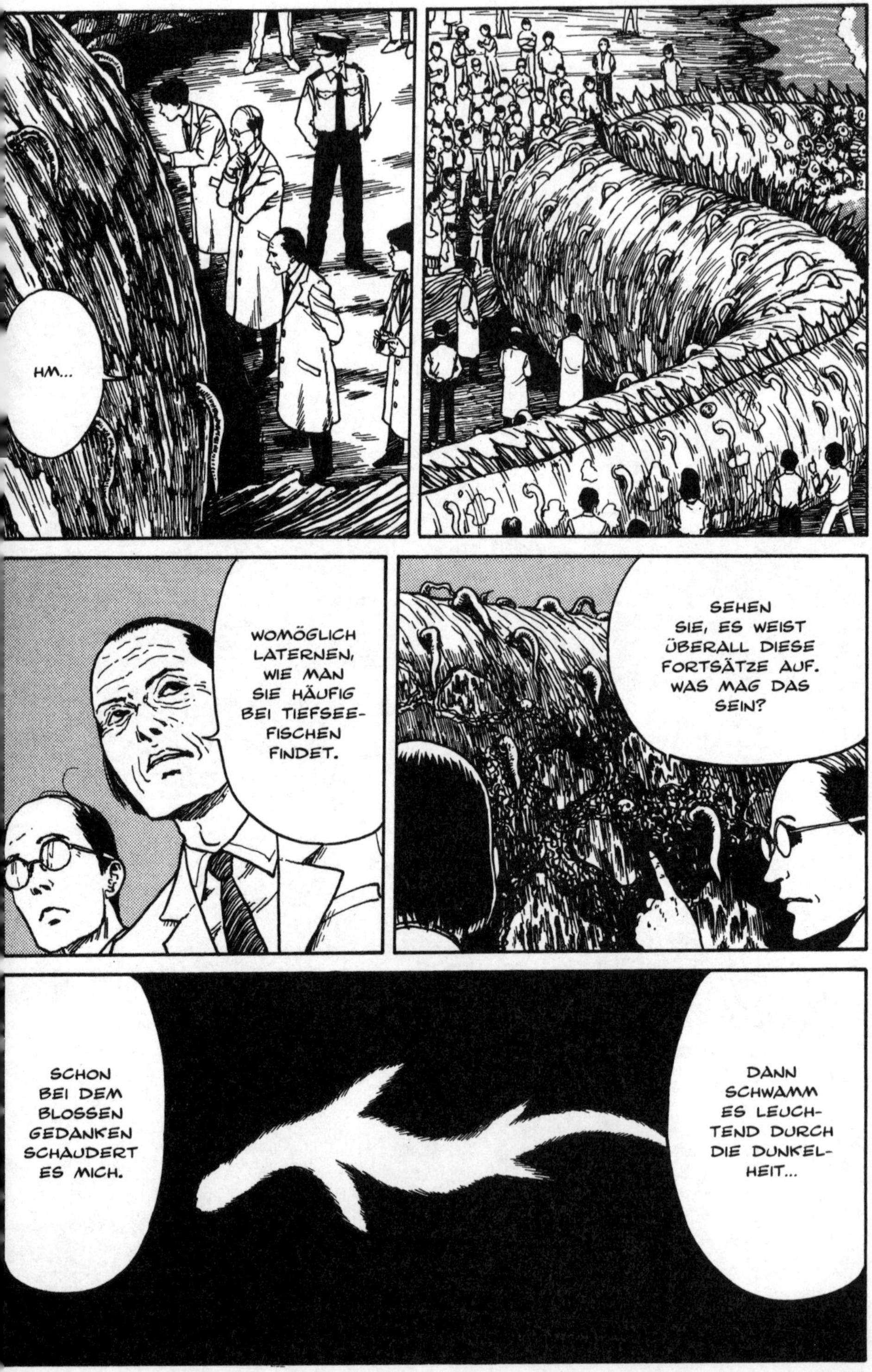
HM...
SEHEN SIE, ES WEIST ÜBERALL DIESE FORTSÄTZE AUF. WAS MAG DAS SEIN?
WOMÖGLICH LATERNEN, WIE MAN SIE HÄUFIG BEI TIEFSEE-FISCHEN FINDET.
DANN SCHWAMM ES LEUCH-TEND DURCH DIE DUNKEL-HEIT...
SCHON BEI DEM BLOSSEN GEDANKEN SCHAUDERT ES MICH.

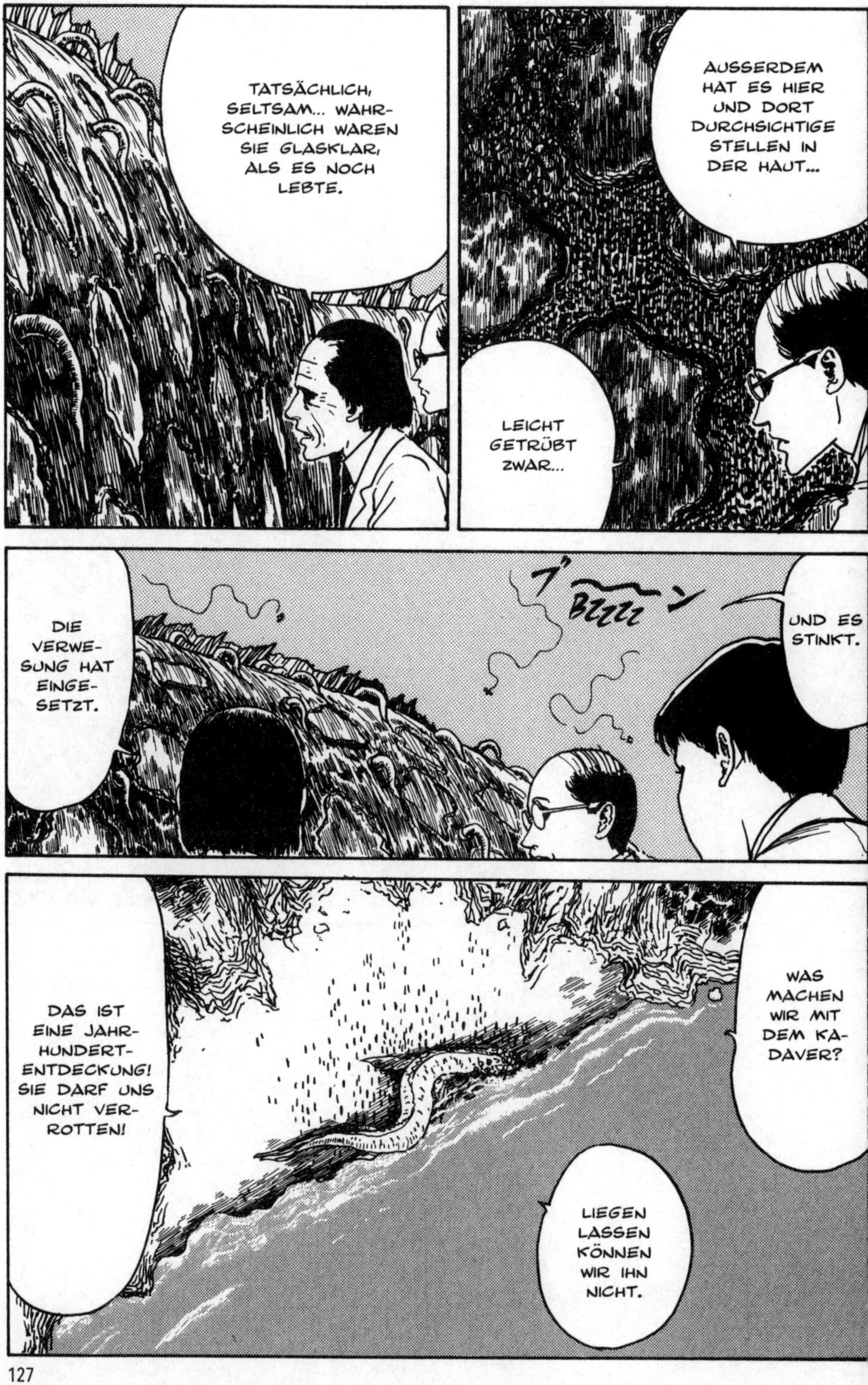
AUSSERDEM HAT ES HIER UND DORT DURCHSICHTIGE STELLEN IN DER HAUT...
LEICHT GETRÜBT ZWAR...
TATSÄCHLICH, SELTSAM... WAHR-SCHEINLICH WAREN SIE GLASKLAR, ALS ES NOCH LEBTE.
BZZZZ
UND ES STINKT.
DIE VERWE-SUNG HAT EINGE-SETZT.
WAS MACHEN WIR MIT DEM KA-DAVER?
LIEGEN LASSEN KÖNNEN WIR IHN NICHT.
DAS IST EINE JAHR-HUNDERT-ENTDECKUNG! SIE DARF UNS NICHT VER-ROTTEN!

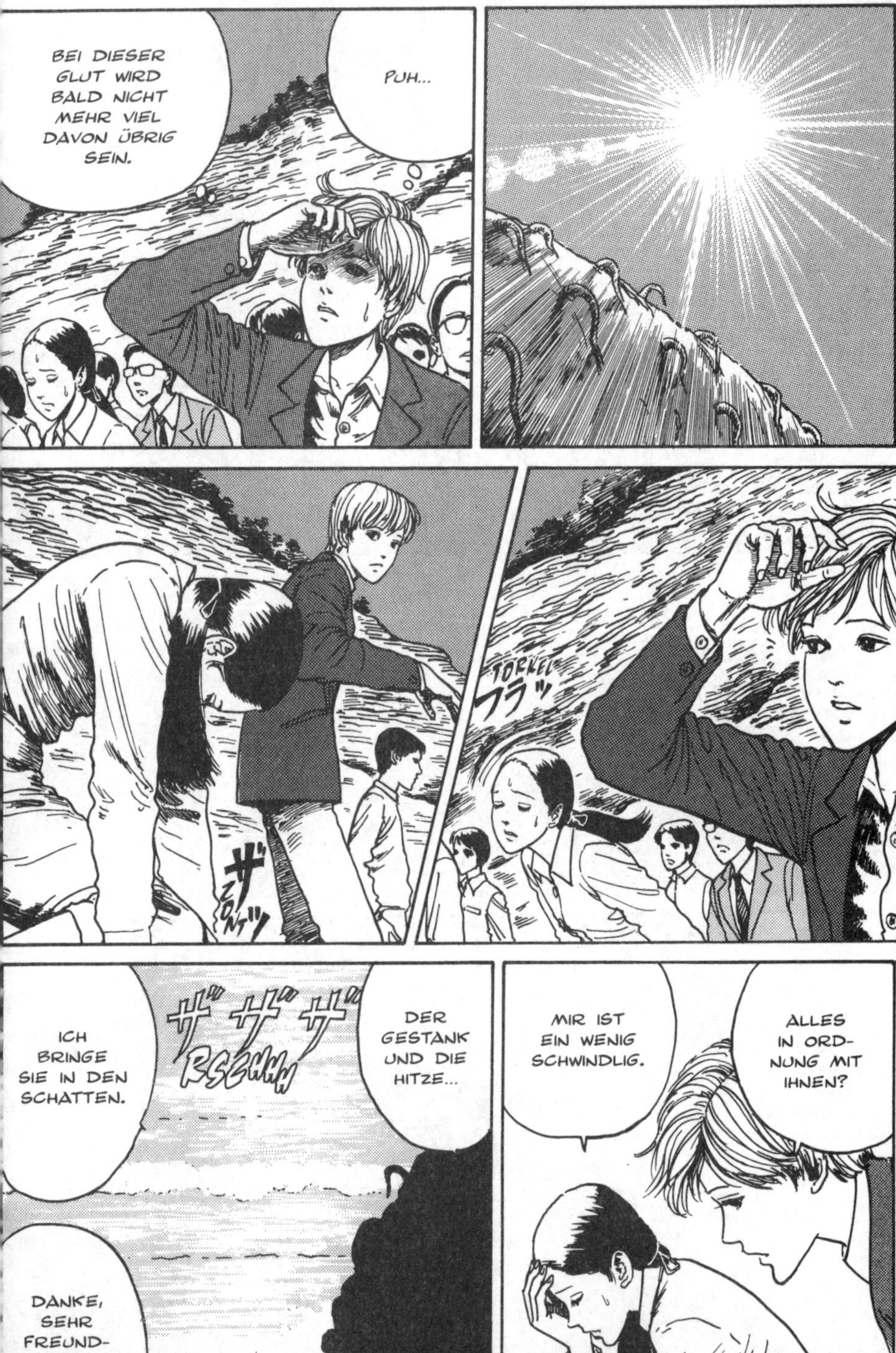
PUH...
BEI DIESER GLUT WIRD BALD NICHT MEHR VIEL DAVON ÜBRIG SEIN.
TORKEL
フラッ
ALLES IN ORDNUNG MIT IHNEN?
MIR IST EIN WENIG SCHWINDLIG.
DER GESTANK UND DIE HITZE...
ザザザ
RSCHHH
ICH BRINGE SIE IN DEN SCHATTEN.
DANKE, SEHR FREUNDLICH.

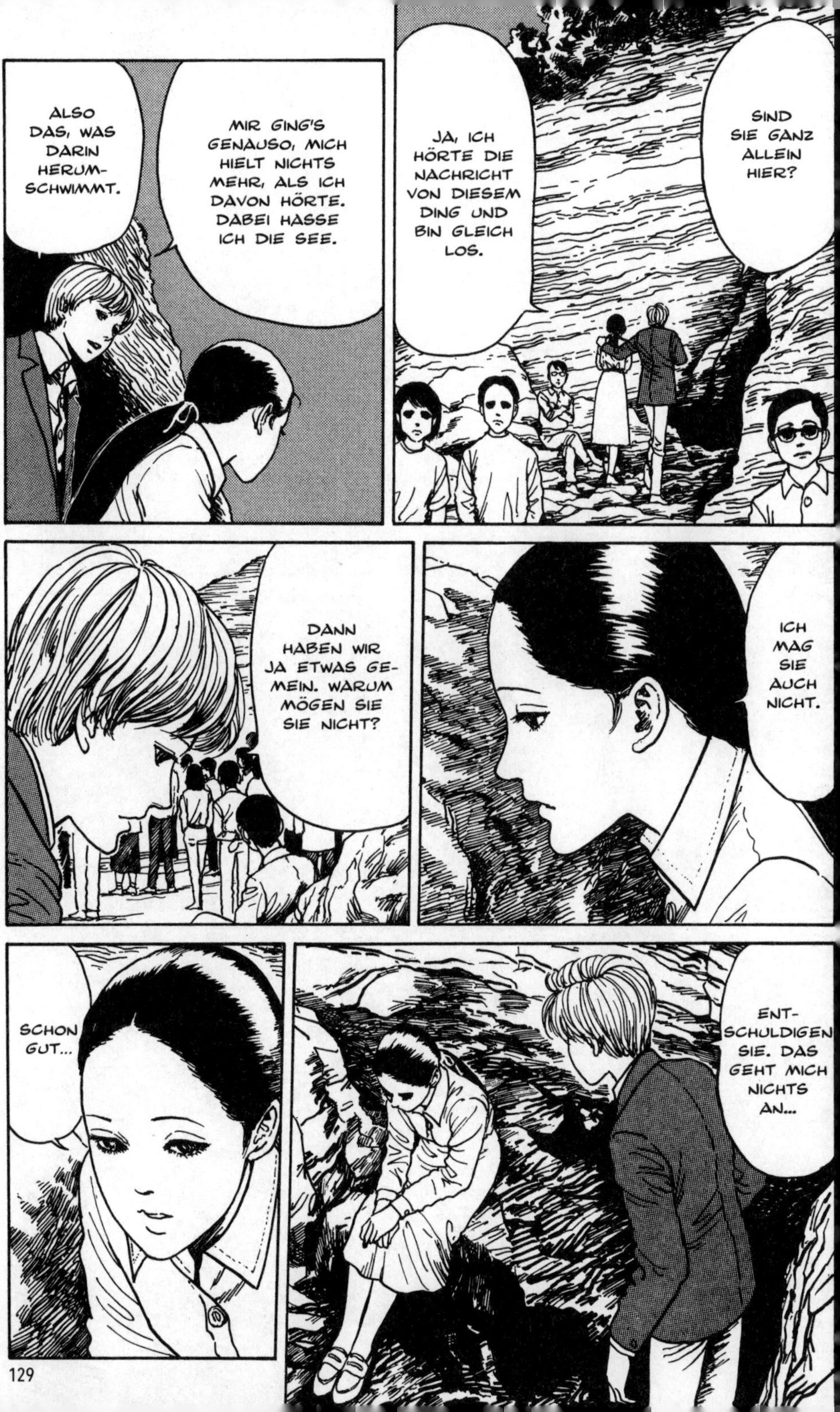
SIND SIE GANZ ALLEIN HIER?
JA, ICH HÖRTE DIE NACHRICHT VON DIESEM DING UND BIN GLEICH LOS.
MIR GING'S GENAUSO, MICH HIELT NICHTS MEHR, ALS ICH DAVON HÖRTE. DABEI HASSE ICH DIE SEE.
ALSO DAS, WAS DARIN HERUM-SCHWIMMT.
ICH MAG SIE AUCH NICHT.
DANN HABEN WIR JA ETWAS GE-MEIN. WARUM MÖGEN SIE SIE NICHT?
ENT-SCHULDIGEN SIE. DAS GEHT MICH NICHTS AN...
SCHON GUT...

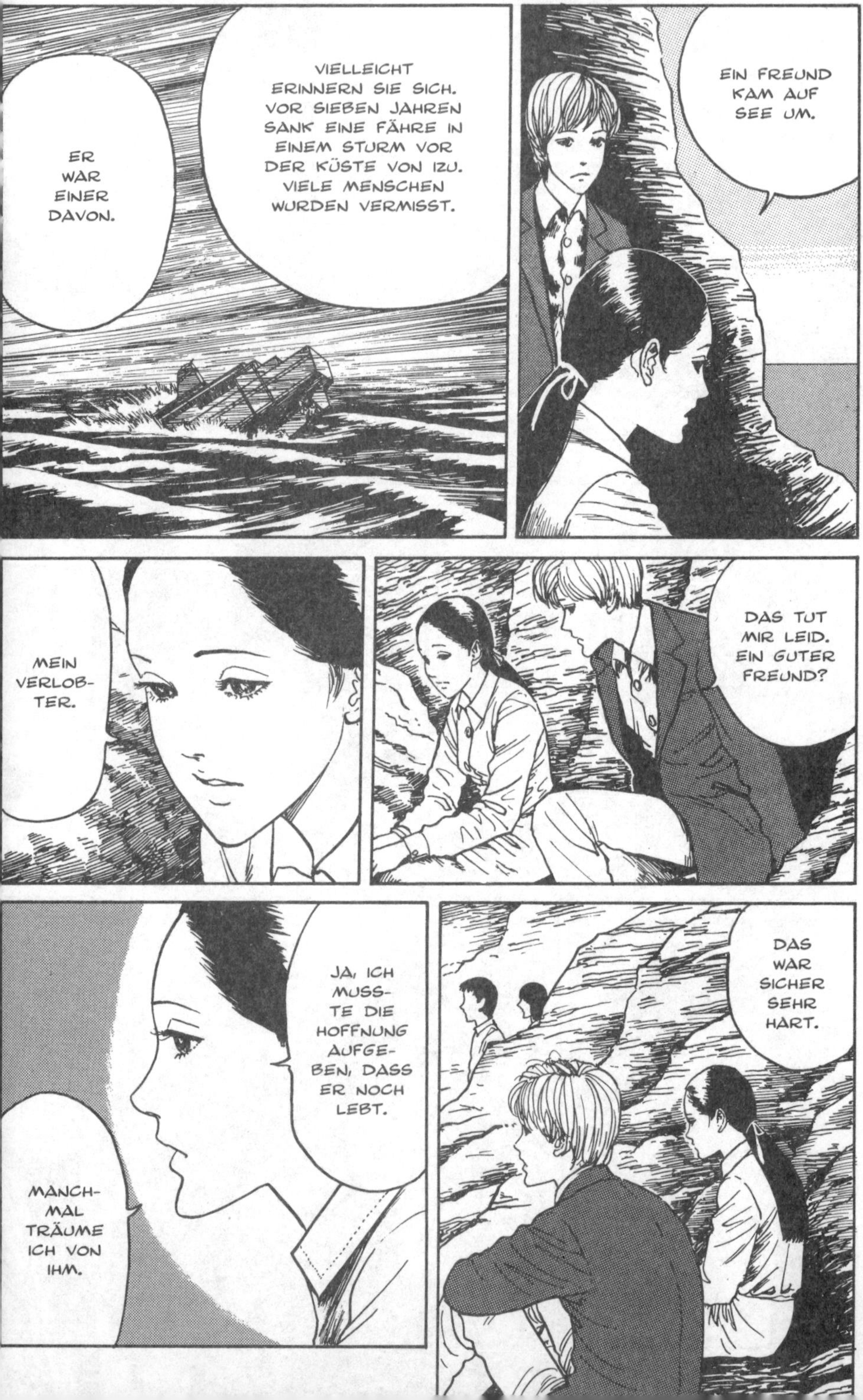
EIN FREUND KAM AUF SEE UM.
VIELLEICHT ERINNERN SIE SICH. VOR SIEBEN JAHREN SANK EINE FÄHRE IN EINEM STURM VOR DER KÜSTE VON IZU. VIELE MENSCHEN WURDEN VERMISST.
ER WAR EINER DAVON.
DAS TUT MIR LEID. EIN GUTER FREUND?
MEIN VERLOB-TER.
DAS WAR SICHER SEHR HART.
JA, ICH MUSS-TE DIE HOFFNUNG AUFGE-BEN, DASS ER NOCH LEBT.
MANCH-MAL TRÄUME ICH VON IHM.

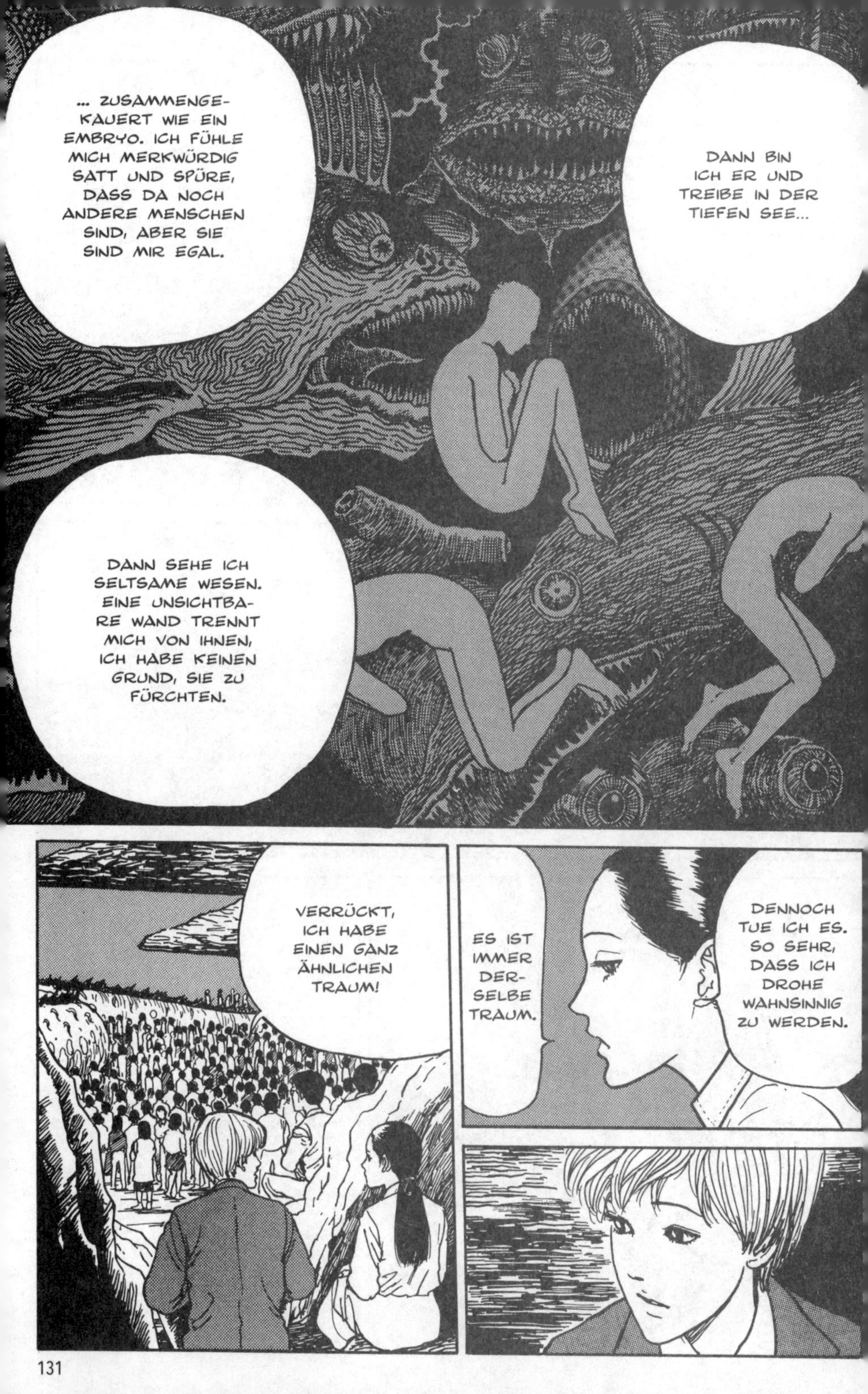
... ZUSAMMENGEKAUERT WIE EIN EMBRYO. ICH FÜHLE MICH MERKWÜRDIG SATT UND SPÜRE, DASS DA NOCH ANDERE MENSCHEN SIND, ABER SIE SIND MIR EGAL.
DANN BIN ICH ER UND TREIBE IN DER TIEFEN SEE...
DANN SEHE ICH SELTSAME WESEN. EINE UNSICHTBARE WAND TRENNT MICH VON IHNEN, ICH HABE KEINEN GRUND, SIE ZU FÜRCHTEN.
DENNOCH TUE ICH ES. SO SEHR, DASS ICH DROHE WAHNSINNIG ZU WERDEN.
ES IST IMMER DERSELBE TRAUM.
VERRÜCKT, ICH HABE EINEN GANZ ÄHNLICHEN TRAUM!

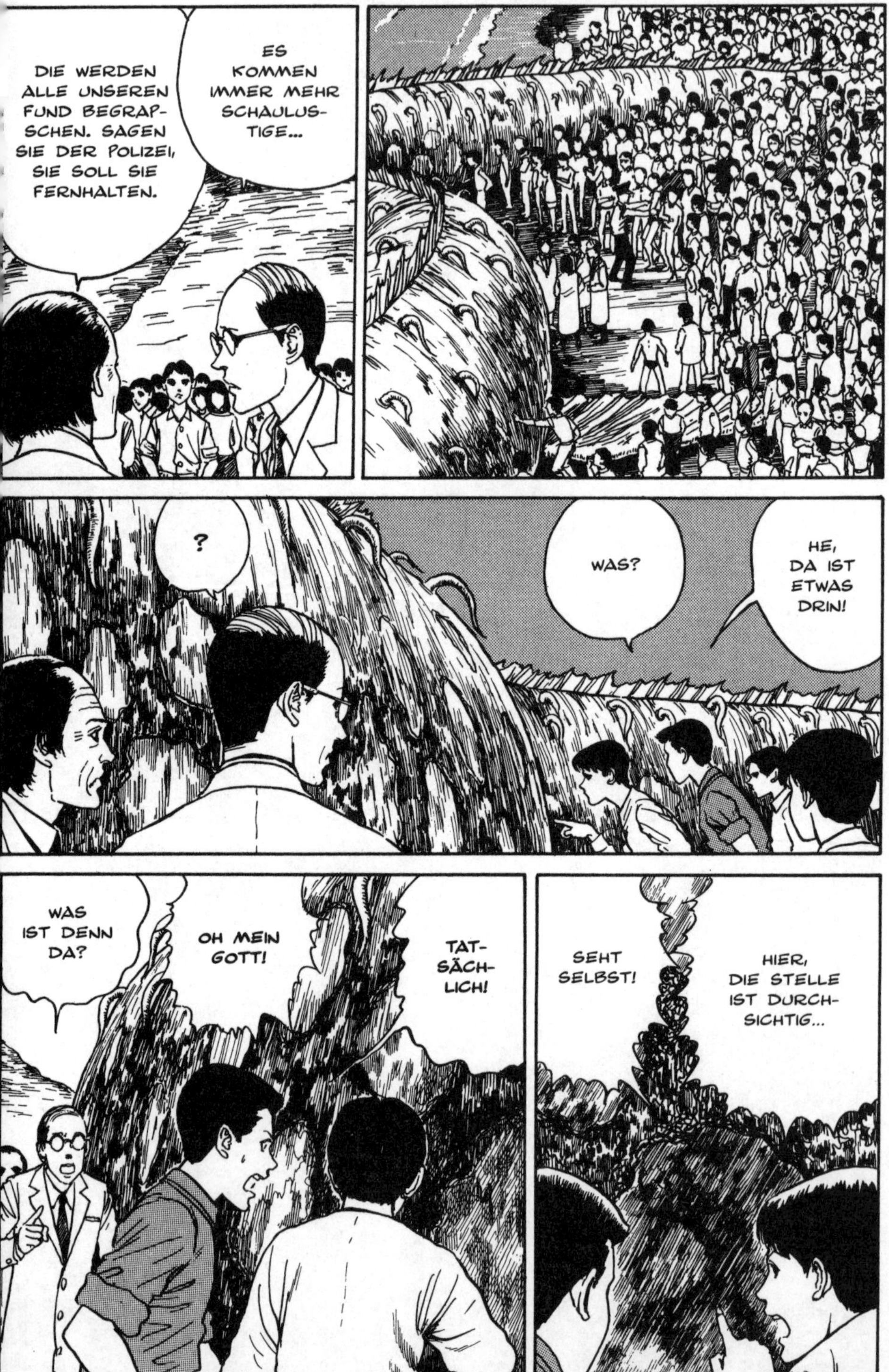

ES KOMMEN IMMER MEHR SCHAULUSTIGE...
DIE WERDEN ALLE UNSEREN FUND BEGRAPSCHEN. SAGEN SIE DER POLIZEI, SIE SOLL SIE FERNHALTEN.
HE, DA IST ETWAS DRIN!
WAS?
?
HIER, DIE STELLE IST DURCHSICHTIG...
SEHT SELBST!
TATSÄCHLICH!
OH MEIN GOTT!
WAS IST DENN DA?

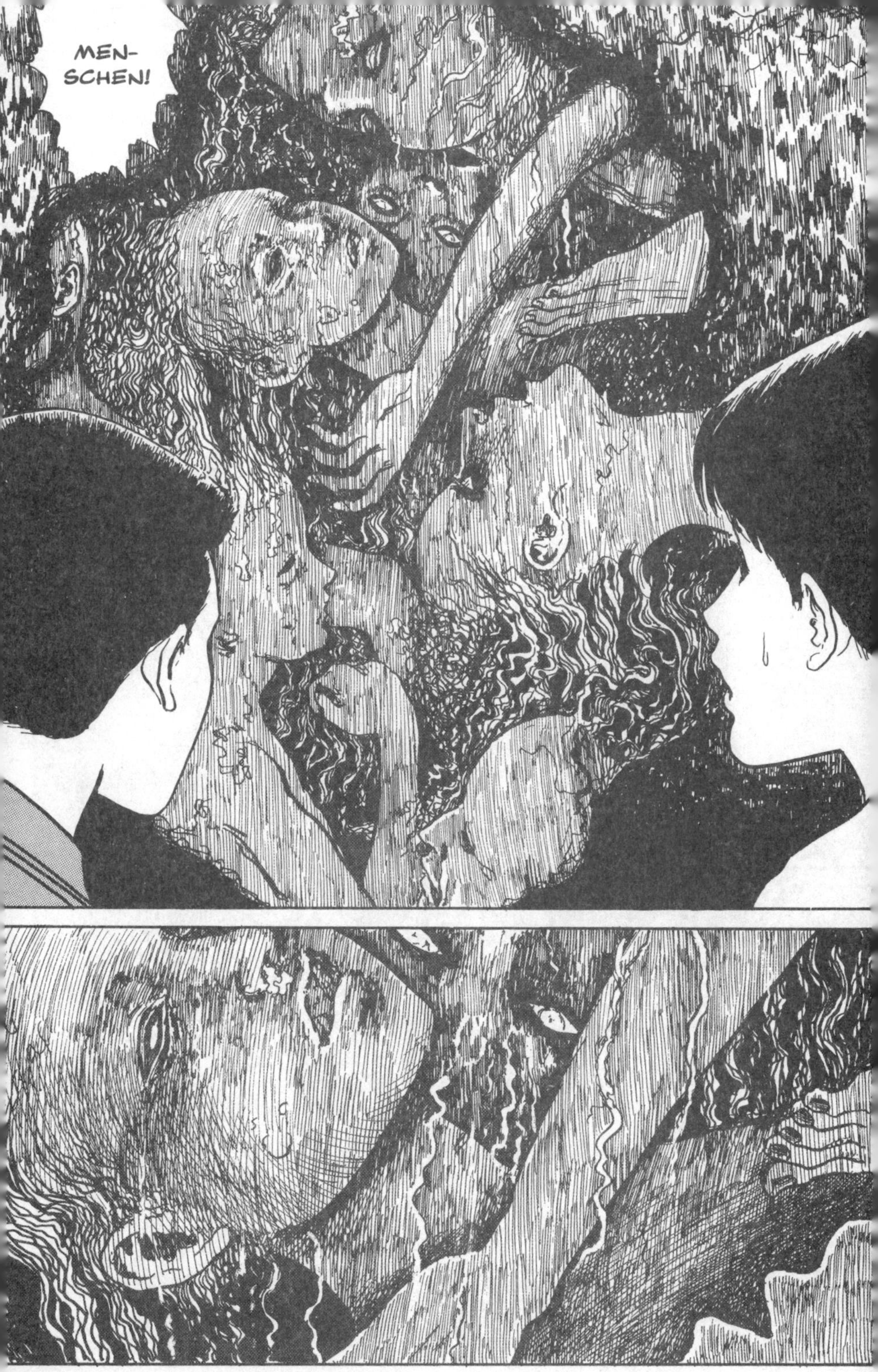
MEN-
SCHEN!

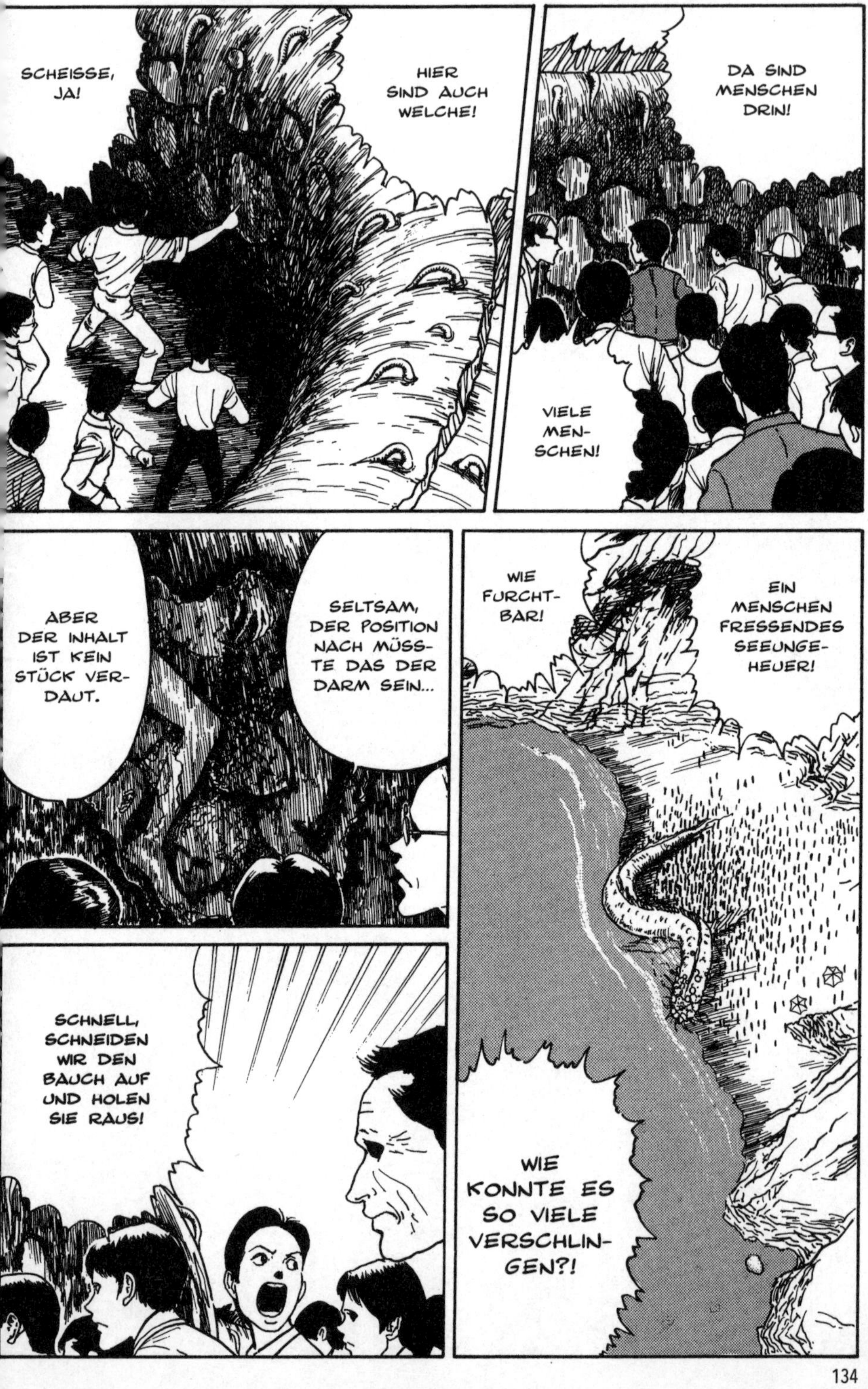
DA SIND MENSCHEN DRIN!
VIELE MEN-SCHEN!
HIER SIND AUCH WELCHE!
SCHEISSE, JA!
EIN MENSCHEN FRESSENDES SEEUNGE-HEUER!
WIE FURCHT-BAR!
WIE KONNTE ES SO VIELE VERSCHLIN-GEN?!
SELTSAM, DER POSITION NACH MÜSS-TE DAS DER DARM SEIN...
ABER DER INHALT IST KEIN STÜCK VER-DAUT.
SCHNELL, SCHNEIDEN WIR DEN BAUCH AUF UND HOLEN SIE RAUS!

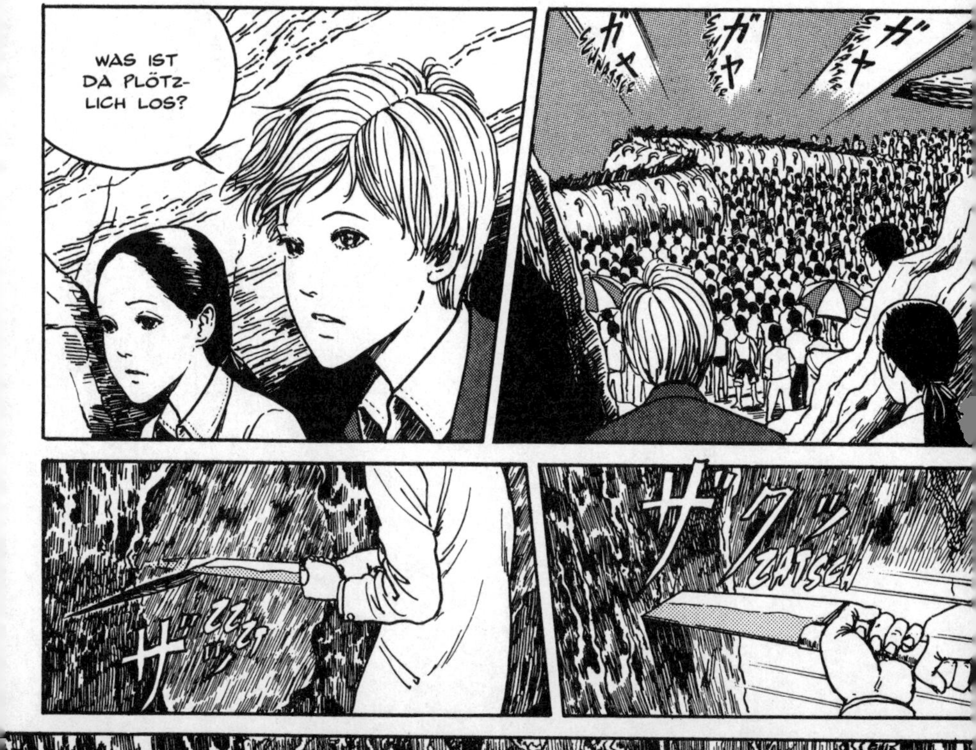

ガヤ
SCHNATTER
ガヤ
SCHNATTER
ガヤ
SCHNATTER
WAS IST DA PLÖTZLICH LOS?
ザクッ
ZATSCH
ザッ
ゴボッ
GLOBB

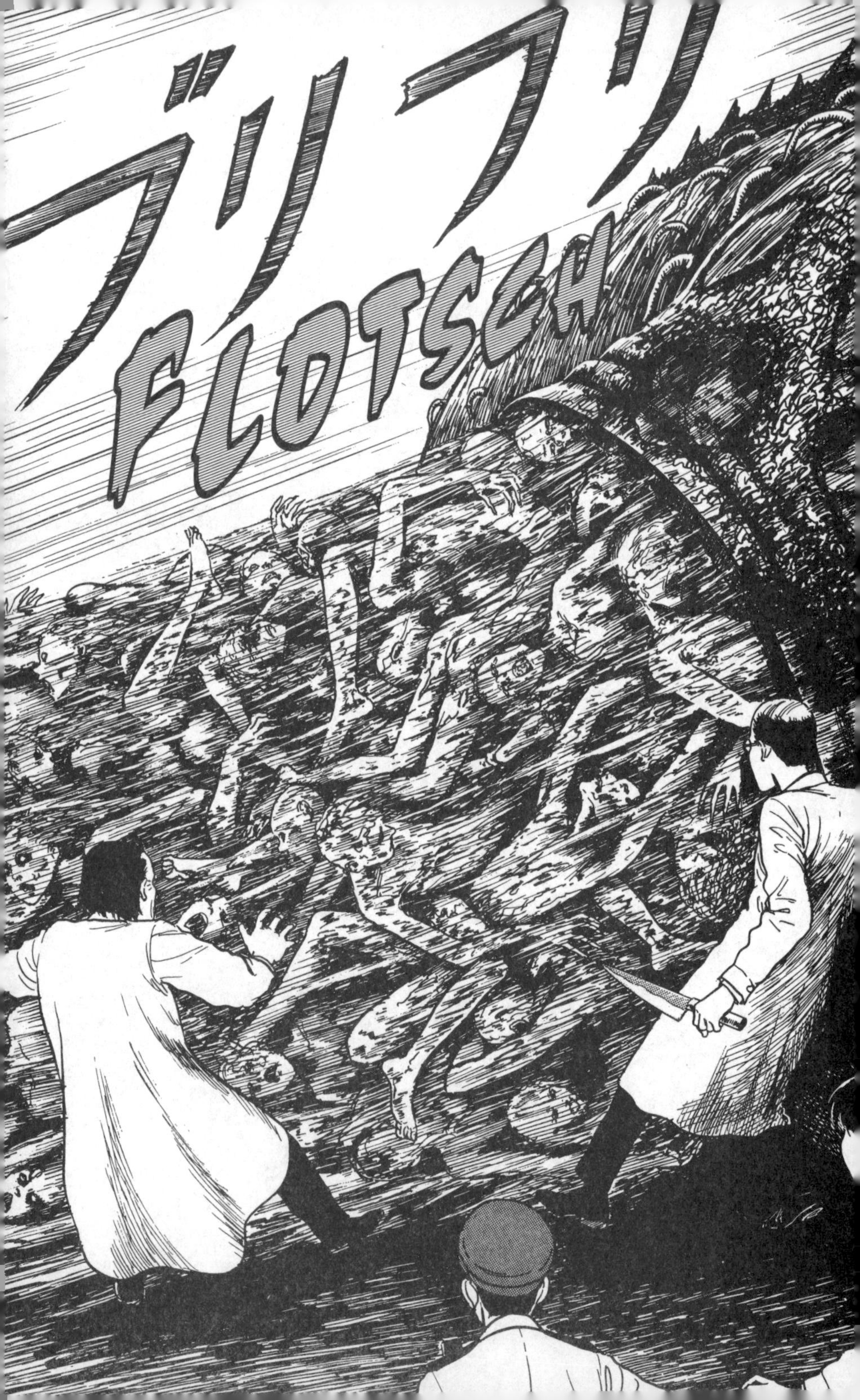
ブリブリ
FLOTSCH

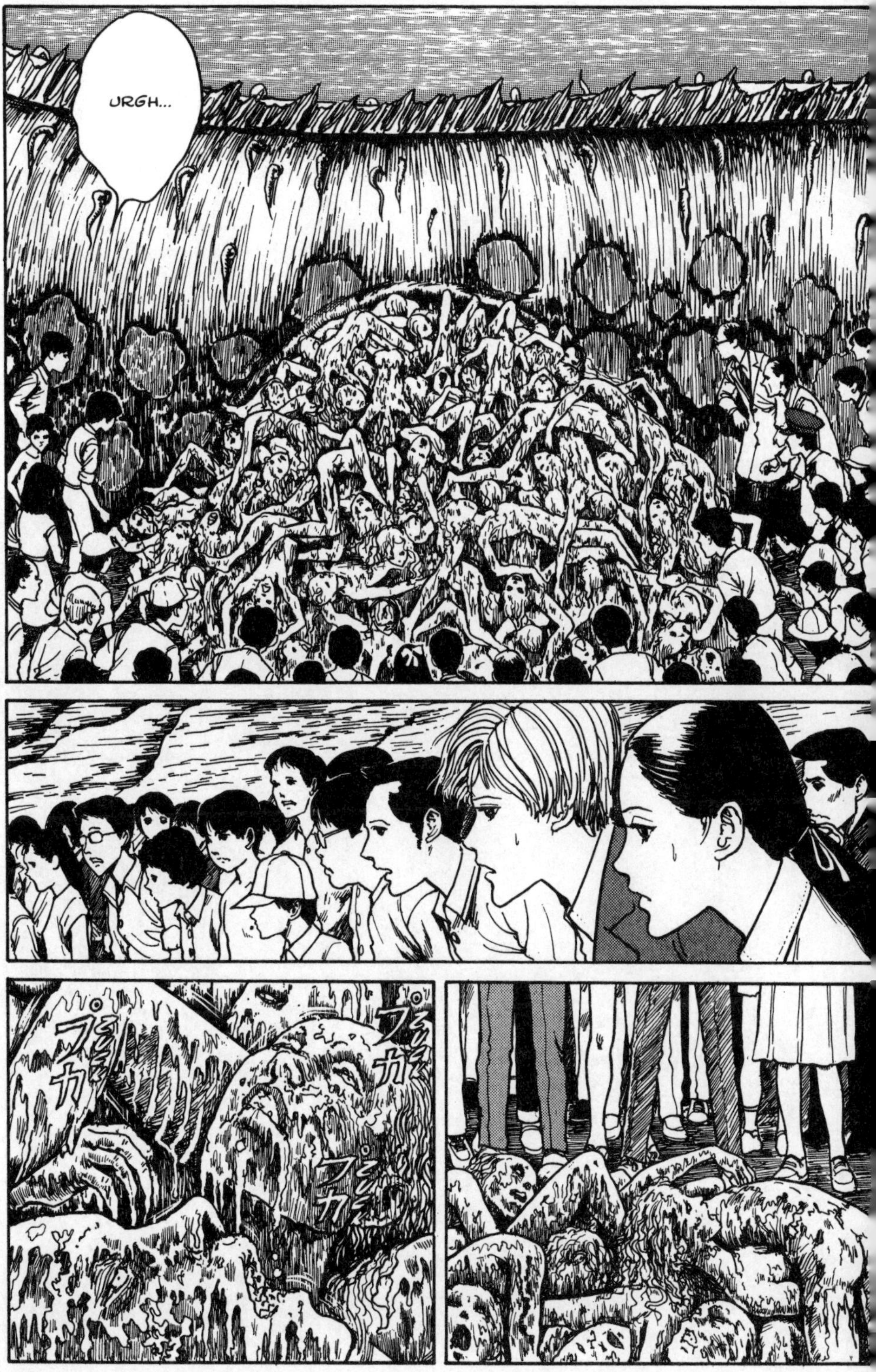
URGH...
プカ
プカ
プカ

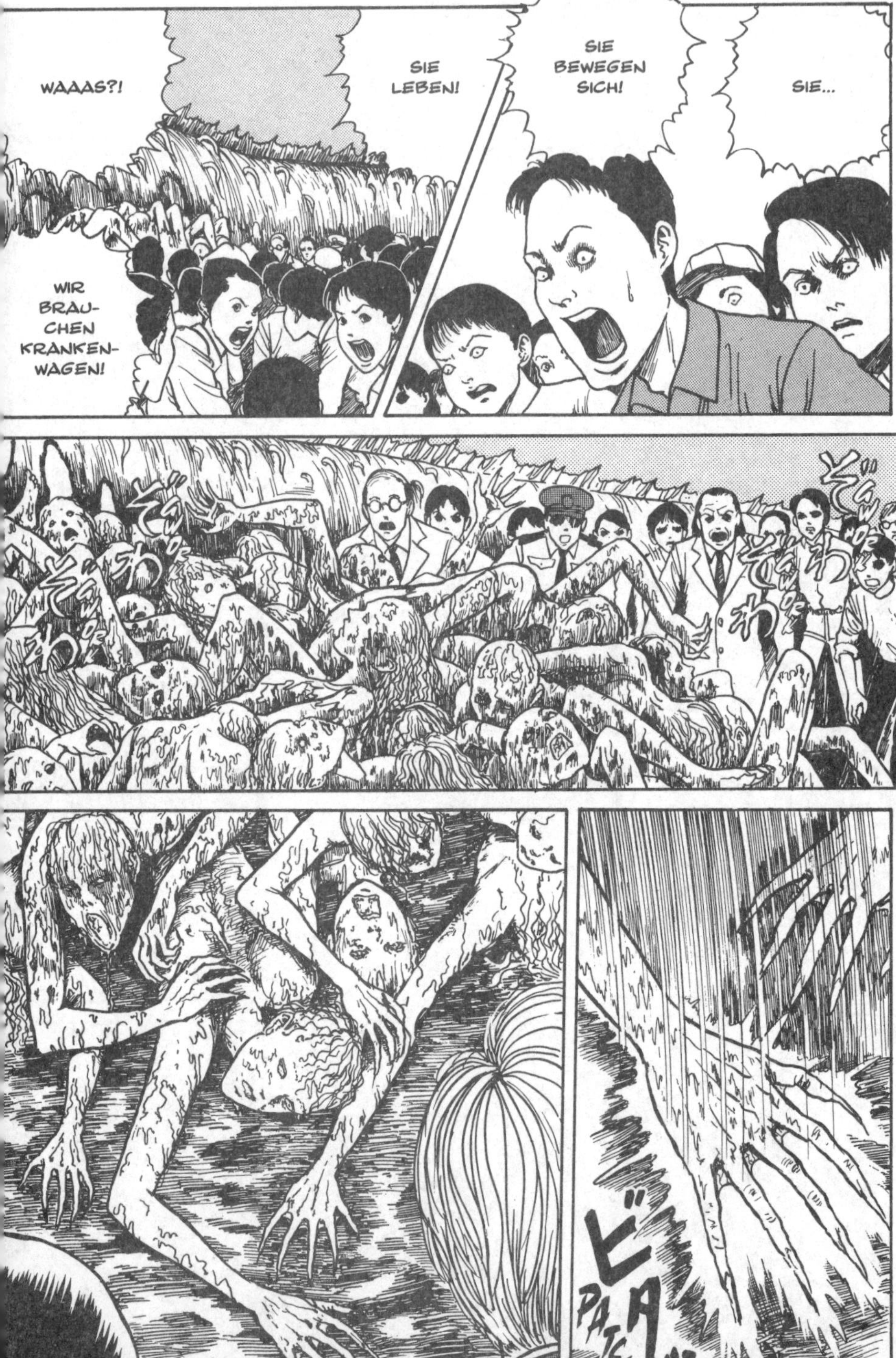
SIE...
SIE BEWEGEN SICH!
SIE LEBEN!
WAAAS?!
WIR BRAU-CHEN KRANKEN-WAGEN!
ビタッ
PATSCH

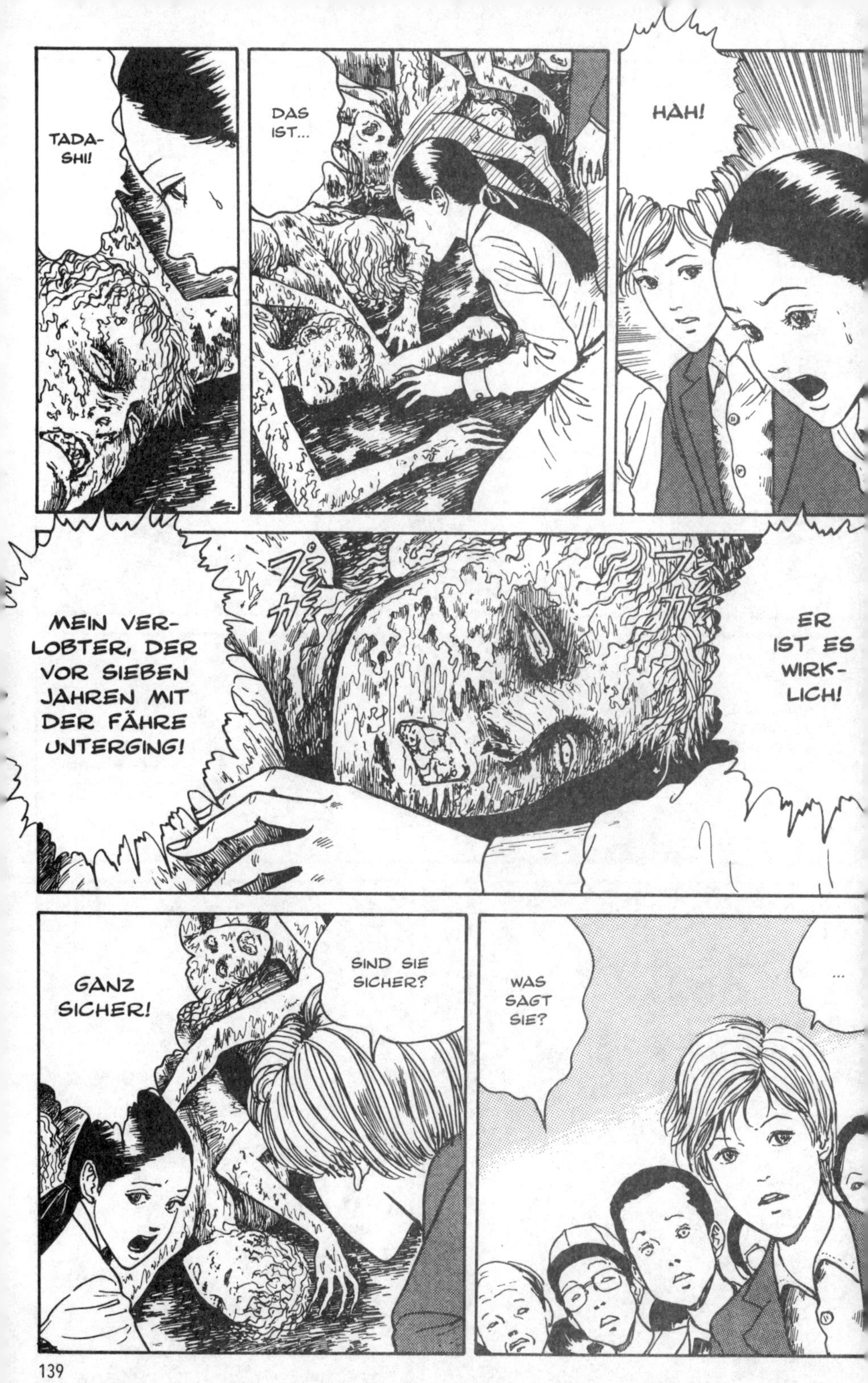
HAH!
DAS IST...
TADA-SHI!
ER IST ES WIRK-LICH!
MEIN VER-LOBTER, DER VOR SIEBEN JAHREN MIT DER FÄHRE UNTERGING!
...
WAS SAGT SIE?
SIND SIE SICHER?
GANZ SICHER!

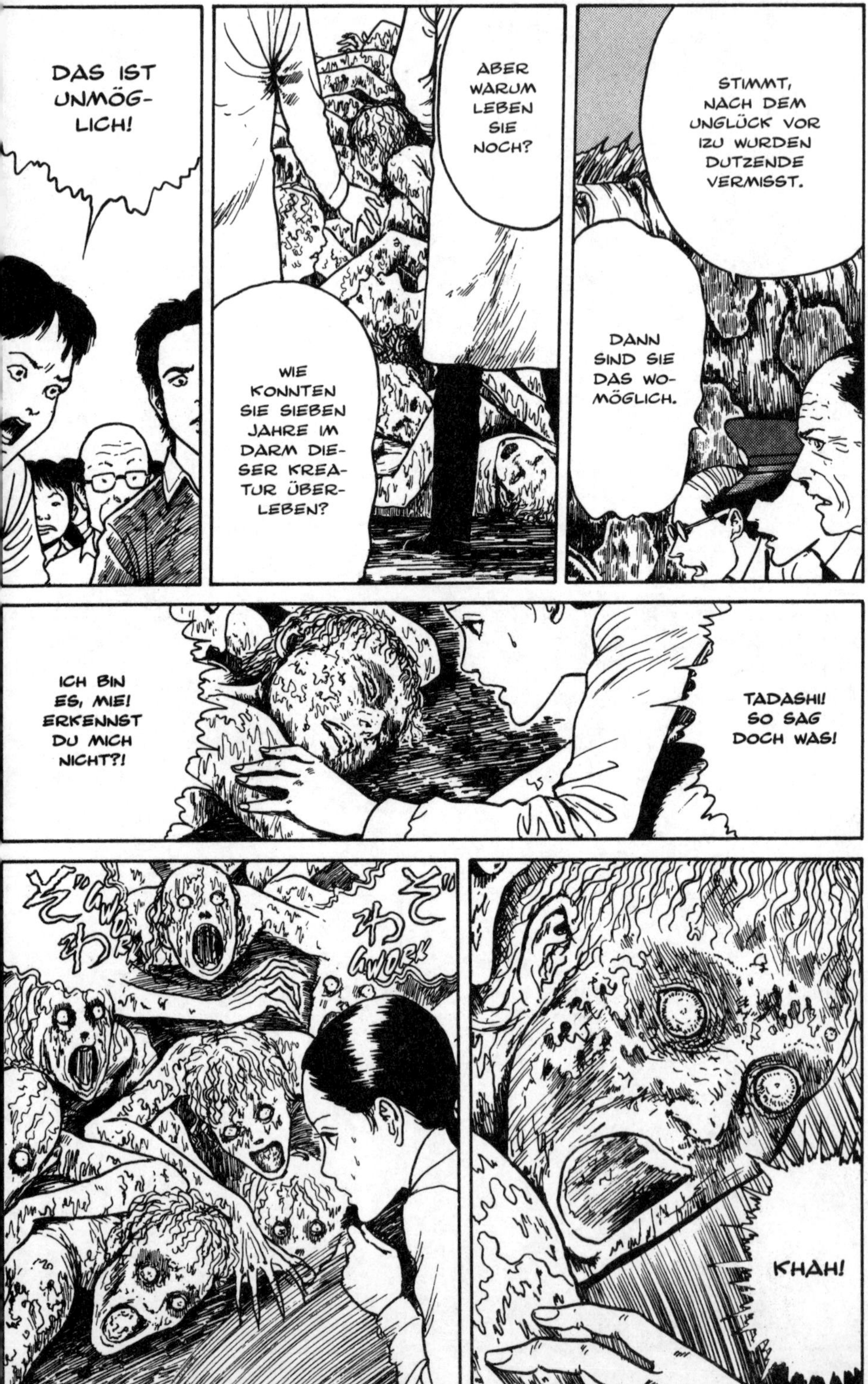
DAS IST UNMÖGLICH!
ABER WARUM LEBEN SIE NOCH?
WIE KONNTEN SIE SIEBEN JAHRE IM DARM DIESER KREATUR ÜBERLEBEN?
STIMMT, NACH DEM UNGLÜCK VOR IZU WURDEN DUTZENDE VERMISST.
DANN SIND SIE DAS WOMÖGLICH.
ICH BIN ES, MIE! ERKENNST DU MICH NICHT?!
TADASHI! SO SAG DOCH WAS!
ぞわ
ぞわ
KHAH!

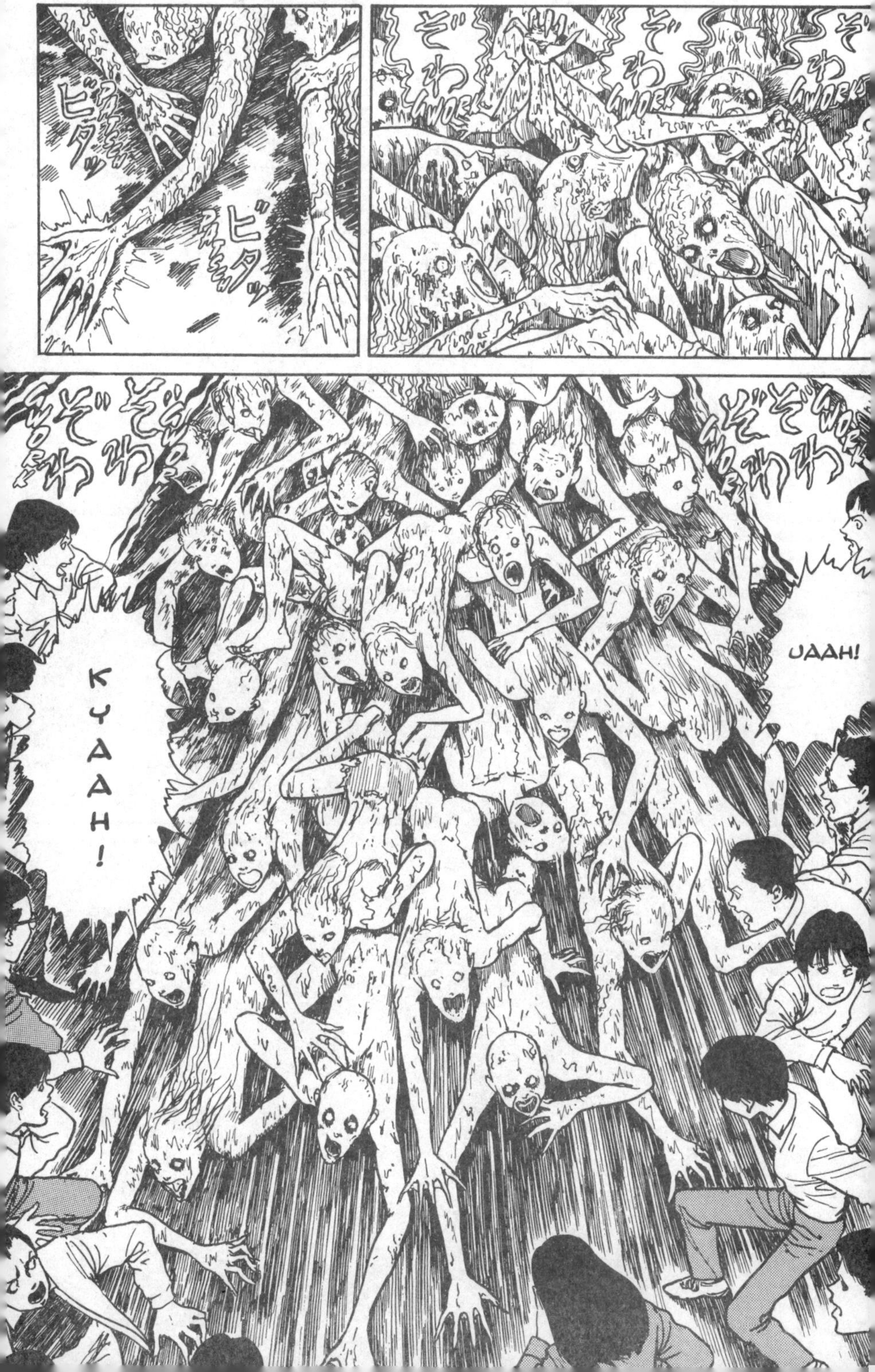
ビタッ
PATSCH
ビタッ
PATSCH
ぞわ
GWORK
ぞわ
GWORK
ぞわ
GWORK
ぞぞわわ
GWORK
ぞぞわわ
GWORK
UAAH!
KYAAH!

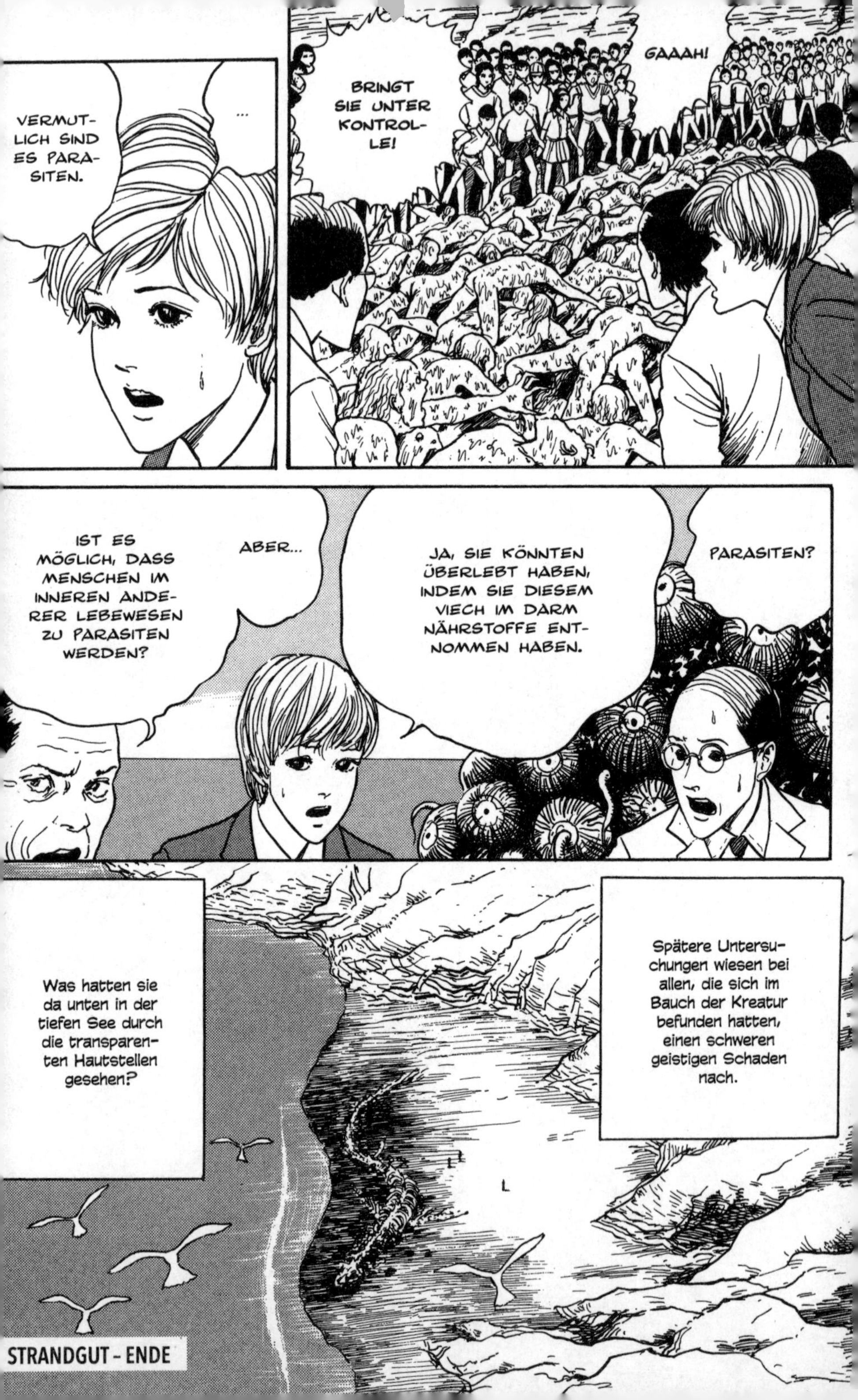
GAAAH!
BRINGT SIE UNTER KONTROL-LE!
...
VERMUT-LICH SIND ES PARA-SITEN.
PARASITEN?
JA, SIE KÖNNTEN ÜBERLEBT HABEN, INDEM SIE DIESEM VIECH IM DARM NÄHRSTOFFE ENT-NOMMEN HABEN.
ABER...
IST ES MÖGLICH, DASS MENSCHEN IM INNEREN ANDE-RER LEBEWESEN ZU PARASITEN WERDEN?
Spätere Untersu-chungen wiesen bei allen, die sich im Bauch der Kreatur befunden hatten, einen schweren geistigen Schaden nach.
Was hatten sie da unten in der tiefen See durch die transparen-ten Hautstellen gesehen?
STRANDGUT - ENDE

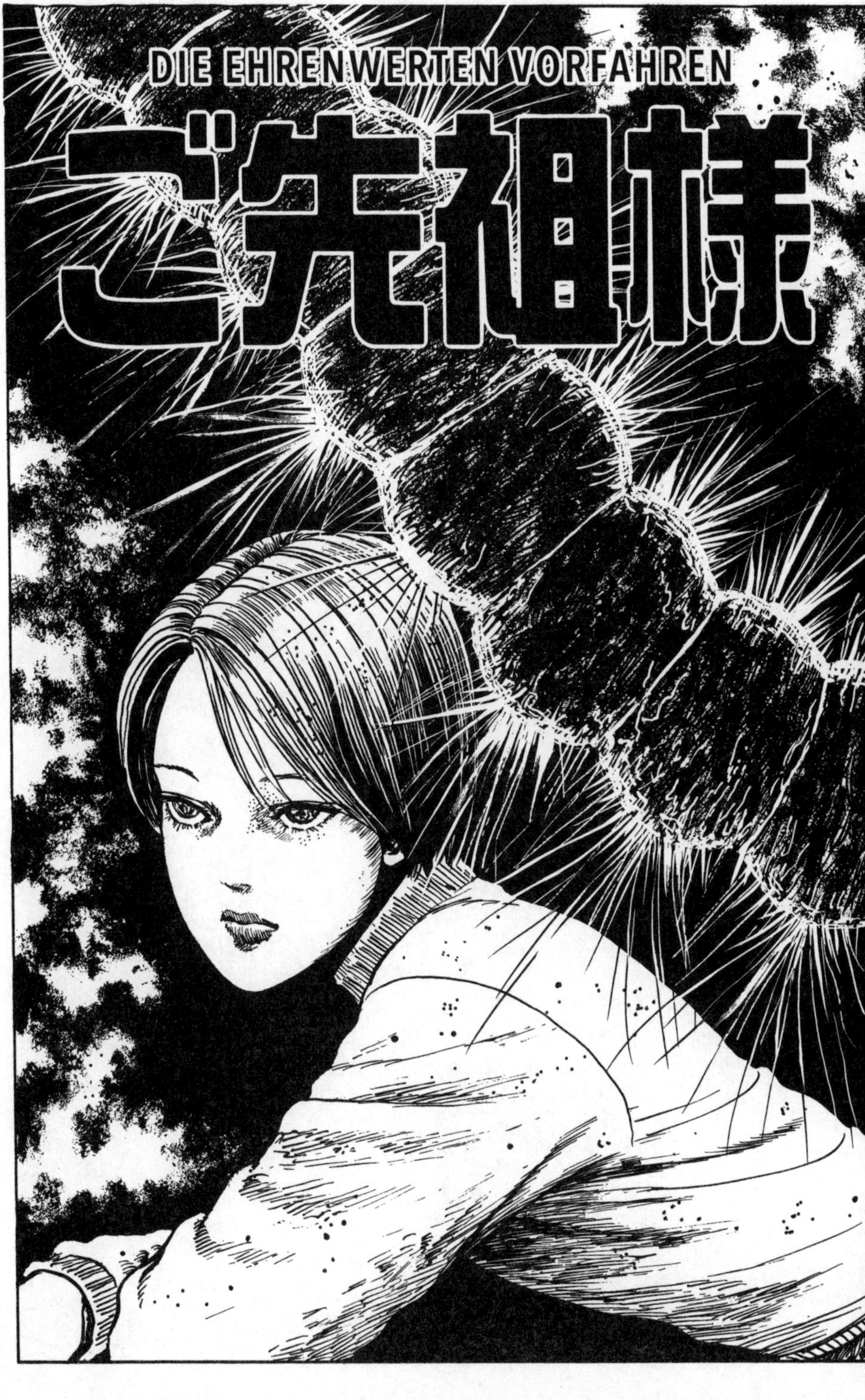
DIE EHRENWERTEN VORFAHREN
ご先祖様

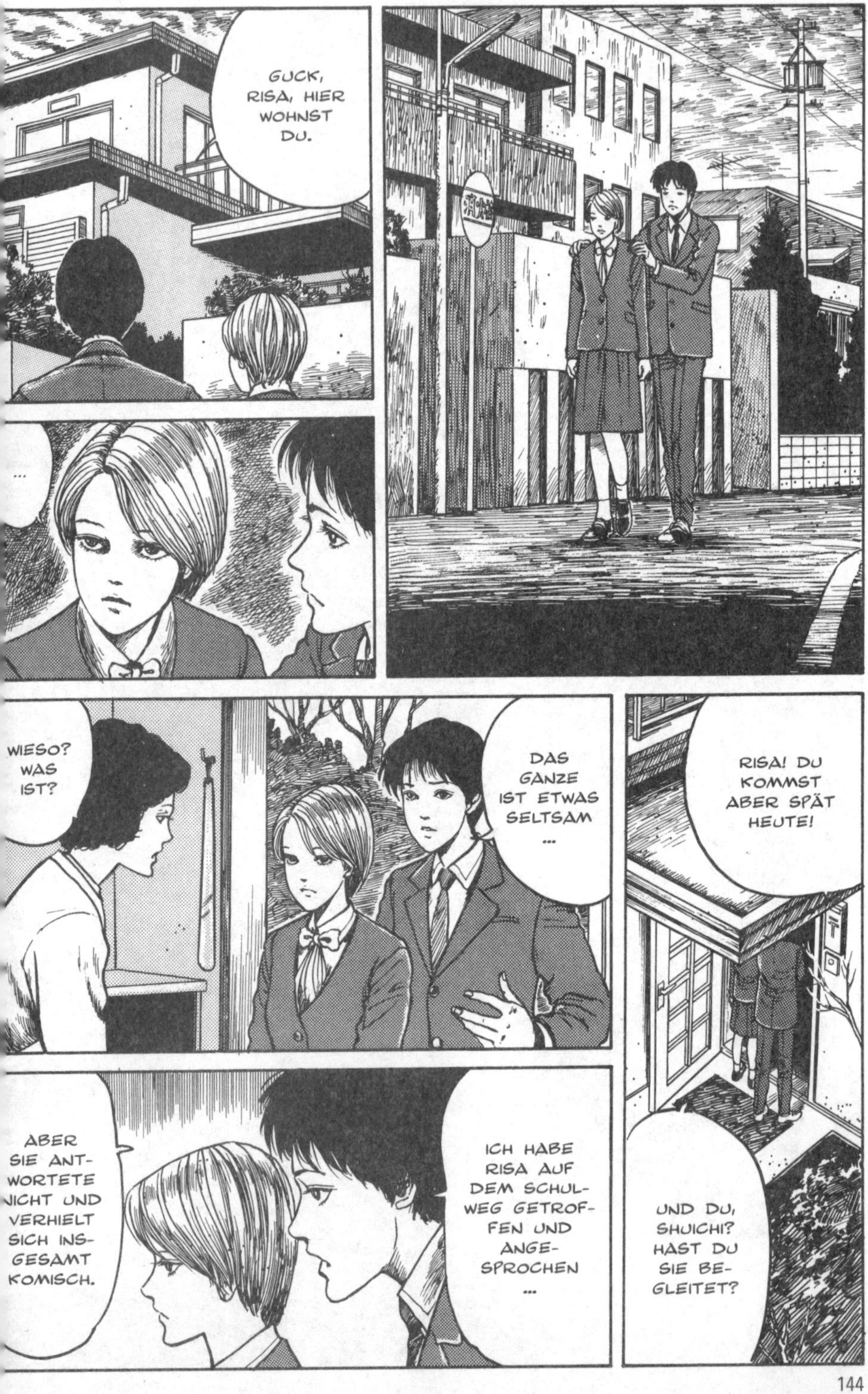

GUCK, RISA, HIER WOHNST DU.
...
RISA! DU KOMMST ABER SPÄT HEUTE!
UND DU, SHUICHI? HAST DU SIE BEGLEITET?
DAS GANZE IST ETWAS SELTSAM ...
WIESO? WAS IST?
ICH HABE RISA AUF DEM SCHULWEG GETROFFEN UND ANGESPROCHEN ...
ABER SIE ANTWORTETE NICHT UND VERHIELT SICH INSGESAMT KOMISCH.

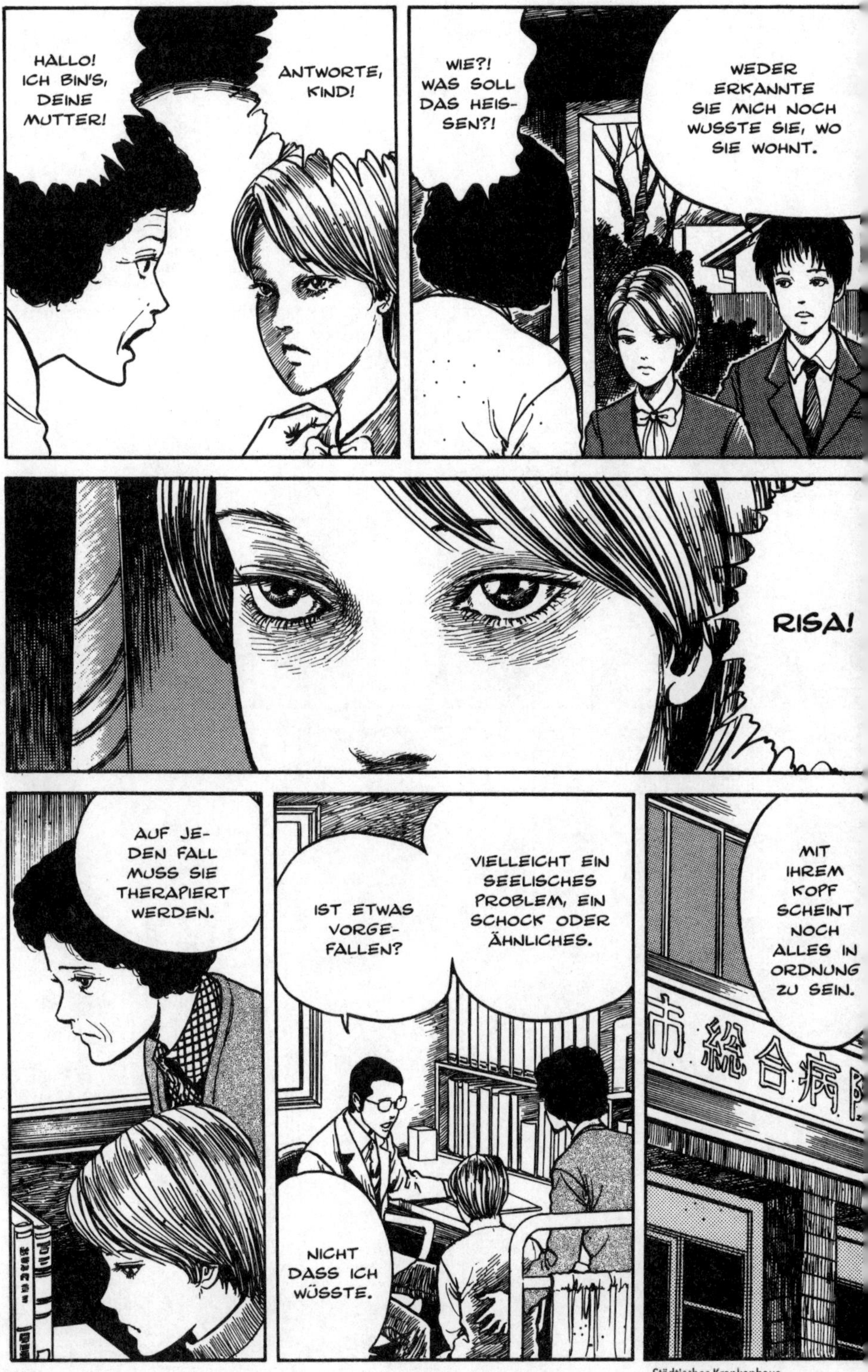

Städtisches Krankenhaus

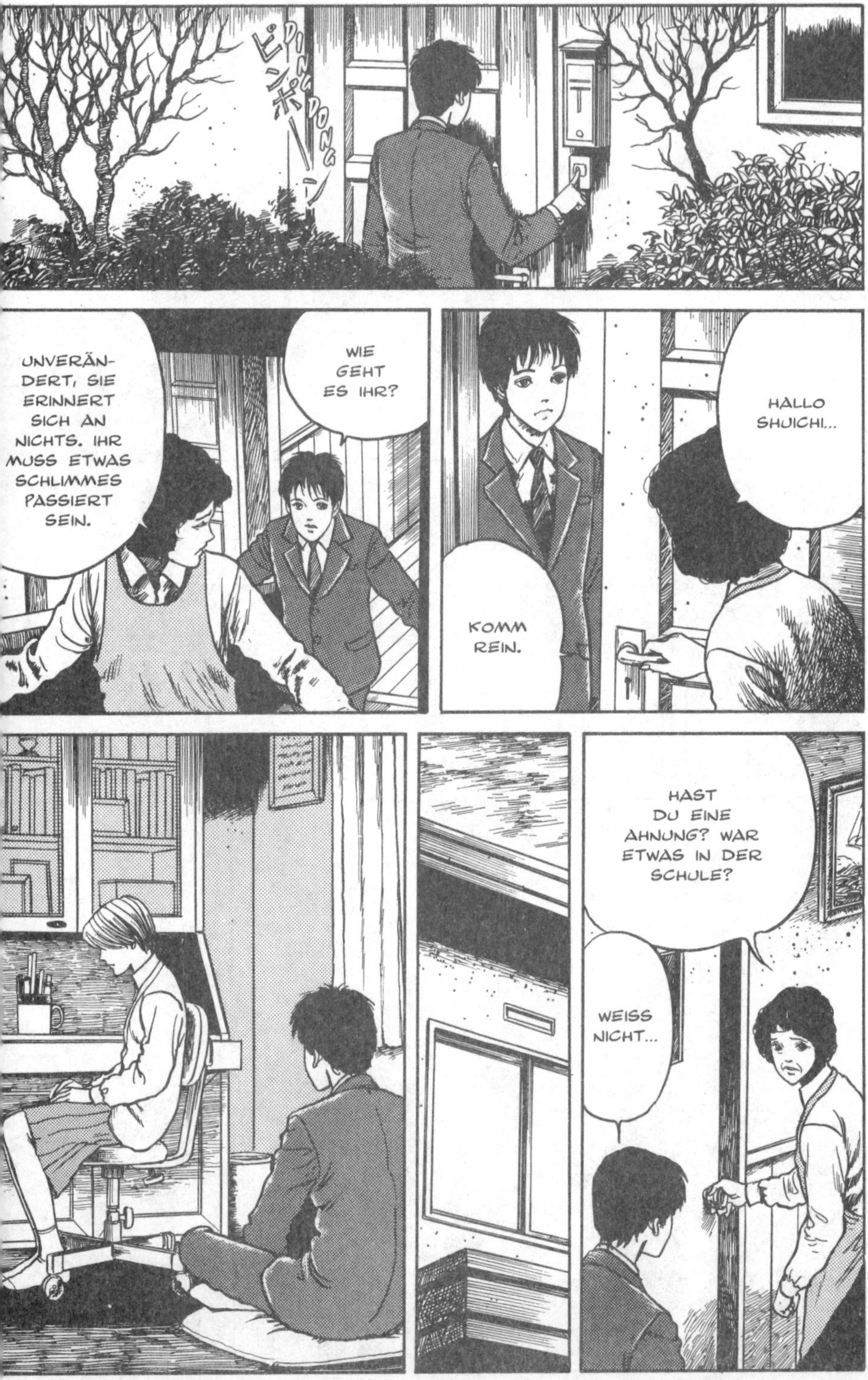
ピンポーン
DING DONG
HALLO SHUICHI...
KOMM REIN.
WIE GEHT ES IHR?
UNVERÄNDERT, SIE ERINNERT SICH AN NICHTS. IHR MUSS ETWAS SCHLIMMES PASSIERT SEIN.
HAST DU EINE AHNUNG? WAR ETWAS IN DER SCHULE?
WEISS NICHT...

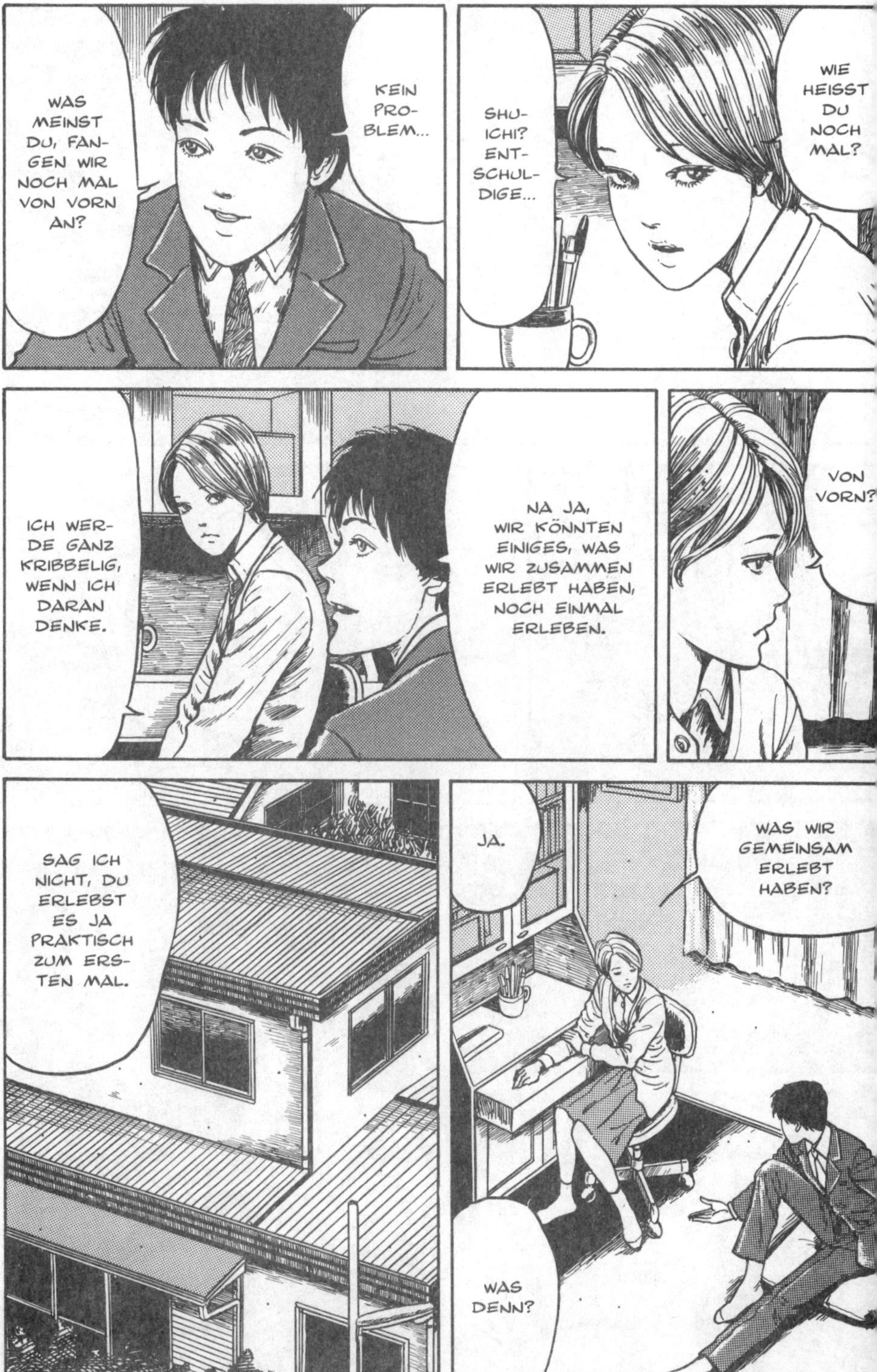
WIE HEISST DU NOCH MAL?
SHUICHI? ENTSCHULDIGE...
KEIN PROBLEM...
WAS MEINST DU, FANGEN WIR NOCH MAL VON VORN AN?
VON VORN?
NA JA, WIR KÖNNTEN EINIGES, WAS WIR ZUSAMMEN ERLEBT HABEN, NOCH EINMAL ERLEBEN.
ICH WERDE GANZ KRIBBELIG, WENN ICH DARAN DENKE.
WAS WIR GEMEINSAM ERLEBT HABEN?
JA.
WAS DENN?
SAG ICH NICHT, DU ERLEBST ES JA PRAKTISCH ZUM ERSTEN MAL.

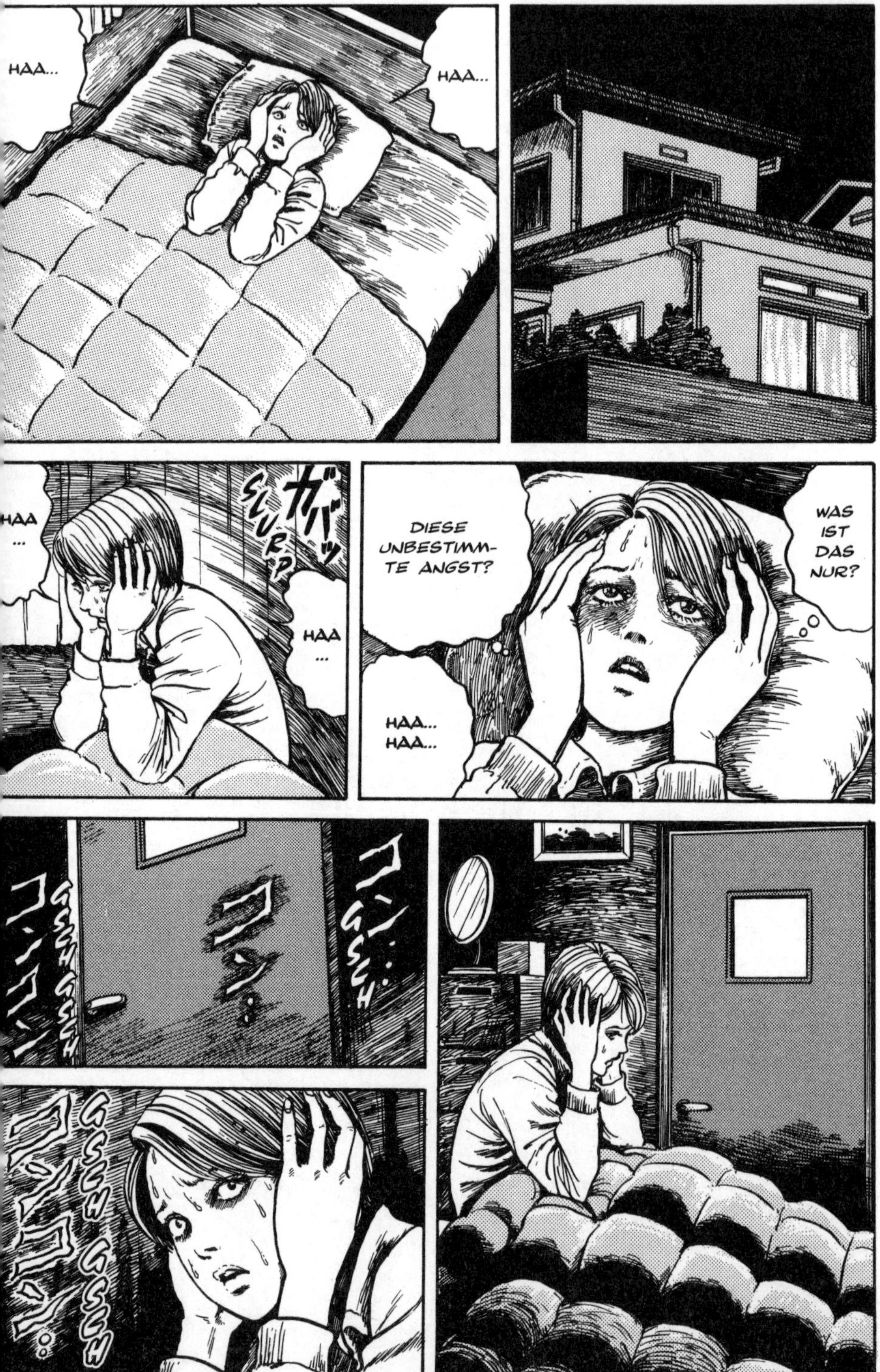

HAA...
HAA...
WAS IST DAS NUR?
DIESE UNBESTIMM-TE ANGST?
HAA... HAA...
SLURP
HAA ...
HAA ...
GSCH
GSCH GSCH
GSCH GSCH

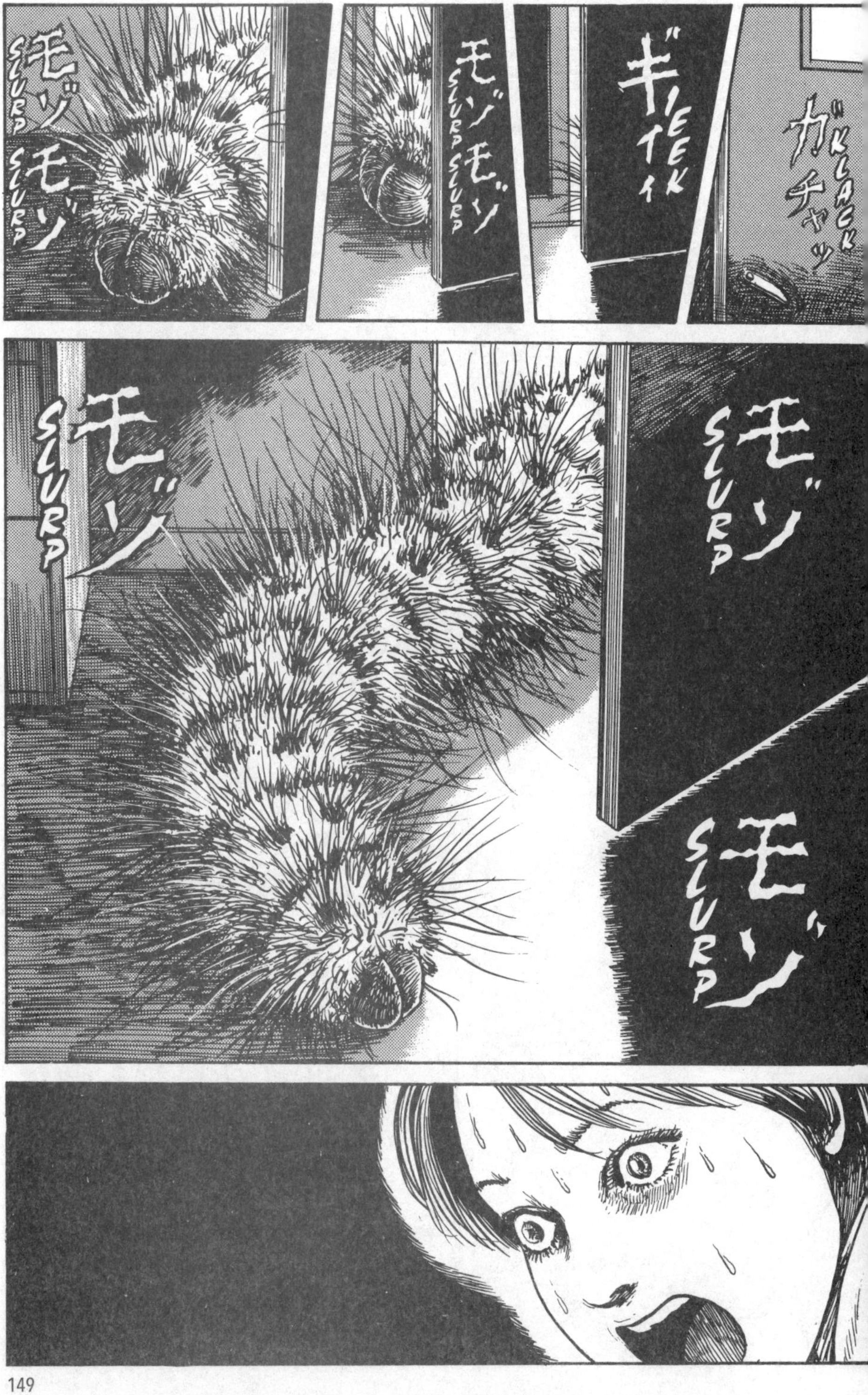
ガチャッ
KLACK
ギイィ
EEEK
モゾモゾ
SLURP SLURP
モゾモゾ
SLURP SLURP
モゾ
SLURP
モゾッ
SLURP
モゾ
SLURP

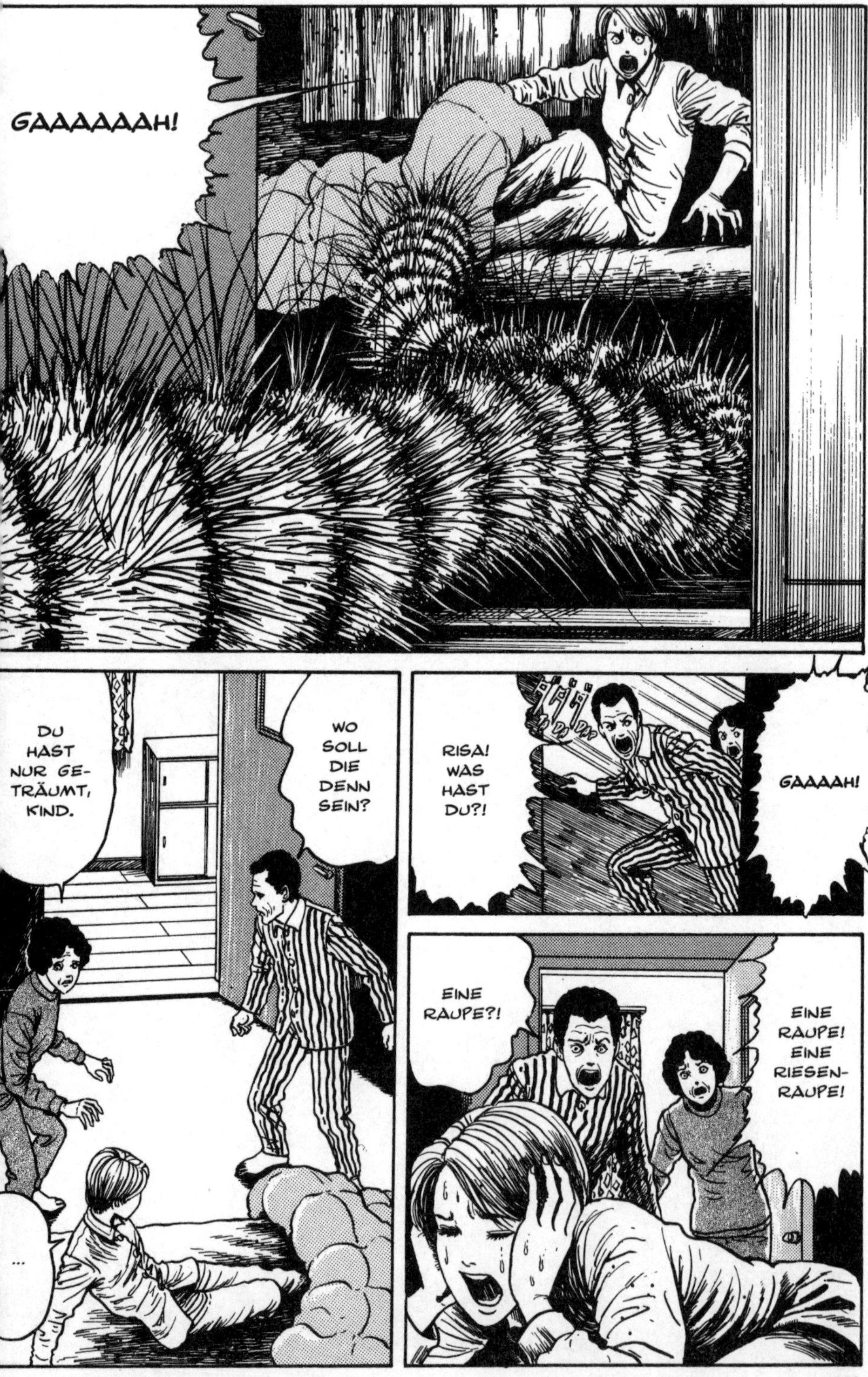
GAAAAAAH!
GAAAAH!
RISA! WAS HAST DU?!
EINE RAUPE! EINE RIESEN-RAUPE!
EINE RAUPE?!
WO SOLL DIE DENN SEIN?
DU HAST NUR GE-TRÄUMT, KIND.
...

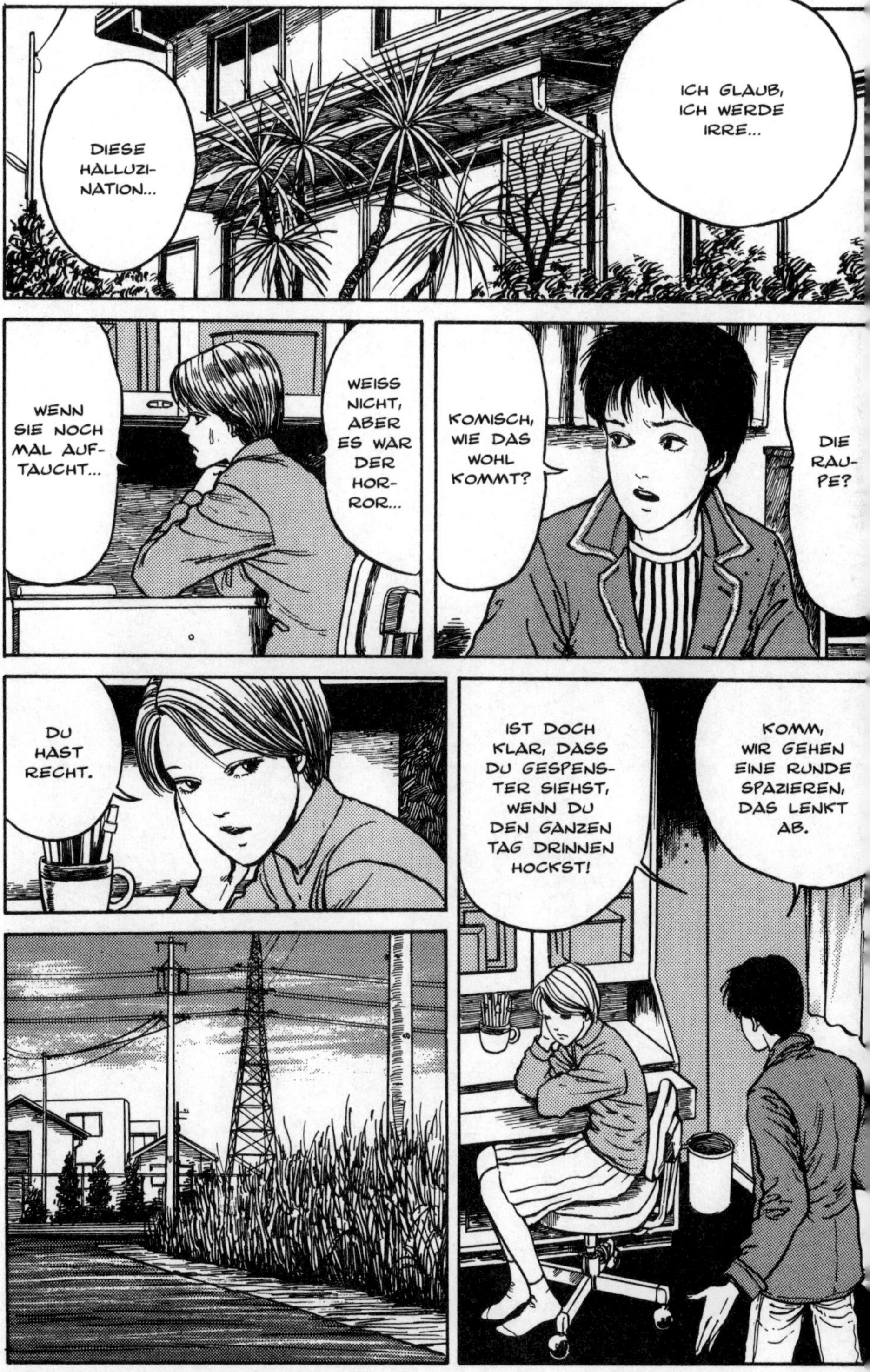
ICH GLAUB, ICH WERDE IRRE...
DIESE HALLUZINATION...
DIE RAUPE?
KOMISCH, WIE DAS WOHL KOMMT?
WEISS NICHT, ABER ES WAR DER HORROR...
WENN SIE NOCH MAL AUFTAUCHT...
KOMM, WIR GEHEN EINE RUNDE SPAZIEREN, DAS LENKT AB.
IST DOCH KLAR, DASS DU GESPENSTER SIEHST, WENN DU DEN GANZEN TAG DRINNEN HOCKST!
DU HAST RECHT.

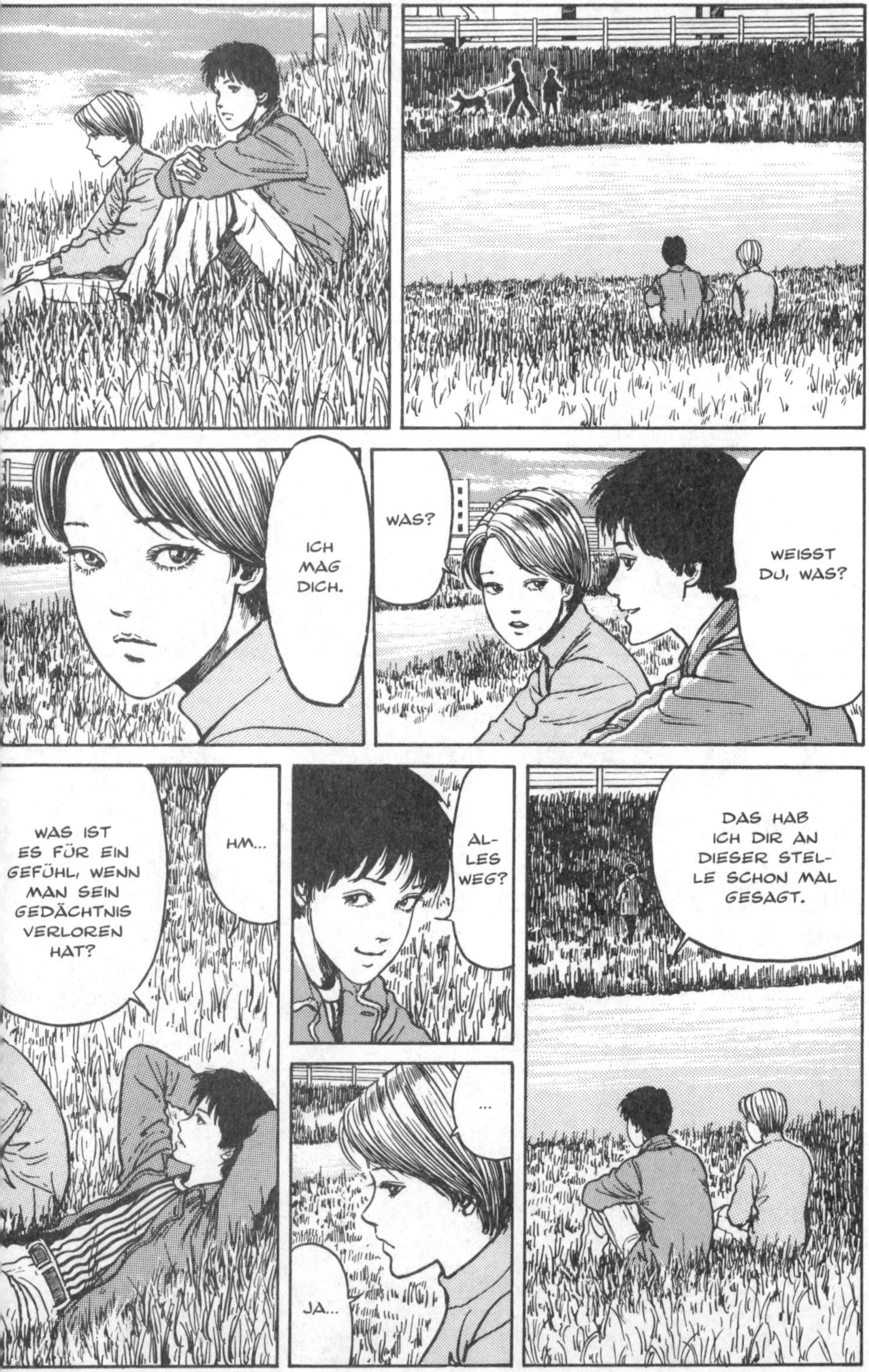
WEISST DU, WAS?
WAS?
ICH MAG DICH.
DAS HAB ICH DIR AN DIESER STEL-LE SCHON MAL GESAGT.
AL-LES WEG?
HM...
WAS IST ES FÜR EIN GEFÜHL, WENN MAN SEIN GEDÄCHTNIS VERLOREN HAT?
...
JA...

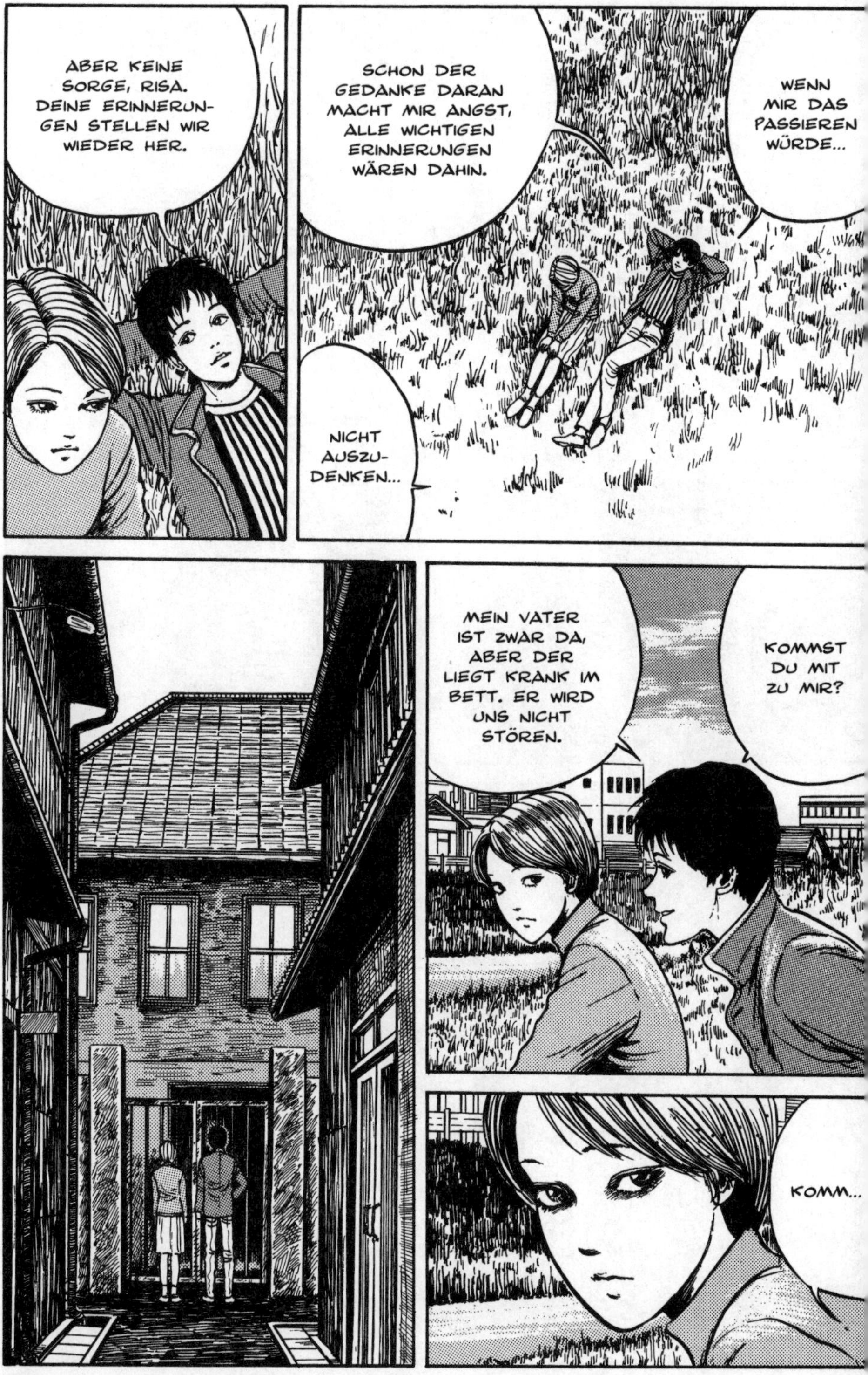
WENN MIR DAS PASSIEREN WÜRDE...
SCHON DER GEDANKE DARAN MACHT MIR ANGST, ALLE WICHTIGEN ERINNERUNGEN WÄREN DAHIN.
NICHT AUSZUDENKEN...
ABER KEINE SORGE, RISA. DEINE ERINNERUNGEN STELLEN WIR WIEDER HER.
KOMMST DU MIT ZU MIR?
MEIN VATER IST ZWAR DA, ABER DER LIEGT KRANK IM BETT. ER WIRD UNS NICHT STÖREN.
KOMM...

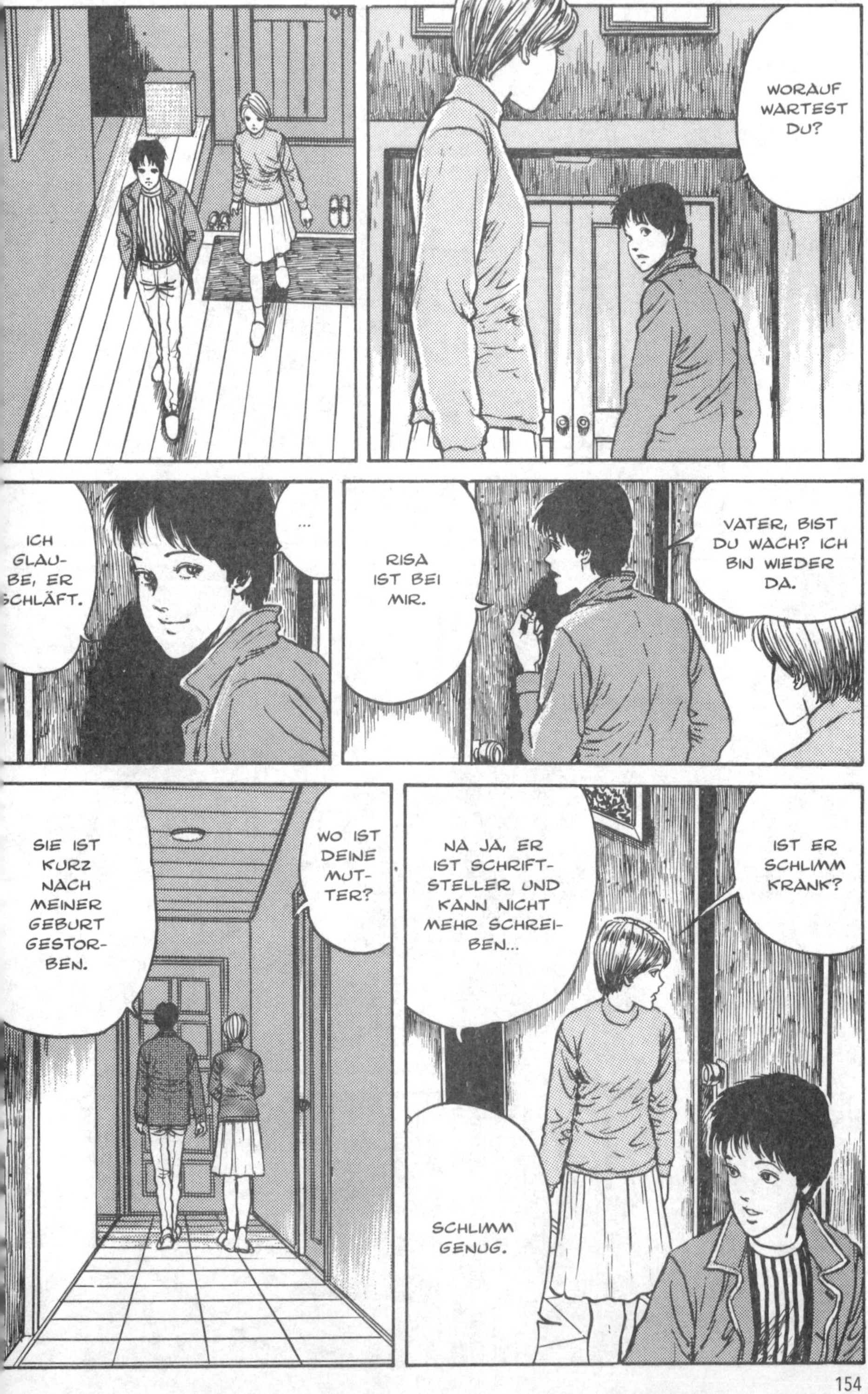
WORAUF WARTEST DU?
VATER, BIST DU WACH? ICH BIN WIEDER DA.
RISA IST BEI MIR.
...
ICH GLAU- BE, ER SCHLÄFT.
IST ER SCHLIMM KRANK?
NA JA, ER IST SCHRIFT- STELLER UND KANN NICHT MEHR SCHREI- BEN...
SCHLIMM GENUG.
WO IST DEINE MUT- TER?
SIE IST KURZ NACH MEINER GEBURT GESTOR- BEN.

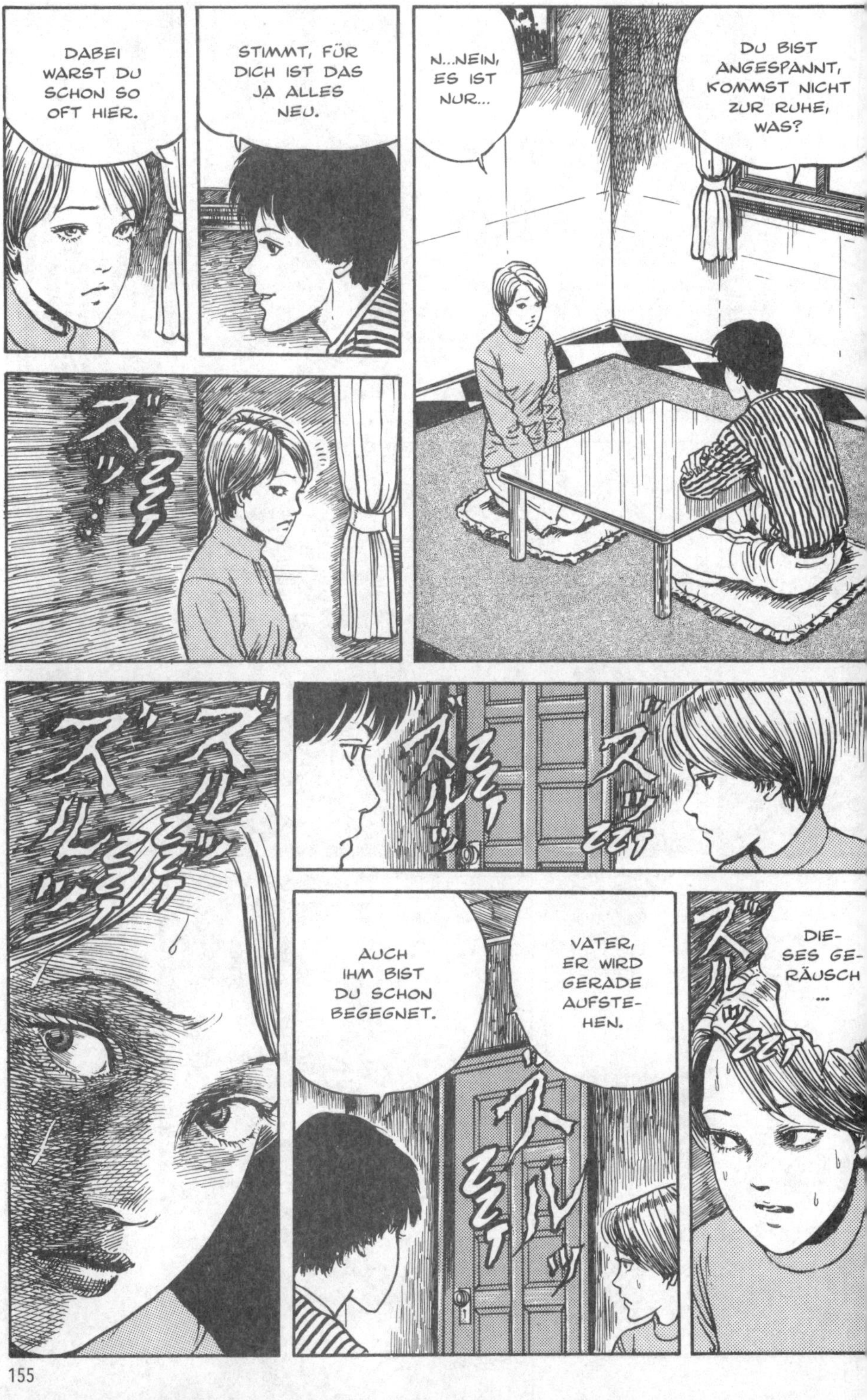
DU BIST ANGESPANNT, KOMMST NICHT ZUR RUHE, WAS?
N...NEIN, ES IST NUR...
STIMMT, FÜR DICH IST DAS JA ALLES NEU.
DABEI WARST DU SCHON SO OFT HIER.
DIE-SES GE-RÄUSCH ...
VATER, ER WIRD GERADE AUFSTE-HEN.
AUCH IHM BIST DU SCHON BEGEGNET.

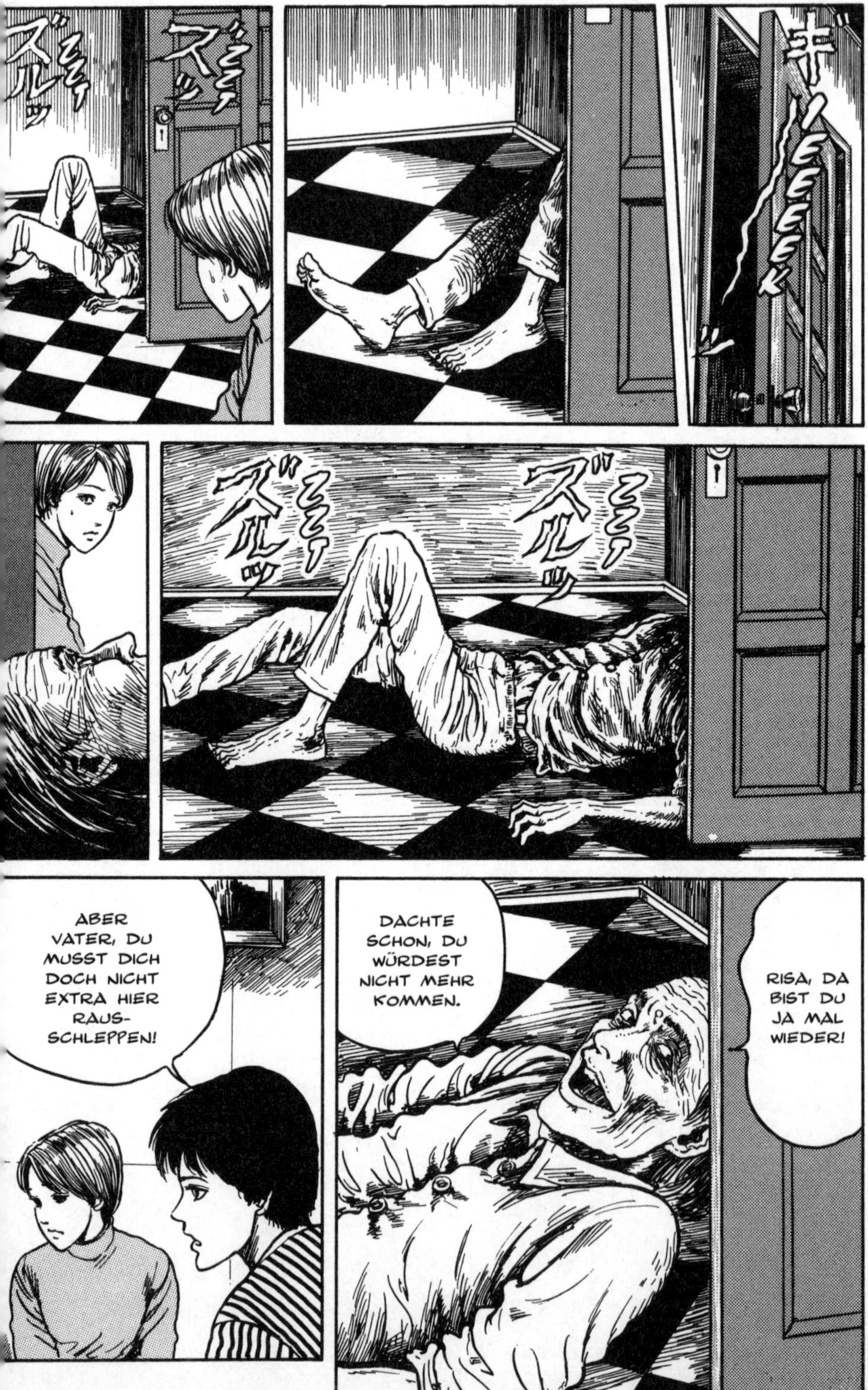
RISA, DA BIST DU JA MAL WIEDER!
DACHTE SCHON, DU WÜRDEST NICHT MEHR KOMMEN.
ABER VATER, DU MUSST DICH DOCH NICHT EXTRA HIER RAUS-SCHLEPPEN!

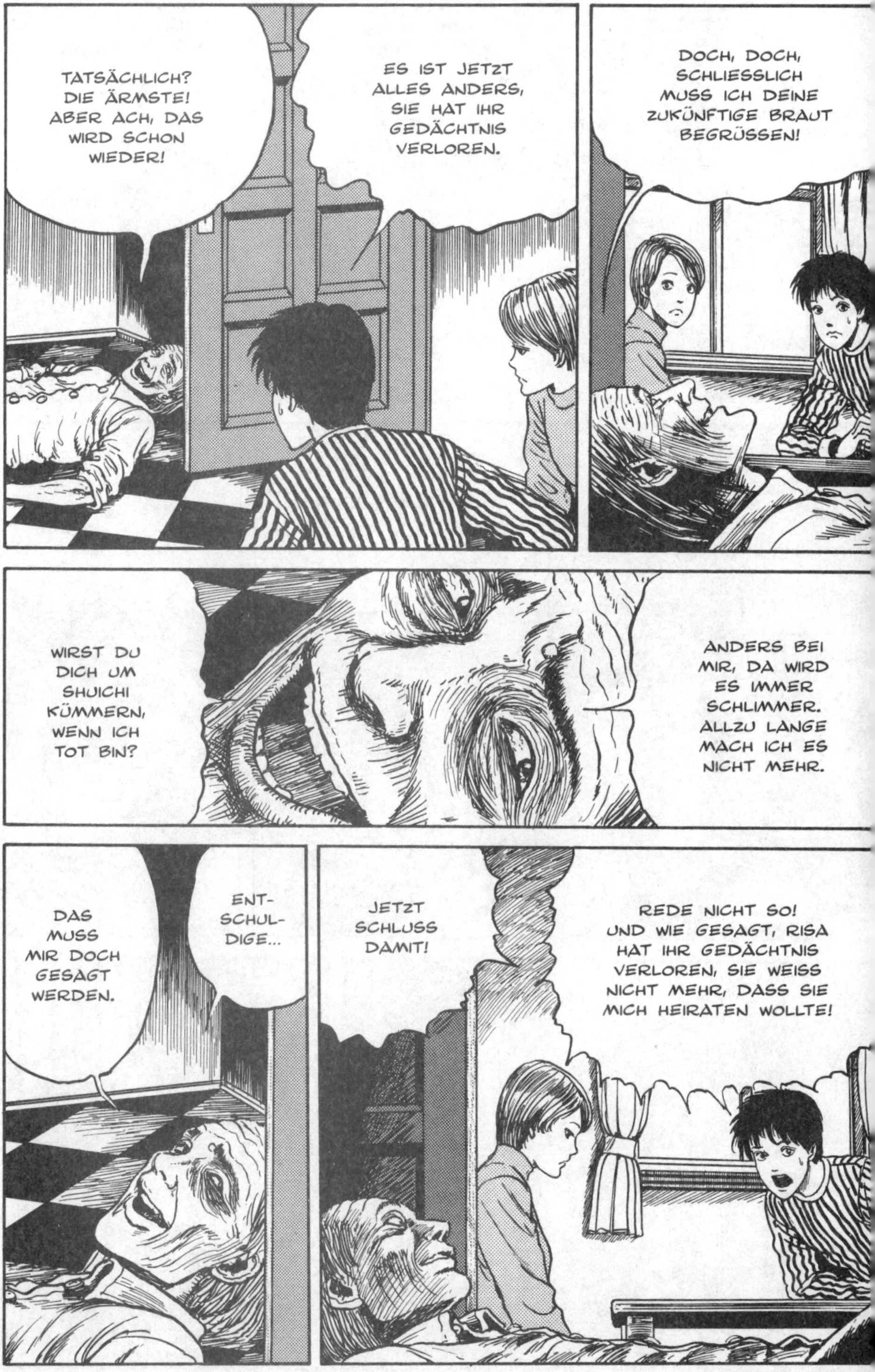

DOCH, DOCH, SCHLIESSLICH MUSS ICH DEINE ZUKÜNFTIGE BRAUT BEGRÜSSEN!
ES IST JETZT ALLES ANDERS, SIE HAT IHR GEDÄCHTNIS VERLOREN.
TATSÄCHLICH? DIE ÄRMSTE! ABER ACH, DAS WIRD SCHON WIEDER!
ANDERS BEI MIR, DA WIRD ES IMMER SCHLIMMER. ALLZU LANGE MACH ICH ES NICHT MEHR.
WIRST DU DICH UM SHUICHI KÜMMERN, WENN ICH TOT BIN?
REDE NICHT SO! UND WIE GESAGT, RISA HAT IHR GEDÄCHTNIS VERLOREN, SIE WEISS NICHT MEHR, DASS SIE MICH HEIRATEN WOLLTE!
JETZT SCHLUSS DAMIT!
ENT-SCHUL-DIGE...
DAS MUSS MIR DOCH GESAGT WERDEN.

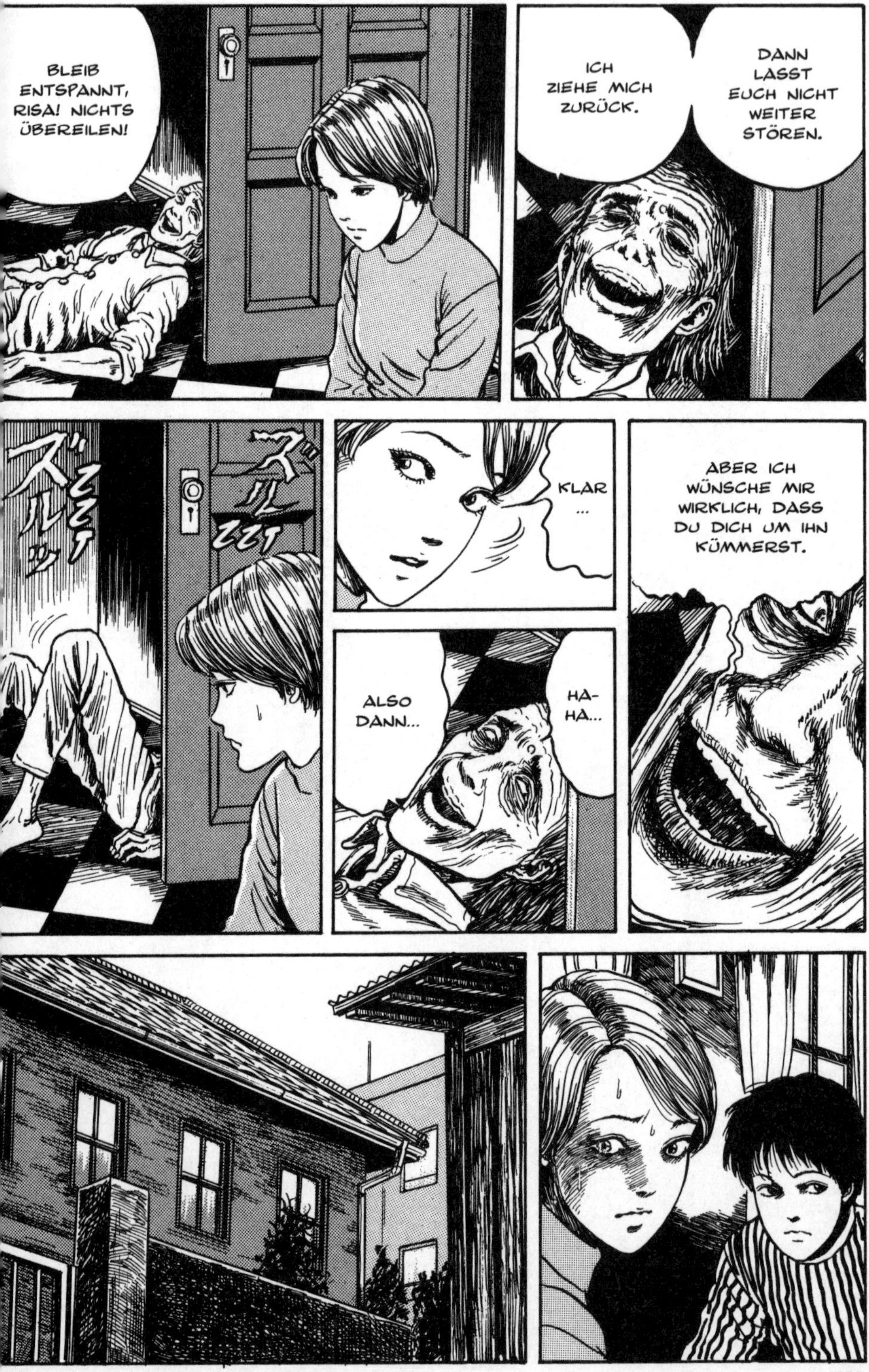
DANN LASST EUCH NICHT WEITER STÖREN.
ICH ZIEHE MICH ZURÜCK.
BLEIB ENTSPANNT, RISA! NICHTS ÜBEREILEN!
ABER ICH WÜNSCHE MIR WIRKLICH, DASS DU DICH UM IHN KÜMMERST.
KLAR ...
HA-HA...
ALSO DANN...
ズル
ZZZT
ズルッ
ZZZT

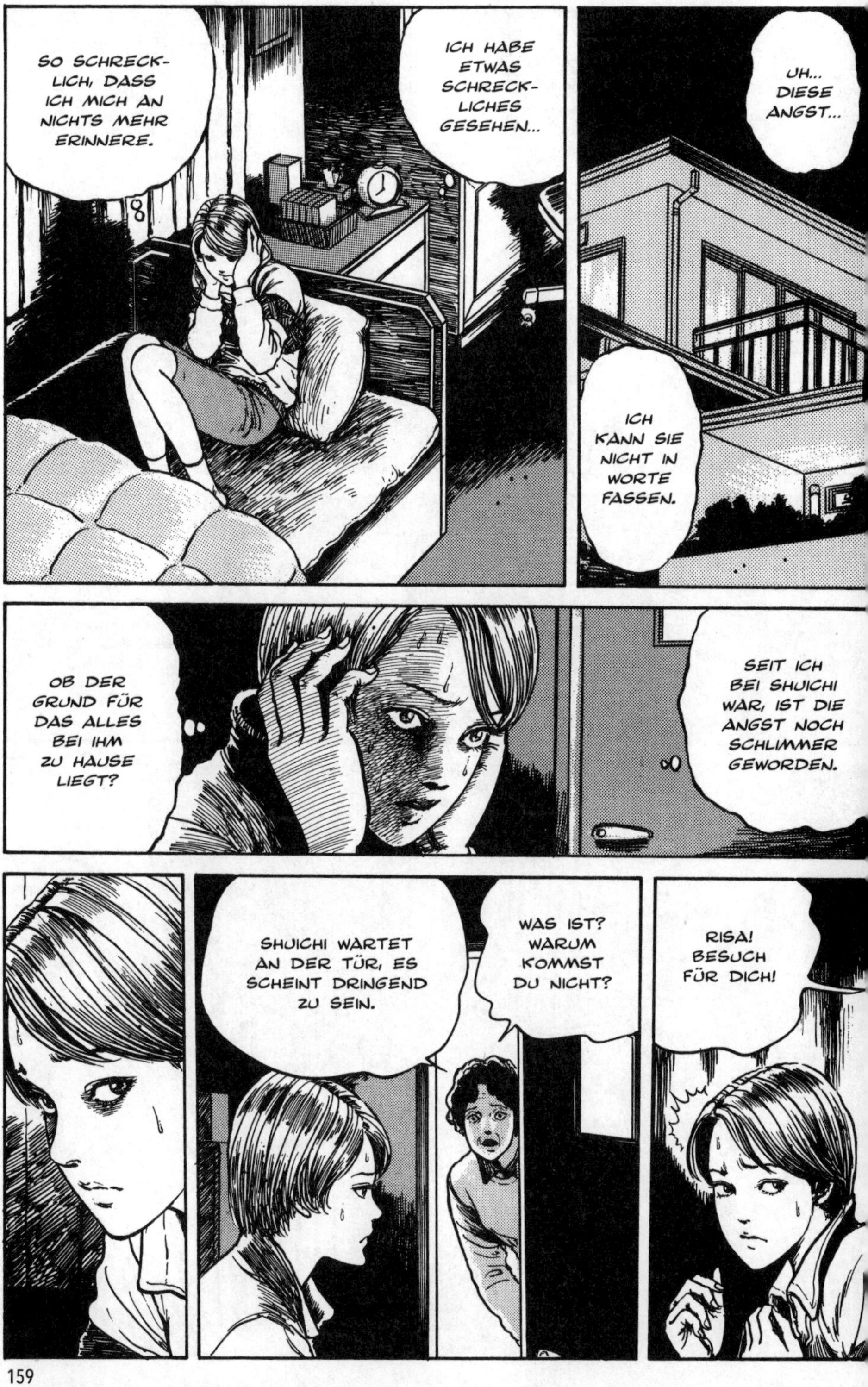
UH... DIESE ANGST...
ICH KANN SIE NICHT IN WORTE FASSEN.
ICH HABE ETWAS SCHRECK-LICHES GESEHEN...
SO SCHRECK-LICH, DASS ICH MICH AN NICHTS MEHR ERINNERE.
SEIT ICH BEI SHUICHI WAR, IST DIE ANGST NOCH SCHLIMMER GEWORDEN.
OB DER GRUND FÜR DAS ALLES BEI IHM ZU HAUSE LIEGT?
RISA! BESUCH FÜR DICH!
WAS IST? WARUM KOMMST DU NICHT?
SHUICHI WARTET AN DER TÜR, ES SCHEINT DRINGEND ZU SEIN.

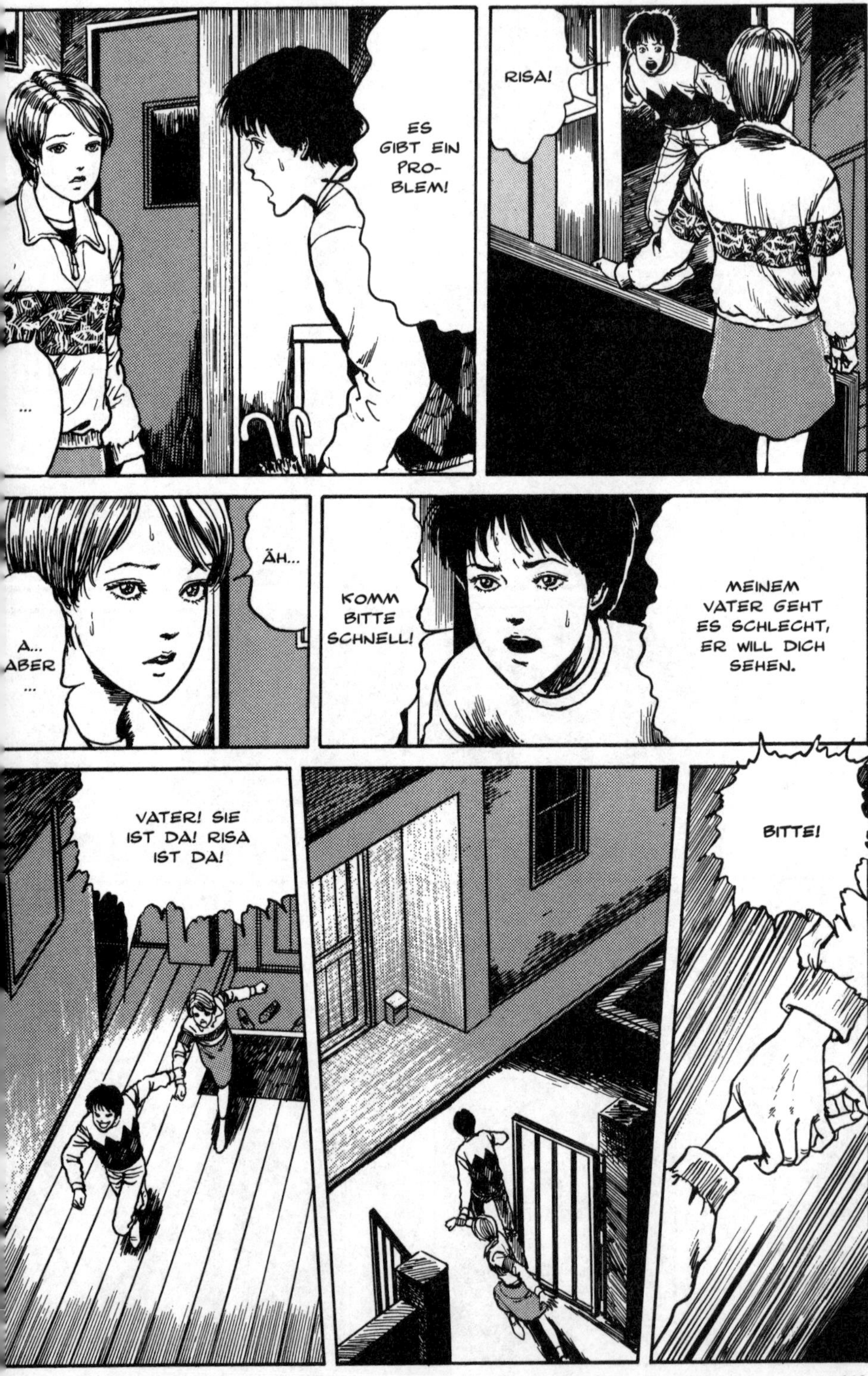
RISA!
ES GIBT EIN PRO-BLEM!
...
MEINEM VATER GEHT ES SCHLECHT, ER WILL DICH SEHEN.
KOMM BITTE SCHNELL!
ÄH...
A... ABER ...
BITTE!
VATER! SIE IST DA! RISA IST DA!

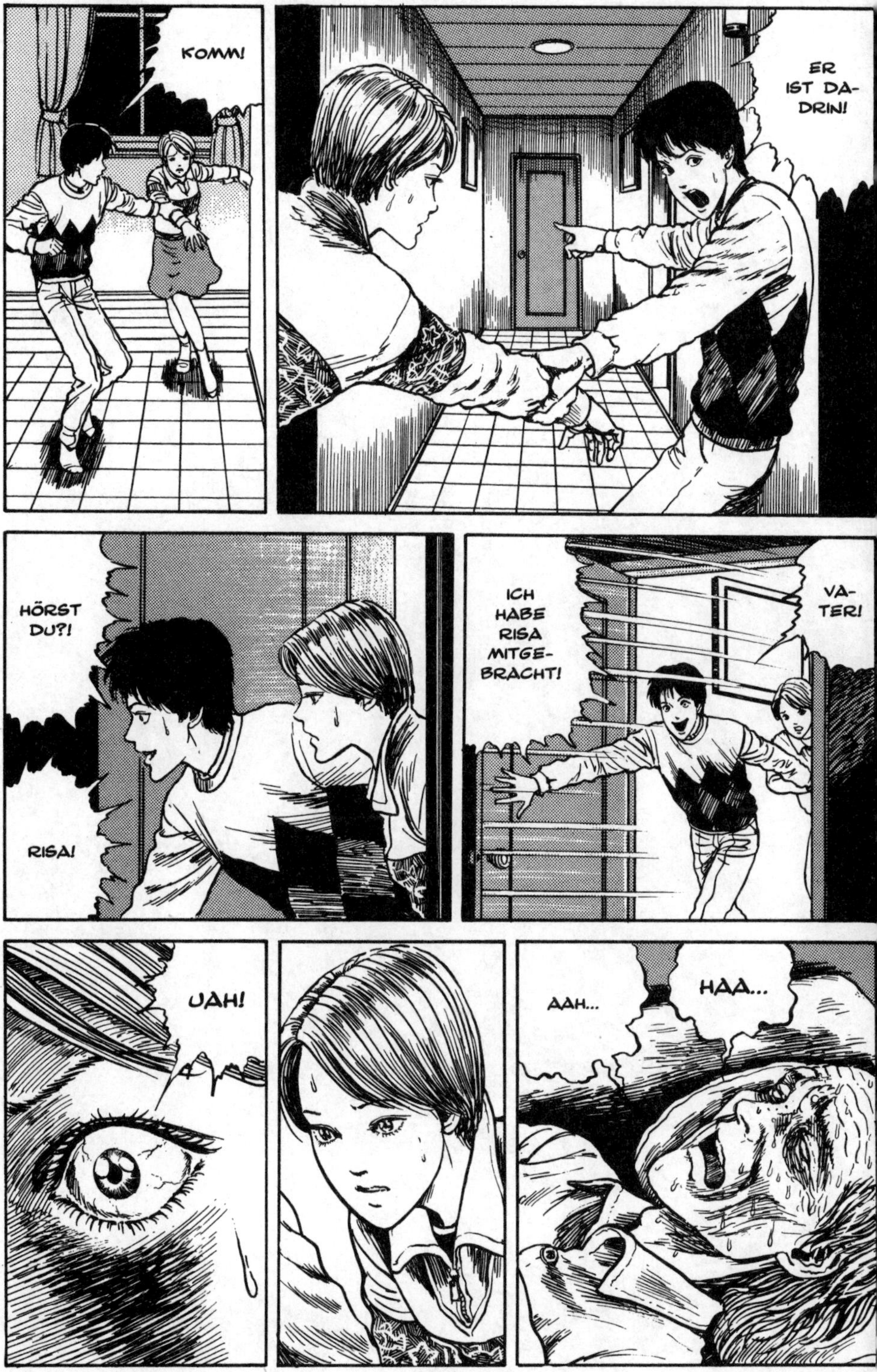
KOMM!
ER IST DADRIN!
HÖRST DU?!
RISA!
VATER!
ICH HABE RISA MITGEBRACHT!
UAH!
AAH...
HAA...

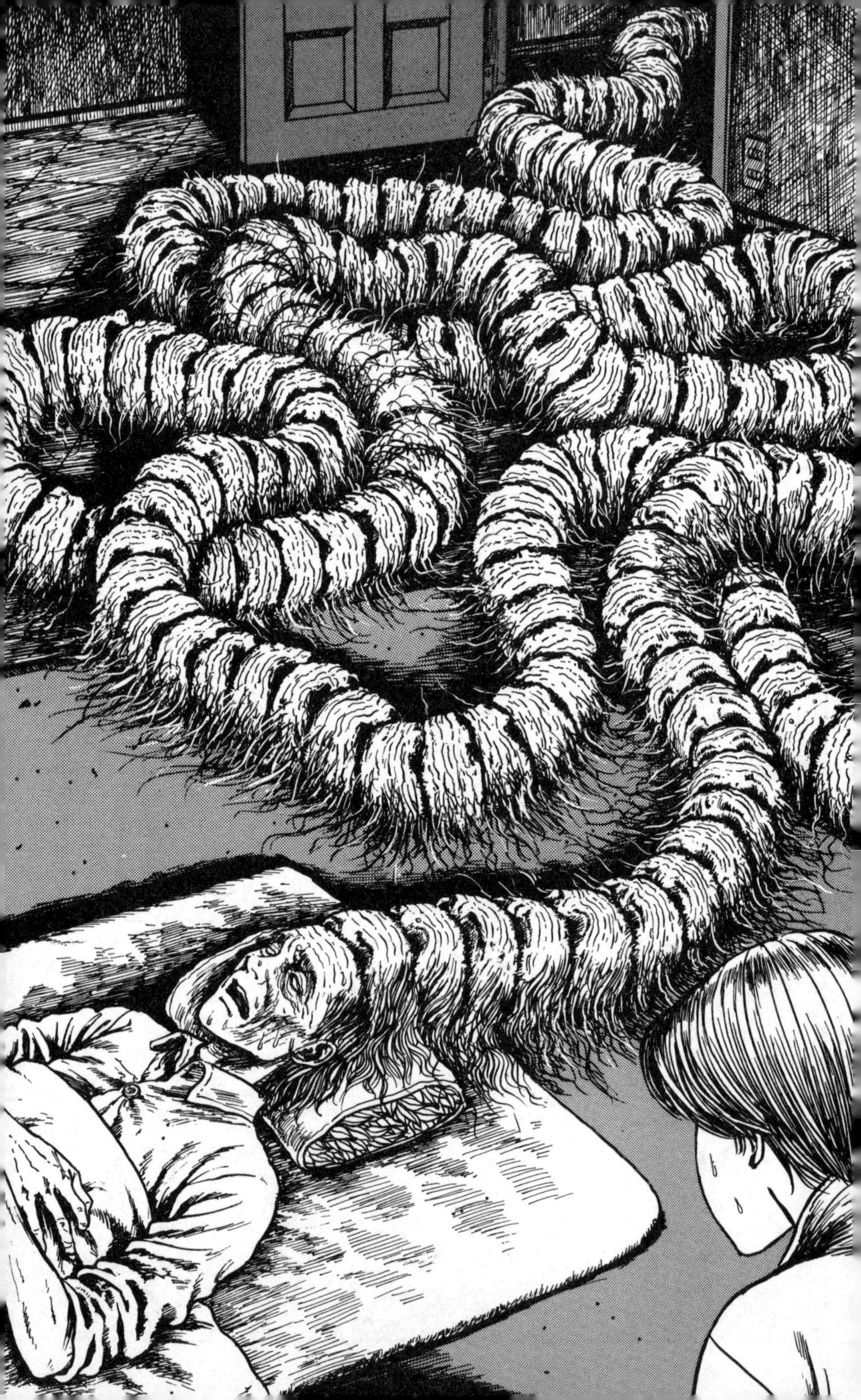

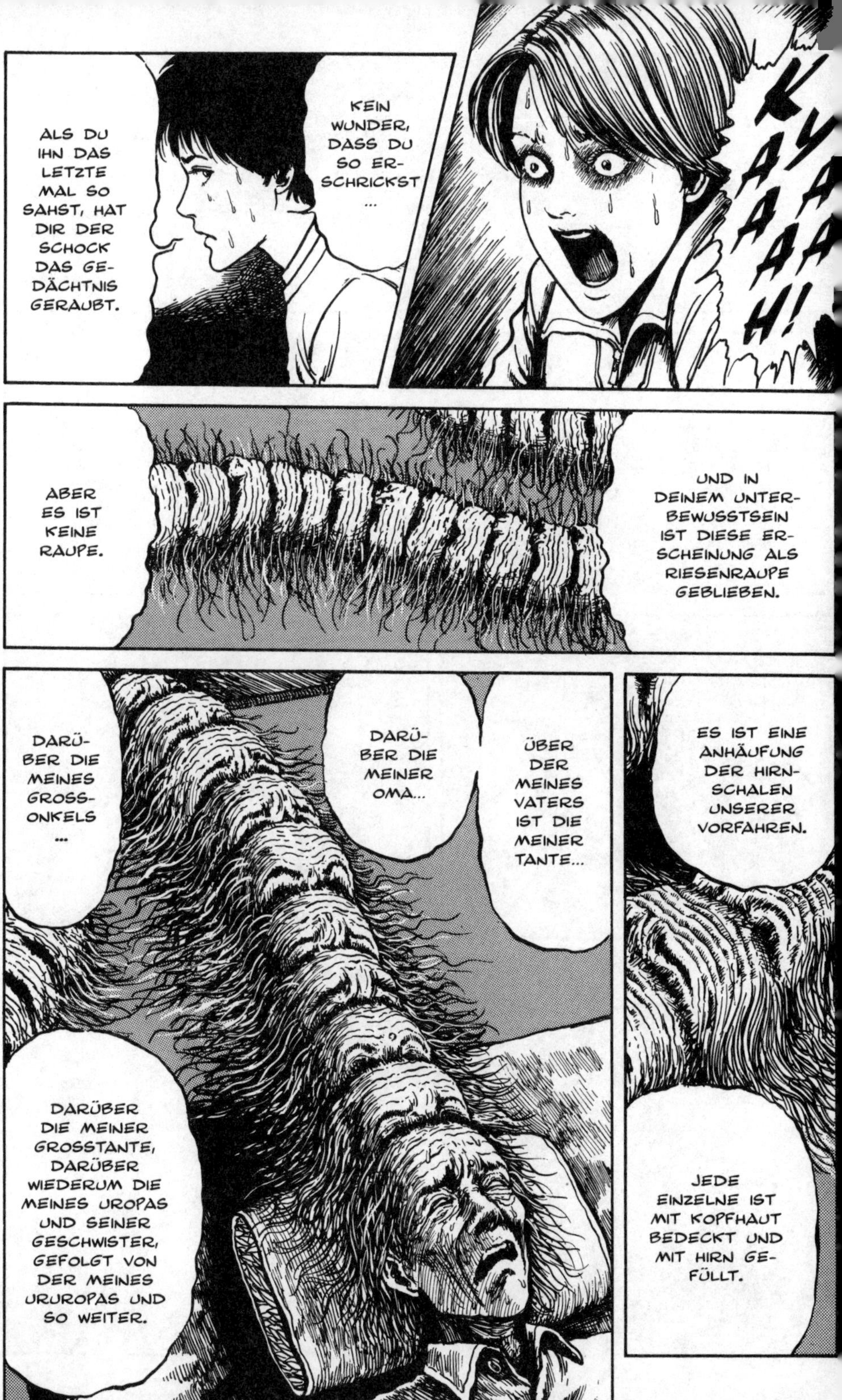
KYAAAAAH!
KEIN WUNDER, DASS DU SO ERSCHRICKST ...
ALS DU IHN DAS LETZTE MAL SO SAHST, HAT DIR DER SCHOCK DAS GEDÄCHTNIS GERAUBT.
UND IN DEINEM UNTERBEWUSSTSEIN IST DIESE ERSCHEINUNG ALS RIESENRAUPE GEBLIEBEN.
ABER ES IST KEINE RAUPE.
ES IST EINE ANHÄUFUNG DER HIRNSCHALEN UNSERER VORFAHREN.
ÜBER DER MEINES VATERS IST DIE MEINER TANTE...
DARÜBER DIE MEINER OMA...
DARÜBER DIE MEINES GROSSONKELS ...
JEDE EINZELNE IST MIT KOPFHAUT BEDECKT UND MIT HIRN GEFÜLLT.
DARÜBER DIE MEINER GROSSTANTE, DARÜBER WIEDERUM DIE MEINES UROPAS UND SEINER GESCHWISTER, GEFOLGT VON DER MEINES URUROPAS UND SO WEITER.

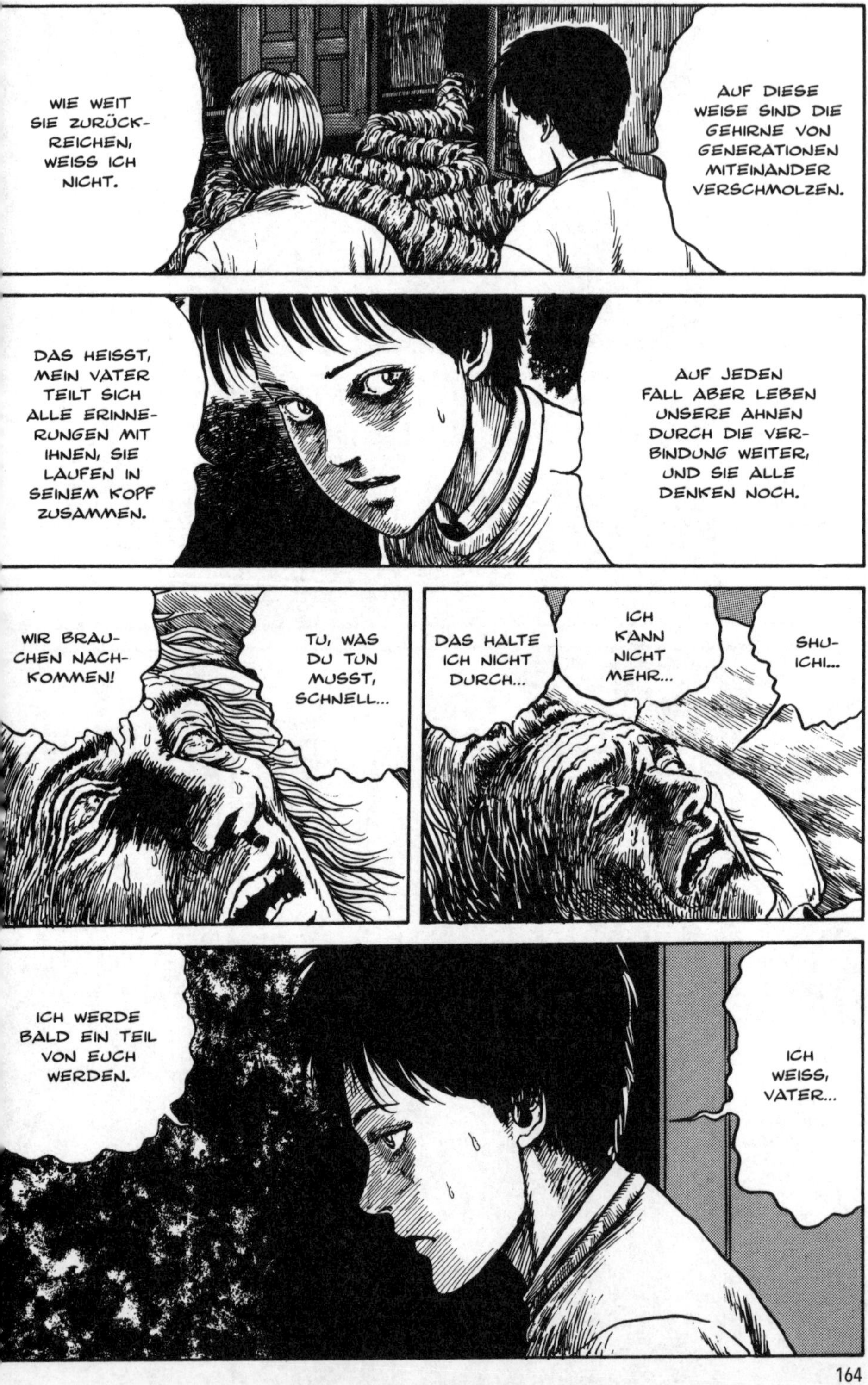
AUF DIESE WEISE SIND DIE GEHIRNE VON GENERATIONEN MITEINANDER VERSCHMOLZEN.
WIE WEIT SIE ZURÜCK-REICHEN, WEISS ICH NICHT.
AUF JEDEN FALL ABER LEBEN UNSERE AHNEN DURCH DIE VER-BINDUNG WEITER, UND SIE ALLE DENKEN NOCH.
DAS HEISST, MEIN VATER TEILT SICH ALLE ERINNE-RUNGEN MIT IHNEN, SIE LAUFEN IN SEINEM KOPF ZUSAMMEN.
SHU-ICHI...
ICH KANN NICHT MEHR...
DAS HALTE ICH NICHT DURCH...
TU, WAS DU TUN MUSST, SCHNELL...
WIR BRAU-CHEN NACH-KOMMEN!
ICH WEISS, VATER...
ICH WERDE BALD EIN TEIL VON EUCH WERDEN.

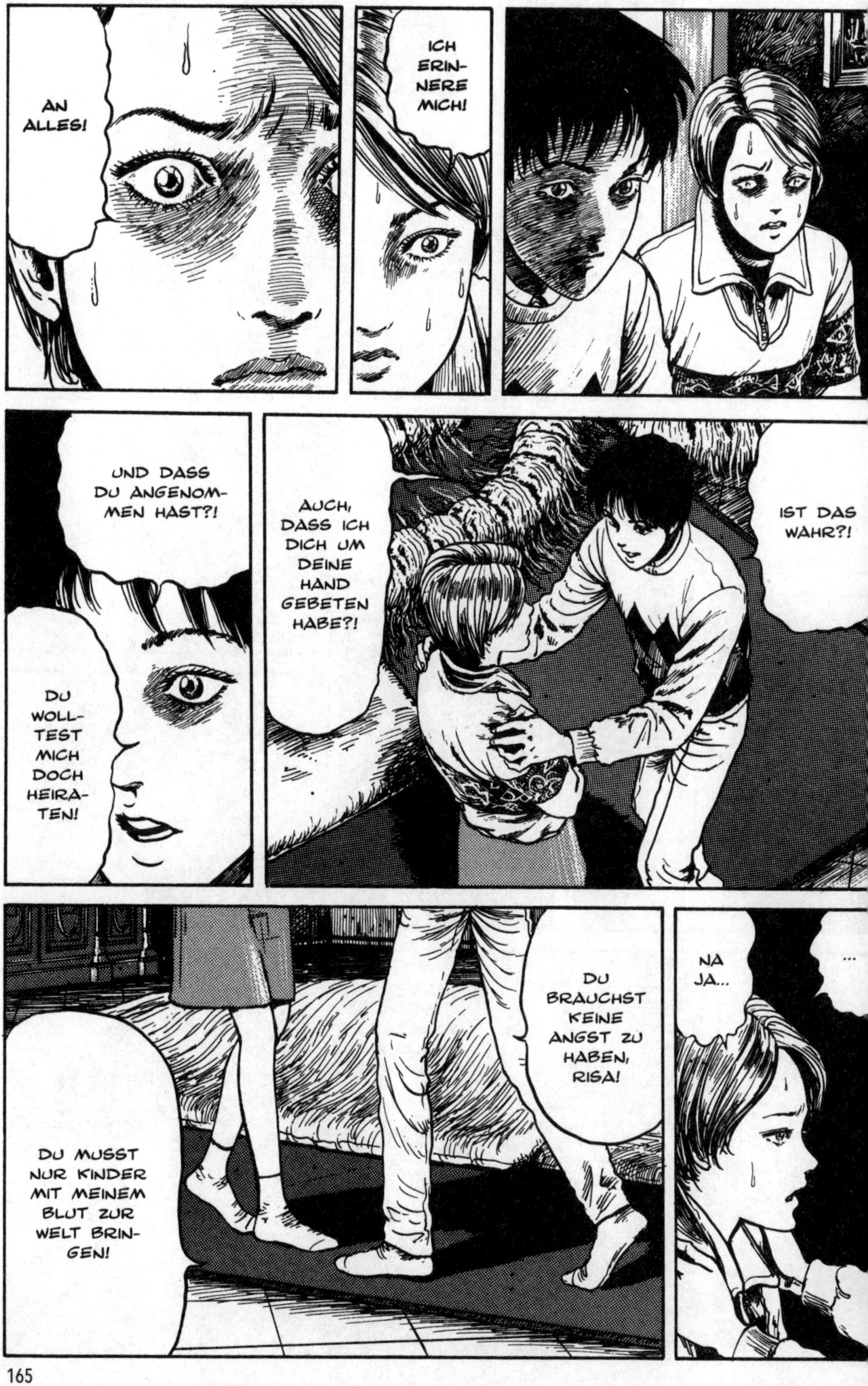
ICH ERINNERE MICH!
AN ALLES!
IST DAS WAHR?!
AUCH, DASS ICH DICH UM DEINE HAND GEBETEN HABE?!
UND DASS DU ANGENOMMEN HAST?!
DU WOLLTEST MICH DOCH HEIRATEN!
...
NA JA...
DU BRAUCHST KEINE ANGST ZU HABEN, RISA!
DU MUSST NUR KINDER MIT MEINEM BLUT ZUR WELT BRINGEN!

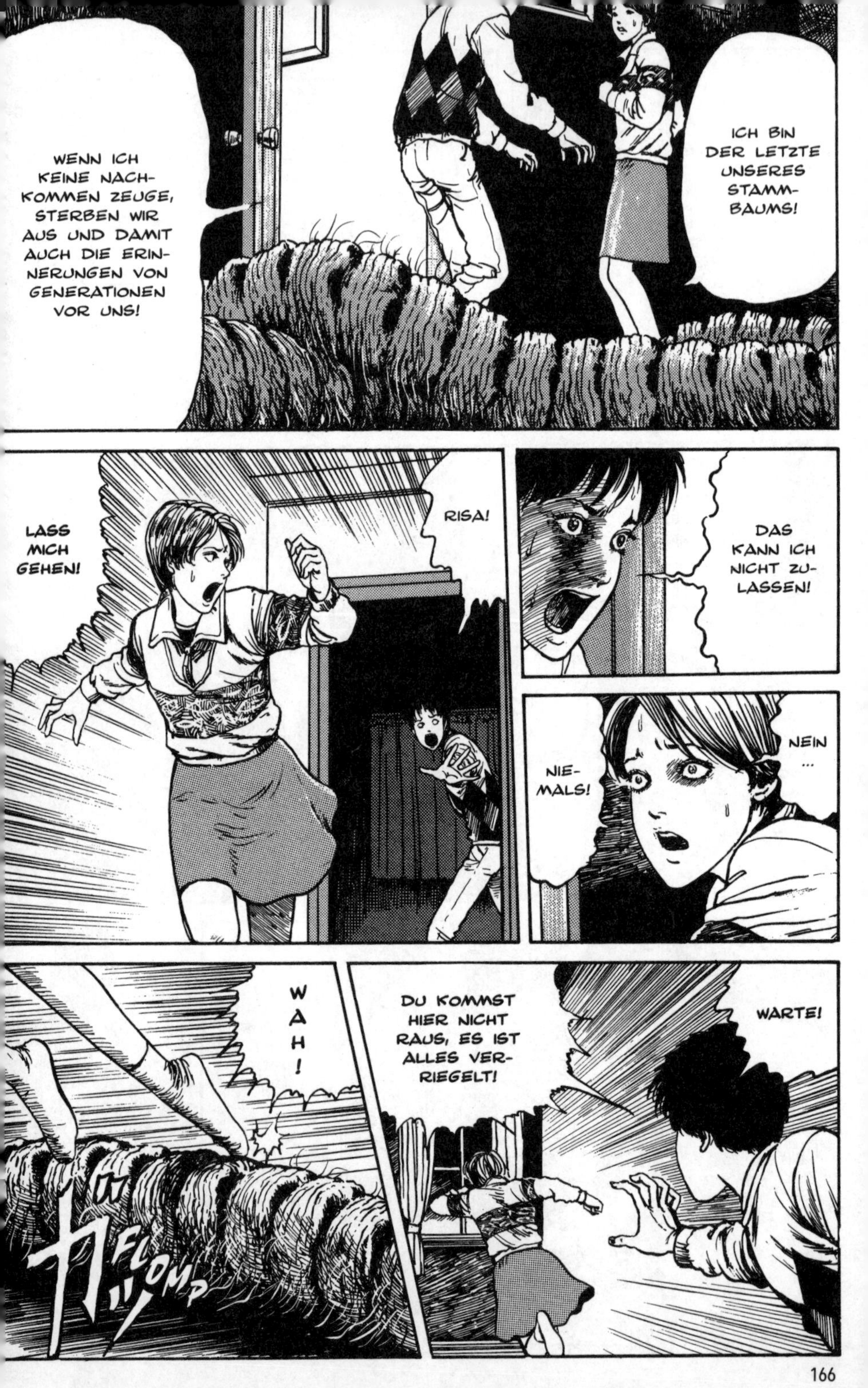
ICH BIN DER LETZTE UNSERES STAMMBAUMS!
WENN ICH KEINE NACHKOMMEN ZEUGE, STERBEN WIR AUS UND DAMIT AUCH DIE ERINNERUNGEN VON GENERATIONEN VOR UNS!
DAS KANN ICH NICHT ZULASSEN!
NEIN ...
NIEMALS!
RISA!
LASS MICH GEHEN!
WARTE!
DU KOMMST HIER NICHT RAUS, ES IST ALLES VERRIEGELT!
WAH!
FLOMP

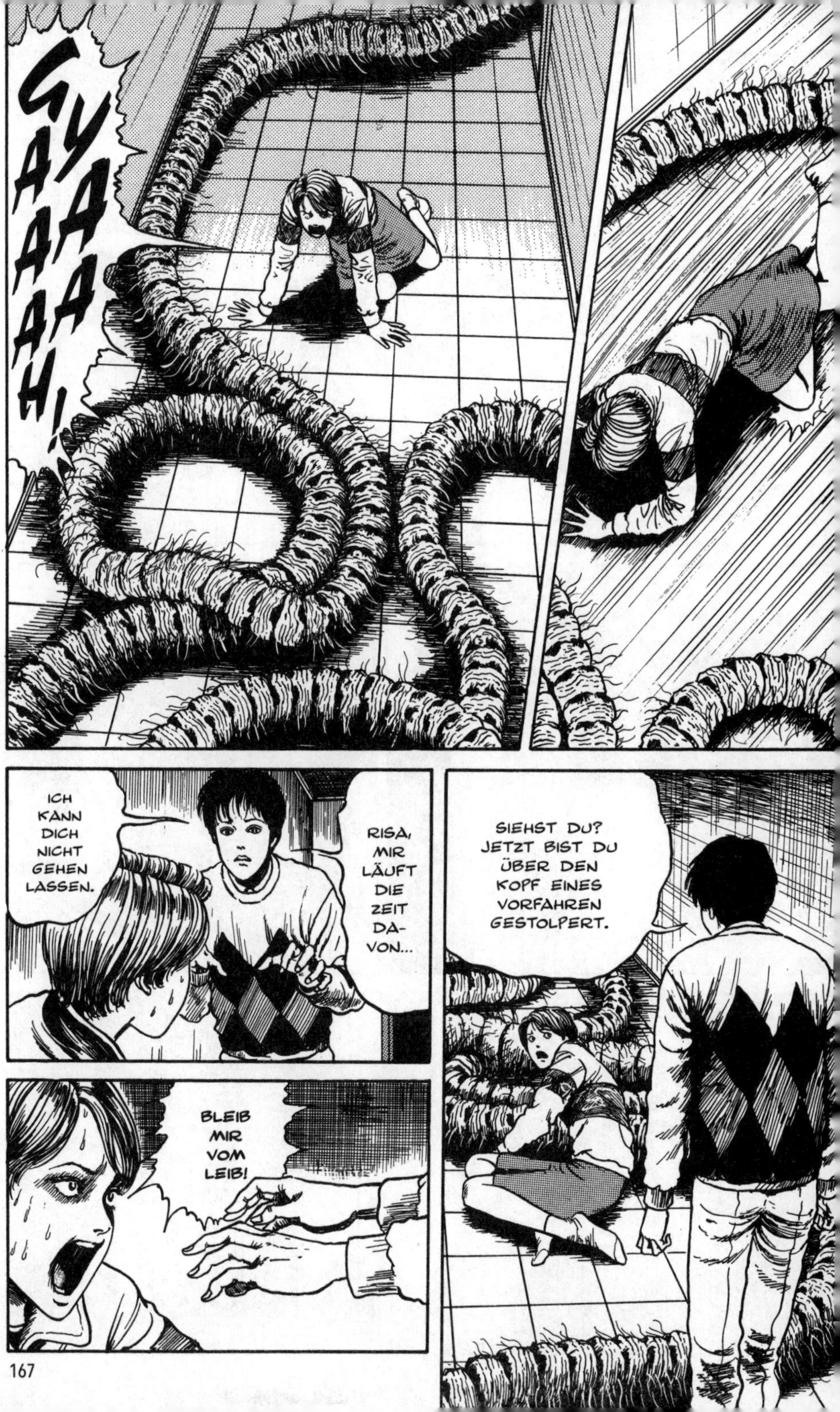
GYAAAAAAH!
SIEHST DU? JETZT BIST DU ÜBER DEN KOPF EINES VORFAHREN GESTOLPERT.
RISA, MIR LÄUFT DIE ZEIT DA-VON...
ICH KANN DICH NICHT GEHEN LASSEN.
BLEIB MIR VOM LEIB!

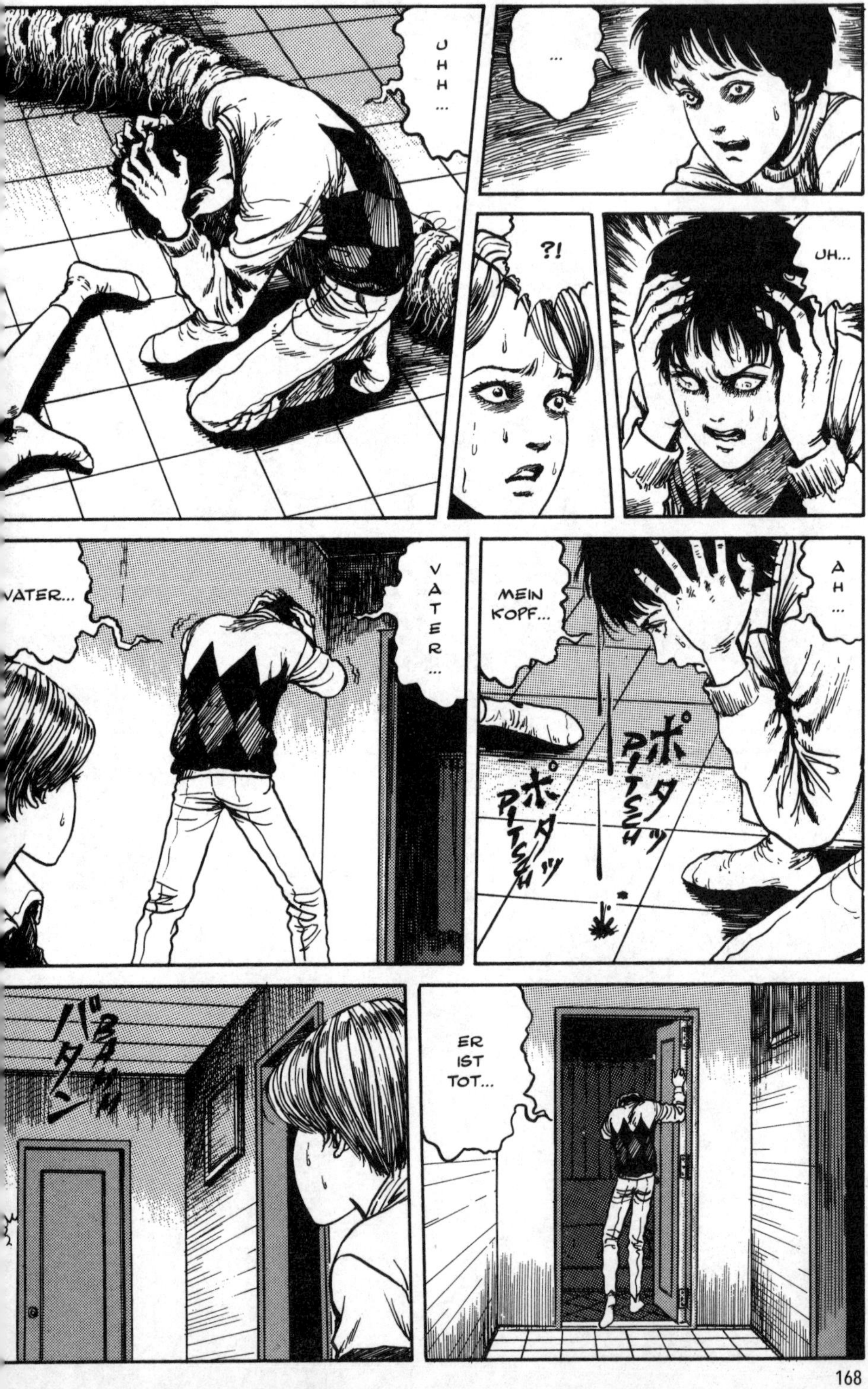
...
UH...
?!
UHH...
AH...
MEIN KOPF...
ポタッ
PITSCH
ポタッ
PITSCH
VATER...
VATER...
ER IST TOT...
バタン

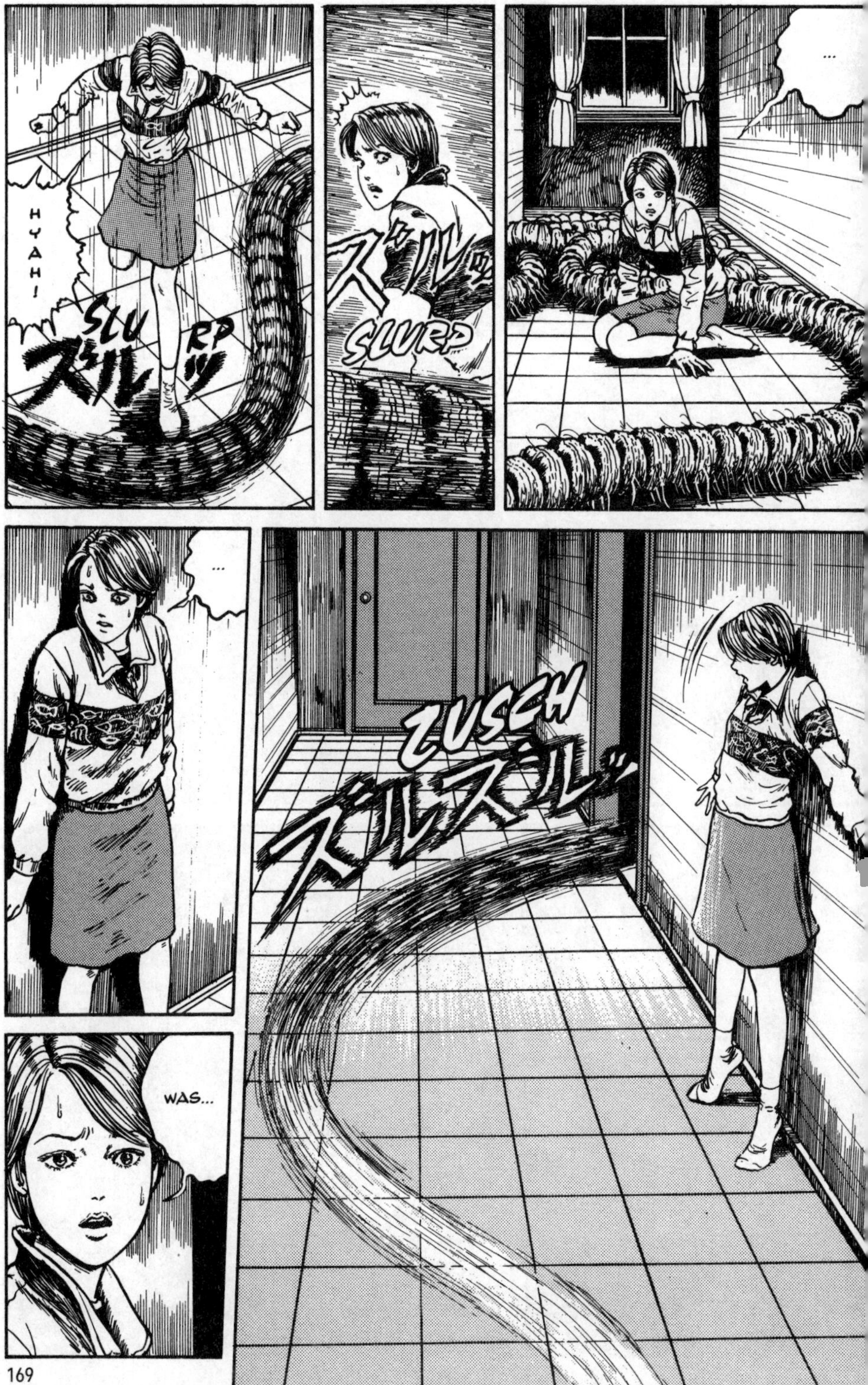
...
SLURP
HYAH!
SLURP
ZUSCH
...
WAS...

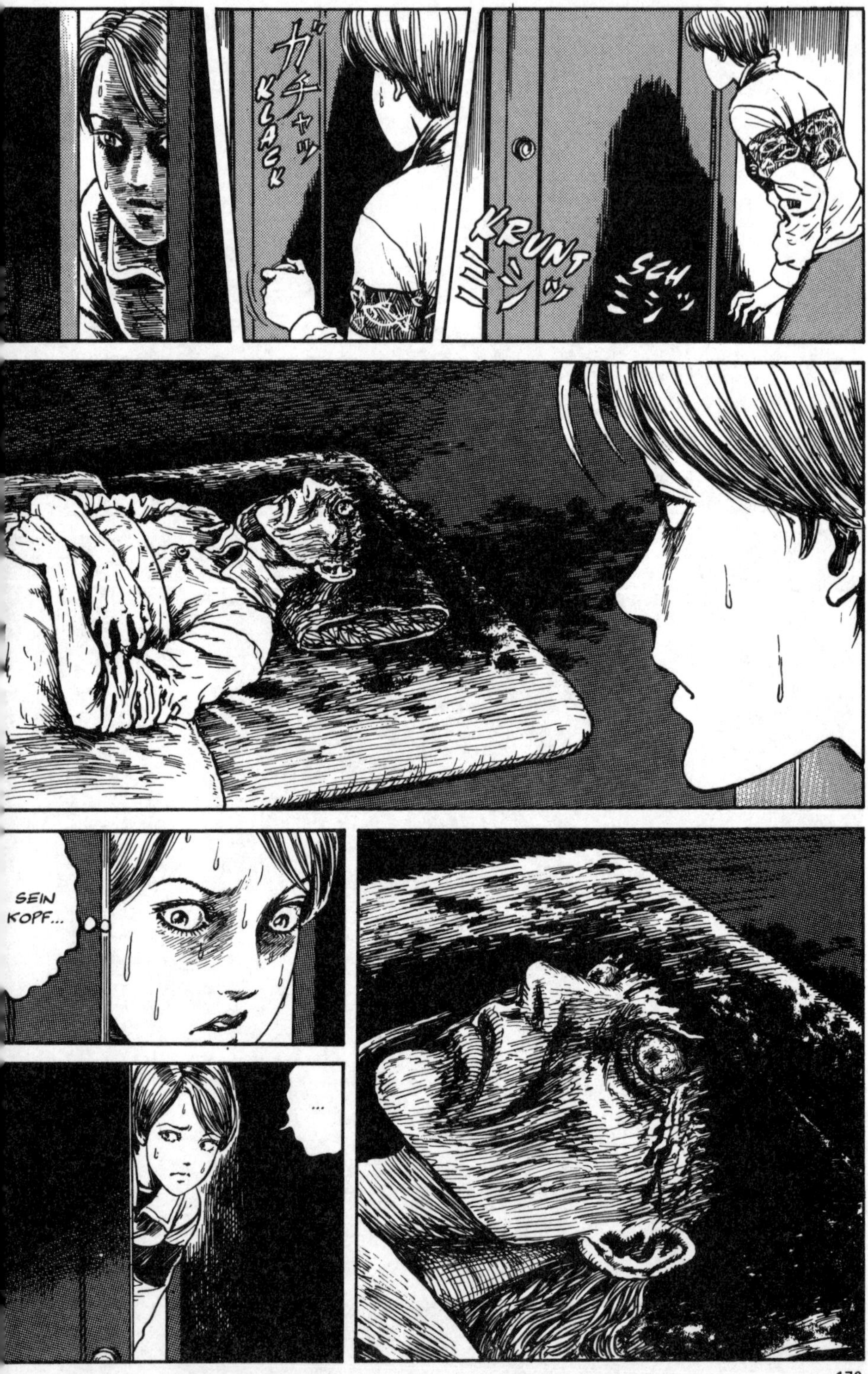
ガチャッ
KLACK
KRUNT
ミシッ
SCH
ミシッ
SEIN KOPF...
...

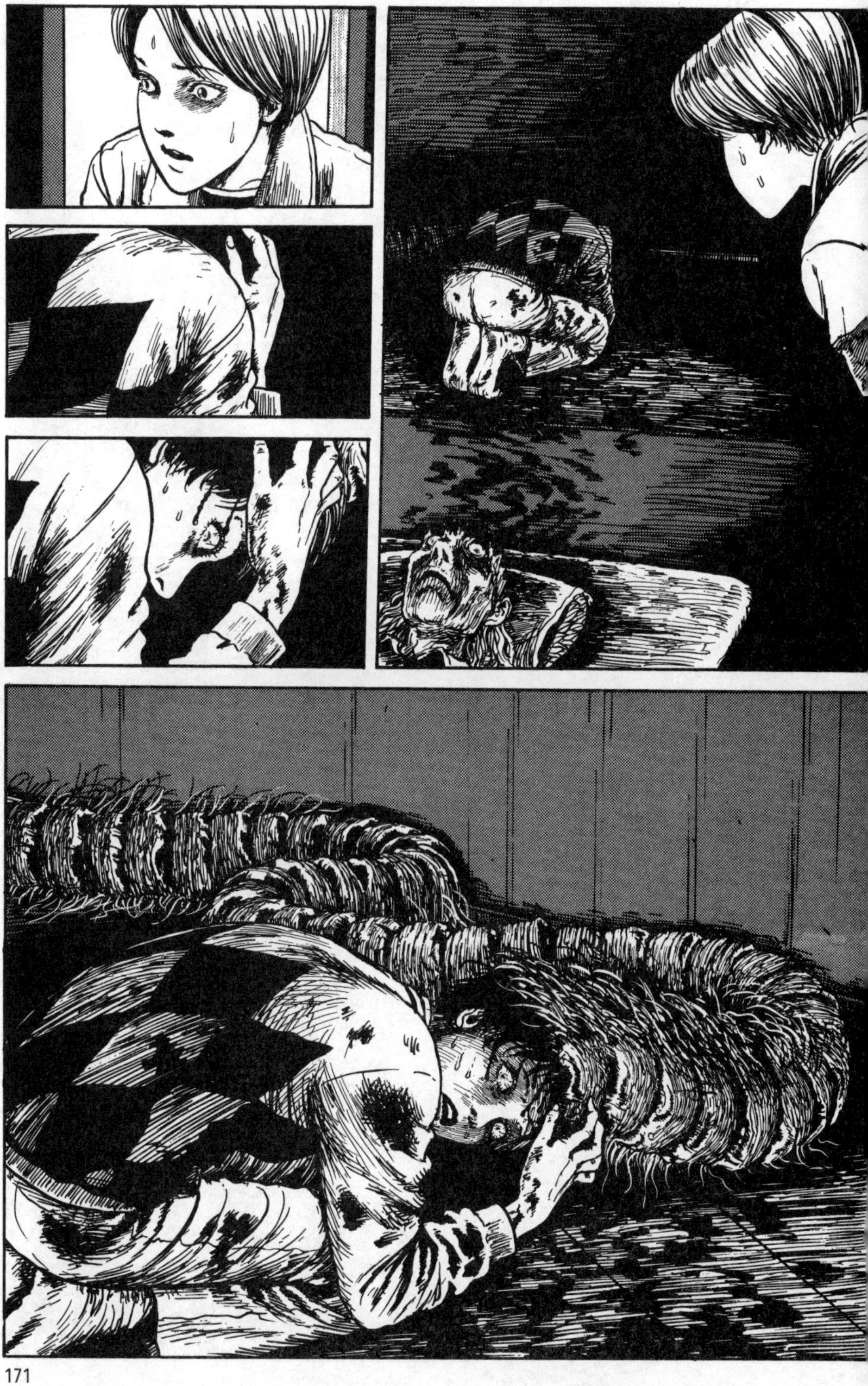

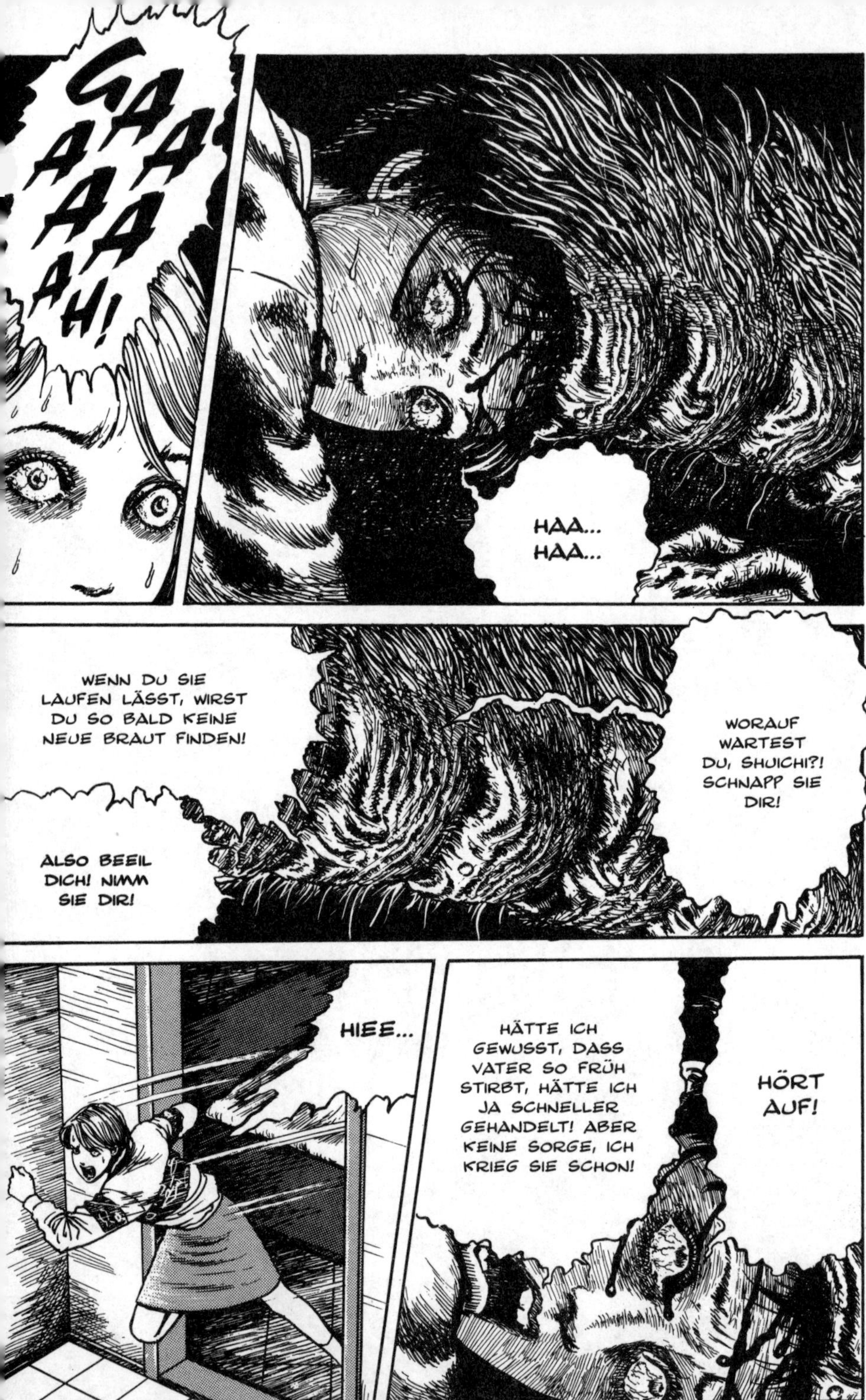

HAA... HAA...
GAAAAAAAH!
WORAUF WARTEST DU, SHUICHI?! SCHNAPP SIE DIR!
WENN DU SIE LAUFEN LÄSST, WIRST DU SO BALD KEINE NEUE BRAUT FINDEN!
ALSO BEEIL DICH! NIMM SIE DIR!
HÖRT AUF!
HÄTTE ICH GEWUSST, DASS VATER SO FRÜH STIRBT, HÄTTE ICH JA SCHNELLER GEHANDELT! ABER KEINE SORGE, ICH KRIEG SIE SCHON!
HIEE...

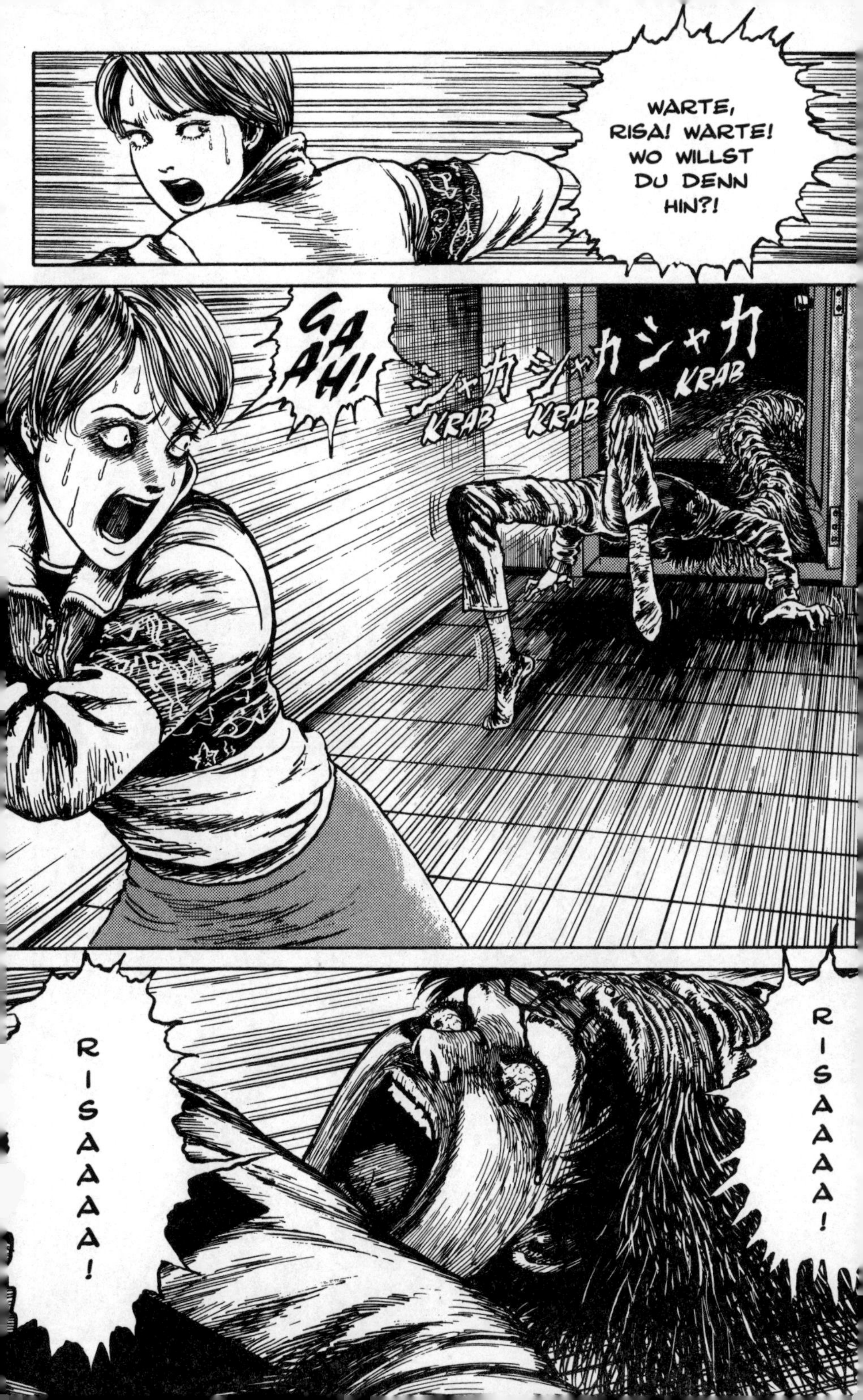
WARTE, RISA! WARTE! WO WILLST DU DENN HIN?!
GAAH!
シャカシャカシャカ
KRAB KRAB KRAB
RISAAAAA!
RISAAAAA!

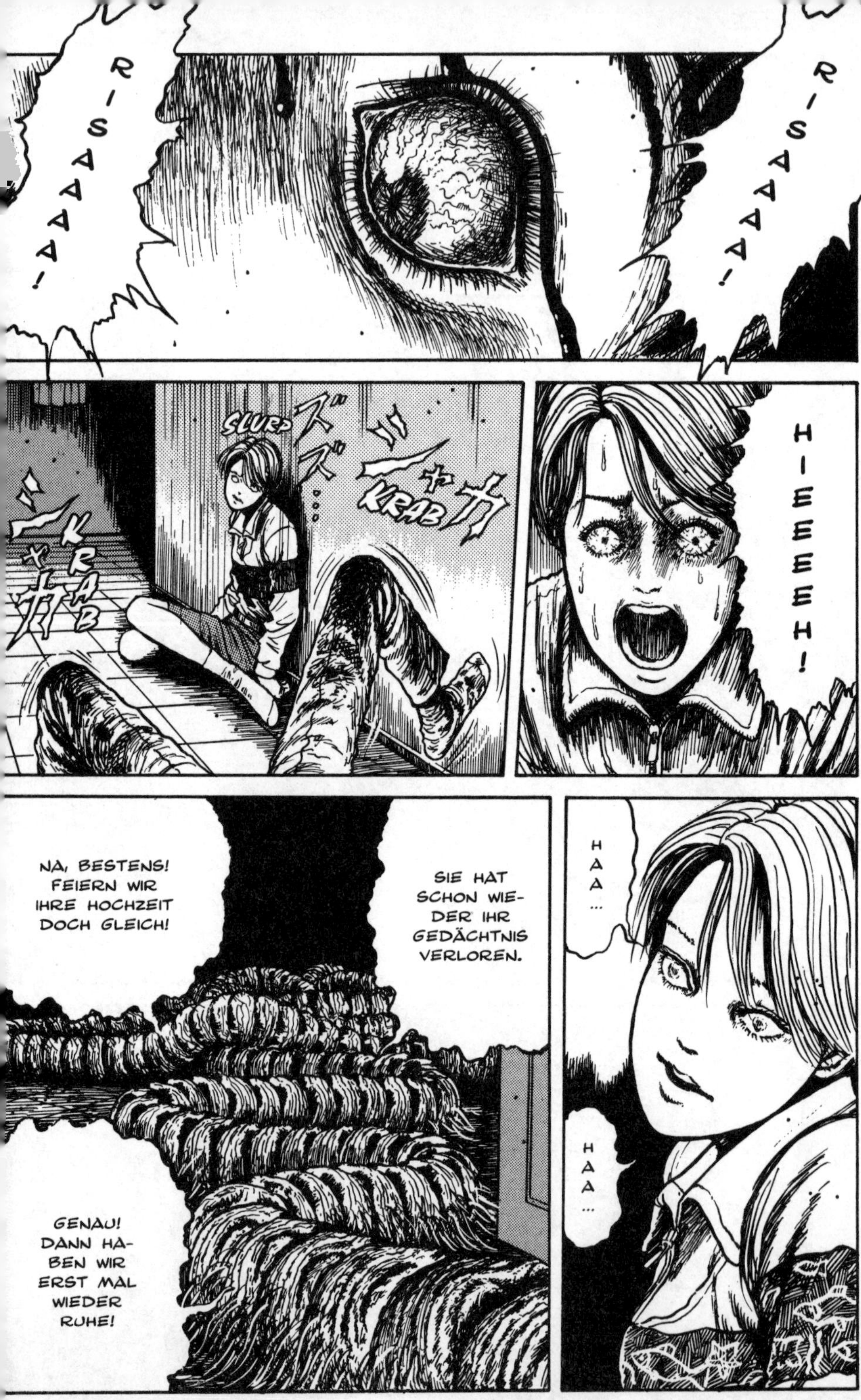

DIE EHRENWERTEN VORFAHREN – ENDE

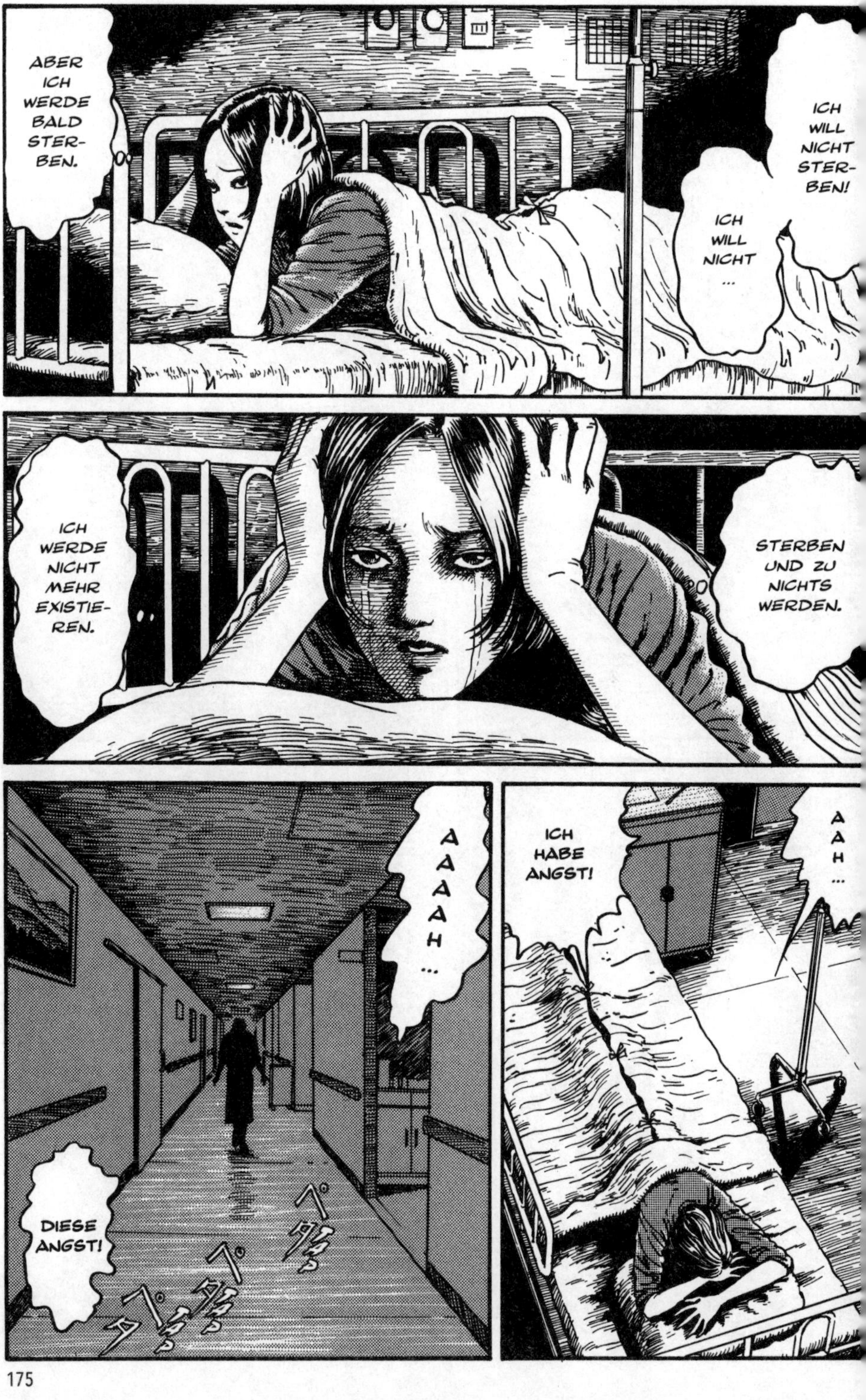
ICH WILL NICHT STERBEN!
ICH WILL NICHT ...
ABER ICH WERDE BALD STERBEN.
STERBEN UND ZU NICHTS WERDEN.
ICH WERDE NICHT MEHR EXISTIEREN.
AAH ...
ICH HABE ANGST!
AAAAH ...
DIESE ANGST!

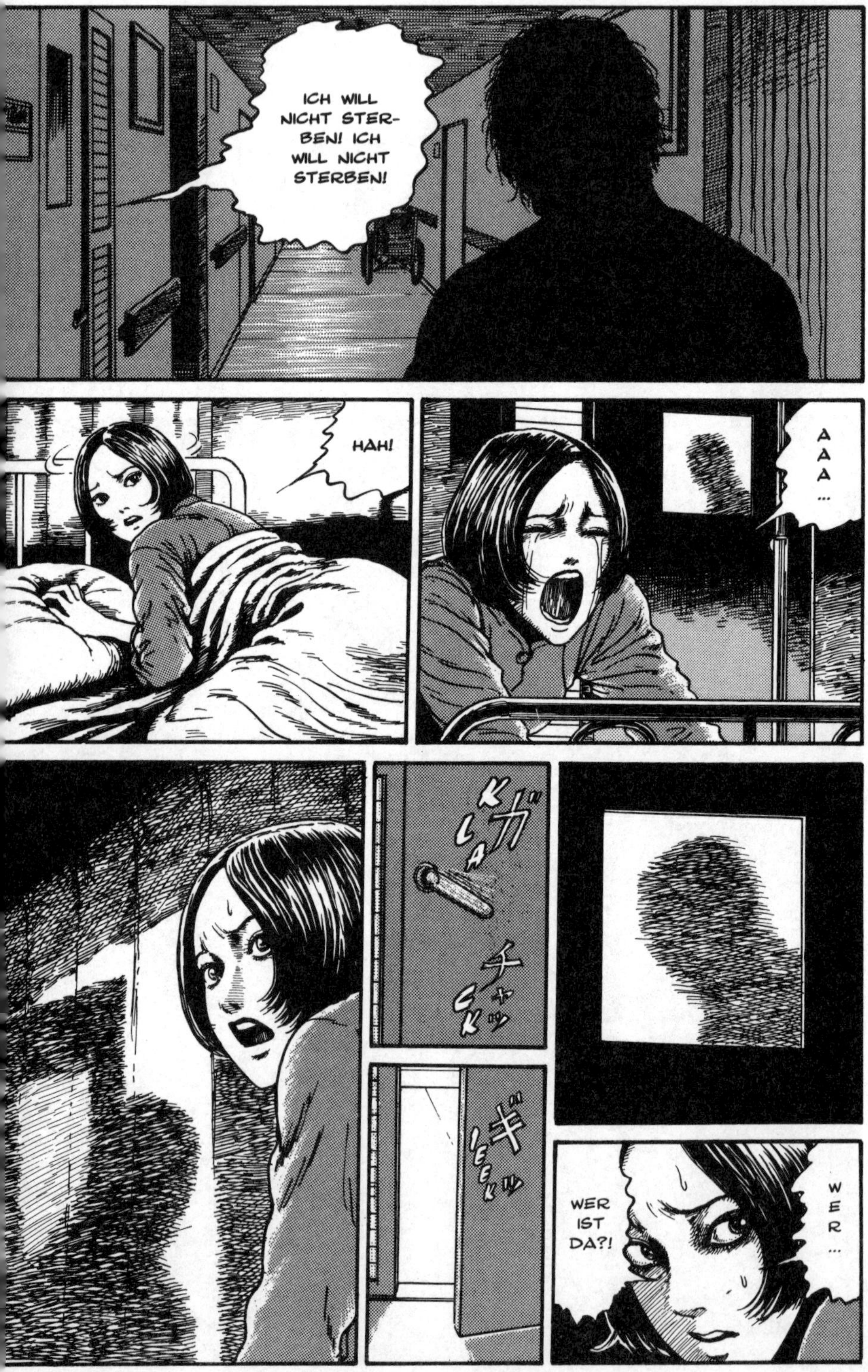
ICH WILL NICHT STERBEN! ICH WILL NICHT STERBEN!
A A A ...
HAH!
KLACK
CHICK
IEEK
WER ...
WER IST DA?!

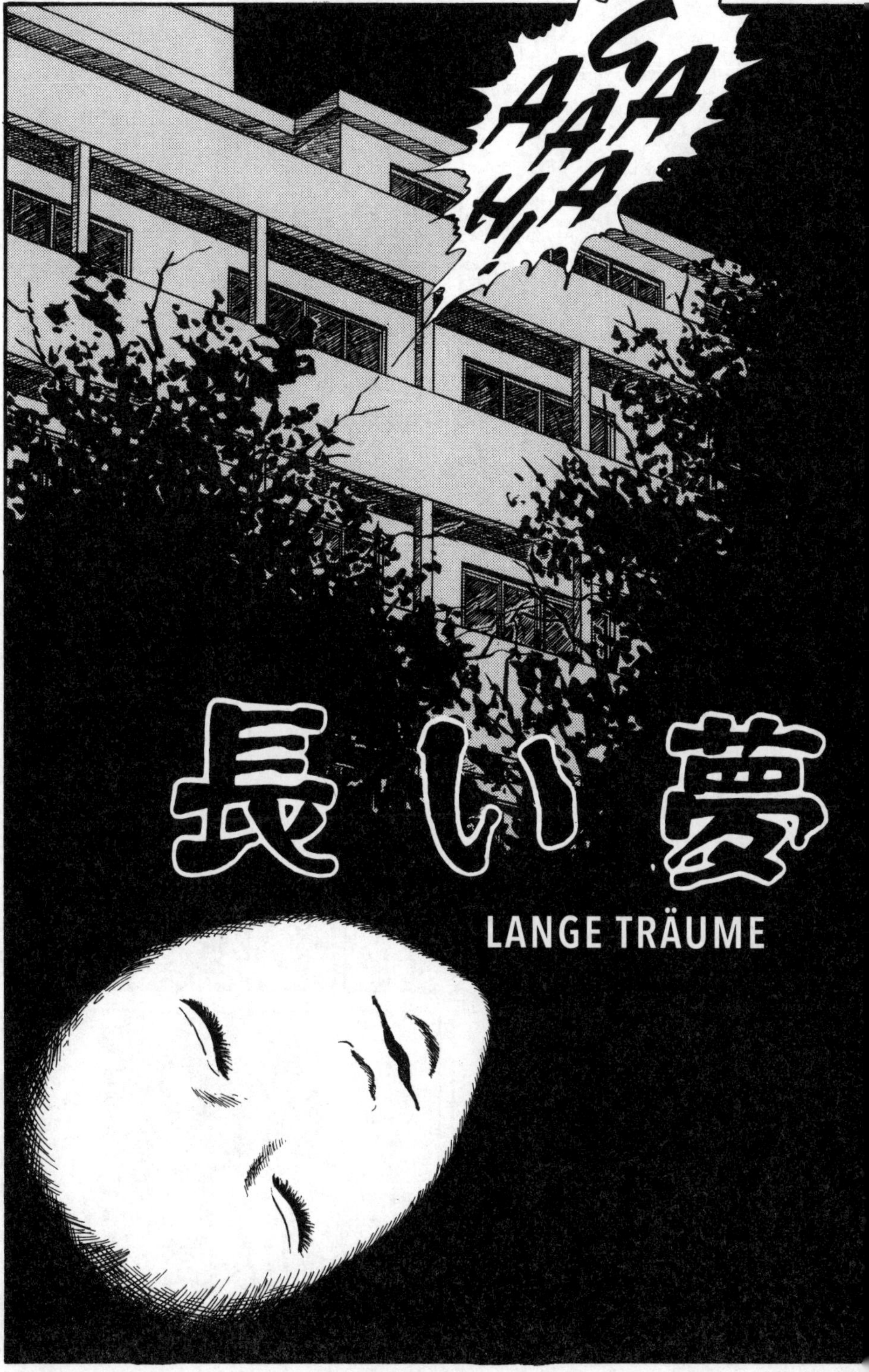
GAAAHAHA!
長い夢
LANGE TRÄUME

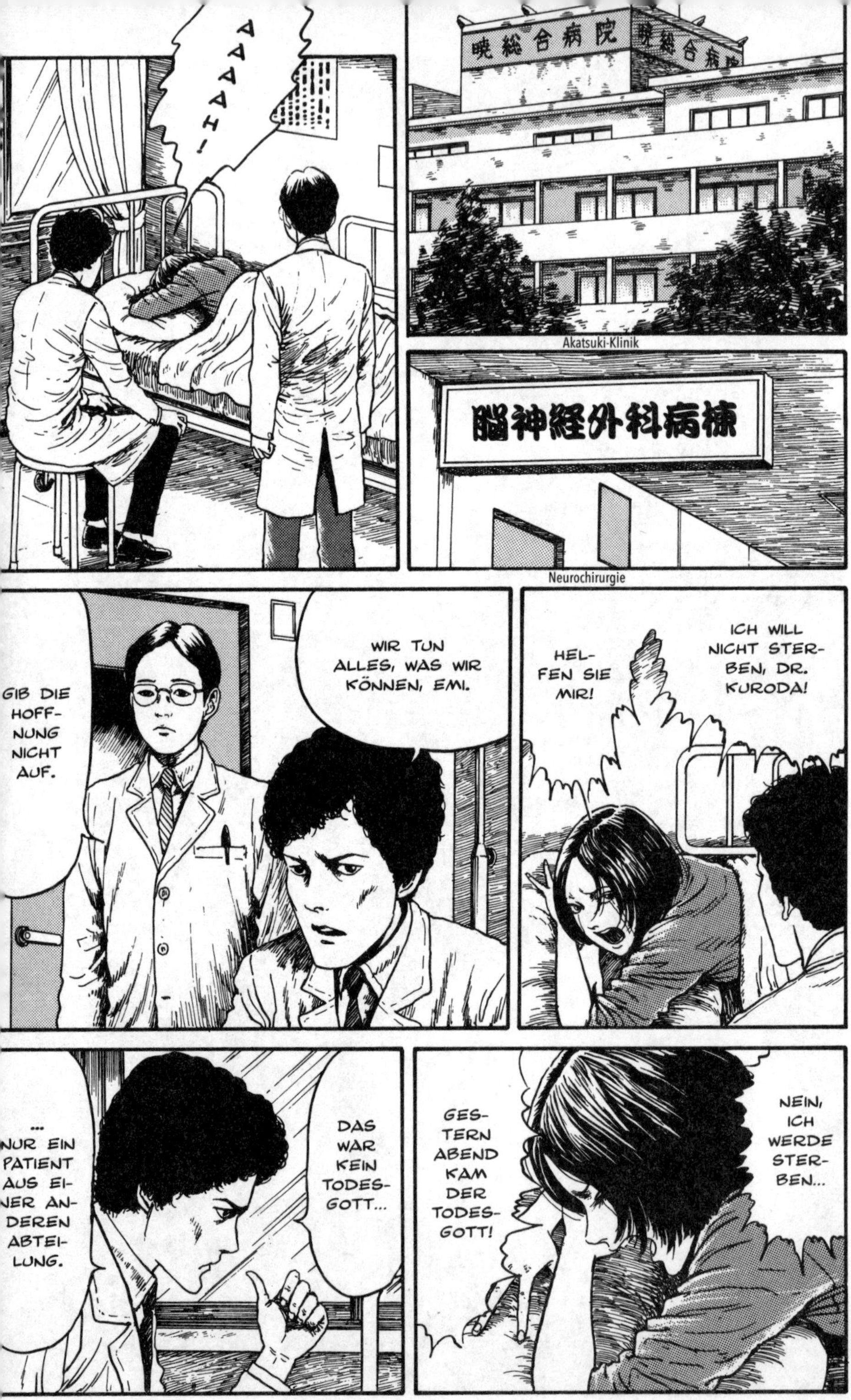
晩総合病院
Akatsuki-Klinik
AAAAH!
脳神経外科病棟
Neurochirurgie
ICH WILL NICHT STERBEN, DR. KURODA!
HELFEN SIE MIR!
WIR TUN ALLES, WAS WIR KÖNNEN, EMI.
GIB DIE HOFFNUNG NICHT AUF.
NEIN, ICH WERDE STERBEN...
GESTERN ABEND KAM DER TODESGOTT!
DAS WAR KEIN TODESGOTT...
... NUR EIN PATIENT AUS EINER ANDEREN ABTEILUNG.

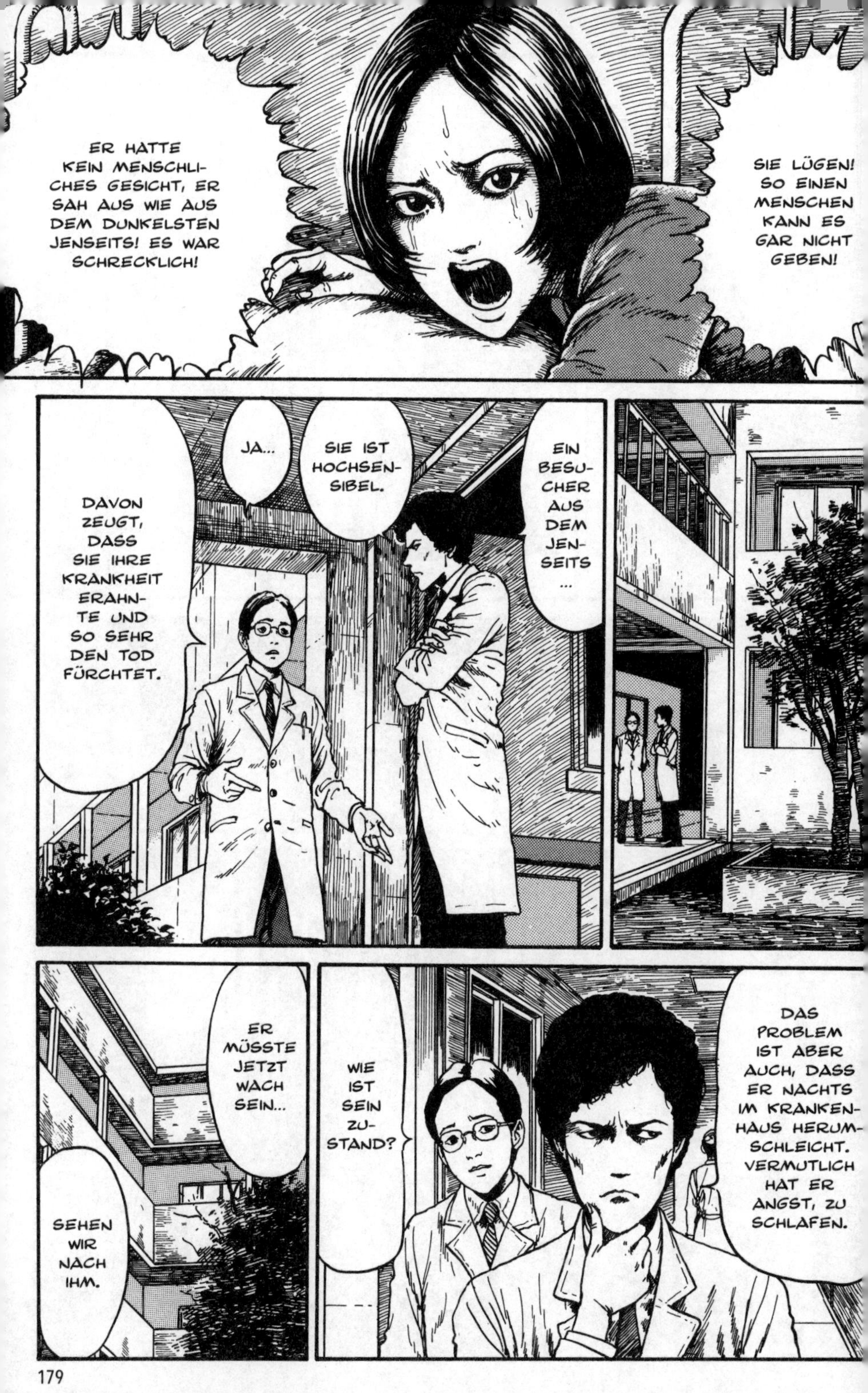
SIE LÜGEN! SO EINEN MENSCHEN KANN ES GAR NICHT GEBEN!
ER HATTE KEIN MENSCHLICHES GESICHT, ER SAH AUS WIE AUS DEM DUNKELSTEN JENSEITS! ES WAR SCHRECKLICH!
EIN BESUCHER AUS DEM JENSEITS ...
SIE IST HOCHSENSIBEL.
JA...
DAVON ZEUGT, DASS SIE IHRE KRANKHEIT ERAHNTE UND SO SEHR DEN TOD FÜRCHTET.
DAS PROBLEM IST ABER AUCH, DASS ER NACHTS IM KRANKENHAUS HERUMSCHLEICHT. VERMUTLICH HAT ER ANGST, ZU SCHLAFEN.
WIE IST SEIN ZUSTAND?
ER MÜSSTE JETZT WACH SEIN...
SEHEN WIR NACH IHM.

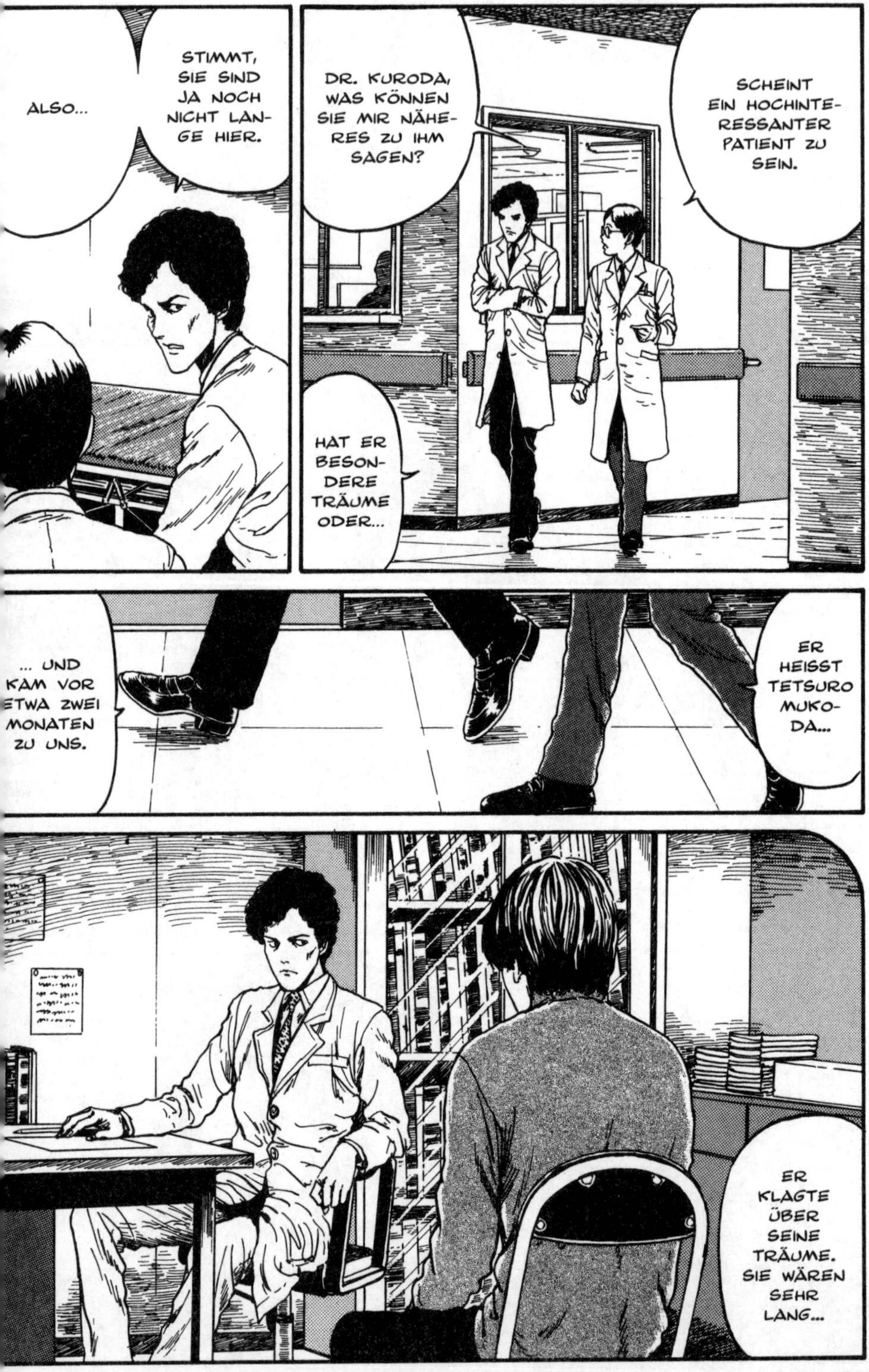
SCHEINT EIN HOCHINTERESSANTER PATIENT ZU SEIN.
DR. KURODA, WAS KÖNNEN SIE MIR NÄHERES ZU IHM SAGEN?
HAT ER BESONDERE TRÄUME ODER...
STIMMT, SIE SIND JA NOCH NICHT LANGE HIER.
ALSO...
ER HEISST TETSURO MUKODA...
... UND KAM VOR ETWA ZWEI MONATEN ZU UNS.
ER KLAGTE ÜBER SEINE TRÄUME. SIE WÄREN SEHR LANG...

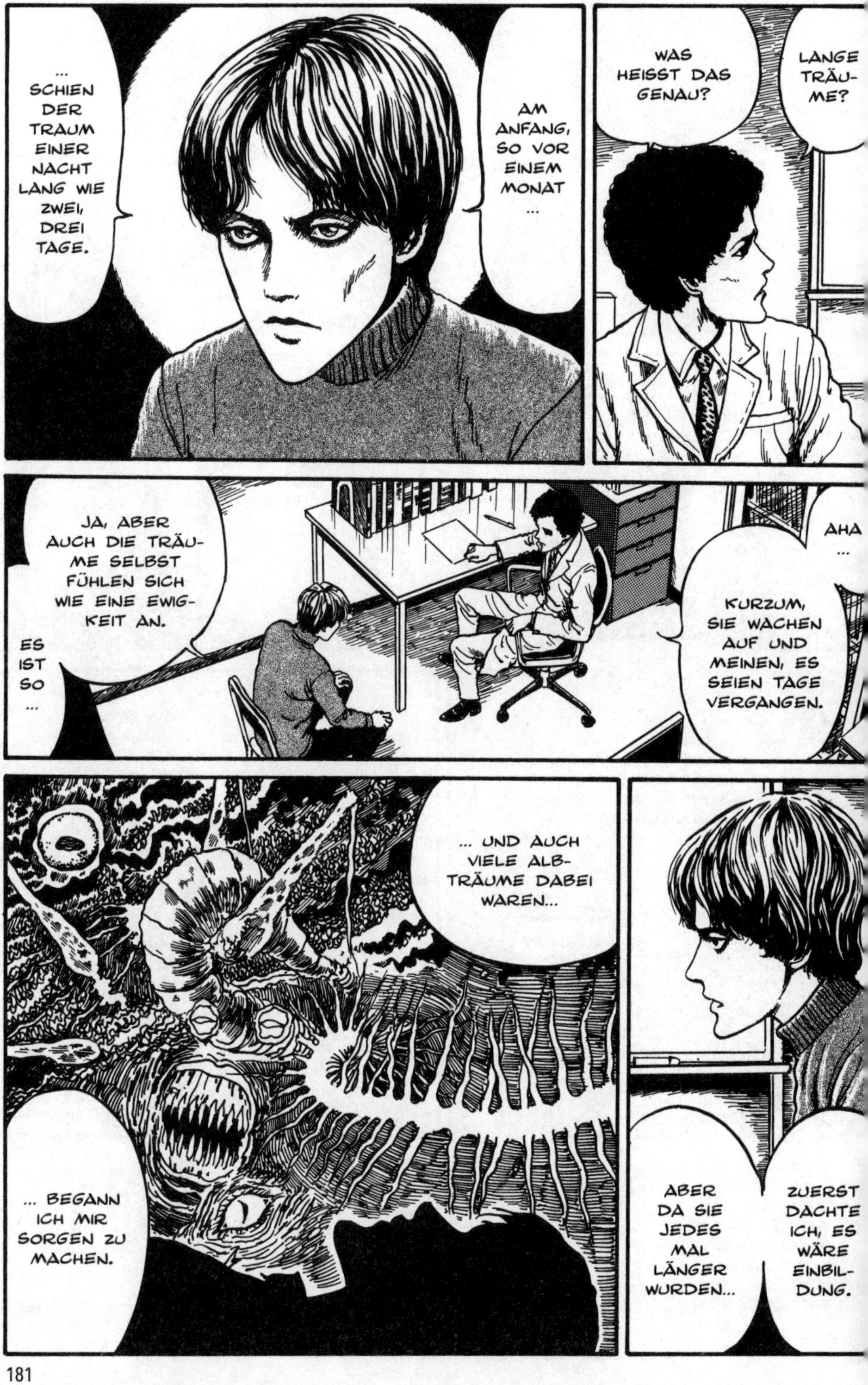
LANGE TRÄUME?
WAS HEISST DAS GENAU?
AM ANFANG, SO VOR EINEM MONAT ...
... SCHIEN DER TRAUM EINER NACHT LANG WIE ZWEI, DREI TAGE.
AHA ...
KURZUM, SIE WACHEN AUF UND MEINEN, ES SEIEN TAGE VERGANGEN.
JA, ABER AUCH DIE TRÄUME SELBST FÜHLEN SICH WIE EINE EWIGKEIT AN.
ES IST SO ...
ZUERST DACHTE ICH, ES WÄRE EINBILDUNG.
ABER DA SIE JEDES MAL LÄNGER WURDEN...
... UND AUCH VIELE ALBTRÄUME DABEI WAREN...
... BEGANN ICH MIR SORGEN ZU MACHEN.

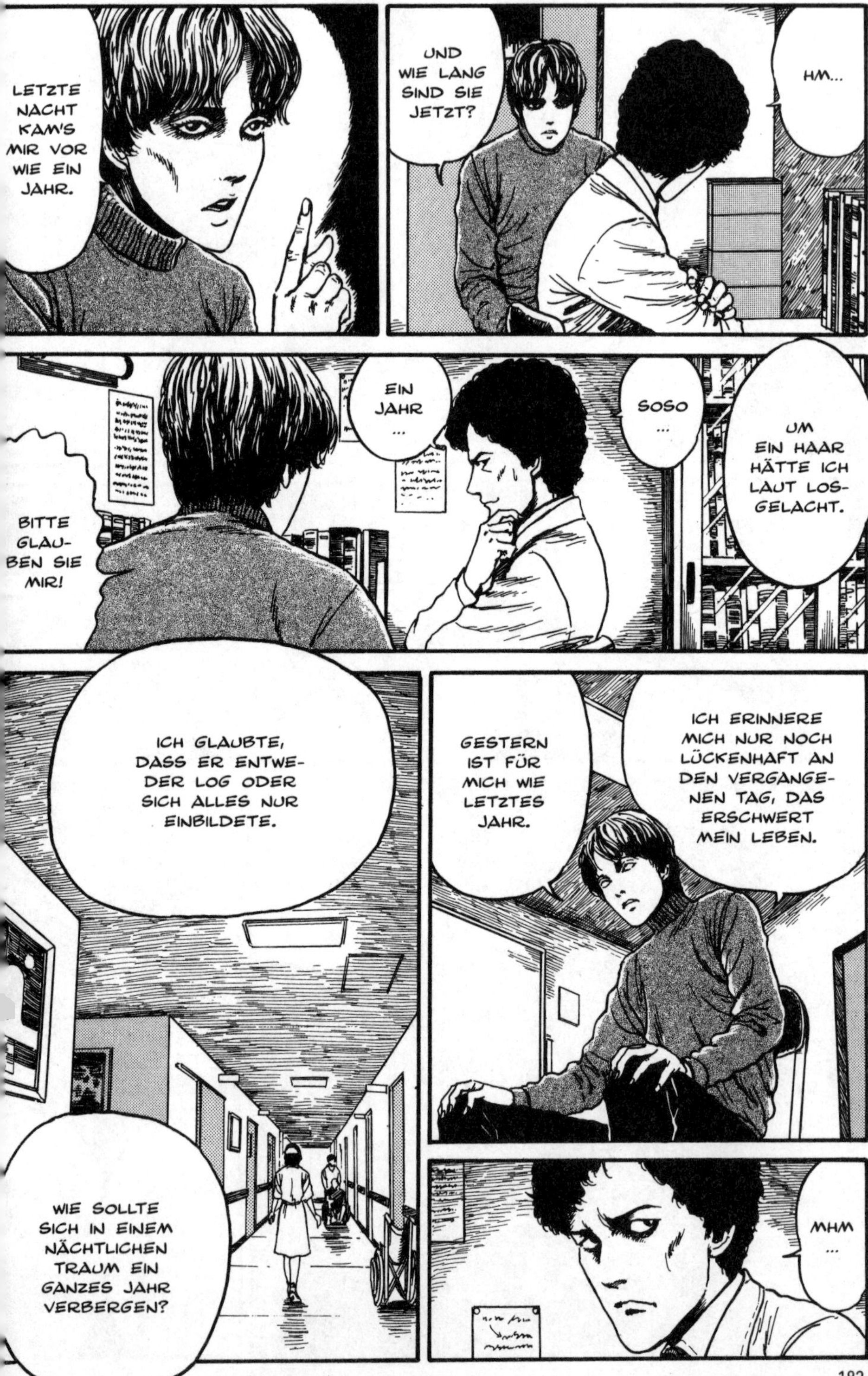
HM...
UND WIE LANG SIND SIE JETZT?
LETZTE NACHT KAM'S MIR VOR WIE EIN JAHR.
UM EIN HAAR HÄTTE ICH LAUT LOS-GELACHT.
SOSO ...
EIN JAHR ...
BITTE GLAU-BEN SIE MIR!
ICH ERINNERE MICH NUR NOCH LÜCKENHAFT AN DEN VERGANGE-NEN TAG, DAS ERSCHWERT MEIN LEBEN.
GESTERN IST FÜR MICH WIE LETZTES JAHR.
MHM ...
ICH GLAUBTE, DASS ER ENTWE-DER LOG ODER SICH ALLES NUR EINBILDETE.
WIE SOLLTE SICH IN EINEM NÄCHTLICHEN TRAUM EIN GANZES JAHR VERBERGEN?

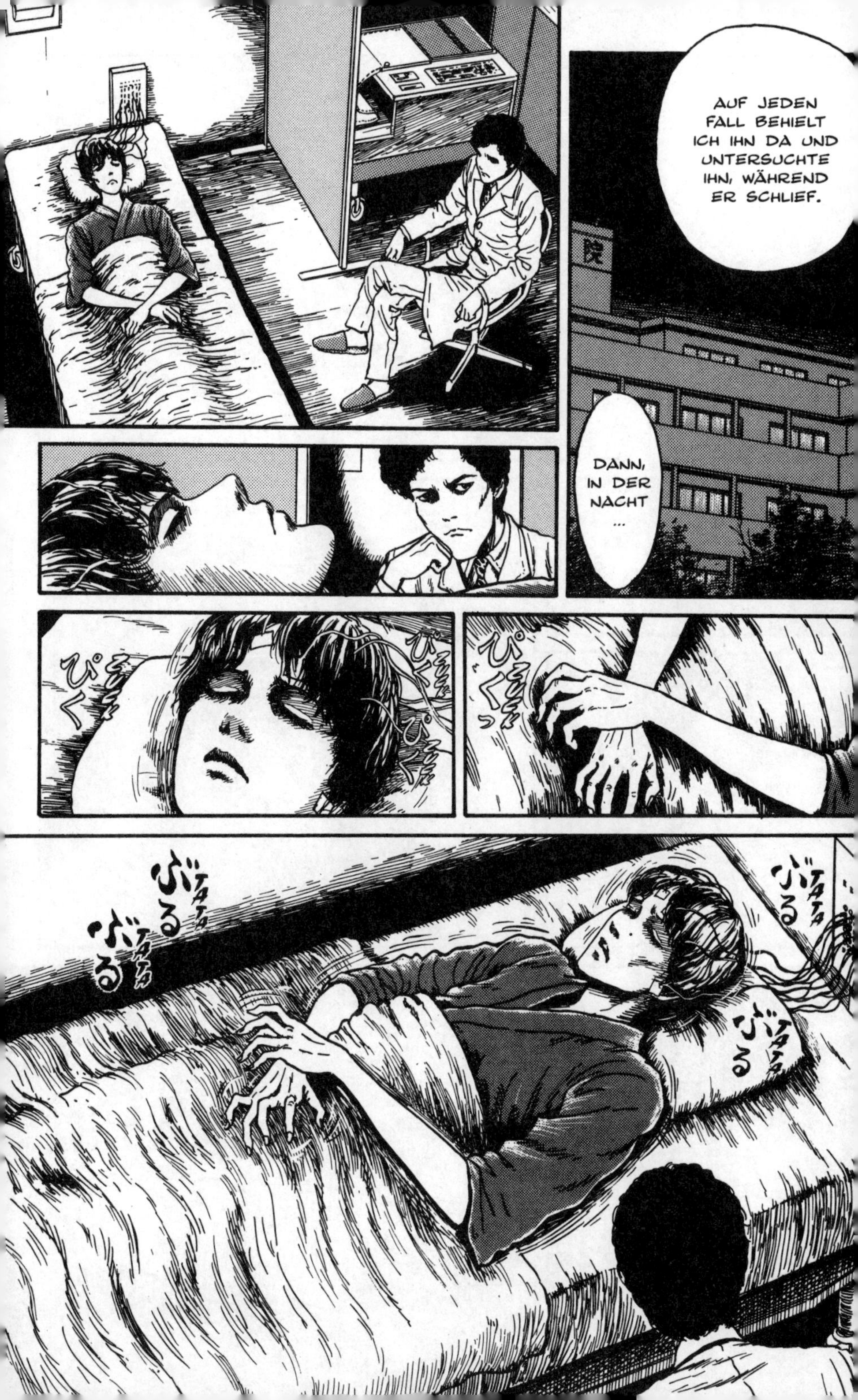
AUF JEDEN FALL BEHIELT ICH IHN DA UND UNTERSUCHTE IHN, WÄHREND ER SCHLIEF.
DANN, IN DER NACHT ...
ぴく ぴく
ぴく ぴく
ぴくっ
ぶる ぶる
ぶる ぶる

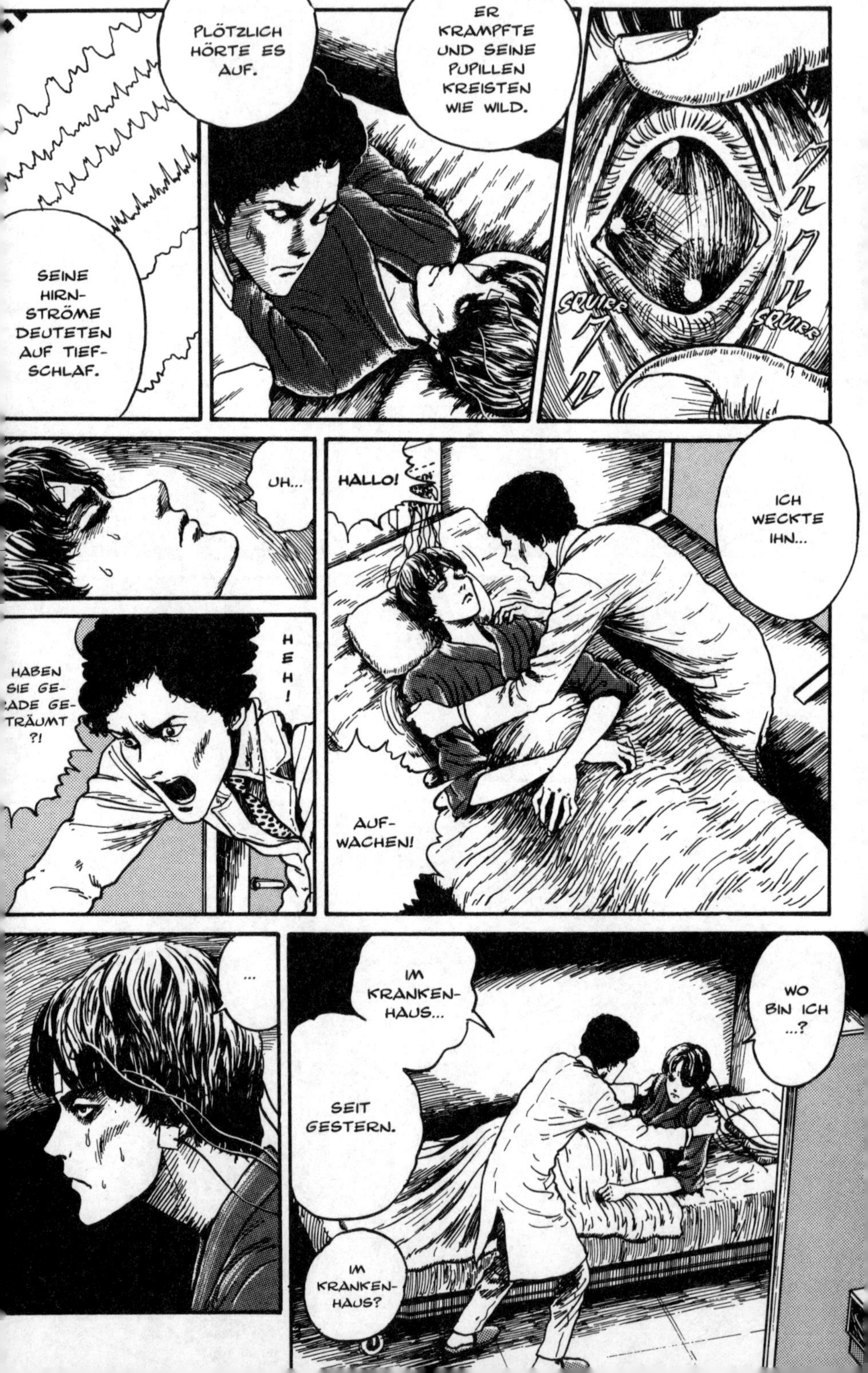
ER KRAMPFTE UND SEINE PUPILLEN KREISTEN WIE WILD.
SQUIRG
SQUIRG
PLÖTZLICH HÖRTE ES AUF.
SEINE HIRNSTRÖME DEUTETEN AUF TIEFSCHLAF.
ICH WECKTE IHN...
HALLO!
AUFWACHEN!
UH...
HEH!
HABEN SIE GERADE GETRÄUMT?!
WO BIN ICH ...?
IM KRANKENHAUS...
SEIT GESTERN.
IM KRANKENHAUS?
...

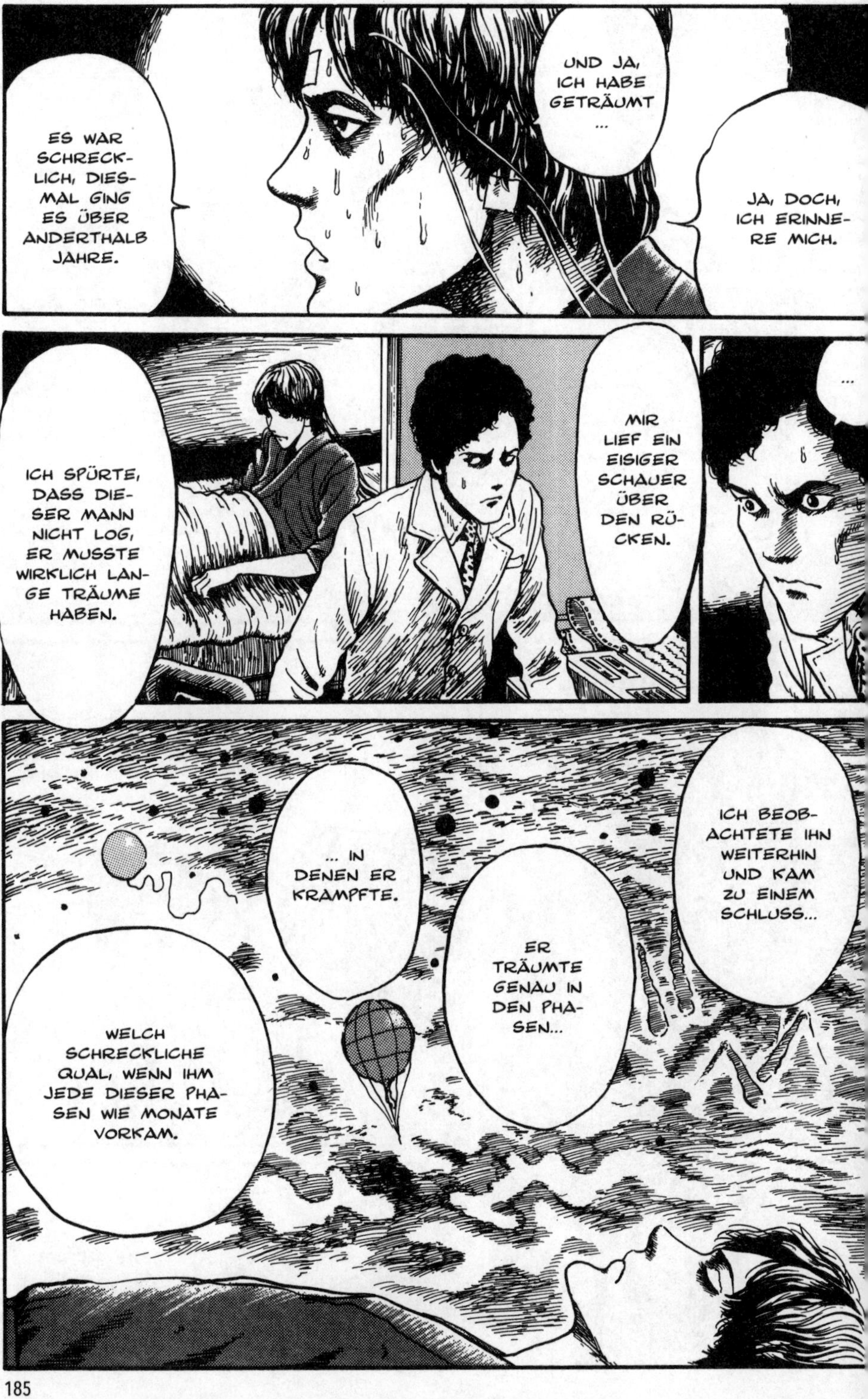
JA, DOCH, ICH ERINNERE MICH.
UND JA, ICH HABE GETRÄUMT ...
ES WAR SCHRECKLICH, DIESMAL GING ES ÜBER ANDERTHALB JAHRE.
...
MIR LIEF EIN EISIGER SCHAUER ÜBER DEN RÜCKEN.
ICH SPÜRTE, DASS DIESER MANN NICHT LOG, ER MUSSTE WIRKLICH LANGE TRÄUME HABEN.
ICH BEOBACHTETE IHN WEITERHIN UND KAM ZU EINEM SCHLUSS...
ER TRÄUMTE GENAU IN DEN PHASEN...
... IN DENEN ER KRAMPFTE.
WELCH SCHRECKLICHE QUAL, WENN IHM JEDE DIESER PHASEN WIE MONATE VORKAM.

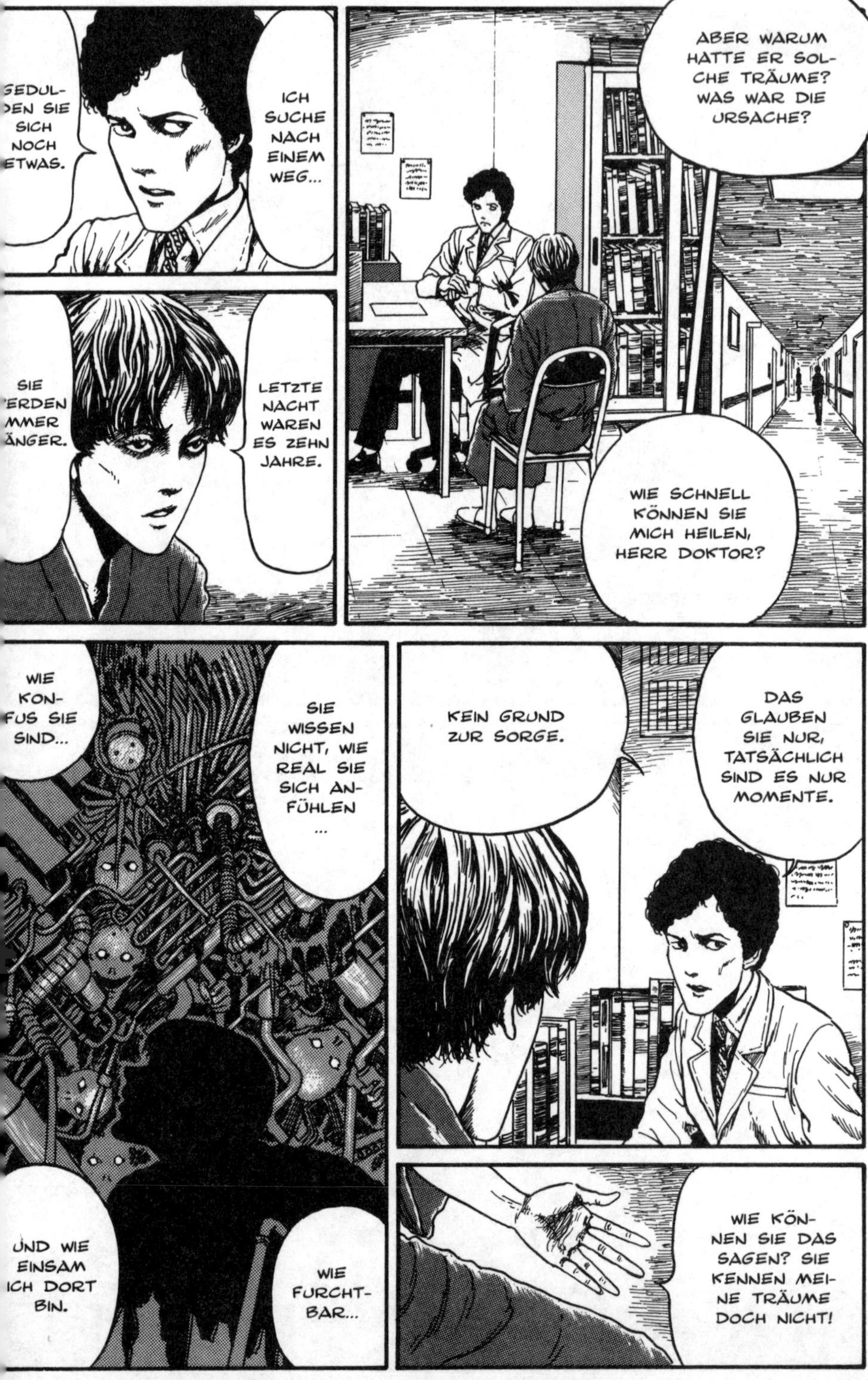
ABER WARUM HATTE ER SOLCHE TRÄUME? WAS WAR DIE URSACHE?
WIE SCHNELL KÖNNEN SIE MICH HEILEN, HERR DOKTOR?
ICH SUCHE NACH EINEM WEG...
GEDULDEN SIE SICH NOCH ETWAS.
LETZTE NACHT WAREN ES ZEHN JAHRE.
SIE ERDEN MMER ÄNGER.
DAS GLAUBEN SIE NUR, TATSÄCHLICH SIND ES NUR MOMENTE.
KEIN GRUND ZUR SORGE.
WIE KÖNNEN SIE DAS SAGEN? SIE KENNEN MEINE TRÄUME DOCH NICHT!
SIE WISSEN NICHT, WIE REAL SIE SICH ANFÜHLEN ...
WIE KONFUS SIE SIND...
WIE FURCHTBAR...
UND WIE EINSAM ICH DORT BIN.

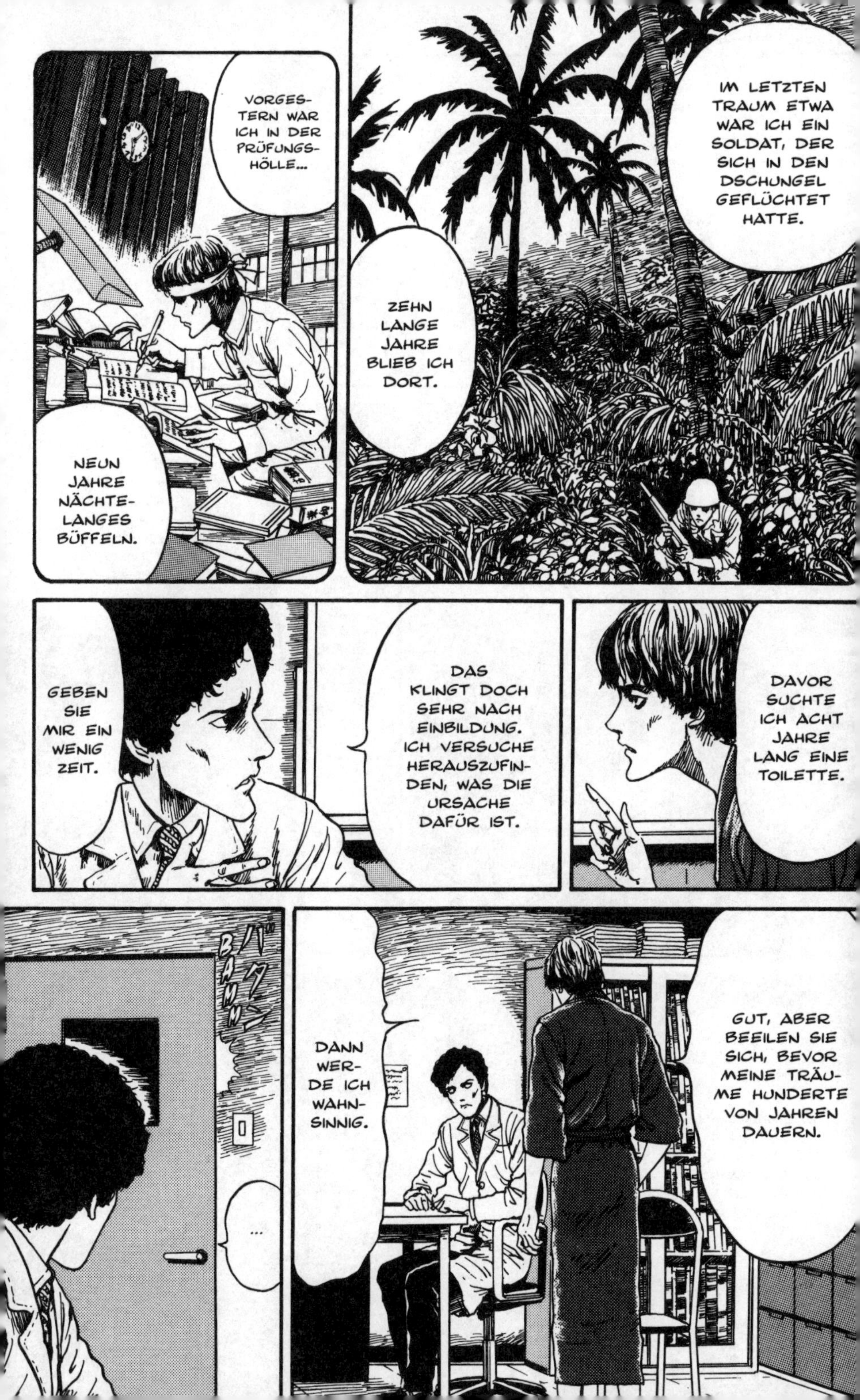
IM LETZTEN TRAUM ETWA WAR ICH EIN SOLDAT, DER SICH IN DEN DSCHUNGEL GEFLÜCHTET HATTE.
ZEHN LANGE JAHRE BLIEB ICH DORT.
VORGESTERN WAR ICH IN DER PRÜFUNGSHÖLLE...
NEUN JAHRE NÄCHTELANGES BÜFFELN.
DAVOR SUCHTE ICH ACHT JAHRE LANG EINE TOILETTE.
DAS KLINGT DOCH SEHR NACH EINBILDUNG. ICH VERSUCHE HERAUSZUFINDEN, WAS DIE URSACHE DAFÜR IST.
GEBEN SIE MIR EIN WENIG ZEIT.
GUT, ABER BEEILEN SIE SICH, BEVOR MEINE TRÄUME HUNDERTE VON JAHREN DAUERN.
DANN WERDE ICH WAHNSINNIG.
...
BAMM

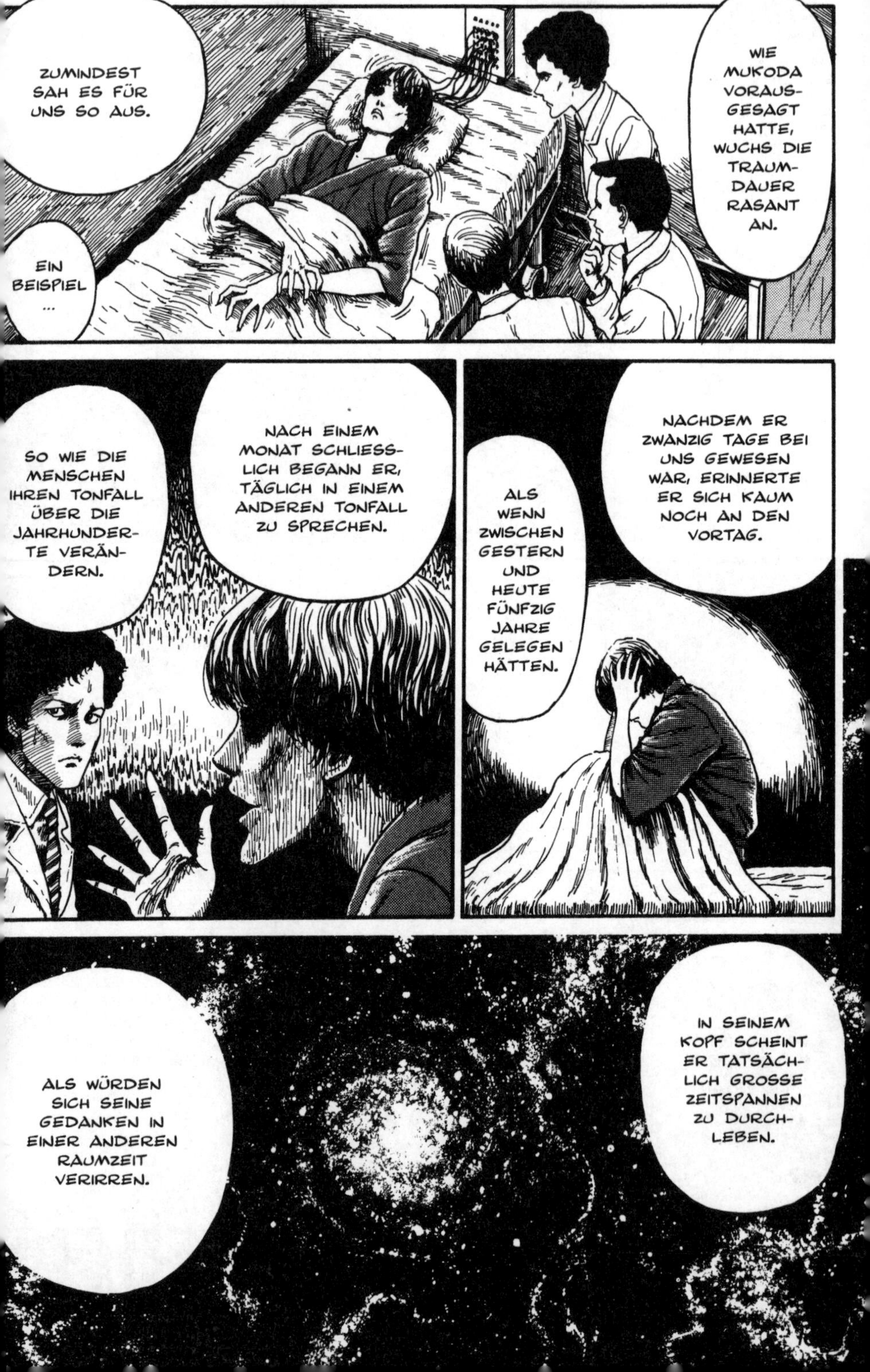
WIE MUKODA VORAUSGESAGT HATTE, WUCHS DIE TRAUMDAUER RASANT AN.
ZUMINDEST SAH ES FÜR UNS SO AUS.
EIN BEISPIEL ...
NACHDEM ER ZWANZIG TAGE BEI UNS GEWESEN WAR, ERINNERTE ER SICH KAUM NOCH AN DEN VORTAG.
ALS WENN ZWISCHEN GESTERN UND HEUTE FÜNFZIG JAHRE GELEGEN HÄTTEN.
NACH EINEM MONAT SCHLIESSLICH BEGANN ER, TÄGLICH IN EINEM ANDEREN TONFALL ZU SPRECHEN.
SO WIE DIE MENSCHEN IHREN TONFALL ÜBER DIE JAHRHUNDERTE VERÄNDERN.
IN SEINEM KOPF SCHEINT ER TATSÄCHLICH GROSSE ZEITSPANNEN ZU DURCHLEBEN.
ALS WÜRDEN SICH SEINE GEDANKEN IN EINER ANDEREN RAUMZEIT VERIRREN.

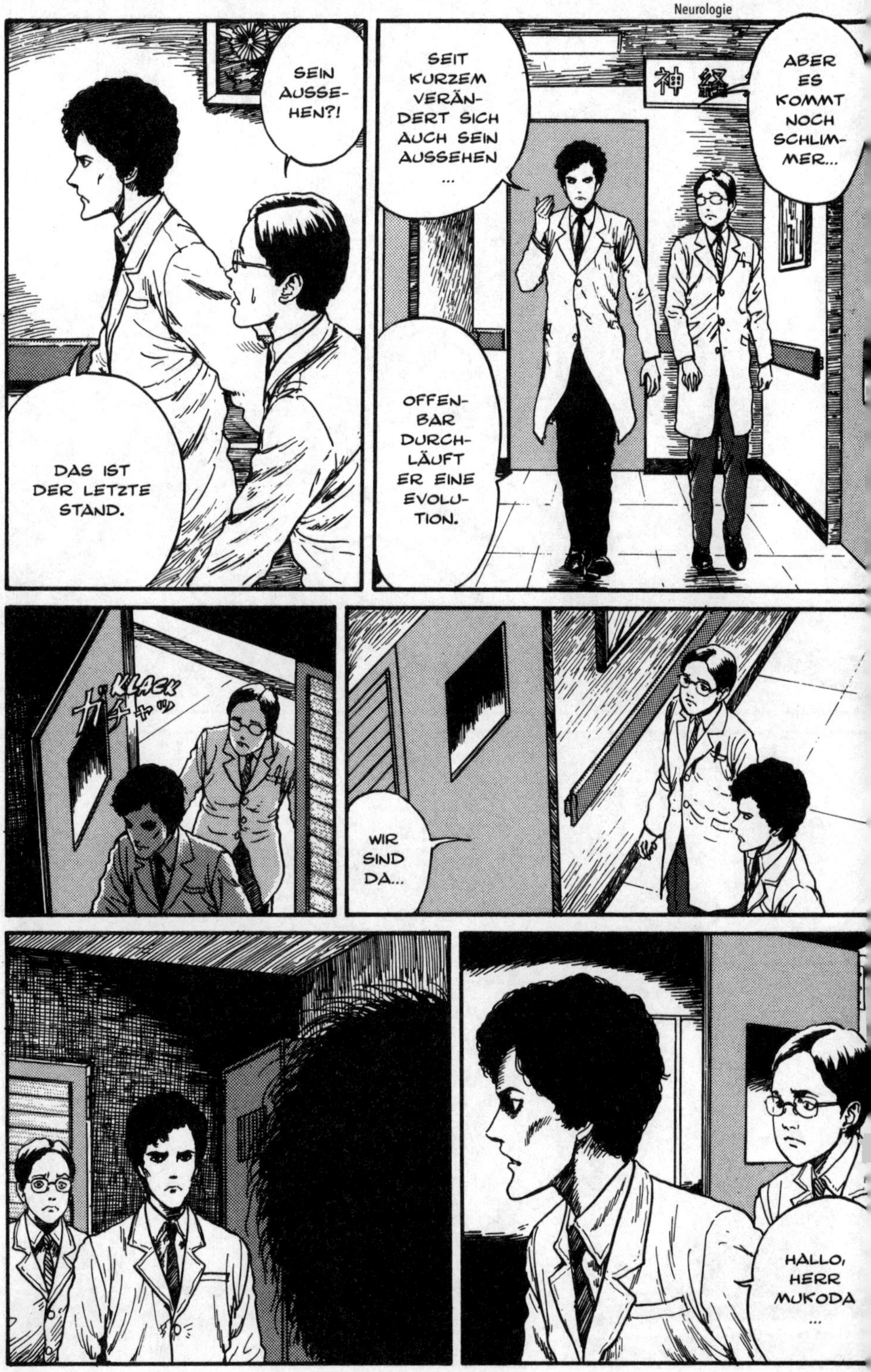
Aber es kommt noch schlimmer...
神経
Seit kurzem verändert sich auch sein Aussehen ...
Offenbar durchläuft er eine Evolution.
Sein Aussehen?!
Das ist der letzte Stand.
Wir sind da...
KLACK
ガチャッ
Hallo, Herr Mukoda ...

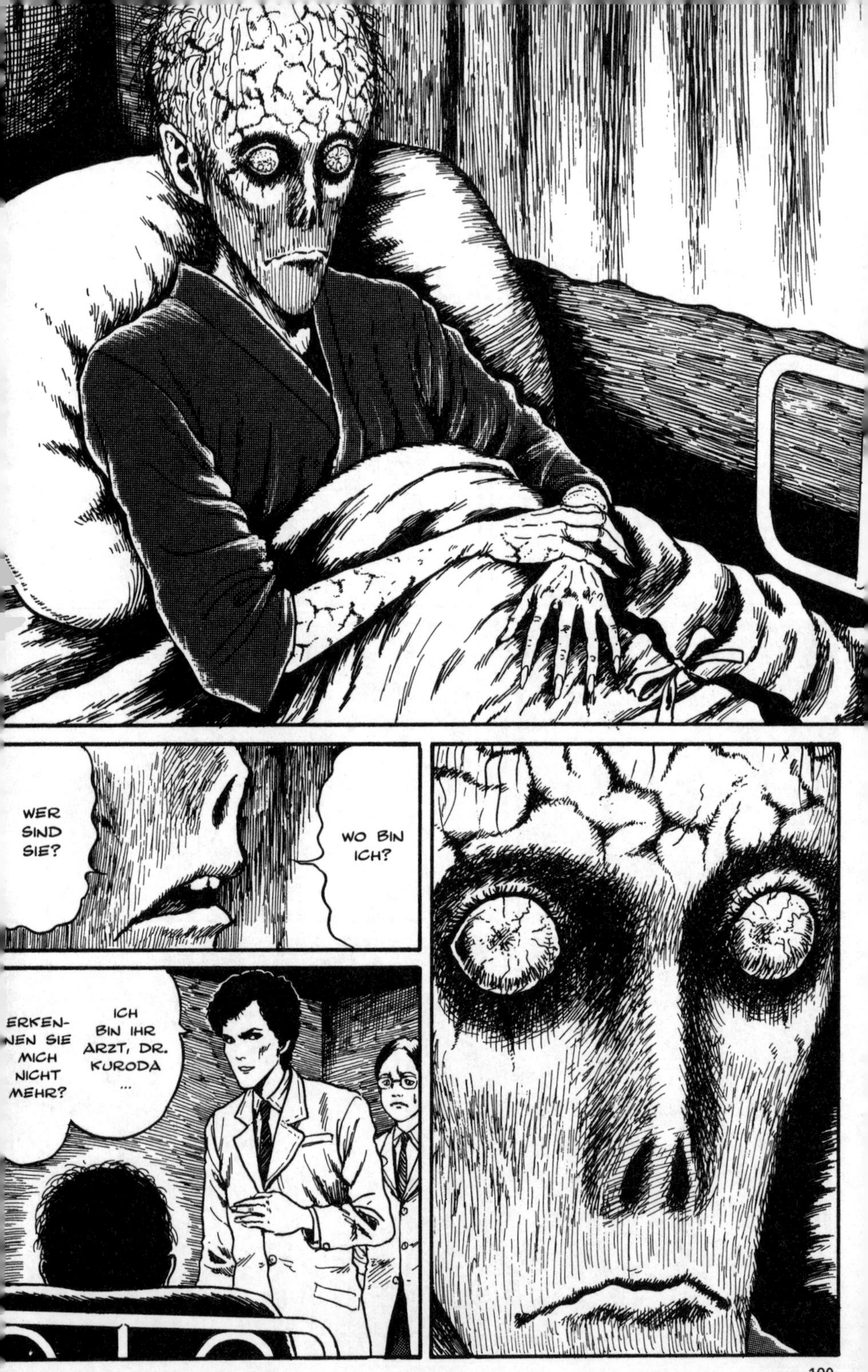
WO BIN ICH?
WER SIND SIE?
ICH BIN IHR ARZT, DR. KURODA ...
ERKENNEN SIE MICH NICHT MEHR?

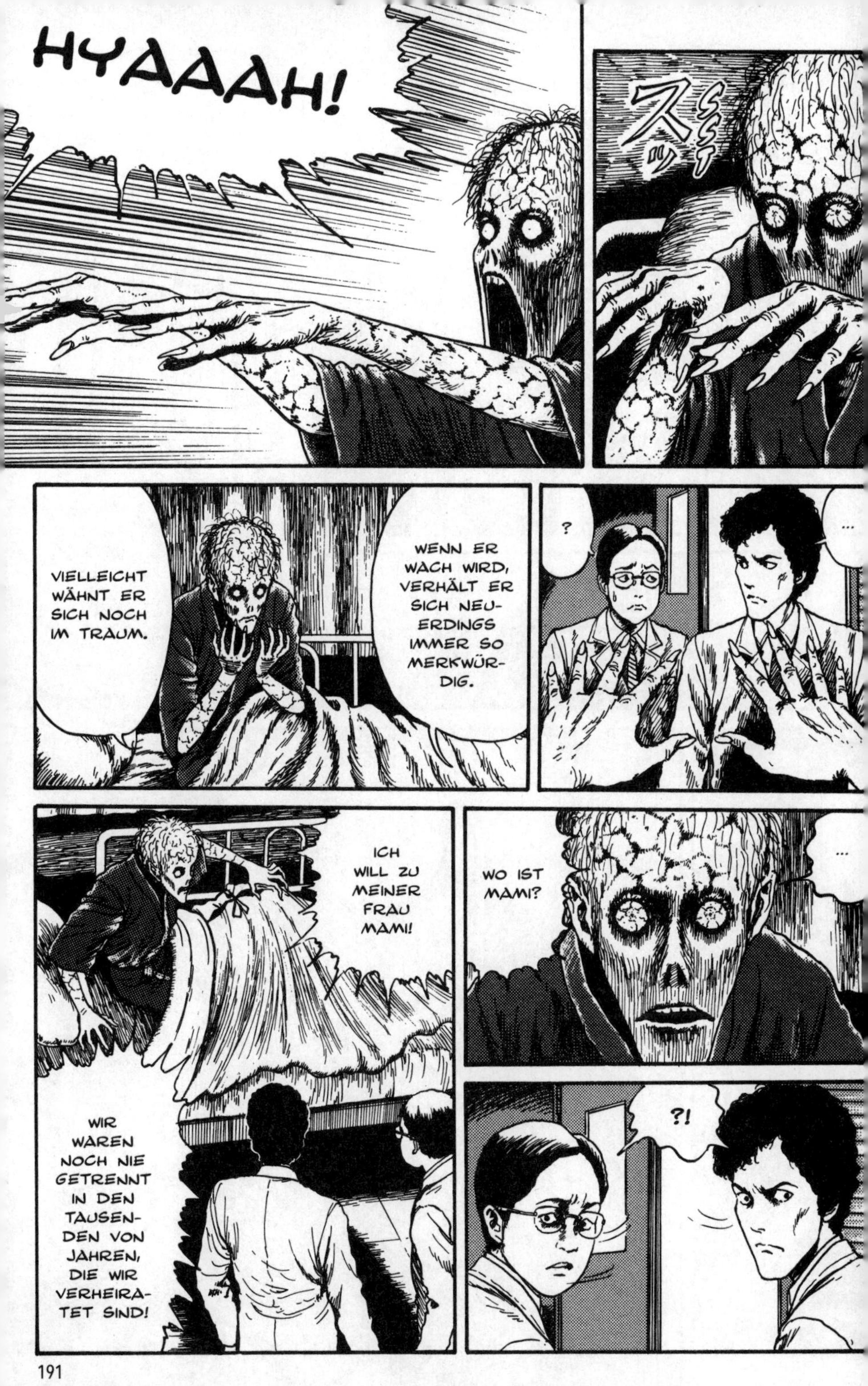
SST
スッ
HYAAAH!
...
?
WENN ER WACH WIRD, VERHÄLT ER SICH NEUERDINGS IMMER SO MERKWÜRDIG.
VIELLEICHT WÄHNT ER SICH NOCH IM TRAUM.
...
WO IST MAMI?
ICH WILL ZU MEINER FRAU MAMI!
WIR WAREN NOCH NIE GETRENNT IN DEN TAUSENDEN VON JAHREN, DIE WIR VERHEIRATET SIND!
?!

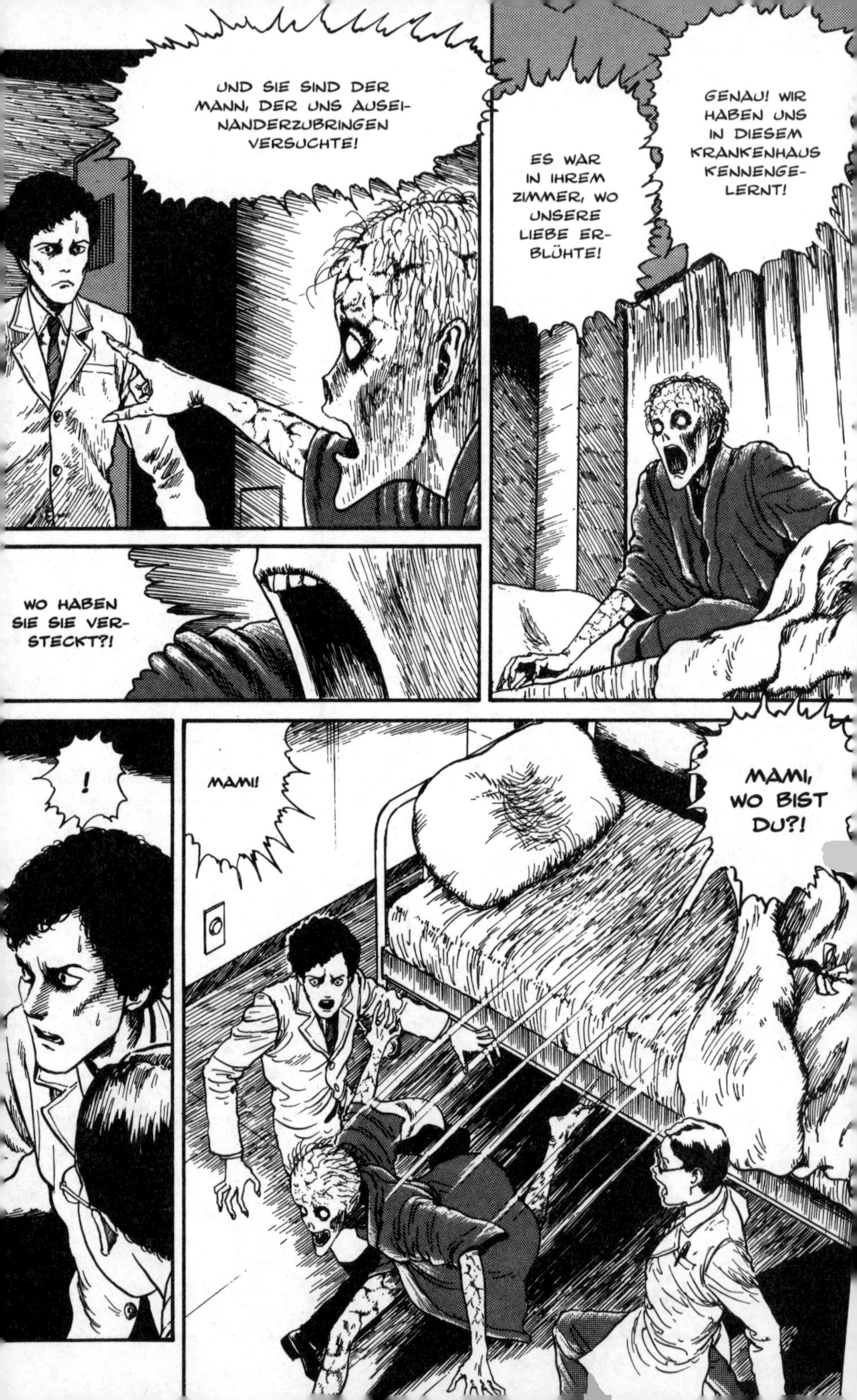

GENAU! WIR HABEN UNS IN DIESEM KRANKENHAUS KENNENGE-LERNT!
ES WAR IN IHREM ZIMMER, WO UNSERE LIEBE ER-BLÜHTE!
UND SIE SIND DER MANN, DER UNS AUSEI-NANDERZUBRINGEN VERSUCHTE!
WO HABEN SIE SIE VER-STECKT?!
MAMI, WO BIST DU?!
MAMI!
!

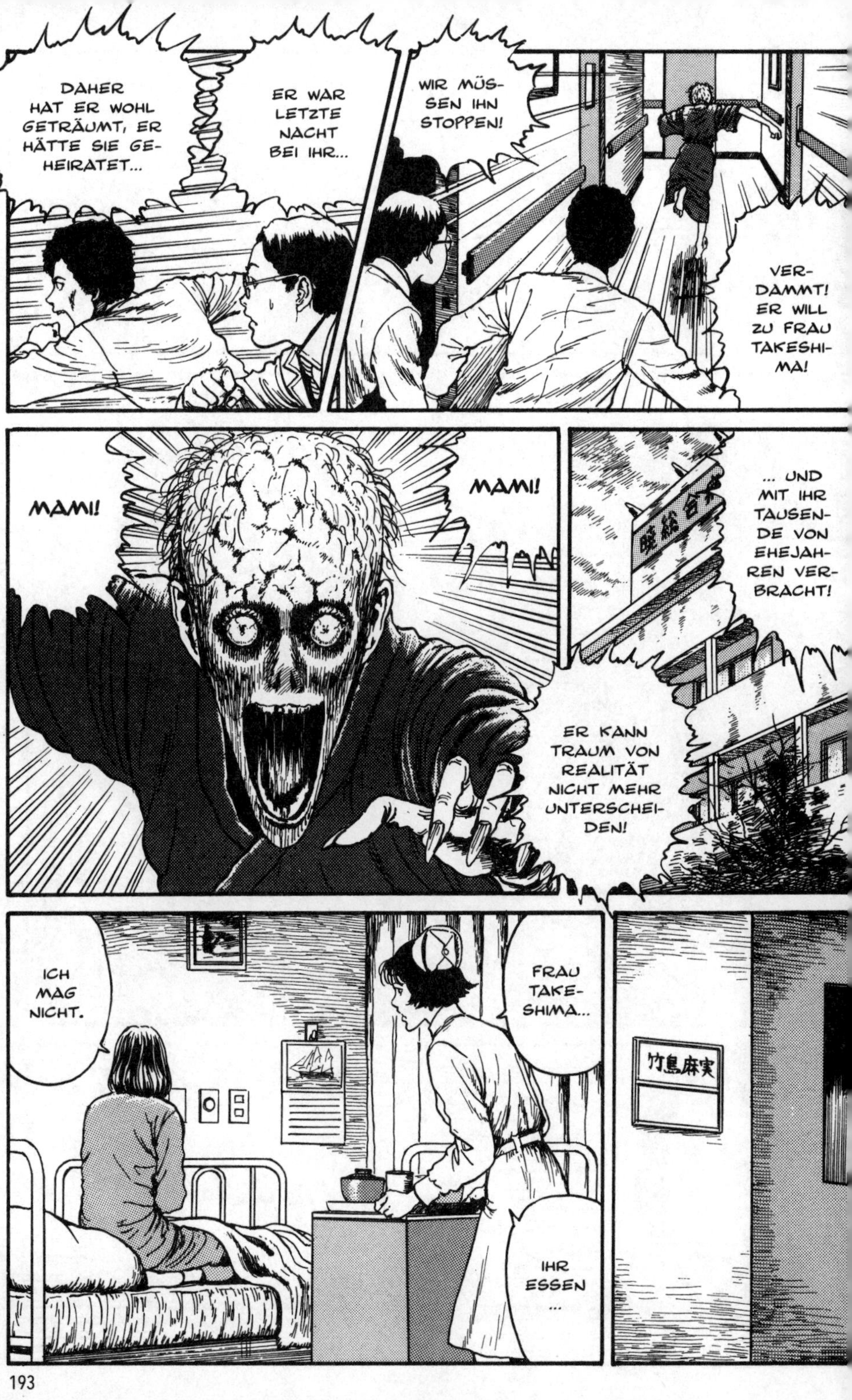
WIR MÜSSEN IHN STOPPEN!
VERDAMMT! ER WILL ZU FRAU TAKESHIMA!
ER WAR LETZTE NACHT BEI IHR...
DAHER HAT ER WOHL GETRÄUMT, ER HÄTTE SIE GEHEIRATET...
... UND MIT IHR TAUSENDE VON EHEJAHREN VERBRACHT!
ER KANN TRAUM VON REALITÄT NICHT MEHR UNTERSCHEIDEN!
MAMI!
MAMI!
竹島麻実
FRAU TAKESHIMA...
IHR ESSEN ...
ICH MAG NICHT.

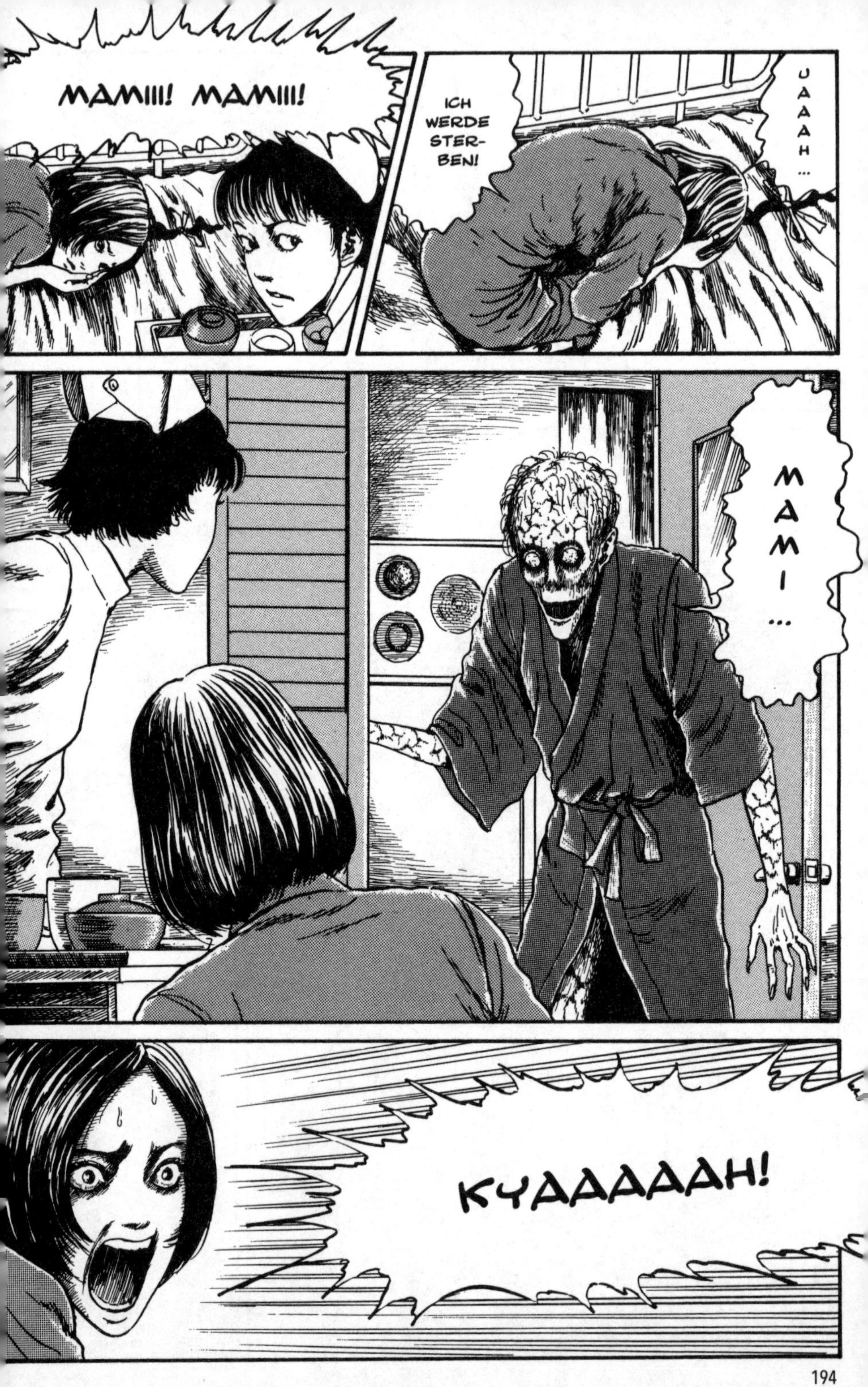
UAAAAH...
ICH WERDE STERBEN!
MAMIII! MAMIII!
MAMI...
KYAAAAAH!

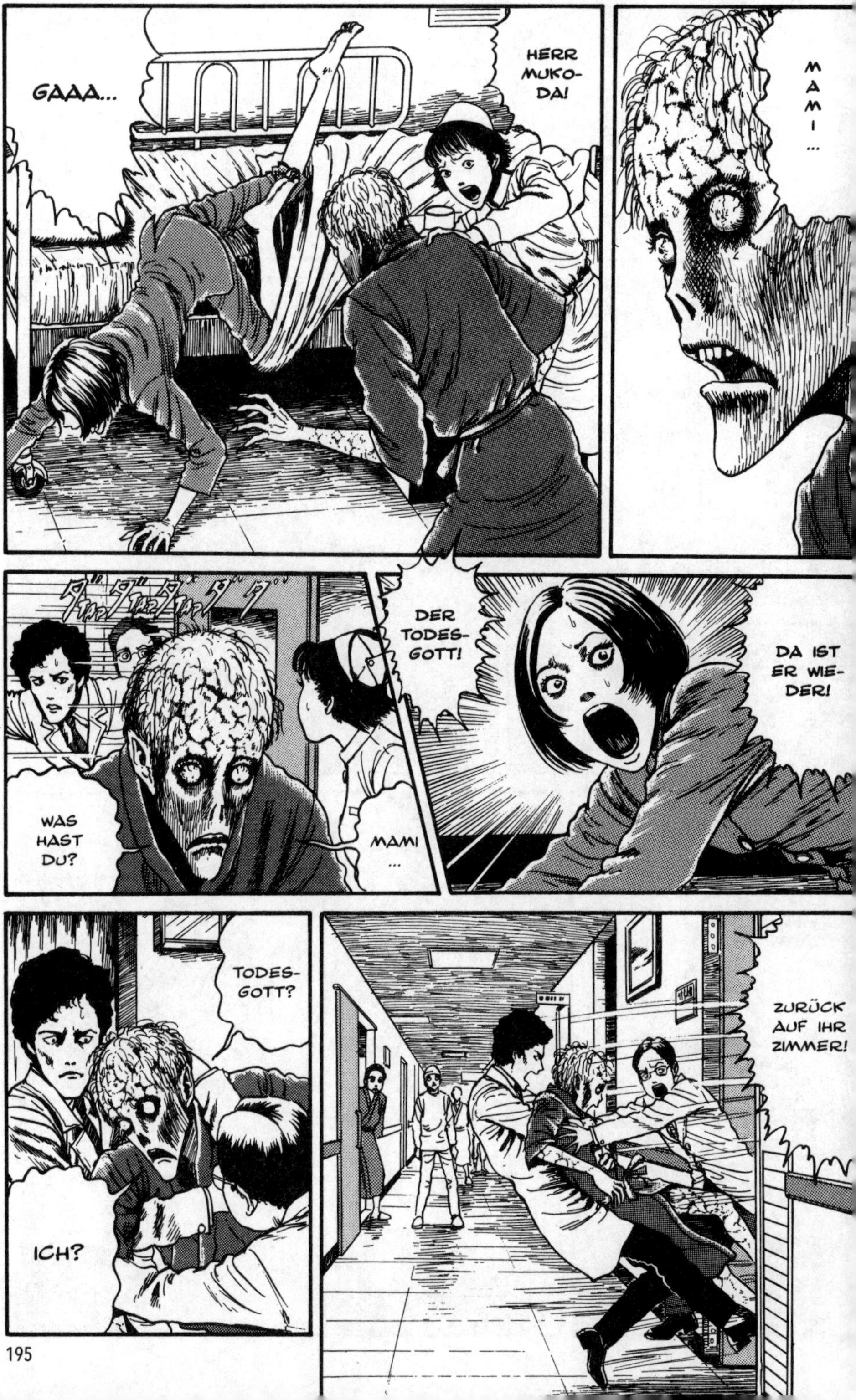
MAMI...
HERR MUKO-DA!
GAAA...
DA IST ER WIEDER!
DER TODES-GOTT!
MAMI...
WAS HAST DU?
ZURÜCK AUF IHR ZIMMER!
TODES-GOTT?
ICH?

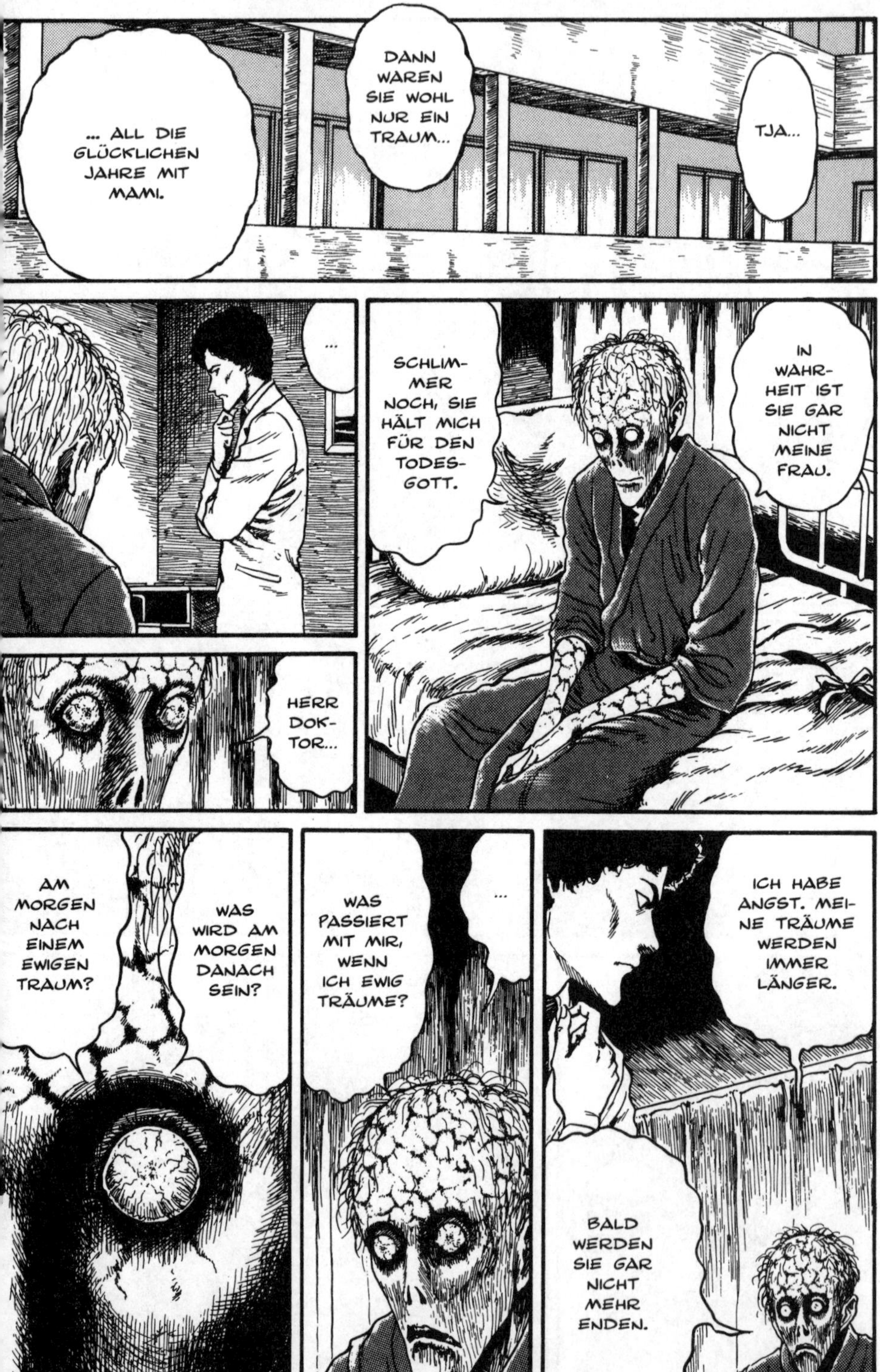

TJA...
DANN WAREN SIE WOHL NUR EIN TRAUM...
... ALL DIE GLÜCKLICHEN JAHRE MIT MAMI.
IN WAHRHEIT IST SIE GAR NICHT MEINE FRAU.
SCHLIMMER NOCH, SIE HÄLT MICH FÜR DEN TODESGOTT.
...
HERR DOKTOR...
ICH HABE ANGST. MEINE TRÄUME WERDEN IMMER LÄNGER.
BALD WERDEN SIE GAR NICHT MEHR ENDEN.
...
WAS PASSIERT MIT MIR, WENN ICH EWIG TRÄUME?
WAS WIRD AM MORGEN DANACH SEIN?
AM MORGEN NACH EINEM EWIGEN TRAUM?

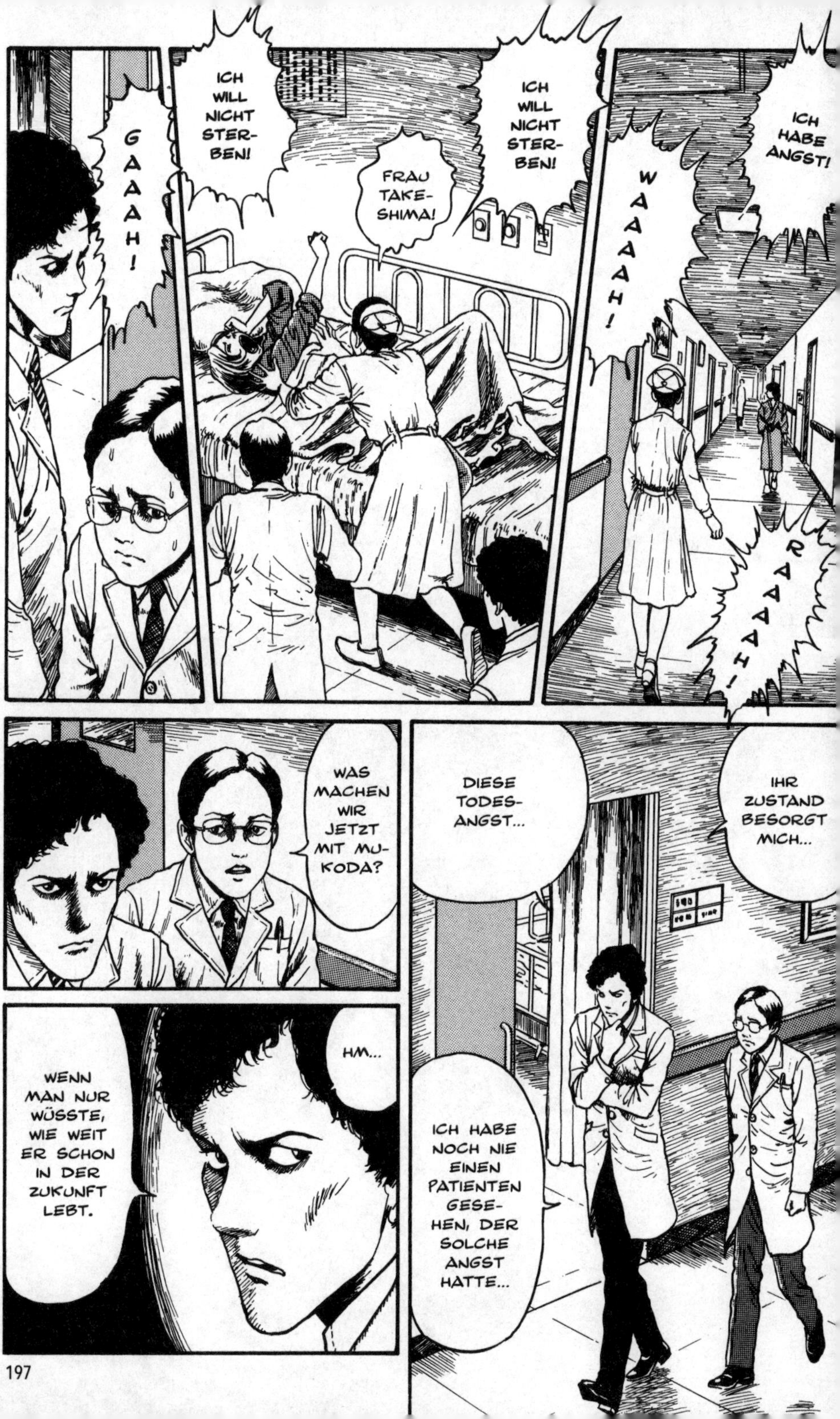

GAAAAH!
ICH WILL NICHT STERBEN!
ICH WILL NICHT STERBEN!
FRAU TAKESHIMA!
ICH HABE ANGST!
WAAAAAH!
RAAAAAH!
WAS MACHEN WIR JETZT MIT MUKODA?
HM...
WENN MAN NUR WÜSSTE, WIE WEIT ER SCHON IN DER ZUKUNFT LEBT.
DIESE TODESANGST...
IHR ZUSTAND BESORGT MICH...
ICH HABE NOCH NIE EINEN PATIENTEN GESEHEN, DER SOLCHE ANGST HATTE...

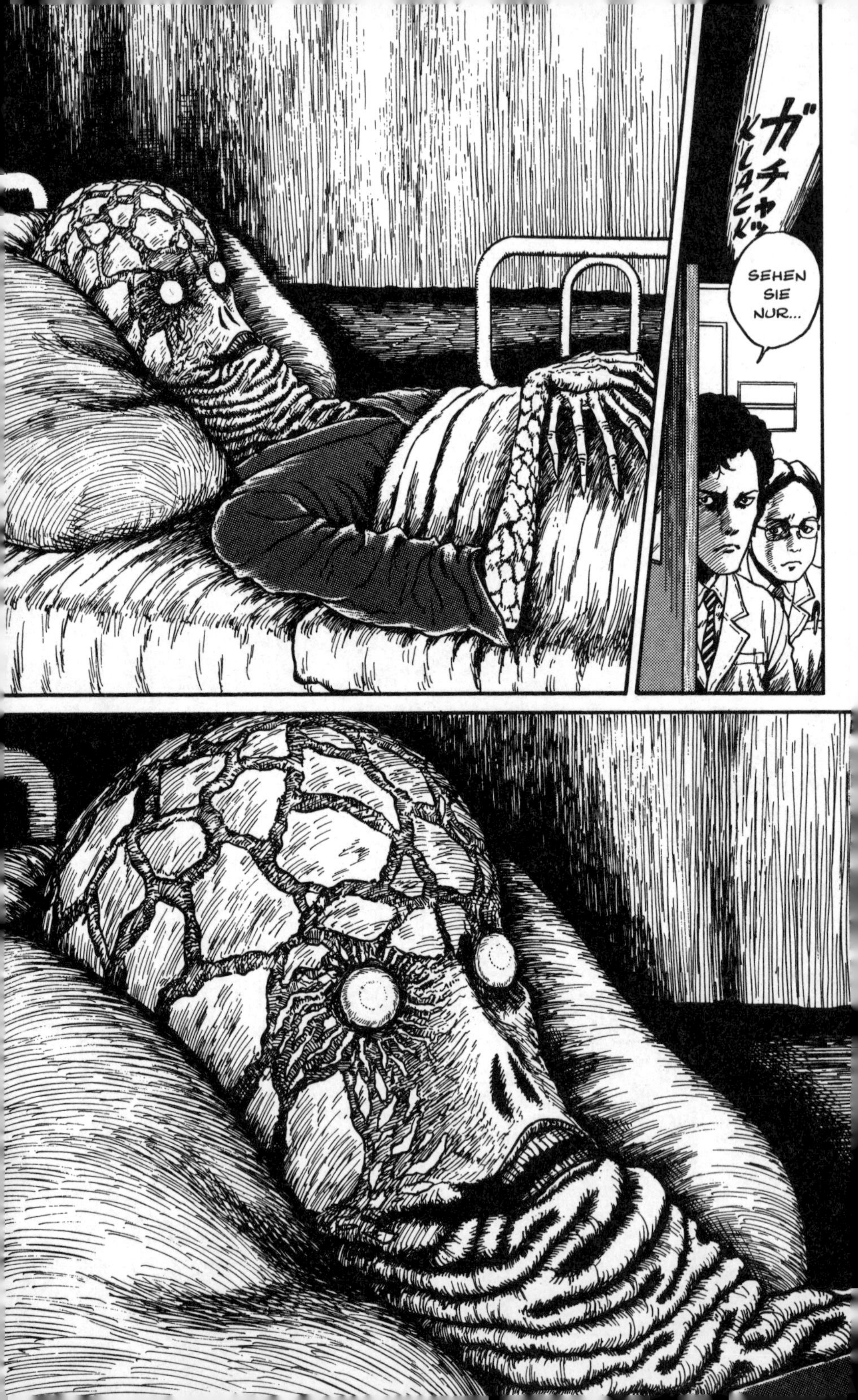
ガチャッ
KLACK
SEHEN SIE NUR...

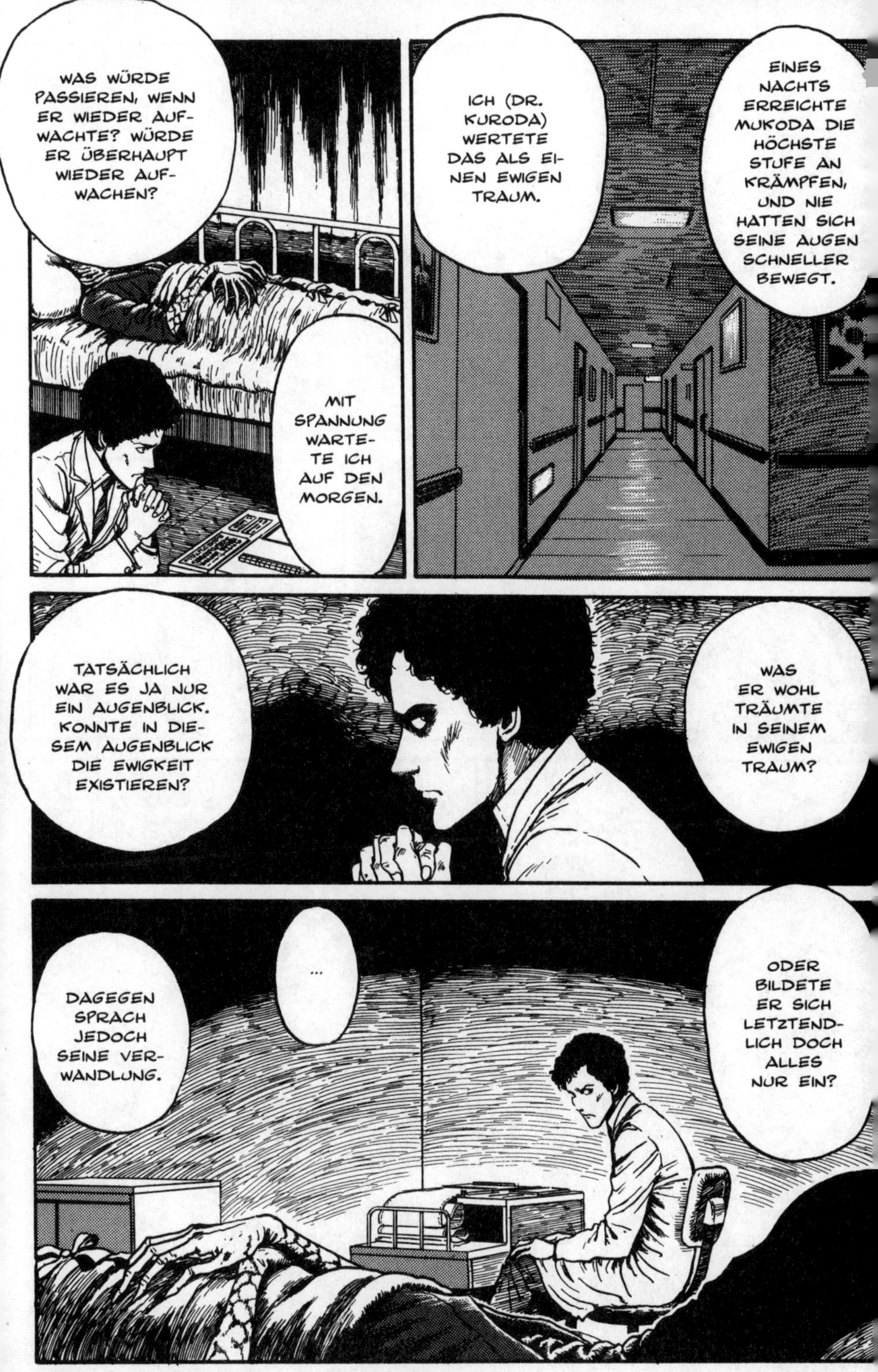

WAS WÜRDE PASSIEREN, WENN ER WIEDER AUF-WACHTE? WÜRDE ER ÜBERHAUPT WIEDER AUF-WACHEN?
MIT SPANNUNG WARTE-TE ICH AUF DEN MORGEN.
EINES NACHTS ERREICHTE MUKODA DIE HÖCHSTE STUFE AN KRÄMPFEN, UND NIE HATTEN SICH SEINE AUGEN SCHNELLER BEWEGT.
ICH (DR. KURODA) WERTETE DAS ALS EI-NEN EWIGEN TRAUM.
WAS ER WOHL TRÄUMTE IN SEINEM EWIGEN TRAUM?
TATSÄCHLICH WAR ES JA NUR EIN AUGENBLICK. KONNTE IN DIE-SEM AUGENBLICK DIE EWIGKEIT EXISTIEREN?
ODER BILDETE ER SICH LETZTEND-LICH DOCH ALLES NUR EIN?
...
DAGEGEN SPRACH JEDOCH SEINE VER-WANDLUNG.

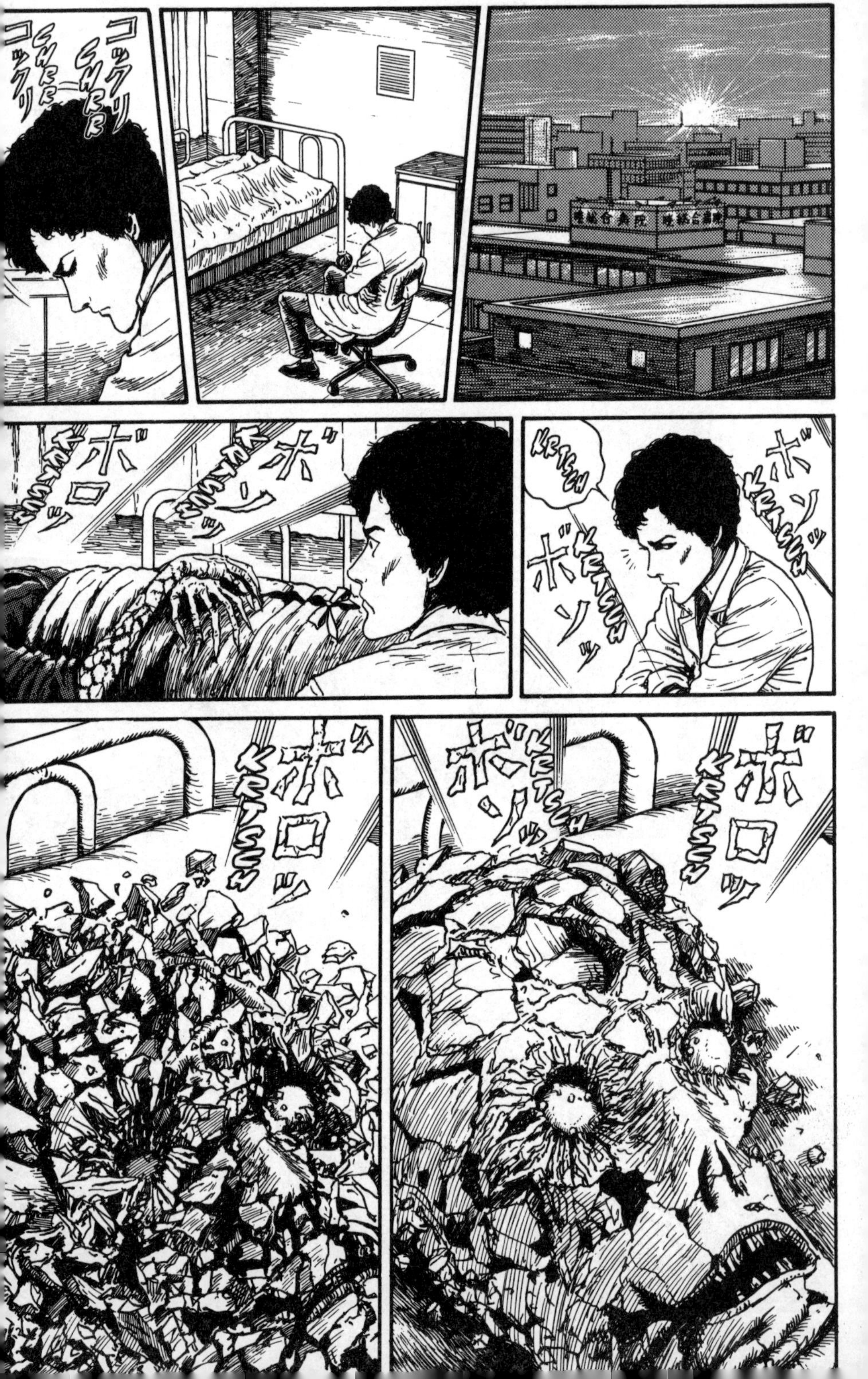

コックリ
CHRR
コックリ
CHRR
ボソッ
KRTSCH
KRTSCH
ボソッ
KRTSCH
ボソッ
KRTSCH
ボロッ
KRTSCH
ボロッ
KRTSCH
ボソッ
KRTSCH
ボロッ
KRTSCH

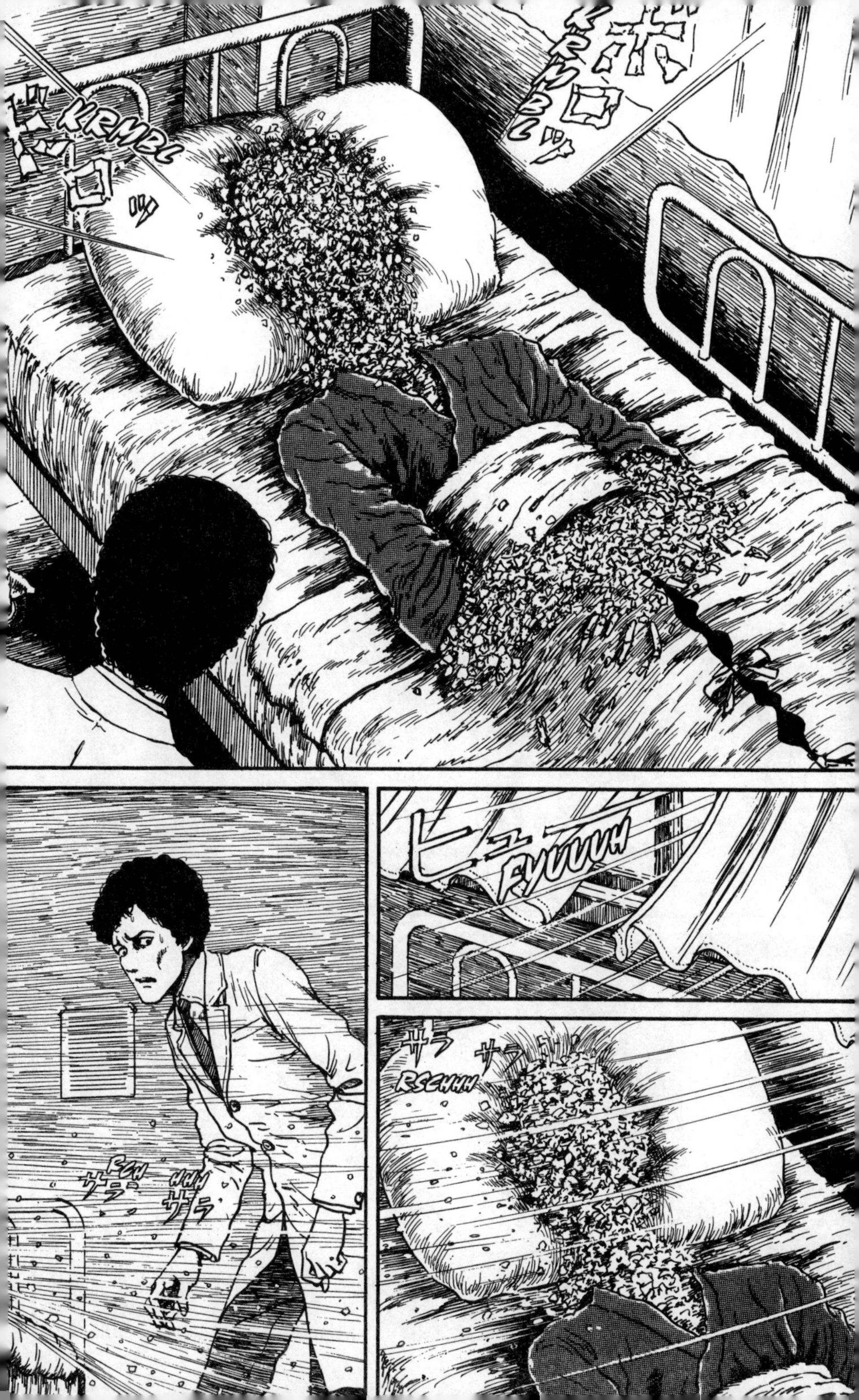

ボロッ KRMBL
ボロッ KRMBL
ヒュ FYUUUH
サラ サラ RSCHHH
サラ サラ RSCHHHH

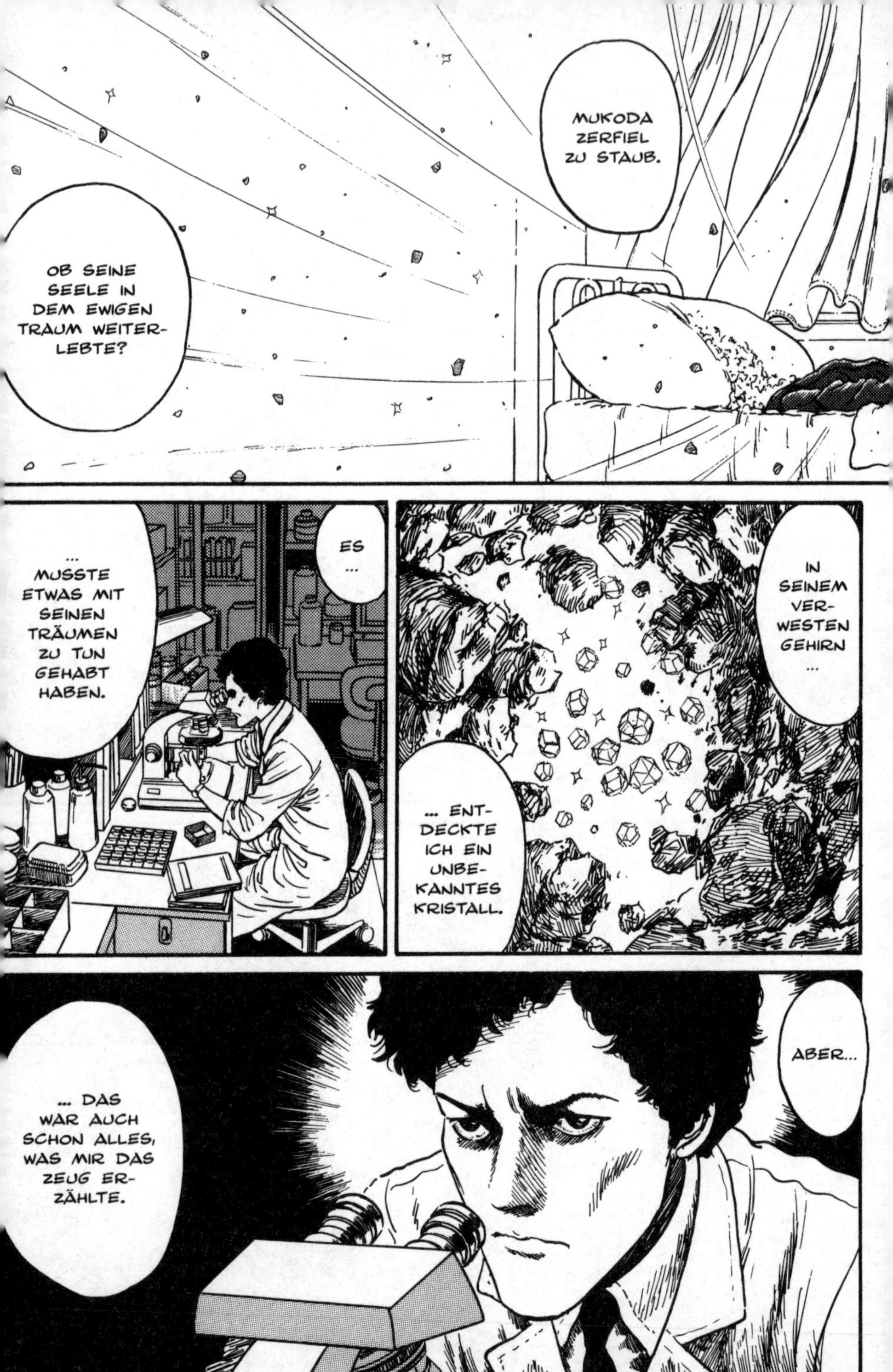

MUKODA ZERFIEL ZU STAUB.
OB SEINE SEELE IN DEM EWIGEN TRAUM WEITERLEBTE?
IN SEINEM VERWESTEN GEHIRN ...
... ENTDECKTE ICH EIN UNBEKANNTES KRISTALL.
ES ...
... MUSSTE ETWAS MIT SEINEN TRÄUMEN ZU TUN GEHABT HABEN.
ABER...
... DAS WAR AUCH SCHON ALLES, WAS MIR DAS ZEUG ERZÄHLTE.

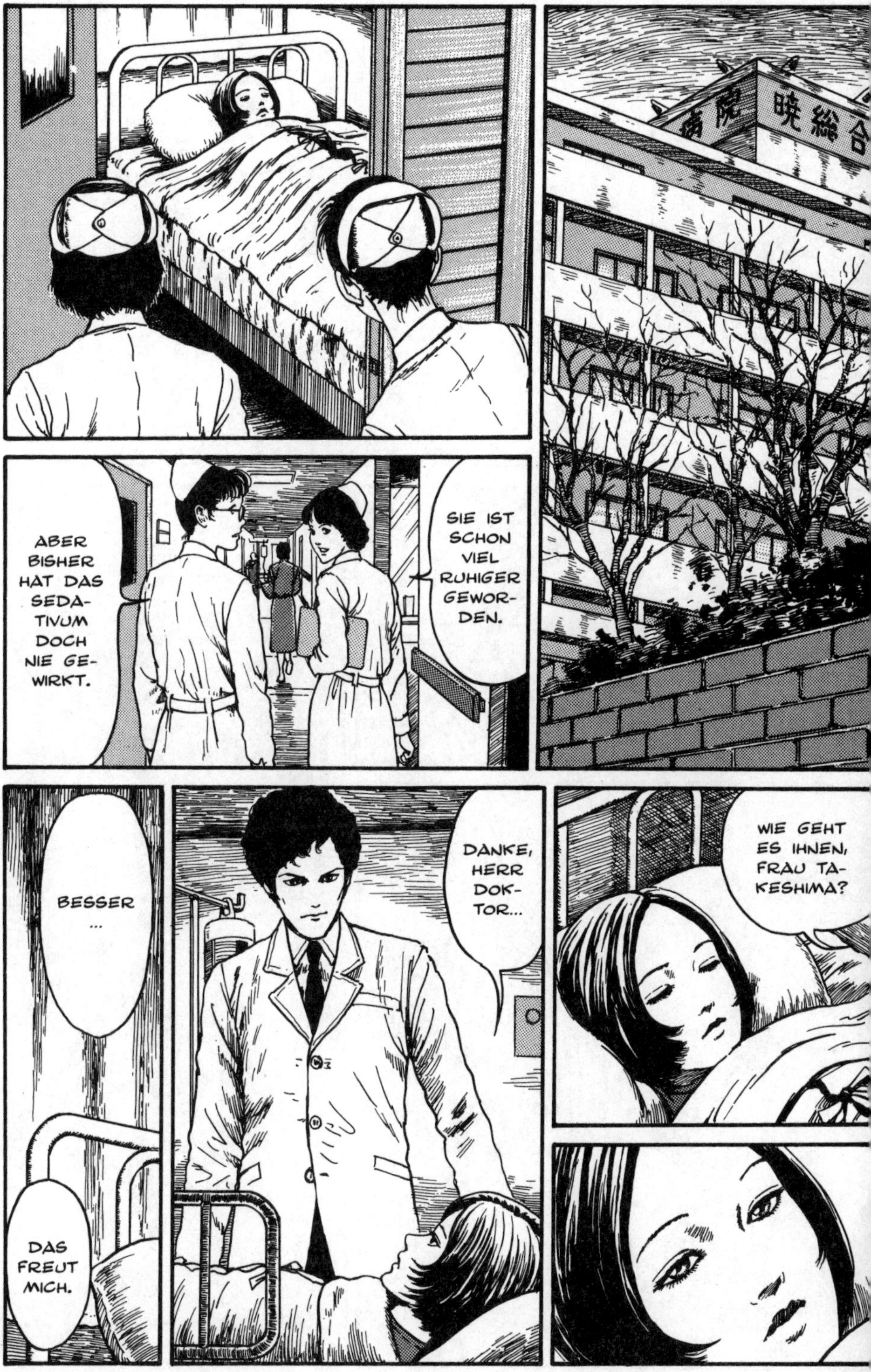
SIE IST SCHON VIEL RUHIGER GEWORDEN.
ABER BISHER HAT DAS SEDATIVUM DOCH NIE GEWIRKT.
WIE GEHT ES IHNEN, FRAU TAKESHIMA?
BESSER ...
DANKE, HERR DOKTOR...
DAS FREUT MICH.

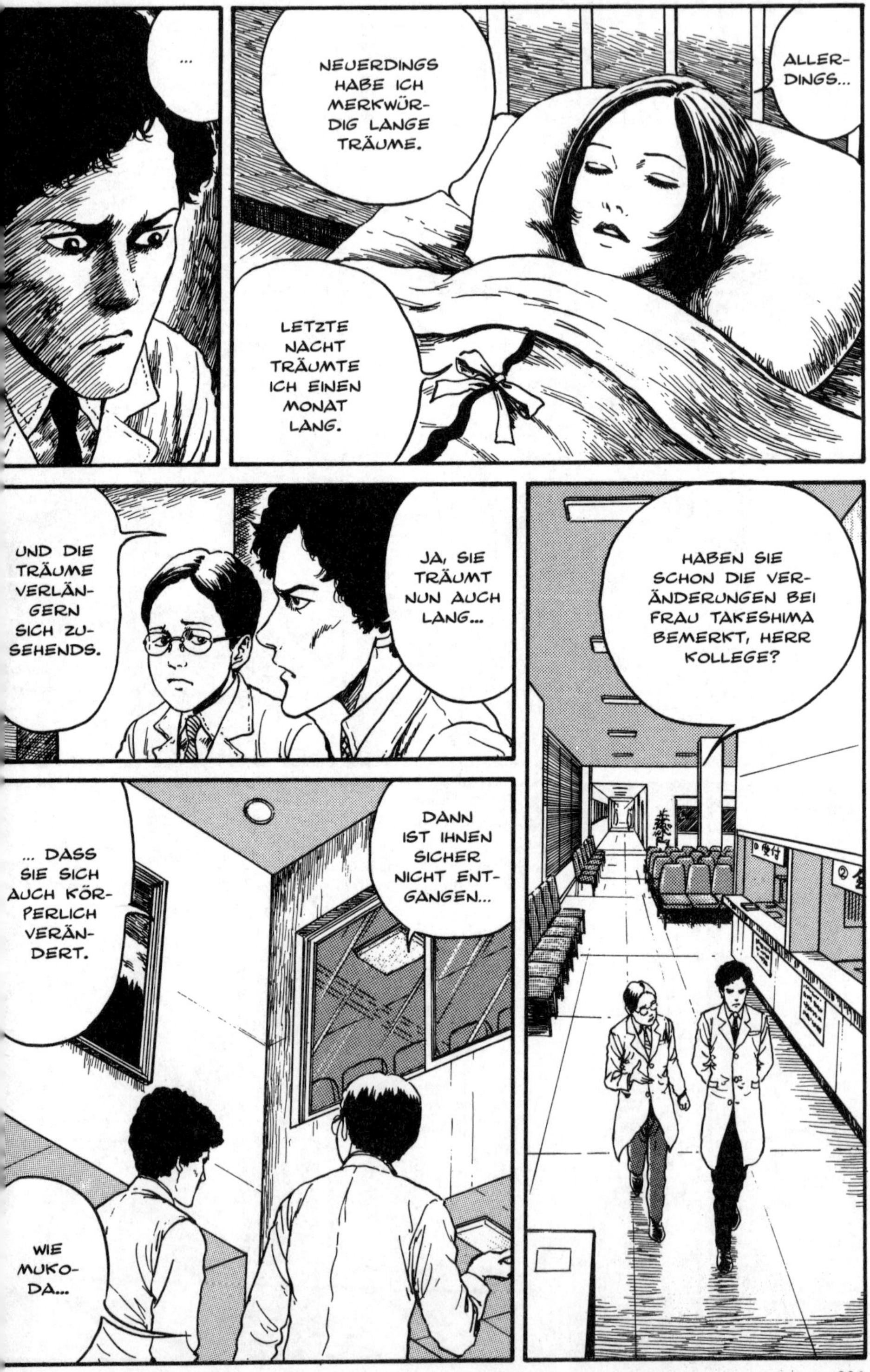
ALLER-
DINGS...
NEUERDINGS HABE ICH MERKWÜRDIG LANGE TRÄUME.
LETZTE NACHT TRÄUMTE ICH EINEN MONAT LANG.
...
HABEN SIE SCHON DIE VERÄNDERUNGEN BEI FRAU TAKESHIMA BEMERKT, HERR KOLLEGE?
JA, SIE TRÄUMT NUN AUCH LANG...
UND DIE TRÄUME VERLÄNGERN SICH ZUSEHENDS.
DANN IST IHNEN SICHER NICHT ENTGANGEN...
... DASS SIE SICH AUCH KÖRPERLICH VERÄNDERT.
WIE MUKODA...

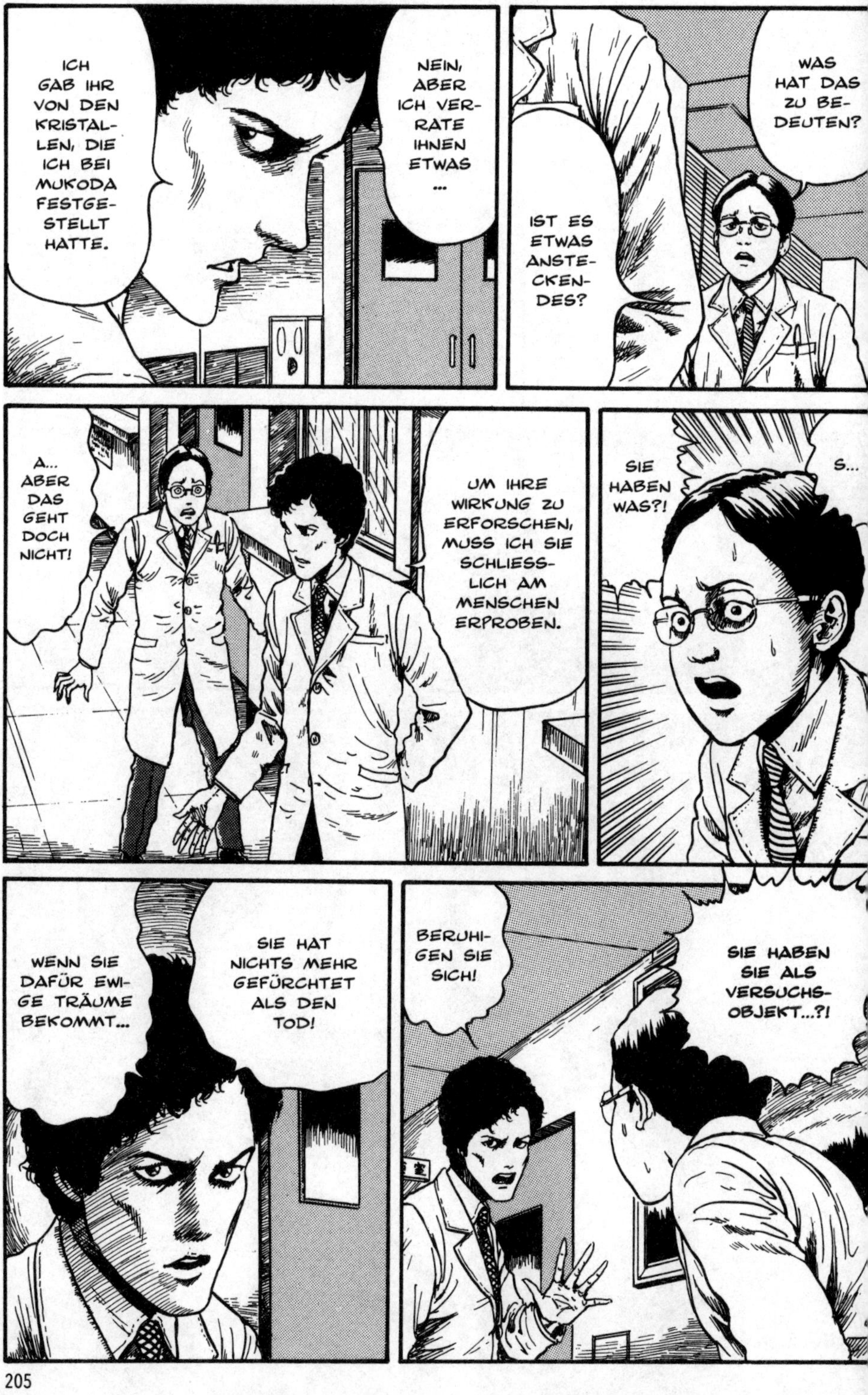
WAS HAT DAS ZU BEDEUTEN?
IST ES ETWAS ANSTECKENDES?
NEIN, ABER ICH VERRATE IHNEN ETWAS ...
ICH GAB IHR VON DEN KRISTALLEN, DIE ICH BEI MUKODA FESTGESTELLT HATTE.
S...
SIE HABEN WAS?!
UM IHRE WIRKUNG ZU ERFORSCHEN, MUSS ICH SIE SCHLIESSLICH AM MENSCHEN ERPROBEN.
A... ABER DAS GEHT DOCH NICHT!
SIE HABEN SIE ALS VERSUCHSOBJEKT...?!
BERUHIGEN SIE SICH!
SIE HAT NICHTS MEHR GEFÜRCHTET ALS DEN TOD!
WENN SIE DAFÜR EWIGE TRÄUME BEKOMMT...

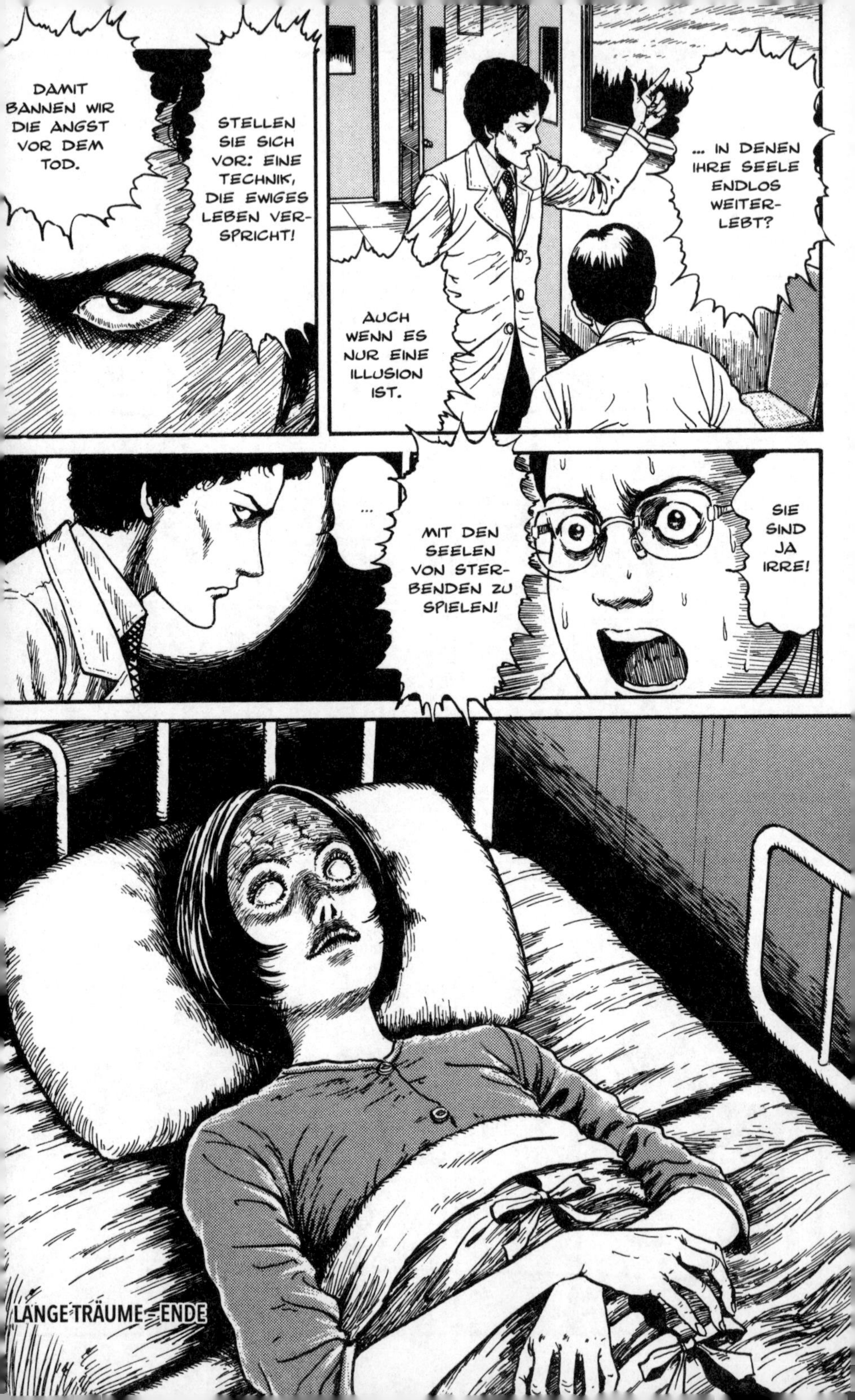
... IN DENEN IHRE SEELE ENDLOS WEITER-LEBT?
AUCH WENN ES NUR EINE ILLUSION IST.
STELLEN SIE SICH VOR: EINE TECHNIK, DIE EWIGES LEBEN VER-SPRICHT!
DAMIT BANNEN WIR DIE ANGST VOR DEM TOD.
SIE SIND JA IRRE!
MIT DEN SEELEN VON STER-BENDEN ZU SPIELEN!
...
LANGE TRÄUME – ENDE

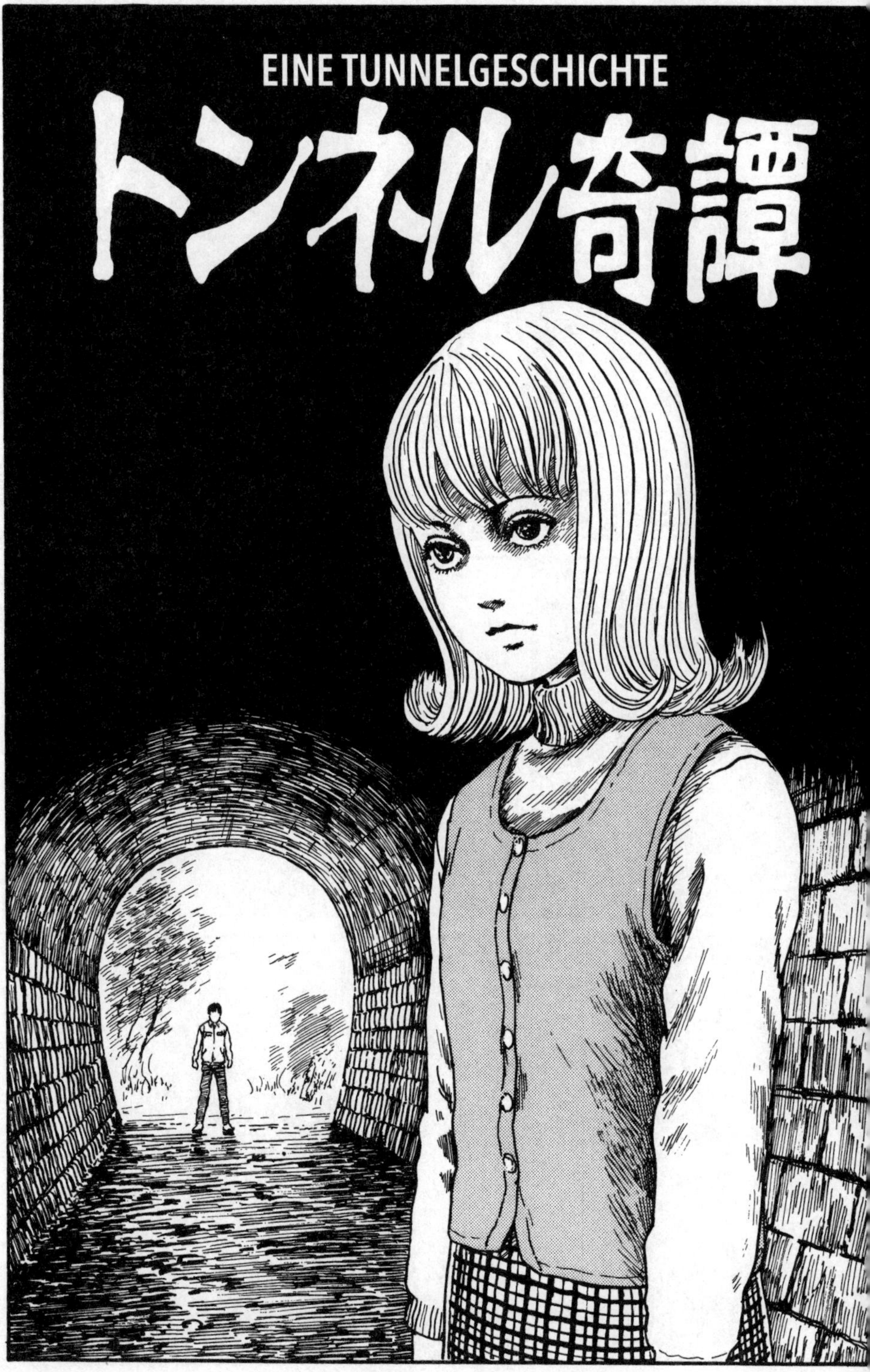
EINE TUNNELGESCHICHTE
トンネル奇譚

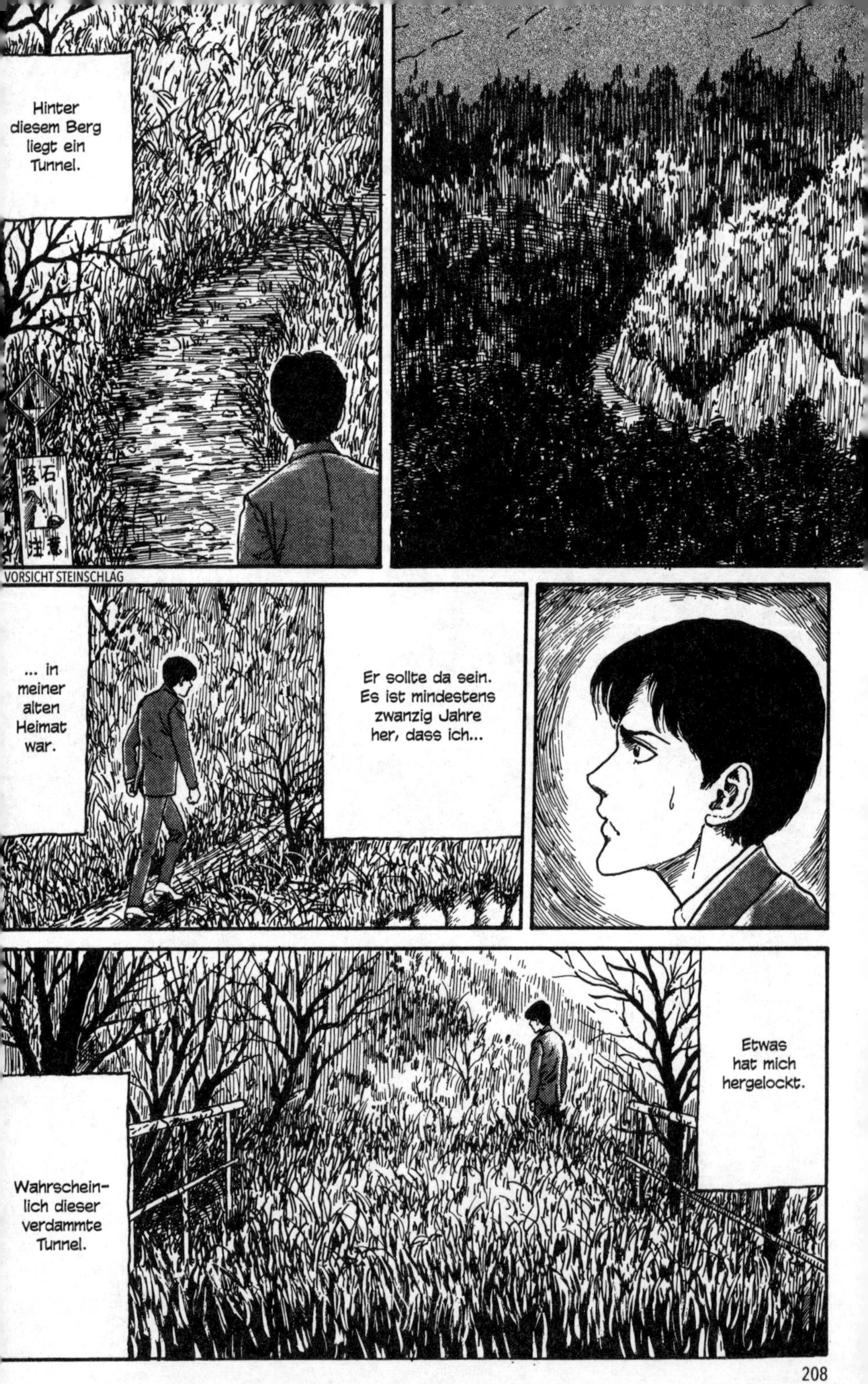
Hinter diesem Berg liegt ein Tunnel.
落石注意
VORSICHT STEINSCHLAG
Er sollte da sein. Es ist mindestens zwanzig Jahre her, dass ich...
... in meiner alten Heimat war.
Etwas hat mich hergelockt.
Wahrschein-lich dieser verdammte Tunnel.

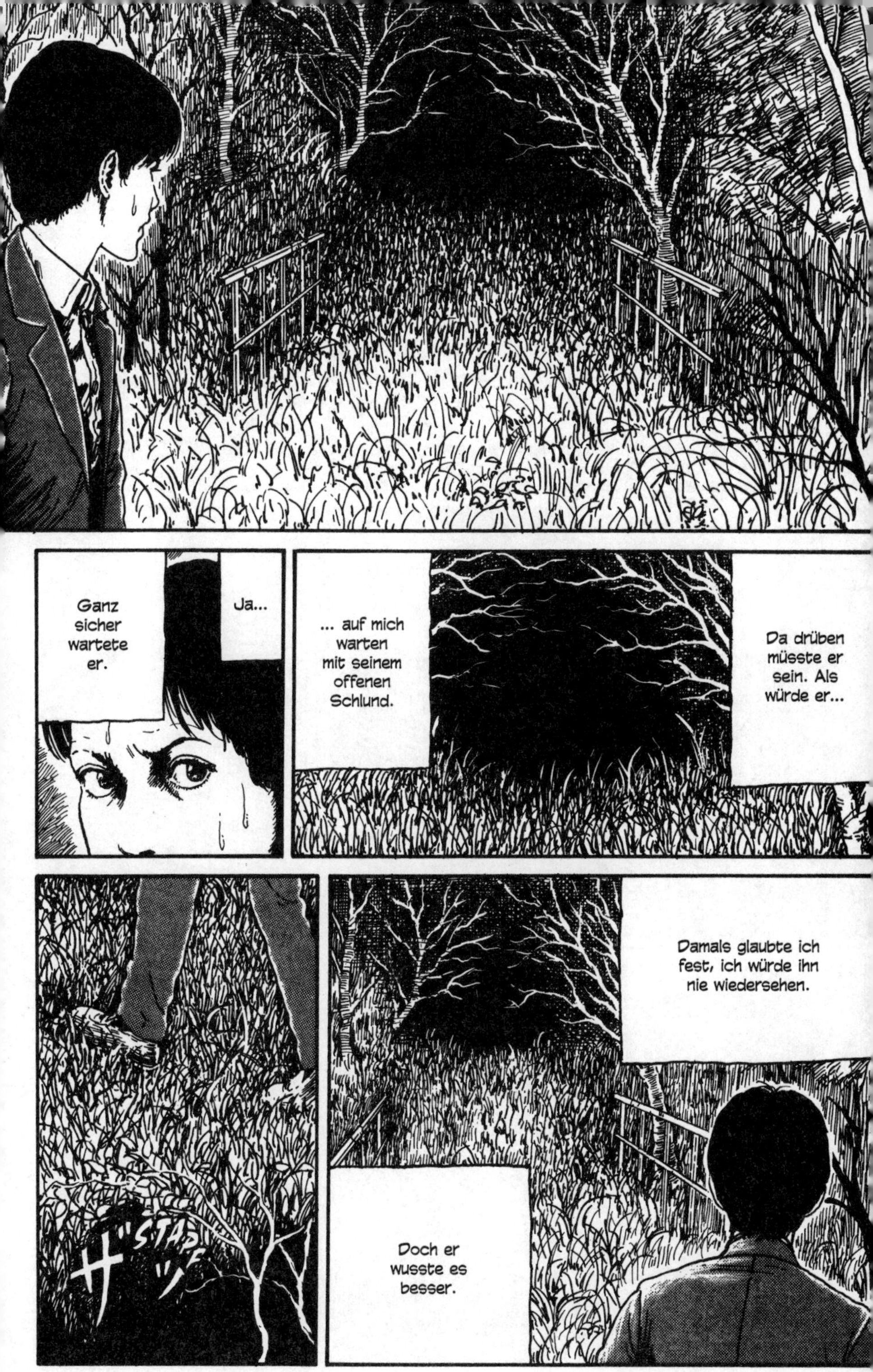
Da drüben müsste er sein. Als würde er...
... auf mich warten mit seinem offenen Schlund.
Ja...
Ganz sicher wartete er.
Damals glaubte ich fest, ich würde ihn nie wiedersehen.
Doch er wusste es besser.
STAP

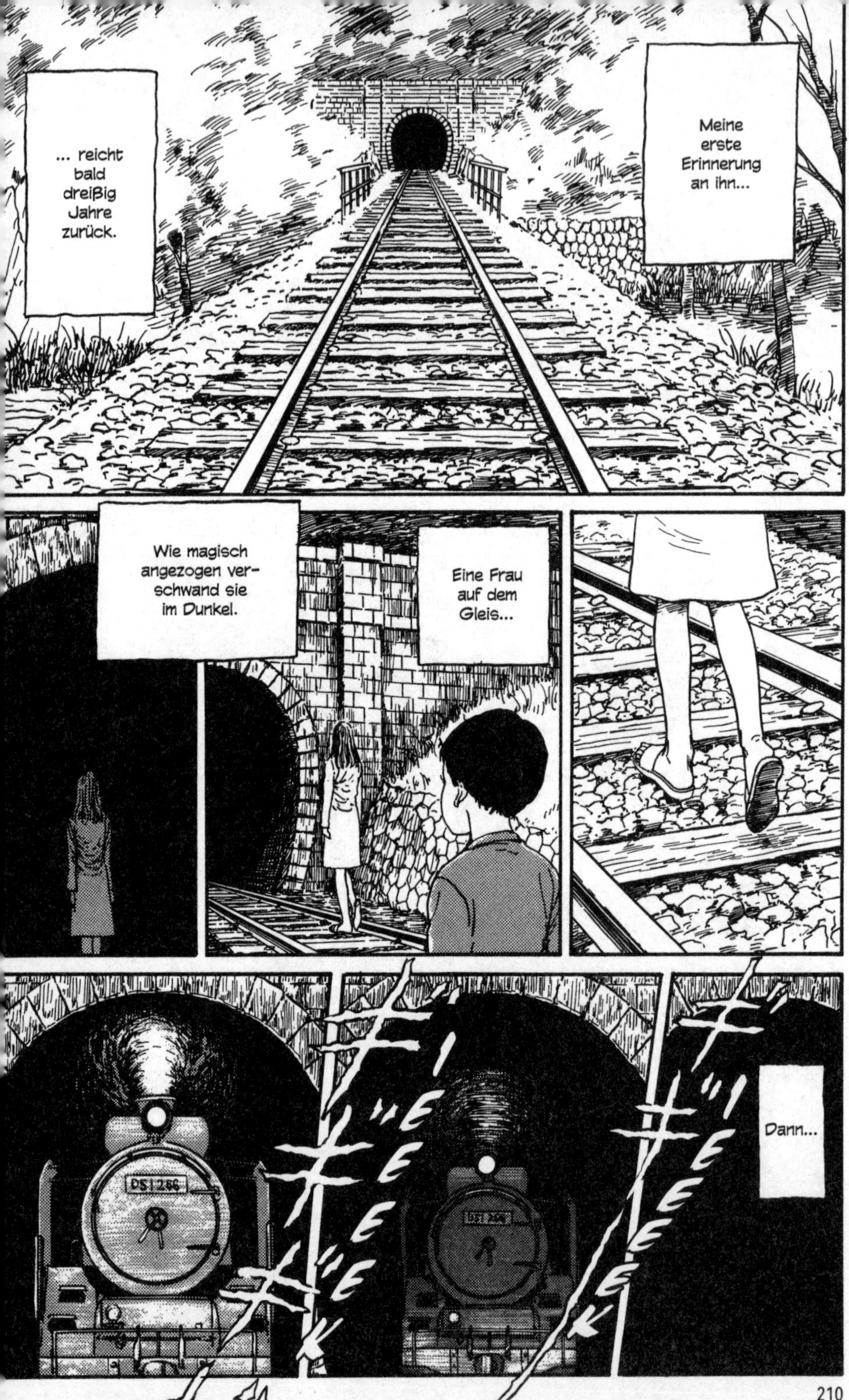

Meine erste Erinnerung an ihn...
... reicht bald dreißig Jahre zurück.
Eine Frau auf dem Gleis...
Wie magisch angezogen verschwand sie im Dunkel.
Dann...

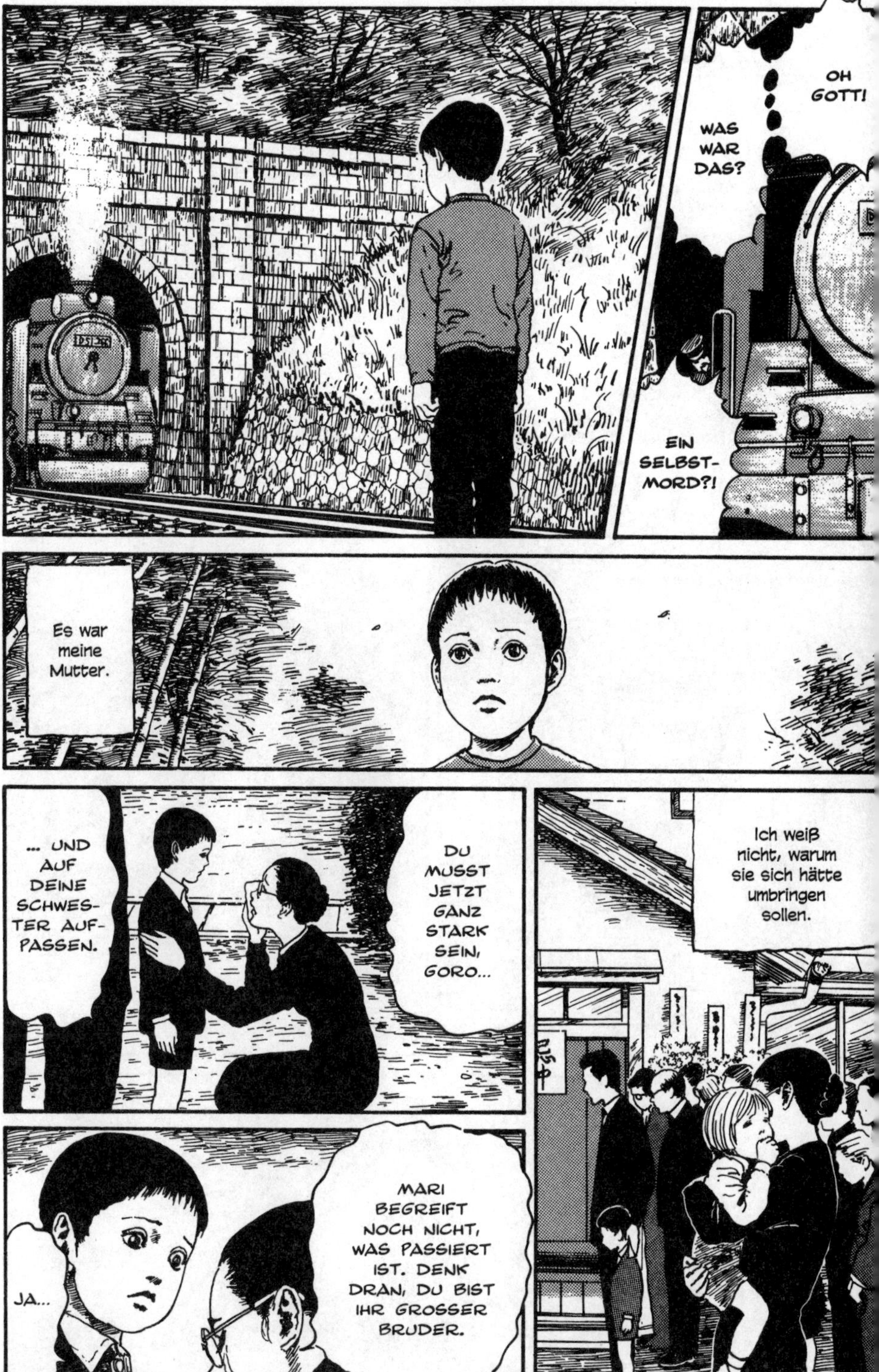

OH GOTT!
WAS WAR DAS?
EIN SELBST-MORD?!
Es war meine Mutter.
Ich weiß nicht, warum sie sich hätte umbringen sollen.
DU MUSST JETZT GANZ STARK SEIN, GORO...
... UND AUF DEINE SCHWES-TER AUF-PASSEN.
MARI BEGREIFT NOCH NICHT, WAS PASSIERT IST. DENK DRAN, DU BIST IHR GROSSER BRUDER.
JA...

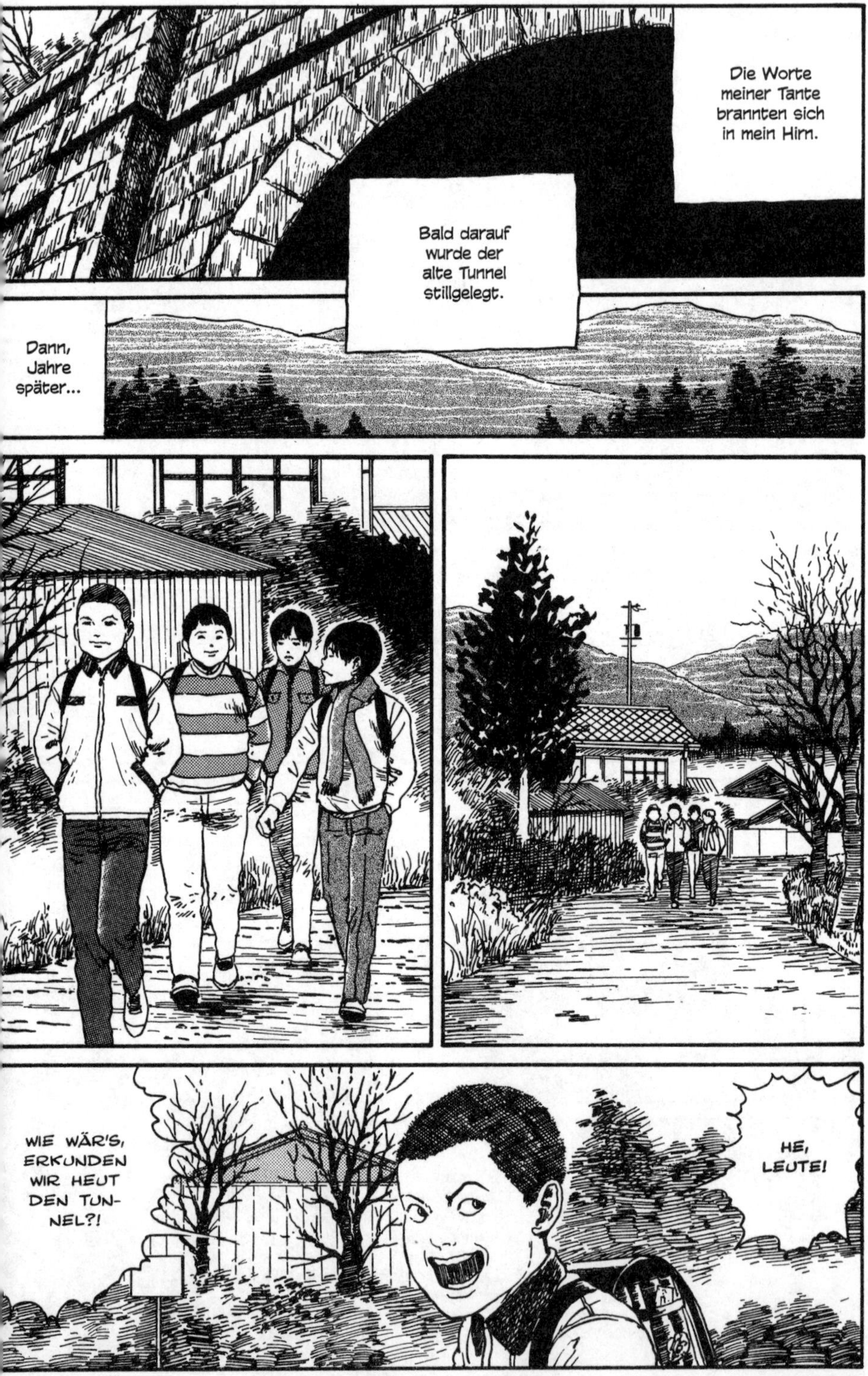
Die Worte meiner Tante brannten sich in mein Hirn.
Bald darauf wurde der alte Tunnel stillgelegt.
Dann, Jahre später...
HE, LEUTE!
WIE WÄR'S, ERKUNDEN WIR HEUT DEN TUN-NEL?!

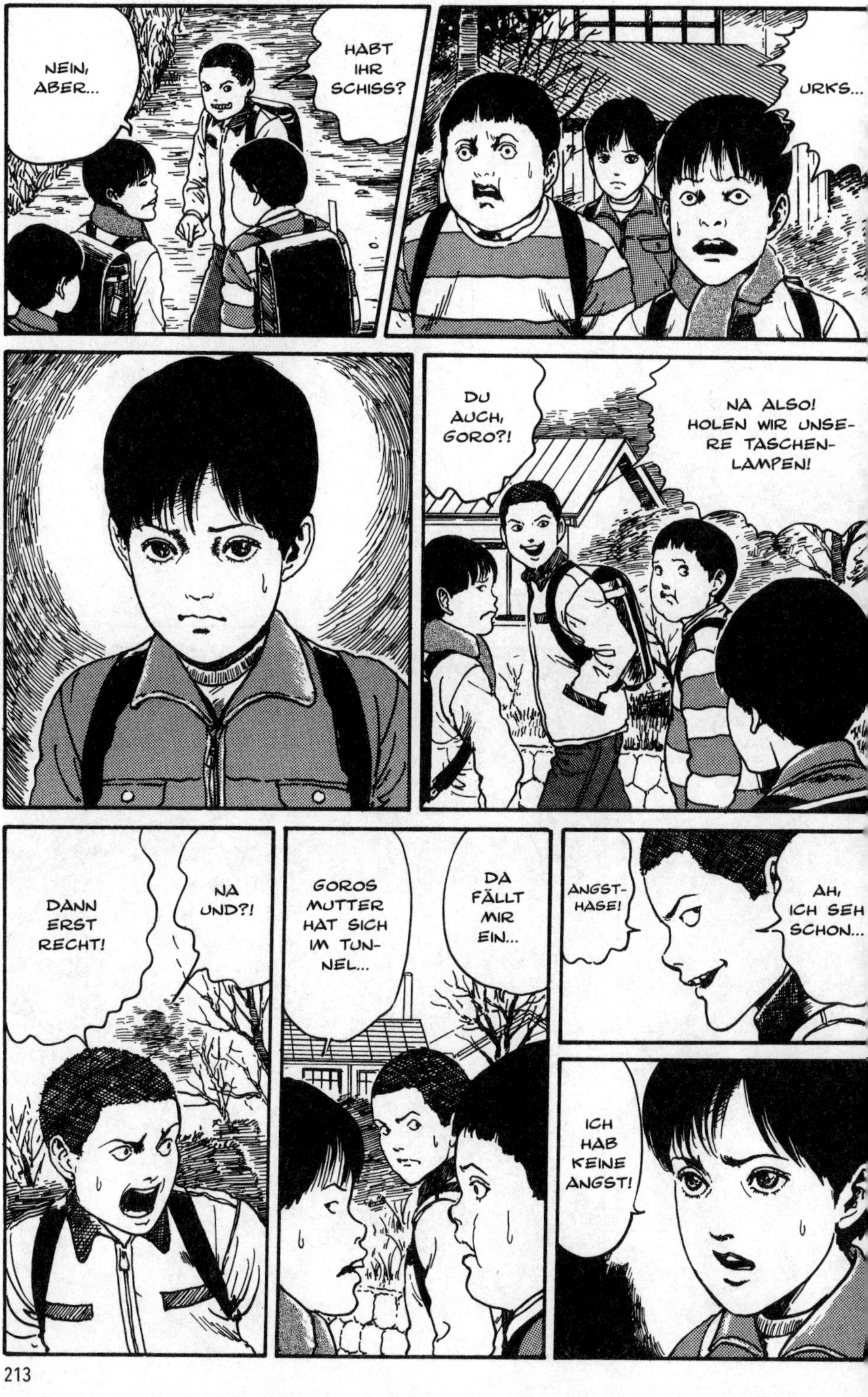
URKS...
HABT IHR SCHISS?
NEIN, ABER...
NA ALSO! HOLEN WIR UNSERE TASCHENLAMPEN!
DU AUCH, GORO?!
AH, ICH SEH SCHON...
ANGSTHASE!
ICH HAB KEINE ANGST!
DA FÄLLT MIR EIN...
GOROS MUTTER HAT SICH IM TUNNEL...
NA UND?!
DANN ERST RECHT!

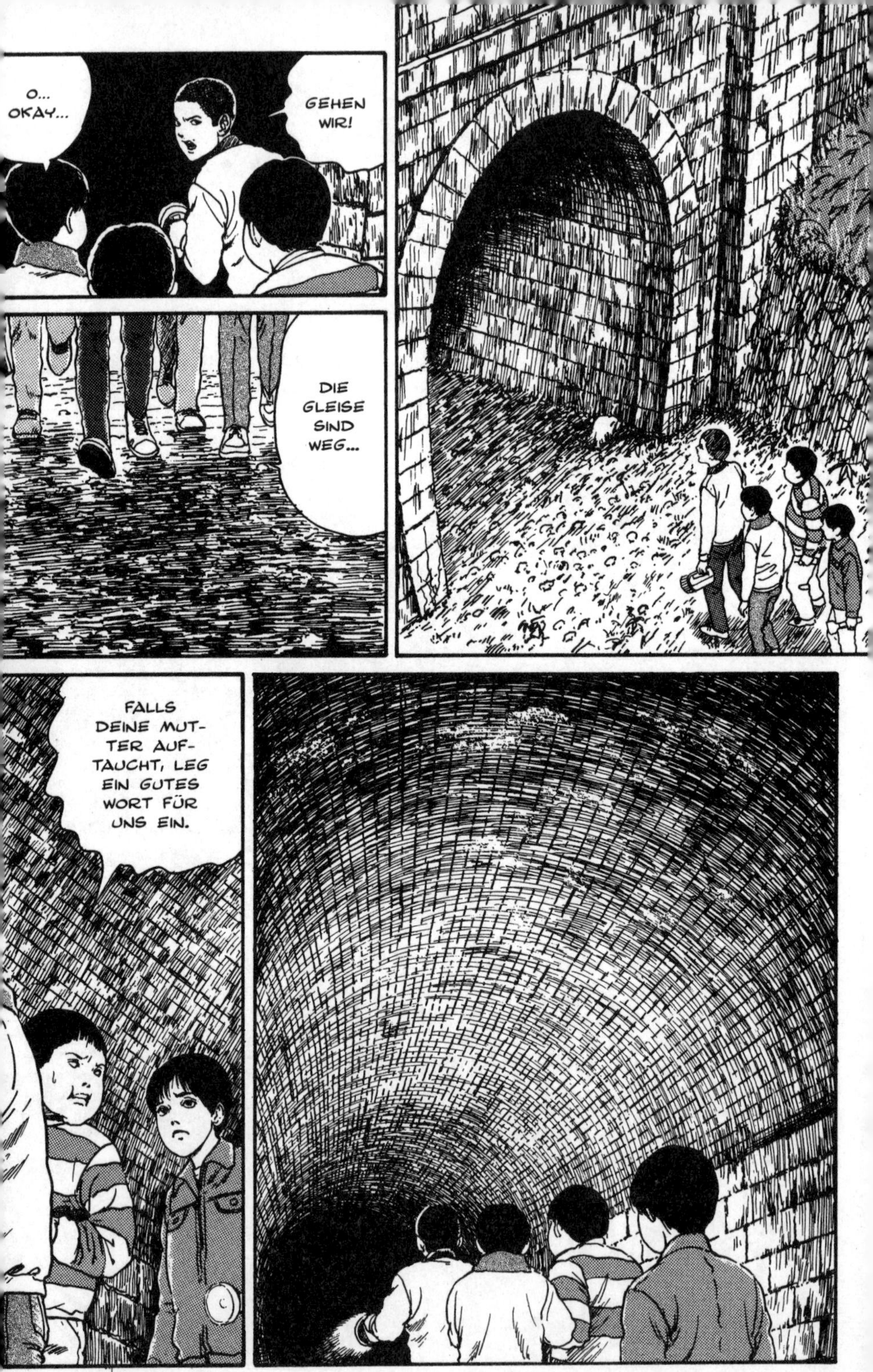
GEHEN WIR!
O... OKAY...
DIE GLEISE SIND WEG...
FALLS DEINE MUTTER AUFTAUCHT, LEG EIN GUTES WORT FÜR UNS EIN.

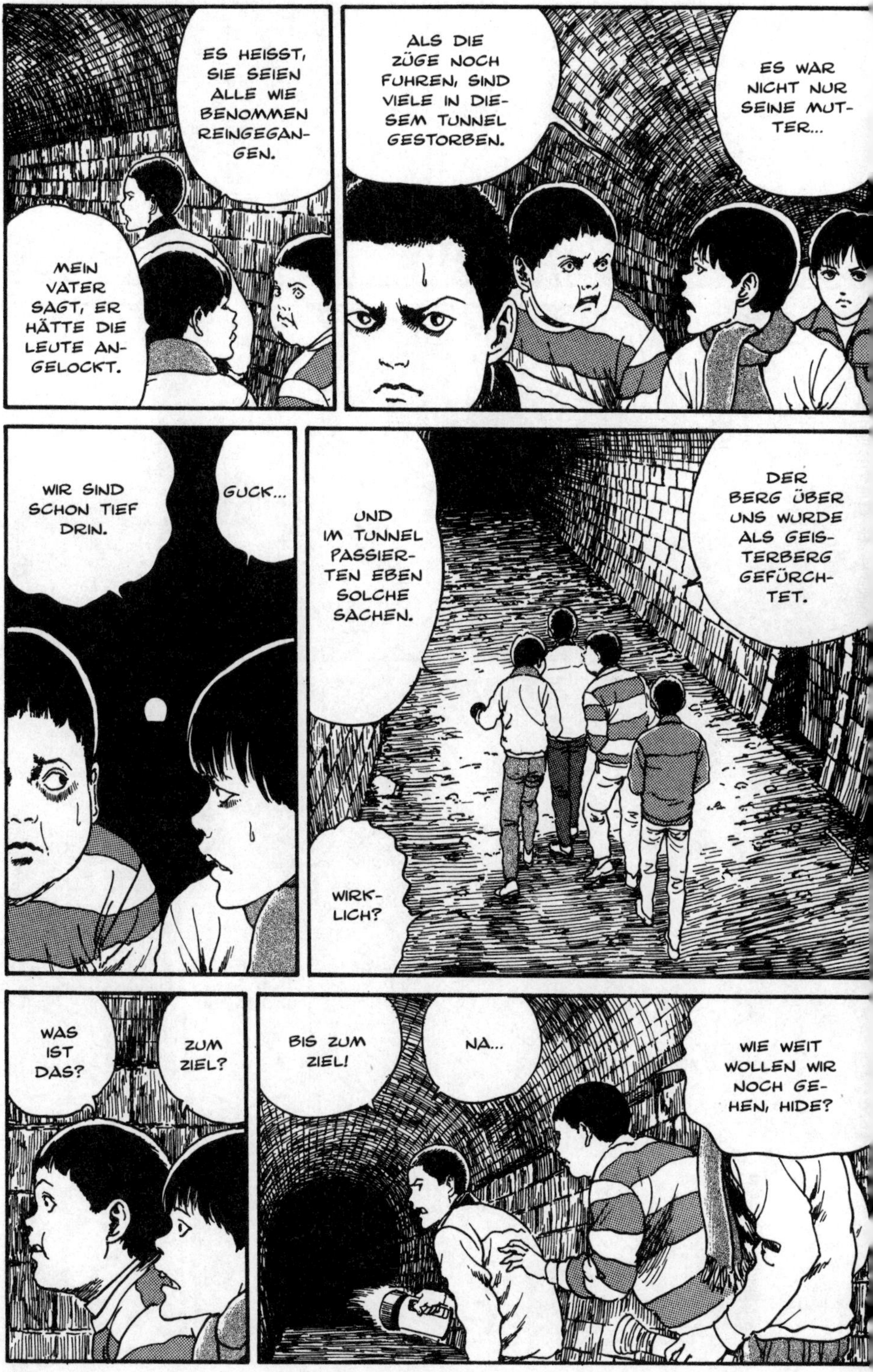
ES WAR NICHT NUR SEINE MUTTER...
ALS DIE ZÜGE NOCH FUHREN, SIND VIELE IN DIESEM TUNNEL GESTORBEN.
ES HEISST, SIE SEIEN ALLE WIE BENOMMEN REINGEGANGEN.
MEIN VATER SAGT, ER HÄTTE DIE LEUTE ANGELOCKT.
DER BERG ÜBER UNS WURDE ALS GEISTERBERG GEFÜRCHTET.
UND IM TUNNEL PASSIERTEN EBEN SOLCHE SACHEN.
WIRKLICH?
GUCK...
WIR SIND SCHON TIEF DRIN.
WIE WEIT WOLLEN WIR NOCH GEHEN, HIDE?
NA...
BIS ZUM ZIEL!
ZUM ZIEL?
WAS IST DAS?

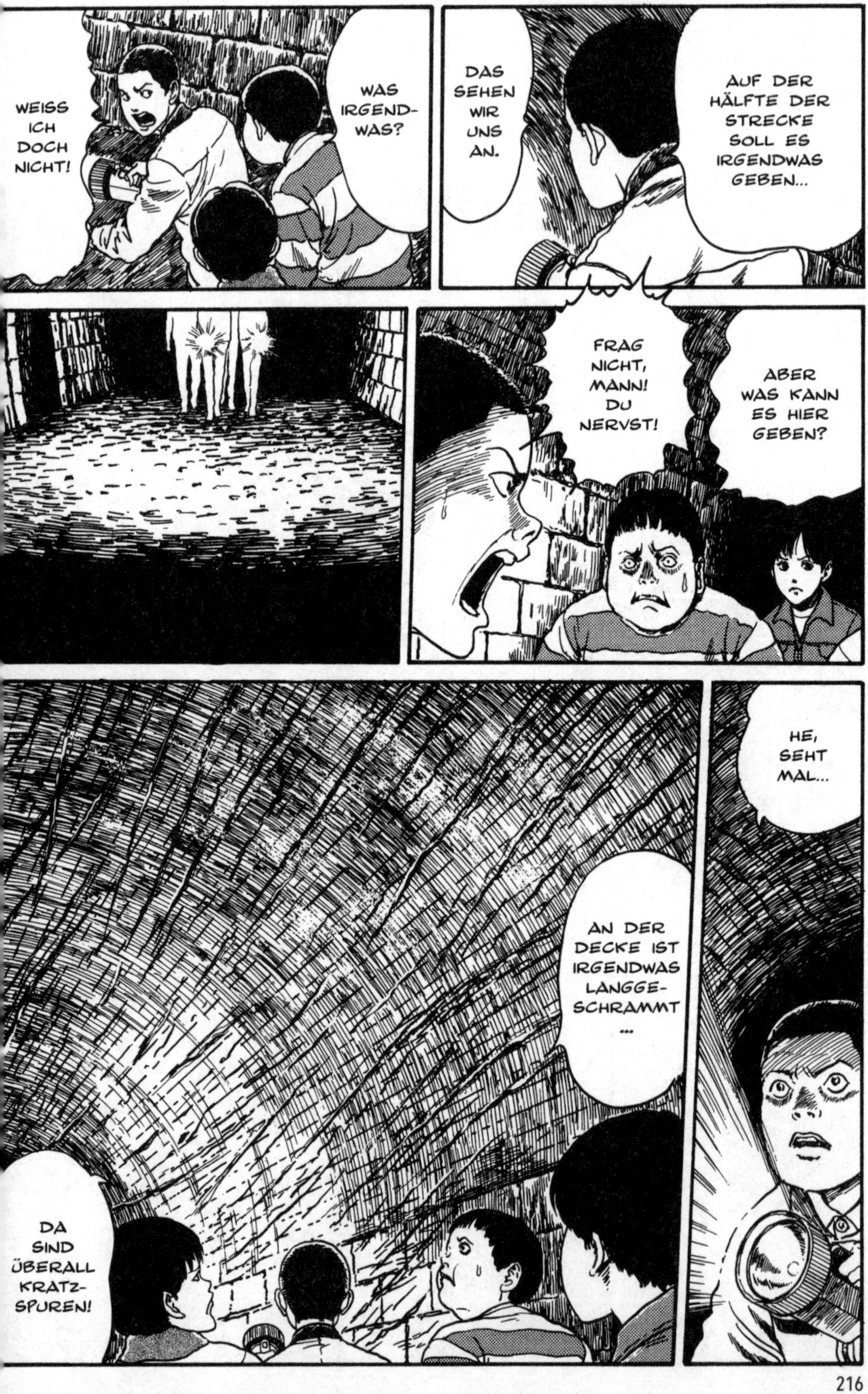
AUF DER HÄLFTE DER STRECKE SOLL ES IRGENDWAS GEBEN...
DAS SEHEN WIR UNS AN.
WAS IRGEND-WAS?
WEISS ICH DOCH NICHT!
ABER WAS KANN ES HIER GEBEN?
FRAG NICHT, MANN! DU NERVST!
HE, SEHT MAL...
AN DER DECKE IST IRGENDWAS LANGGE-SCHRAMMT ...
DA SIND ÜBERALL KRATZ-SPUREN!

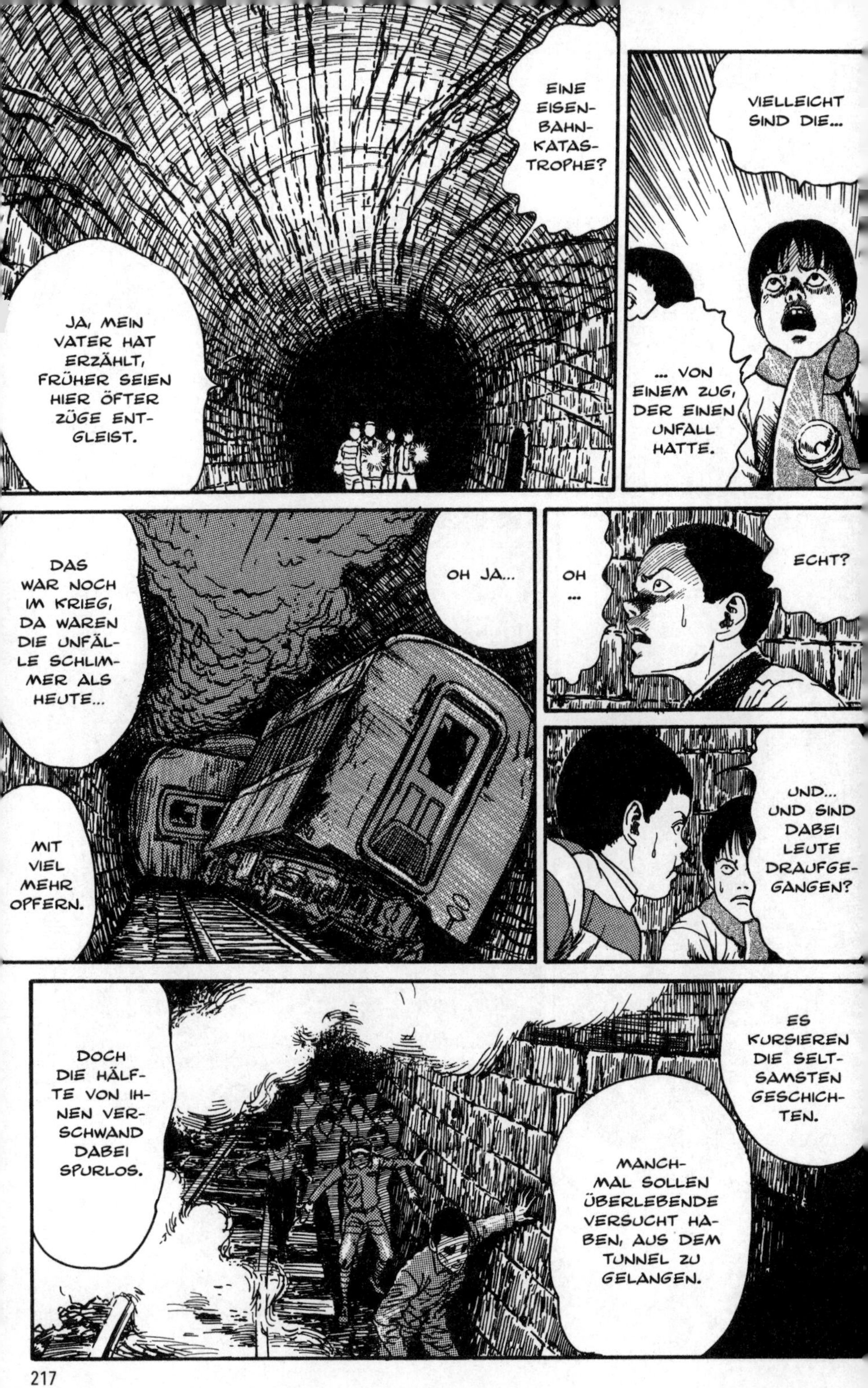
VIELLEICHT SIND DIE...
... VON EINEM ZUG, DER EINEN UNFALL HATTE.
EINE EISEN-BAHN-KATAS-TROPHE?
JA, MEIN VATER HAT ERZÄHLT, FRÜHER SEIEN HIER ÖFTER ZÜGE ENT-GLEIST.
ECHT?
OH ...
OH JA...
UND... UND SIND DABEI LEUTE DRAUFGE-GANGEN?
DAS WAR NOCH IM KRIEG, DA WAREN DIE UNFÄL-LE SCHLIM-MER ALS HEUTE...
MIT VIEL MEHR OPFERN.
ES KURSIEREN DIE SELT-SAMSTEN GESCHICH-TEN.
MANCH-MAL SOLLEN ÜBERLEBENDE VERSUCHT HA-BEN, AUS DEM TUNNEL ZU GELANGEN.
DOCH DIE HÄLF-TE VON IH-NEN VER-SCHWAND DABEI SPURLOS.

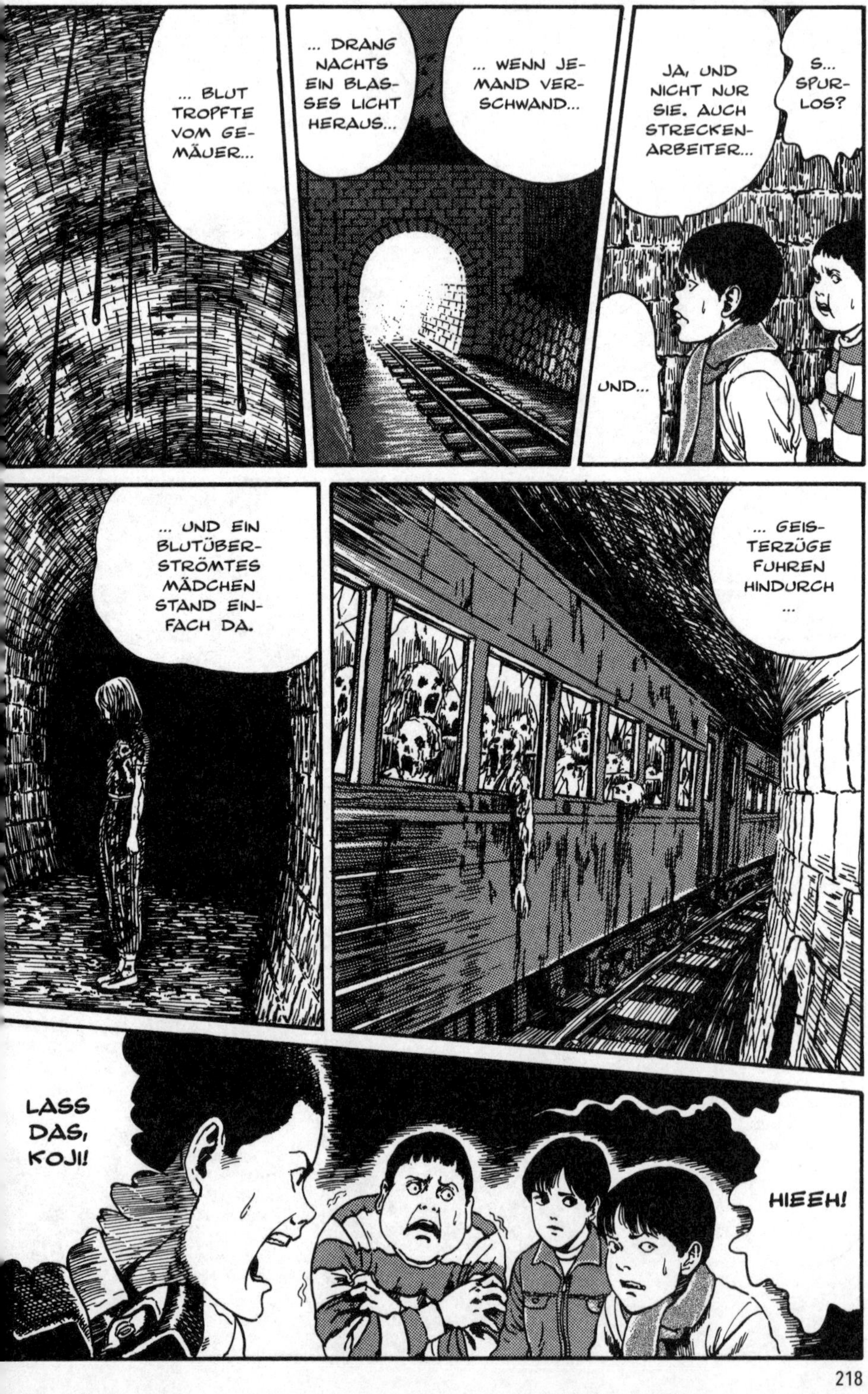
S... SPUR-LOS?
JA, UND NICHT NUR SIE. AUCH STRECKEN-ARBEITER...
UND...
... WENN JE-MAND VER-SCHWAND...
... DRANG NACHTS EIN BLAS-SES LICHT HERAUS...
... BLUT TROPFTE VOM GE-MÄUER...
... GEIS-TERZÜGE FUHREN HINDURCH ...
... UND EIN BLUTÜBER-STRÖMTES MÄDCHEN STAND EIN-FACH DA.
HIEEH!
LASS DAS, KOJI!

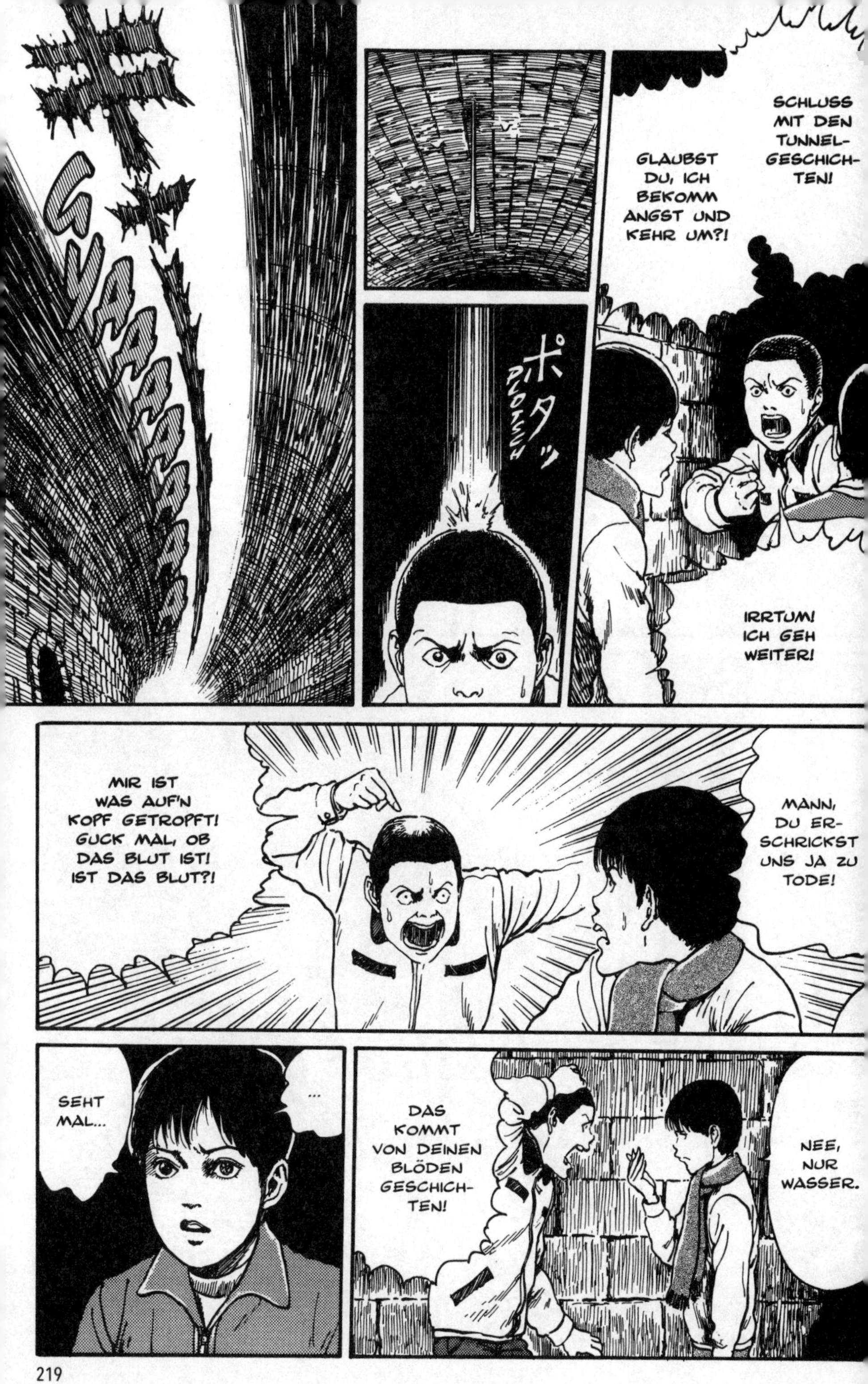

SCHLUSS MIT DEN TUNNEL-GESCHICHTEN!
GLAUBST DU, ICH BEKOMM ANGST UND KEHR UM?!
IRRTUM! ICH GEH WEITER!
ポタッ
PLOISCH
GYAAAAAA
MIR IST WAS AUF'N KOPF GETROPFT! GUCK MAL, OB DAS BLUT IST! IST DAS BLUT?!
MANN, DU ER-SCHRICKST UNS JA ZU TODE!
NEE, NUR WASSER.
DAS KOMMT VON DEINEN BLÖDEN GESCHICH-TEN!
...
SEHT MAL...

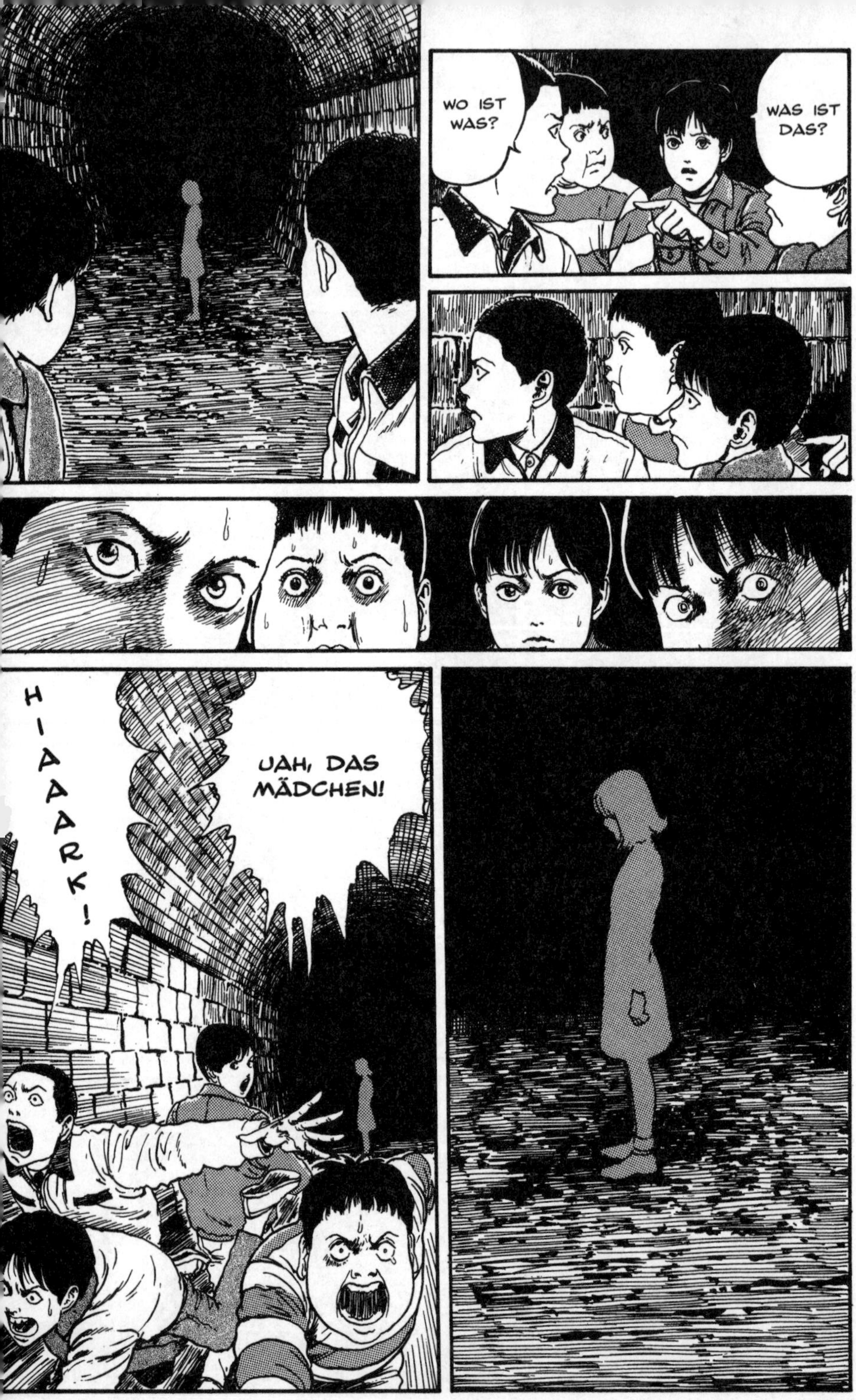
WAS IST DAS?
WO IST WAS?
UAH, DAS MÄDCHEN!
HIAAARK!

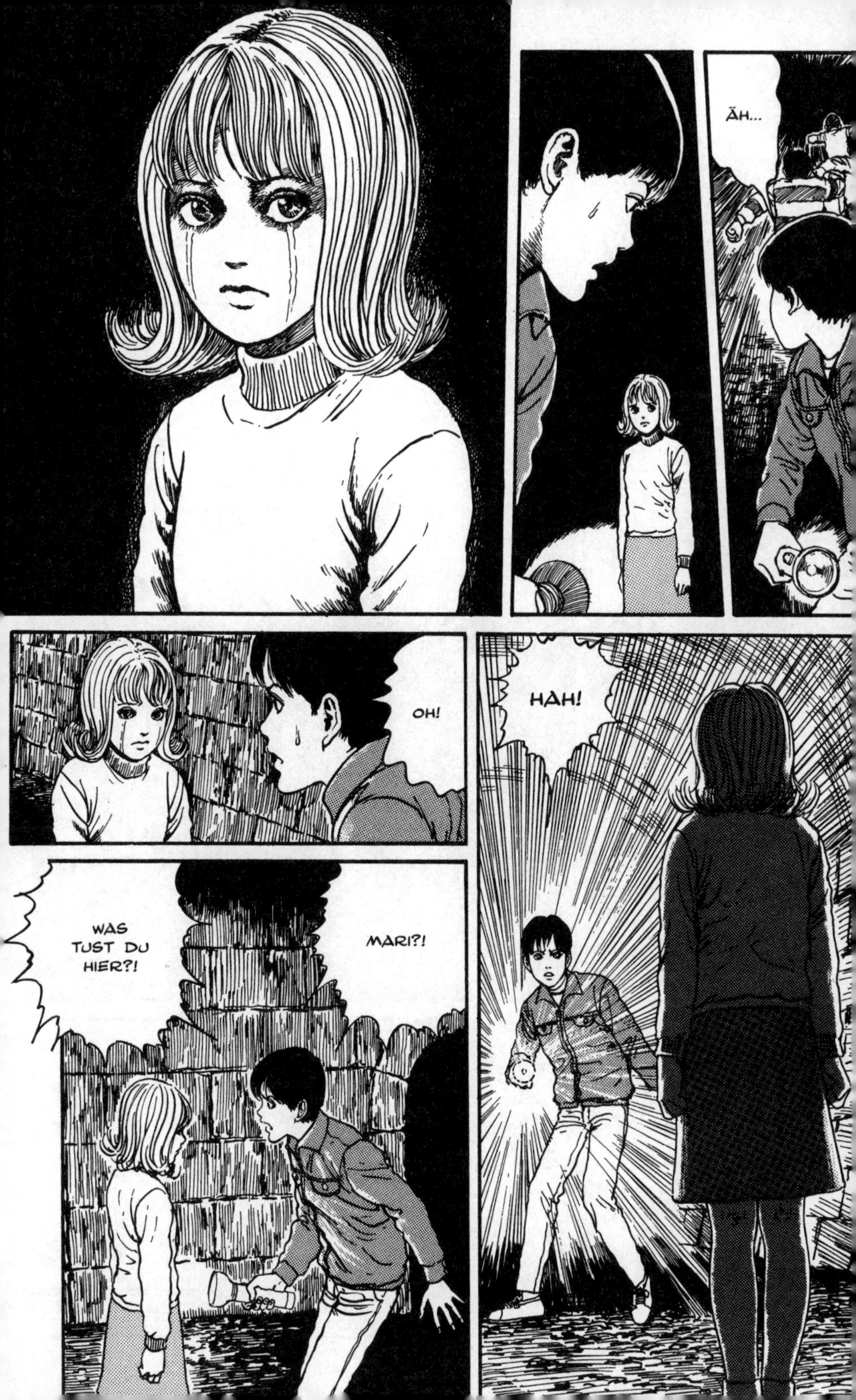
ÄH...
HAH!
OH!
MARI?!
WAS TUST DU HIER?!

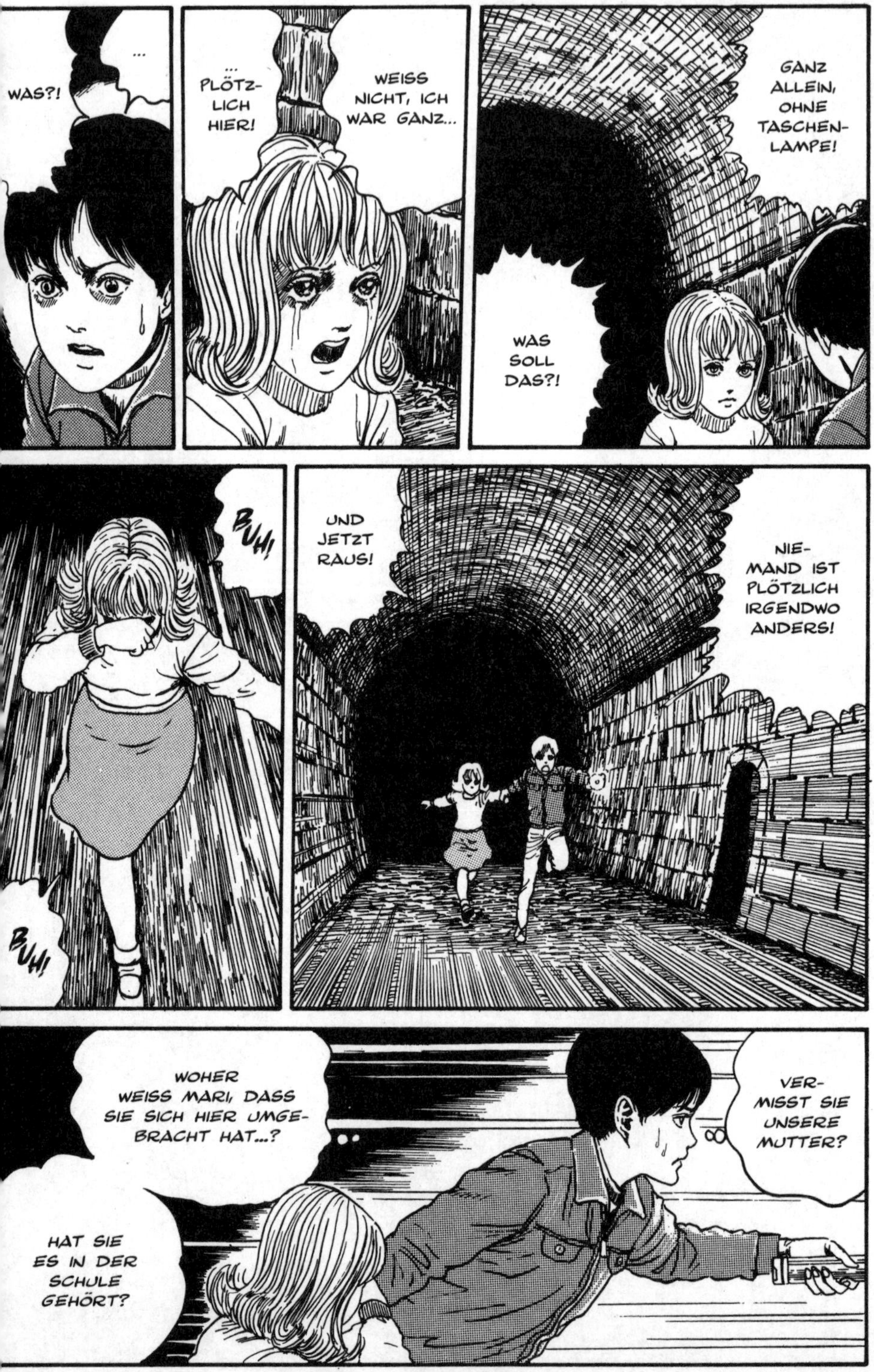
GANZ ALLEIN, OHNE TASCHEN-LAMPE!
WAS SOLL DAS?!
WEISS NICHT, ICH WAR GANZ...
... PLÖTZ-LICH HIER!
...
WAS?!
NIE-MAND IST PLÖTZLICH IRGENDWO ANDERS!
UND JETZT RAUS!
BUH!
BUH!
VER-MISST SIE UNSERE MUTTER?
WOHER WEISS MARI, DASS SIE SICH HIER UMGE-BRACHT HAT...?
HAT SIE ES IN DER SCHULE GEHÖRT?

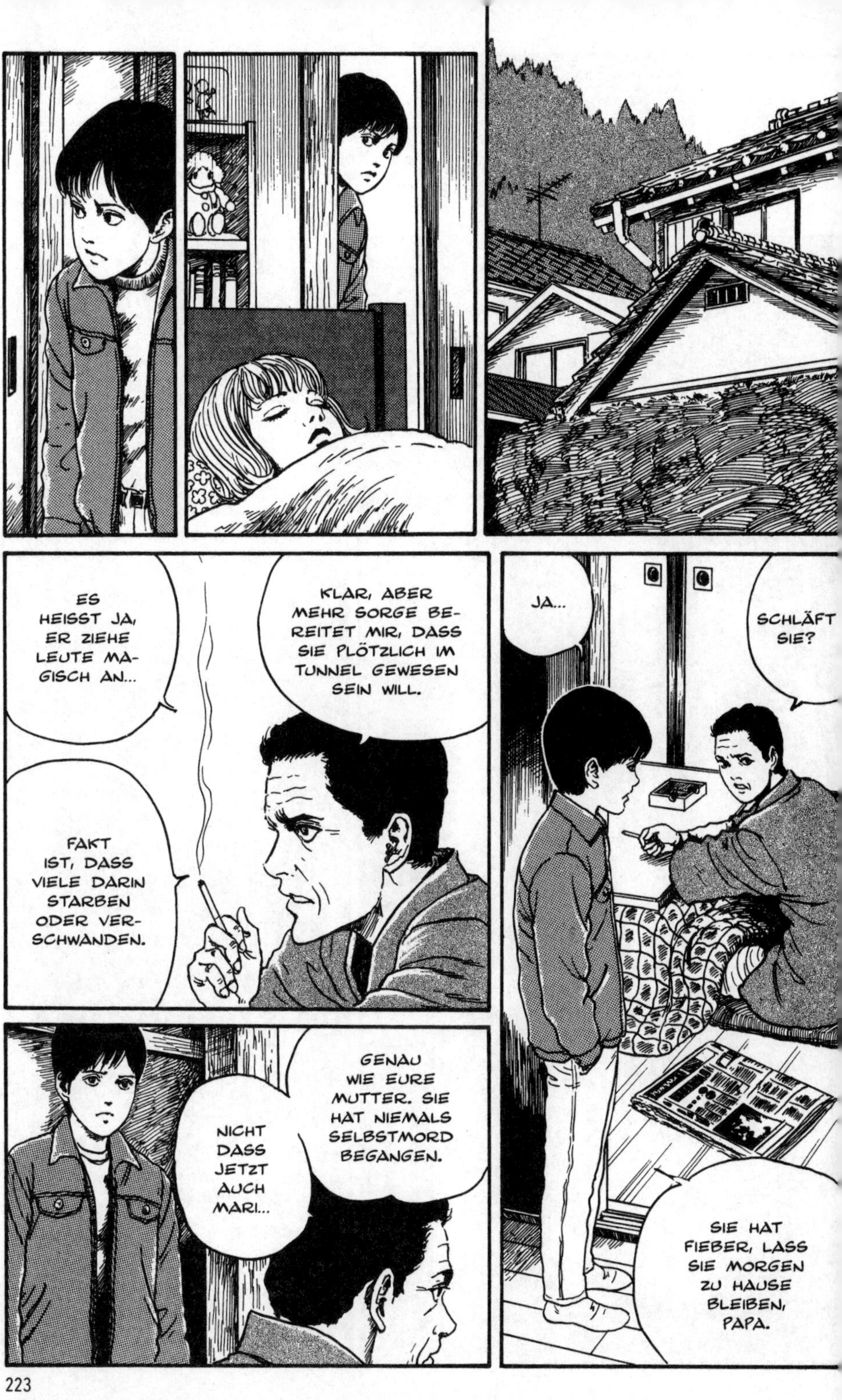
SCHLÄFT SIE?
JA...
SIE HAT FIEBER, LASS SIE MORGEN ZU HAUSE BLEIBEN, PAPA.
KLAR, ABER MEHR SORGE BEREITET MIR, DASS SIE PLÖTZLICH IM TUNNEL GEWESEN SEIN WILL.
ES HEISST JA, ER ZIEHE LEUTE MAGISCH AN...
FAKT IST, DASS VIELE DARIN STARBEN ODER VERSCHWANDEN.
GENAU WIE EURE MUTTER. SIE HAT NIEMALS SELBSTMORD BEGANGEN.
NICHT DASS JETZT AUCH MARI...

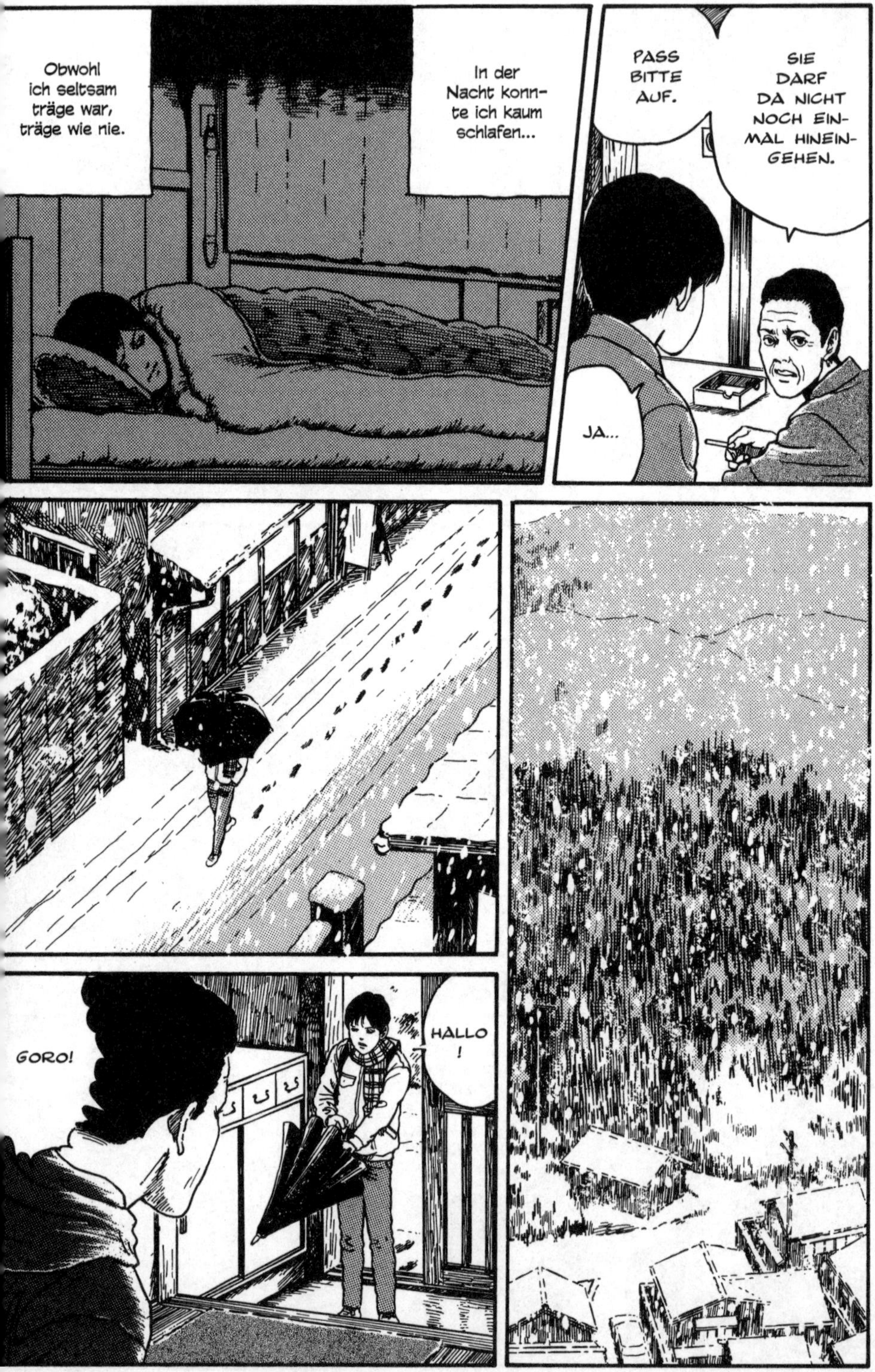

PASS BITTE AUF.
SIE DARF DA NICHT NOCH EINMAL HINEINGEHEN.
JA...
In der Nacht konnte ich kaum schlafen...
Obwohl ich seltsam träge war, träge wie nie.
HALLO!
GORO!

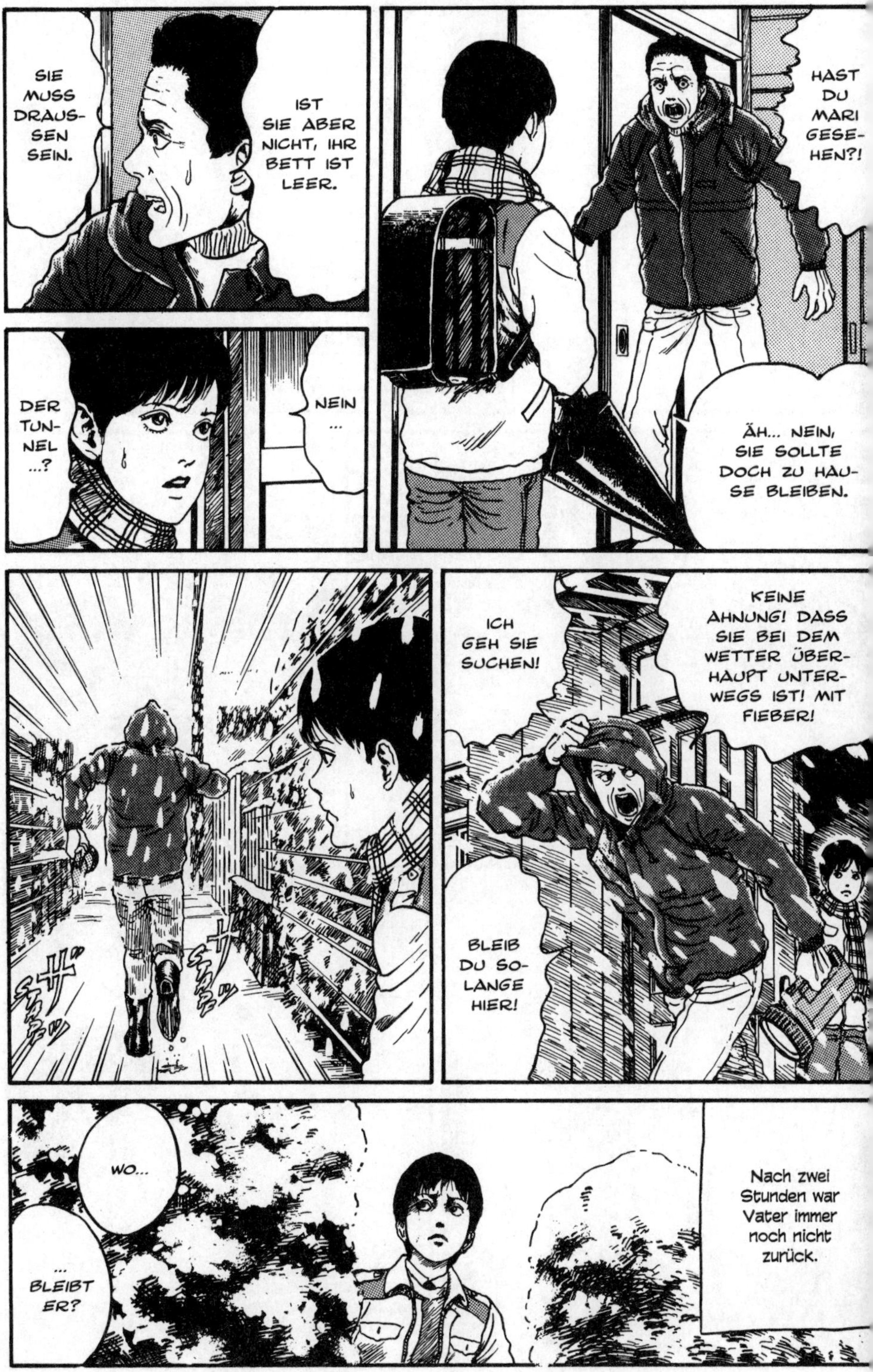
HAST DU MARI GESEHEN?!
ÄH... NEIN, SIE SOLLTE DOCH ZU HAUSE BLEIBEN.
IST SIE ABER NICHT, IHR BETT IST LEER.
SIE MUSS DRAUSSEN SEIN.
NEIN ...
DER TUNNEL ...?
KEINE AHNUNG! DASS SIE BEI DEM WETTER ÜBERHAUPT UNTERWEGS IST! MIT FIEBER!
ICH GEH SIE SUCHEN!
BLEIB DU SOLANGE HIER!
STAPF
STAPF
Nach zwei Stunden war Vater immer noch nicht zurück.
WO...
... BLEIBT ER?

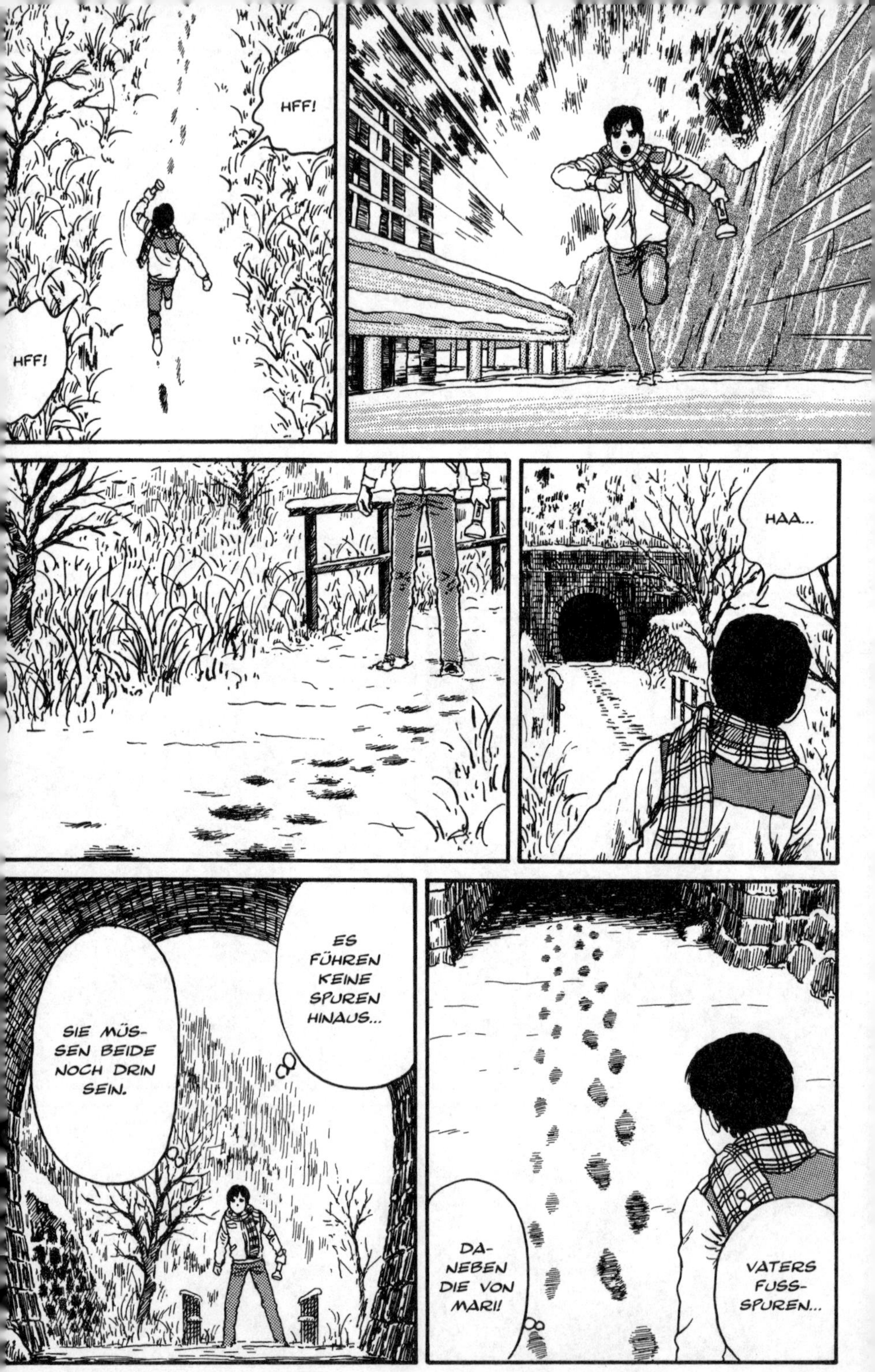
HFF!
HFF!
HAA...
VATERS FUSS-SPUREN...
DA-NEBEN DIE VON MARI!
ES FÜHREN KEINE SPUREN HINAUS...
SIE MÜS-SEN BEIDE NOCH DRIN SEIN.

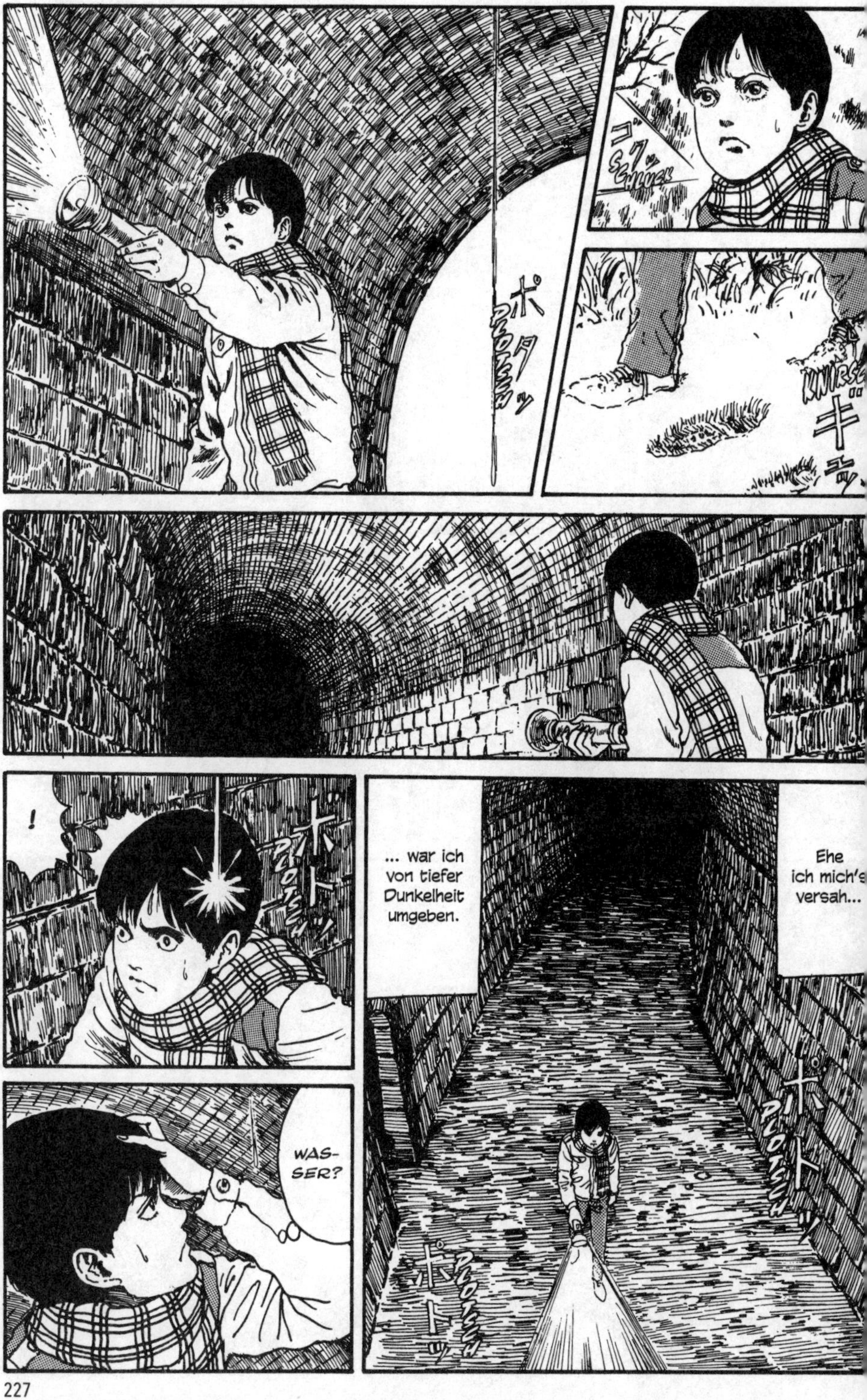
SCHLUCK
KNIRSC
PLOTSCH
Ehe ich mich's versah...
... war ich von tiefer Dunkelheit umgeben.
PLOTSCH
PLOTSCH
!
PLOTSCH
WAS-SER?

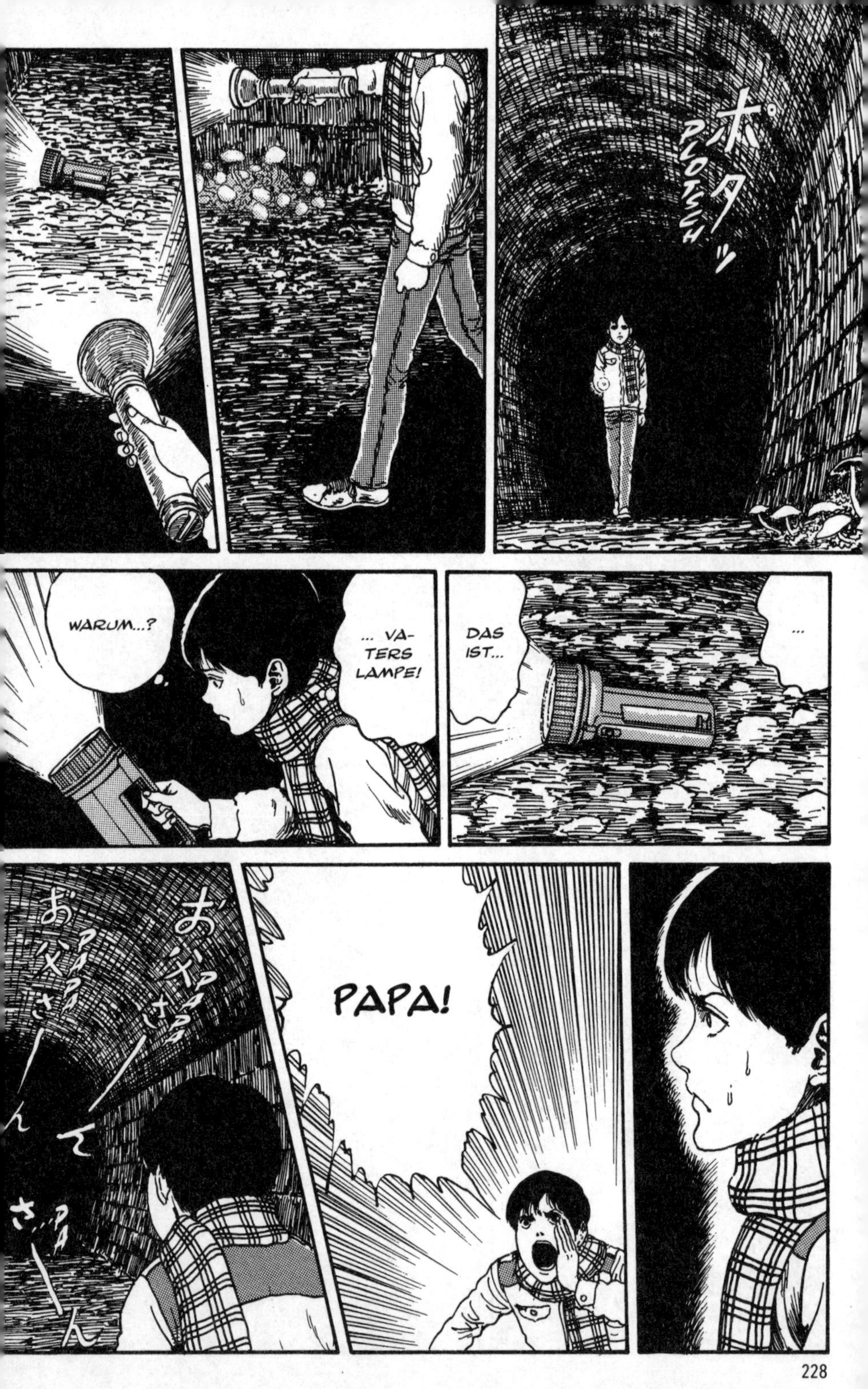
ポタッ
PLOTSCH
...
DAS IST...
... VA-
TERS
LAMPE!
WARUM...?
PAPA!
お父さーん
お父さーん

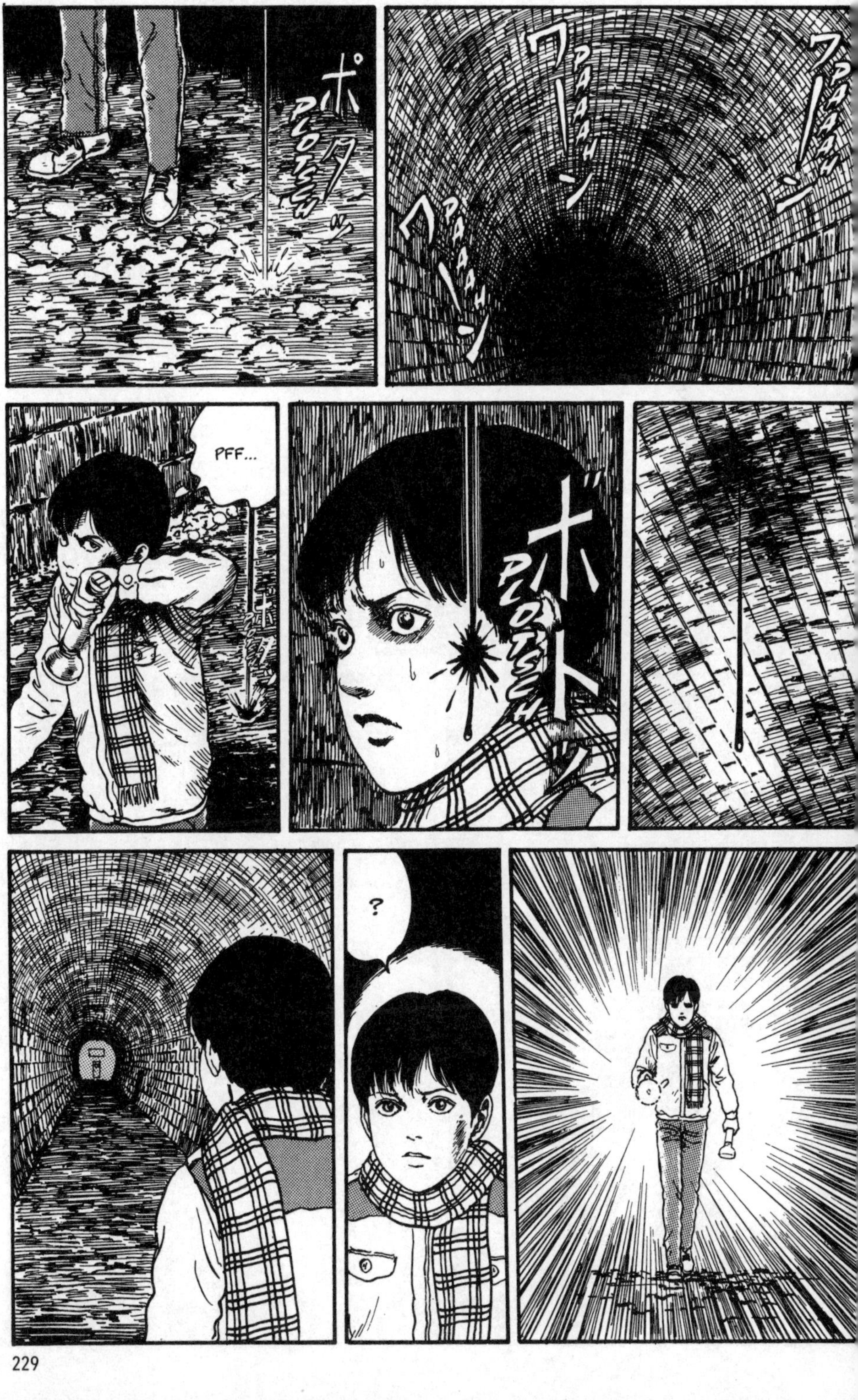
PLOTSCH
PLOTSCH
PFF...
?

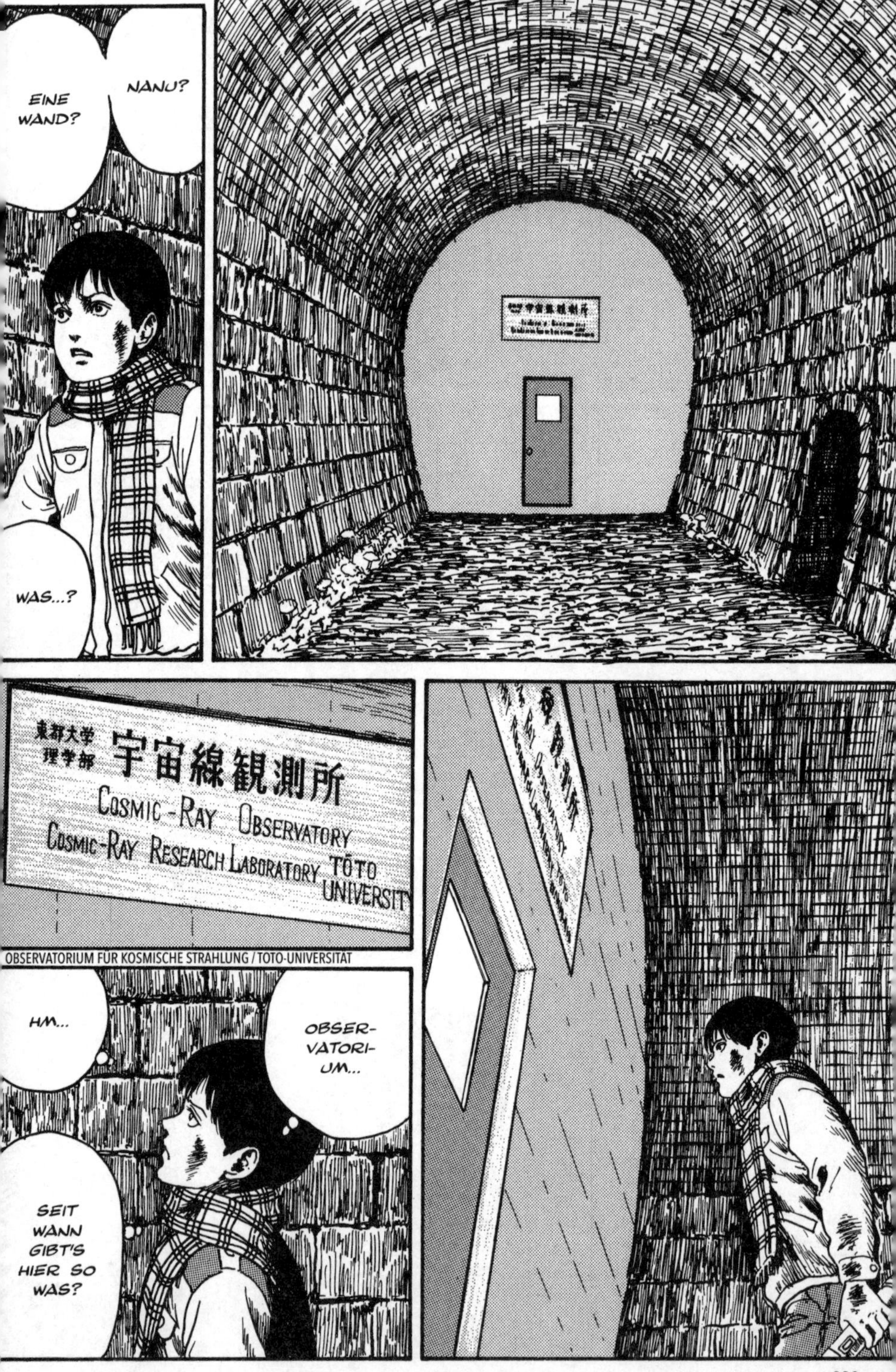

Nanu?
Eine Wand?
Was...?
東都大学理学部 宇宙線観測所
Cosmic-Ray Observatory
Cosmic-Ray Research Laboratory Tōto Universit
Observatorium für kosmische Strahlung / Toto-Universität
Obser-vatori-um...
Hm...
Seit wann gibt's hier so was?

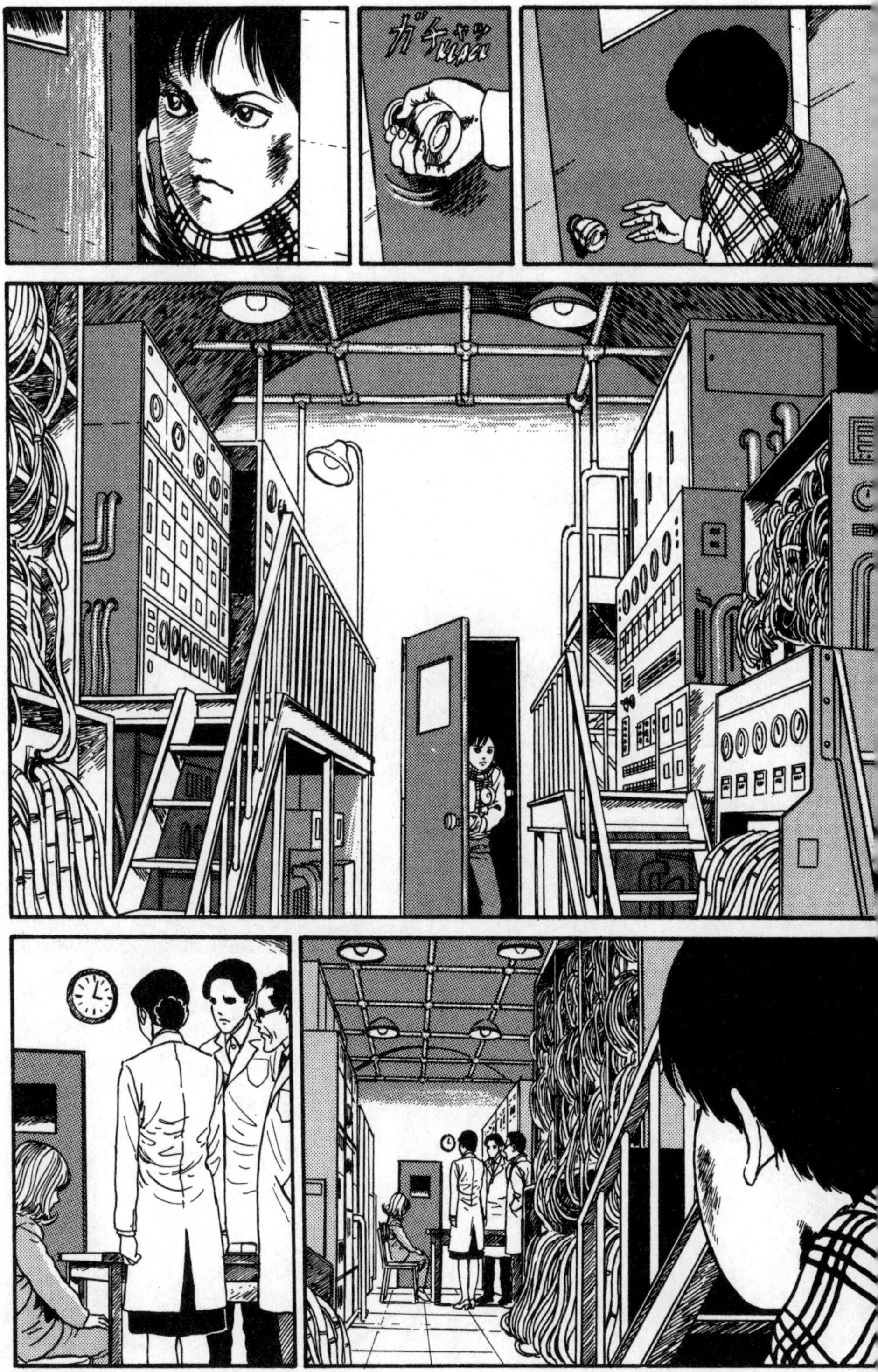
ガチャッ
KLACK

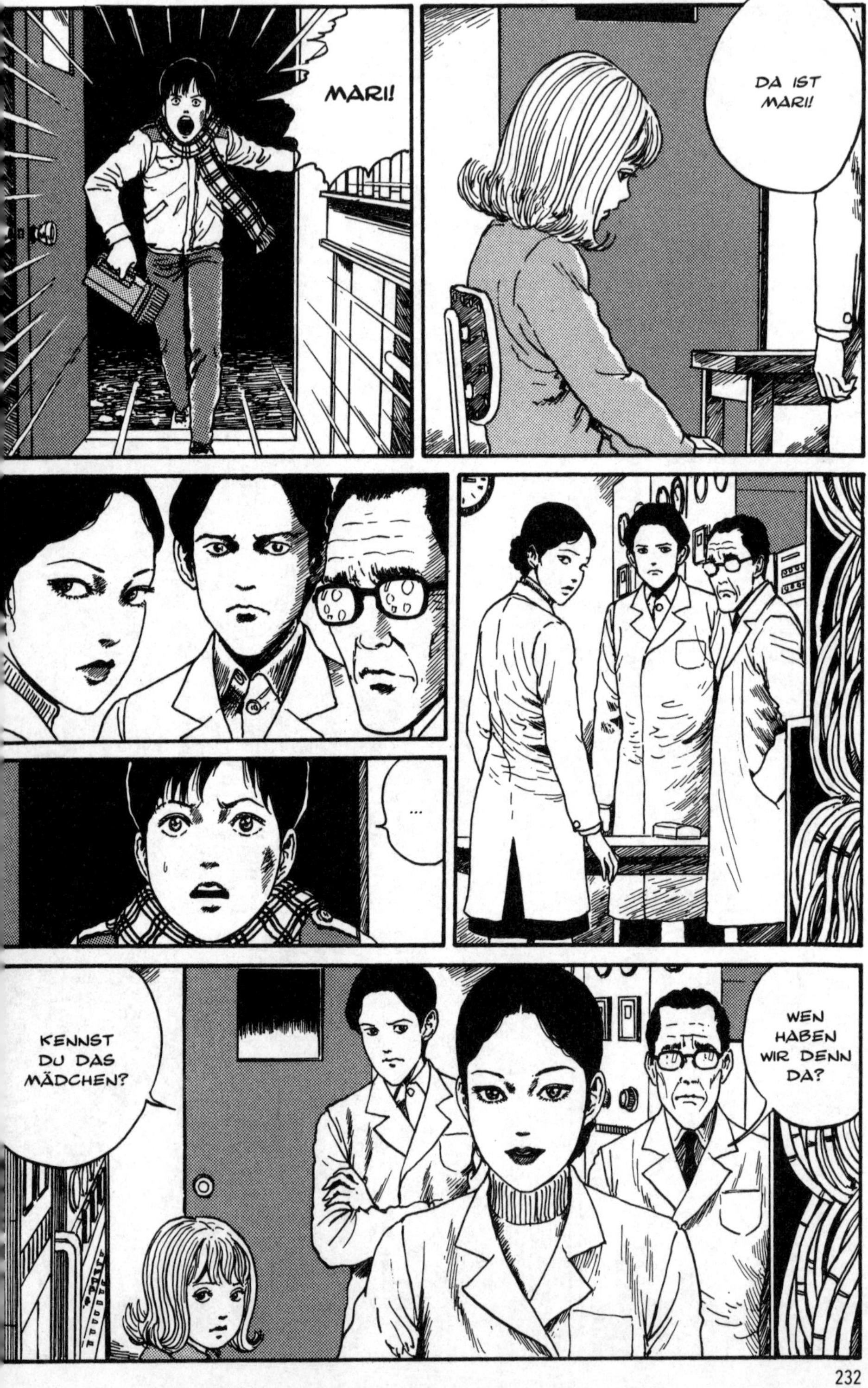

DA IST MARI!
MARI!
...
WEN HABEN WIR DENN DA?
KENNST DU DAS MÄDCHEN?

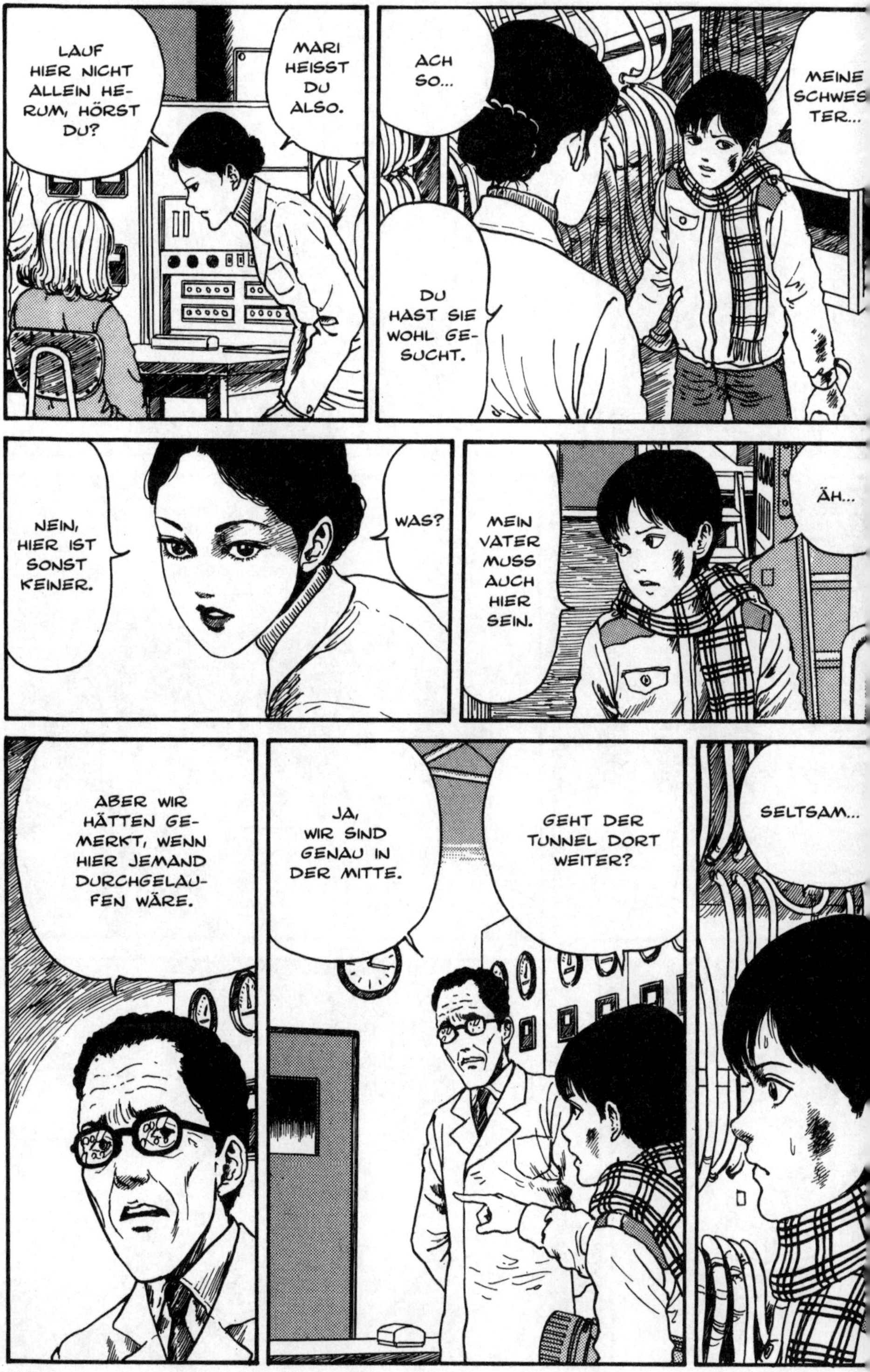
LAUF HIER NICHT ALLEIN HERUM, HÖRST DU?
MARI HEISST DU ALSO.
ACH SO...
MEINE SCHWESTER...
DU HAST SIE WOHL GESUCHT.
NEIN, HIER IST SONST KEINER.
WAS?
MEIN VATER MUSS AUCH HIER SEIN.
ÄH...
ABER WIR HÄTTEN GEMERKT, WENN HIER JEMAND DURCHGELAUFEN WÄRE.
JA, WIR SIND GENAU IN DER MITTE.
GEHT DER TUNNEL DORT WEITER?
SELTSAM...

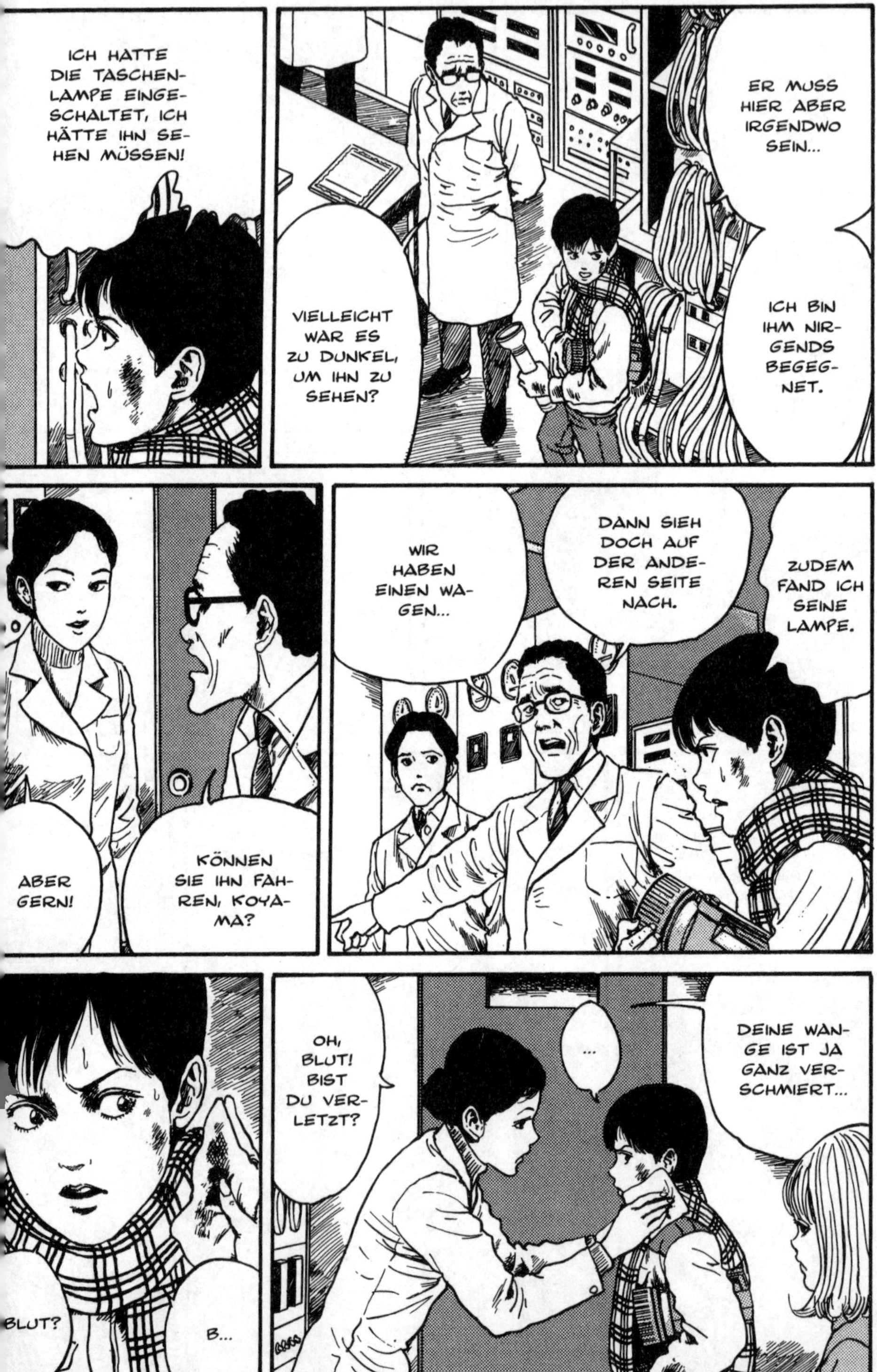
ER MUSS HIER ABER IRGENDWO SEIN...
ICH BIN IHM NIRGENDS BEGEGNET.
VIELLEICHT WAR ES ZU DUNKEL, UM IHN ZU SEHEN?
ICH HATTE DIE TASCHENLAMPE EINGESCHALTET, ICH HÄTTE IHN SEHEN MÜSSEN!
ZUDEM FAND ICH SEINE LAMPE.
DANN SIEH DOCH AUF DER ANDEREN SEITE NACH.
WIR HABEN EINEN WAGEN...
KÖNNEN SIE IHN FAHREN, KOYAMA?
ABER GERN!
DEINE WANGE IST JA GANZ VERSCHMIERT...
...
OH, BLUT! BIST DU VERLETZT?
B...
BLUT?

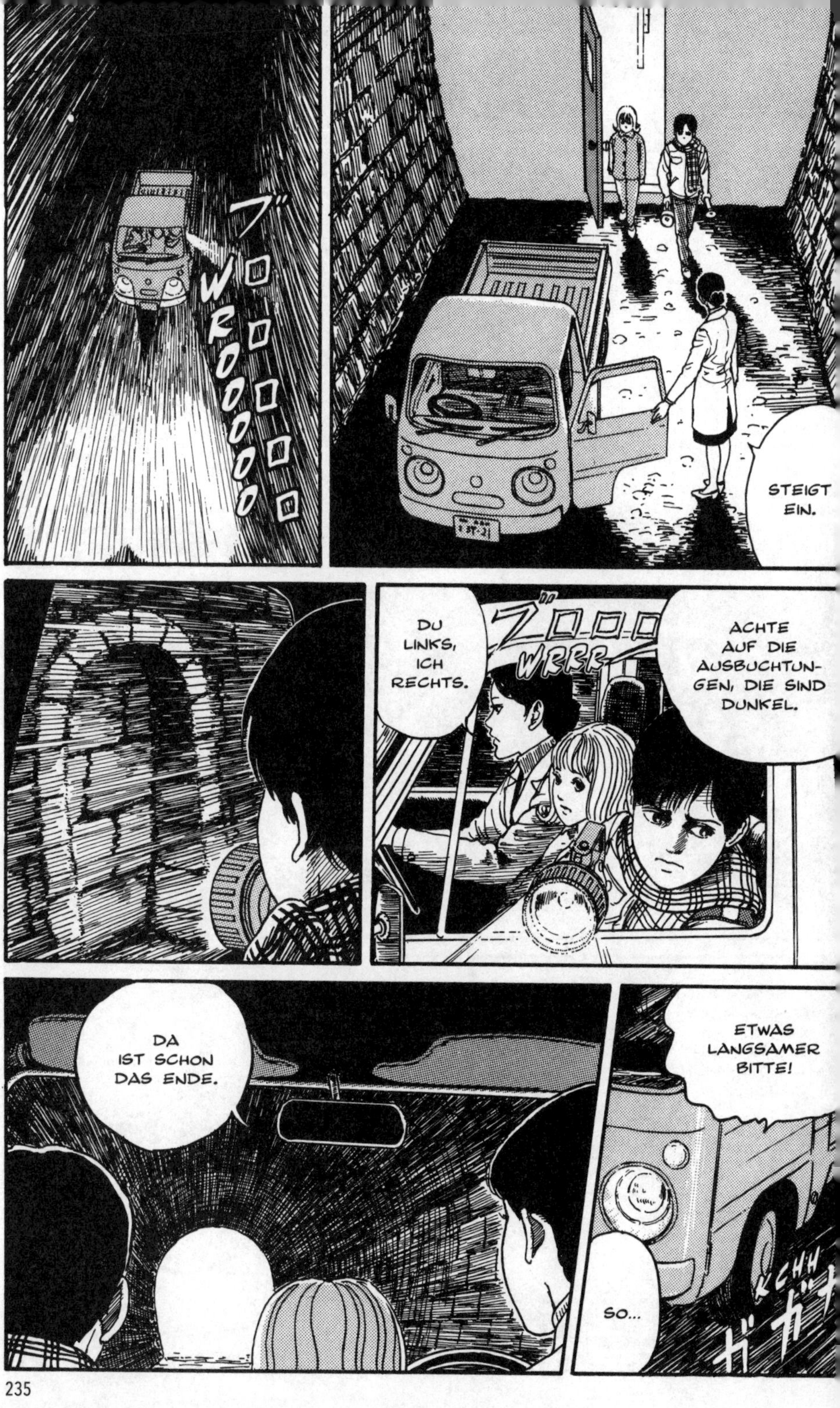
STEIGT EIN.
WROOOOOOO
ACHTE AUF DIE AUSBUCHTUN-GEN, DIE SIND DUNKEL.
WRRR
DU LINKS, ICH RECHTS.
ETWAS LANGSAMER BITTE!
KCHH
SO...
DA IST SCHON DAS ENDE.

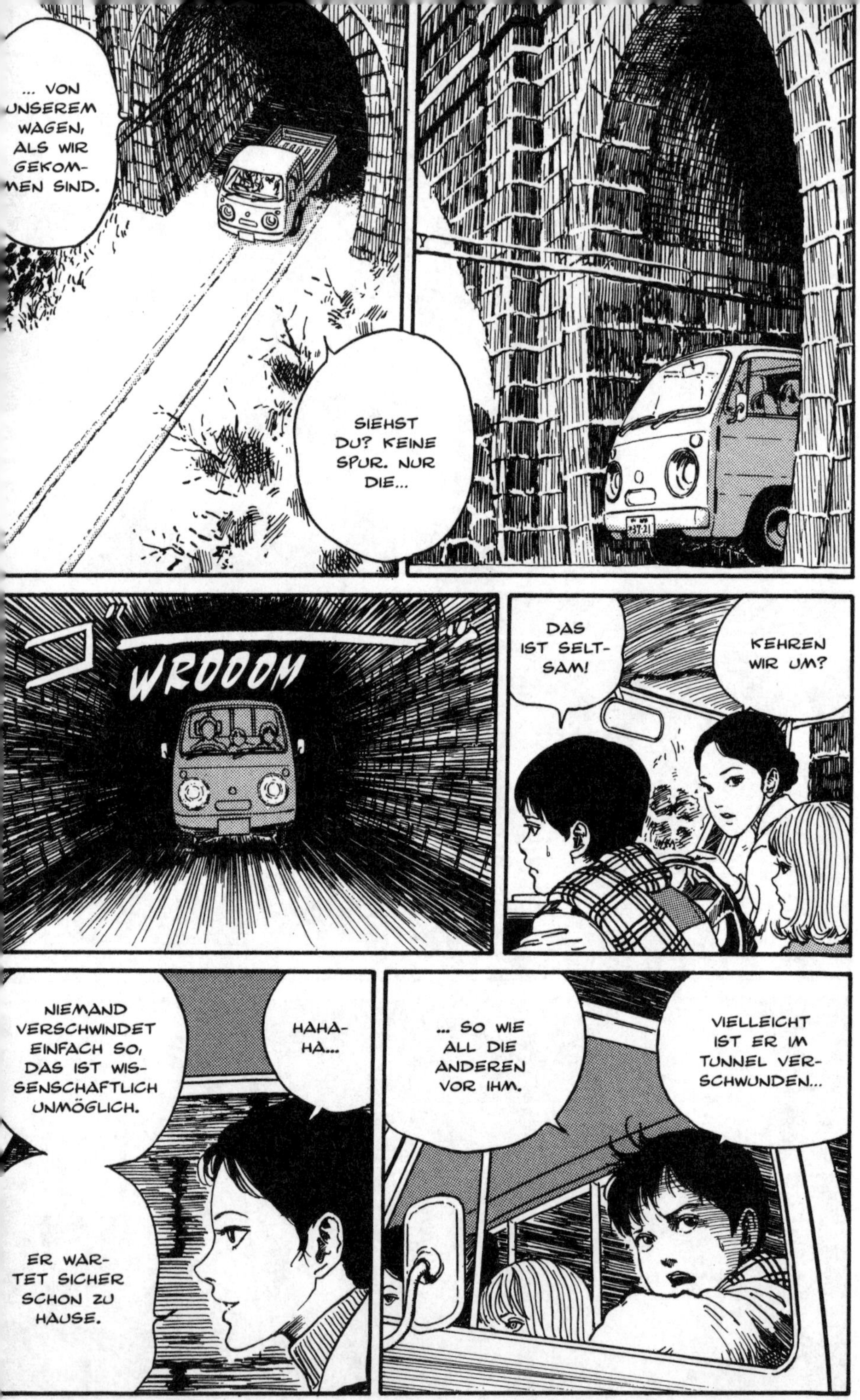

... VON UNSEREM WAGEN, ALS WIR GEKOMMEN SIND.
SIEHST DU? KEINE SPUR. NUR DIE...
WROOOM
KEHREN WIR UM?
DAS IST SELTSAM!
VIELLEICHT IST ER IM TUNNEL VERSCHWUNDEN...
... SO WIE ALL DIE ANDEREN VOR IHM.
HAHAHA...
NIEMAND VERSCHWINDET EINFACH SO, DAS IST WISSENSCHAFTLICH UNMÖGLICH.
ER WARTET SICHER SCHON ZU HAUSE.

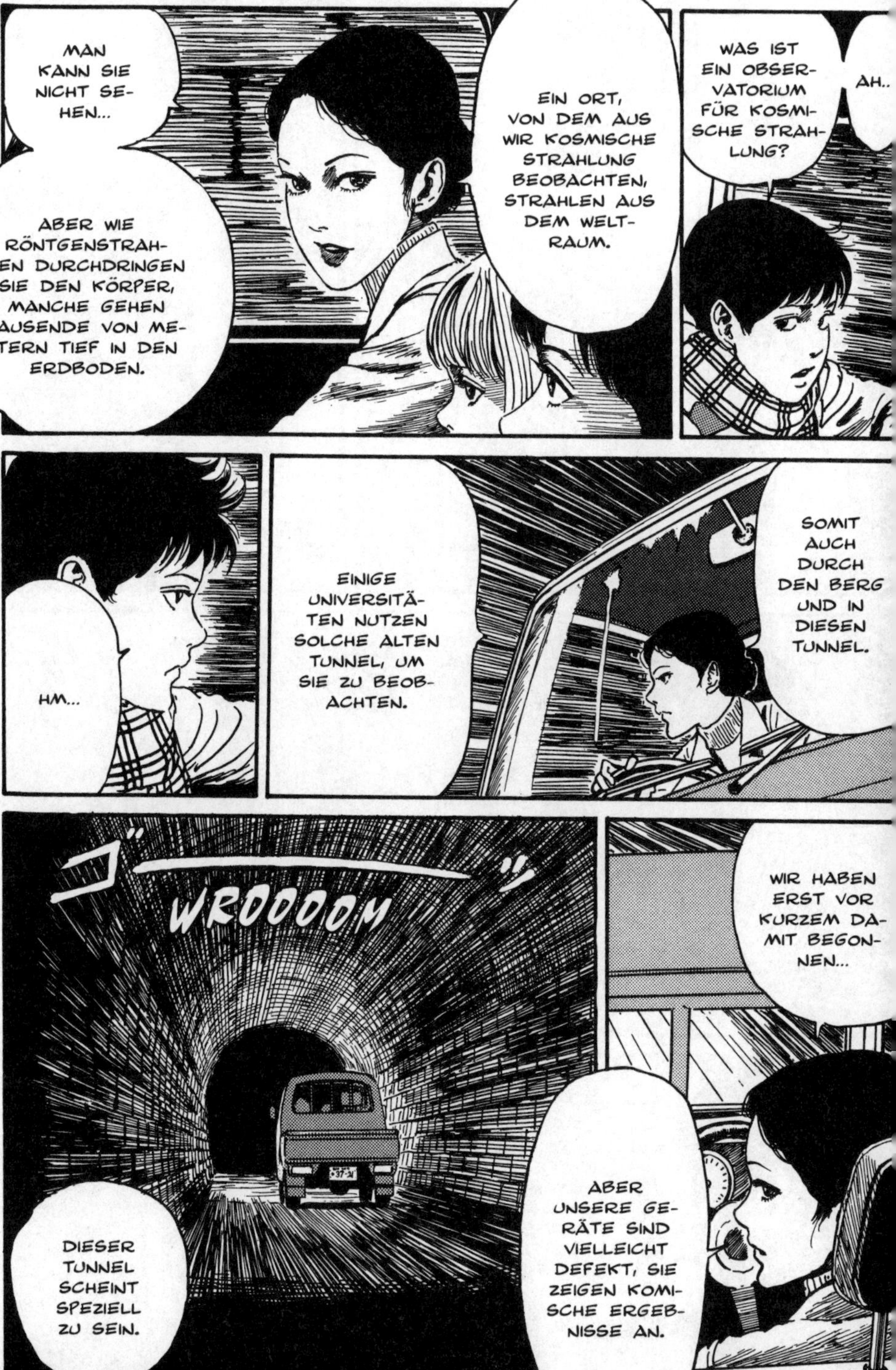

AH..
WAS IST EIN OBSER-VATORIUM FÜR KOSMI-SCHE STRAHLUNG?
EIN ORT, VON DEM AUS WIR KOSMISCHE STRAHLUNG BEOBACHTEN, STRAHLEN AUS DEM WELT-RAUM.
MAN KANN SIE NICHT SE-HEN...
ABER WIE RÖNTGENSTRAH-LEN DURCHDRINGEN SIE DEN KÖRPER, MANCHE GEHEN TAUSENDE VON ME-TERN TIEF IN DEN ERDBODEN.
SOMIT AUCH DURCH DEN BERG UND IN DIESEN TUNNEL.
EINIGE UNIVERSITÄ-TEN NUTZEN SOLCHE ALTEN TUNNEL, UM SIE ZU BEOB-ACHTEN.
HM...
WIR HABEN ERST VOR KURZEM DA-MIT BEGON-NEN...
ABER UNSERE GE-RÄTE SIND VIELLEICHT DEFEKT, SIE ZEIGEN KOMI-SCHE ERGEB-NISSE AN.
WROOOOM
DIESER TUNNEL SCHEINT SPEZIELL ZU SEIN.

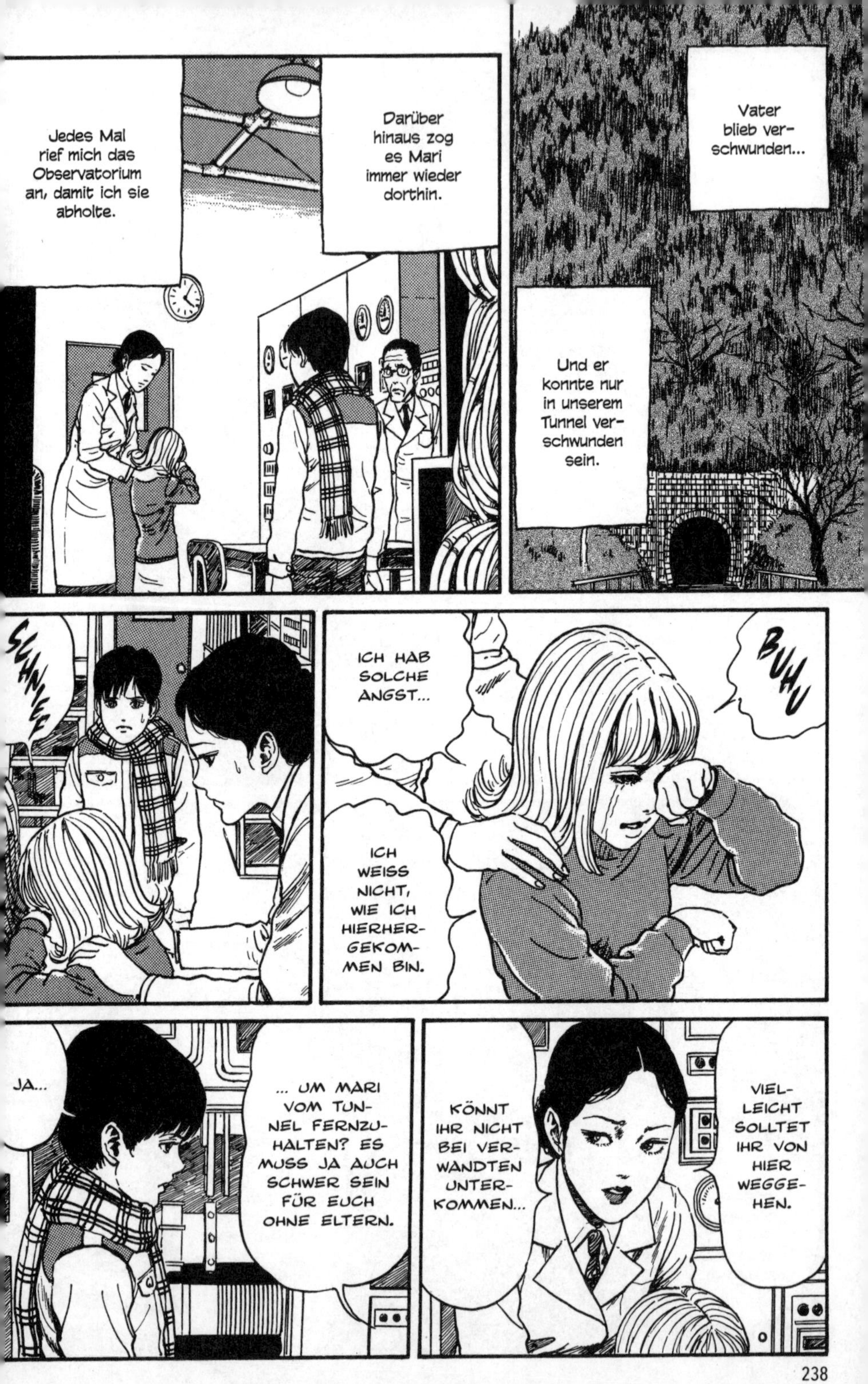
Vater blieb verschwunden...
Und er konnte nur in unserem Tunnel verschwunden sein.
Darüber hinaus zog es Mari immer wieder dorthin.
Jedes Mal rief mich das Observatorium an, damit ich sie abholte.
BUHU
ICH HAB SOLCHE ANGST...
ICH WEISS NICHT, WIE ICH HIERHERGEKOMMEN BIN.
SCHNIEF
VIELLEICHT SOLLTET IHR VON HIER WEGGEHEN.
KÖNNT IHR NICHT BEI VERWANDTEN UNTERKOMMEN...
... UM MARI VOM TUNNEL FERNZUHALTEN? ES MUSS JA AUCH SCHWER SEIN FÜR EUCH OHNE ELTERN.
JA...

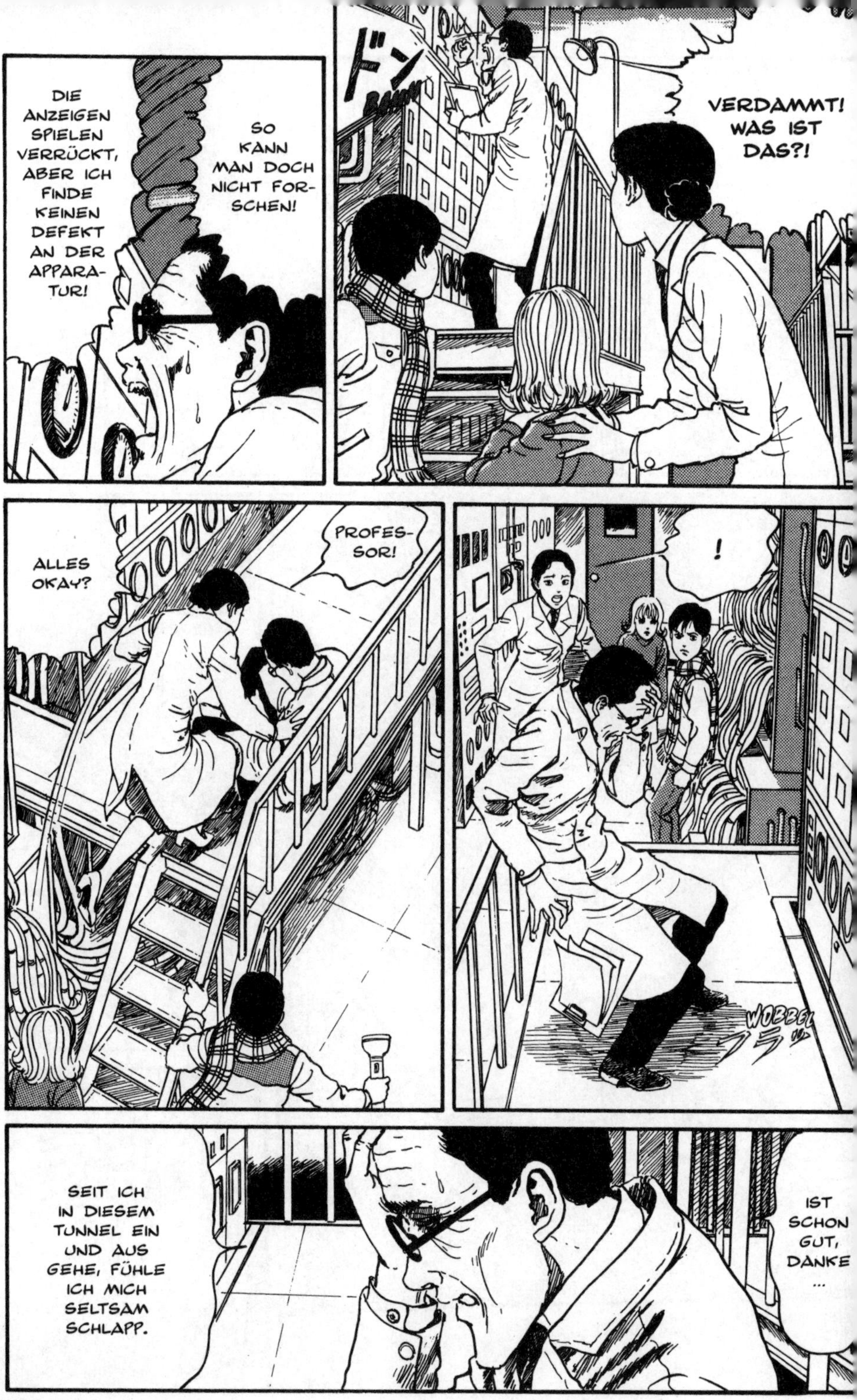
ドン
VERDAMMT! WAS IST DAS?!
SO KANN MAN DOCH NICHT FORSCHEN!
DIE ANZEIGEN SPIELEN VERRÜCKT, ABER ICH FINDE KEINEN DEFEKT AN DER APPARATUR!
!
WOBBEL
フラ
PROFESSOR!
ALLES OKAY?
IST SCHON GUT, DANKE ...
SEIT ICH IN DIESEM TUNNEL EIN UND AUS GEHE, FÜHLE ICH MICH SELTSAM SCHLAPP.

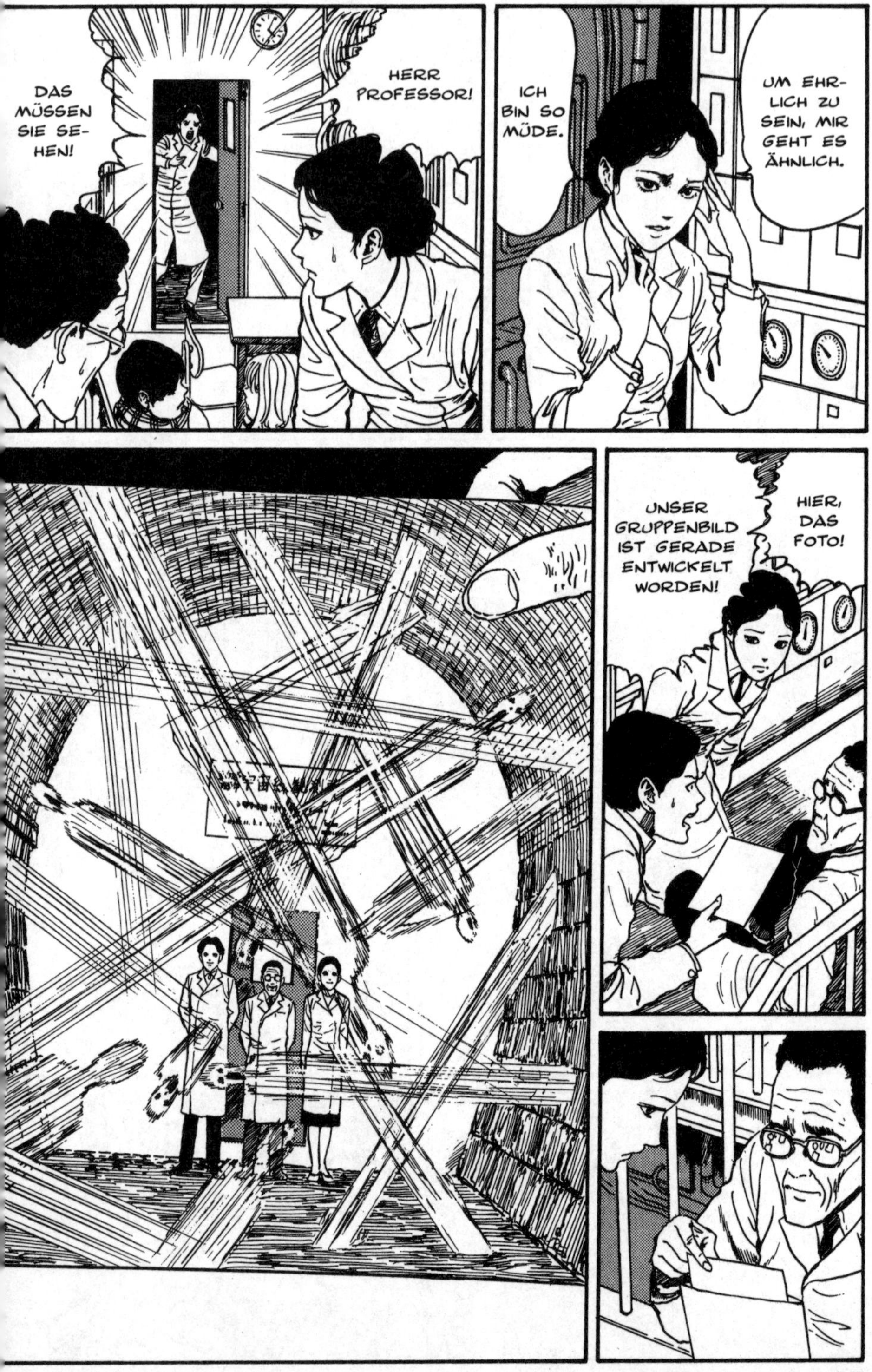
ICH BIN SO MÜDE.
UM EHRLICH ZU SEIN, MIR GEHT ES ÄHNLICH.
HERR PROFESSOR!
DAS MÜSSEN SIE SE- HEN!
HIER, DAS FOTO!
UNSER GRUPPENBILD IST GERADE ENTWICKELT WORDEN!

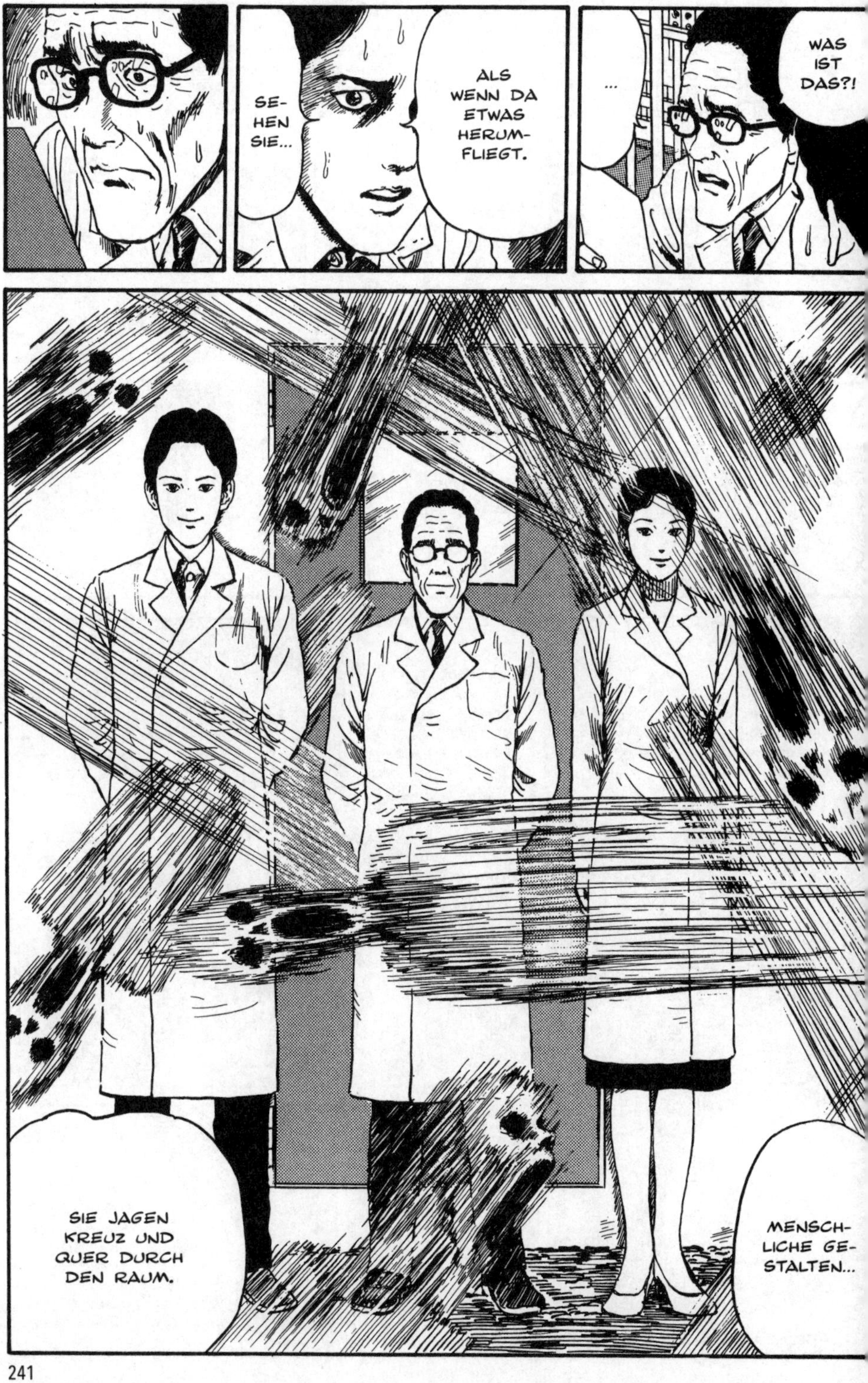
WAS IST DAS?!
...
ALS WENN DA ETWAS HERUM-FLIEGT.
SE-HEN SIE...
MENSCH-LICHE GE-STALTEN...
SIE JAGEN KREUZ UND QUER DURCH DEN RAUM.

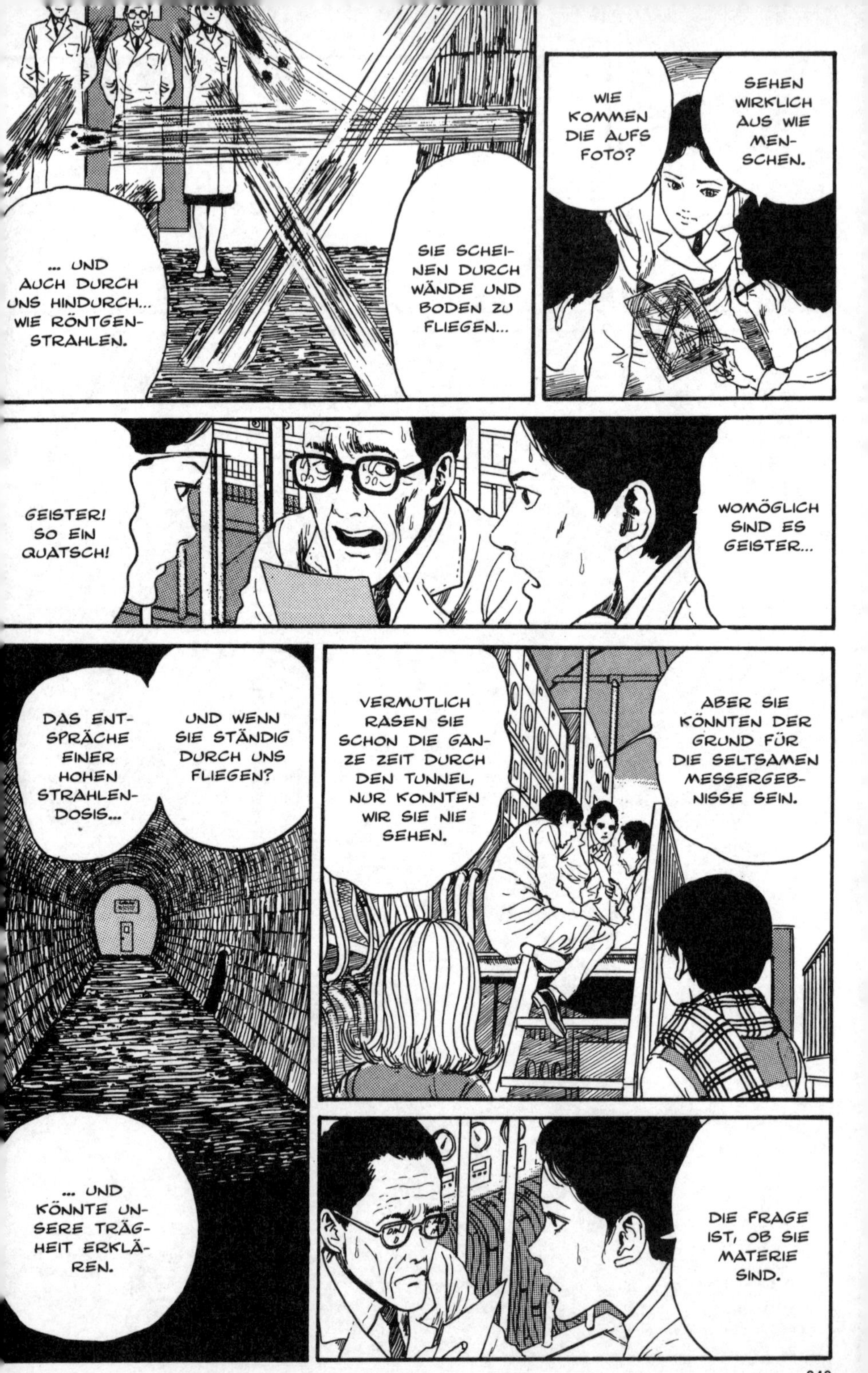
SEHEN WIRKLICH AUS WIE MEN-SCHEN.
WIE KOMMEN DIE AUFS FOTO?
SIE SCHEI-NEN DURCH WÄNDE UND BODEN ZU FLIEGEN...
... UND AUCH DURCH UNS HINDURCH... WIE RÖNTGEN-STRAHLEN.
WOMÖGLICH SIND ES GEISTER...
GEISTER! SO EIN QUATSCH!
ABER SIE KÖNNTEN DER GRUND FÜR DIE SELTSAMEN MESSERGEB-NISSE SEIN.
VERMUTLICH RASEN SIE SCHON DIE GAN-ZE ZEIT DURCH DEN TUNNEL, NUR KONNTEN WIR SIE NIE SEHEN.
DIE FRAGE IST, OB SIE MATERIE SIND.
UND WENN SIE STÄNDIG DURCH UNS FLIEGEN?
DAS ENT-SPRÄCHE EINER HOHEN STRAHLEN-DOSIS...
... UND KÖNNTE UN-SERE TRÄG-HEIT ERKLÄ-REN.

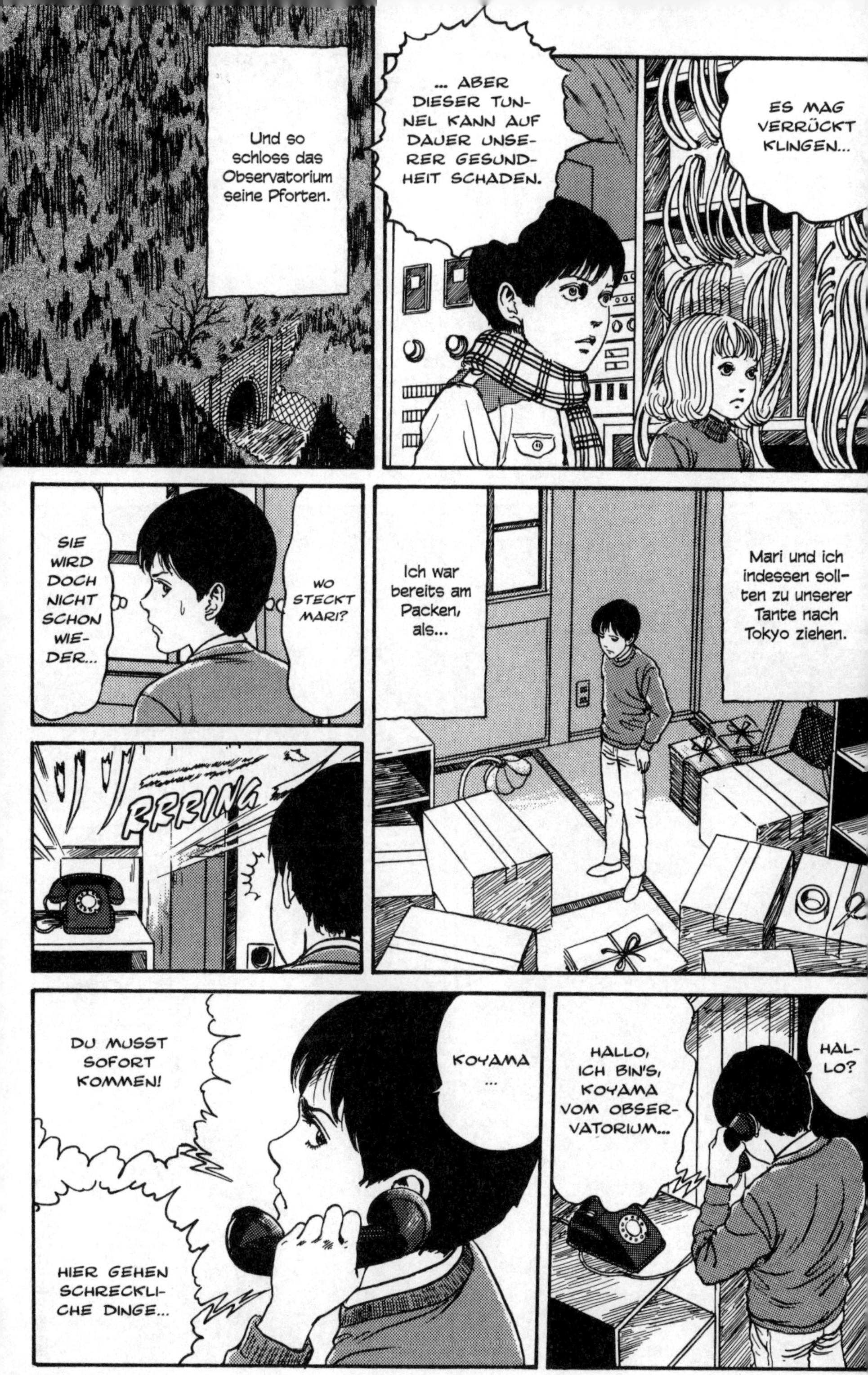
Es mag verrückt klingen...
... aber dieser Tunnel kann auf Dauer unserer Gesundheit schaden.
Und so schloss das Observatorium seine Pforten.
Mari und ich indessen sollten zu unserer Tante nach Tokyo ziehen.
Ich war bereits am Packen, als...
Wo steckt Mari?
Sie wird doch nicht schon wieder...
RRRING
Hallo?
Hallo, ich bin's, Koyama vom Observatorium...
Koyama ...
Du musst sofort kommen!
Hier gehen schreckliche Dinge...

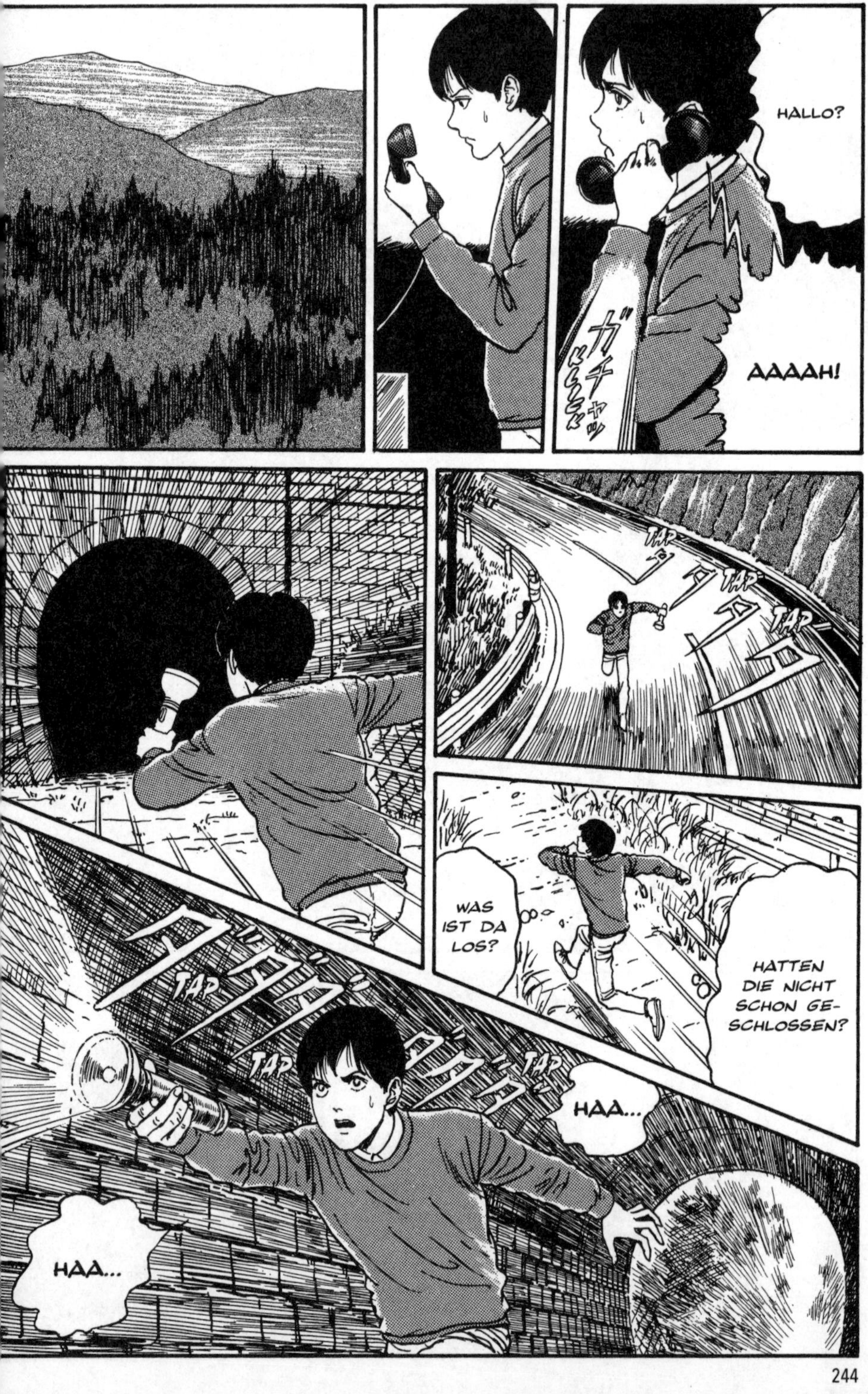

HALLO?
ガチャッ
AAAAH!
TAP
TAP
TAP
WAS IST DA LOS?
HATTEN DIE NICHT SCHON GE-SCHLOSSEN?
TAP
TAP
TAP
HAA...
HAA...

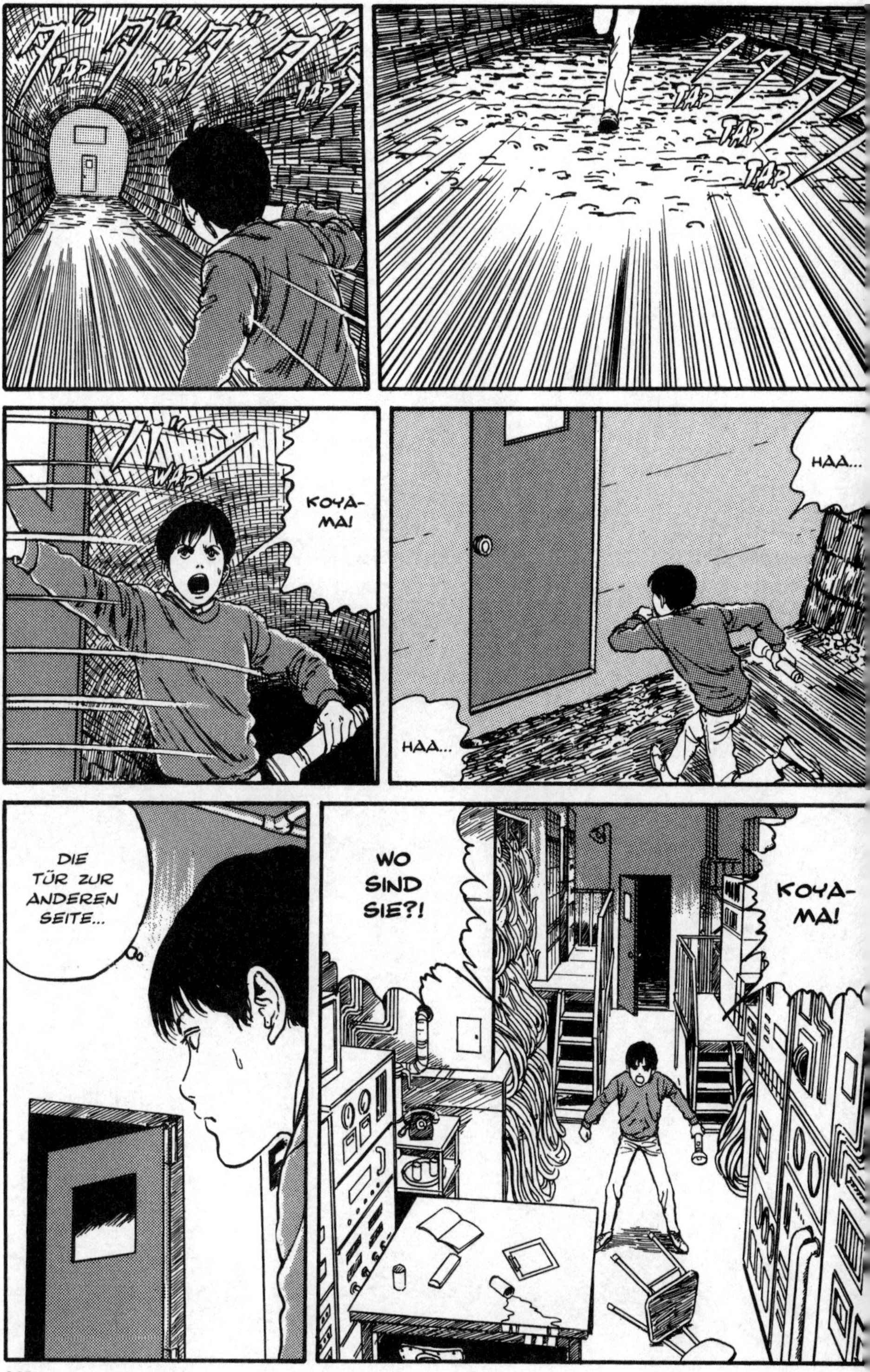
TAP
TAP
TAP
TAP
TAP
TAP
HAA...
HAA...
WAP
KOYAMA!
KOYAMA!
WO SIND SIE?!
DIE TÜR ZUR ANDEREN SEITE...

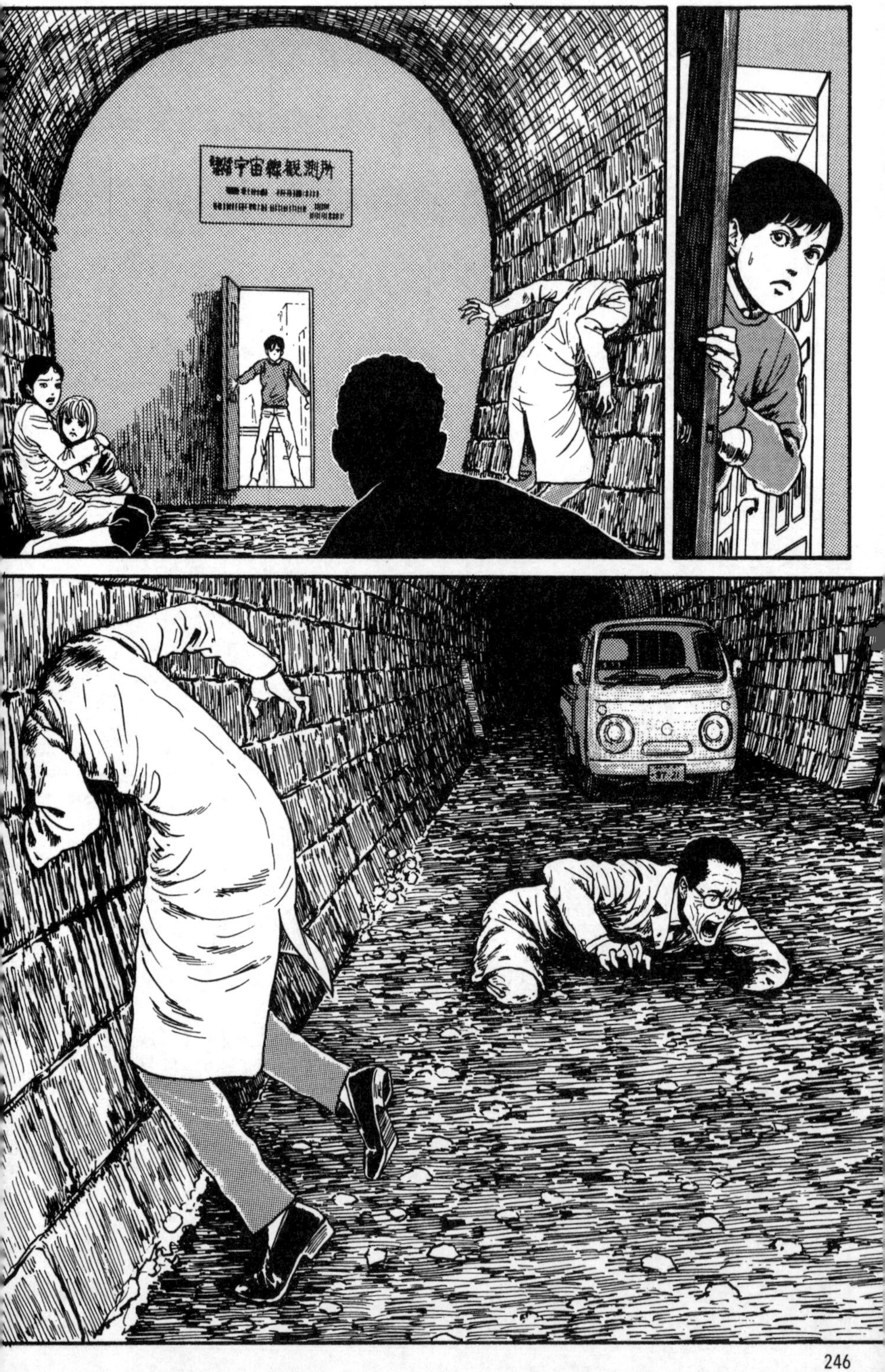
宇宙線観測所

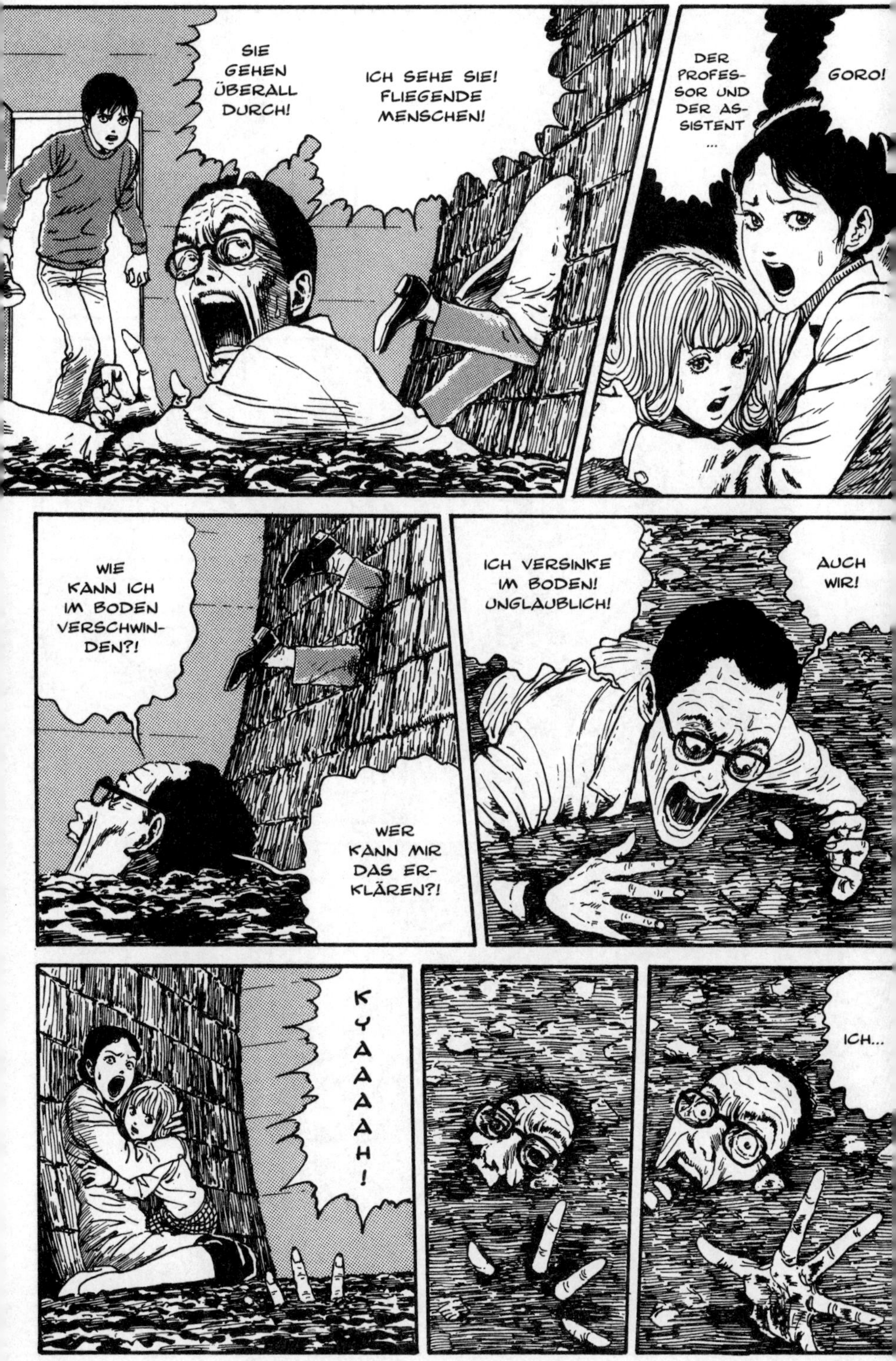
DER PROFESSOR UND DER ASSISTENT ...
GORO!
ICH SEHE SIE! FLIEGENDE MENSCHEN!
SIE GEHEN ÜBERALL DURCH!
AUCH WIR!
ICH VERSINKE IM BODEN! UNGLAUBLICH!
WIE KANN ICH IM BODEN VERSCHWINDEN?!
WER KANN MIR DAS ERKLÄREN?!
ICH...
KYAAAAAH!

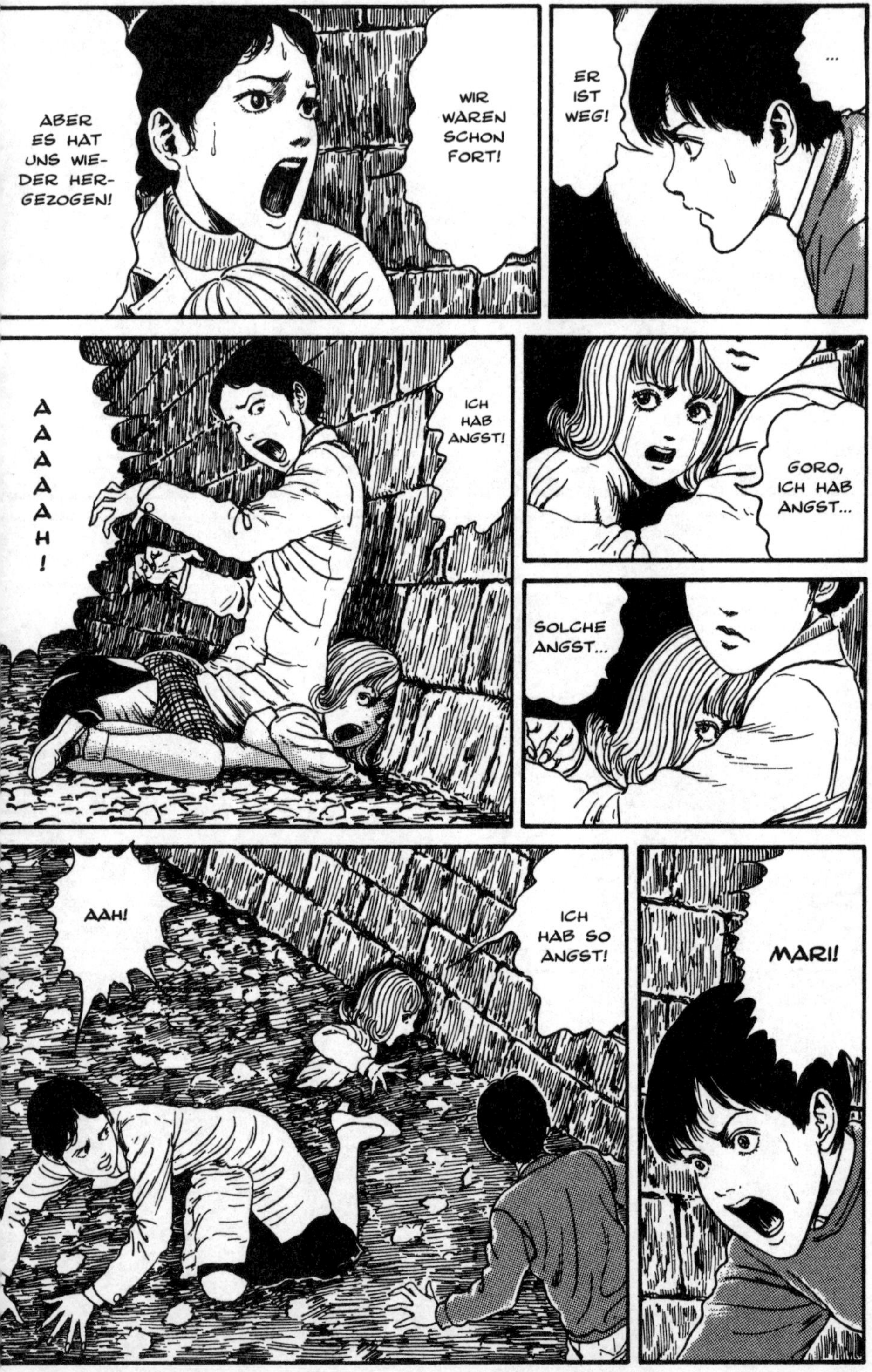
...
ER IST WEG!
WIR WAREN SCHON FORT!
ABER ES HAT UNS WIEDER HERGEZOGEN!
GORO, ICH HAB ANGST...
SOLCHE ANGST...
ICH HAB ANGST!
AAAAAAH!
MARI!
ICH HAB SO ANGST!
AAH!

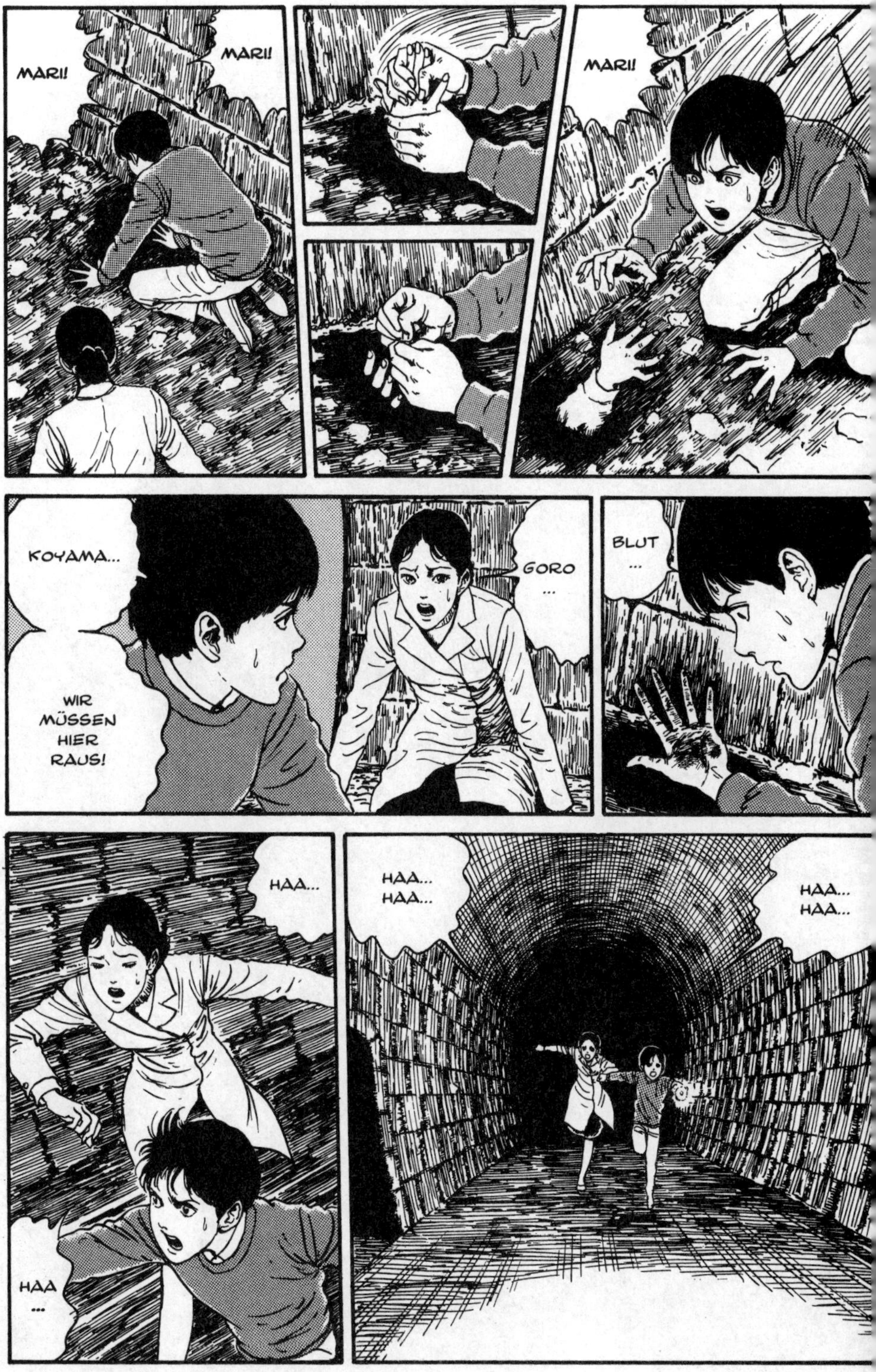

MARI!
MARI!
MARI!
BLUT ...
GORO ...
KOYAMA...
WIR MÜSSEN HIER RAUS!
HAA... HAA...
HAA... HAA...
HAA...
HAA ...

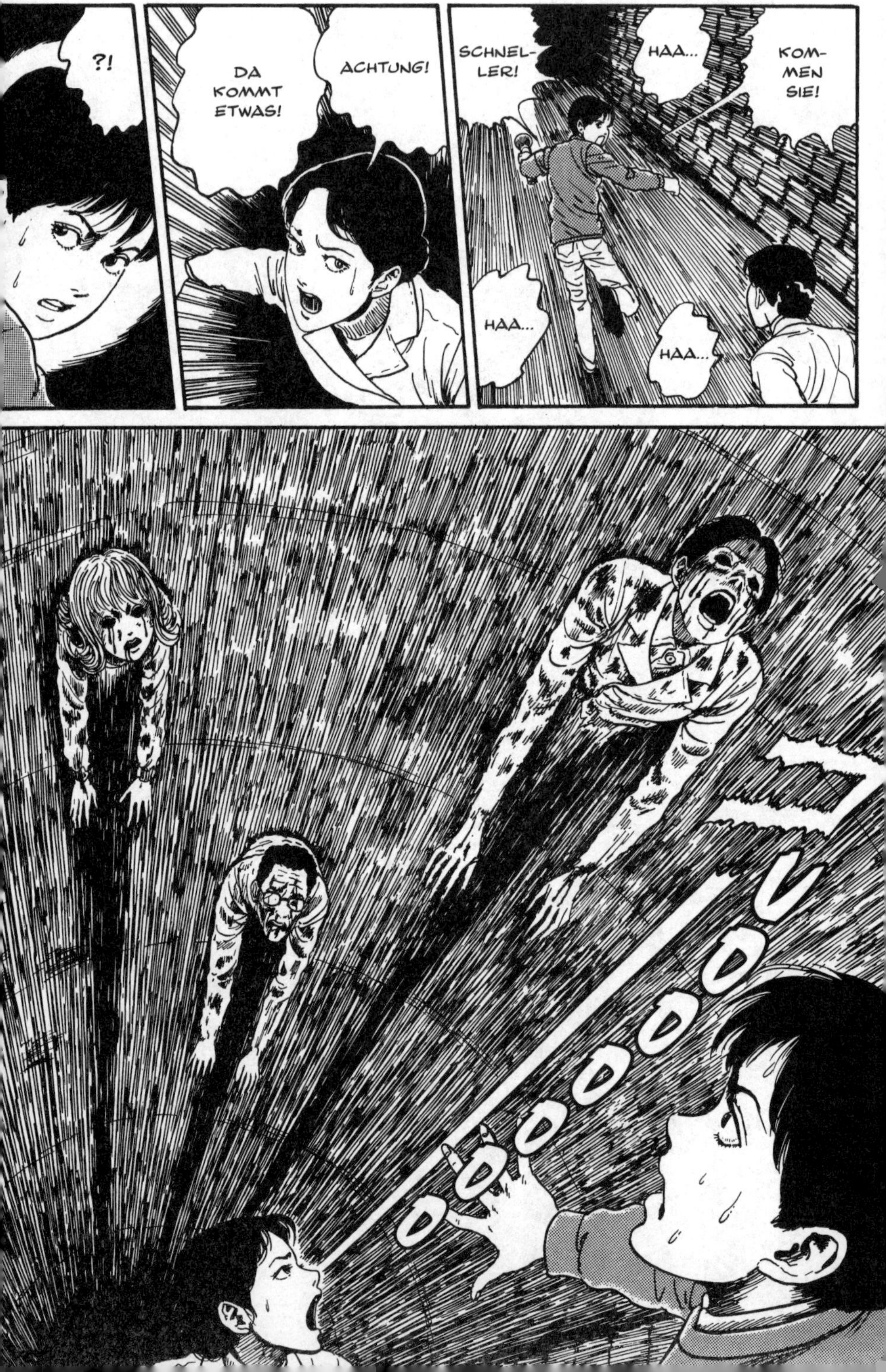
KOM-
MEN
SIE!
HAA...
SCHNEL-
LER!
HAA...
HAA...
ACHTUNG!
DA
KOMMT
ETWAS!
?!
VOOOOOO

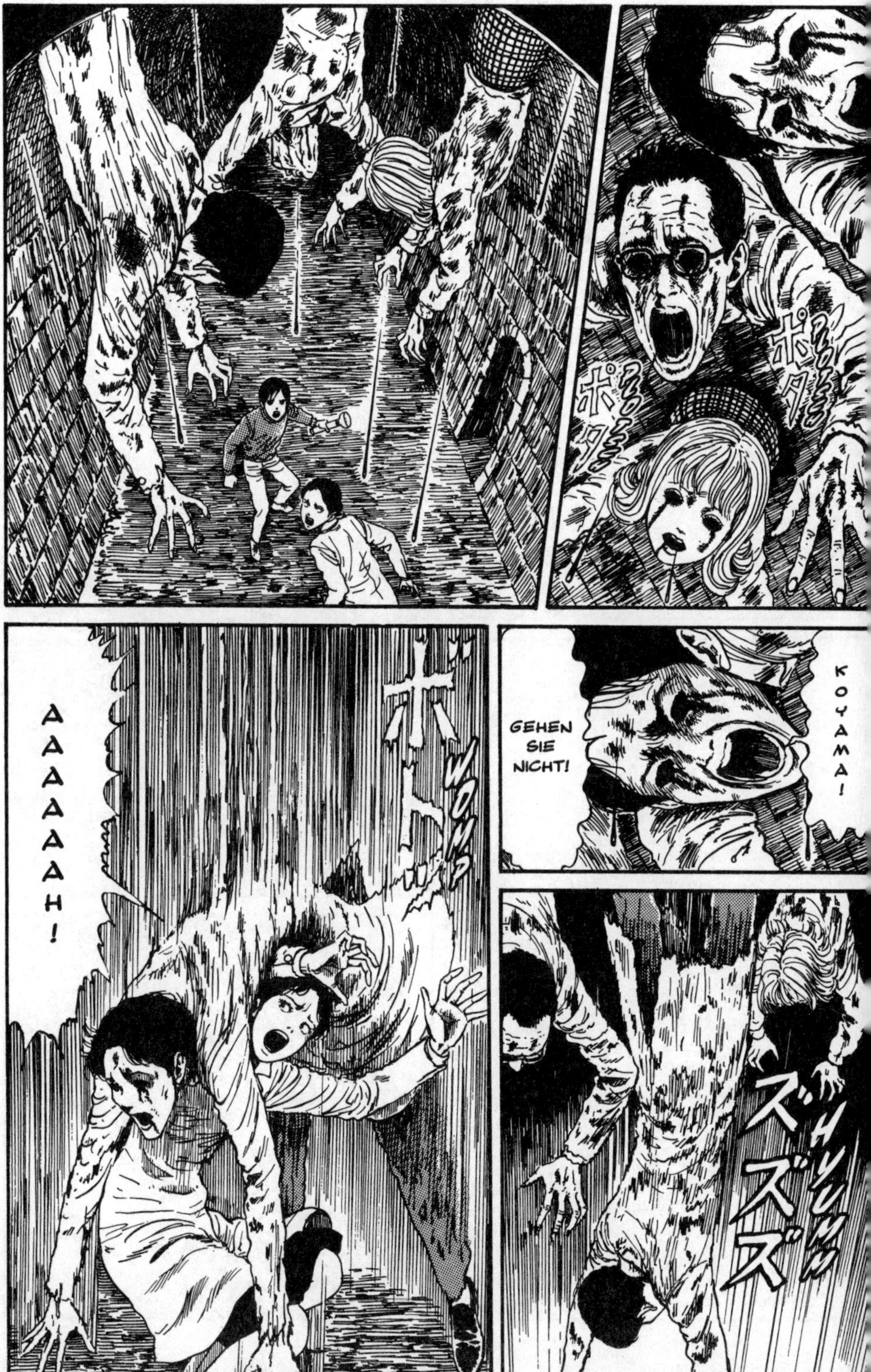
ポタ
ポタ
KOYAMA!
GEHEN SIE NICHT!
ドボッ
WOMP
AAAAAAAH!
ズズズ
HUSHHH

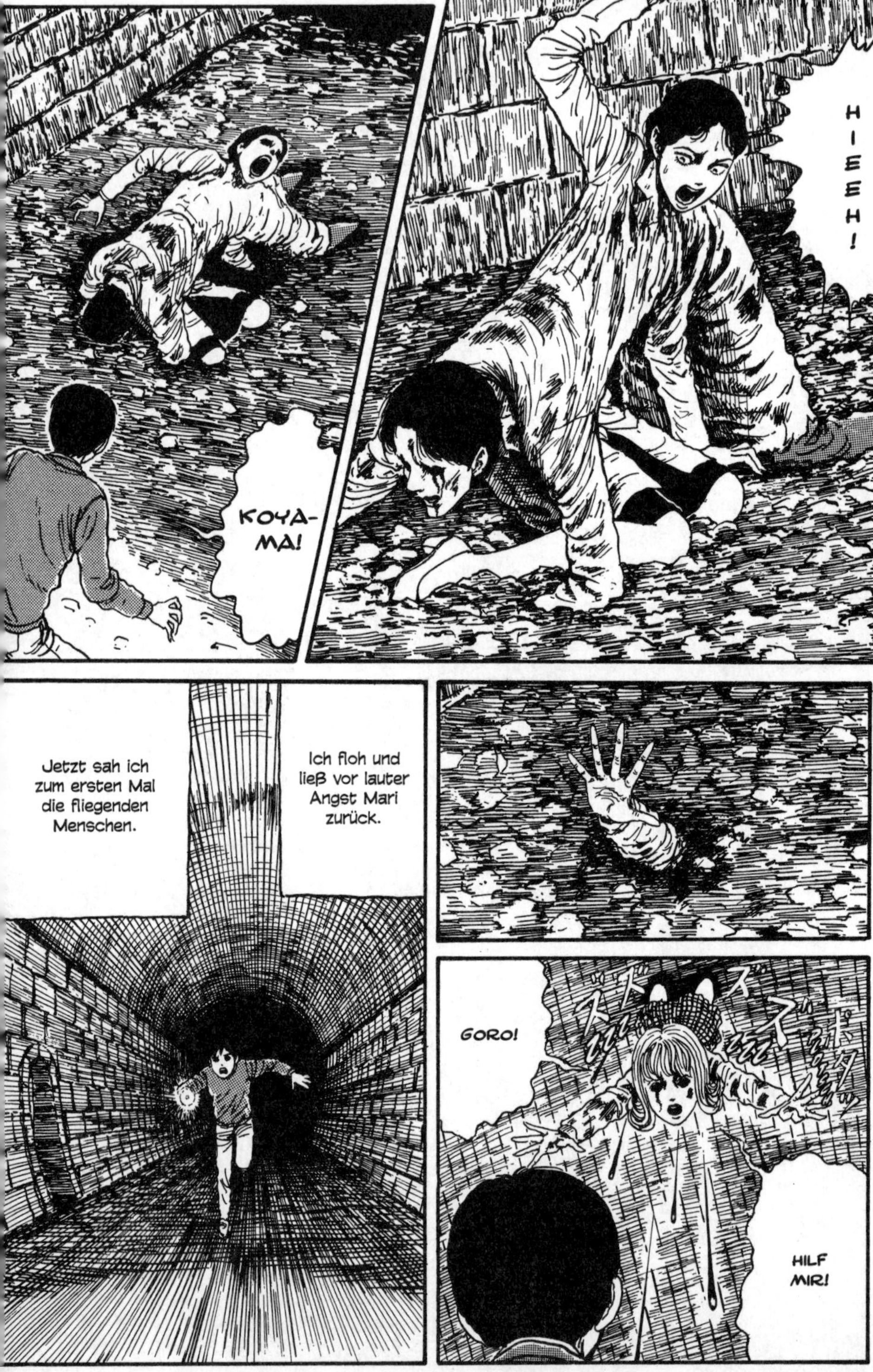
HIEEH!
KOYA-
MA!
Jetzt sah ich zum ersten Mal die fliegenden Menschen.
Ich floh und ließ vor lauter Angst Mari zurück.
GORO!
HILF MIR!

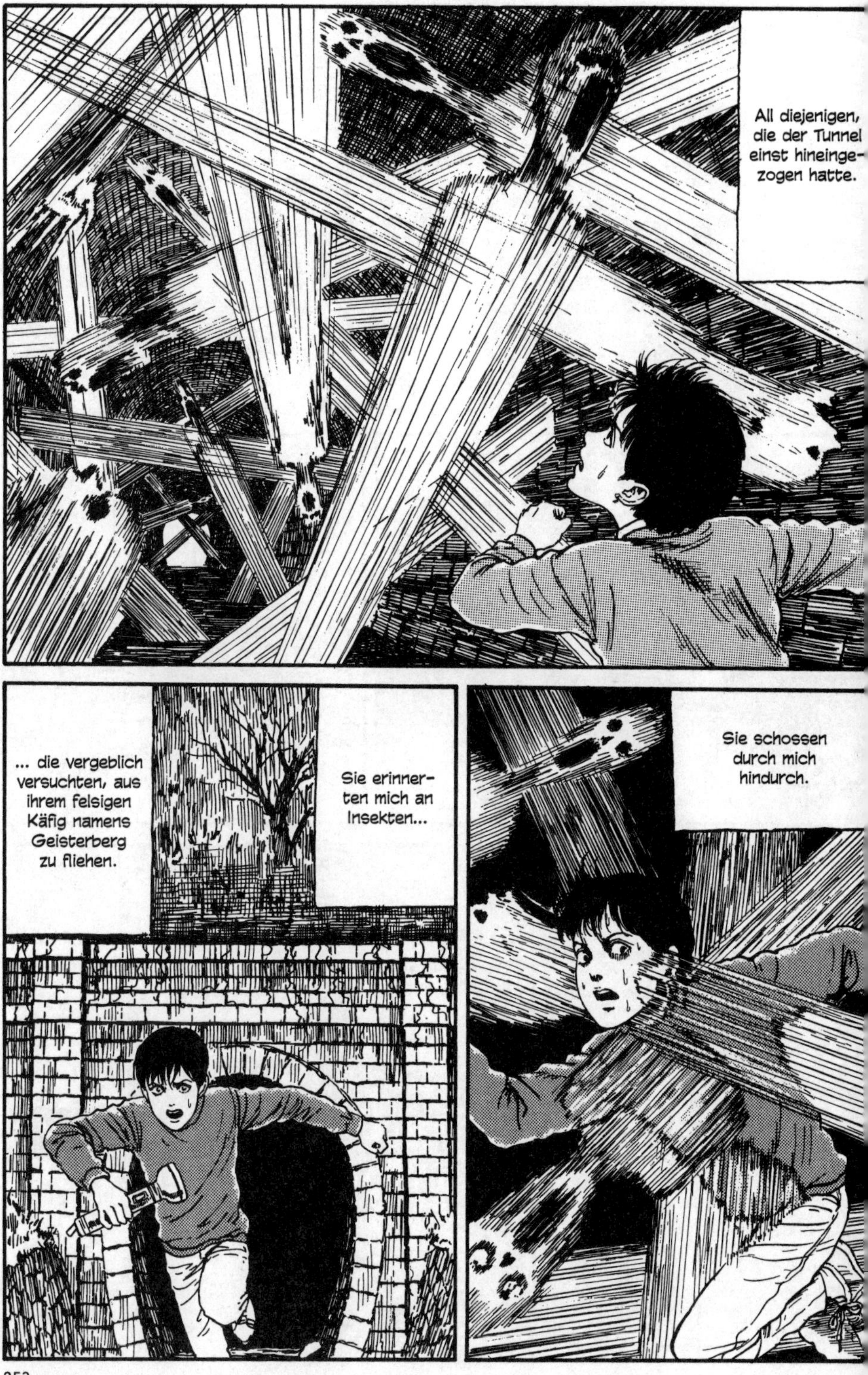
All diejenigen, die der Tunnel einst hineingezogen hatte.
Sie schossen durch mich hindurch.
Sie erinnerten mich an Insekten...
... die vergeblich versuchten, aus ihrem felsigen Käfig namens Geisterberg zu fliehen.

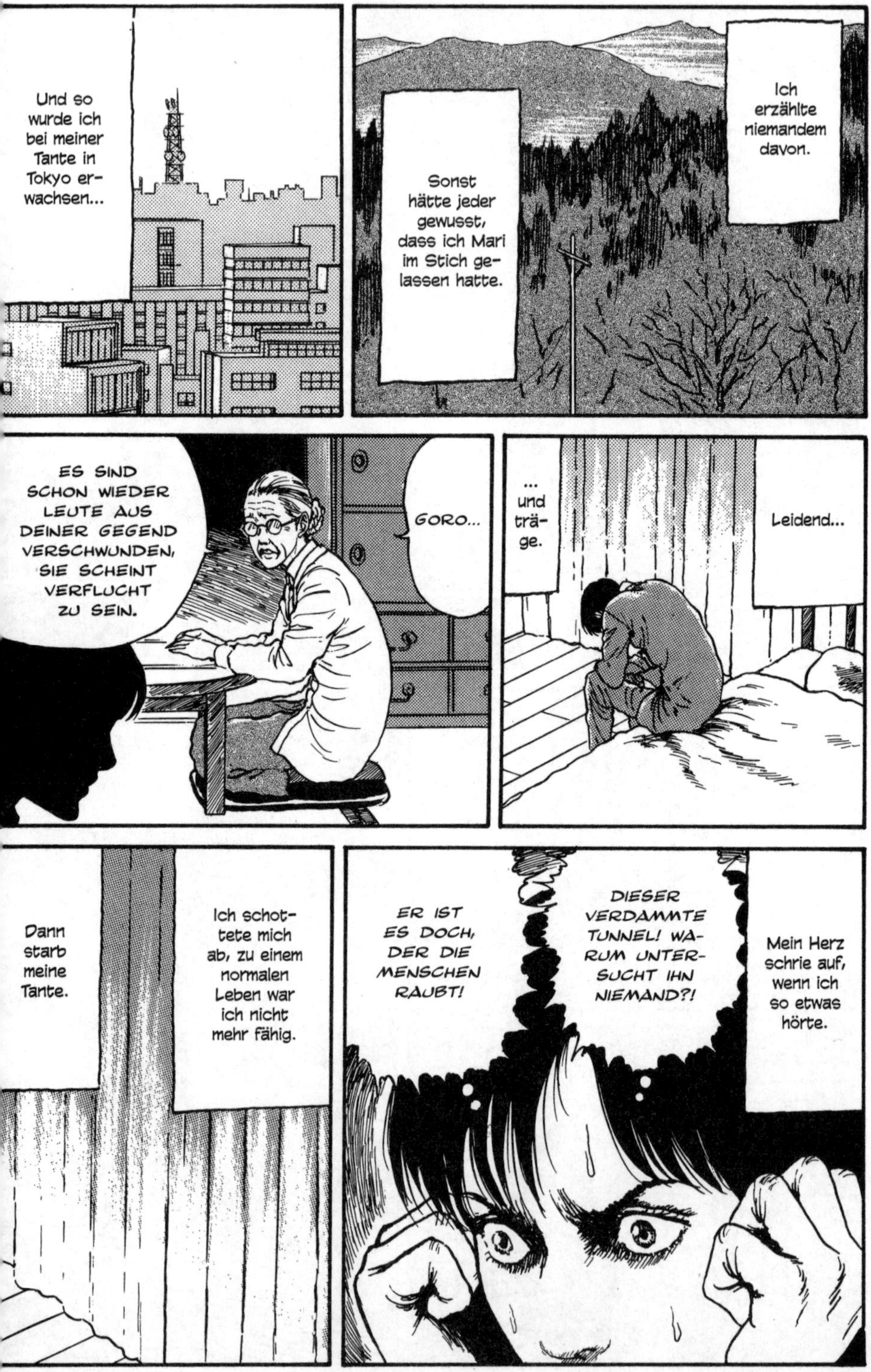

Ich erzählte niemandem davon.
Sonst hätte jeder gewusst, dass ich Mari im Stich gelassen hatte.
Und so wurde ich bei meiner Tante in Tokyo erwachsen...
Leidend...
... und träge.
GORO...
ES SIND SCHON WIEDER LEUTE AUS DEINER GEGEND VERSCHWUNDEN, SIE SCHEINT VERFLUCHT ZU SEIN.
Mein Herz schrie auf, wenn ich so etwas hörte.
DIESER VERDAMMTE TUNNEL! WARUM UNTERSUCHT IHN NIEMAND?!
ER IST ES DOCH, DER DIE MENSCHEN RAUBT!
Ich schottete mich ab, zu einem normalen Leben war ich nicht mehr fähig.
Dann starb meine Tante.

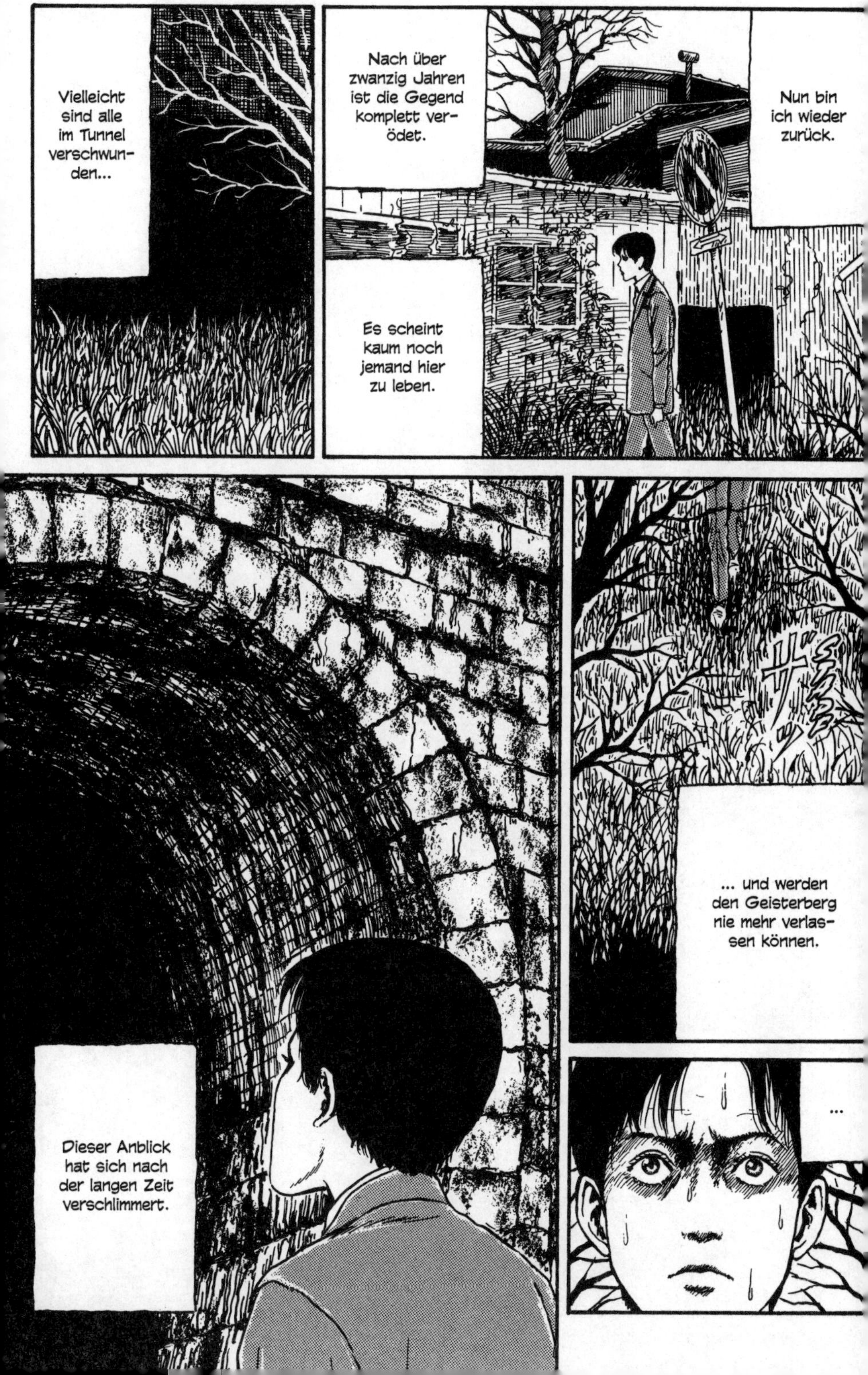
Nun bin ich wieder zurück.
Nach über zwanzig Jahren ist die Gegend komplett verödet.
Es scheint kaum noch jemand hier zu leben.
Vielleicht sind alle im Tunnel verschwunden...
... und werden den Geisterberg nie mehr verlassen können.
...
Dieser Anblick hat sich nach der langen Zeit verschlimmert.

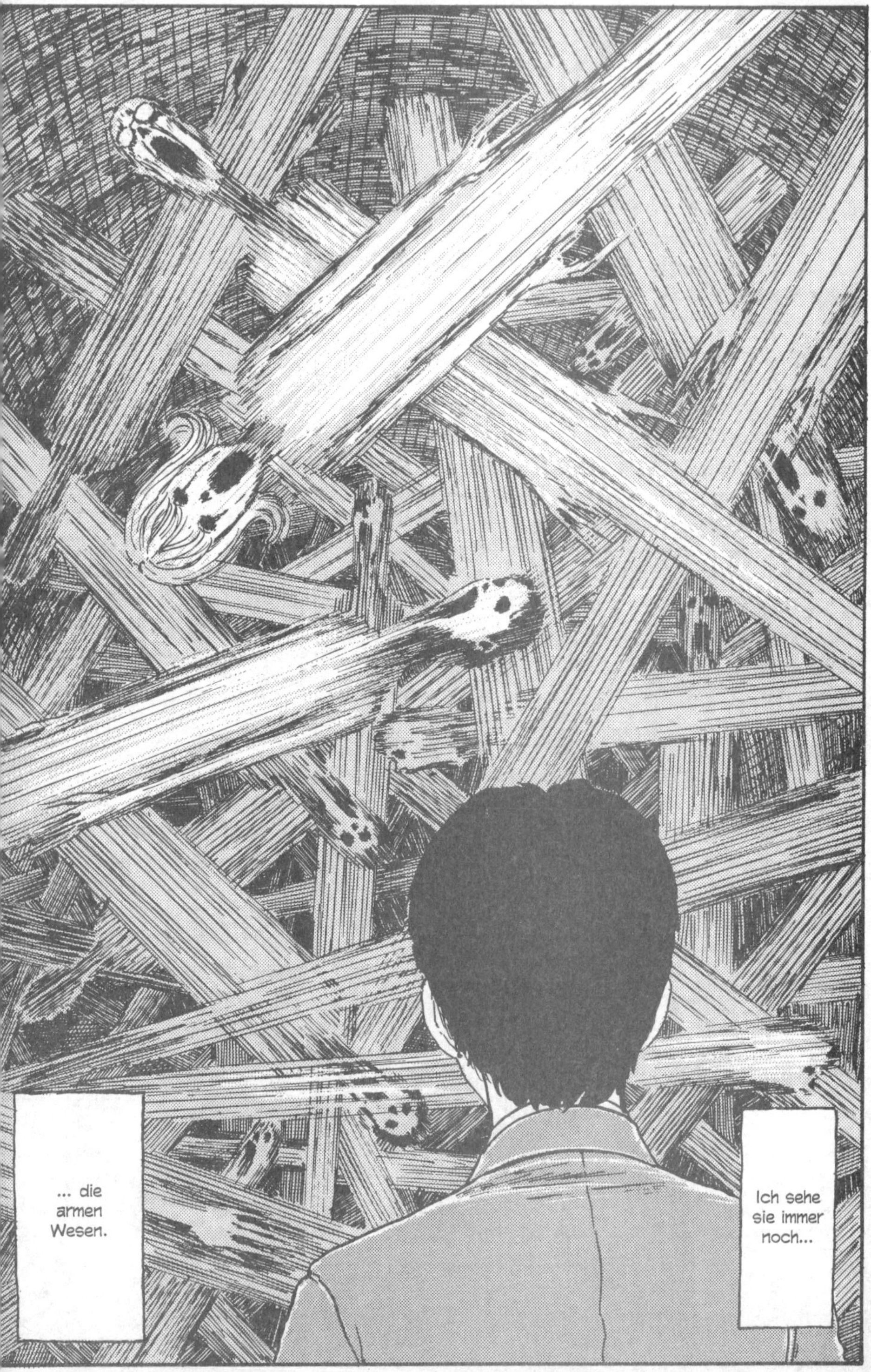

EINE TUNNELGESCHICHTE – ENDE

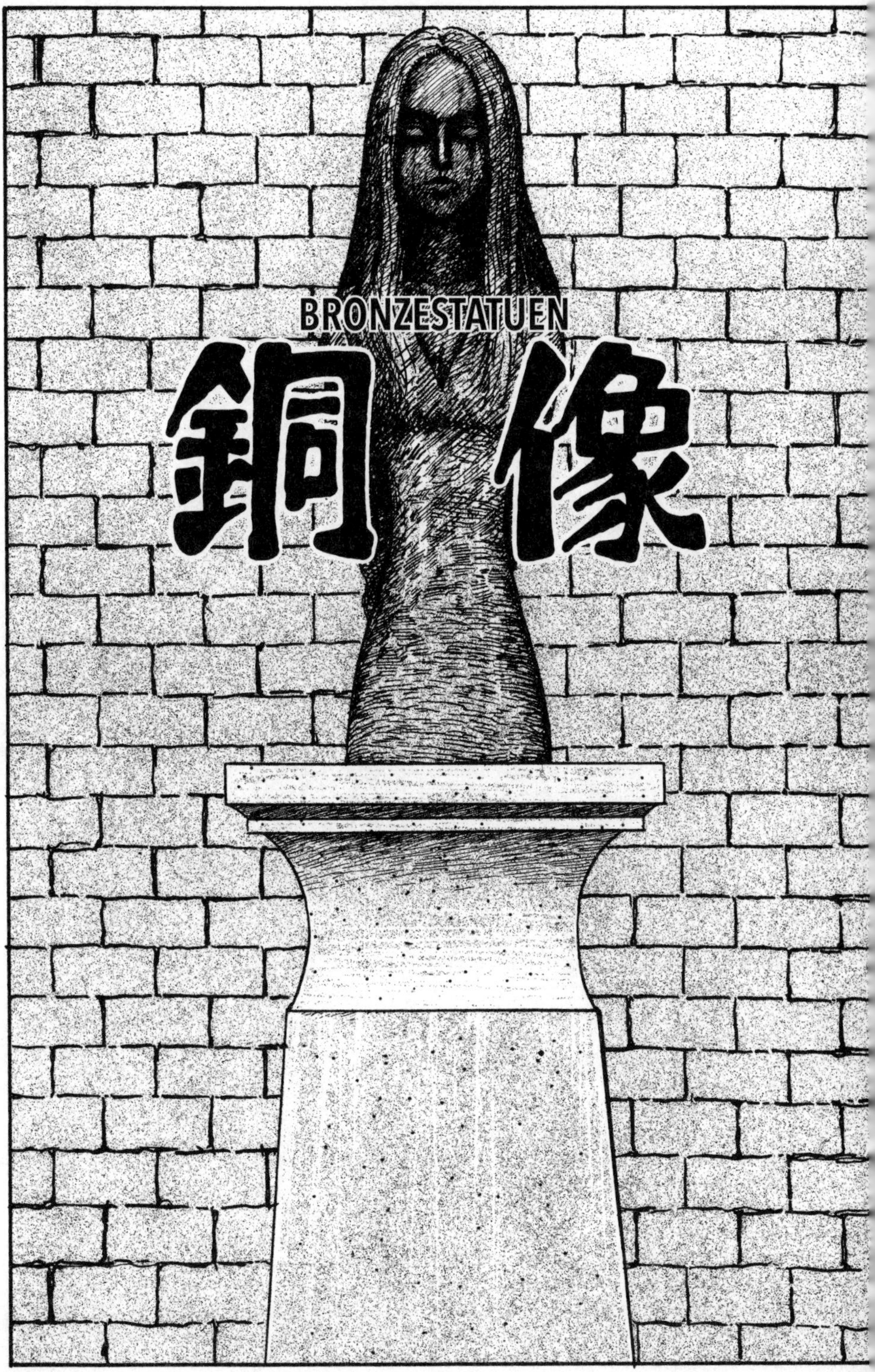
BRONZESTATUEN
銅像

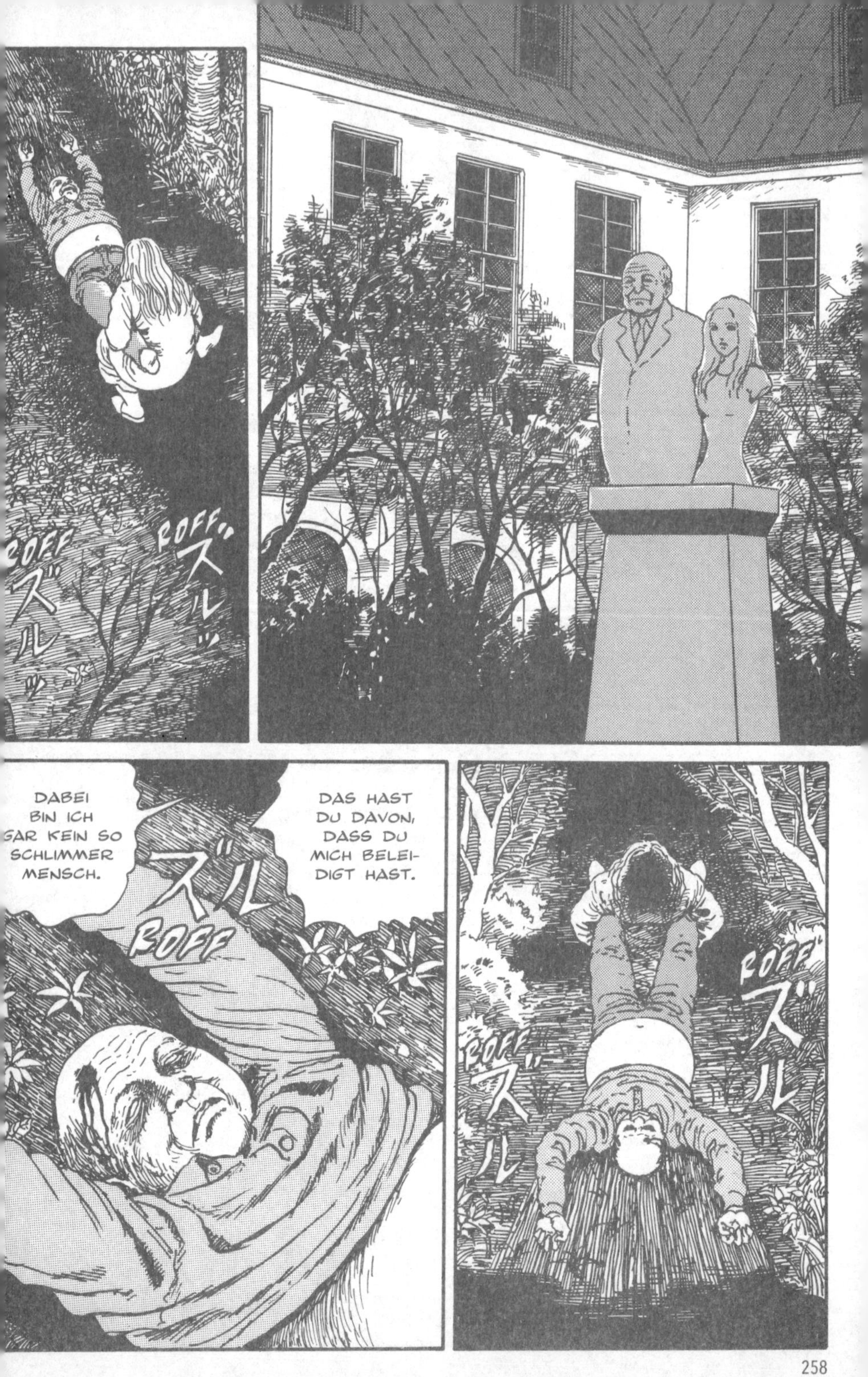
ROFF ズルッ
ROFF ズルッ
ROFF ズル
ROFF ズル
DAS HAST DU DAVON, DASS DU MICH BELEIDIGT HAST.
DABEI BIN ICH GAR KEIN SO SCHLIMMER MENSCH.
ズル ROFF

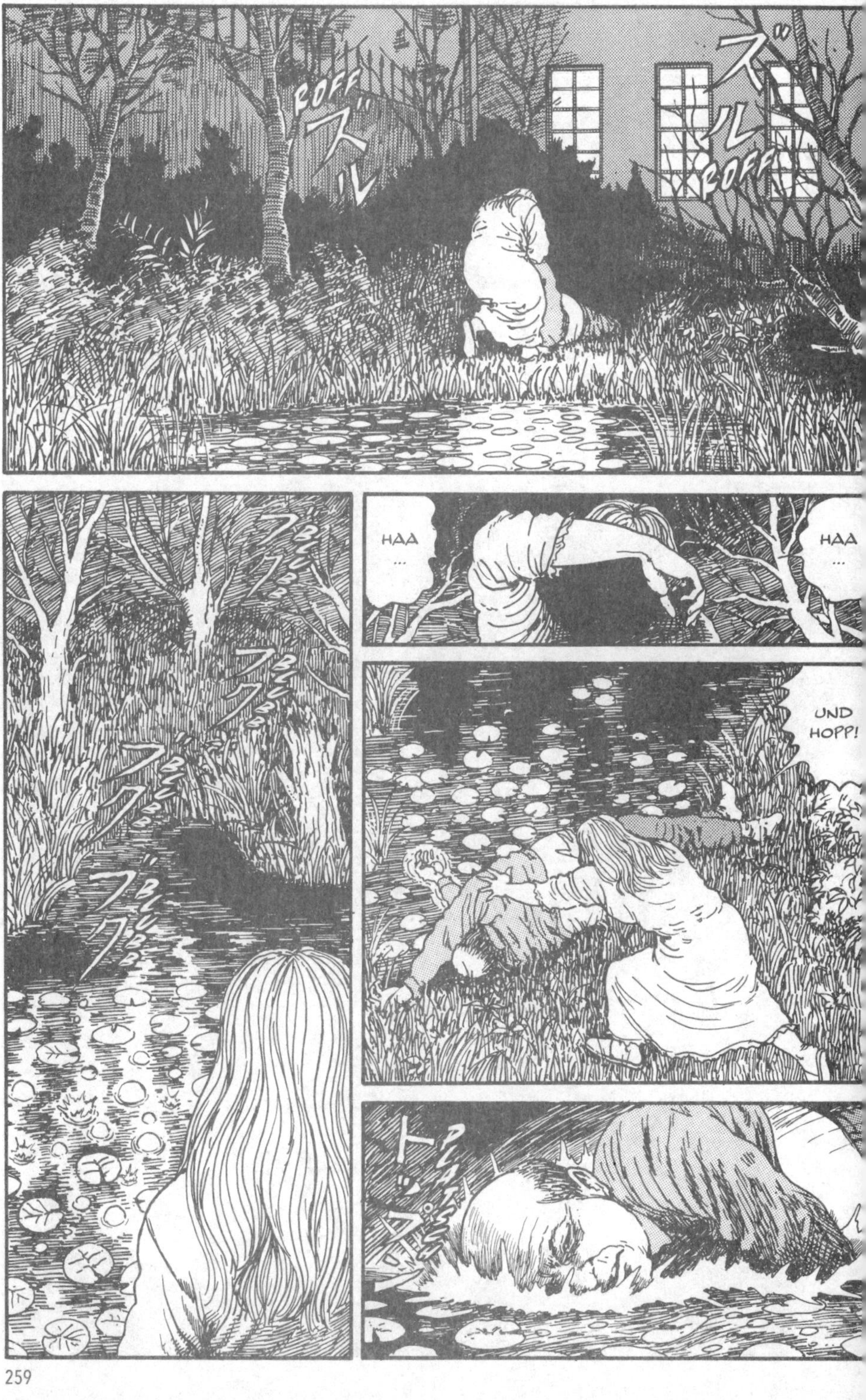
ズル
BOFF
ズル
BOFF
HAA ...
HAA ...
UND HOPP!
BLUBB
BLUBB
BLUBB
BLUBB

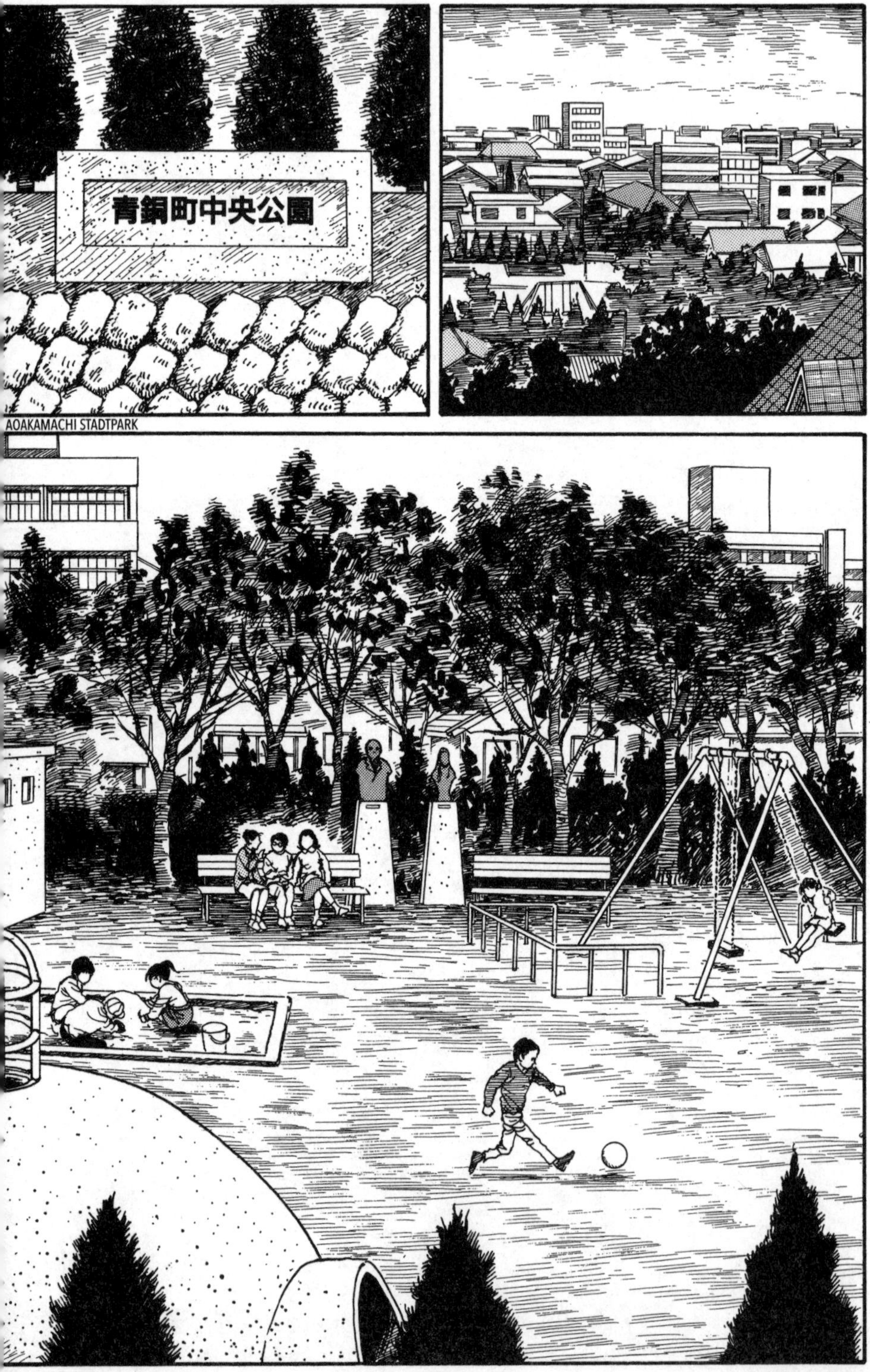
青銅町中央公園
AOAKAMACHI STADTPARK

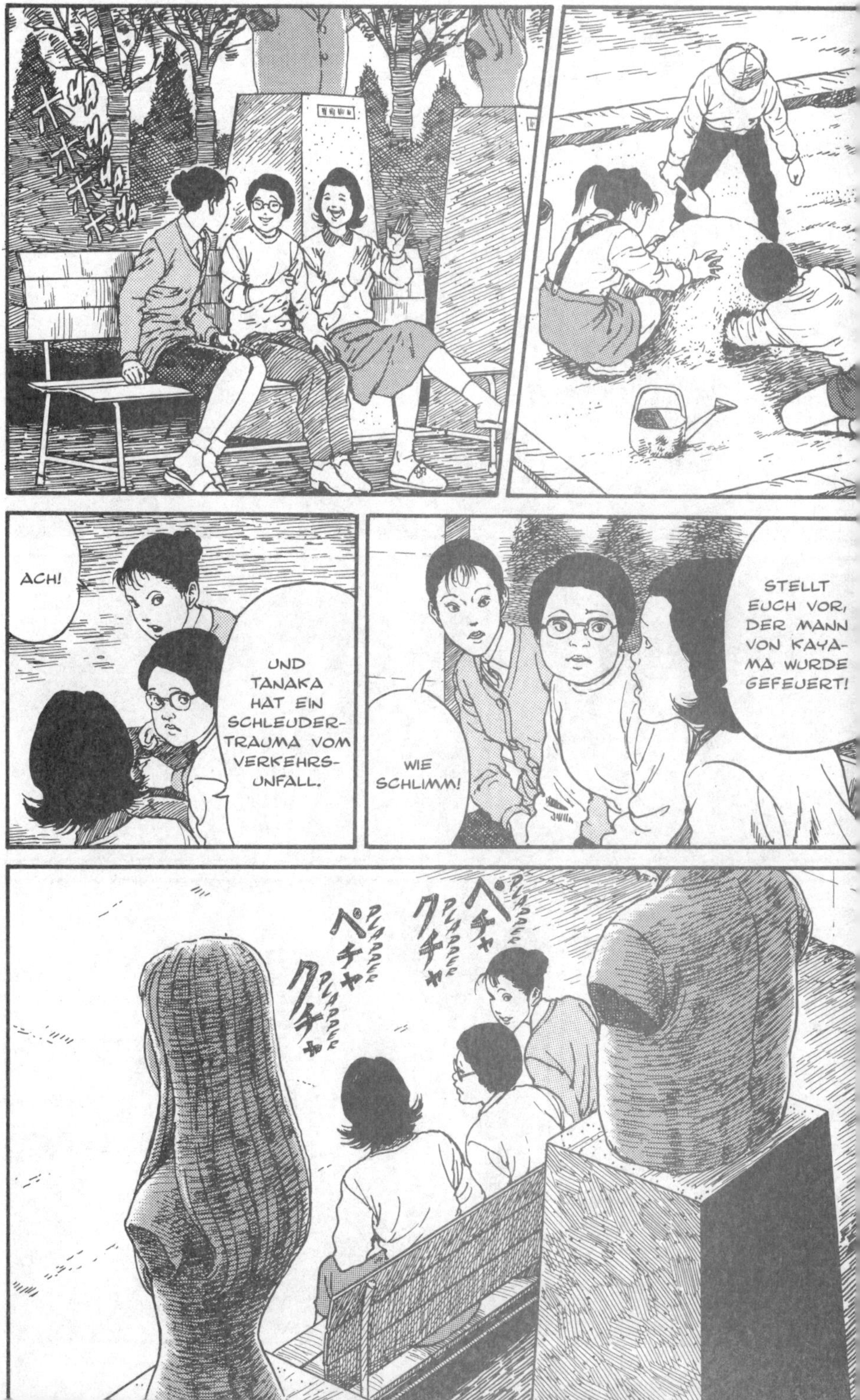

HA HA HA HA
STELLT EUCH VOR, DER MANN VON KAYAMA WURDE GEFEUERT!
WIE SCHLIMM!
UND TANAKA HAT EIN SCHLEUDER-TRAUMA VOM VERKEHRS-UNFALL.
ACH!
PLAPPER PLAPPER PLAPPER PLAPPER

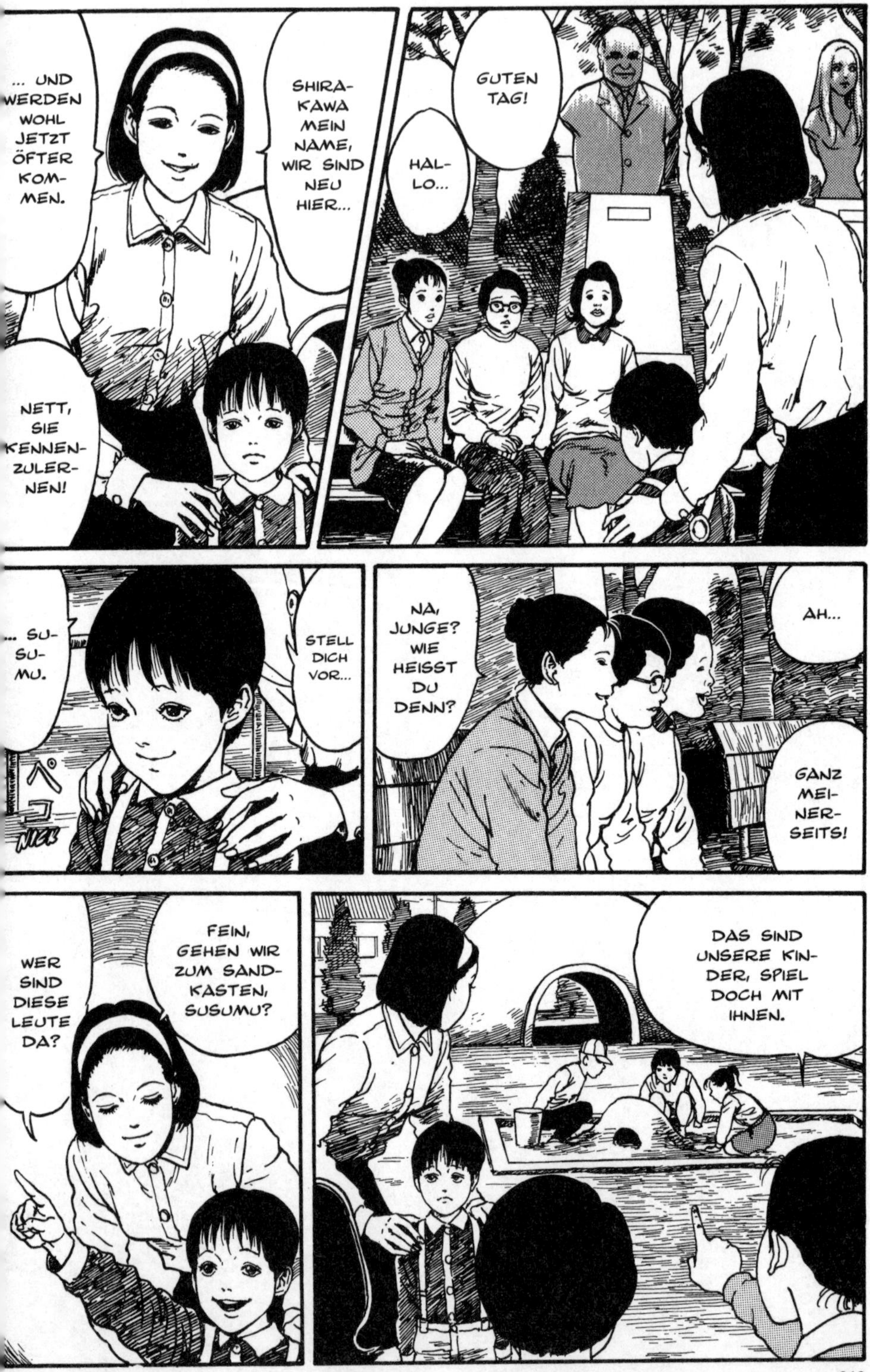
GUTEN TAG!
HAL-LO...
SHIRA-KAWA MEIN NAME, WIR SIND NEU HIER...
... UND WERDEN WOHL JETZT ÖFTER KOM-MEN.
NETT, SIE KENNEN-ZULER-NEN!
AH...
GANZ MEI-NER-SEITS!
NA, JUNGE? WIE HEISST DU DENN?
STELL DICH VOR...
... SU-SU-MU.
ペコ
NICK
FEIN, GEHEN WIR ZUM SAND-KASTEN, SUSUMU?
WER SIND DIESE LEUTE DA?
DAS SIND UNSERE KIN-DER, SPIEL DOCH MIT IHNEN.

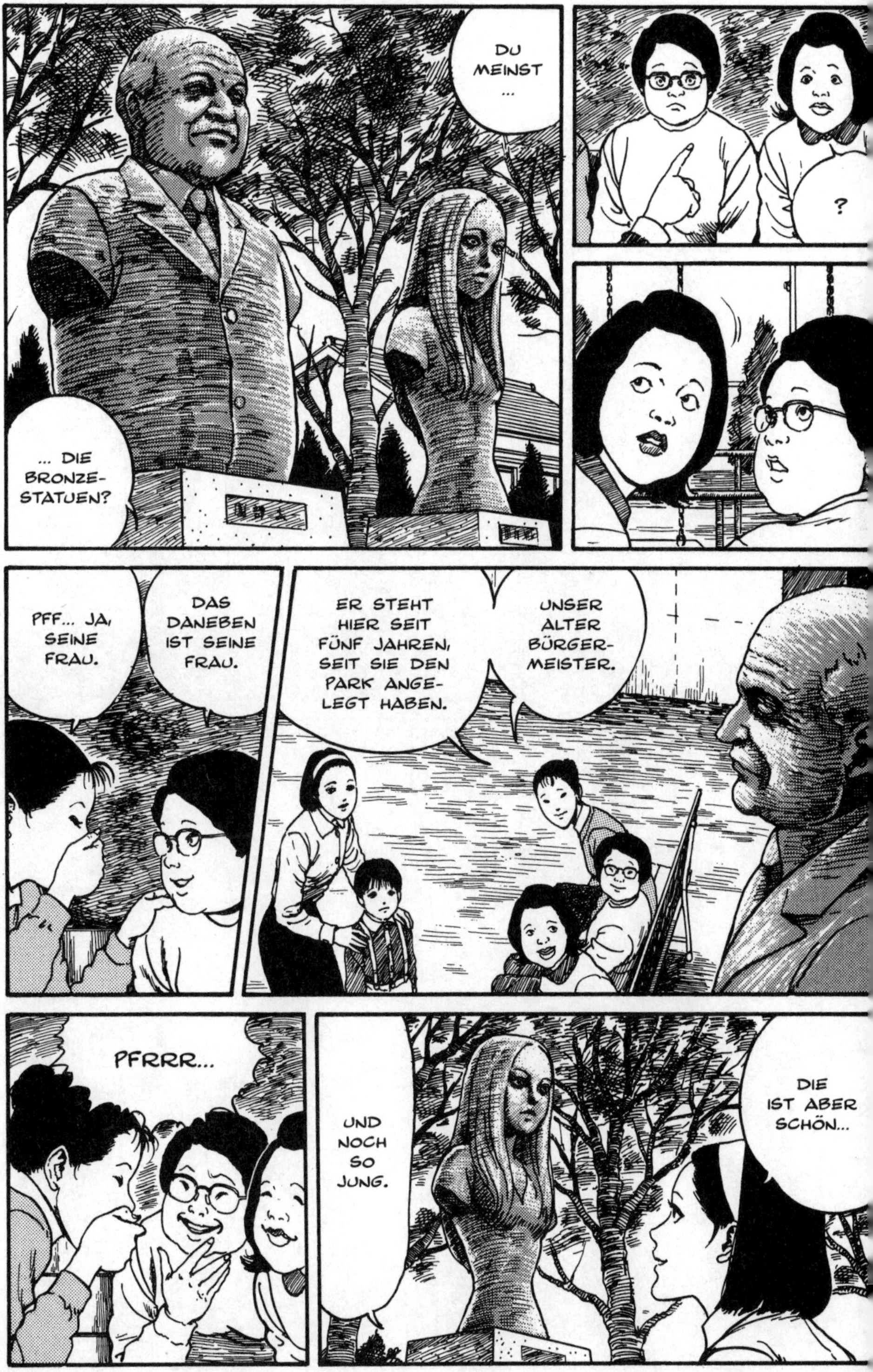
?
DU MEINST ...
... DIE BRONZE-STATUEN?
UNSER ALTER BÜRGER-MEISTER.
ER STEHT HIER SEIT FÜNF JAHREN, SEIT SIE DEN PARK ANGE-LEGT HABEN.
DAS DANEBEN IST SEINE FRAU.
PFF... JA, SEINE FRAU.
DIE IST ABER SCHÖN...
UND NOCH SO JUNG.
PFRRR...

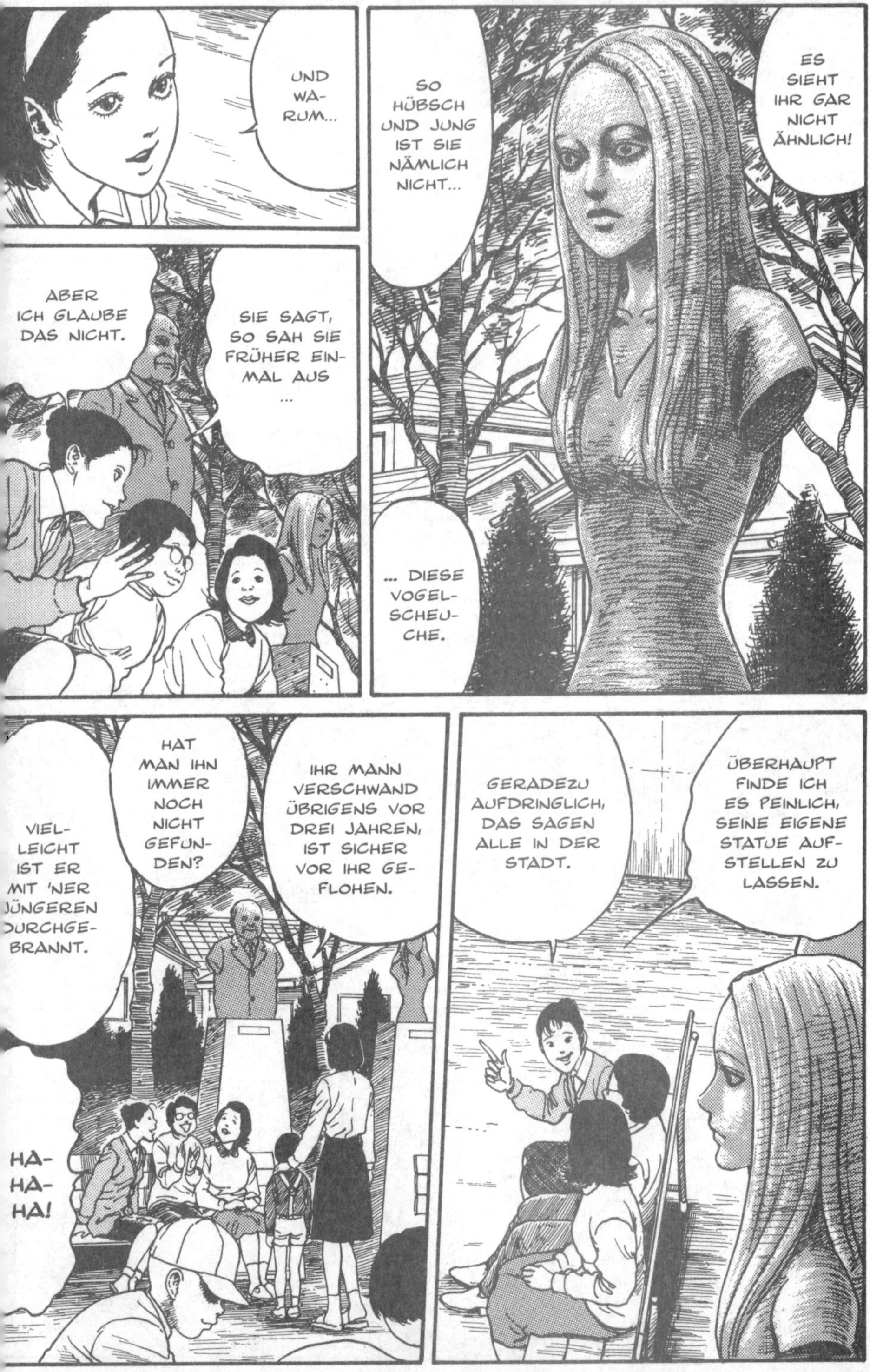
ES SIEHT IHR GAR NICHT ÄHNLICH!
SO HÜBSCH UND JUNG IST SIE NÄMLICH NICHT...
... DIESE VOGELSCHEUCHE.
UND WARUM...
SIE SAGT, SO SAH SIE FRÜHER EINMAL AUS ...
ABER ICH GLAUBE DAS NICHT.
ÜBERHAUPT FINDE ICH ES PEINLICH, SEINE EIGENE STATUE AUFSTELLEN ZU LASSEN.
GERADEZU AUFDRINGLICH, DAS SAGEN ALLE IN DER STADT.
IHR MANN VERSCHWAND ÜBRIGENS VOR DREI JAHREN, IST SICHER VOR IHR GEFLOHEN.
HAT MAN IHN IMMER NOCH NICHT GEFUNDEN?
VIELLEICHT IST ER MIT 'NER JÜNGEREN DURCHGEBRANNT.
HA-HA-HA!

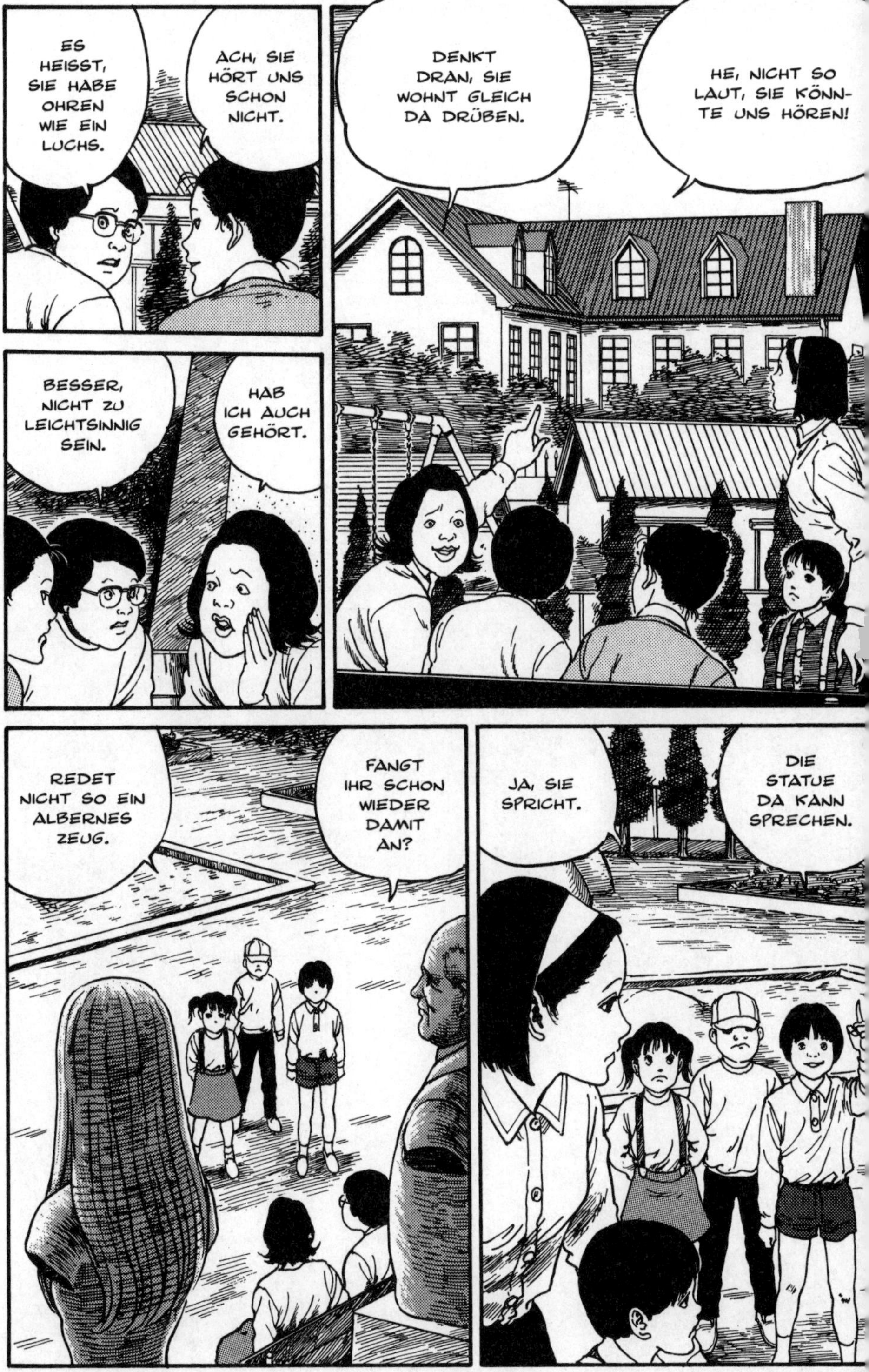
HE, NICHT SO LAUT, SIE KÖNNTE UNS HÖREN!
DENKT DRAN, SIE WOHNT GLEICH DA DRÜBEN.
ACH, SIE HÖRT UNS SCHON NICHT.
ES HEISST, SIE HABE OHREN WIE EIN LUCHS.
HAB ICH AUCH GEHÖRT.
BESSER, NICHT ZU LEICHTSINNIG SEIN.
DIE STATUE DA KANN SPRECHEN.
JA, SIE SPRICHT.
FANGT IHR SCHON WIEDER DAMIT AN?
REDET NICHT SO EIN ALBERNES ZEUG.

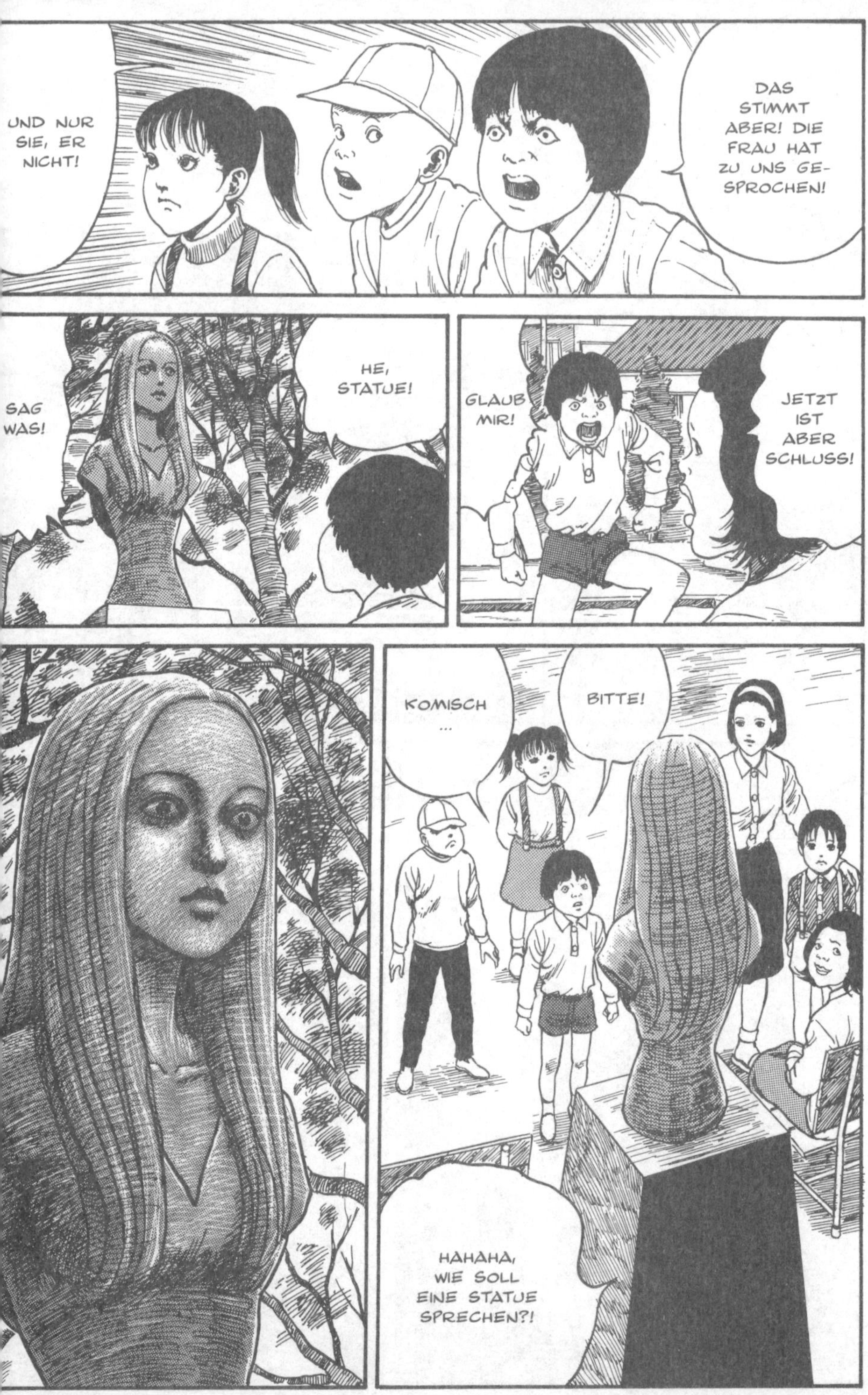
DAS STIMMT ABER! DIE FRAU HAT ZU UNS GE-SPROCHEN!
UND NUR SIE, ER NICHT!
JETZT IST ABER SCHLUSS!
GLAUB MIR!
HE, STATUE!
SAG WAS!
BITTE!
KOMISCH ...
HAHAHA, WIE SOLL EINE STATUE SPRECHEN?!

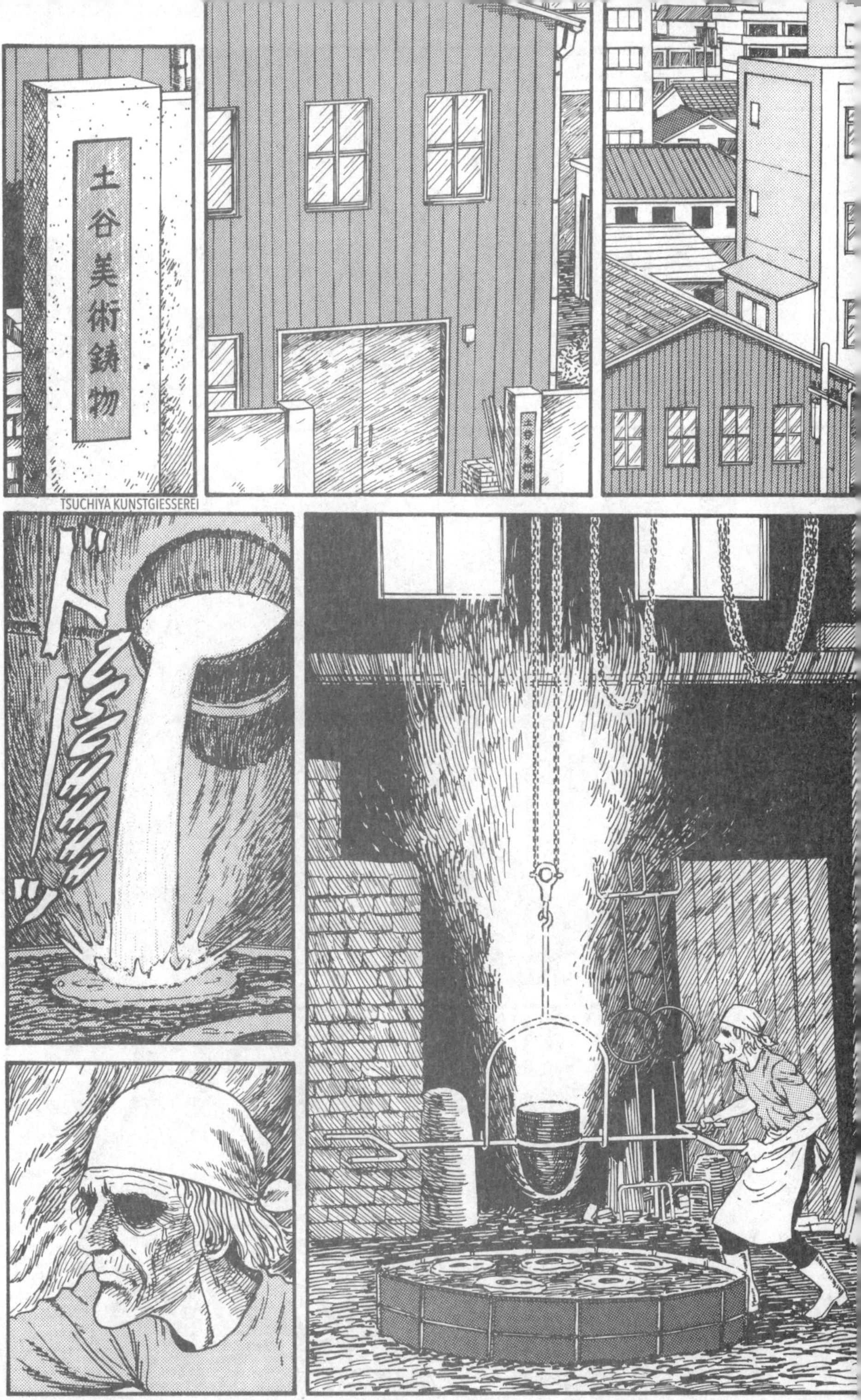
土谷美術鋳物
TSUCHIYA KUNSTGIESSEREI
ドーッ
ZISCHHHH

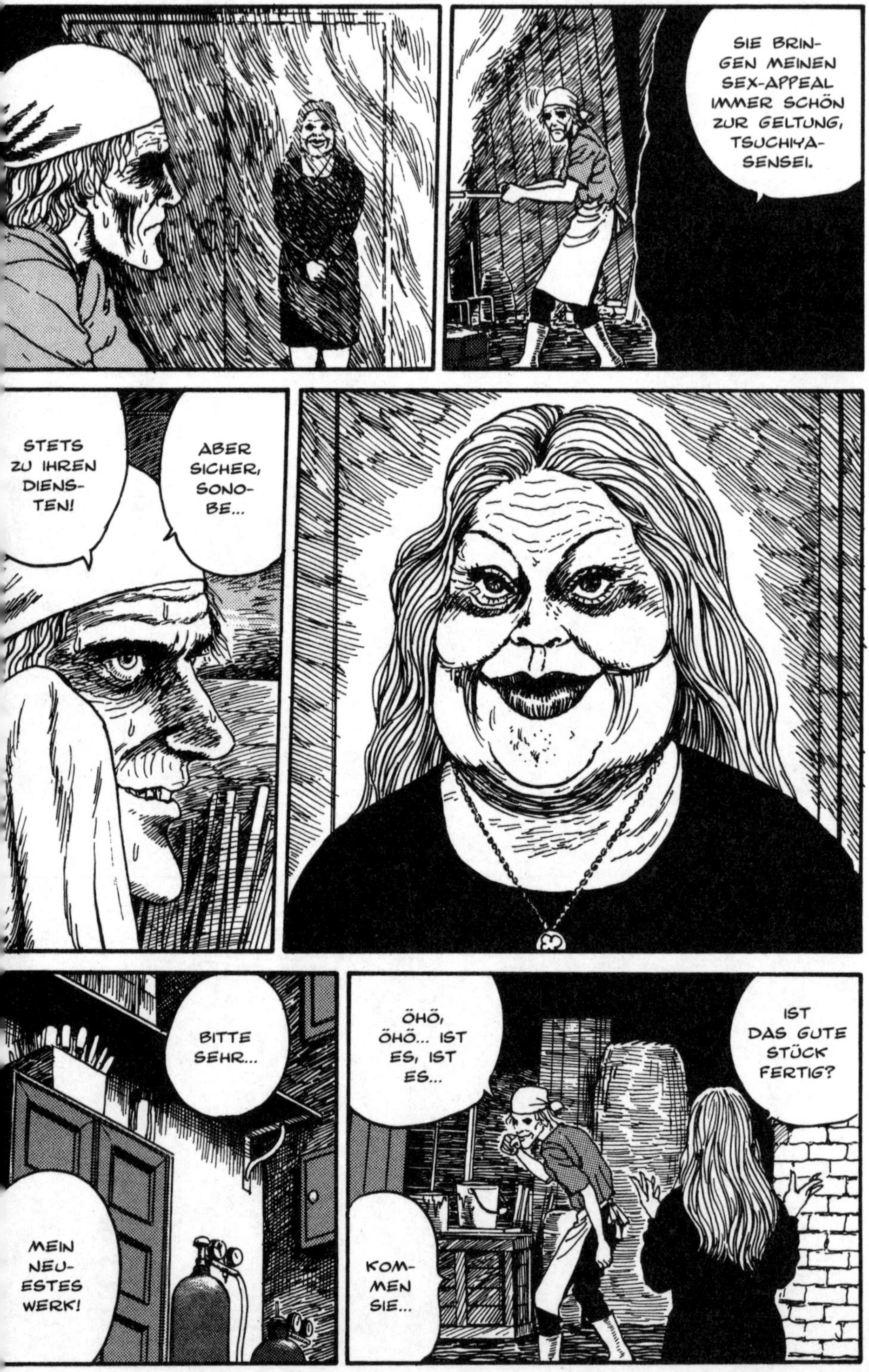
SIE BRINGEN MEINEN SEX-APPEAL IMMER SCHÖN ZUR GELTUNG, TSUCHIYA-SENSEI.
ABER SICHER, SONOBE...
STETS ZU IHREN DIENSTEN!
IST DAS GUTE STÜCK FERTIG?
ÖHÖ, ÖHÖ... IST ES, IST ES...
KOMMEN SIE...
BITTE SEHR...
MEIN NEUESTES WERK!

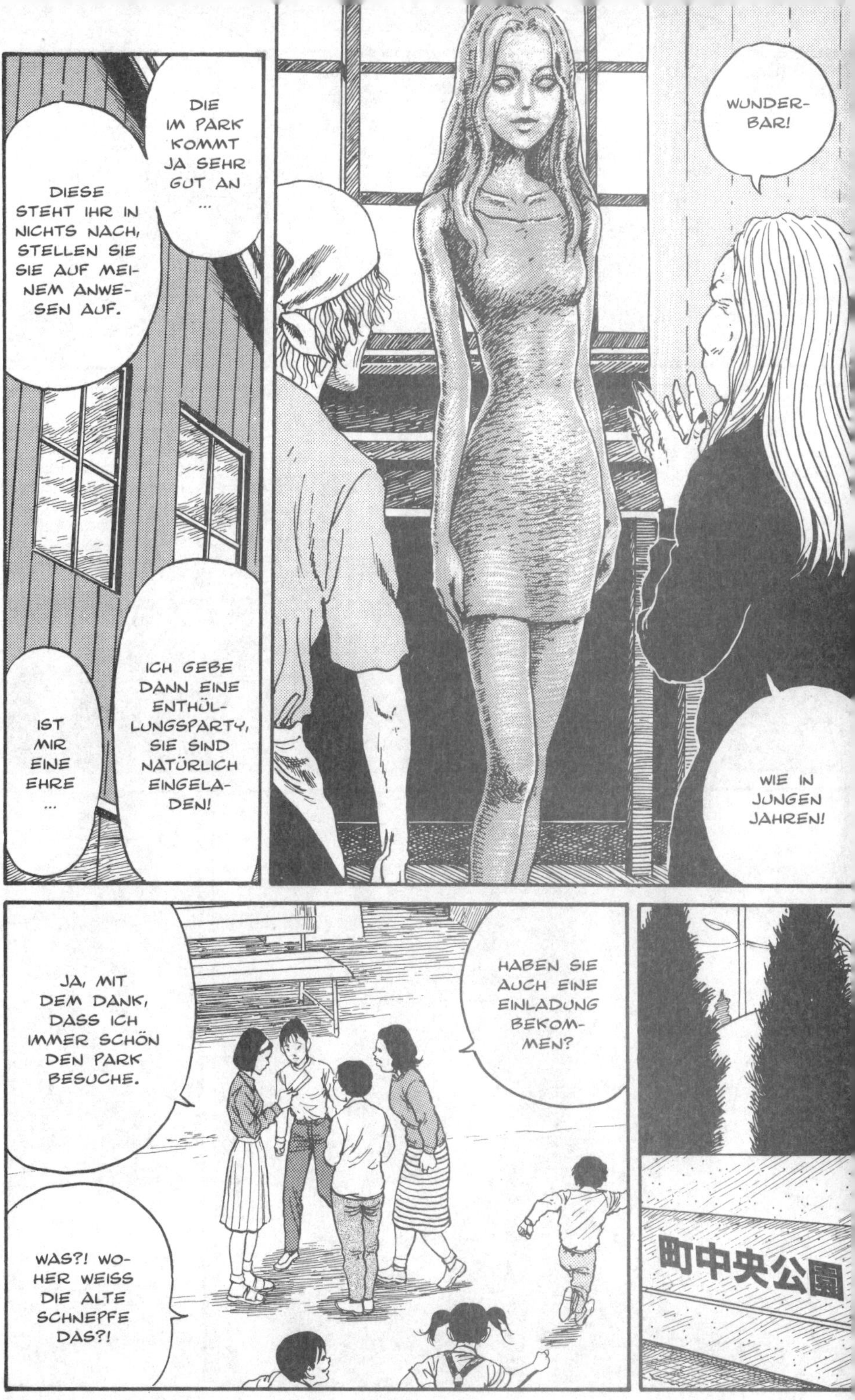
WUNDER-BAR!
WIE IN JUNGEN JAHREN!
DIE IM PARK KOMMT JA SEHR GUT AN ...
DIESE STEHT IHR IN NICHTS NACH, STELLEN SIE SIE AUF MEI-NEM ANWE-SEN AUF.
ICH GEBE DANN EINE ENTHÜL-LUNGSPARTY, SIE SIND NATÜRLICH EINGELA-DEN!
IST MIR EINE EHRE ...
町中央公園
HABEN SIE AUCH EINE EINLADUNG BEKOM-MEN?
JA, MIT DEM DANK, DASS ICH IMMER SCHÖN DEN PARK BESUCHE.
WAS?! WO-HER WEISS DIE ALTE SCHNEPFE DAS?!

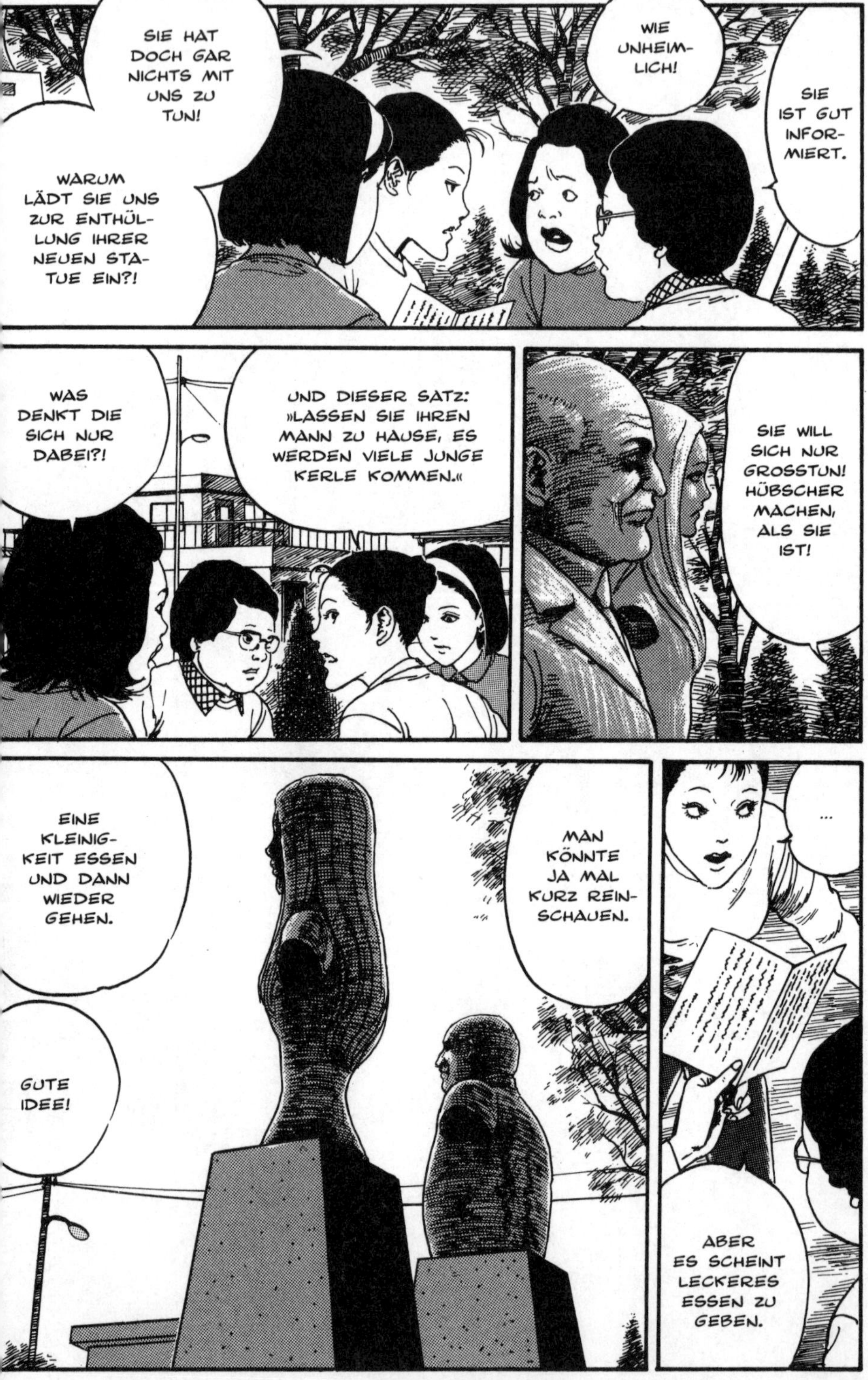
SIE IST GUT INFORMIERT.
WIE UNHEIM-LICH!
SIE HAT DOCH GAR NICHTS MIT UNS ZU TUN!
WARUM LÄDT SIE UNS ZUR ENTHÜL-LUNG IHRER NEUEN STA-TUE EIN?!
SIE WILL SICH NUR GROSSTUN! HÜBSCHER MACHEN, ALS SIE IST!
UND DIESER SATZ: »LASSEN SIE IHREN MANN ZU HAUSE, ES WERDEN VIELE JUNGE KERLE KOMMEN.«
WAS DENKT DIE SICH NUR DABEI?!
...
ABER ES SCHEINT LECKERES ESSEN ZU GEBEN.
MAN KÖNNTE JA MAL KURZ REIN-SCHAUEN.
EINE KLEINIG-KEIT ESSEN UND DANN WIEDER GEHEN.
GUTE IDEE!

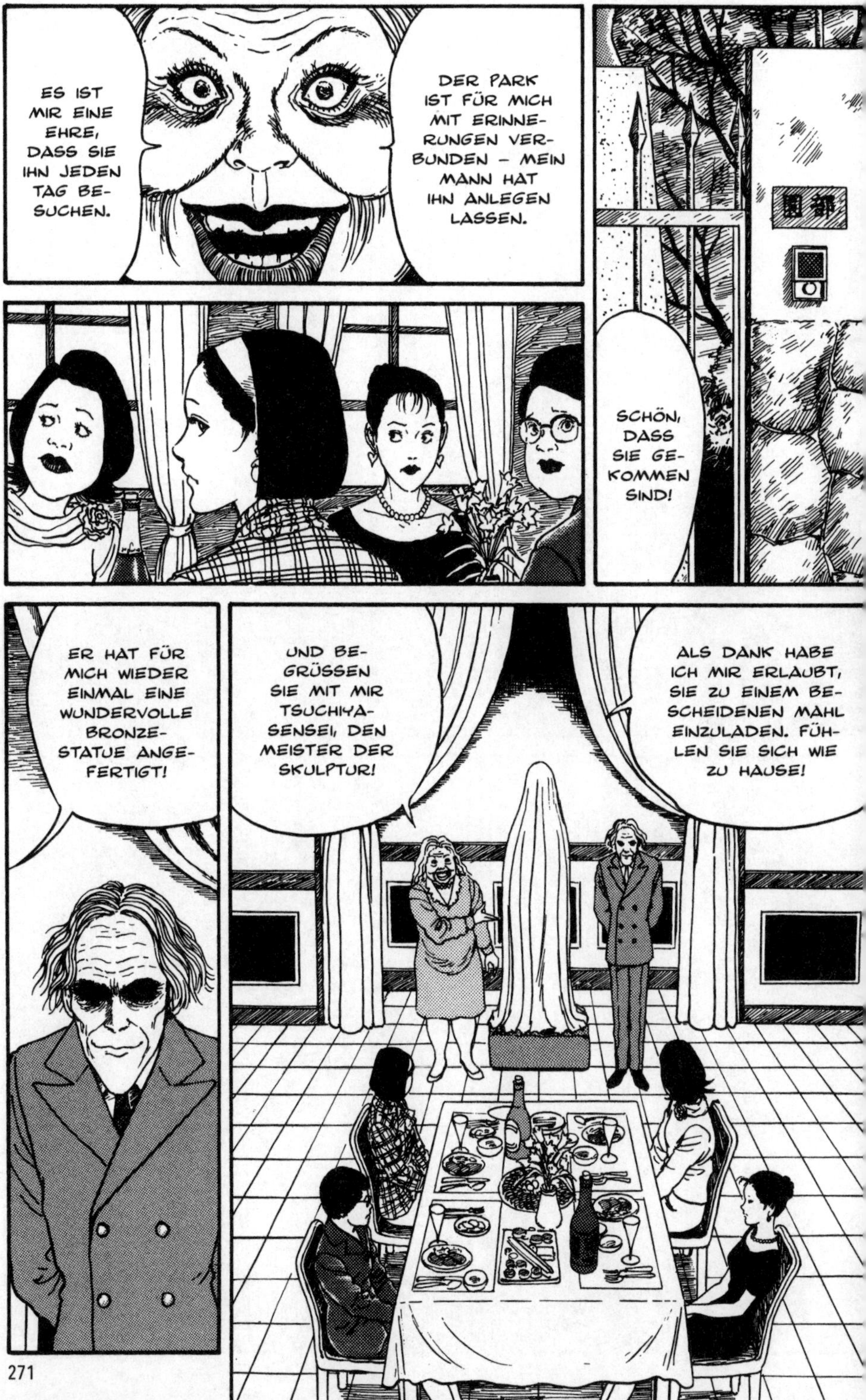
園部
SCHÖN, DASS SIE GEKOMMEN SIND!
DER PARK IST FÜR MICH MIT ERINNERUNGEN VERBUNDEN – MEIN MANN HAT IHN ANLEGEN LASSEN.
ES IST MIR EINE EHRE, DASS SIE IHN JEDEN TAG BESUCHEN.
ALS DANK HABE ICH MIR ERLAUBT, SIE ZU EINEM BESCHEIDENEN MAHL EINZULADEN. FÜHLEN SIE SICH WIE ZU HAUSE!
UND BEGRÜSSEN SIE MIT MIR TSUCHIYA-SENSEI, DEN MEISTER DER SKULPTUR!
ER HAT FÜR MICH WIEDER EINMAL EINE WUNDERVOLLE BRONZESTATUE ANGEFERTIGT!

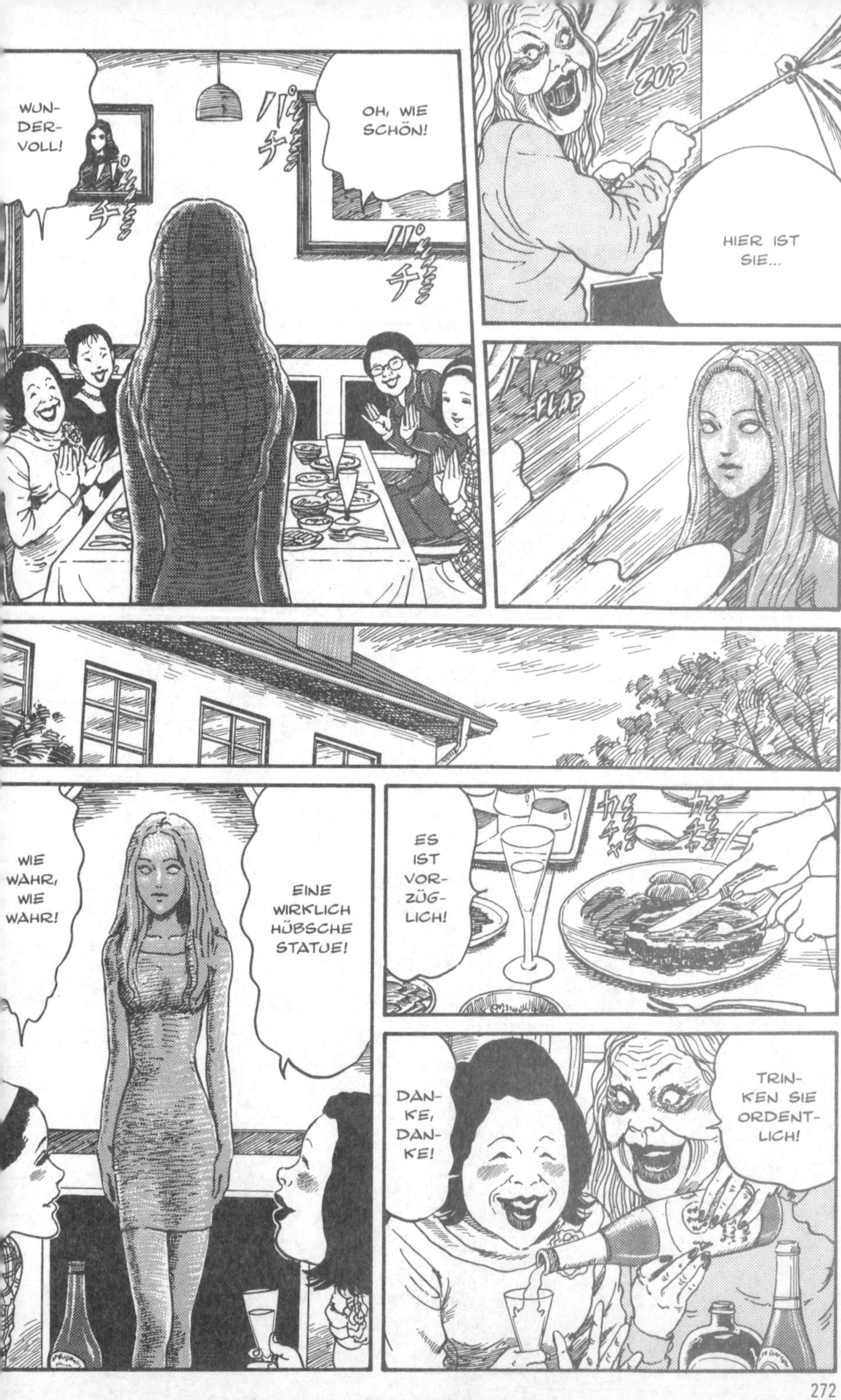
ZUP
HIER IST SIE...
OH, WIE SCHÖN!
WUNDER-VOLL!
FLAP
ES IST VORZÜGLICH!
TRINKEN SIE ORDENTLICH!
DANKE, DANKE!
EINE WIRKLICH HÜBSCHE STATUE!
WIE WAHR, WIE WAHR!

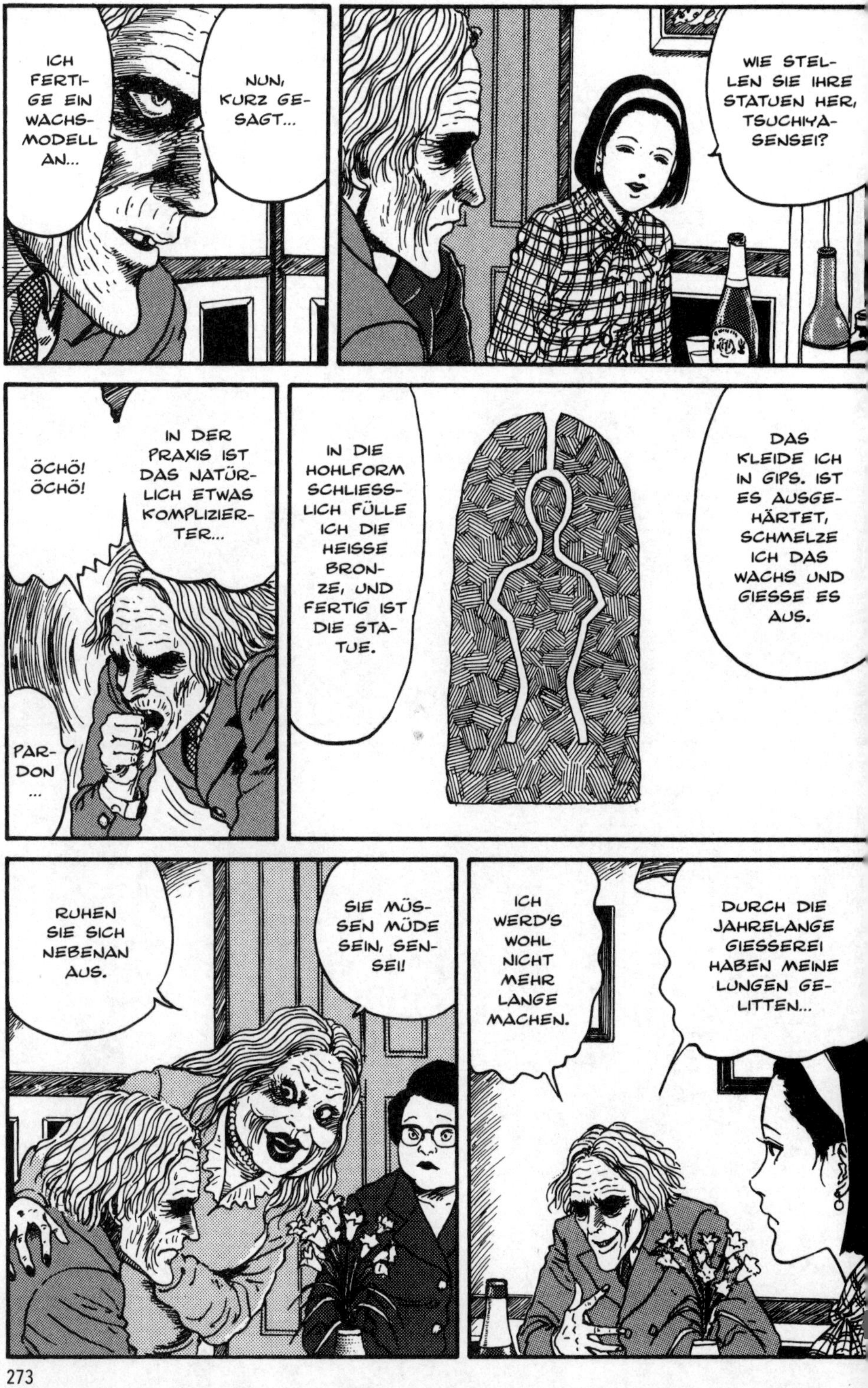
WIE STELLEN SIE IHRE STATUEN HER, TSUCHIYA-SENSEI?
NUN, KURZ GESAGT...
ICH FERTIGE EIN WACHSMODELL AN...
DAS KLEIDE ICH IN GIPS. IST ES AUSGEHÄRTET, SCHMELZE ICH DAS WACHS UND GIESSE ES AUS.
IN DIE HOHLFORM SCHLIESSLICH FÜLLE ICH DIE HEISSE BRONZE, UND FERTIG IST DIE STATUE.
IN DER PRAXIS IST DAS NATÜRLICH ETWAS KOMPLIZIERTER...
ÖCHÖ! ÖCHÖ!
PARDON...
DURCH DIE JAHRELANGE GIESSEREI HABEN MEINE LUNGEN GELITTEN...
ICH WERD'S WOHL NICHT MEHR LANGE MACHEN.
SIE MÜSSEN MÜDE SEIN, SENSEI!
RUHEN SIE SICH NEBENAN AUS.

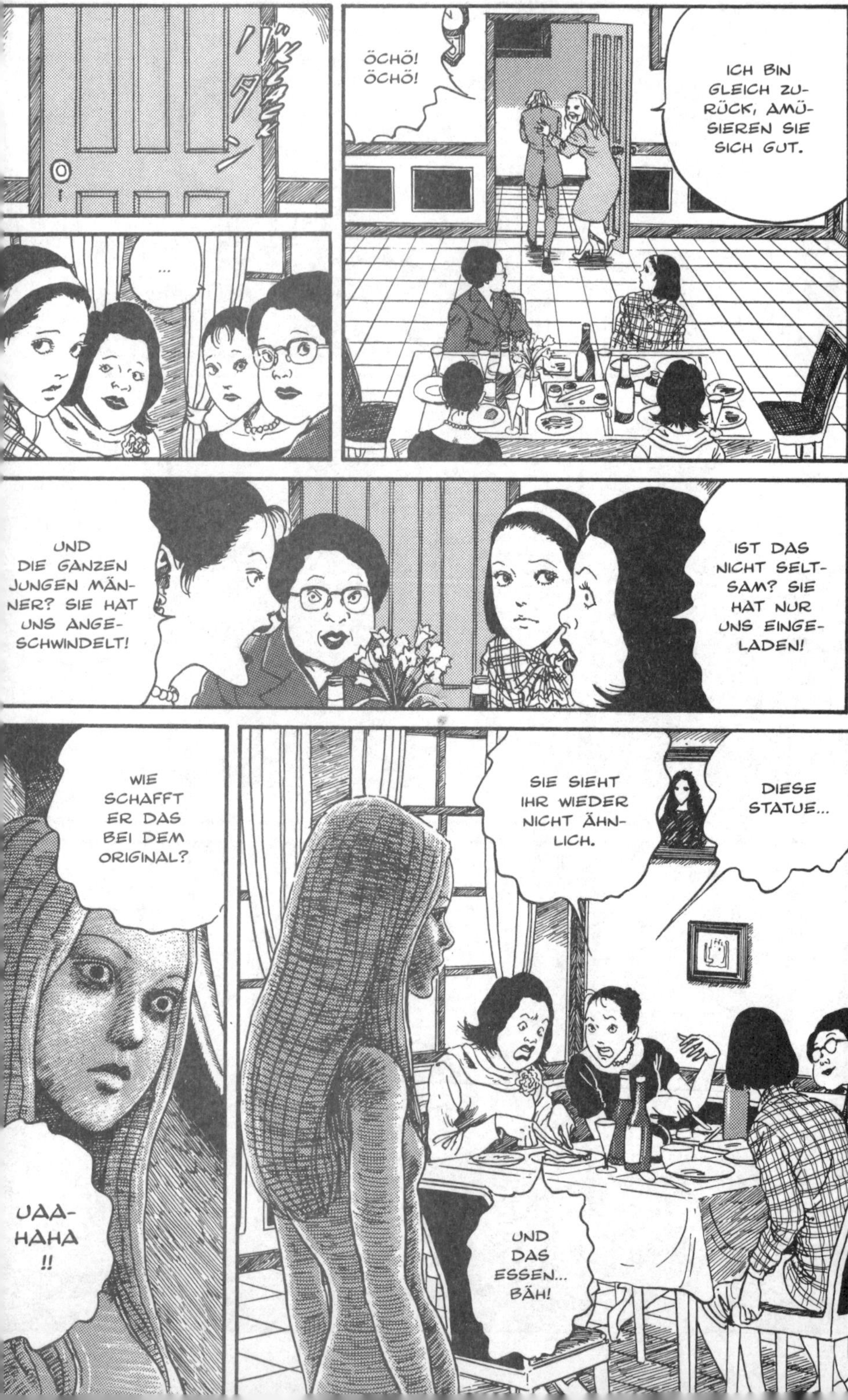
ICH BIN GLEICH ZURÜCK, AMÜSIEREN SIE SICH GUT.
ÖCHÖ! ÖCHÖ!
...
IST DAS NICHT SELTSAM? SIE HAT NUR UNS EINGELADEN!
UND DIE GANZEN JUNGEN MÄNNER? SIE HAT UNS ANGESCHWINDELT!
DIESE STATUE...
SIE SIEHT IHR WIEDER NICHT ÄHNLICH.
UND DAS ESSEN... BÄH!
WIE SCHAFFT ER DAS BEI DEM ORIGINAL?
UAA-HAHA !!

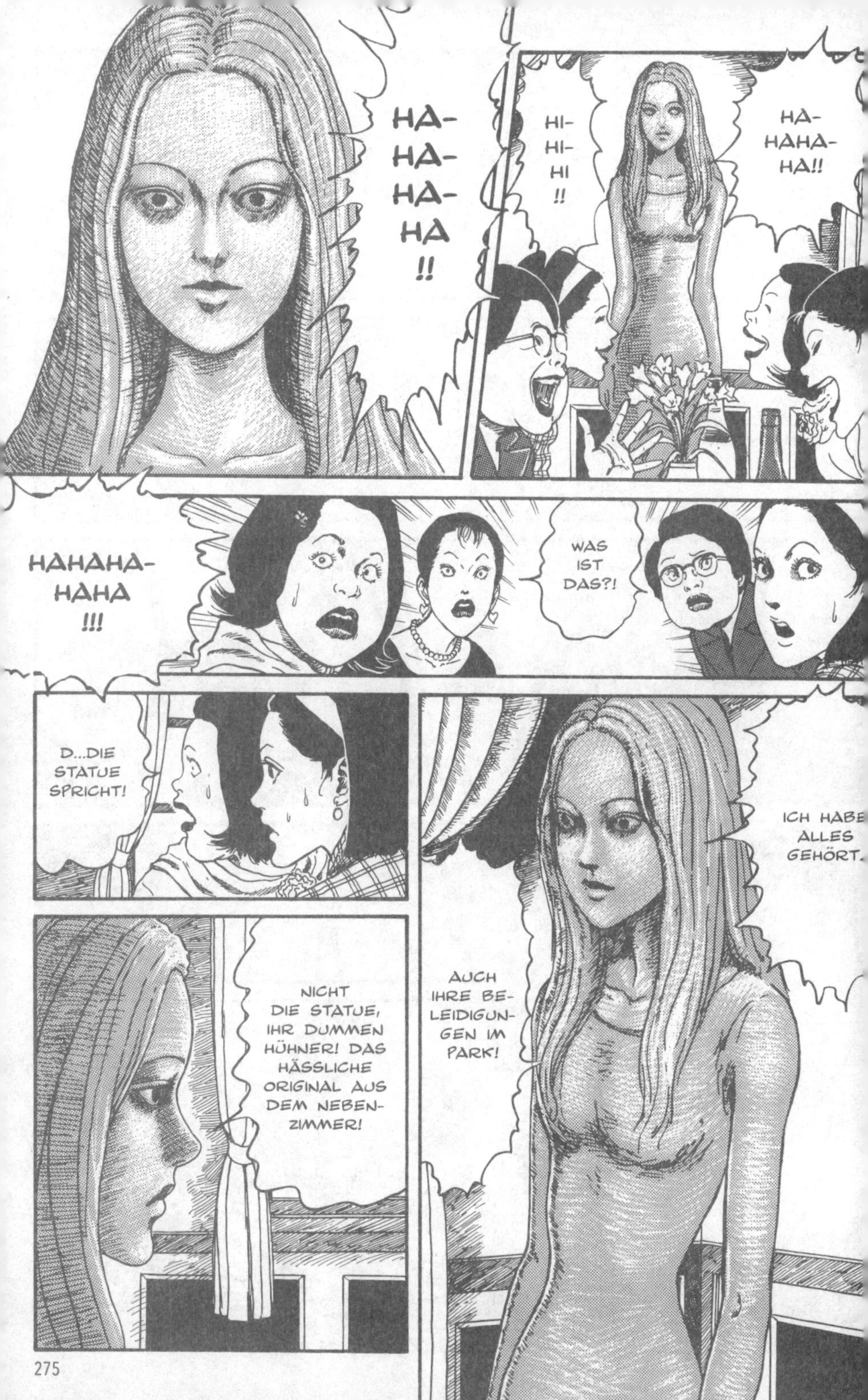
HA-
HAHAHA-
HA!!
HI-
HI-
HI
!!
HA-
HA-
HA-
HA
!!
WAS
IST
DAS?!
HAHAHA-
HAHA
!!!
D...DIE
STATUE
SPRICHT!
NICHT
DIE STATUE,
IHR DUMMEN
HÜHNER! DAS
HÄSSLICHE
ORIGINAL AUS
DEM NEBEN-
ZIMMER!
ICH HABE
ALLES
GEHÖRT.
AUCH
IHRE BE-
LEIDIGUN-
GEN IM
PARK!

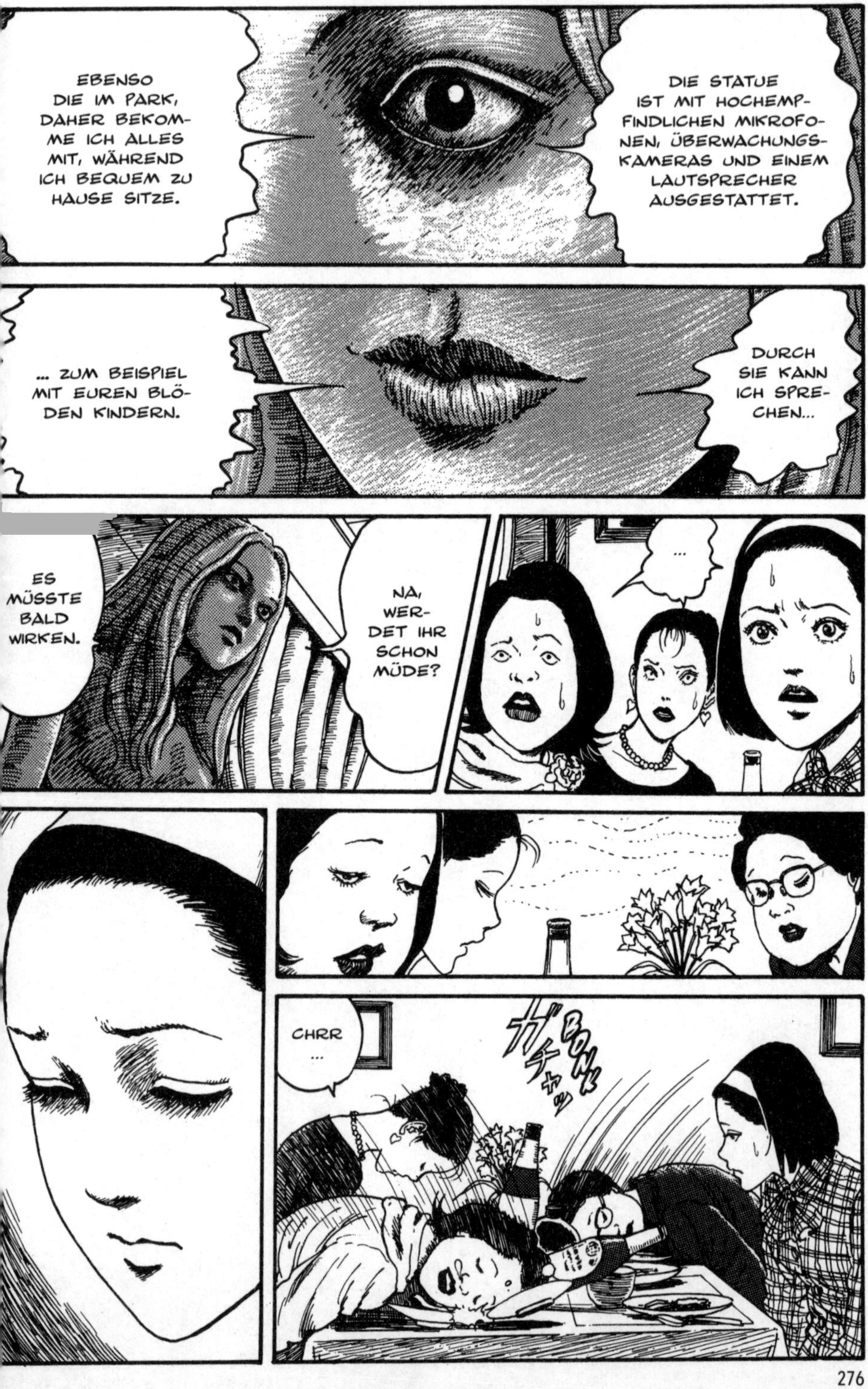
DIE STATUE IST MIT HOCHEMPFINDLICHEN MIKROFONEN, ÜBERWACHUNGSKAMERAS UND EINEM LAUTSPRECHER AUSGESTATTET.
EBENSO DIE IM PARK, DAHER BEKOMME ICH ALLES MIT, WÄHREND ICH BEQUEM ZU HAUSE SITZE.
DURCH SIE KANN ICH SPRECHEN...
... ZUM BEISPIEL MIT EUREN BLÖDEN KINDERN.
NA, WERDET IHR SCHON MÜDE?
ES MÜSSTE BALD WIRKEN.
...
CHRR ...
BONK

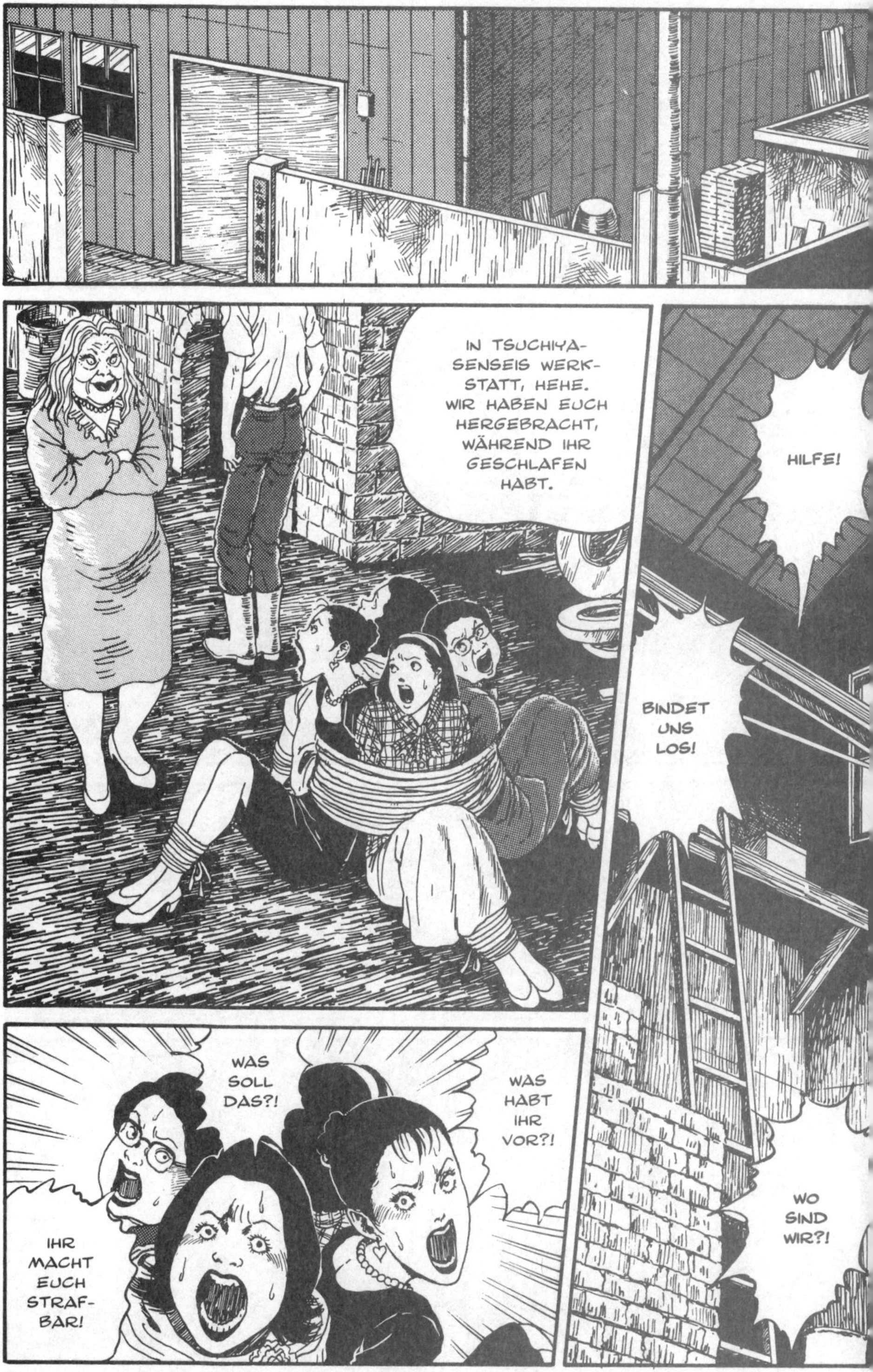
HILFE!
BINDET UNS LOS!
WO SIND WIR?!
IN TSUCHIYA-SENSEIS WERKSTATT, HEHE. WIR HABEN EUCH HERGEBRACHT, WÄHREND IHR GESCHLAFEN HABT.
WAS HABT IHR VOR?!
WAS SOLL DAS?!
IHR MACHT EUCH STRAFBAR!

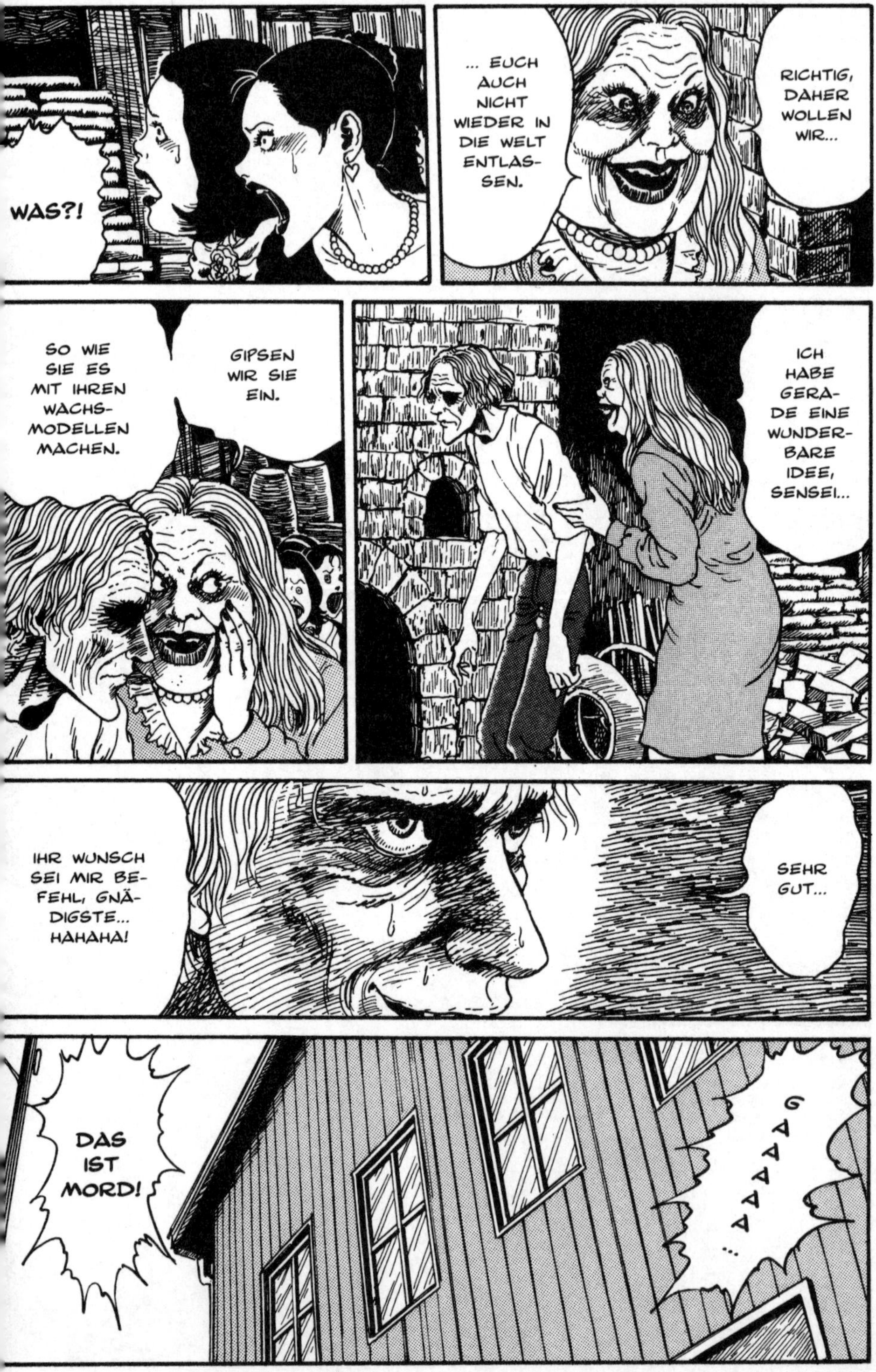

RICHTIG, DAHER WOLLEN WIR...
... EUCH AUCH NICHT WIEDER IN DIE WELT ENTLASSEN.
WAS?!
ICH HABE GERADE EINE WUNDERBARE IDEE, SENSEI...
GIPSEN WIR SIE EIN.
SO WIE SIE ES MIT IHREN WACHSMODELLEN MACHEN.
SEHR GUT...
IHR WUNSCH SEI MIR BEFEHL, GNÄDIGSTE... HAHAHA!
GAAAAA...
DAS IST MORD!

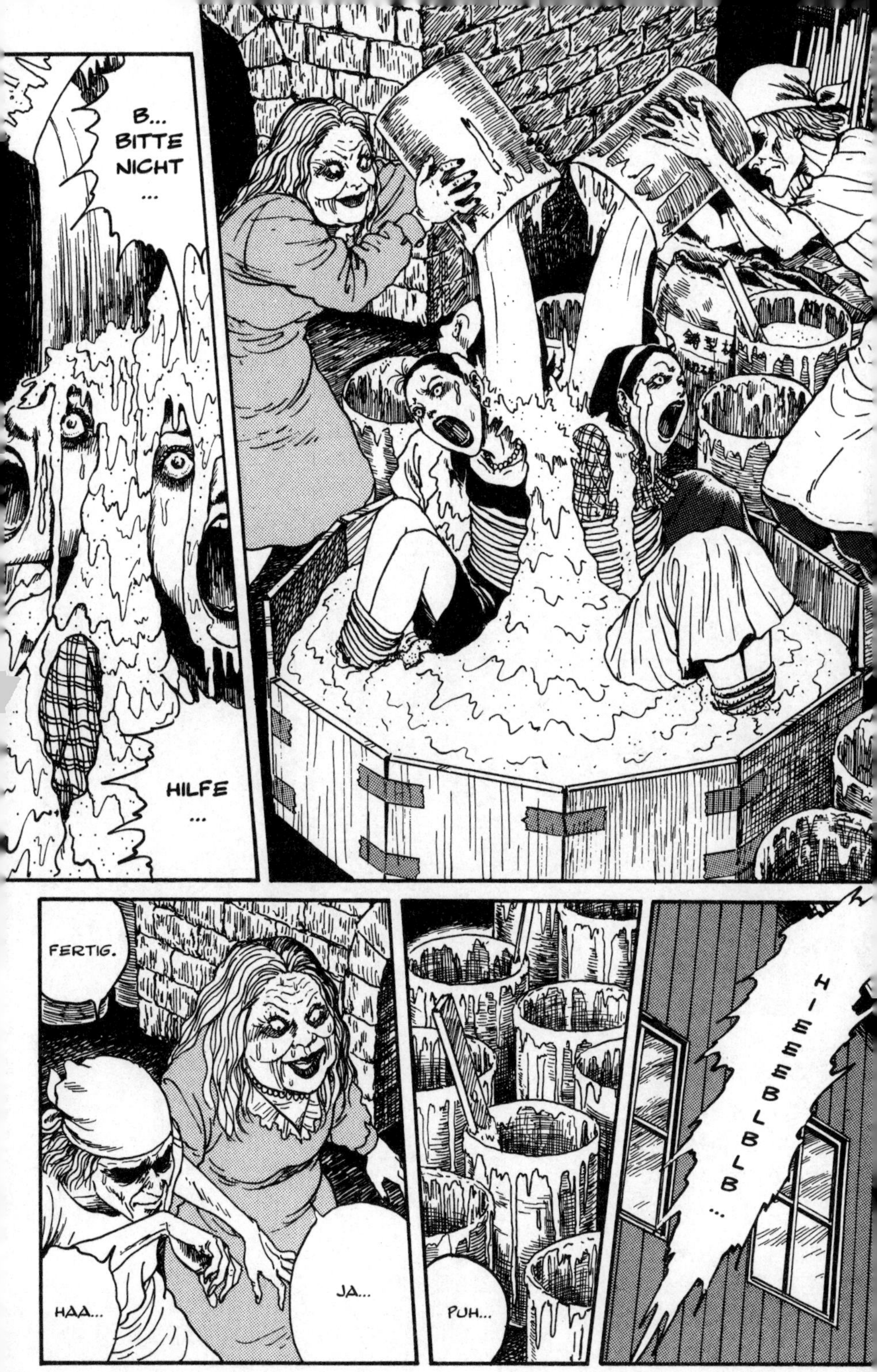
B... BITTE NICHT ...
HILFE ...
HIEEEBLBLB ...
PUH...
FERTIG.
JA...
HAA...

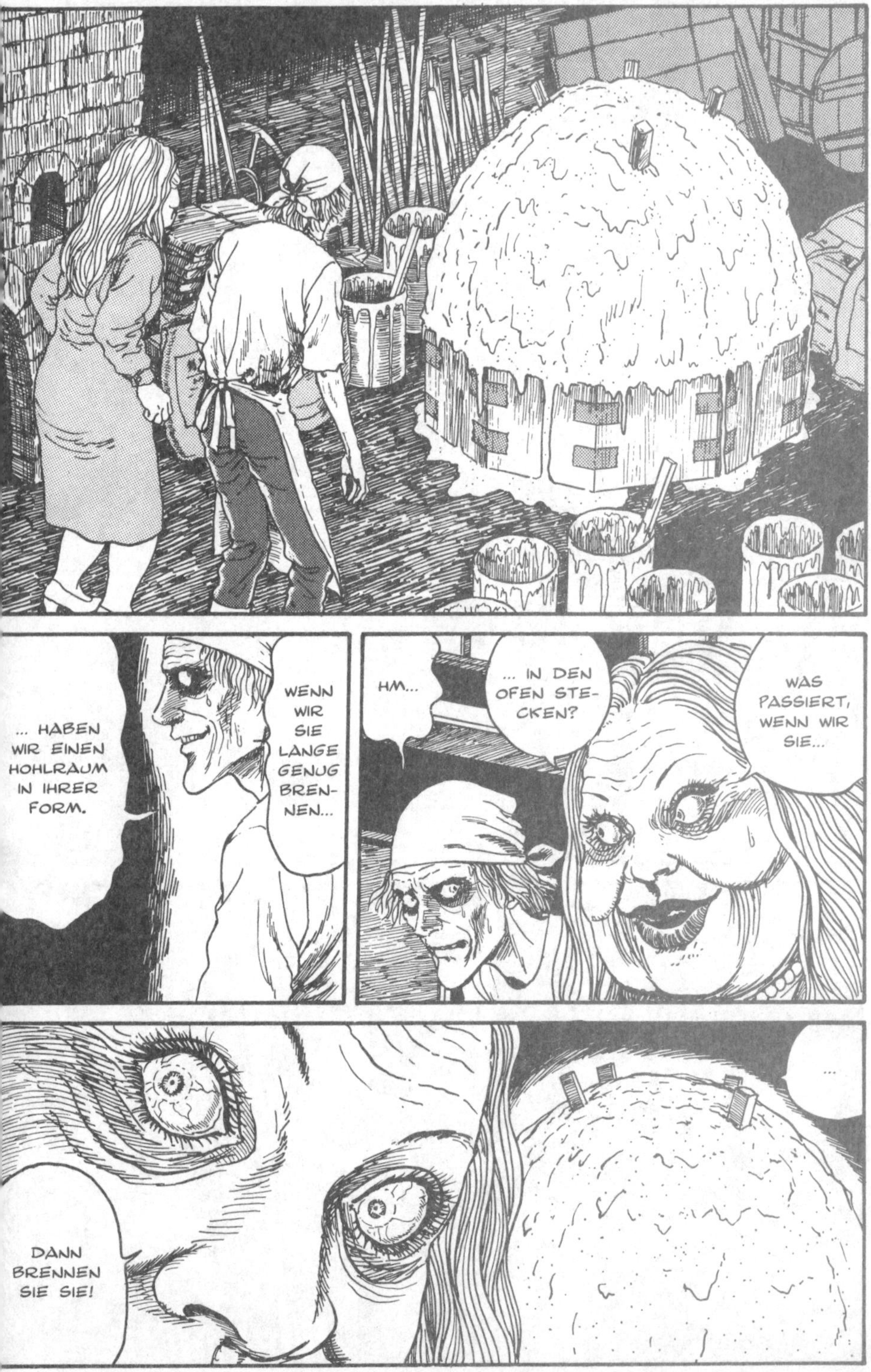
WAS PASSIERT, WENN WIR SIE...
... IN DEN OFEN STE-CKEN?
HM...
WENN WIR SIE LANGE GENUG BREN-NEN...
... HABEN WIR EINEN HOHLRAUM IN IHRER FORM.
...
DANN BRENNEN SIE SIE!

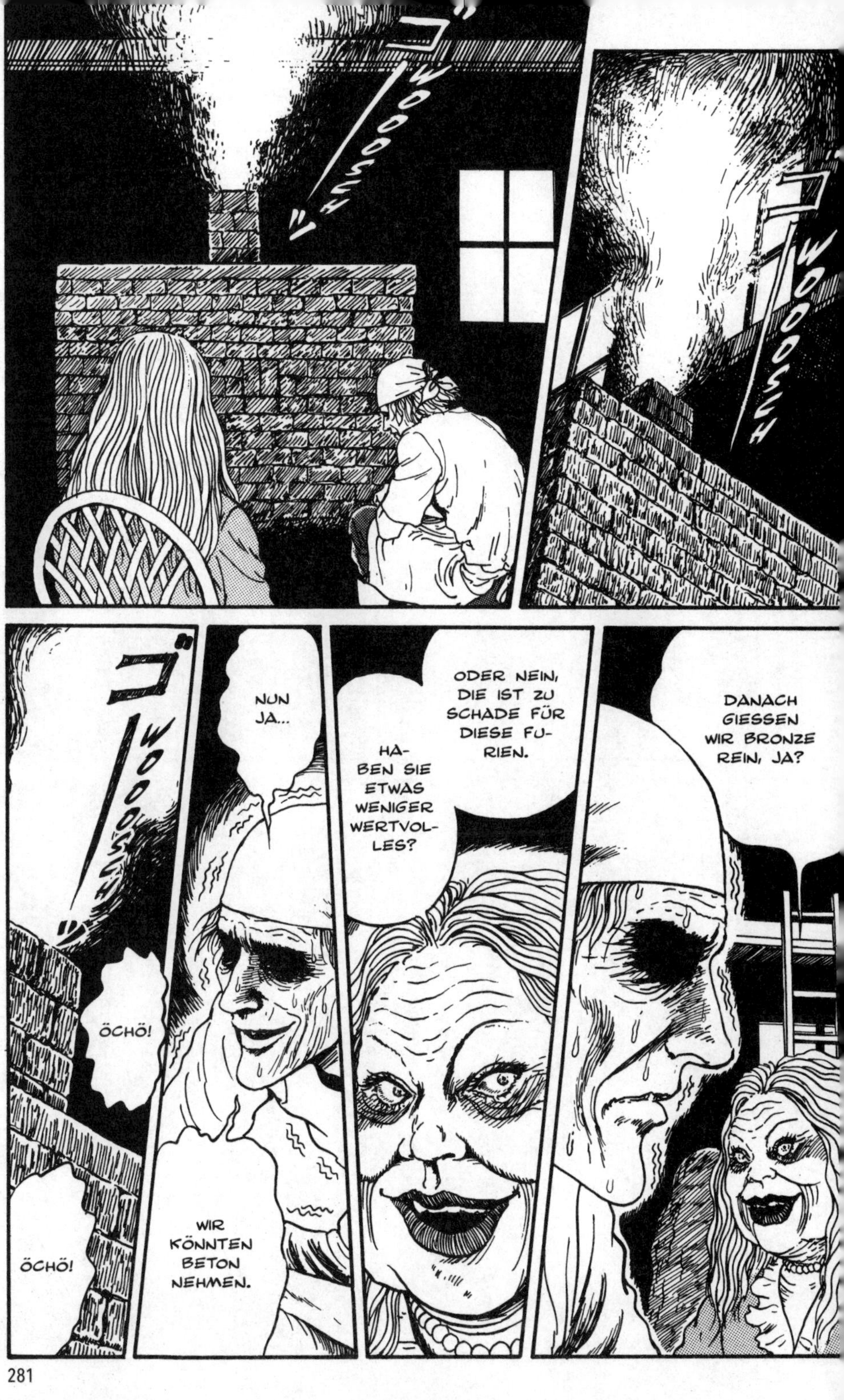
WOOOOSCH
WOOOOSCH
WOOOOSCH
DANACH GIESSEN WIR BRONZE REIN, JA?
ODER NEIN, DIE IST ZU SCHADE FÜR DIESE FU-RIEN.
HA-BEN SIE ETWAS WENIGER WERTVOL-LES?
NUN JA...
WIR KÖNNTEN BETON NEHMEN.
ÖCHÖ!
ÖCHÖ!

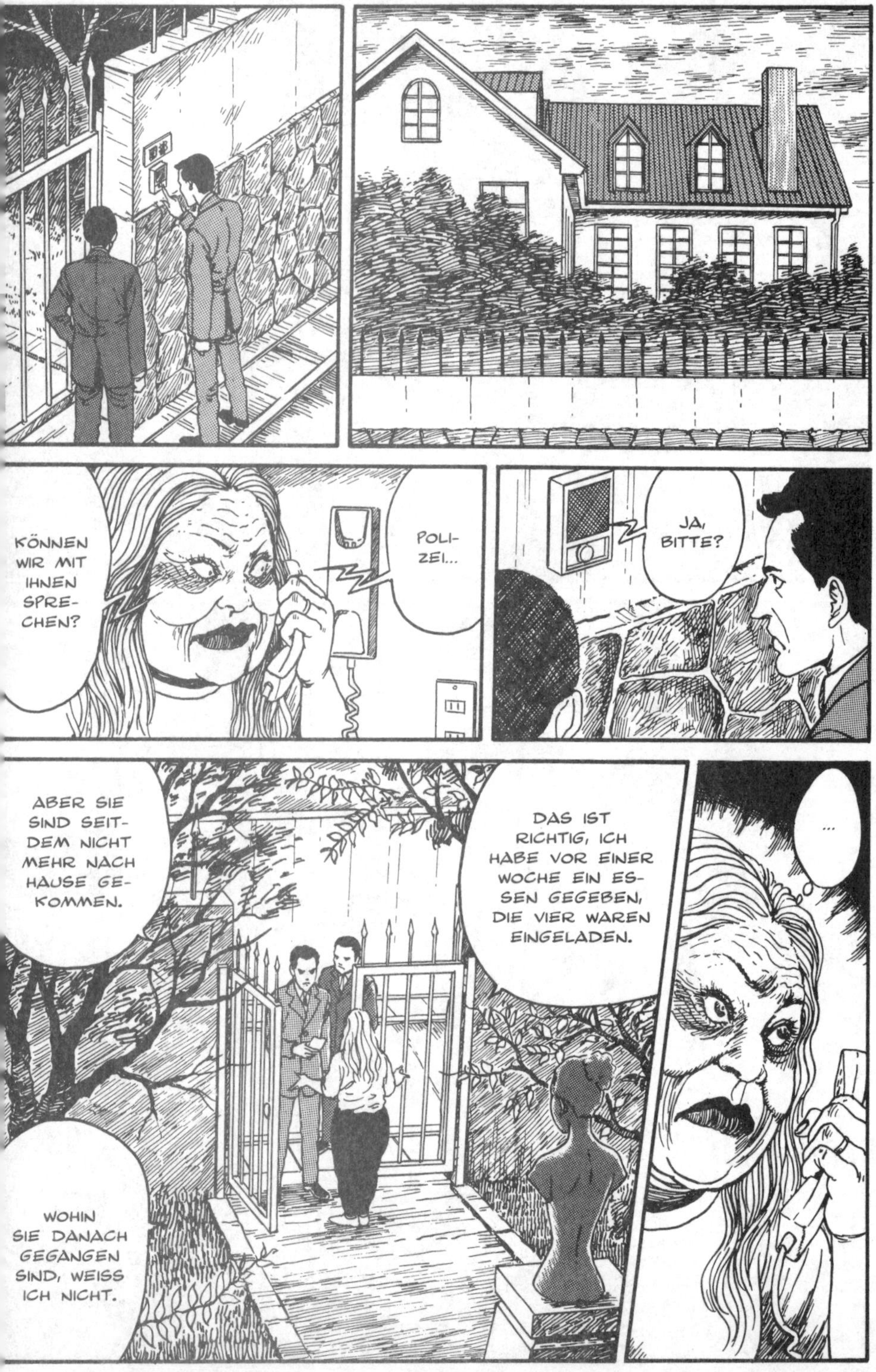
JA, BITTE?
POLI-ZEI...
KÖNNEN WIR MIT IHNEN SPRE-CHEN?
...
DAS IST RICHTIG, ICH HABE VOR EINER WOCHE EIN ES-SEN GEGEBEN, DIE VIER WAREN EINGELADEN.
ABER SIE SIND SEIT-DEM NICHT MEHR NACH HAUSE GE-KOMMEN.
WOHIN SIE DANACH GEGANGEN SIND, WEISS ICH NICHT.

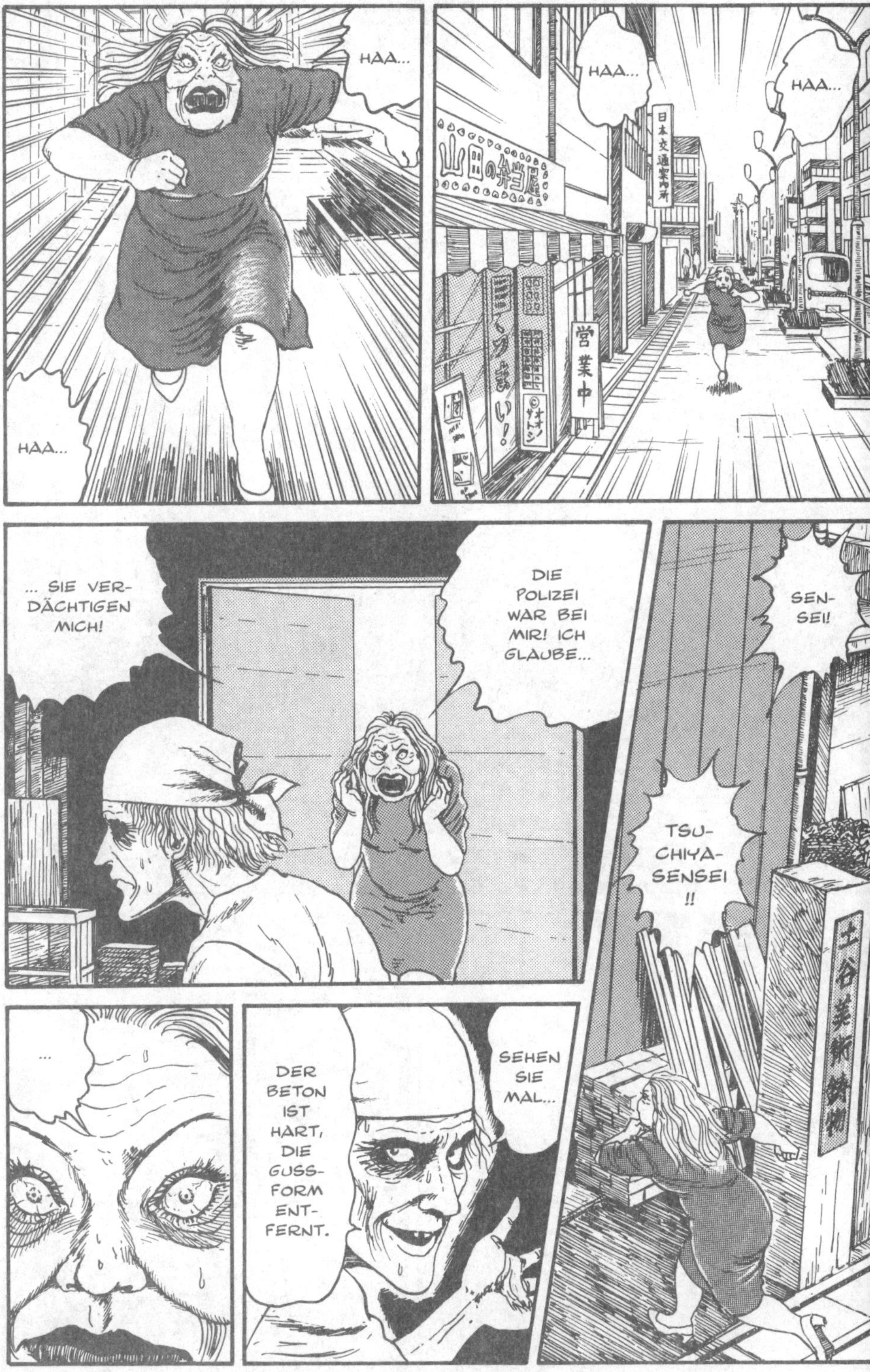
HAA...
HAA...
日本交通案内所
山田の弁当屋
営業中
HAA...
HAA...
SEN-SEI!
TSU-CHIYA-SENSEI !!
土谷美術鋳物
DIE POLIZEI WAR BEI MIR! ICH GLAUBE...
... SIE VER-DÄCHTIGEN MICH!
SEHEN SIE MAL...
DER BETON IST HART, DIE GUSS-FORM ENT-FERNT.
...

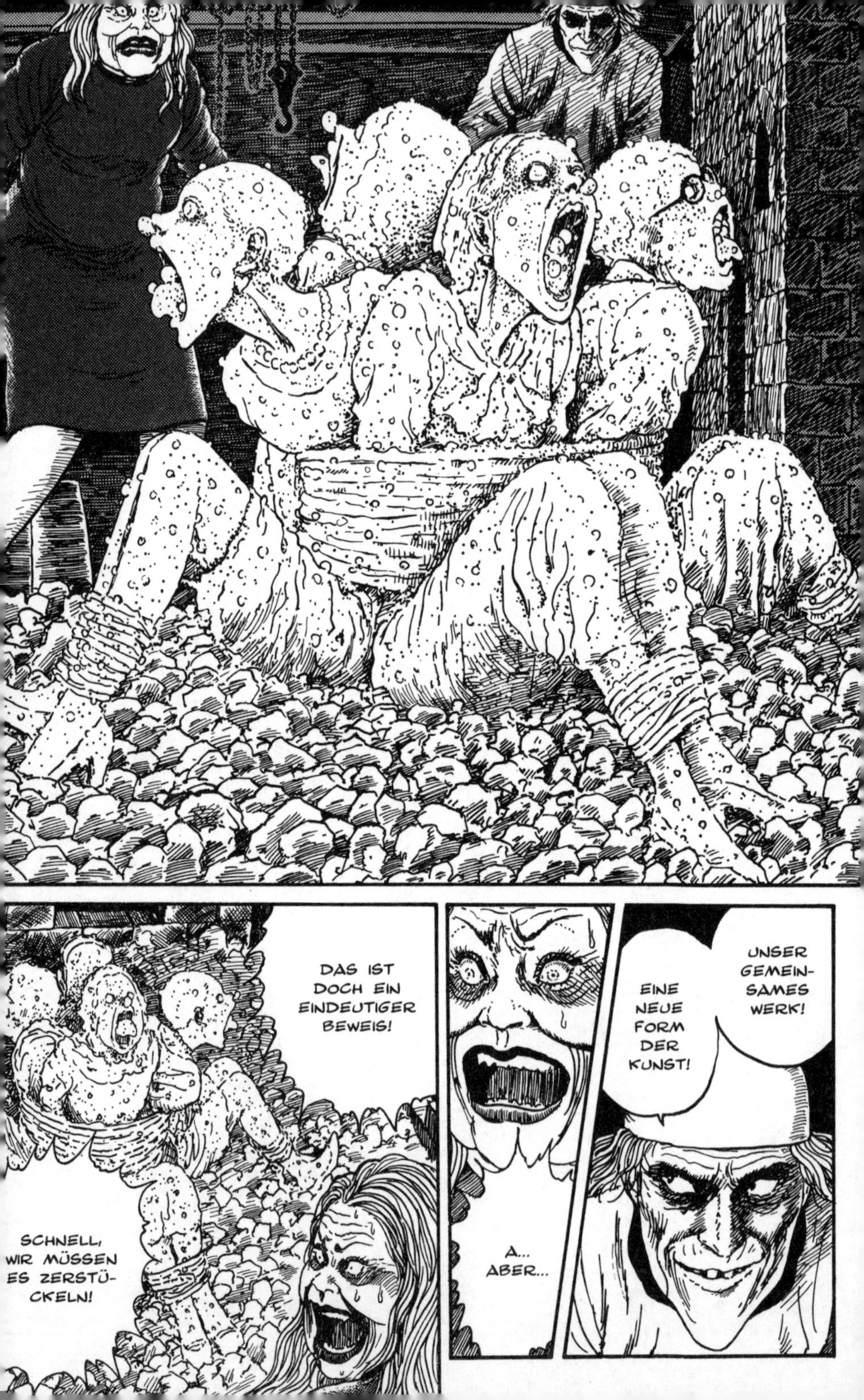
UNSER GEMEIN-SAMES WERK!
EINE NEUE FORM DER KUNST!
A... ABER...
DAS IST DOCH EIN EINDEUTIGER BEWEIS!
SCHNELL, WIR MÜSSEN ES ZERSTÜCKELN!

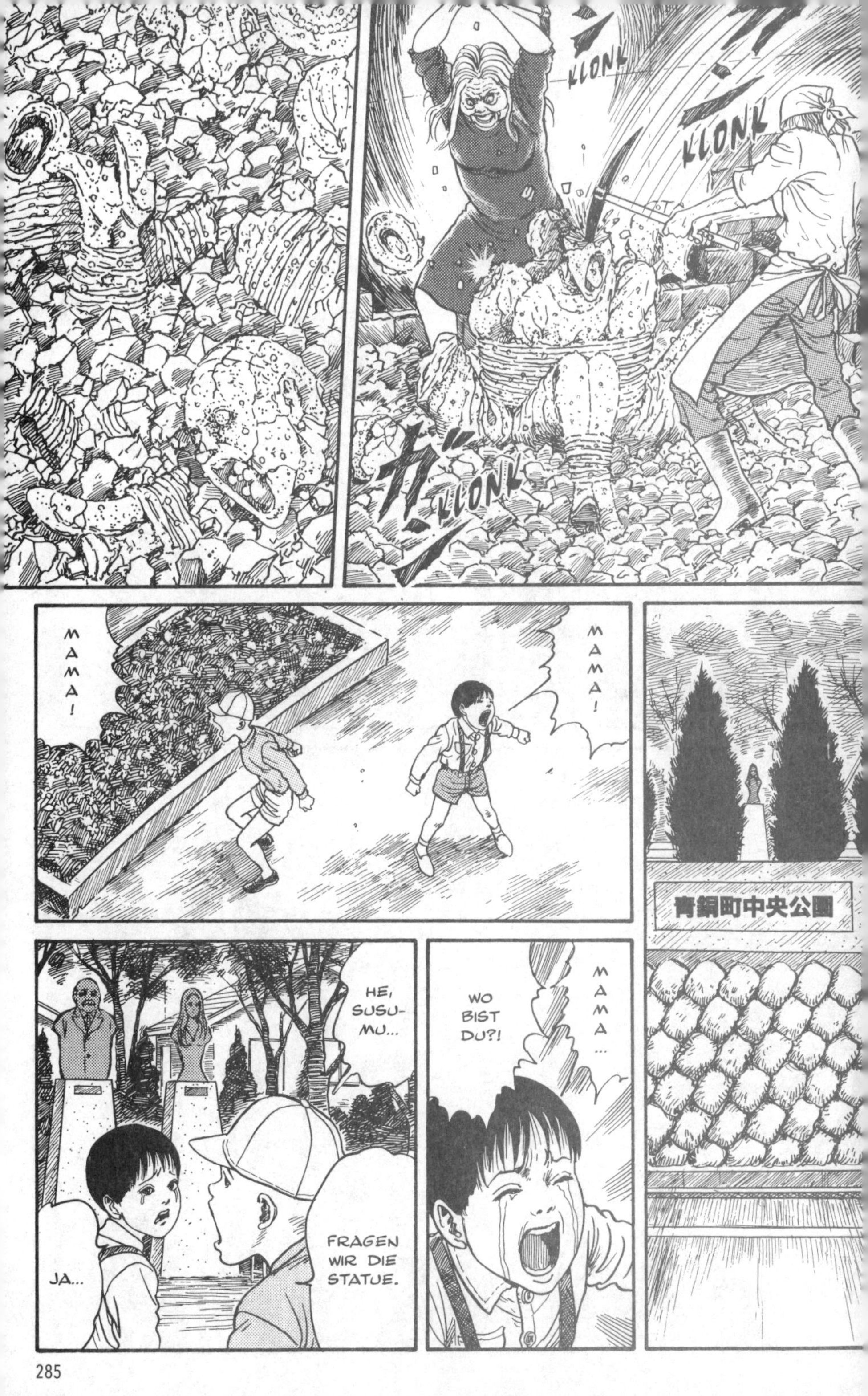
KLONK
KLONK
KLONK
MAMA!
MAMA!
青銅町中央公園
MAMA...
WO BIST DU?!
HE, SUSU-MU...
FRAGEN WIR DIE STATUE.
JA...

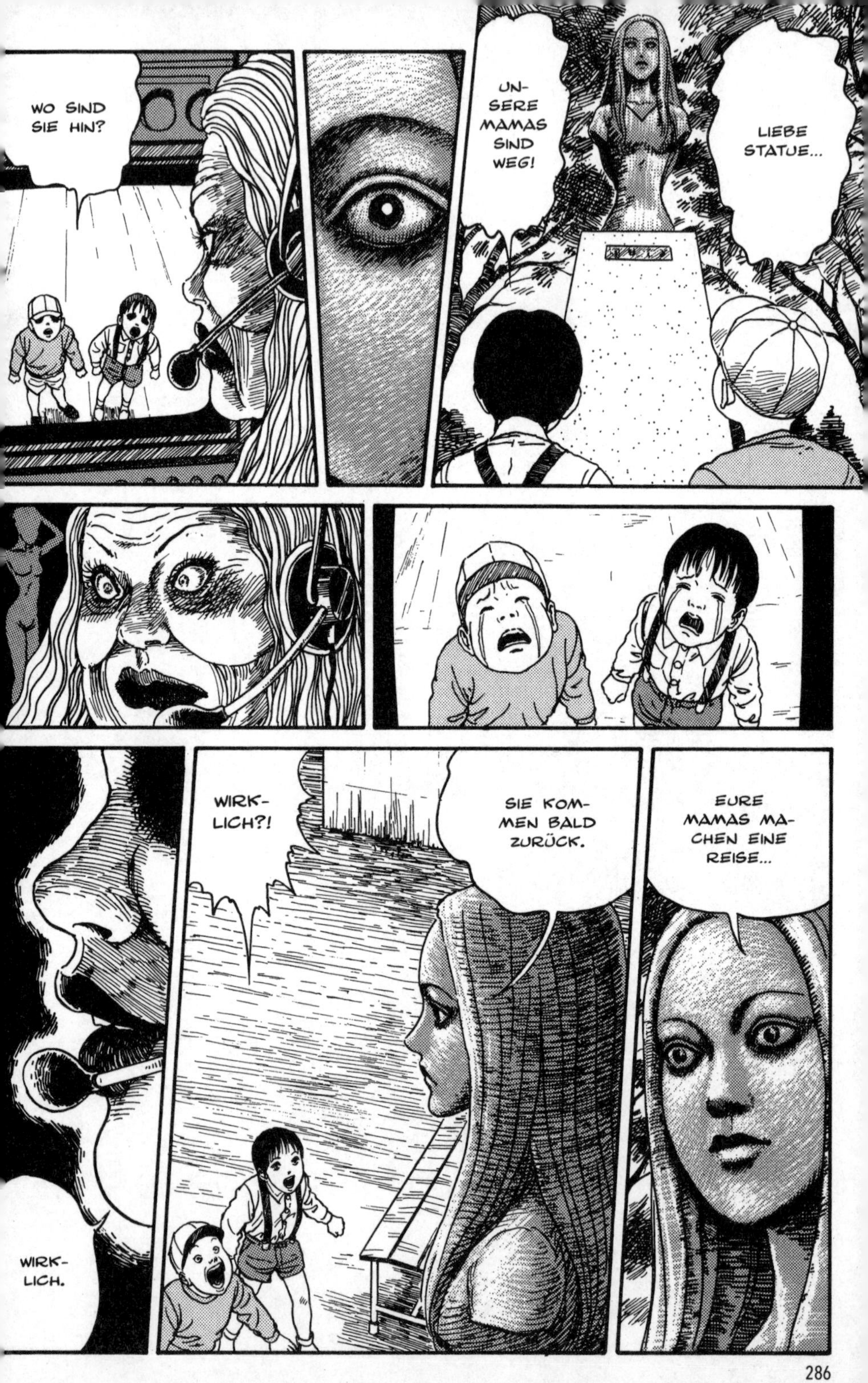
LIEBE STATUE...
UNSERE MAMAS SIND WEG!
WO SIND SIE HIN?
EURE MAMAS MACHEN EINE REISE...
SIE KOMMEN BALD ZURÜCK.
WIRKLICH?!
WIRKLICH.

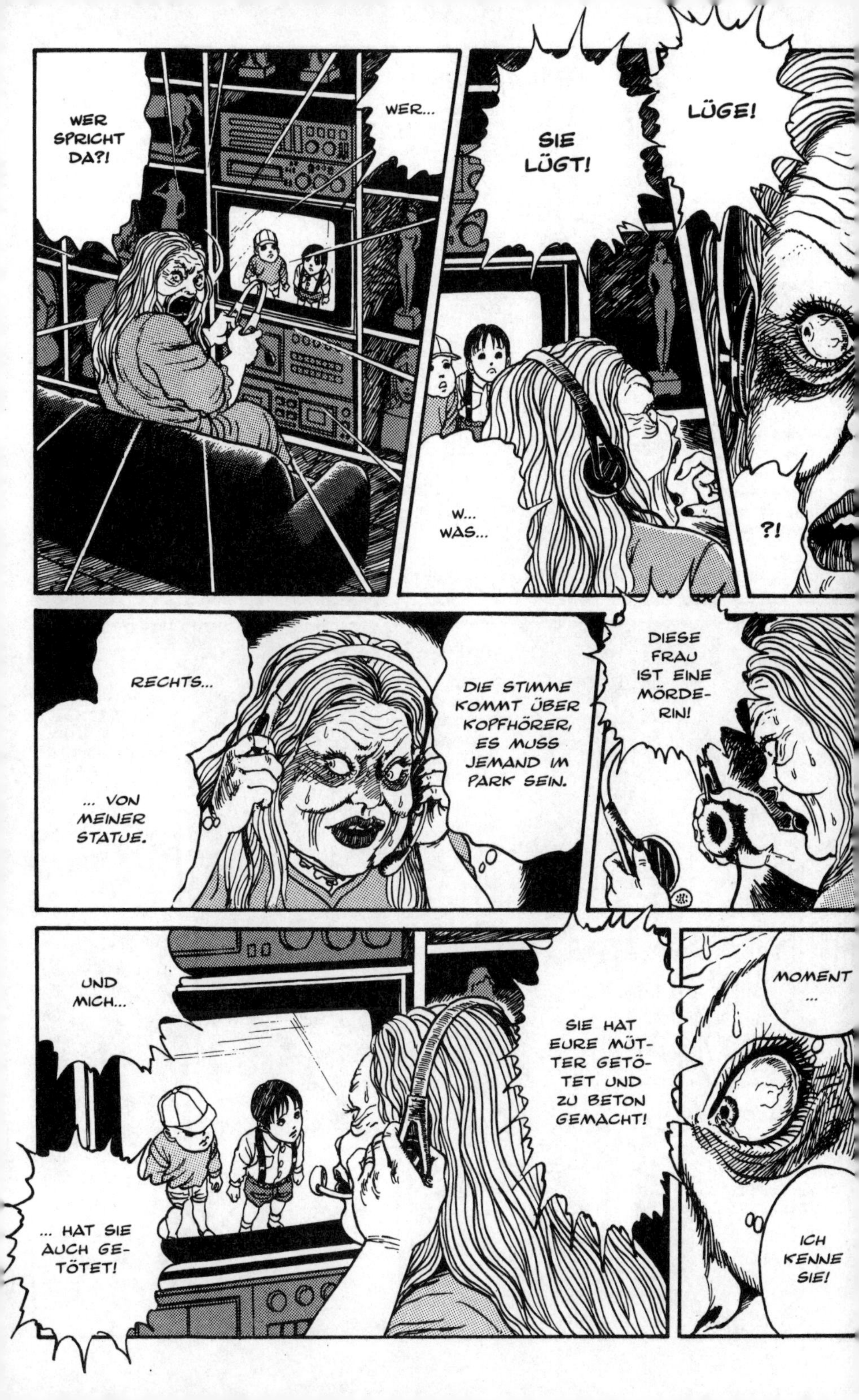
WER SPRICHT DA?!
WER...
SIE LÜGT!
LÜGE!
W... WAS...
?!
RECHTS...
... VON MEINER STATUE.
DIE STIMME KOMMT ÜBER KOPFHÖRER, ES MUSS JEMAND IM PARK SEIN.
DIESE FRAU IST EINE MÖRDE-RIN!
UND MICH...
... HAT SIE AUCH GE-TÖTET!
SIE HAT EURE MÜT-TER GETÖ-TET UND ZU BETON GEMACHT!
MOMENT ...
ICH KENNE SIE!

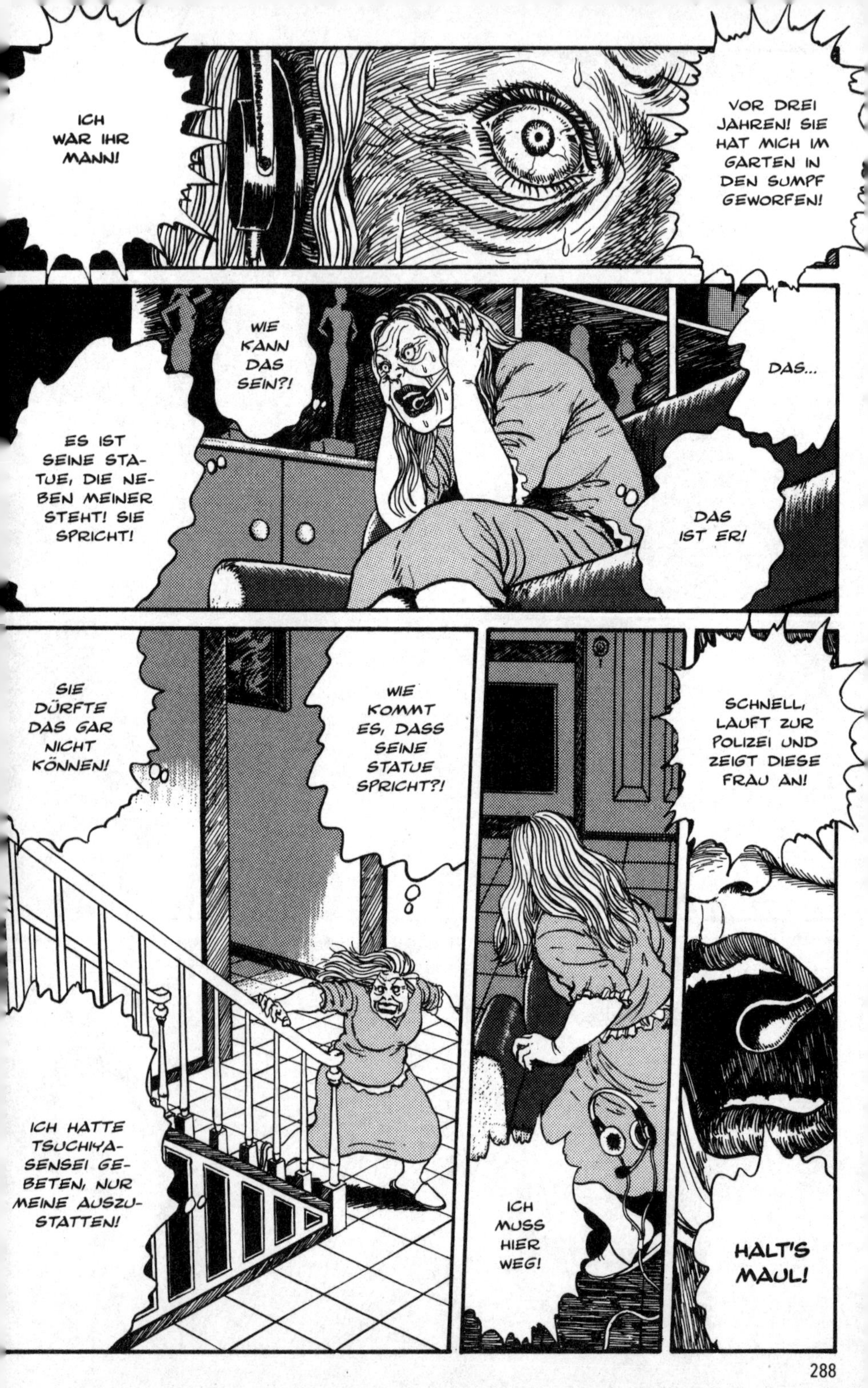
VOR DREI JAHREN! SIE HAT MICH IM GARTEN IN DEN SUMPF GEWORFEN!
ICH WAR IHR MANN!
DAS...
DAS IST ER!
WIE KANN DAS SEIN?!
ES IST SEINE STATUE, DIE NEBEN MEINER STEHT! SIE SPRICHT!
SCHNELL, LAUFT ZUR POLIZEI UND ZEIGT DIESE FRAU AN!
HALT'S MAUL!
ICH MUSS HIER WEG!
WIE KOMMT ES, DASS SEINE STATUE SPRICHT?!
SIE DÜRFTE DAS GAR NICHT KÖNNEN!
ICH HATTE TSUCHIYA-SENSEI GEBETEN, NUR MEINE AUSZUSTATTEN!

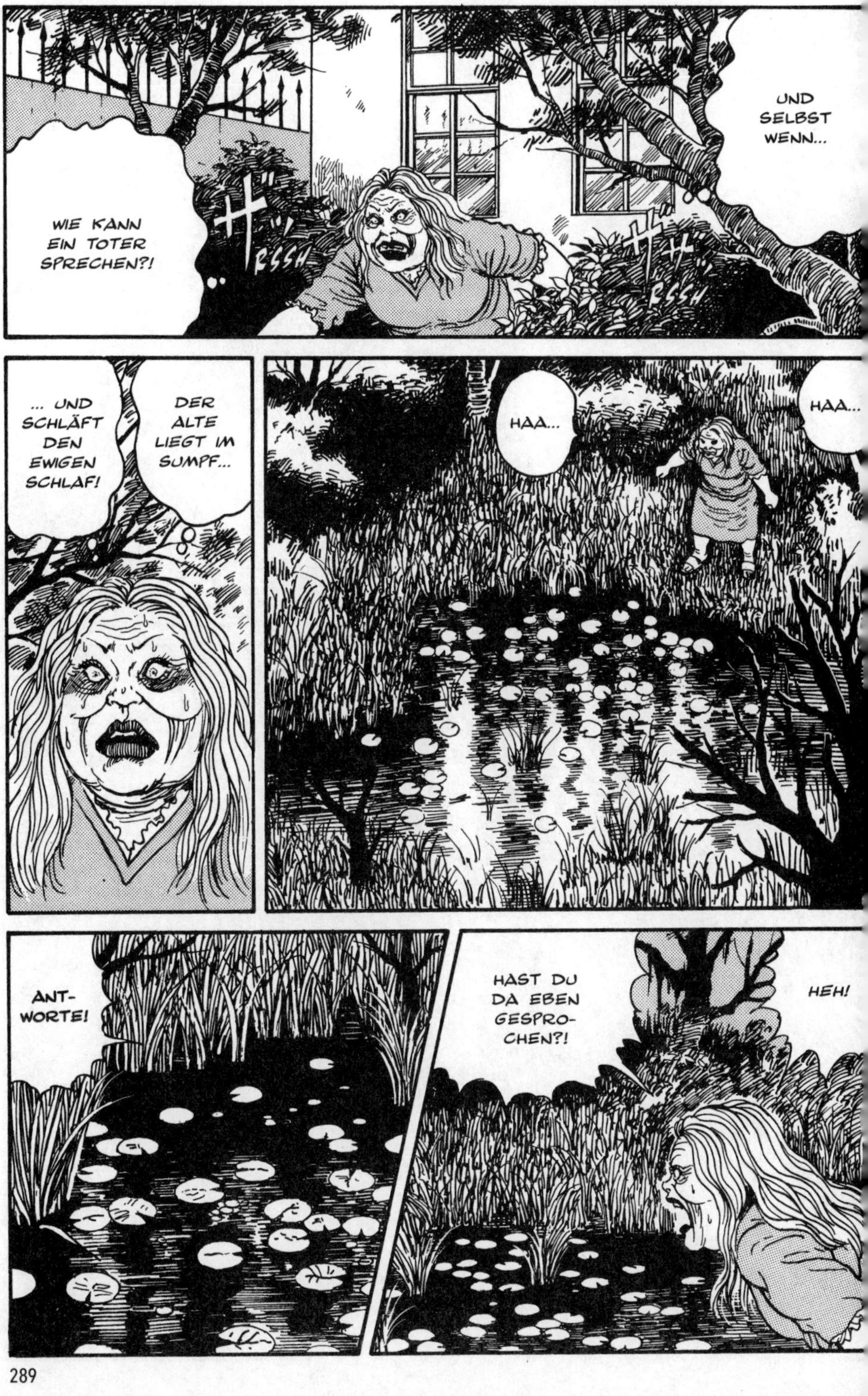
UND SELBST WENN...
WIE KANN EIN TOTER SPRECHEN?!
RSSH
RSSH
HAA...
HAA...
DER ALTE LIEGT IM SUMPF...
... UND SCHLÄFT DEN EWIGEN SCHLAF!
HEH!
HAST DU DA EBEN GESPRO-CHEN?!
ANT-WORTE!

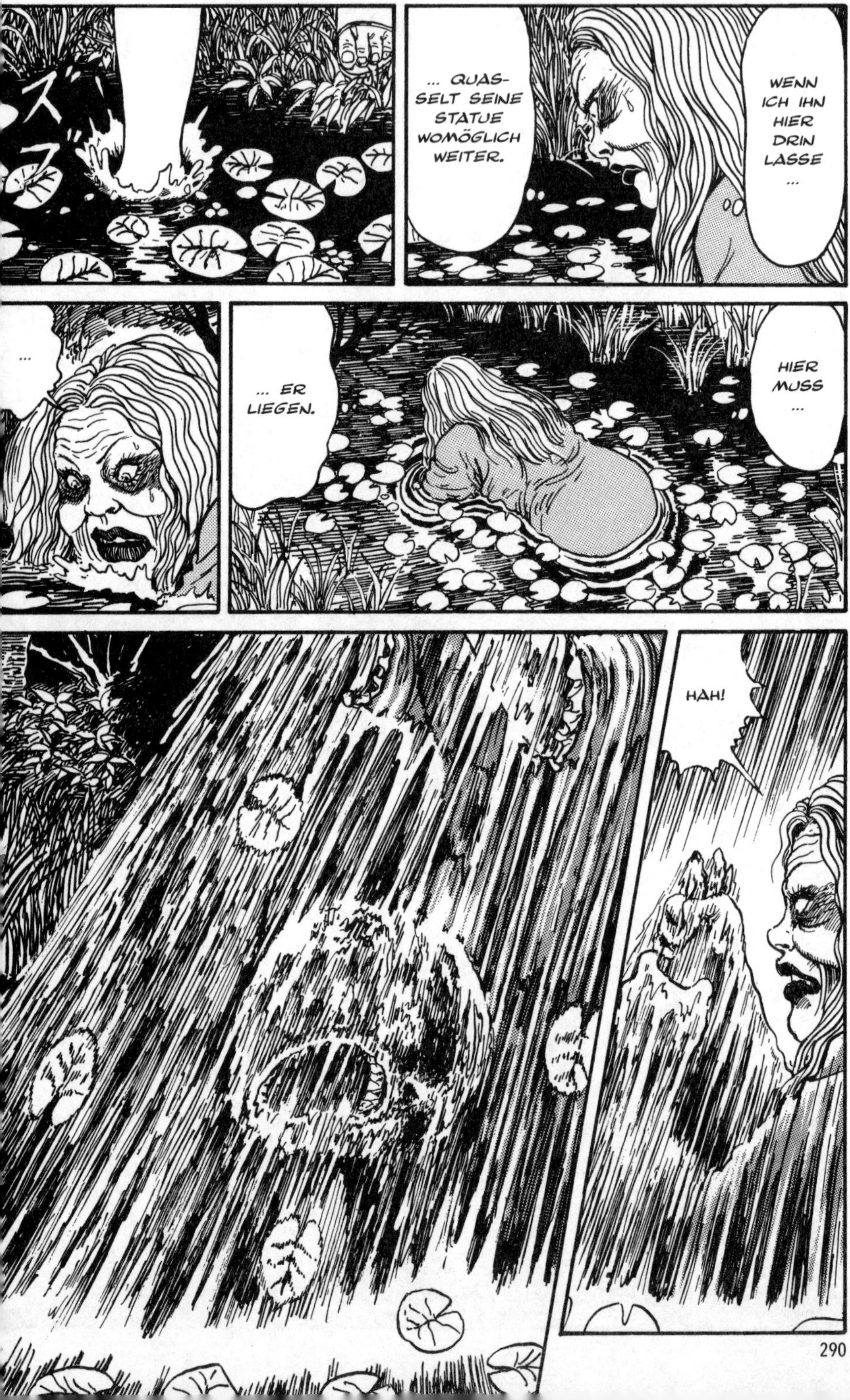
WENN ICH IHN HIER DRIN LASSE ...
... QUASSELT SEINE STATUE WOMÖGLICH WEITER.
ズブ
HIER MUSS ...
... ER LIEGEN.
...
HAH!

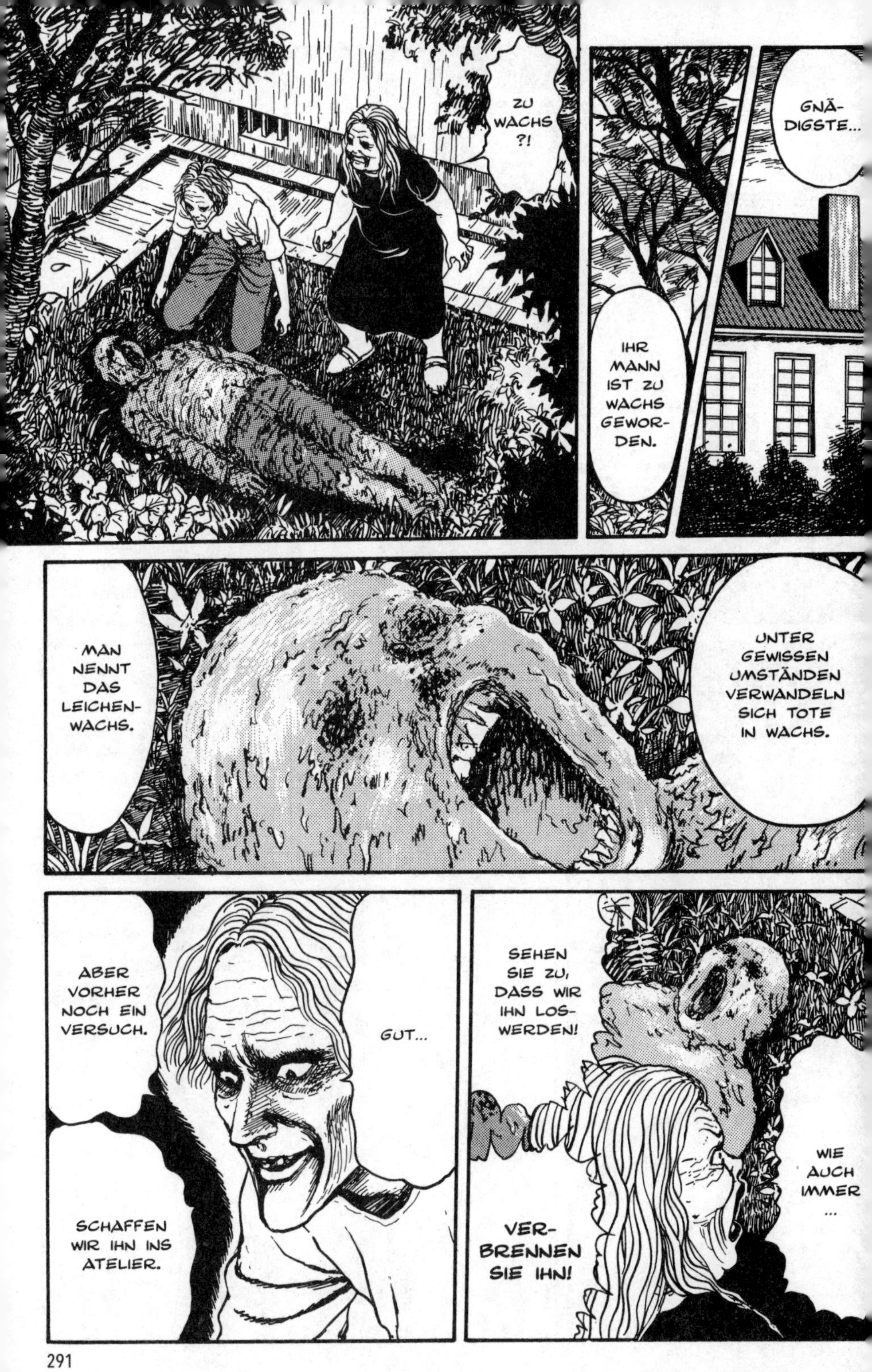
GNÄDIGSTE...
IHR MANN IST ZU WACHS GEWORDEN.
ZU WACHS ?!
UNTER GEWISSEN UMSTÄNDEN VERWANDELN SICH TOTE IN WACHS.
MAN NENNT DAS LEICHENWACHS.
SEHEN SIE ZU, DASS WIR IHN LOSWERDEN!
WIE AUCH IMMER ...
VERBRENNEN SIE IHN!
GUT...
ABER VORHER NOCH EIN VERSUCH.
SCHAFFEN WIR IHN INS ATELIER.

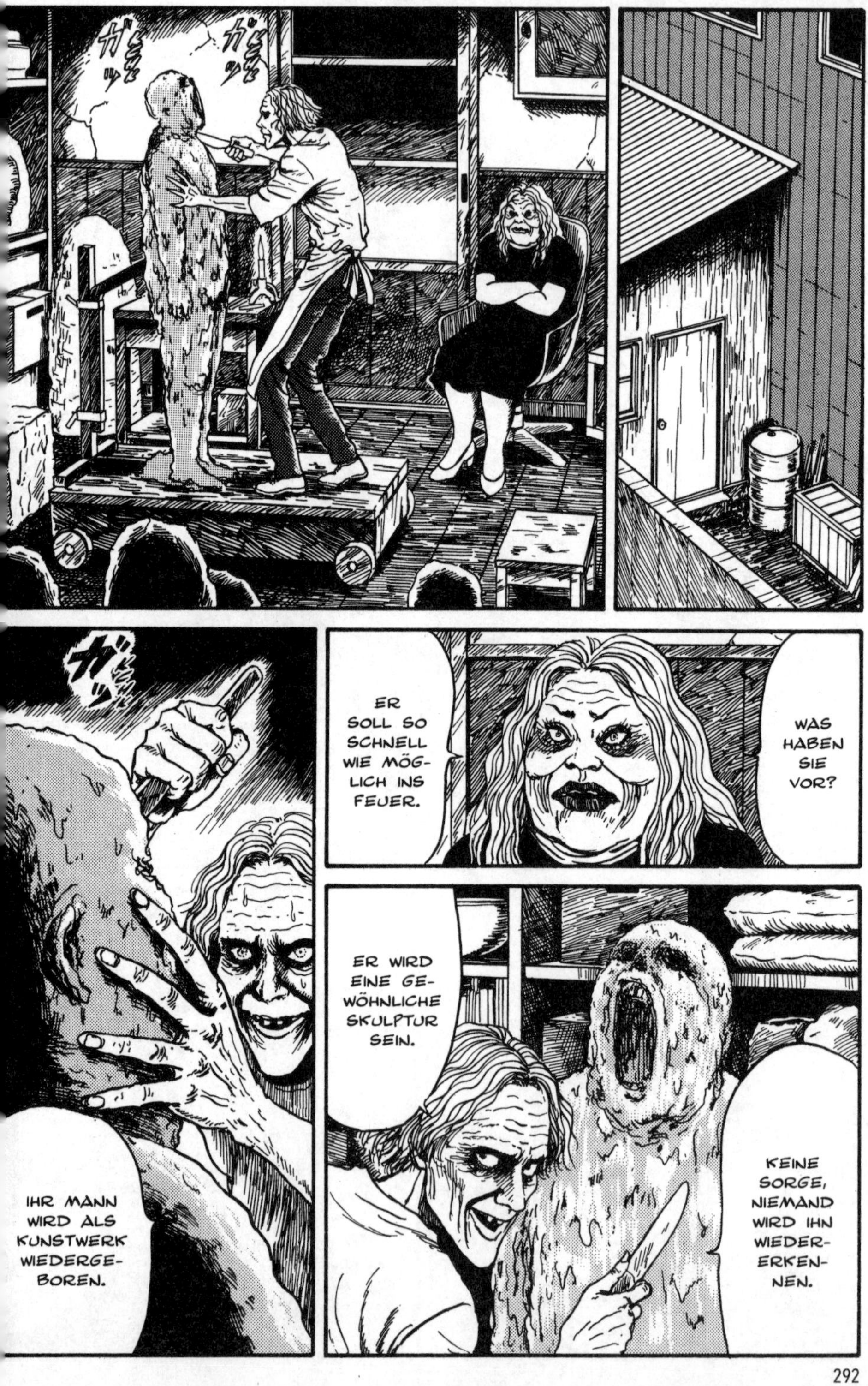
WAS HABEN SIE VOR?
ER SOLL SO SCHNELL WIE MÖGLICH INS FEUER.
KEINE SORGE, NIEMAND WIRD IHN WIEDERERKENNEN.
ER WIRD EINE GEWÖHNLICHE SKULPTUR SEIN.
IHR MANN WIRD ALS KUNSTWERK WIEDERGEBOREN.

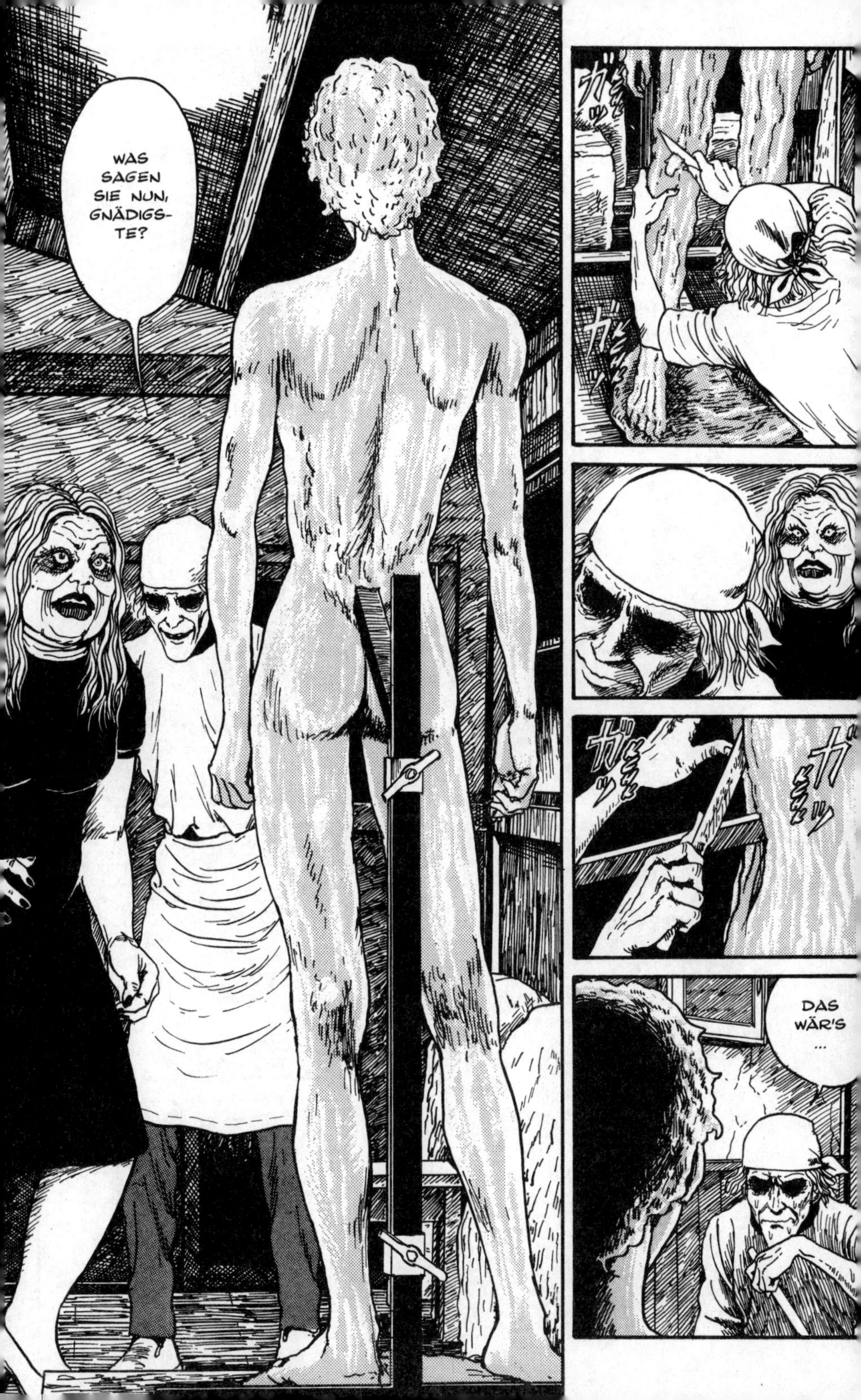
WAS SAGEN SIE NUN, GNÄDIGSTE?
DAS WÄR'S ...

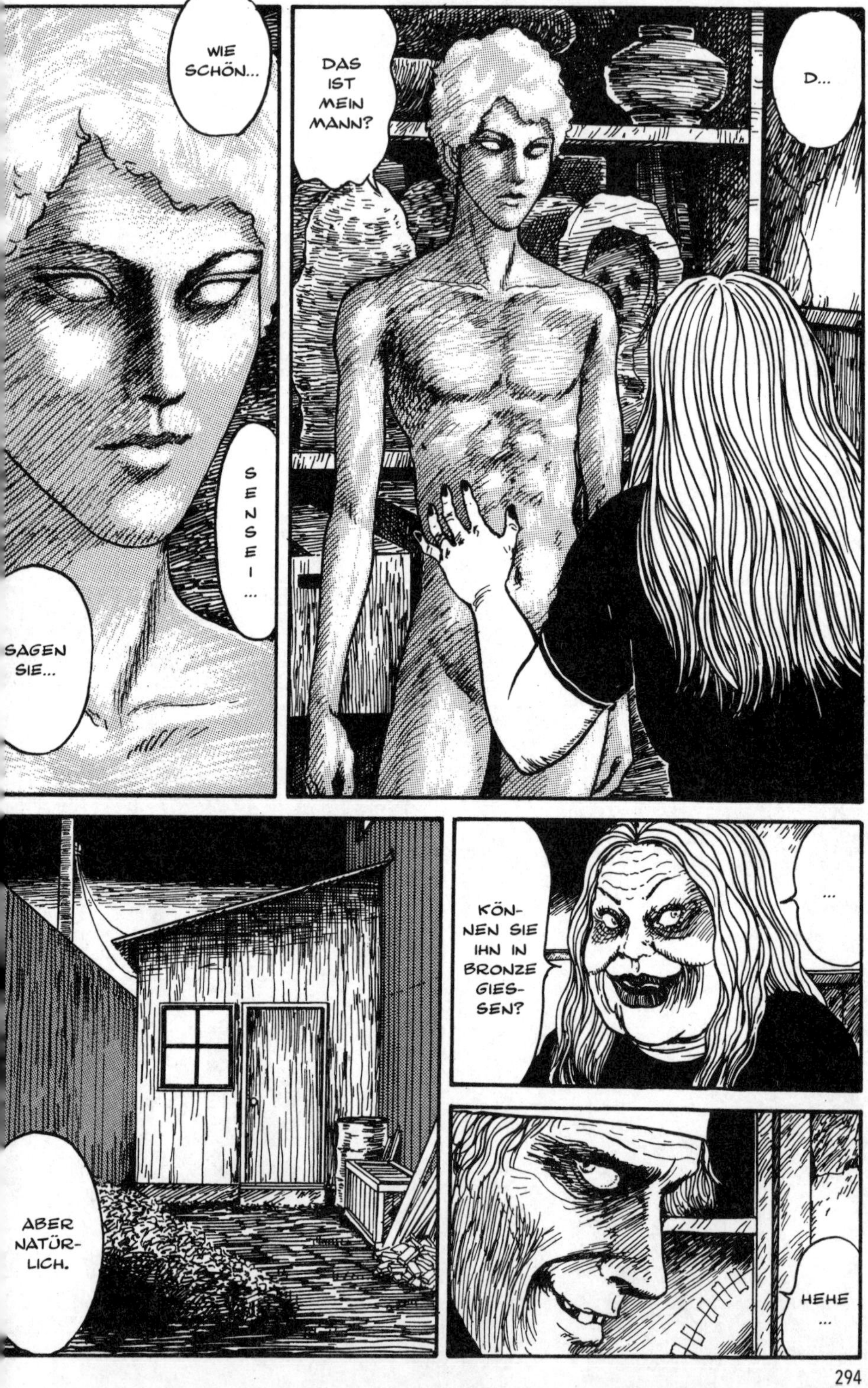
D...
DAS IST MEIN MANN?
WIE SCHÖN...
SENSEI...
SAGEN SIE...
...
KÖN-NEN SIE IHN IN BRONZE GIES-SEN?
HEHE...
ABER NATÜR-LICH.

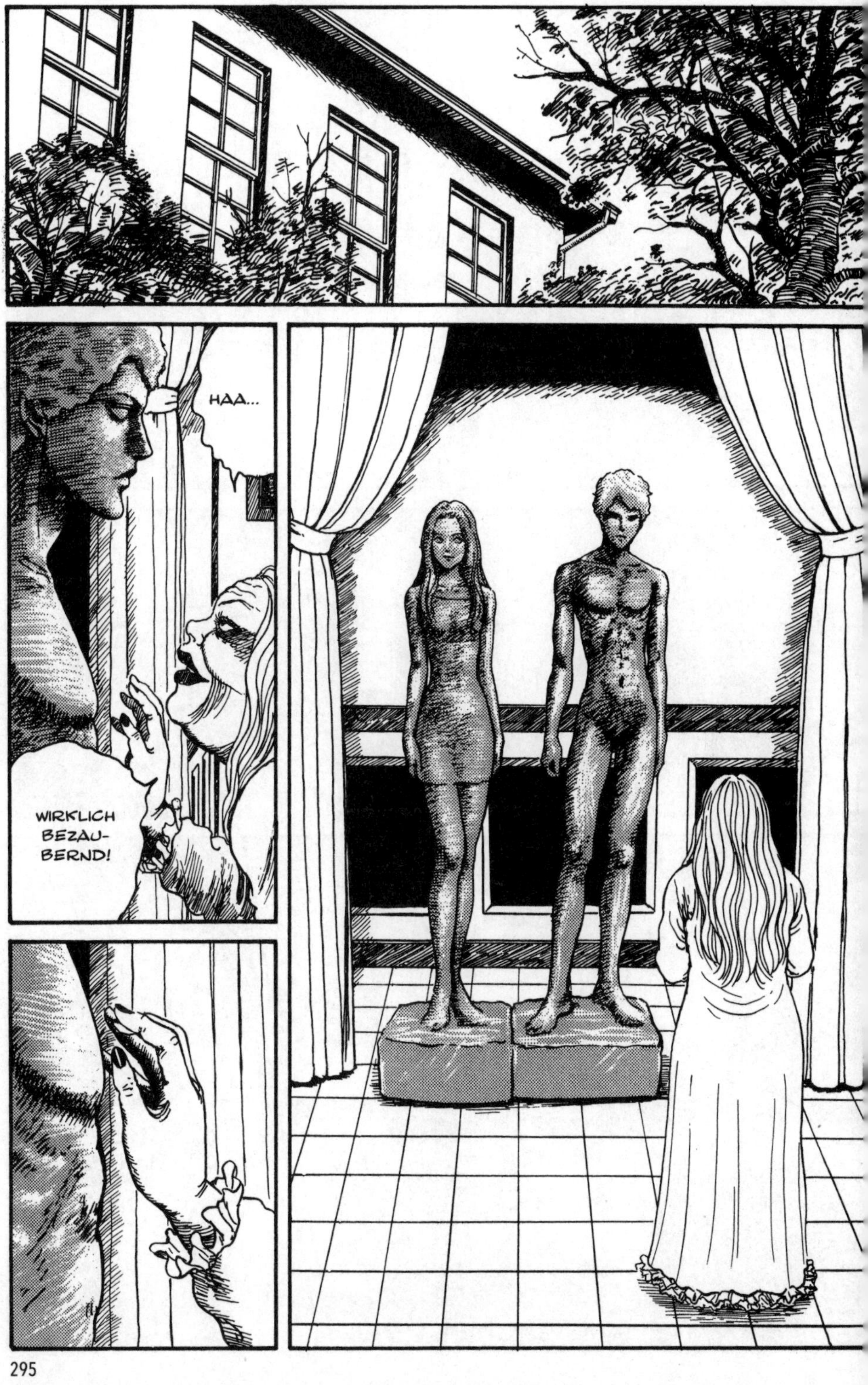
HAA...
WIRKLICH BEZAU-BERND!

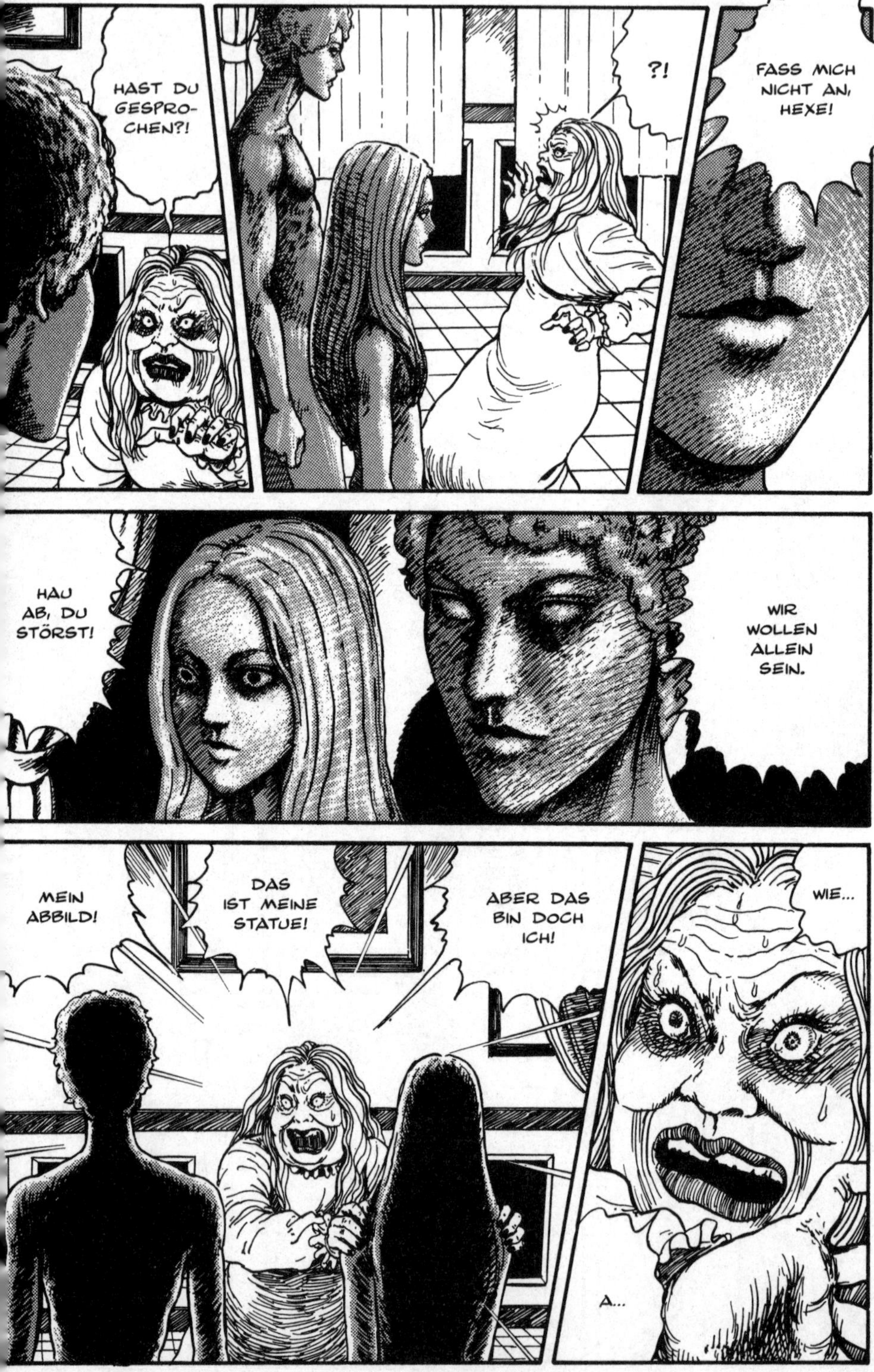
FASS MICH NICHT AN, HEXE!
?!
HAST DU GESPRO-CHEN?!
WIR WOLLEN ALLEIN SEIN.
HAU AB, DU STÖRST!
WIE...
A...
ABER DAS BIN DOCH ICH!
DAS IST MEINE STATUE!
MEIN ABBILD!

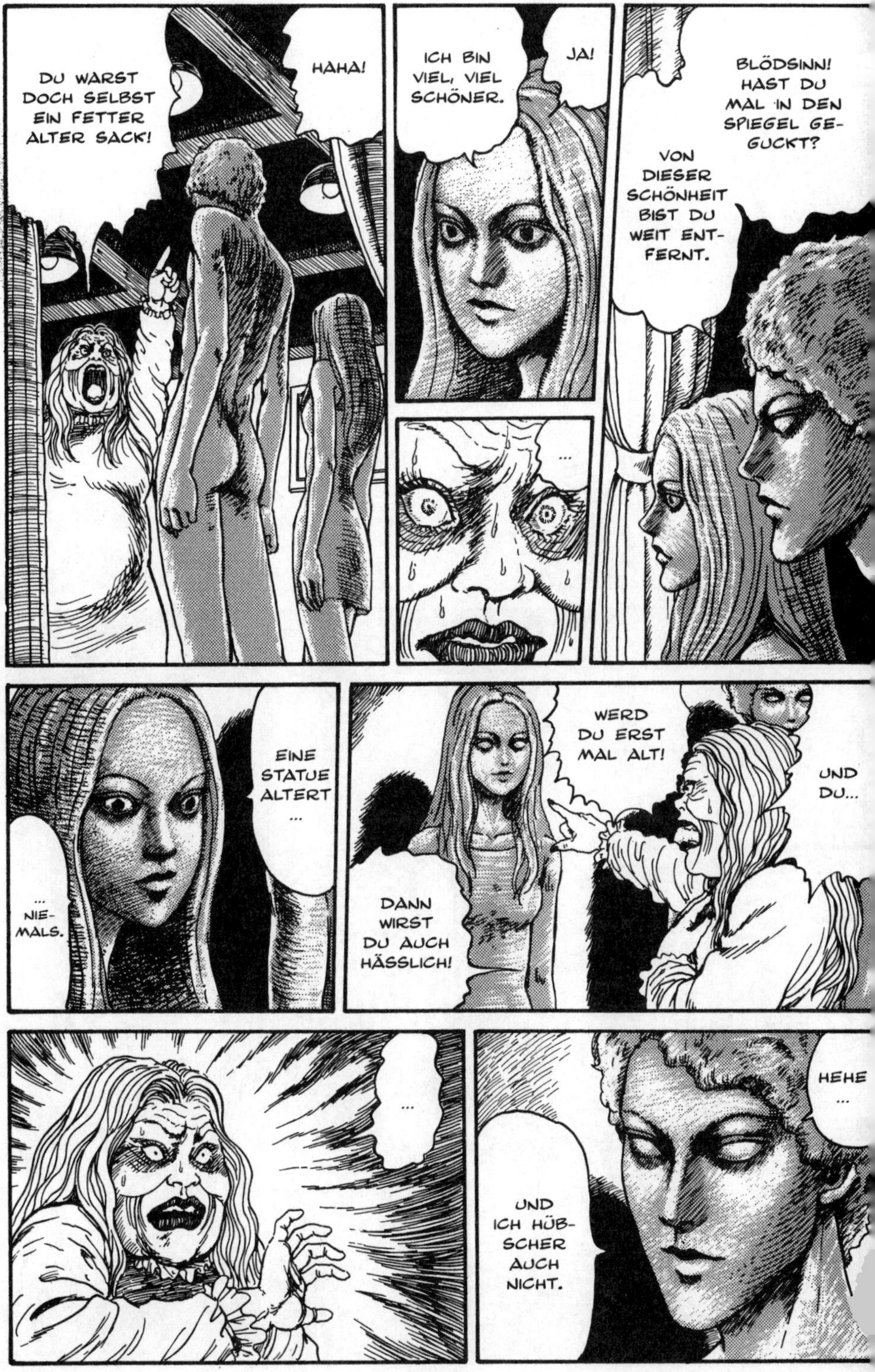
BLÖDSINN! HAST DU MAL IN DEN SPIEGEL GEGUCKT?
VON DIESER SCHÖNHEIT BIST DU WEIT ENTFERNT.
JA!
ICH BIN VIEL, VIEL SCHÖNER.
HAHA!
DU WARST DOCH SELBST EIN FETTER ALTER SACK!
...
UND DU...
WERD DU ERST MAL ALT!
DANN WIRST DU AUCH HÄSSLICH!
EINE STATUE ALTERT ...
... NIEMALS.
HEHE ...
UND ICH HÜBSCHER AUCH NICHT.
...

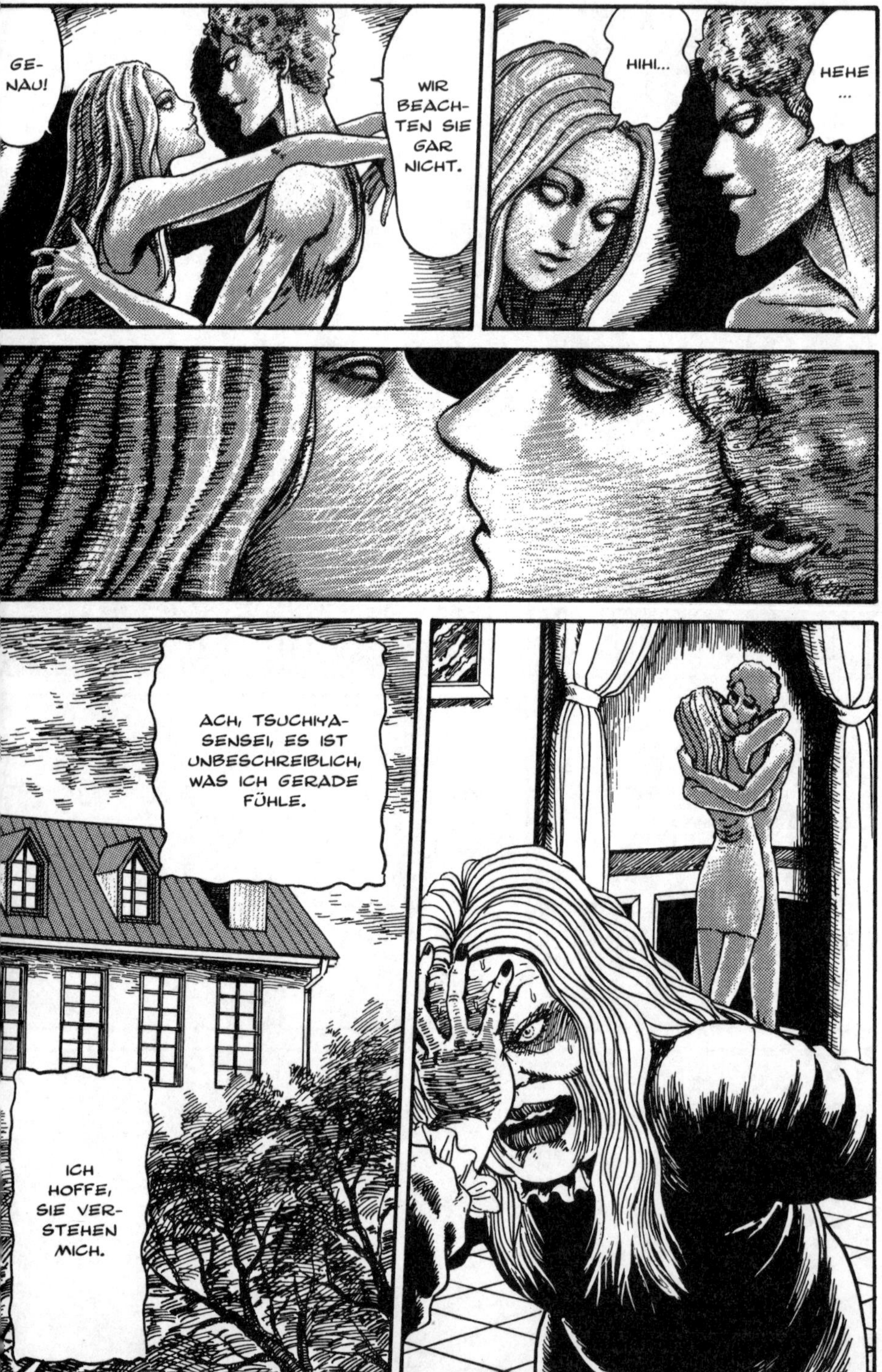
GE-
NAU!
WIR BEACH-
TEN SIE
GAR
NICHT.
HIHI...
HEHE
...
ACH, TSUCHIYA-SENSEI, ES IST UNBESCHREIBLICH, WAS ICH GERADE FÜHLE.
ICH HOFFE, SIE VER-STEHEN MICH.

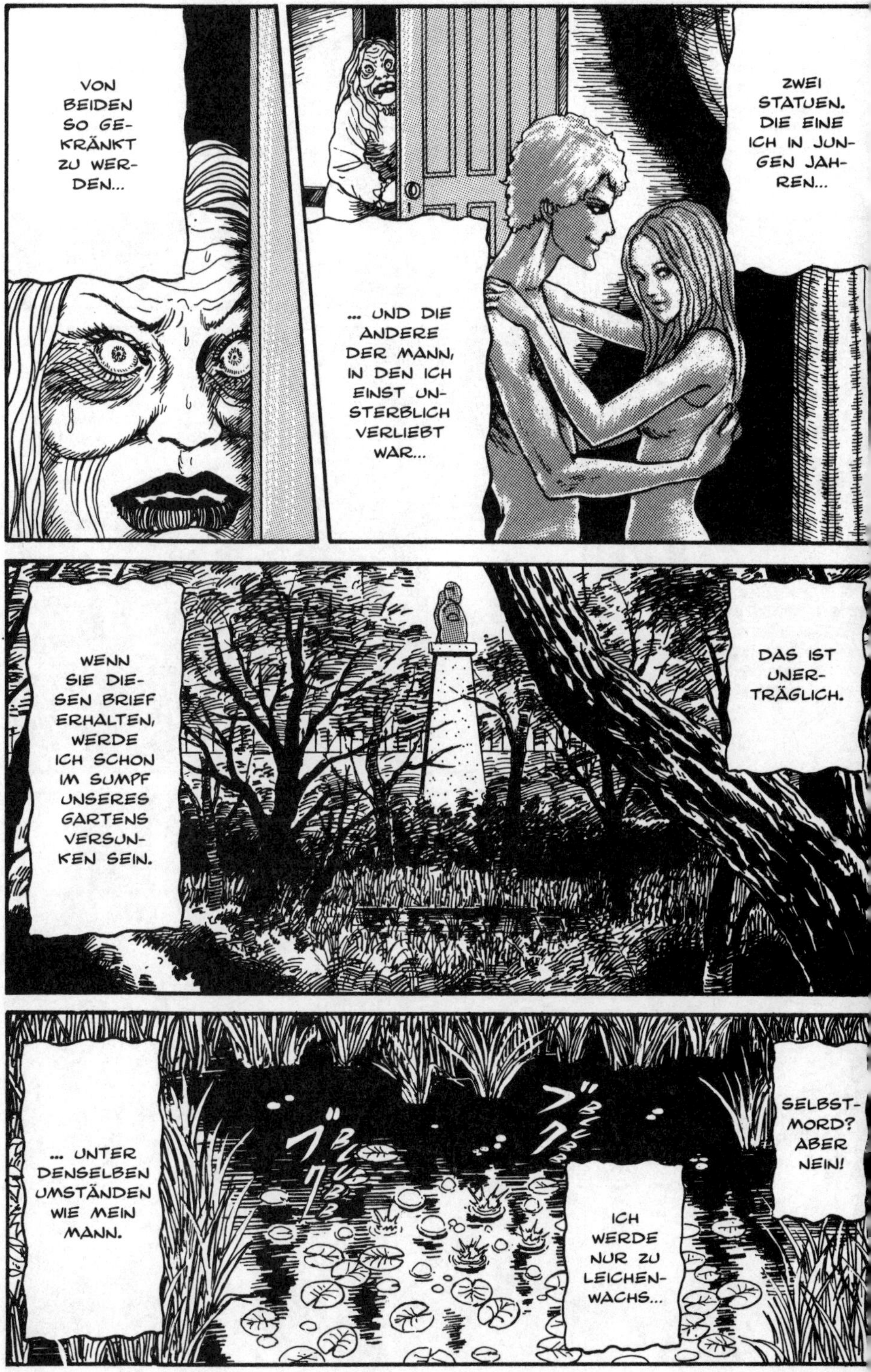
ZWEI STATUEN. DIE EINE ICH IN JUNGEN JAHREN...
... UND DIE ANDERE DER MANN, IN DEN ICH EINST UNSTERBLICH VERLIEBT WAR...
VON BEIDEN SO GEKRÄNKT ZU WERDEN...
DAS IST UNERTRÄGLICH.
WENN SIE DIESEN BRIEF ERHALTEN, WERDE ICH SCHON IM SUMPF UNSERES GARTENS VERSUNKEN SEIN.
SELBSTMORD? ABER NEIN!
BLUBB
BLUBB
ICH WERDE NUR ZU LEICHENWACHS...
... UNTER DENSELBEN UMSTÄNDEN WIE MEIN MANN.

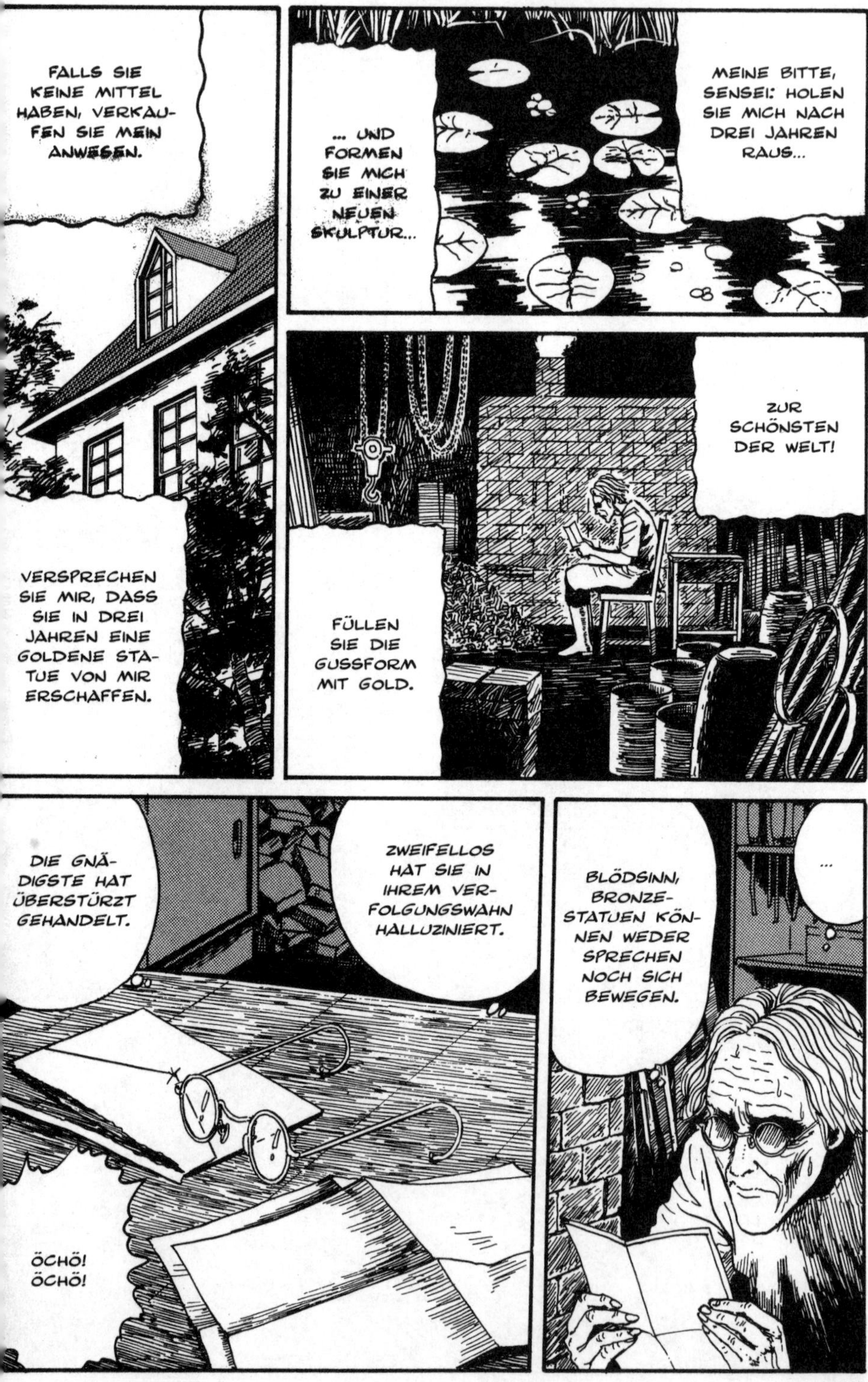
MEINE BITTE, SENSEI: HOLEN SIE MICH NACH DREI JAHREN RAUS...
... UND FORMEN SIE MICH ZU EINER NEUEN SKULPTUR...
ZUR SCHÖNSTEN DER WELT!
FÜLLEN SIE DIE GUSSFORM MIT GOLD.
FALLS SIE KEINE MITTEL HABEN, VERKAUFEN SIE MEIN ANWESEN.
VERSPRECHEN SIE MIR, DASS SIE IN DREI JAHREN EINE GOLDENE STATUE VON MIR ERSCHAFFEN.
...
BLÖDSINN, BRONZESTATUEN KÖNNEN WEDER SPRECHEN NOCH SICH BEWEGEN.
ZWEIFELLOS HAT SIE IN IHREM VERFOLGUNGSWAHN HALLUZINIERT.
DIE GNÄDIGSTE HAT ÜBERSTÜRZT GEHANDELT.
ÖCHÖ! ÖCHÖ!

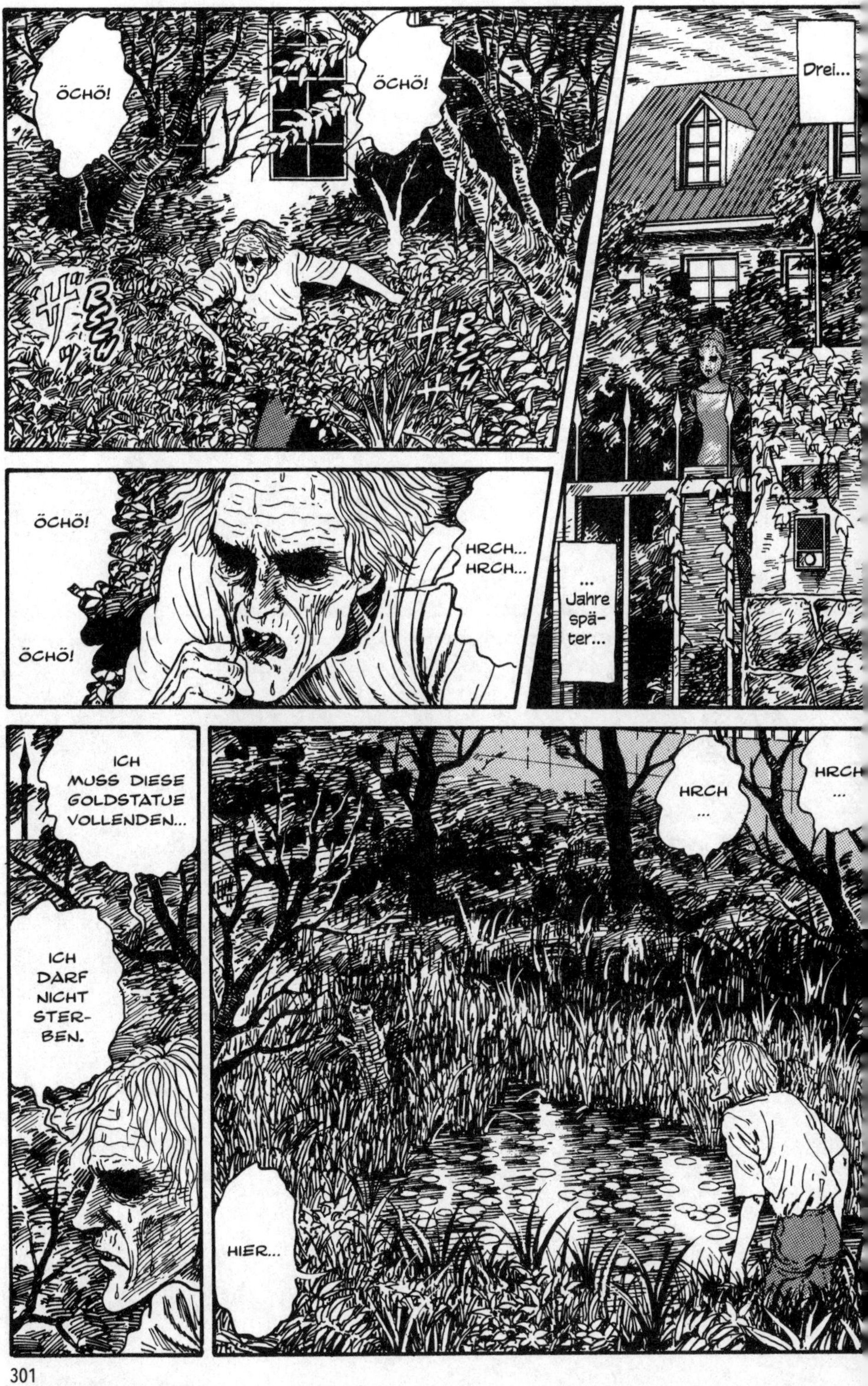

Drei...
... Jahre später...
ÖCHÖ!
ÖCHÖ!
RSCH
RSCH
ÖCHÖ!
ÖCHÖ!
HRCH... HRCH...
HRCH ...
HRCH ...
ICH MUSS DIESE GOLDSTATUE VOLLENDEN...
ICH DARF NICHT STERBEN.
HIER...

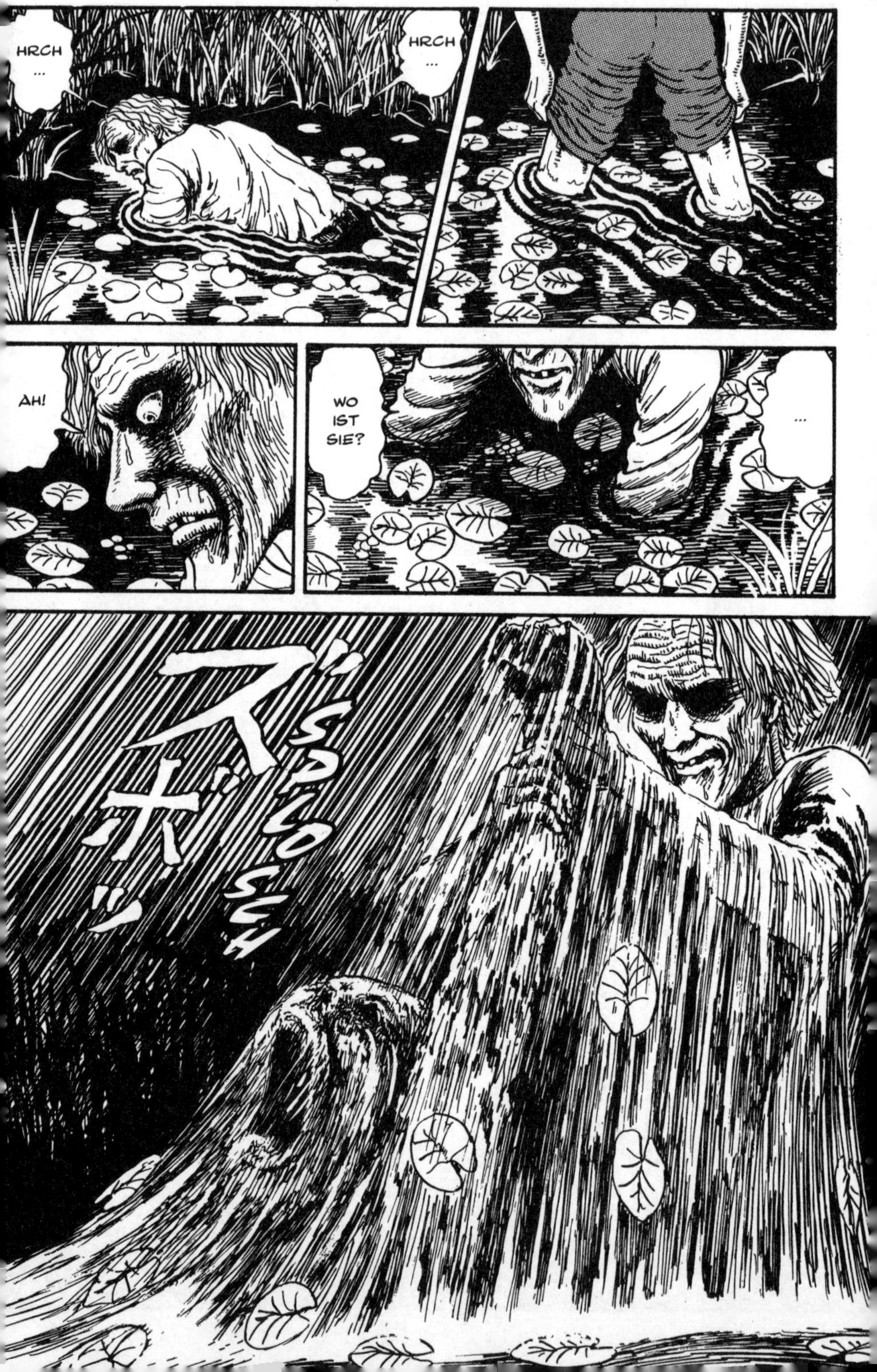
HRCH …
HRCH …
AH!
…
WO IST SIE?
ズボッ
SPLOSCH

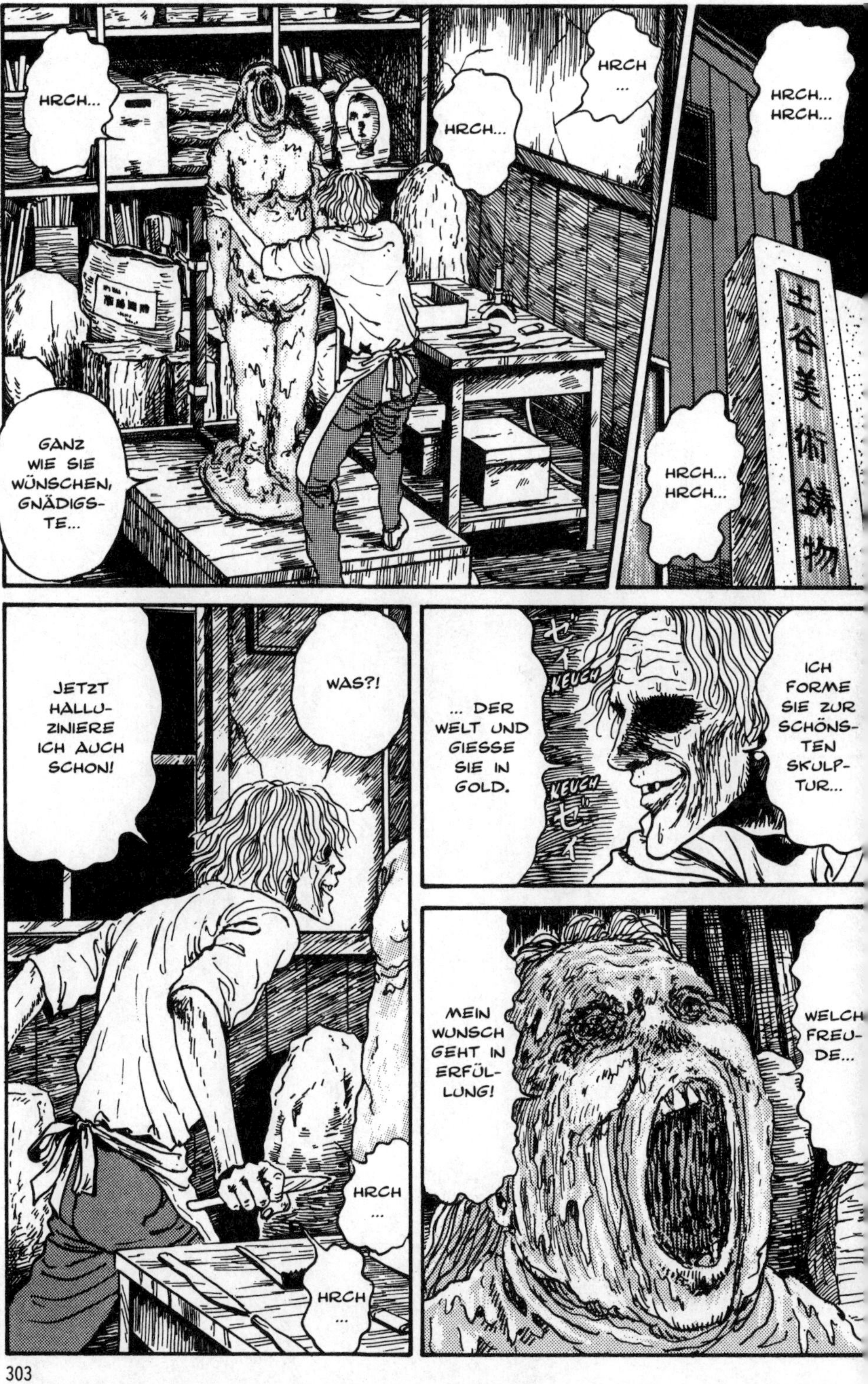
HRCH... HRCH...
HRCH ...
HRCH...
HRCH...
HRCH... HRCH...
GANZ WIE SIE WÜNSCHEN, GNÄDIGSTE...
ICH FORME SIE ZUR SCHÖNSTEN SKULPTUR...
... DER WELT UND GIESSE SIE IN GOLD.
KEUCH
KEUCH
WAS?!
JETZT HALLUZINIERE ICH AUCH SCHON!
WELCH FREUDE...
MEIN WUNSCH GEHT IN ERFÜLLUNG!
HRCH ...
HRCH ...

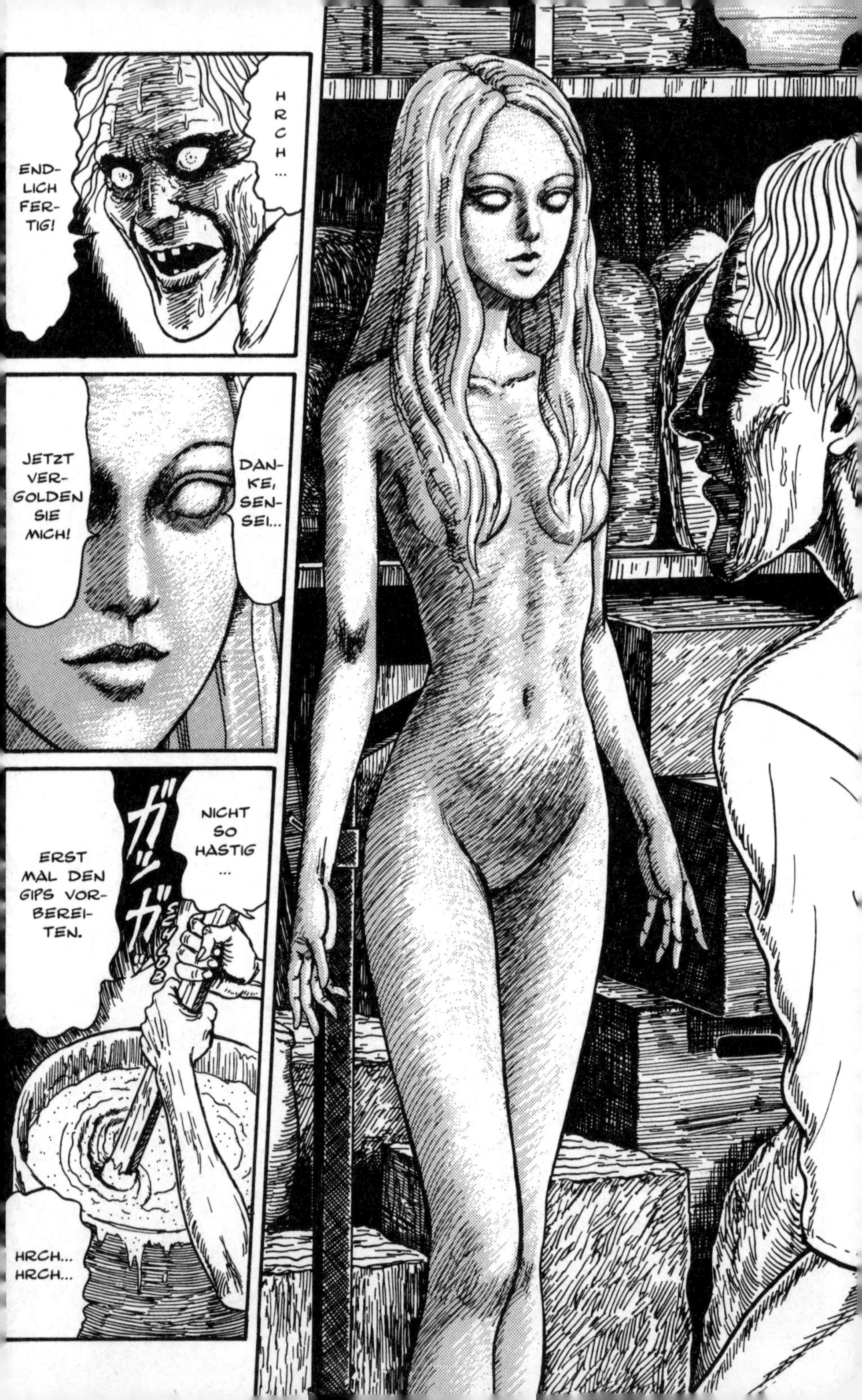
HRCH ...
ENDLICH FERTIG!
DANKE, SENSEI...
JETZT VERGOLDEN SIE MICH!
NICHT SO HASTIG ...
ERST MAL DEN GIPS VORBEREITEN.
ガッガッ
SCHLOB
HRCH... HRCH...

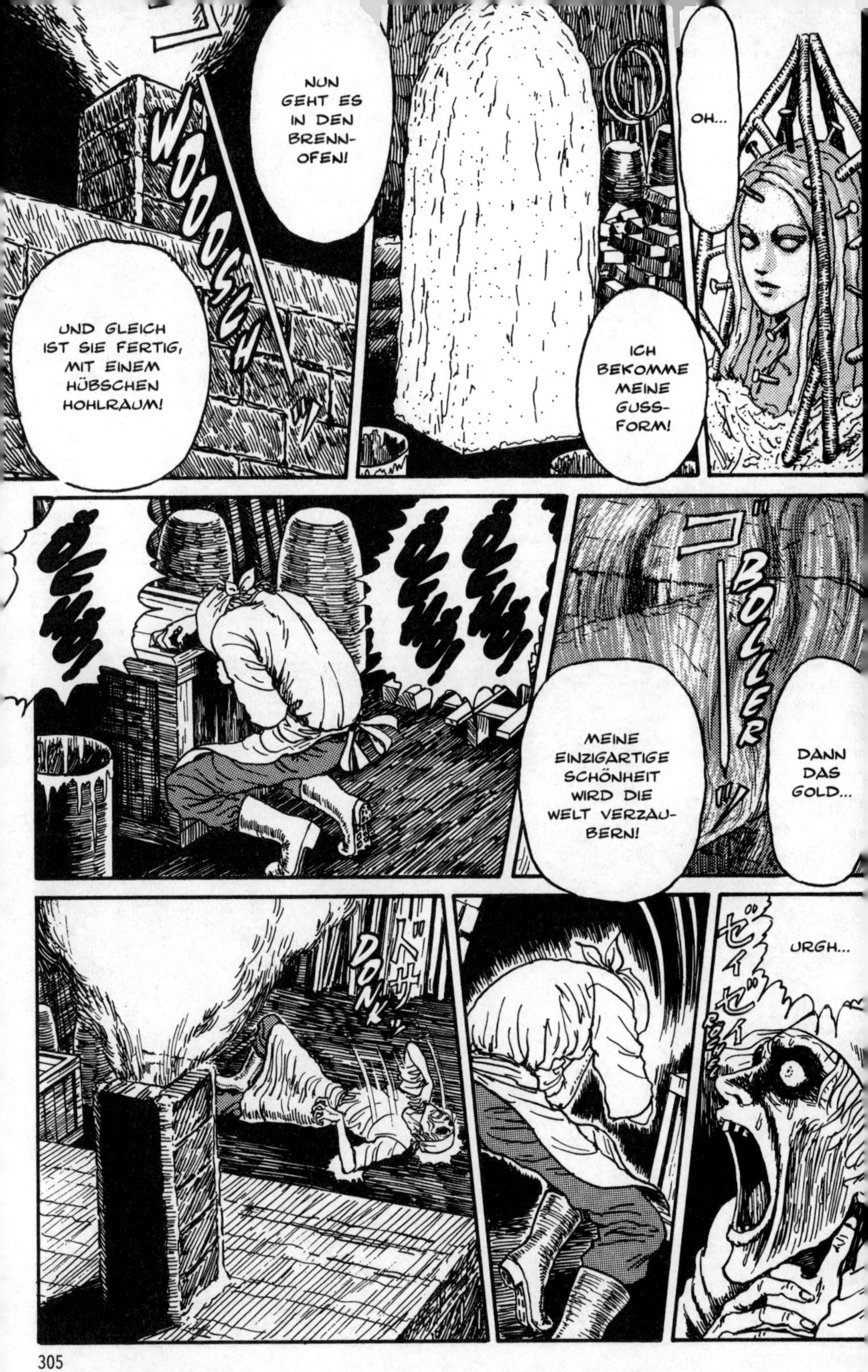
OH...
ICH BEKOMME MEINE GUSS-FORM!
NUN GEHT ES IN DEN BRENN-OFEN!
WOOOSCH
UND GLEICH IST SIE FERTIG, MIT EINEM HÜBSCHEN HOHLRAUM!
DANN DAS GOLD...
BOLLER
MEINE EINZIGARTIGE SCHÖNHEIT WIRD DIE WELT VERZAUBERN!
ÄCHZ
ÄCHZ
ÄCHZ
URGH...
DONK

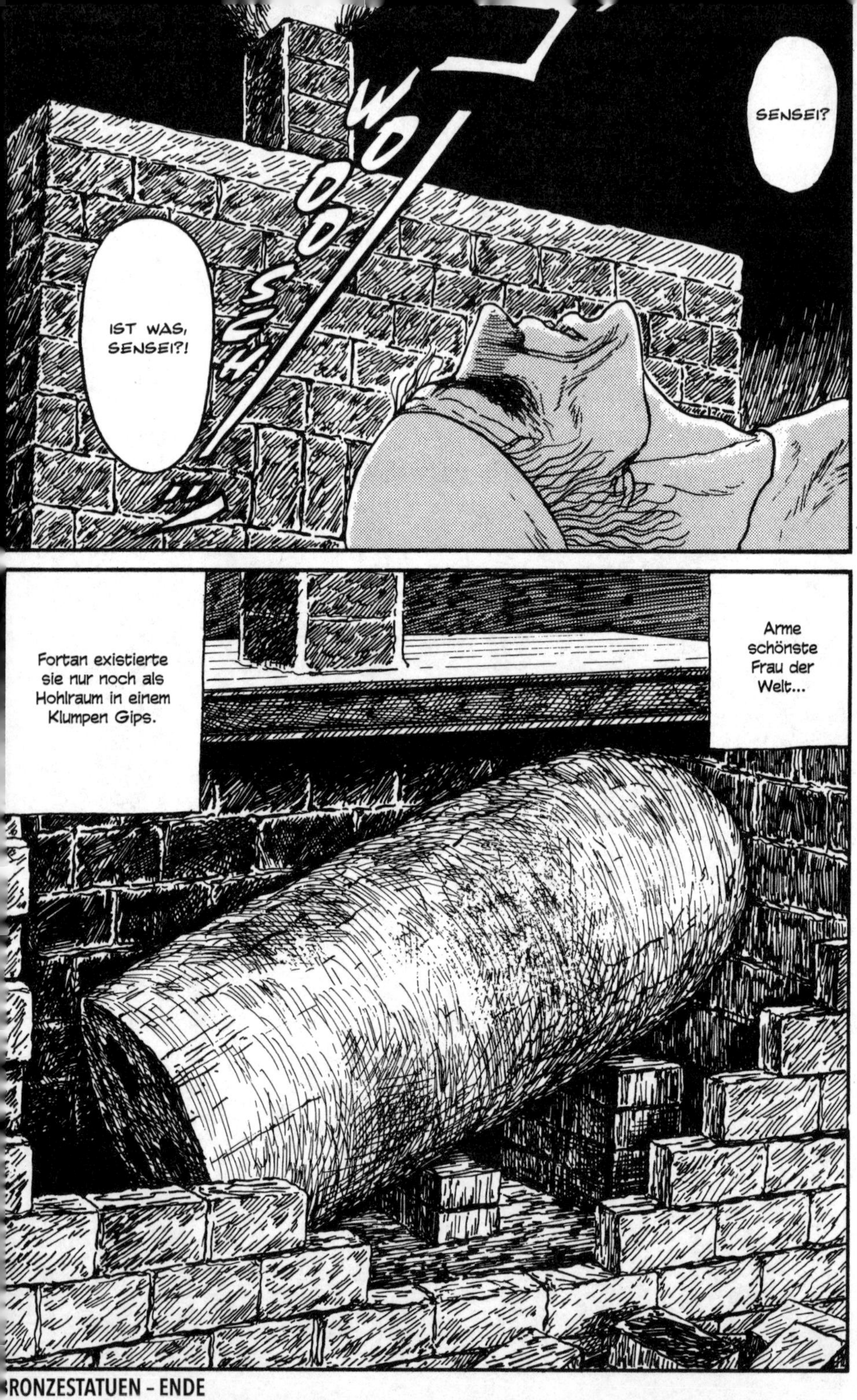

BRONZESTATUEN - ENDE

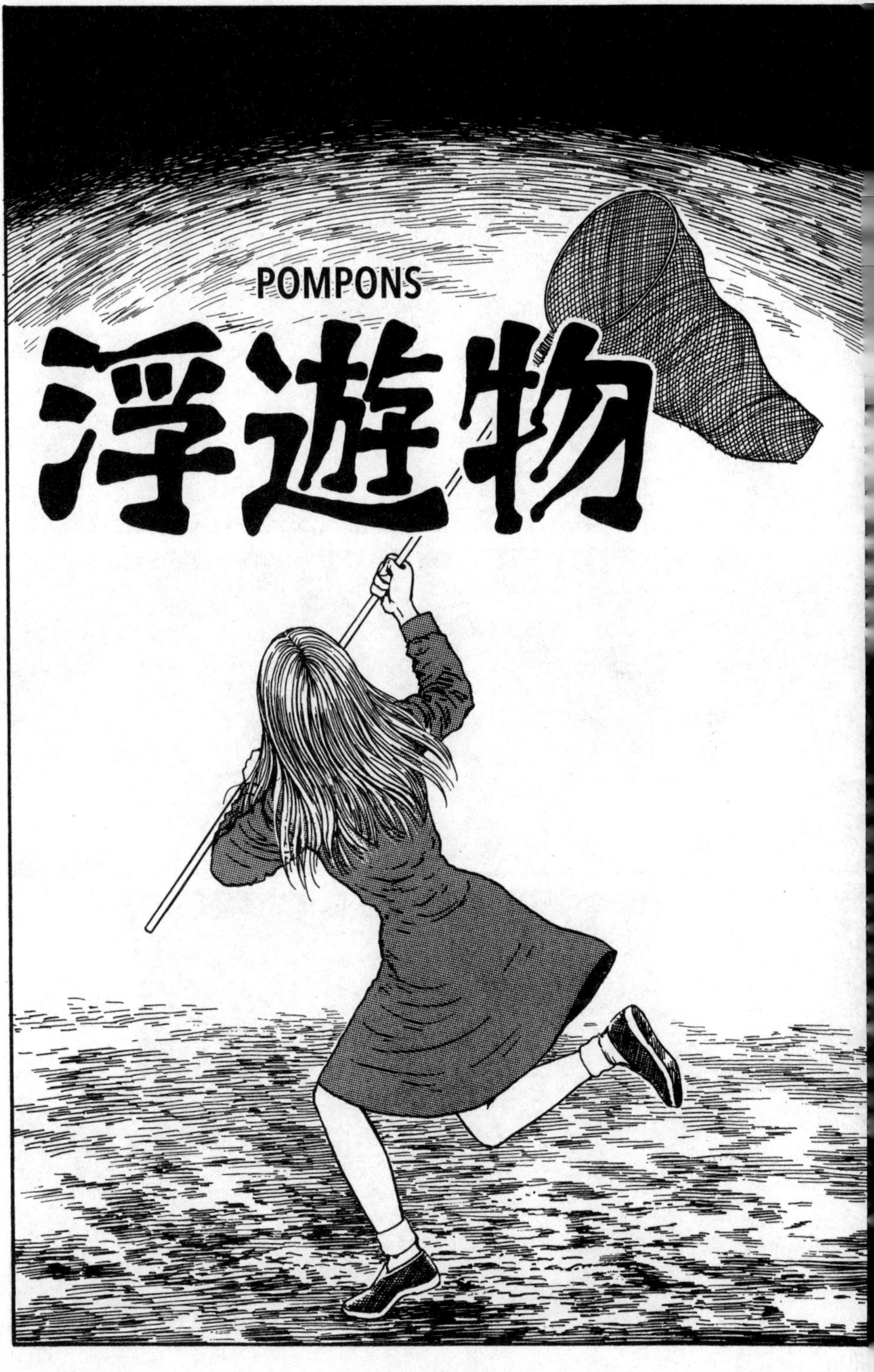
POMPONS
浮遊物

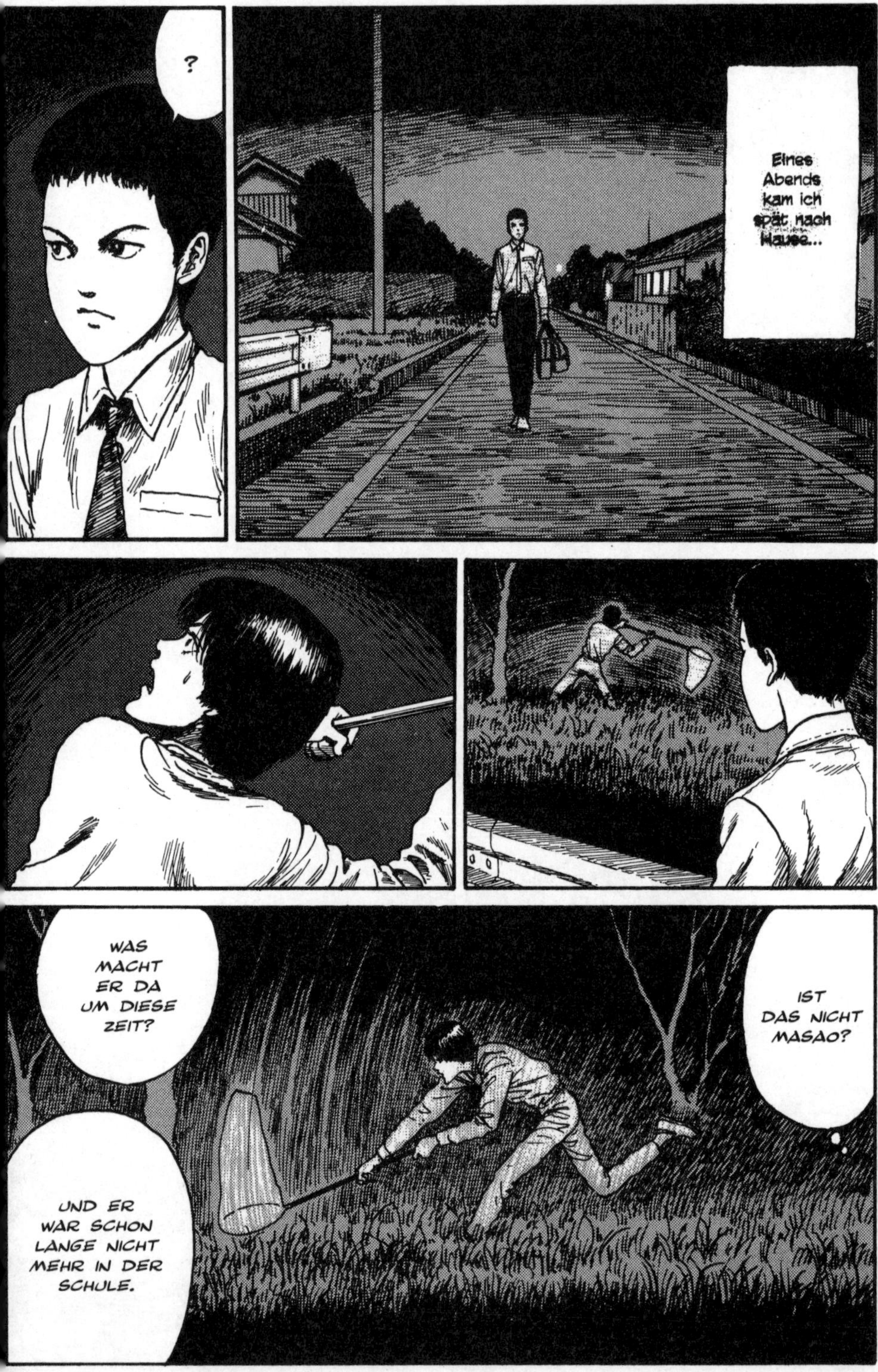
Eines Abends kam ich spät nach Hause...
?
Ist das nicht Masao?
Was macht er da um diese Zeit?
Und er war schon lange nicht mehr in der Schule.

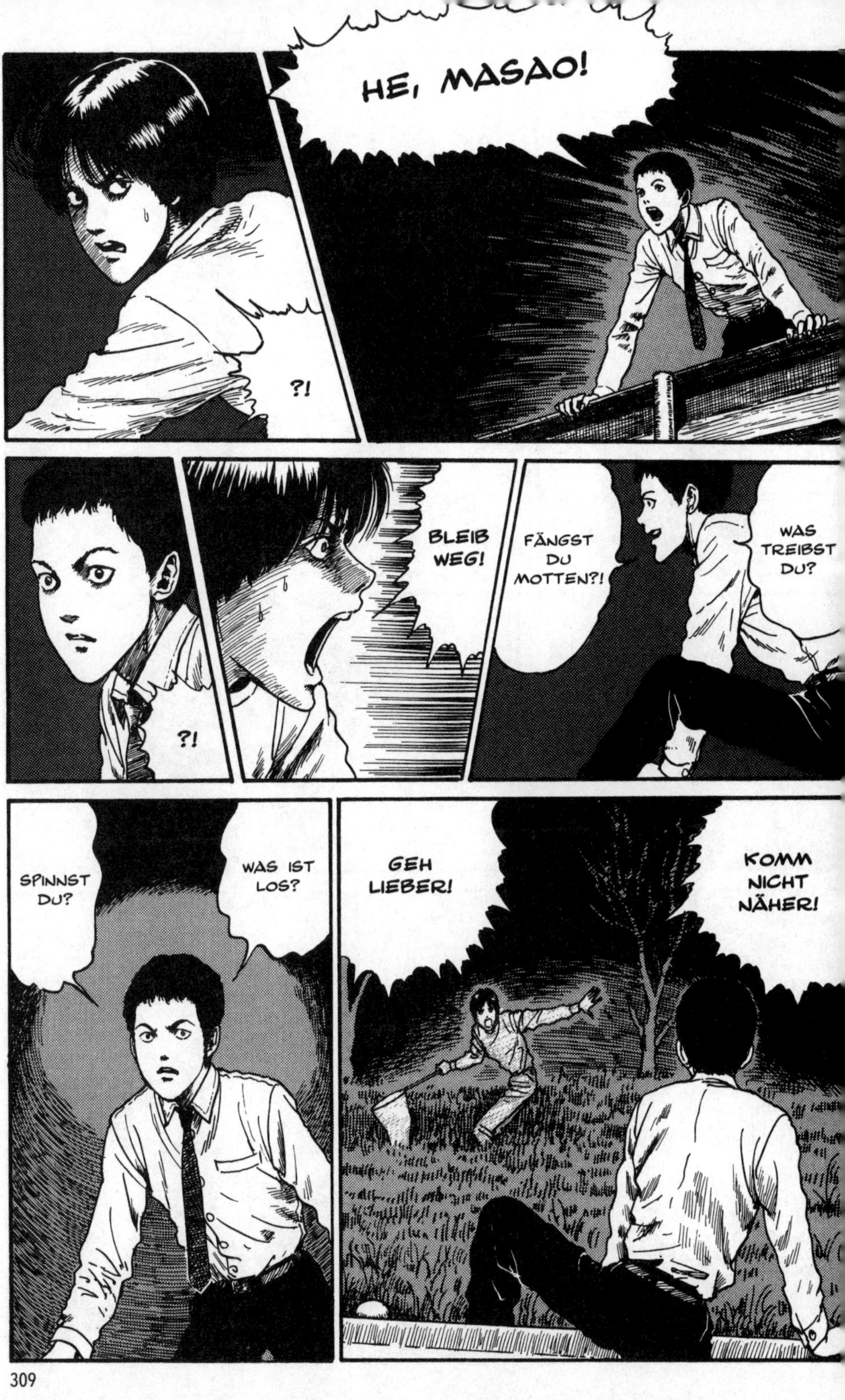
HE, MASAO!
?!
WAS TREIBST DU?
FÄNGST DU MOTTEN?!
BLEIB WEG!
?!
KOMM NICHT NÄHER!
GEH LIEBER!
WAS IST LOS?
SPINNST DU?

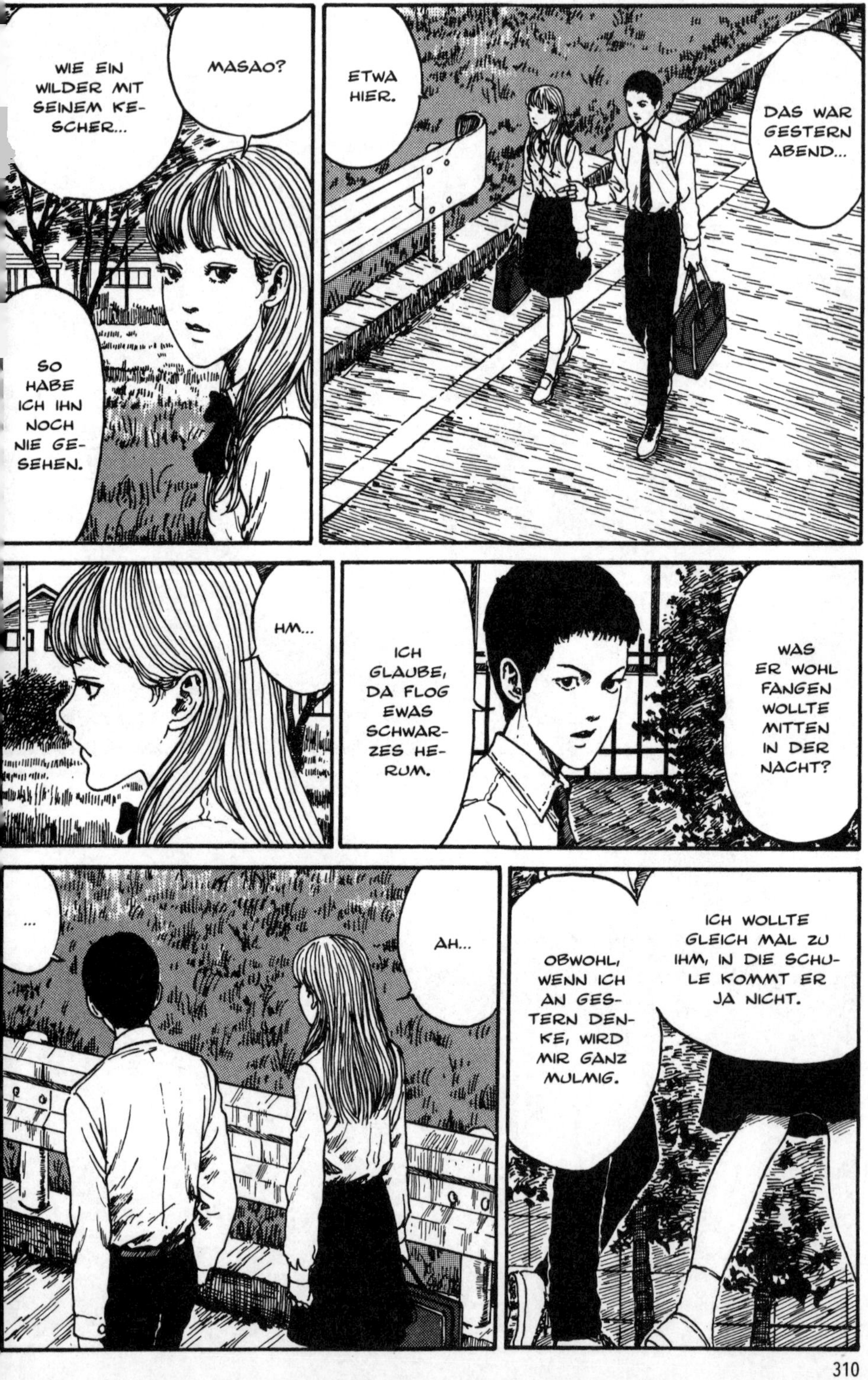
DAS WAR GESTERN ABEND...
ETWA HIER.
MASAO?
WIE EIN WILDER MIT SEINEM KESCHER...
SO HABE ICH IHN NOCH NIE GESEHEN.
WAS ER WOHL FANGEN WOLLTE MITTEN IN DER NACHT?
ICH GLAUBE, DA FLOG EWAS SCHWARZES HERUM.
HM...
ICH WOLLTE GLEICH MAL ZU IHM, IN DIE SCHULE KOMMT ER JA NICHT.
OBWOHL, WENN ICH AN GESTERN DENKE, WIRD MIR GANZ MULMIG.
AH...
...

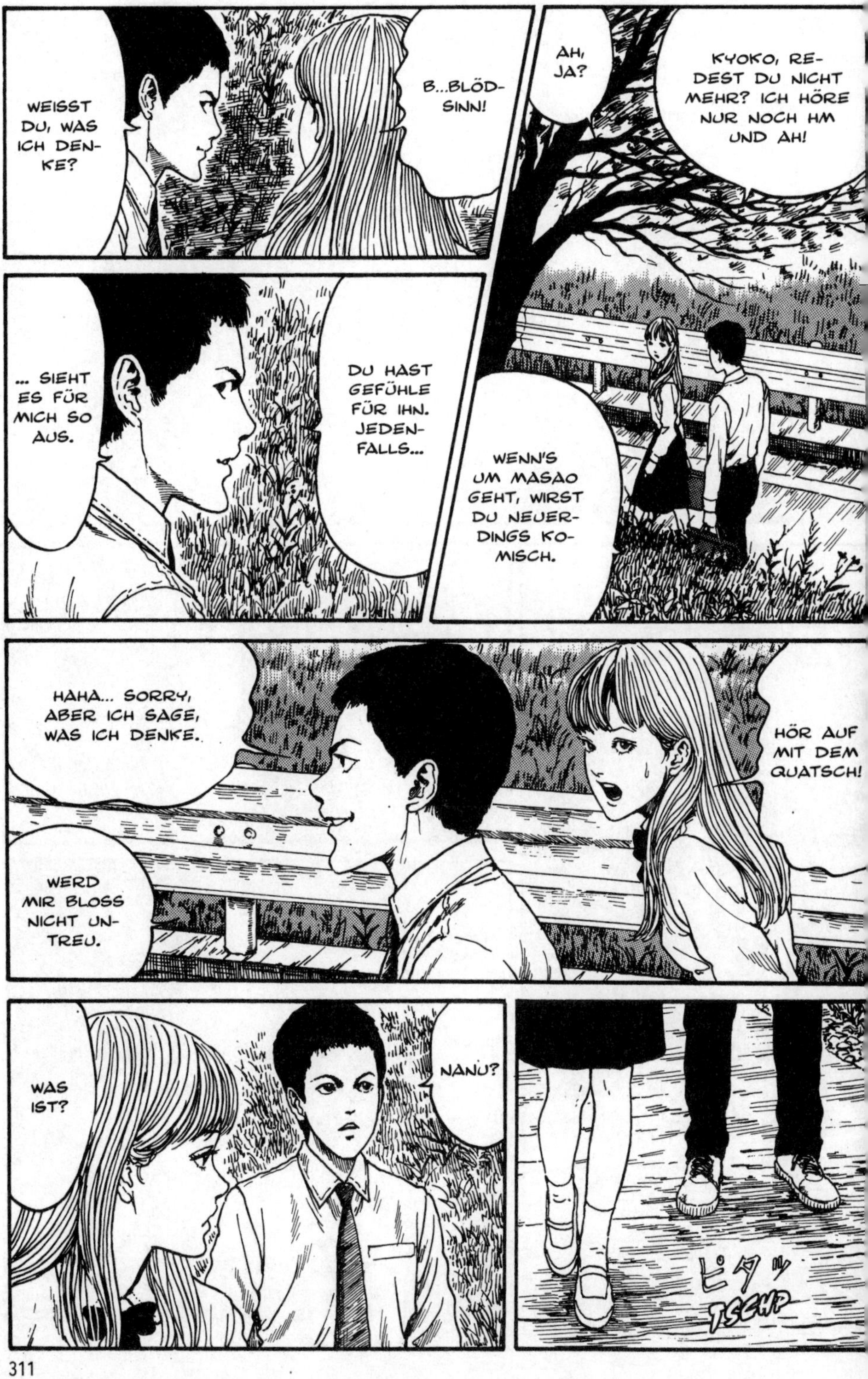
KYOKO, REDEST DU NICHT MEHR? ICH HÖRE NUR NOCH HM UND AH!
AH, JA?
WENN'S UM MASAO GEHT, WIRST DU NEUERDINGS KOMISCH.
B...BLÖDSINN!
WEISST DU, WAS ICH DENKE?
DU HAST GEFÜHLE FÜR IHN. JEDENFALLS...
... SIEHT ES FÜR MICH SO AUS.
HÖR AUF MIT DEM QUATSCH!
HAHA... SORRY, ABER ICH SAGE, WAS ICH DENKE.
WERD MIR BLOSS NICHT UNTREU.
ピタッ
TSCHP
NANU?
WAS IST?

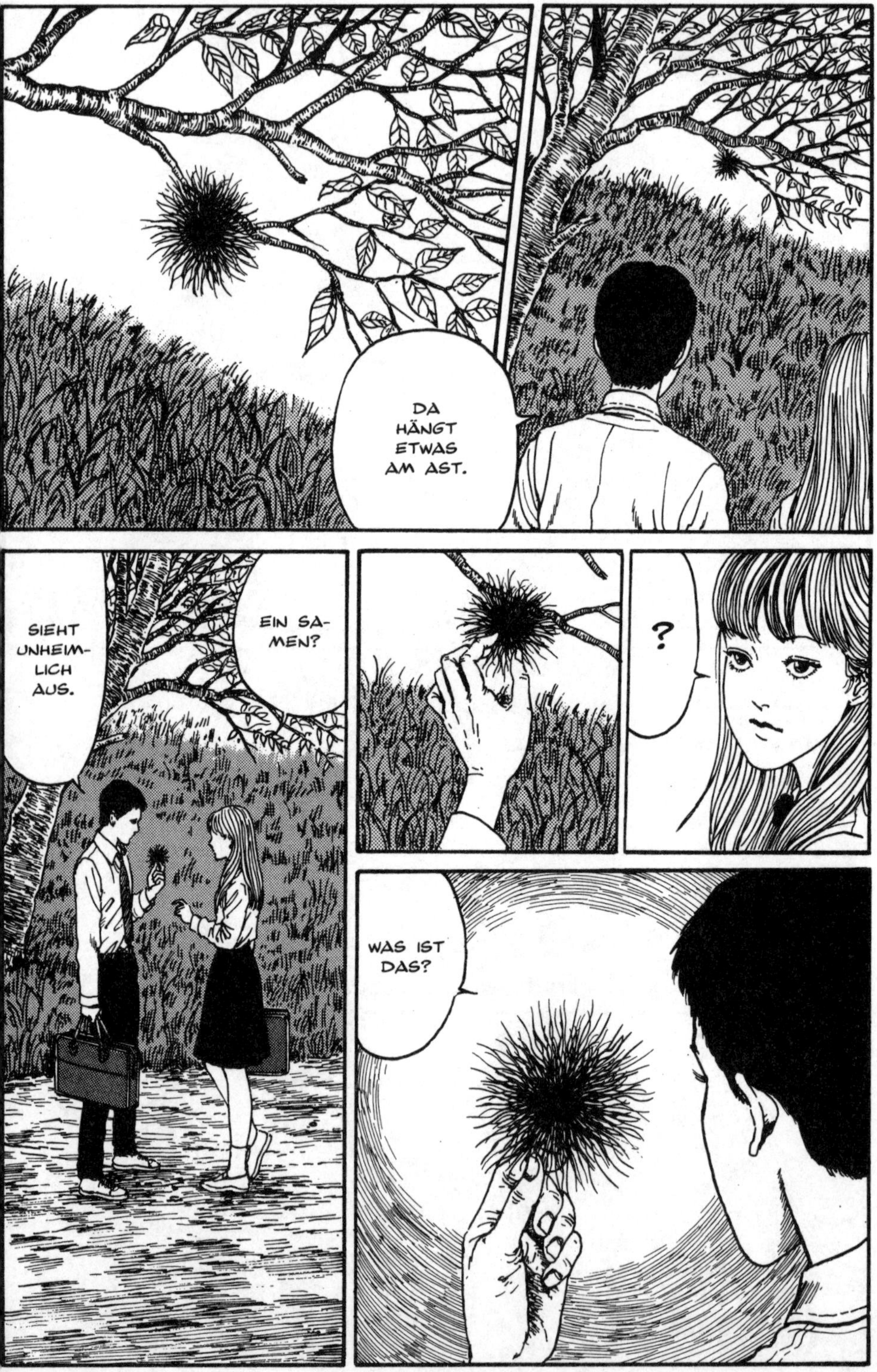
Da hängt etwas am Ast.
?
Was ist das?
Ein Samen?
Sieht unheimlich aus.

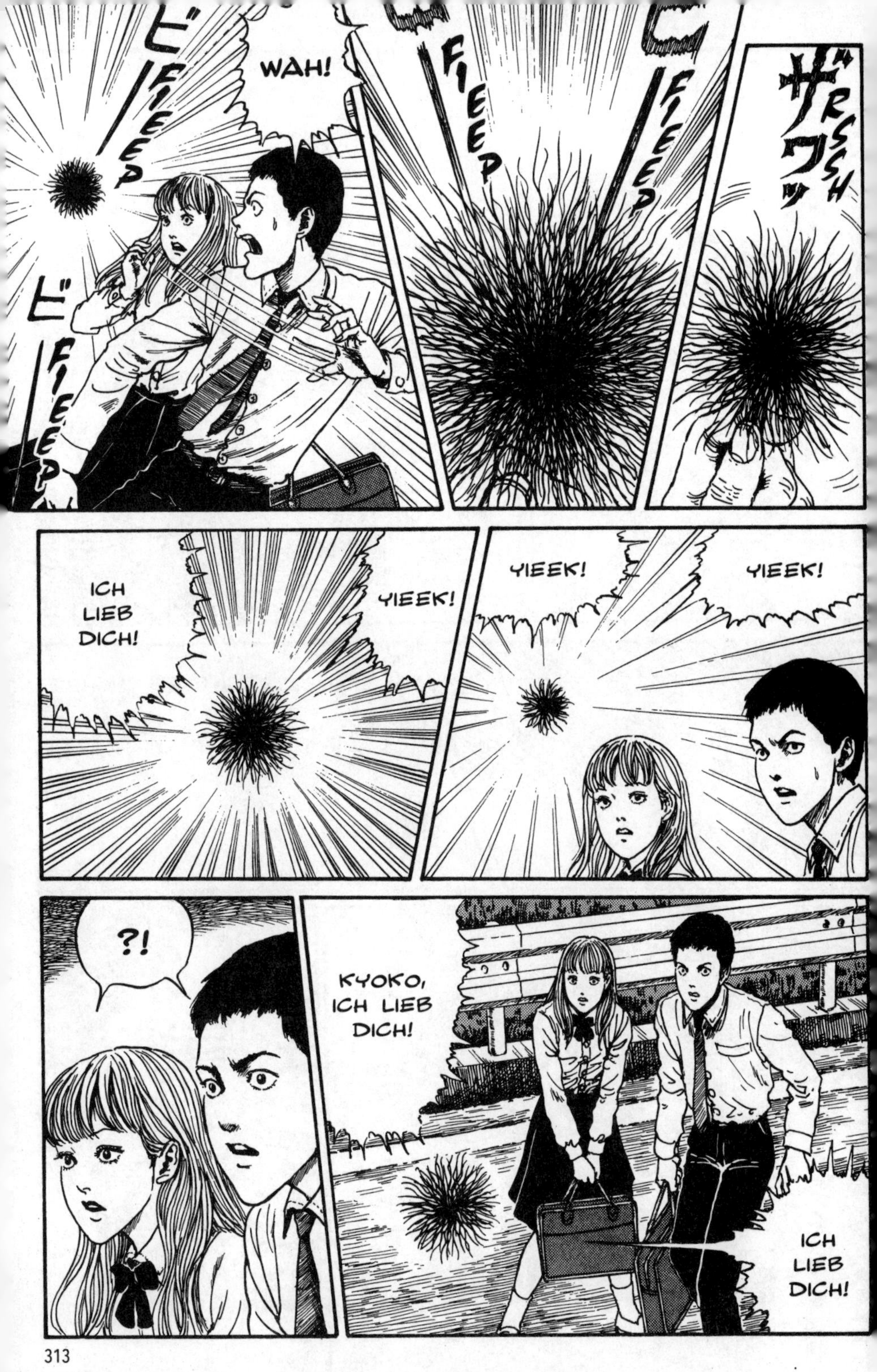
ザワッ
RSSH
FIEEP
FIEEP
ビ
FIEEP
WAH!
ビ
FIEEP
YIEEK!
YIEEK!
YIEEK!
ICH LIEB DICH!
ICH LIEB DICH!
KYOKO, ICH LIEB DICH!
?!

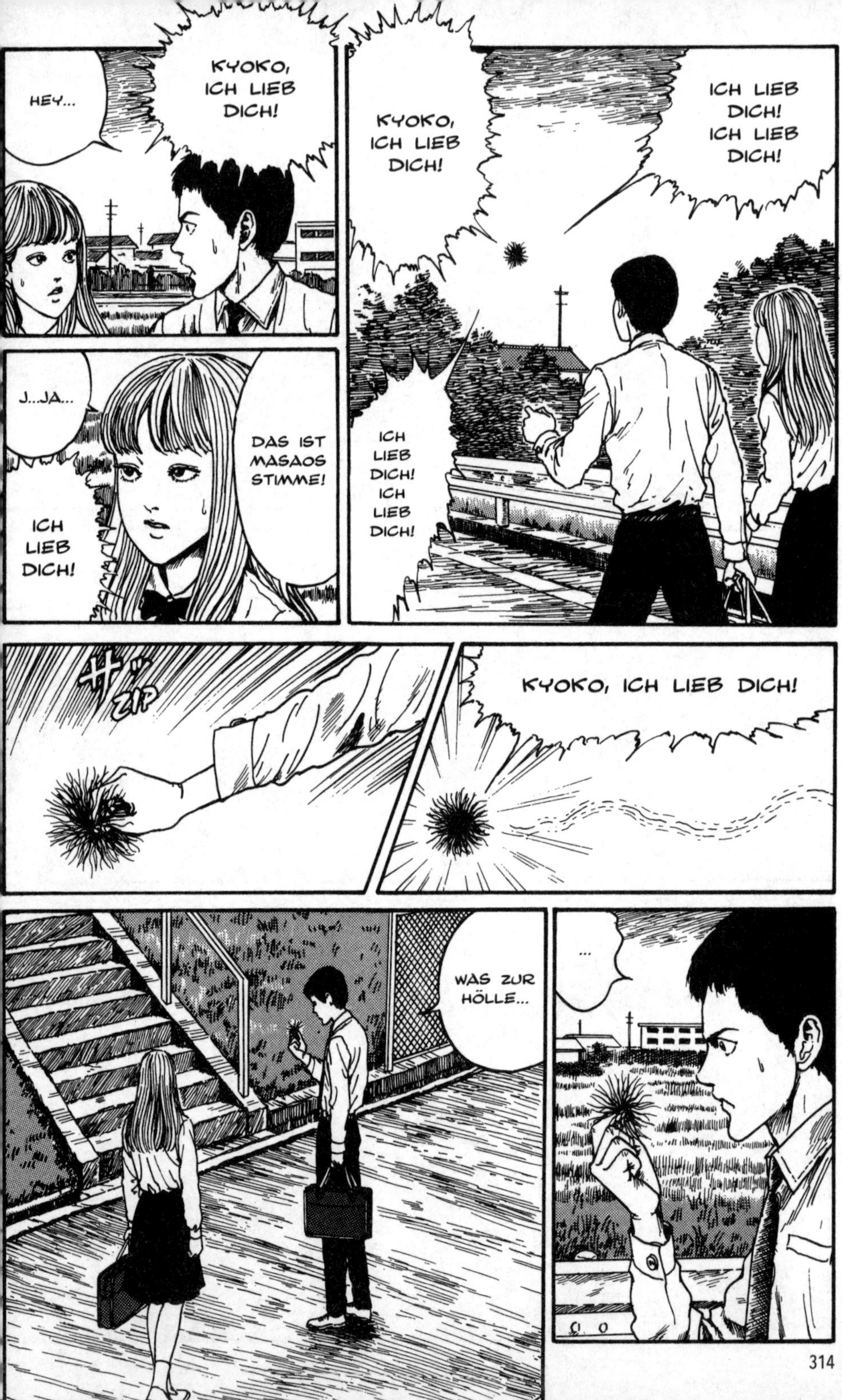
HEY...
KYOKO, ICH LIEB DICH!
J...JA...
DAS IST MASAOS STIMME!
ICH LIEB DICH!
KYOKO, ICH LIEB DICH!
ICH LIEB DICH! ICH LIEB DICH!
ICH LIEB DICH! ICH LIEB DICH!
ZIP
KYOKO, ICH LIEB DICH!
WAS ZUR HÖLLE...
...

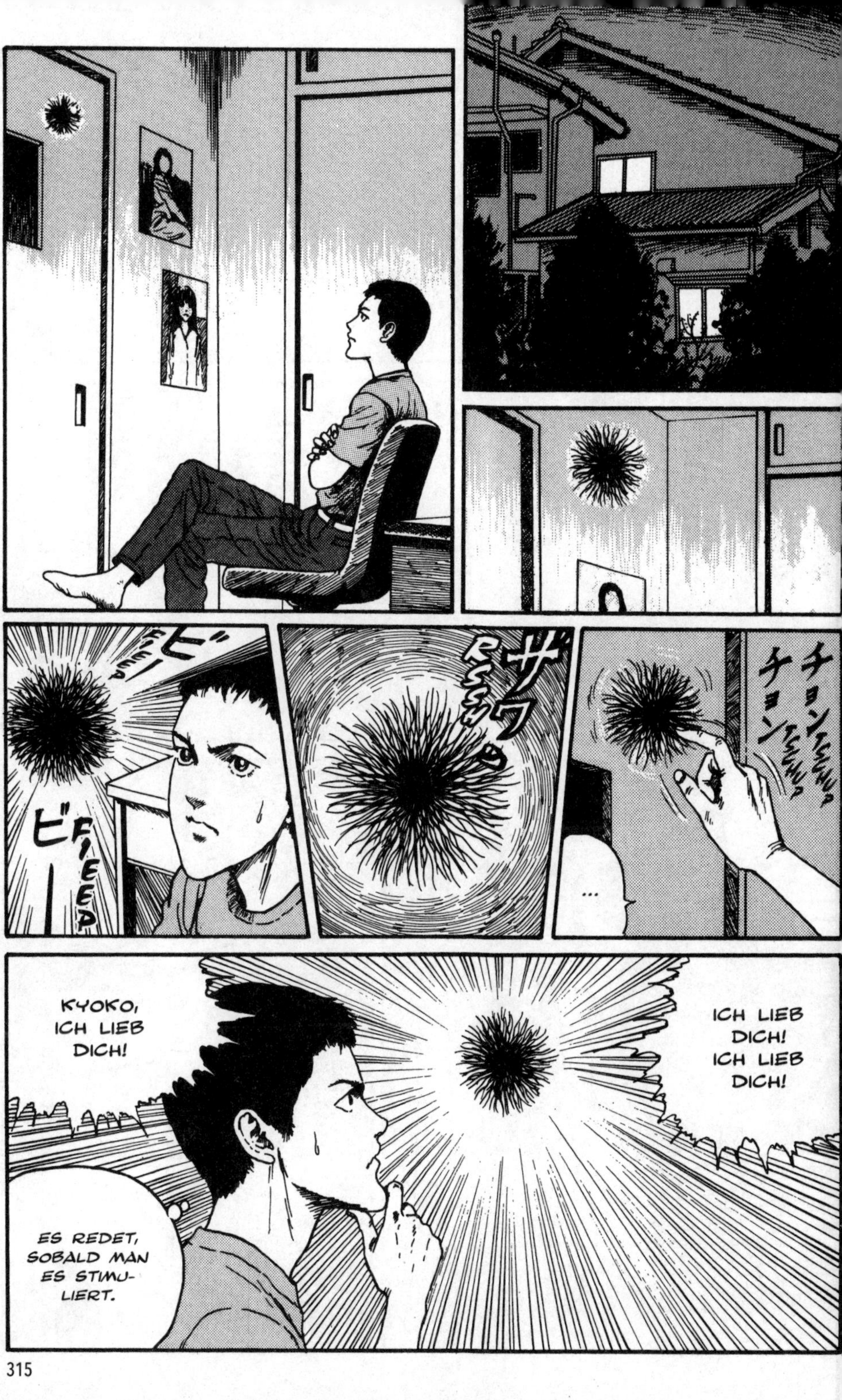
チョン
チョン
...
ザワ
RSSH
ビー
FIEEA
ビ
FIEEA
ICH LIEB DICH! ICH LIEB DICH!
KYOKO, ICH LIEB DICH!
ES REDET, SOBALD MAN ES STIMU-LIERT.

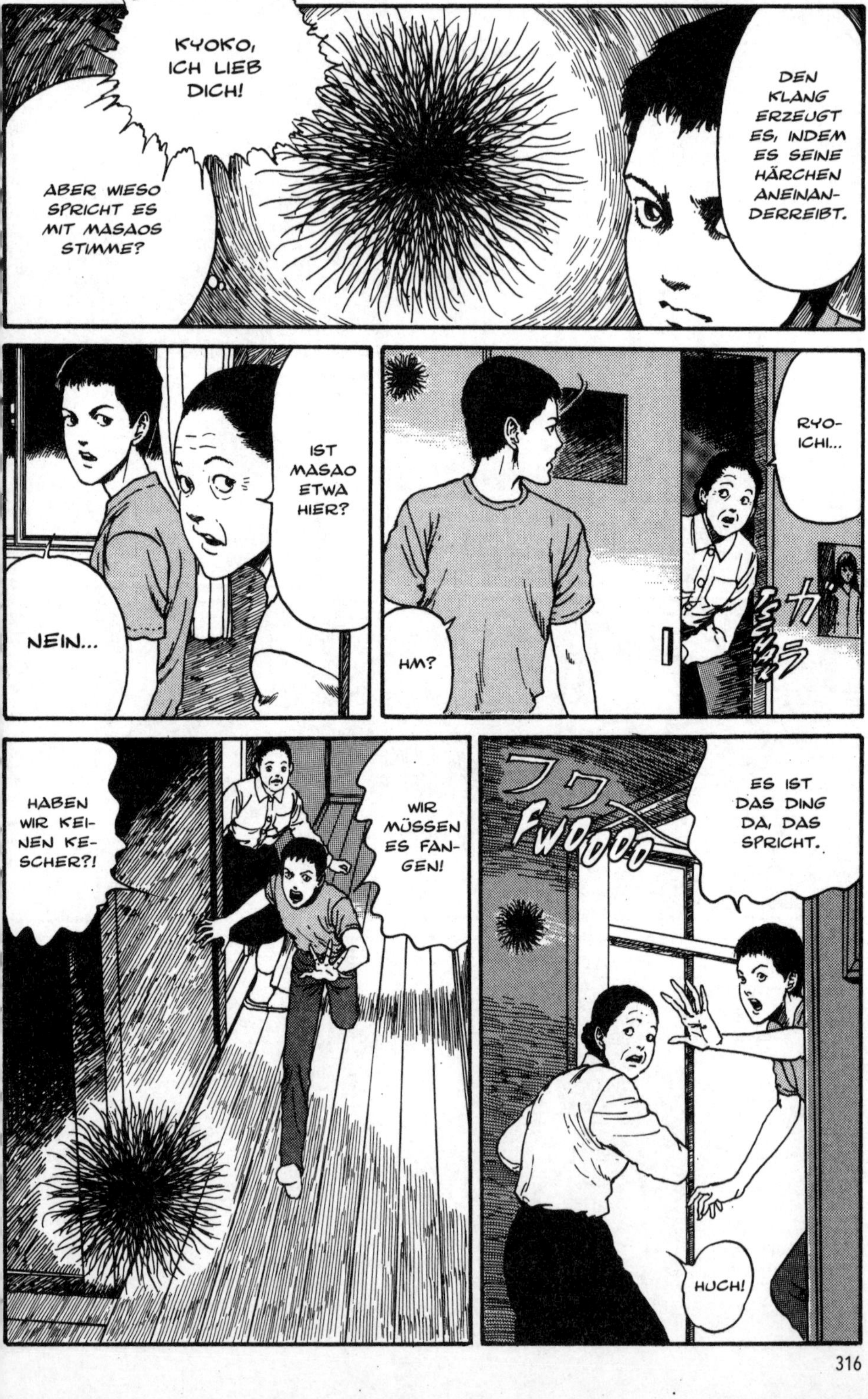
KYOKO, ICH LIEB DICH!
DEN KLANG ERZEUGT ES, INDEM ES SEINE HÄRCHEN ANEINANDERREIBT.
ABER WIESO SPRICHT ES MIT MASAOS STIMME?
RYO-ICHI...
ガラ
TSCHAK
HM?
IST MASAO ETWA HIER?
NEIN...
ES IST DAS DING DA, DAS SPRICHT.
フワー
FWOOOOO
HUCH!
WIR MÜSSEN ES FANGEN!
HABEN WIR KEINEN KESCHER?!

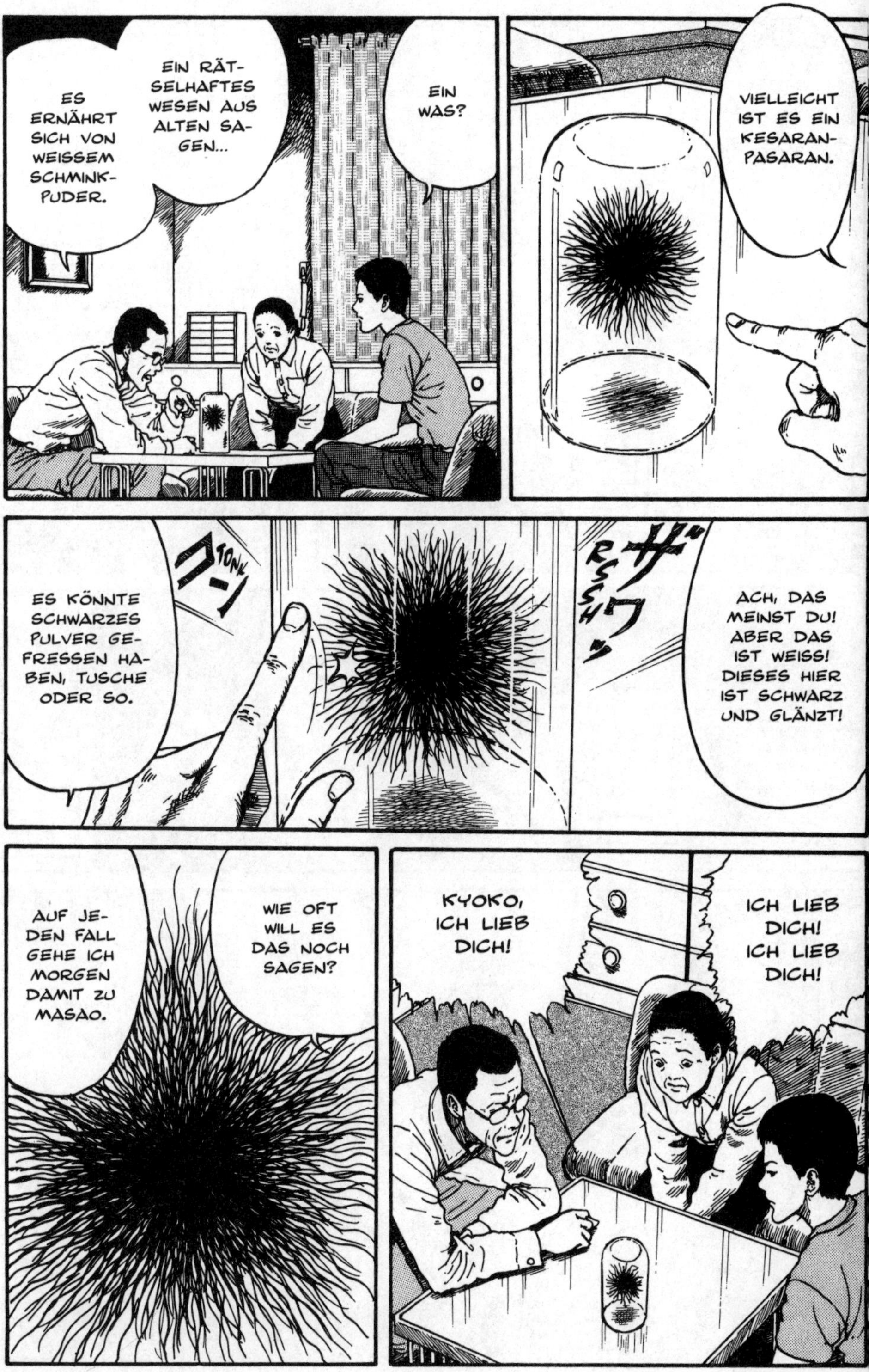
Vielleicht ist es ein Kesaran-Pasaran.
Ein was?
Ein rätselhaftes Wesen aus alten Sagen...
Es ernährt sich von weissem Schmink-Puder.
Ach, das meinst du! Aber das ist weiss! Dieses hier ist schwarz und glänzt!
RSCHH
TONK
Es könnte schwarzes Pulver gefressen haben, Tusche oder so.
Kyoko, ich lieb dich!
Ich lieb dich! Ich lieb dich!
Wie oft will es das noch sagen?
Auf jeden Fall gehe ich morgen damit zu Masao.

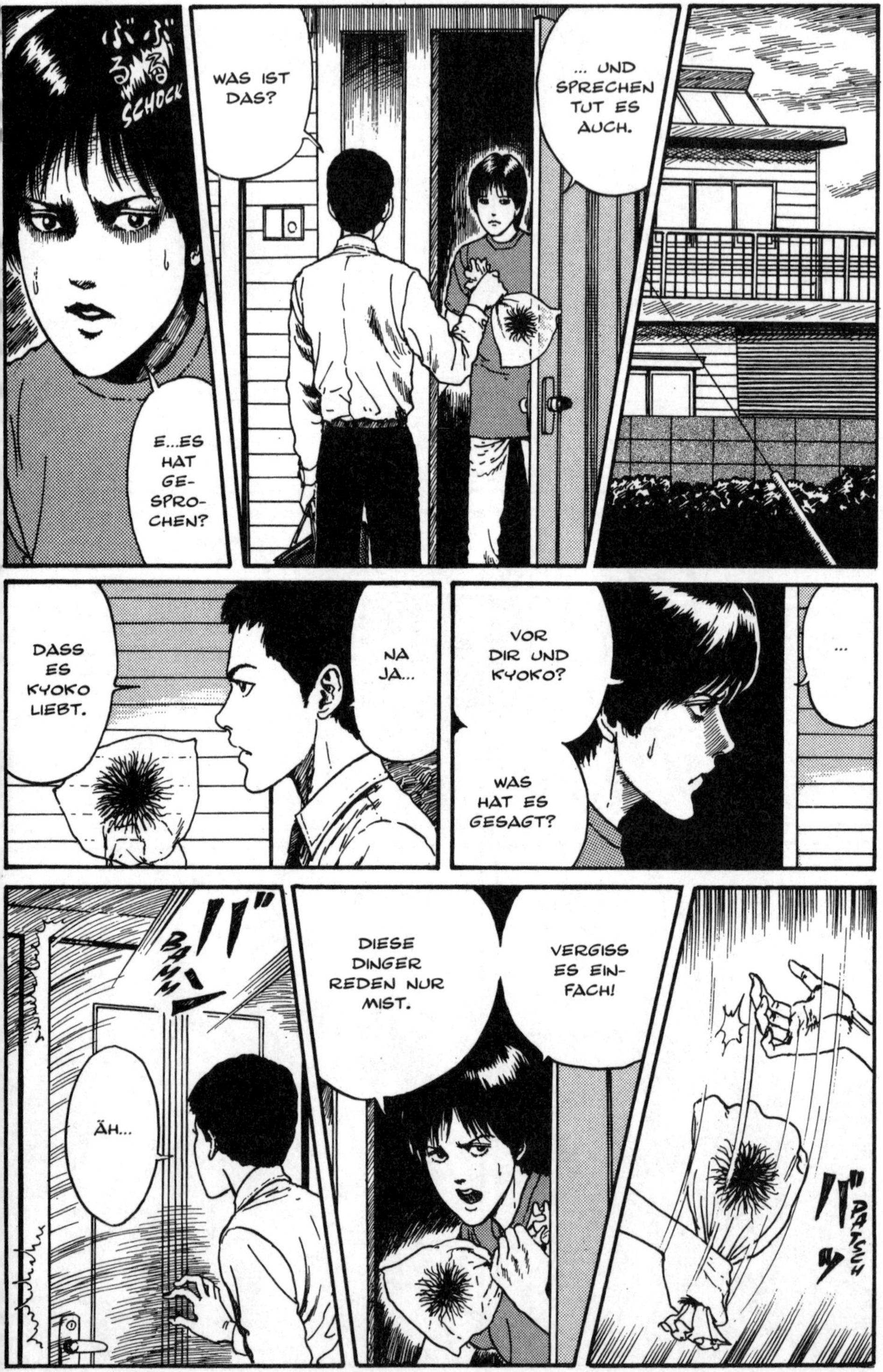
... UND SPRECHEN TUT ES AUCH.
WAS IST DAS?
SCHOCK
E...ES HAT GE-SPRO-CHEN?
...
VOR DIR UND KYOKO?
WAS HAT ES GESAGT?
NA JA...
DASS ES KYOKO LIEBT.
PATSCH
VERGISS ES EIN-FACH!
DIESE DINGER REDEN NUR MIST.
BAMM
ÄH...

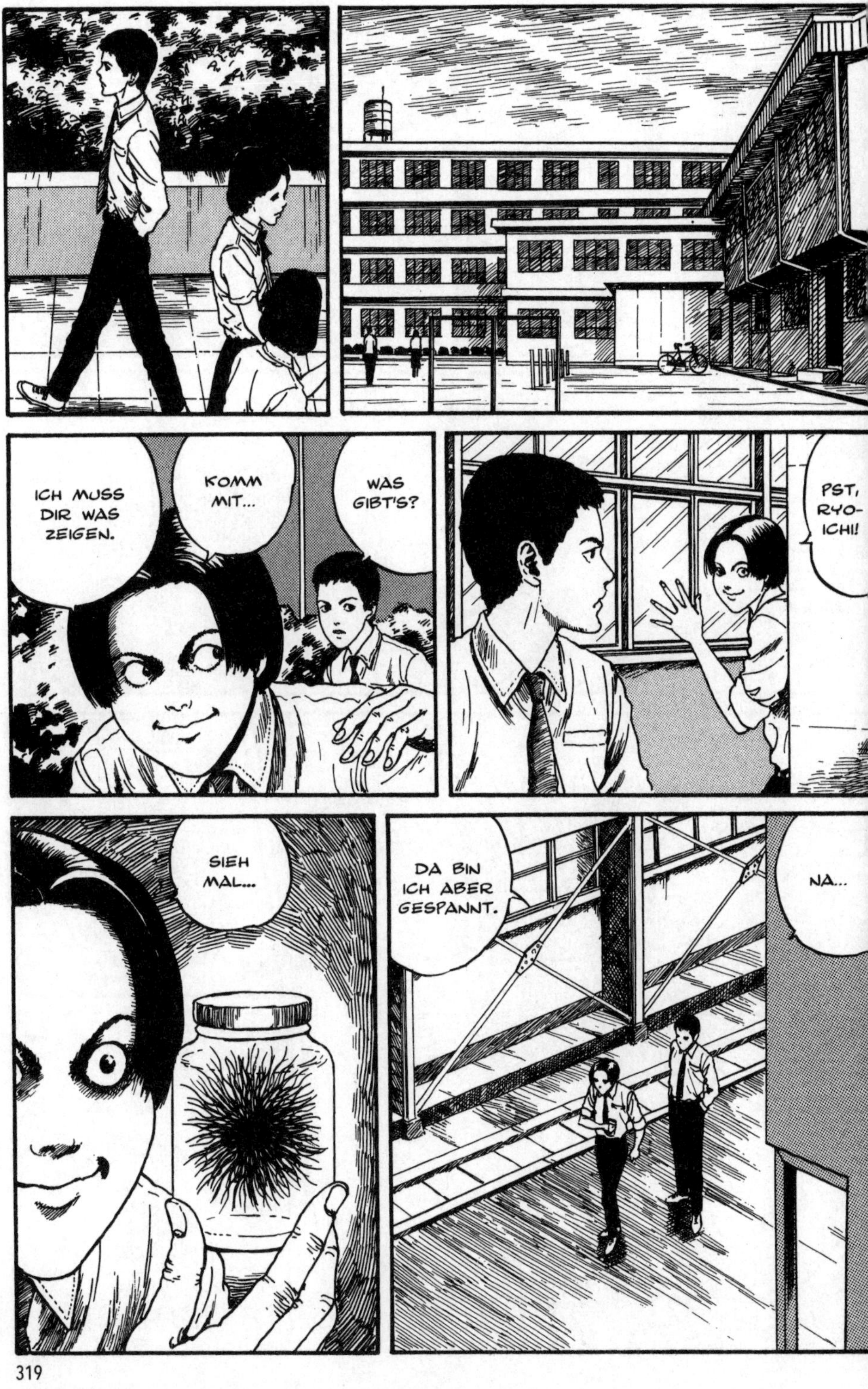
PST, RYO-
ICHI!
WAS
GIBT'S?
KOMM
MIT...
ICH MUSS
DIR WAS
ZEIGEN.
NA...
DA BIN
ICH ABER
GESPANNT.
SIEH
MAL...

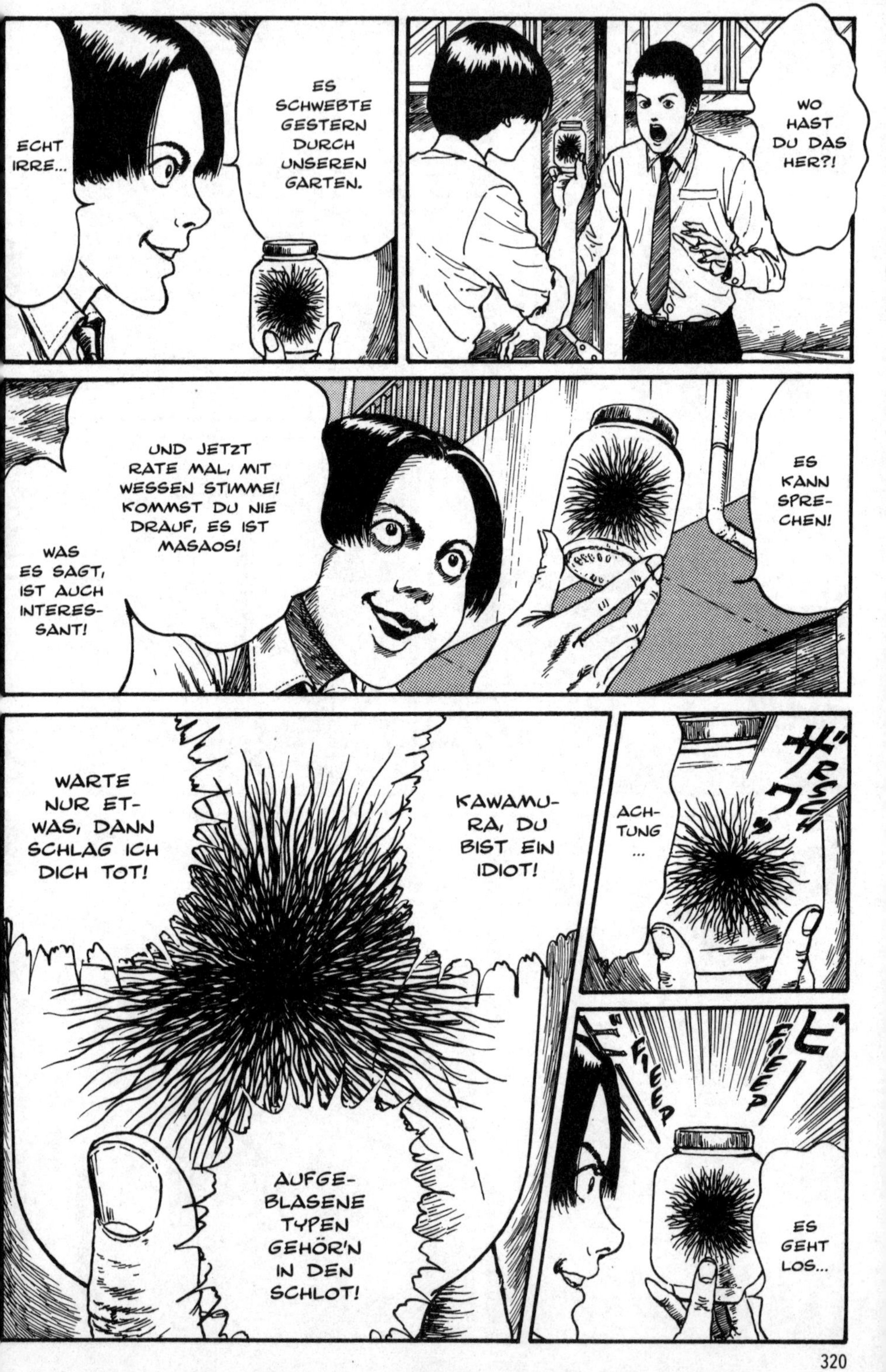

WO HAST DU DAS HER?!
ES SCHWEBTE GESTERN DURCH UNSEREN GARTEN.
ECHT IRRE...
ES KANN SPRECHEN!
UND JETZT RATE MAL, MIT WESSEN STIMME! KOMMST DU NIE DRAUF, ES IST MASAOS!
WAS ES SAGT, IST AUCH INTERESSANT!
ACHTUNG ...
ES GEHT LOS...
KAWAMURA, DU BIST EIN IDIOT!
WARTE NUR ETWAS, DANN SCHLAG ICH DICH TOT!
AUFGEBLASENE TYPEN GEHÖR'N IN DEN SCHLOT!

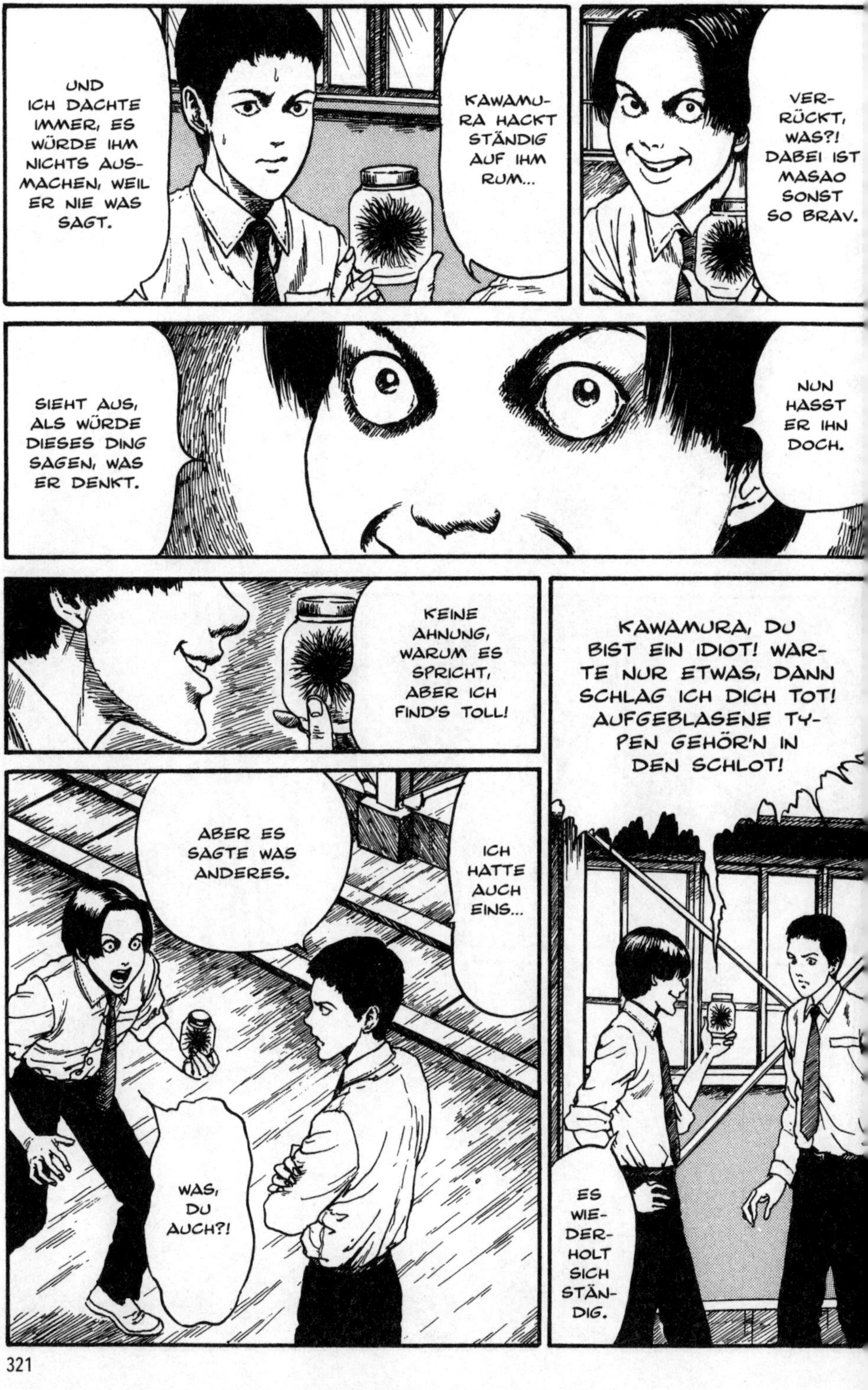
VER-RÜCKT, WAS?! DABEI IST MASAO SONST SO BRAV.
KAWAMU-RA HACKT STÄNDIG AUF IHM RUM...
UND ICH DACHTE IMMER, ES WÜRDE IHM NICHTS AUS-MACHEN, WEIL ER NIE WAS SAGT.
NUN HASST ER IHN DOCH.
SIEHT AUS, ALS WÜRDE DIESES DING SAGEN, WAS ER DENKT.
KAWAMURA, DU BIST EIN IDIOT! WAR-TE NUR ETWAS, DANN SCHLAG ICH DICH TOT! AUFGEBLASENE TY-PEN GEHÖR'N IN DEN SCHLOT!
ES WIE-DER-HOLT SICH STÄN-DIG.
KEINE AHNUNG, WARUM ES SPRICHT, ABER ICH FIND'S TOLL!
ICH HATTE AUCH EINS...
ABER ES SAGTE WAS ANDERES.
WAS, DU AUCH?!

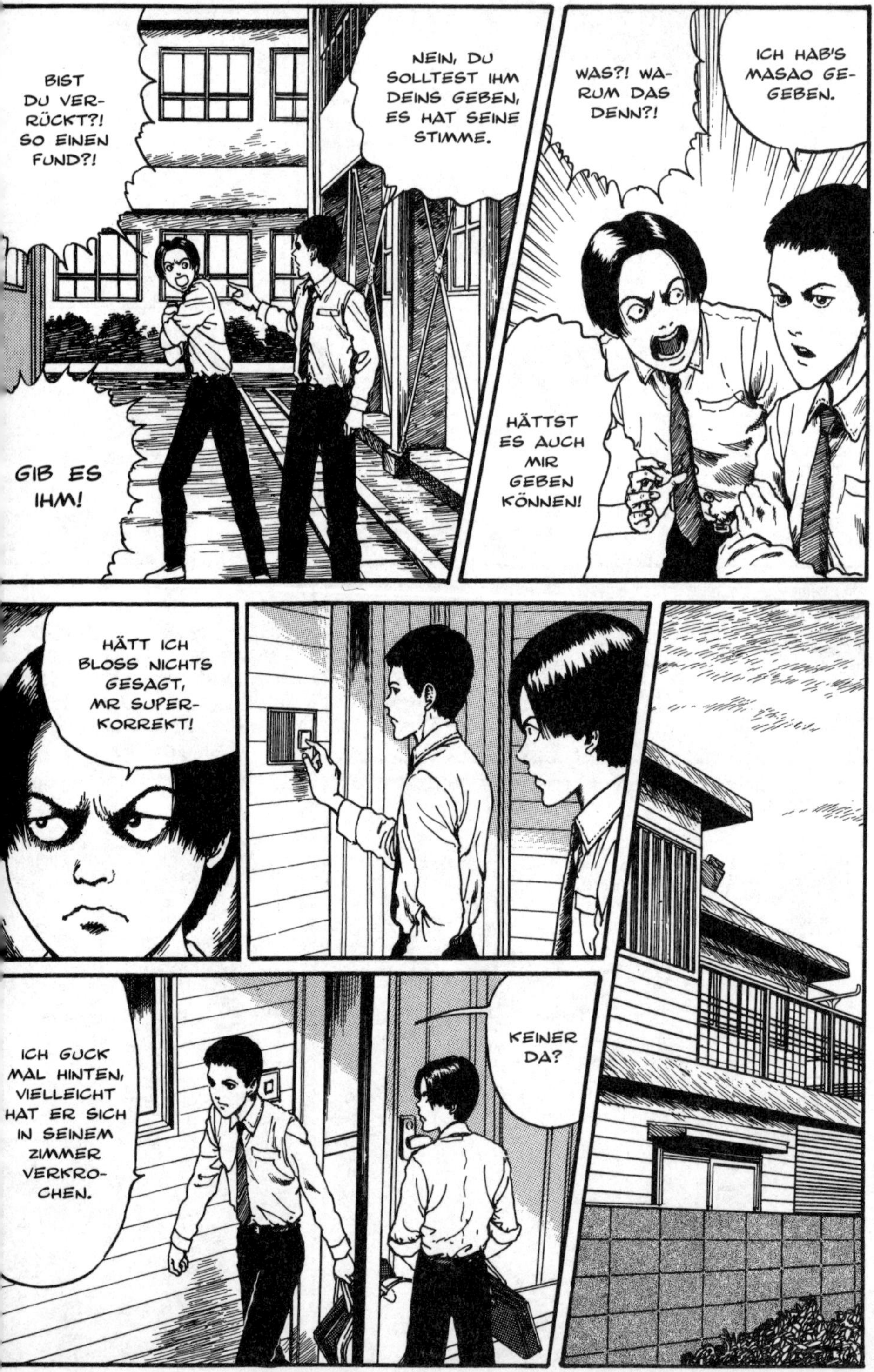

ICH HAB'S MASAO GEGEBEN.
WAS?! WARUM DAS DENN?!
HÄTTST ES AUCH MIR GEBEN KÖNNEN!
NEIN, DU SOLLTEST IHM DEINS GEBEN, ES HAT SEINE STIMME.
BIST DU VERRÜCKT?! SO EINEN FUND?!
GIB ES IHM!
HÄTT ICH BLOSS NICHTS GESAGT, MR SUPERKORREKT!
KEINER DA?
ICH GUCK MAL HINTEN, VIELLEICHT HAT ER SICH IN SEINEM ZIMMER VERKROCHEN.

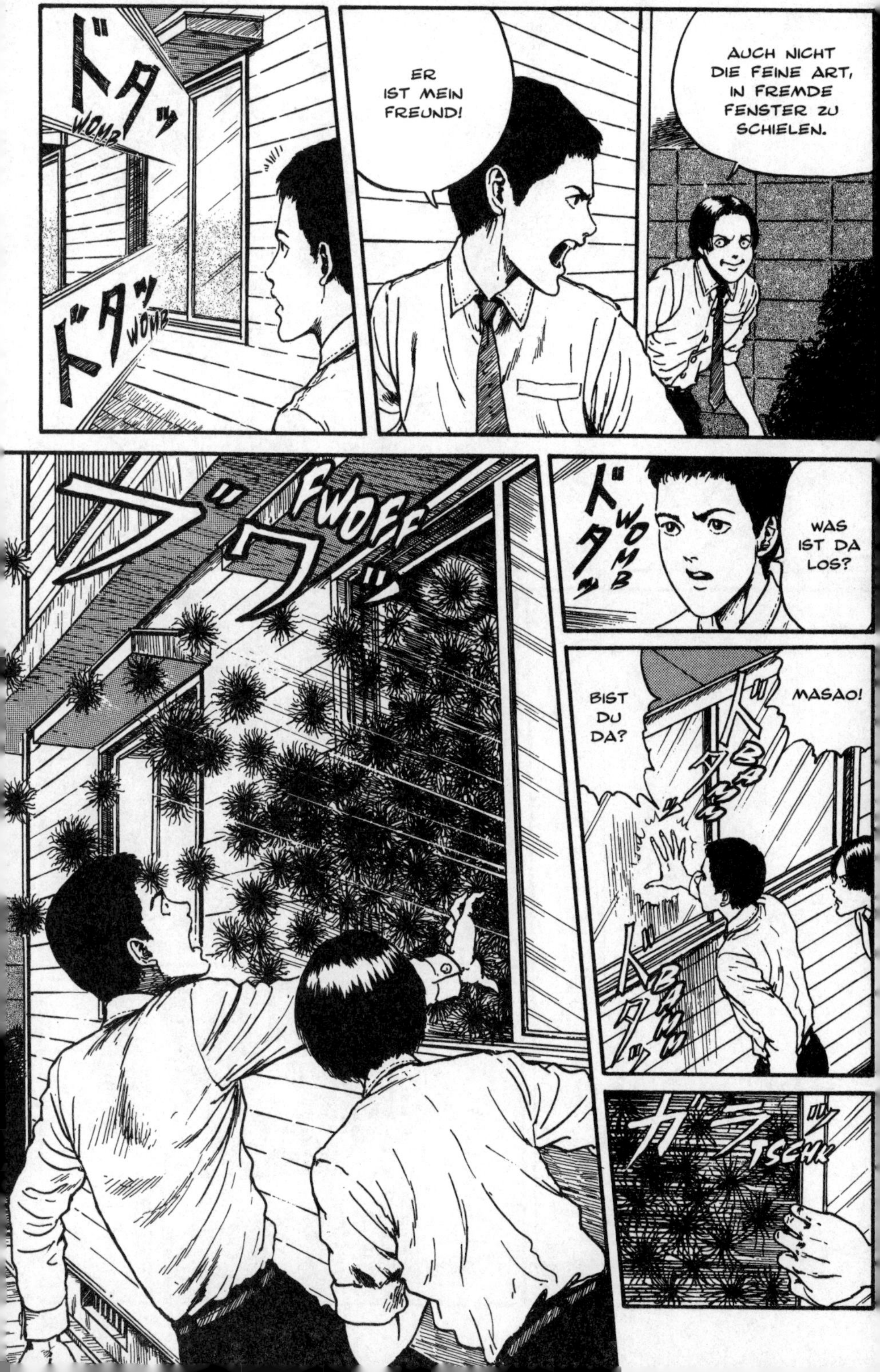
AUCH NICHT DIE FEINE ART, IN FREMDE FENSTER ZU SCHIELEN.
ER IST MEIN FREUND!
ドタッ WOMB
ドタッ WOMB
ドタッ WOMB
WAS IST DA LOS?
MASAO!
BIST DU DA?
ドドッ BAMM
ドタッ BAMM
ガラッ TSCHK
ブワッ FWOFF

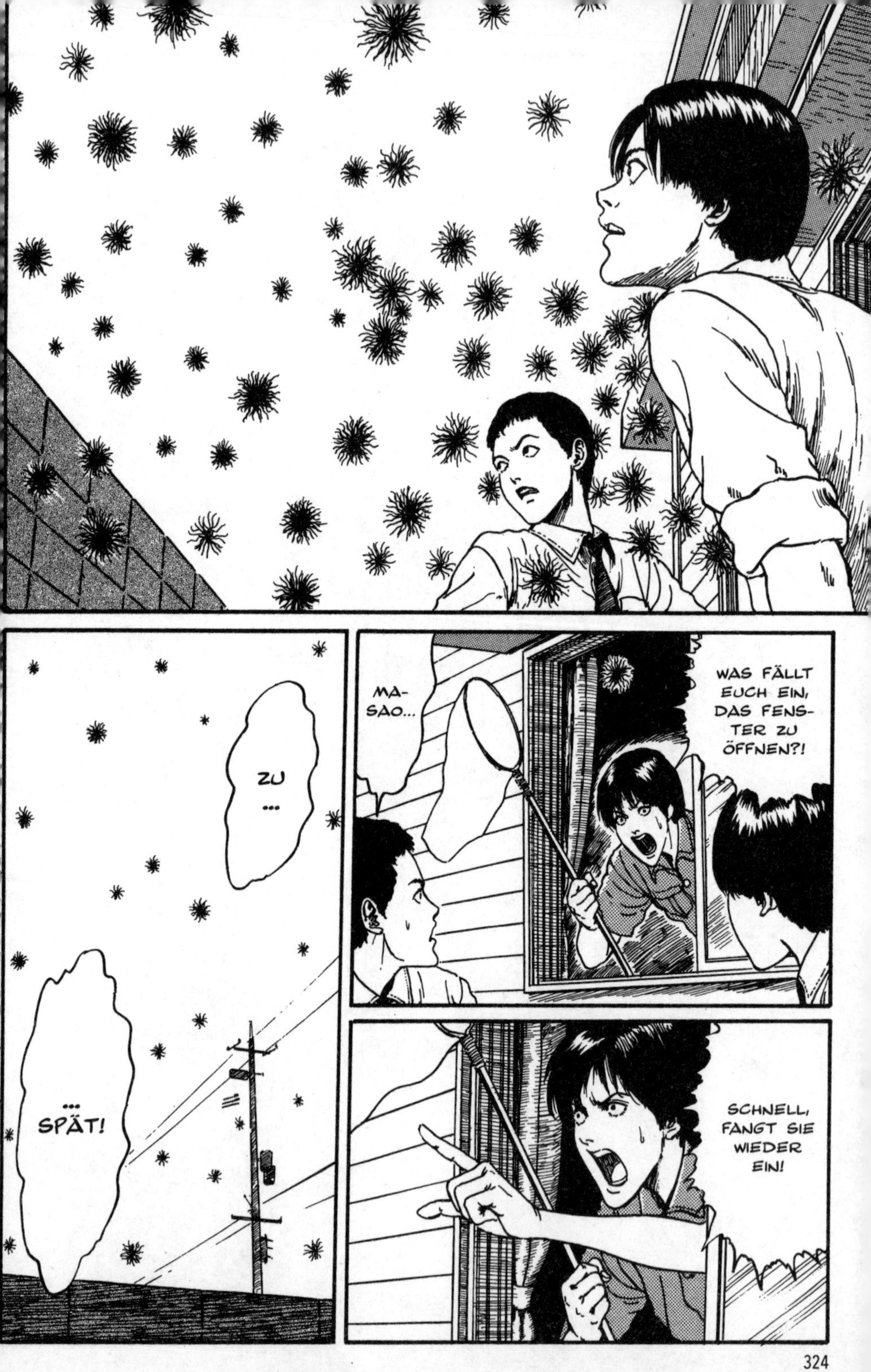
WAS FÄLLT EUCH EIN, DAS FENSTER ZU ÖFFNEN?!
MASAO...
SCHNELL, FANGT SIE WIEDER EIN!
ZU ...
... SPÄT!

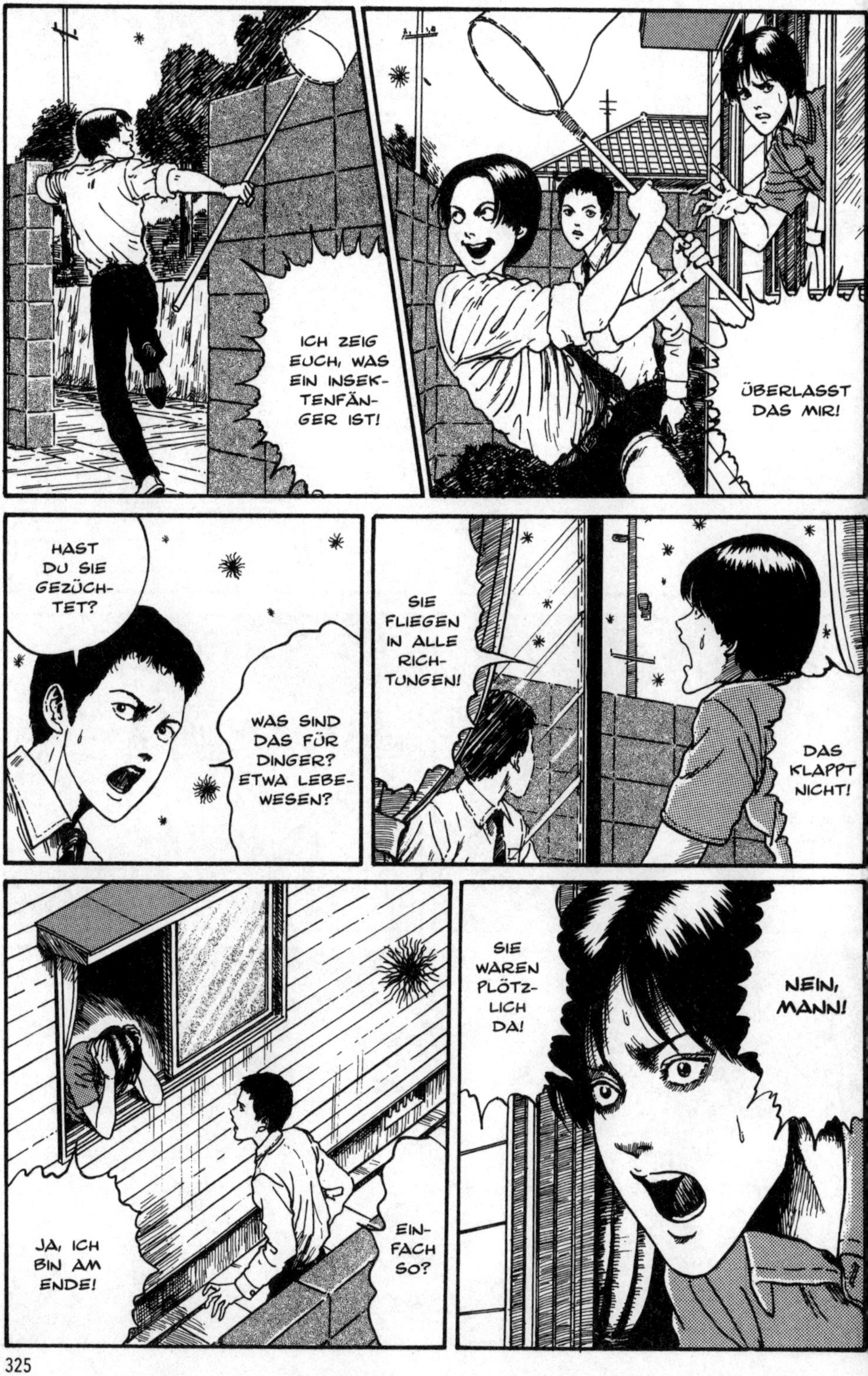
ÜBERLASST DAS MIR!
ICH ZEIG EUCH, WAS EIN INSEKTENFÄNGER IST!
DAS KLAPPT NICHT!
SIE FLIEGEN IN ALLE RICHTUNGEN!
WAS SIND DAS FÜR DINGER? ETWA LEBEWESEN?
HAST DU SIE GEZÜCHTET?
NEIN, MANN!
SIE WAREN PLÖTZLICH DA!
EINFACH SO?
JA, ICH BIN AM ENDE!

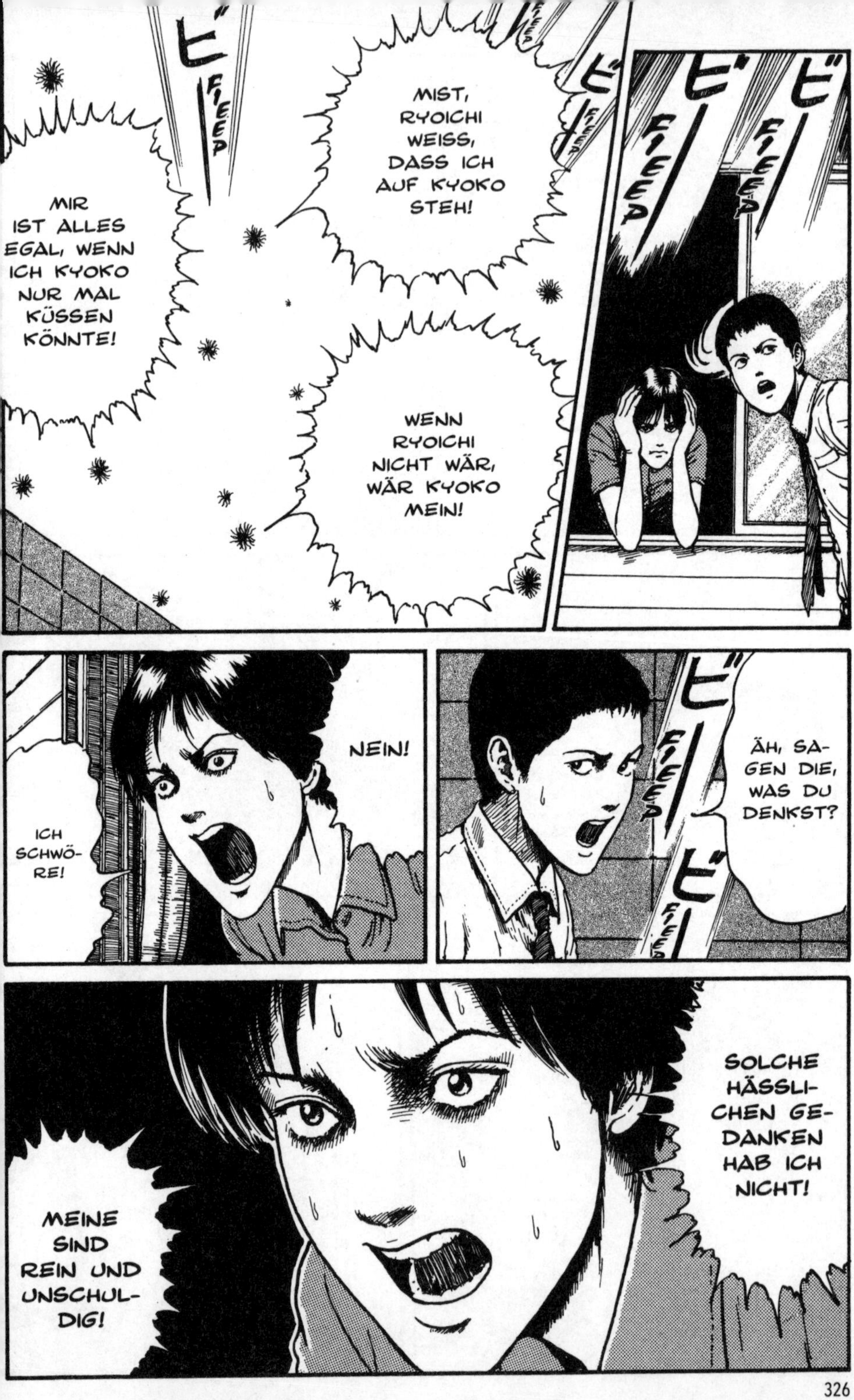
ビ
FIEEP
ビ
FIEEP
ビ
FIEEP
ビ
FIEEP
MIST, RYOICHI WEISS, DASS ICH AUF KYOKO STEH!
WENN RYOICHI NICHT WÄR, WÄR KYOKO MEIN!
MIR IST ALLES EGAL, WENN ICH KYOKO NUR MAL KÜSSEN KÖNNTE!
ビ
FIEEP
ビ
FIEEP
ÄH, SA-GEN DIE, WAS DU DENKST?
NEIN!
ICH SCHWÖ-RE!
SOLCHE HÄSSLI-CHEN GE-DANKEN HAB ICH NICHT!
MEINE SIND REIN UND UNSCHUL-DIG!

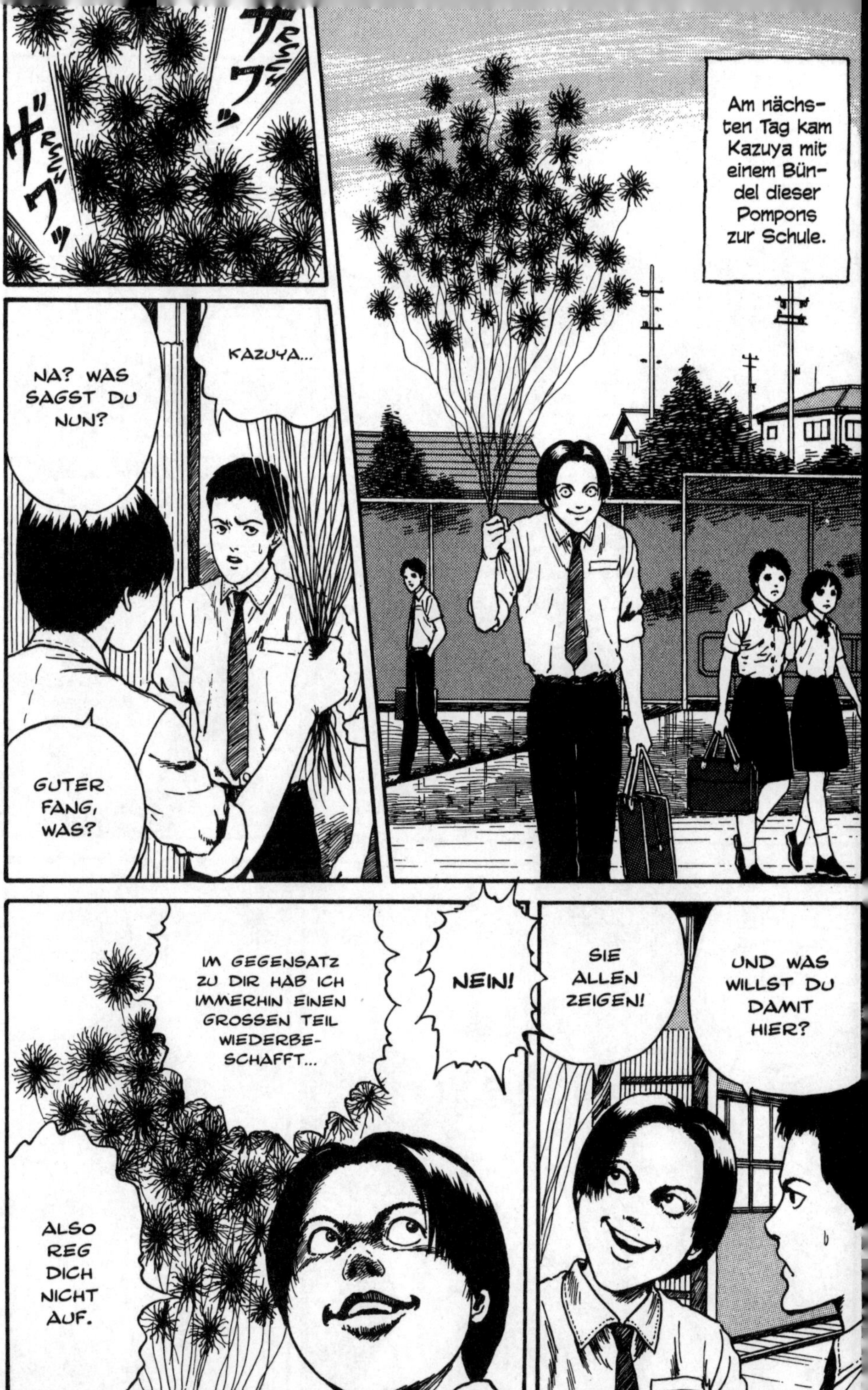
Am nächsten Tag kam Kazuya mit einem Bündel dieser Pompons zur Schule.
KAZUYA...
NA? WAS SAGST DU NUN?
GUTER FANG, WAS?
UND WAS WILLST DU DAMIT HIER?
SIE ALLEN ZEIGEN!
NEIN!
IM GEGENSATZ ZU DIR HAB ICH IMMERHIN EINEN GROSSEN TEIL WIEDERBESCHAFFT...
ALSO REG DICH NICHT AUF.

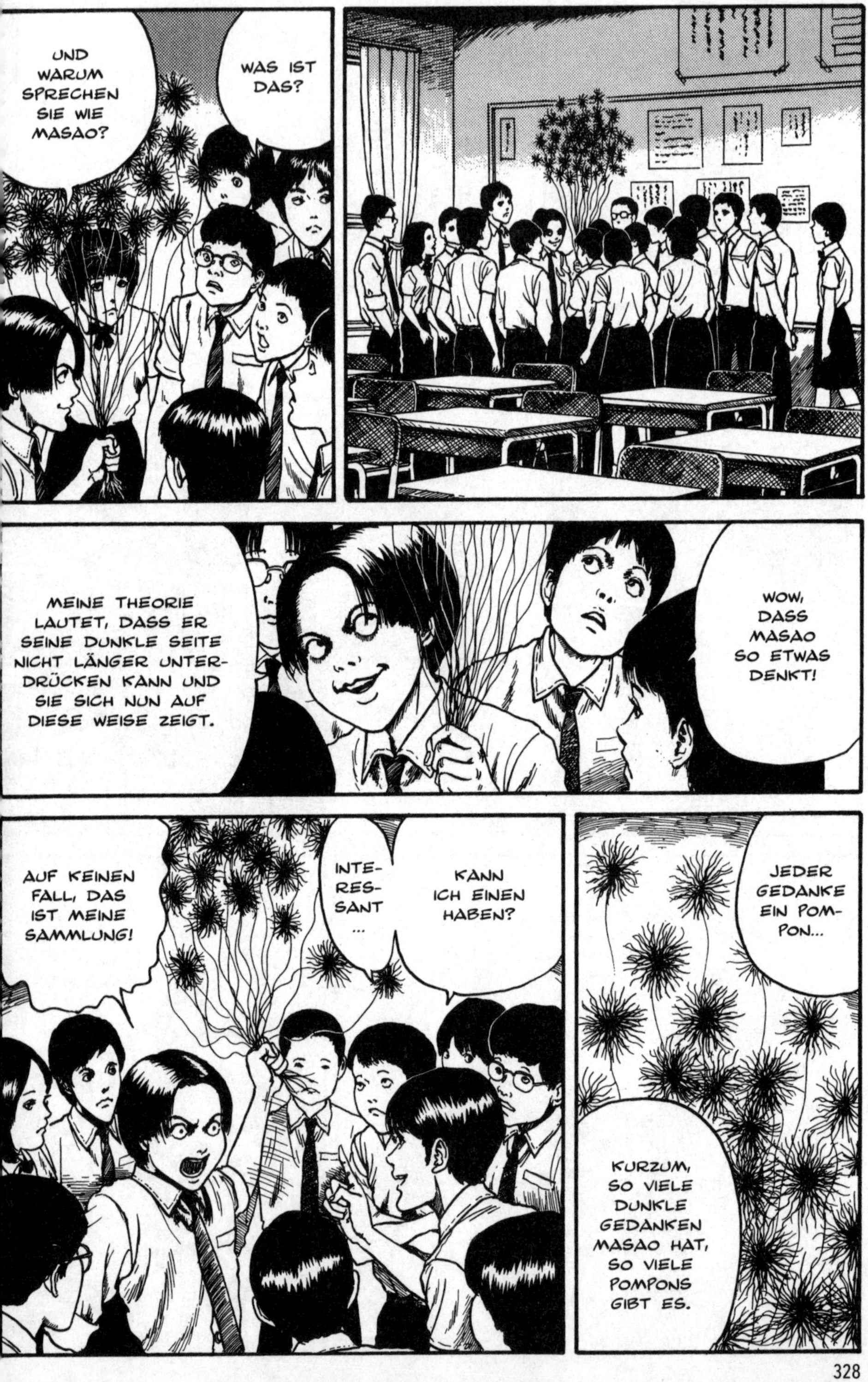
WAS IST DAS?
UND WARUM SPRECHEN SIE WIE MASAO?
WOW, DASS MASAO SO ETWAS DENKT!
MEINE THEORIE LAUTET, DASS ER SEINE DUNKLE SEITE NICHT LÄNGER UNTERDRÜCKEN KANN UND SIE SICH NUN AUF DIESE WEISE ZEIGT.
JEDER GEDANKE EIN POMPON...
KURZUM, SO VIELE DUNKLE GEDANKEN MASAO HAT, SO VIELE POMPONS GIBT ES.
KANN ICH EINEN HABEN?
INTERESSANT ...
AUF KEINEN FALL, DAS IST MEINE SAMMLUNG!

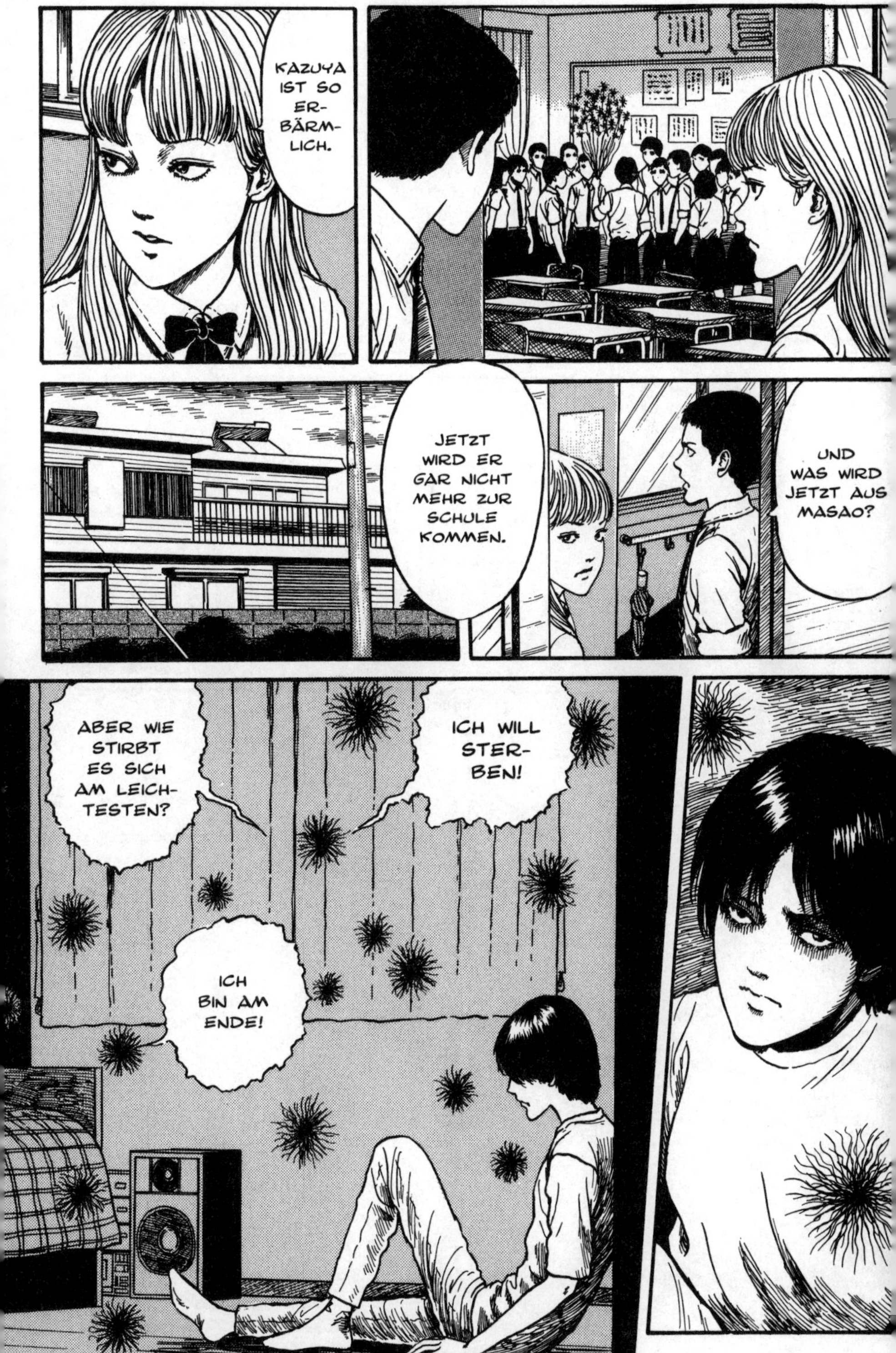
KAZUYA IST SO ERBÄRMLICH.
UND WAS WIRD JETZT AUS MASAO?
JETZT WIRD ER GAR NICHT MEHR ZUR SCHULE KOMMEN.
ICH WILL STERBEN!
ABER WIE STIRBT ES SICH AM LEICHTESTEN?
ICH BIN AM ENDE!

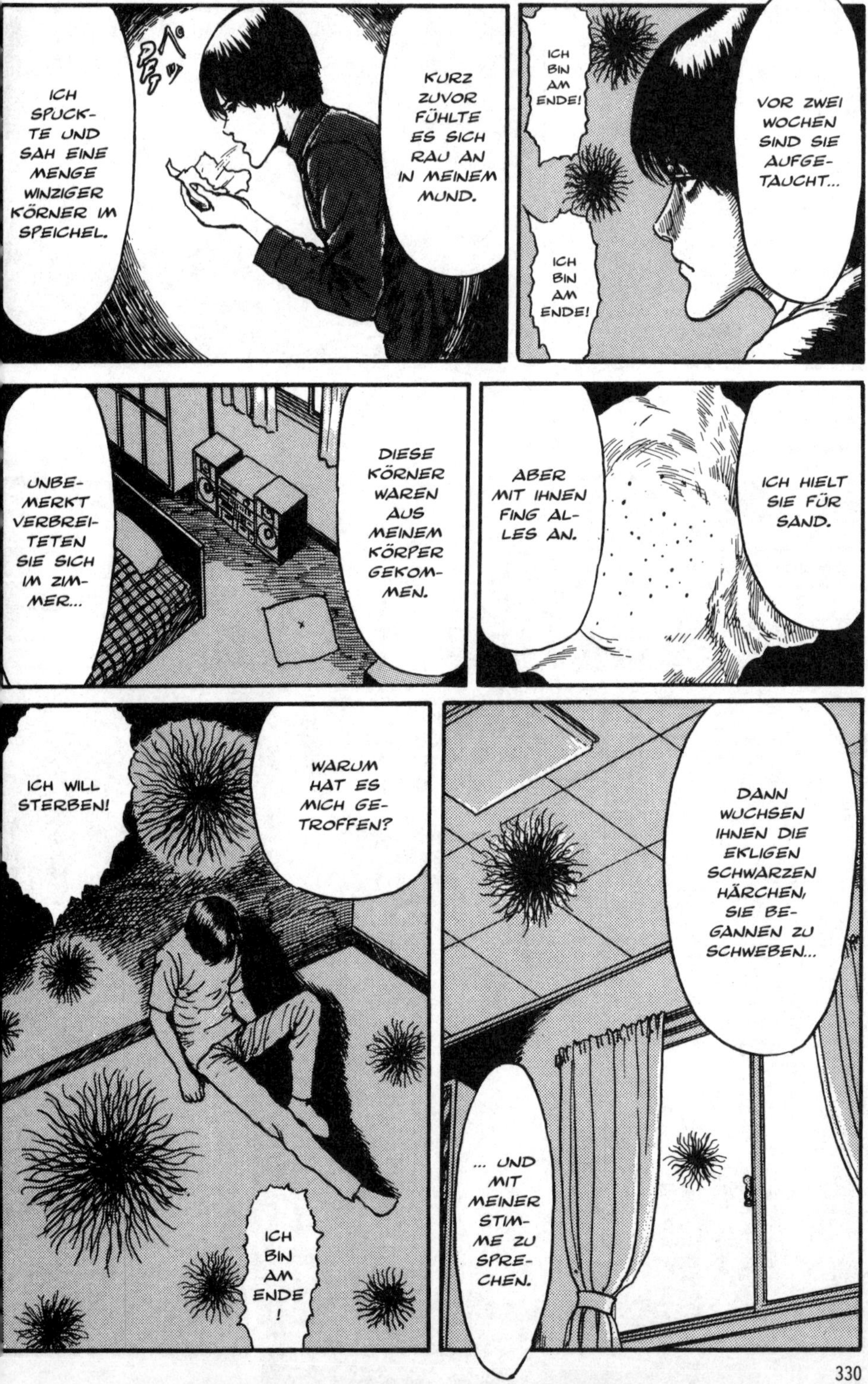
VOR ZWEI WOCHEN SIND SIE AUFGETAUCHT...
ICH BIN AM ENDE!
ICH BIN AM ENDE!
KURZ ZUVOR FÜHLTE ES SICH RAU AN IN MEINEM MUND.
ペッ
ICH SPUCKTE UND SAH EINE MENGE WINZIGER KÖRNER IM SPEICHEL.
ICH HIELT SIE FÜR SAND.
ABER MIT IHNEN FING ALLES AN.
DIESE KÖRNER WAREN AUS MEINEM KÖRPER GEKOMMEN.
UNBEMERKT VERBREITETEN SIE SICH IM ZIMMER...
DANN WUCHSEN IHNEN DIE EKLIGEN SCHWARZEN HÄRCHEN, SIE BEGANNEN ZU SCHWEBEN...
... UND MIT MEINER STIMME ZU SPRECHEN.
WARUM HAT ES MICH GETROFFEN?
ICH WILL STERBEN!
ICH BIN AM ENDE!

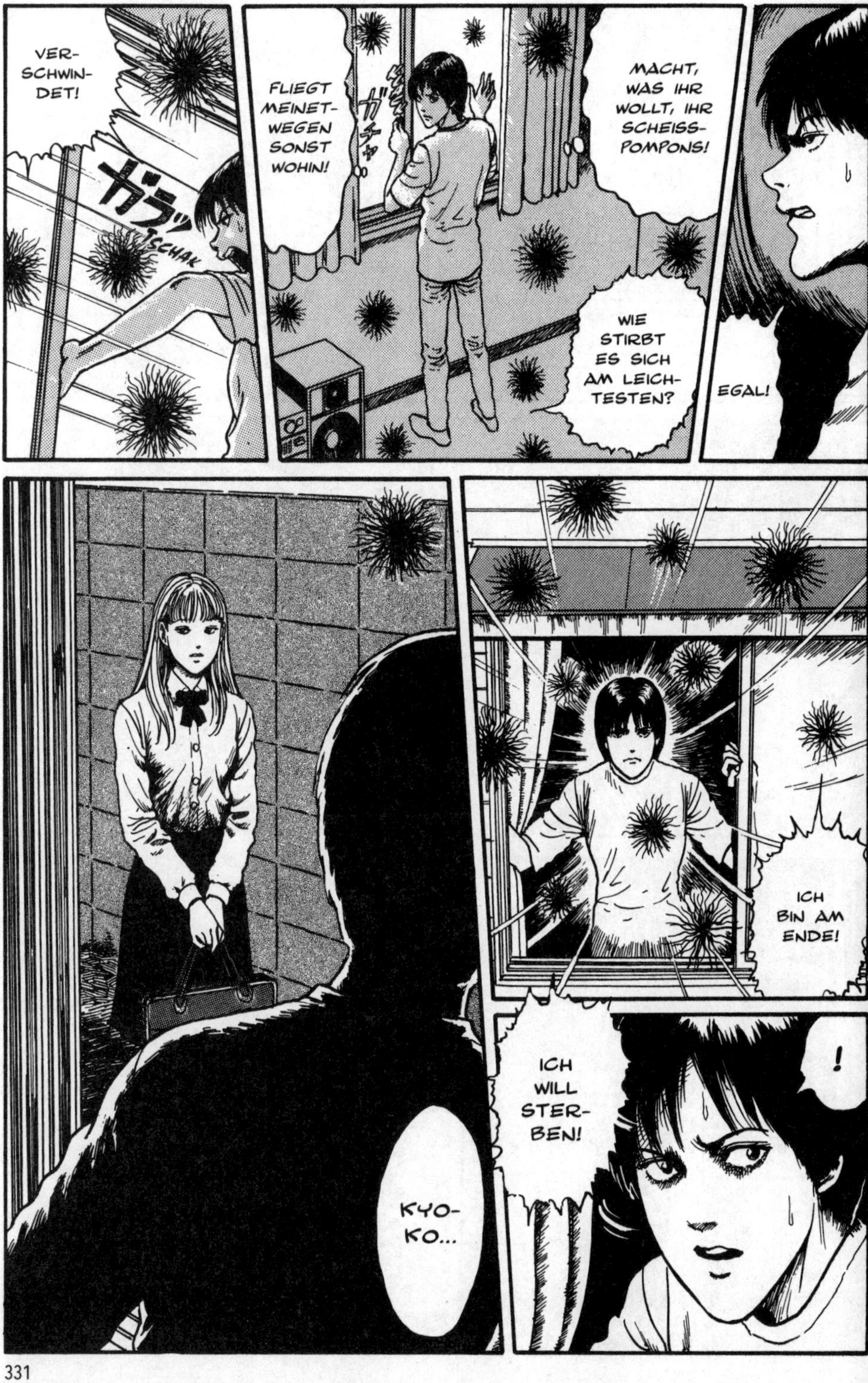
EGAL!
MACHT, WAS IHR WOLLT, IHR SCHEISS-POMPONS!
WIE STIRBT ES SICH AM LEICHTESTEN?
FLIEGT MEINETWEGEN SONST WOHIN!
ガチャ
VERSCHWINDET!
ガラッ
TSCHAK
ICH BIN AM ENDE!
!
ICH WILL STERBEN!
KYOKO...

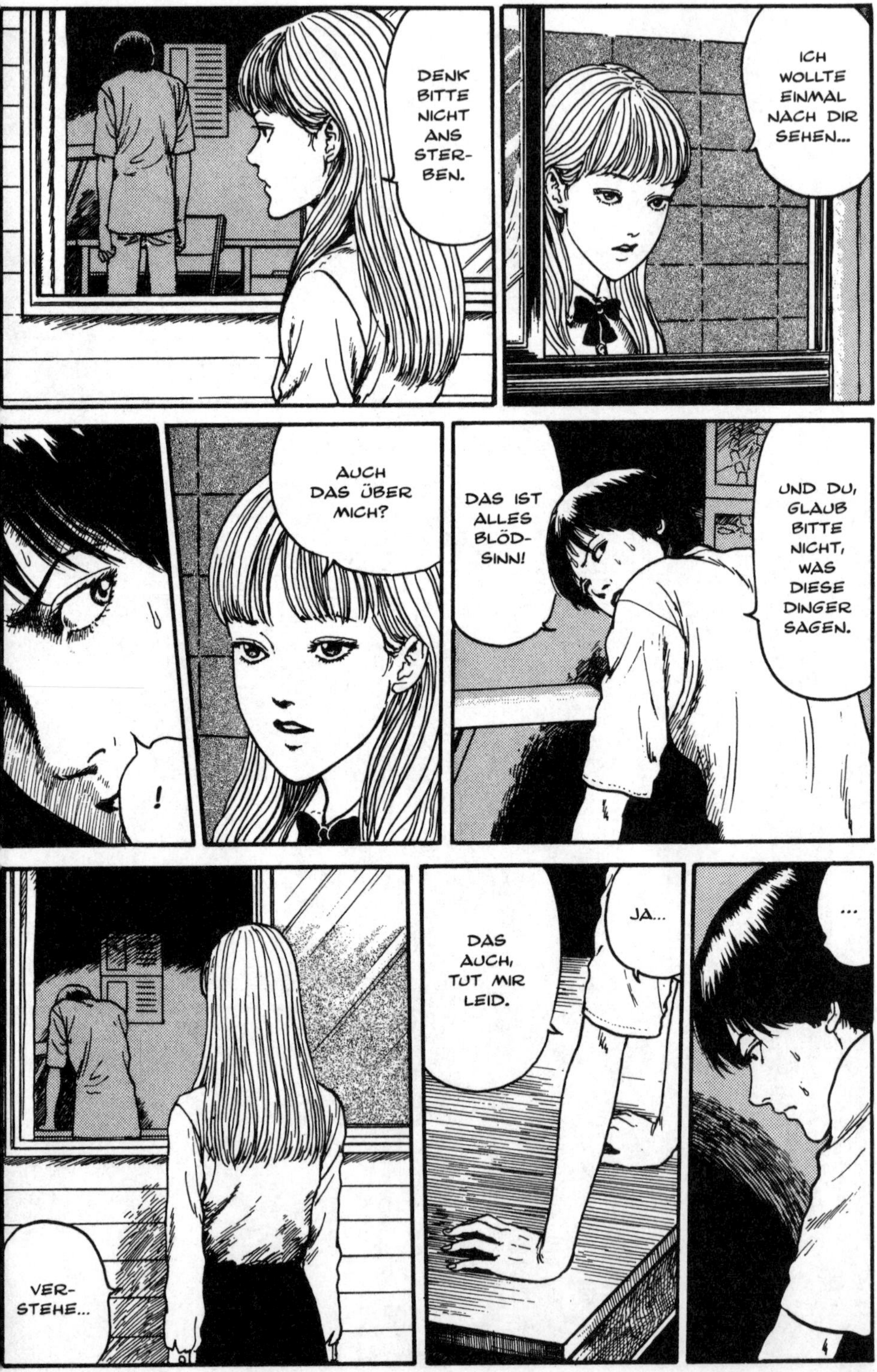
ICH WOLLTE EINMAL NACH DIR SEHEN...
DENK BITTE NICHT ANS STER-BEN.
UND DU, GLAUB BITTE NICHT, WAS DIESE DINGER SAGEN.
DAS IST ALLES BLÖD-SINN!
AUCH DAS ÜBER MICH?
!
...
JA...
DAS AUCH, TUT MIR LEID.
VER-STEHE...

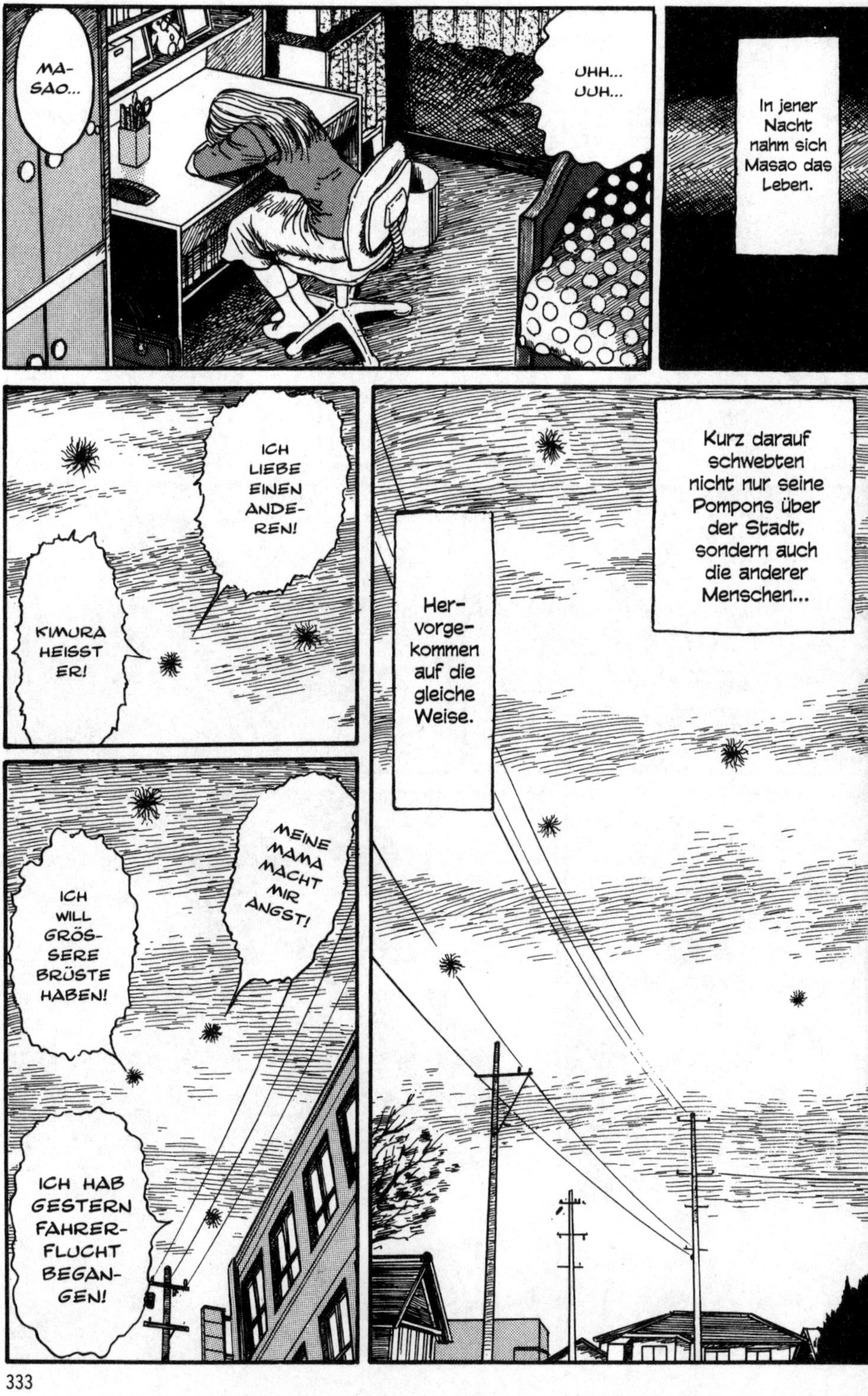
In jener Nacht nahm sich Masao das Leben.
UHH... UUH...
MA-SAO...
Kurz darauf schwebten nicht nur seine Pompons über der Stadt, sondern auch die anderer Menschen...
Her-vorge-kommen auf die gleiche Weise.
ICH LIEBE EINEN ANDE-REN!
KIMURA HEISST ER!
MEINE MAMA MACHT MIR ANGST!
ICH WILL GRÖS-SERE BRÜSTE HABEN!
ICH HAB GESTERN FAHRER-FLUCHT BEGAN-GEN!

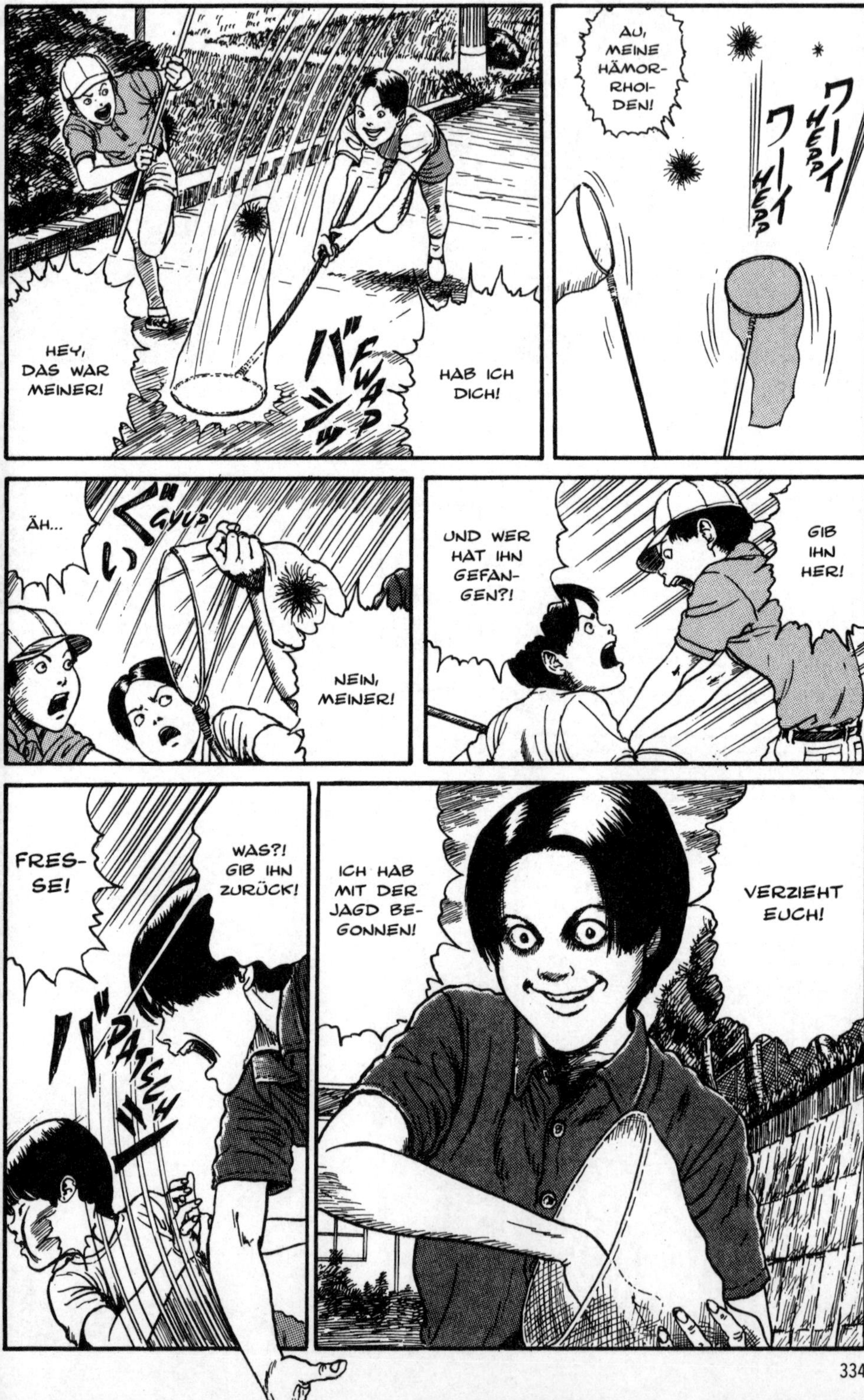

AU, MEINE HÄMORRHOIDEN!
HEPP
HEPP
HAB ICH DICH!
FWAP
HEY, DAS WAR MEINER!
GIB IHN HER!
UND WER HAT IHN GEFANGEN?!
NEIN, MEINER!
GYUP
ÄH...
VERZIEHT EUCH!
ICH HAB MIT DER JAGD BEGONNEN!
WAS?! GIB IHN ZURÜCK!
FRESSE!
PATSCH

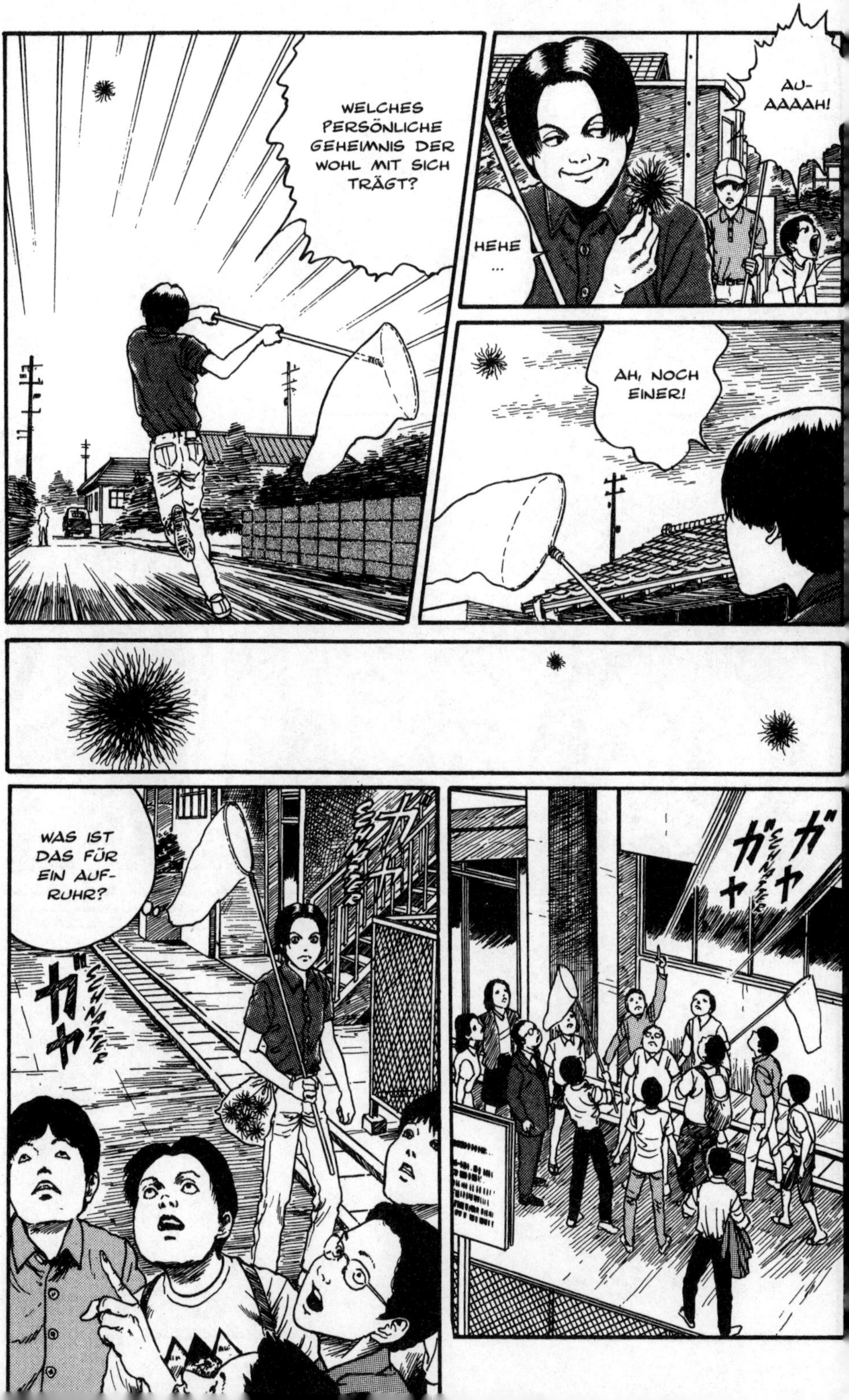
AU-
AAAAH!
HEHE
...
WELCHES
PERSÖNLICHE
GEHEIMNIS DER
WOHL MIT SICH
TRÄGT?
AH, NOCH
EINER!
ガヤ
SCHNATTER
ガヤ
SCHNATTER
WAS IST
DAS FÜR
EIN AUF-
RUHR?
ガヤ
SCHNATTER

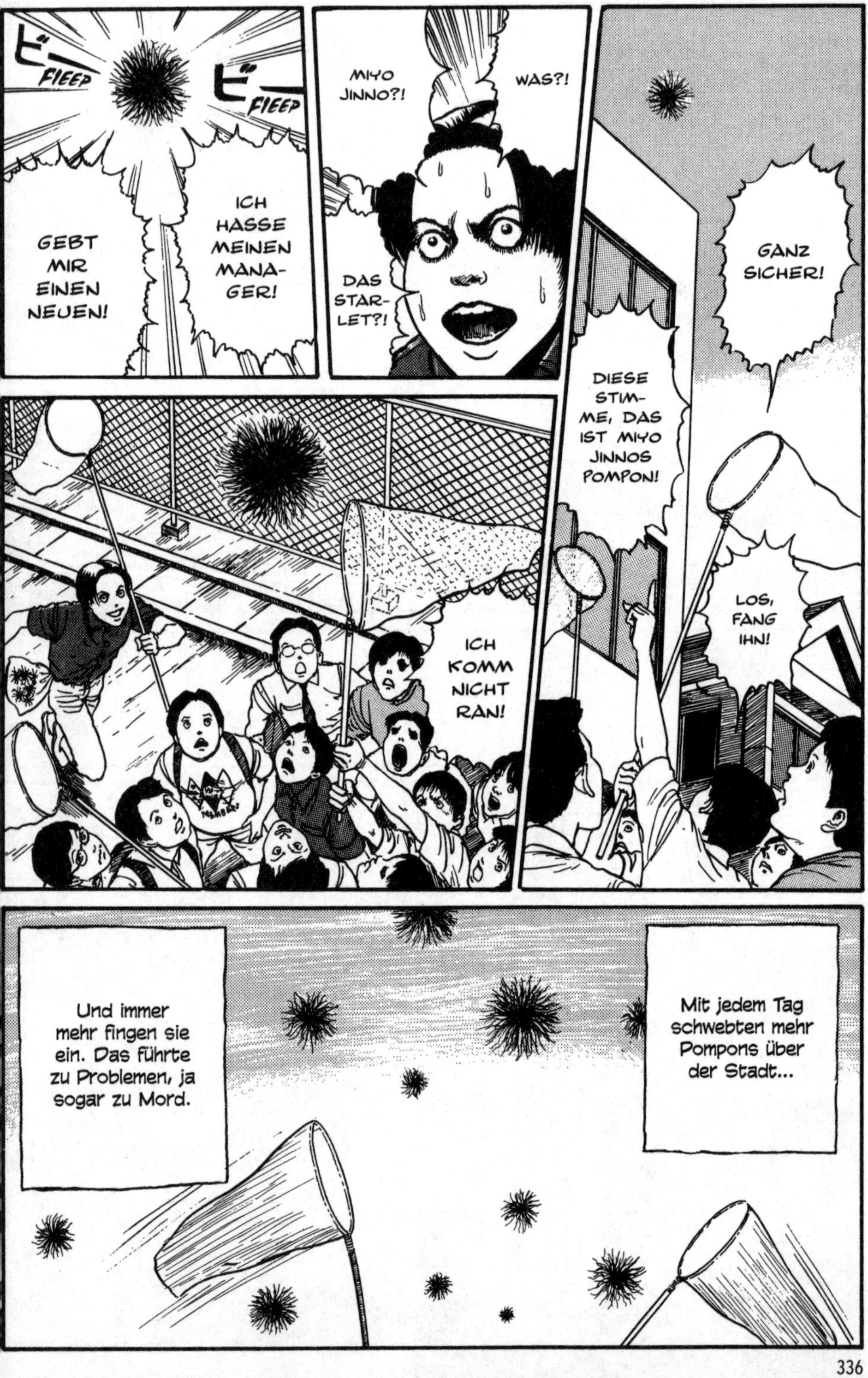
ビー FIEEP
ビー FIEEP
ICH HASSE MEINEN MANAGER!
GEBT MIR EINEN NEUEN!
WAS?!
MIYO JINNO?!
DAS STARLET?!
DIESE STIMME, DAS IST MIYO JINNOS POMPON!
GANZ SICHER!
LOS, FANG IHN!
ICH KOMM NICHT RAN!
Mit jedem Tag schwebten mehr Pompons über der Stadt...
Und immer mehr fingen sie ein. Das führte zu Problemen, ja sogar zu Mord.

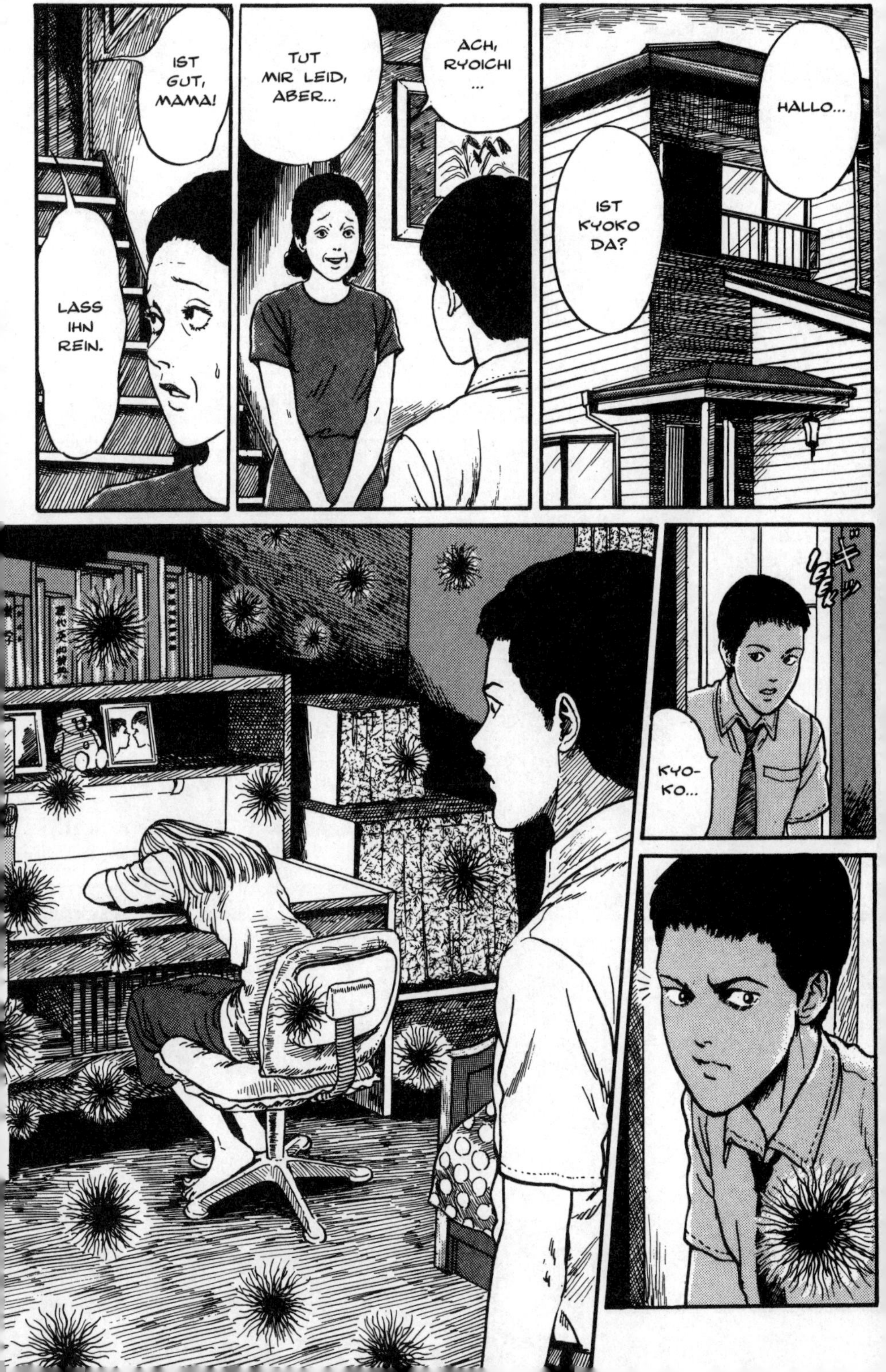
HALLO...
IST KYOKO DA?
ACH, RYOICHI ...
TUT MIR LEID, ABER...
LASS IHN REIN.
IST GUT, MAMA!
ギッ
IEEK
KYO-KO...

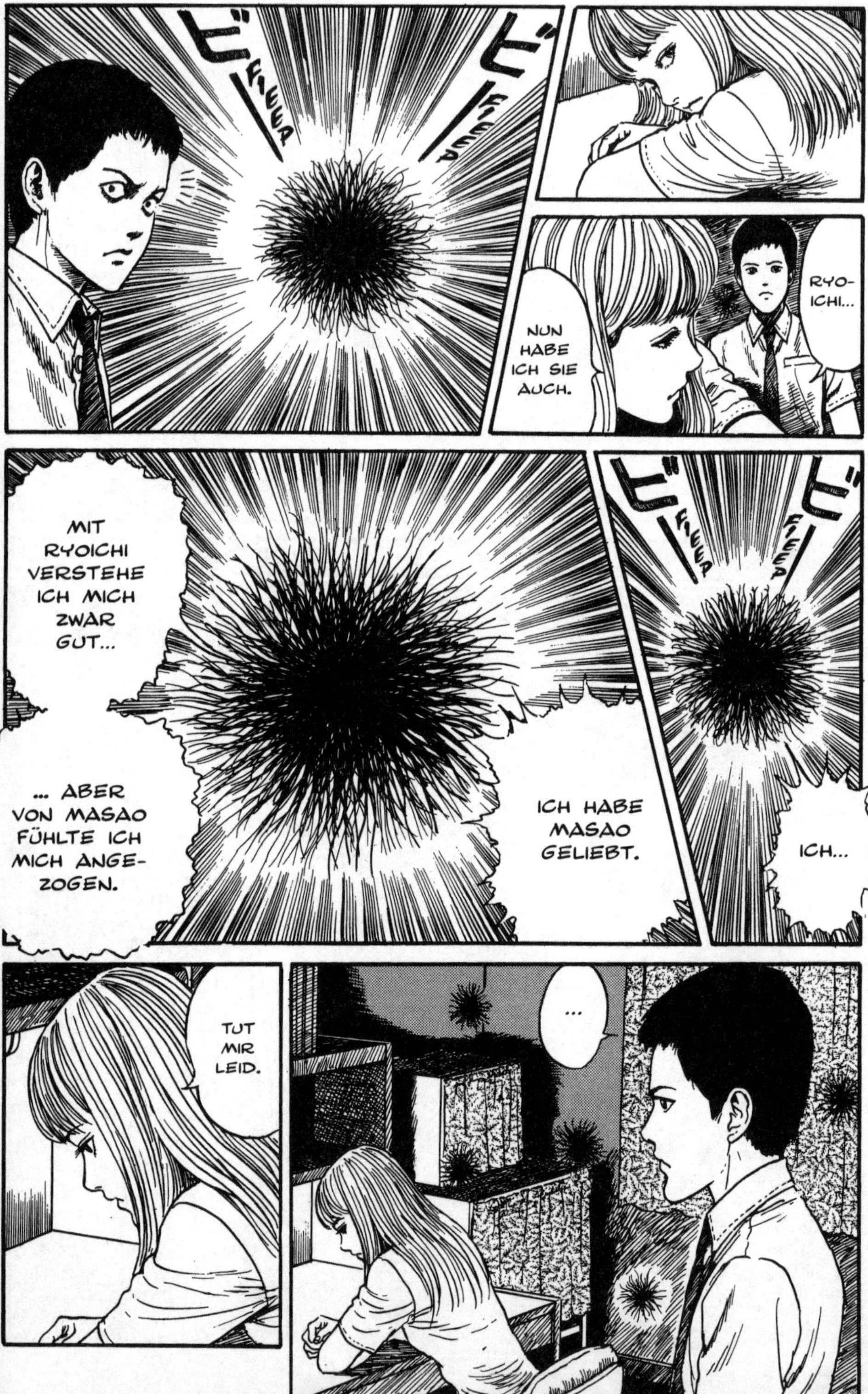
RYO-ICHI...
NUN HABE ICH SIE AUCH.
ビ FIEEA
ビ FIEEA
ビ FIEEA
ビ FIEEA
ICH...
ICH HABE MASAO GELIEBT.
MIT RYOICHI VERSTEHE ICH MICH ZWAR GUT...
... ABER VON MASAO FÜHLTE ICH MICH ANGE-ZOGEN.
...
TUT MIR LEID.

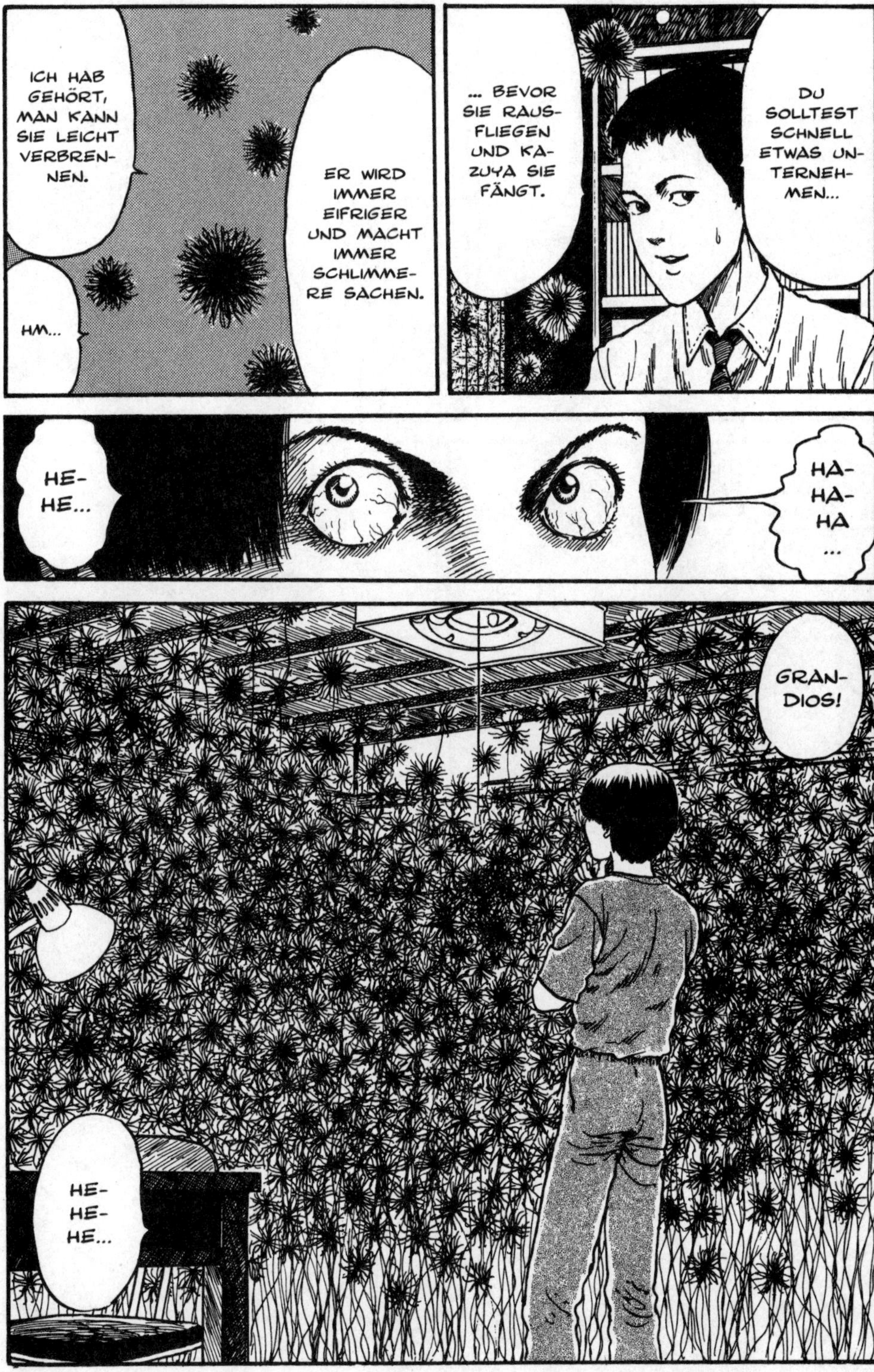
DU SOLLTEST SCHNELL ETWAS UNTERNEHMEN...
... BEVOR SIE RAUSFLIEGEN UND KAZUYA SIE FÄNGT.
ER WIRD IMMER EIFRIGER UND MACHT IMMER SCHLIMMERE SACHEN.
ICH HAB GEHÖRT, MAN KANN SIE LEICHT VERBRENNEN.
HM...
HAHAHA...
HEHE...
GRANDIOS!
HEHEHE...

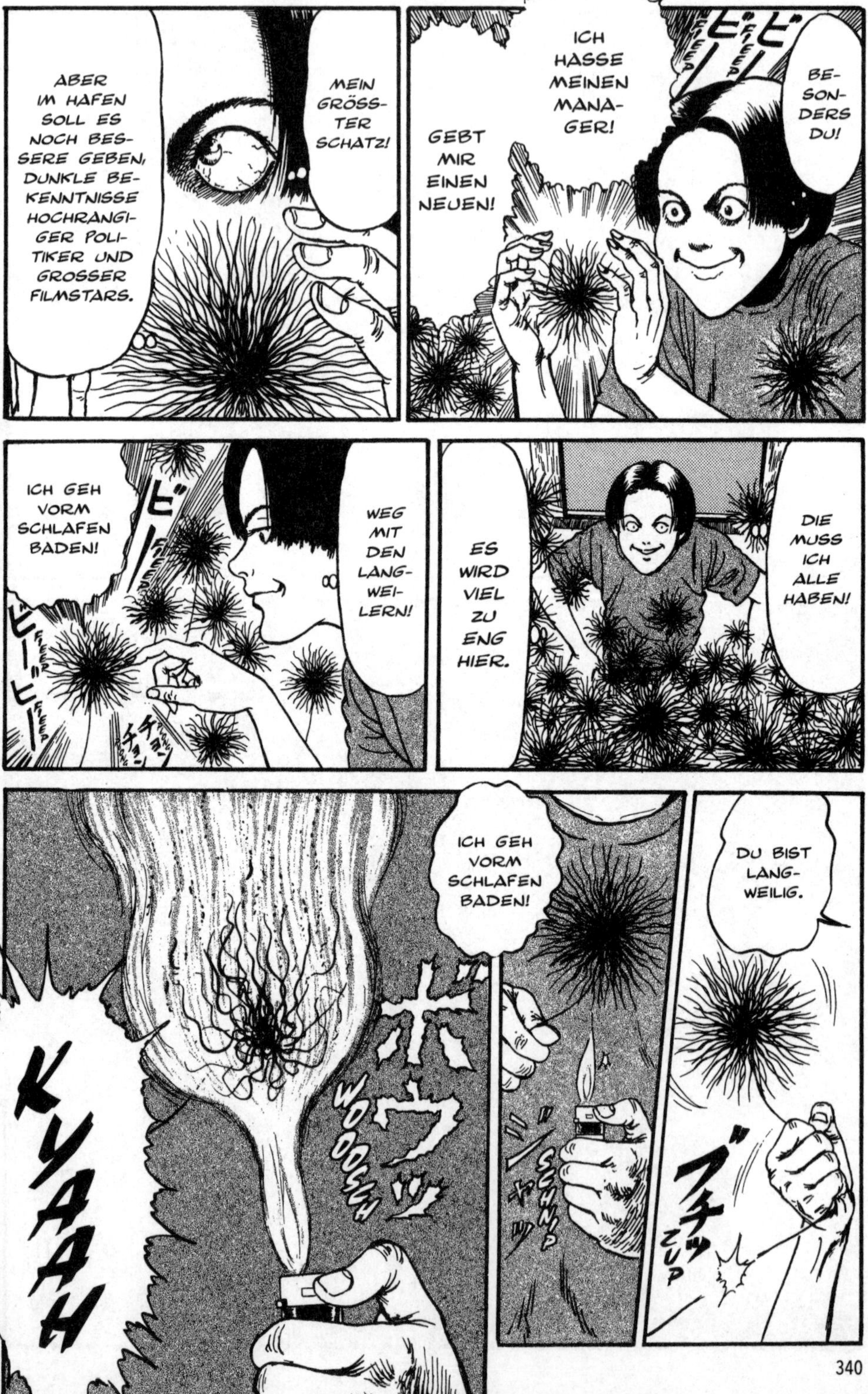
BESONDERS DU!
ICH HASSE MEINEN MANAGER!
GEBT MIR EINEN NEUEN!
FIEEP FIEEP
MEIN GRÖSSTER SCHATZ!
ABER IM HAFEN SOLL ES NOCH BESSERE GEBEN, DUNKLE BEKENNTNISSE HOCHRANGIGER POLITIKER UND GROSSER FILMSTARS.
DIE MUSS ICH ALLE HABEN!
ES WIRD VIEL ZU ENG HIER.
WEG MIT DEN LANGWEILERN!
ICH GEH VORM SCHLAFEN BADEN!
DU BIST LANGWEILIG.
ZUP
ICH GEH VORM SCHLAFEN BADEN!
SCHNIP
WOOOSCH
KYAAH

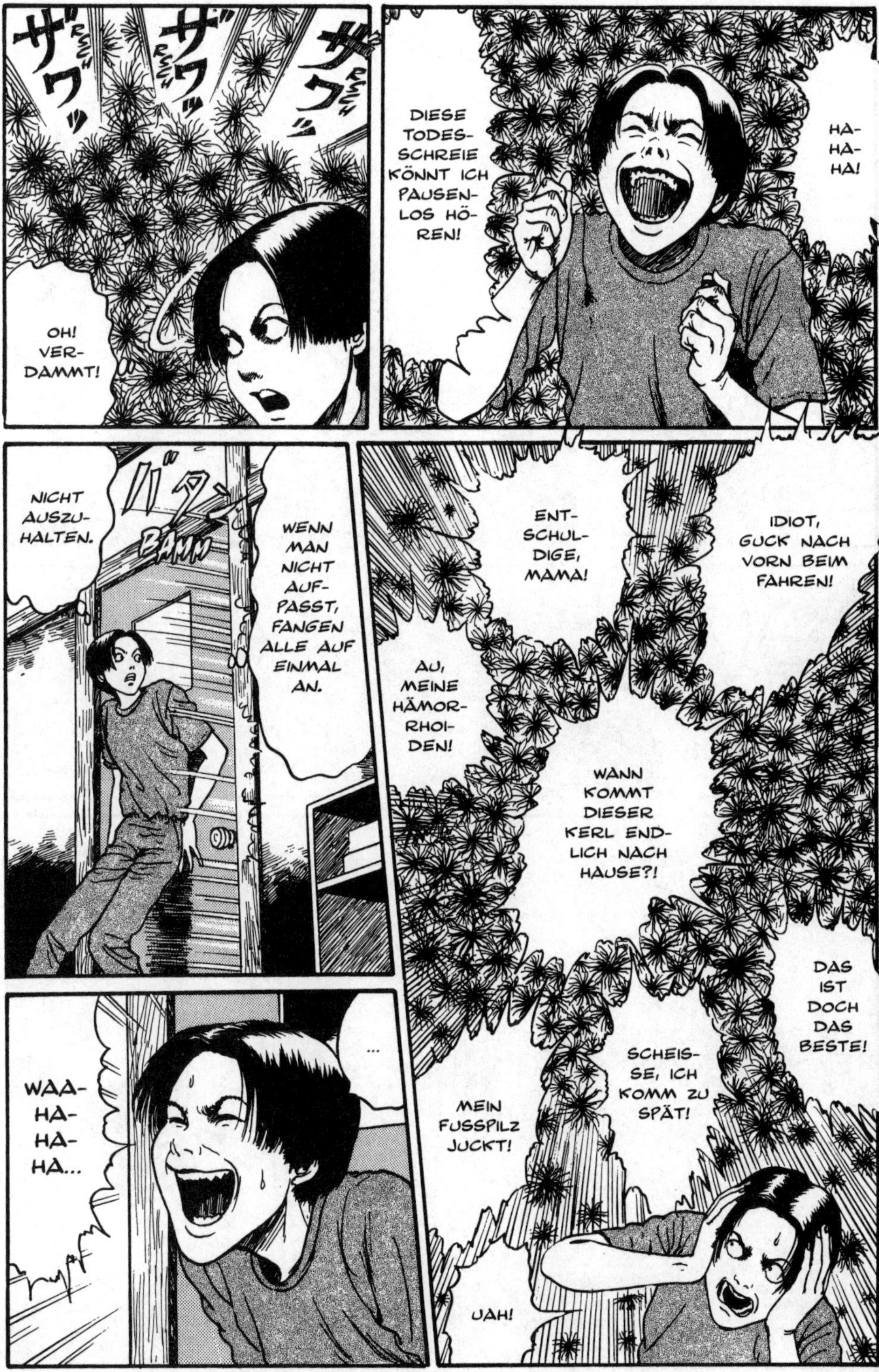
RSCH
RSCH
RSCH
HA-HA-HA!
DIESE TODES-SCHREIE KÖNNT ICH PAUSEN-LOS HÖ-REN!
OH! VER-DAMMT!
IDIOT, GUCK NACH VORN BEIM FAHREN!
ENT-SCHUL-DIGE, MAMA!
AU, MEINE HÄMOR-RHOI-DEN!
WANN KOMMT DIESER KERL END-LICH NACH HAUSE?!
DAS IST DOCH DAS BESTE!
SCHEIS-SE, ICH KOMM ZU SPÄT!
MEIN FUSSPILZ JUCKT!
UAH!
BAMM
WENN MAN NICHT AUF-PASST, FANGEN ALLE AUF EINMAL AN.
NICHT AUSZU-HALTEN.
...
WAA-HA-HA-HA...

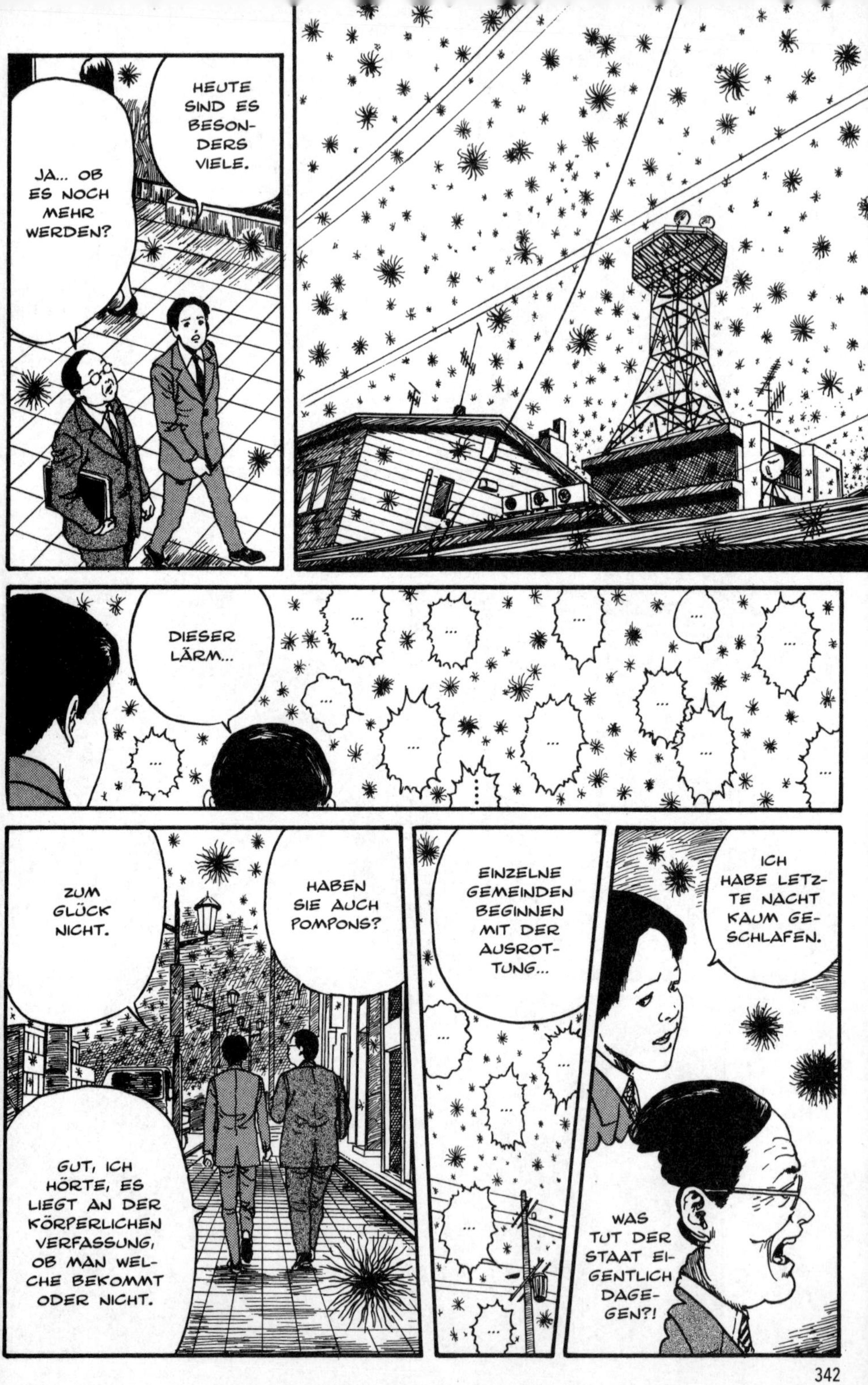
HEUTE SIND ES BESONDERS VIELE.
JA... OB ES NOCH MEHR WERDEN?
DIESER LÄRM...
ICH HABE LETZTE NACHT KAUM GESCHLAFEN.
WAS TUT DER STAAT EIGENTLICH DAGEGEN?!
EINZELNE GEMEINDEN BEGINNEN MIT DER AUSROTTUNG...
HABEN SIE AUCH POMPONS?
ZUM GLÜCK NICHT.
GUT, ICH HÖRTE, ES LIEGT AN DER KÖRPERLICHEN VERFASSUNG, OB MAN WELCHE BEKOMMT ODER NICHT.

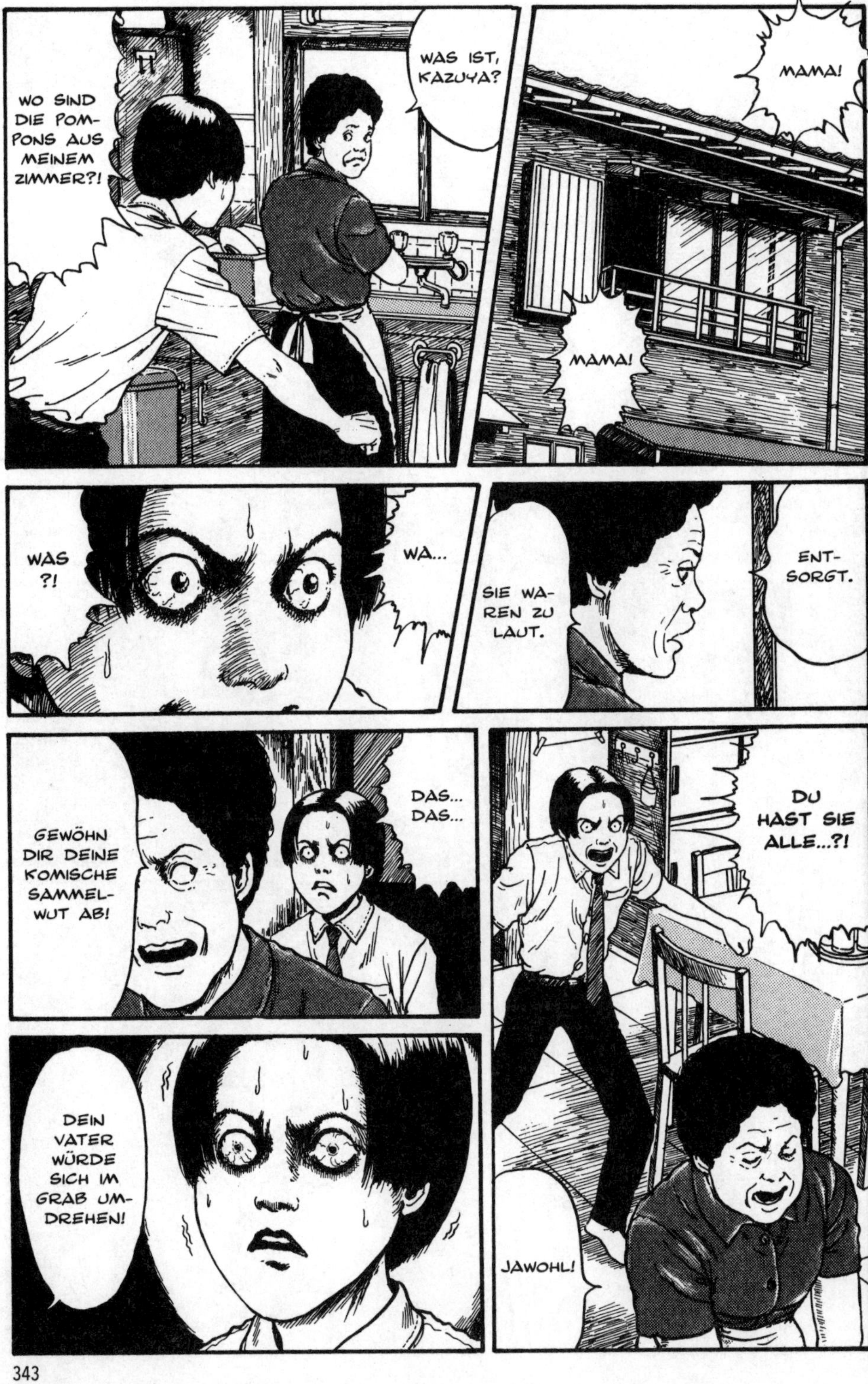
MAMA!
MAMA!
WAS IST, KAZUYA?
WO SIND DIE POMPONS AUS MEINEM ZIMMER?!
ENTSORGT.
SIE WAREN ZU LAUT.
WA...
WAS ?!
DU HAST SIE ALLE...?!
JAWOHL!
DAS... DAS...
GEWÖHN DIR DEINE KOMISCHE SAMMELWUT AB!
DEIN VATER WÜRDE SICH IM GRAB UMDREHEN!

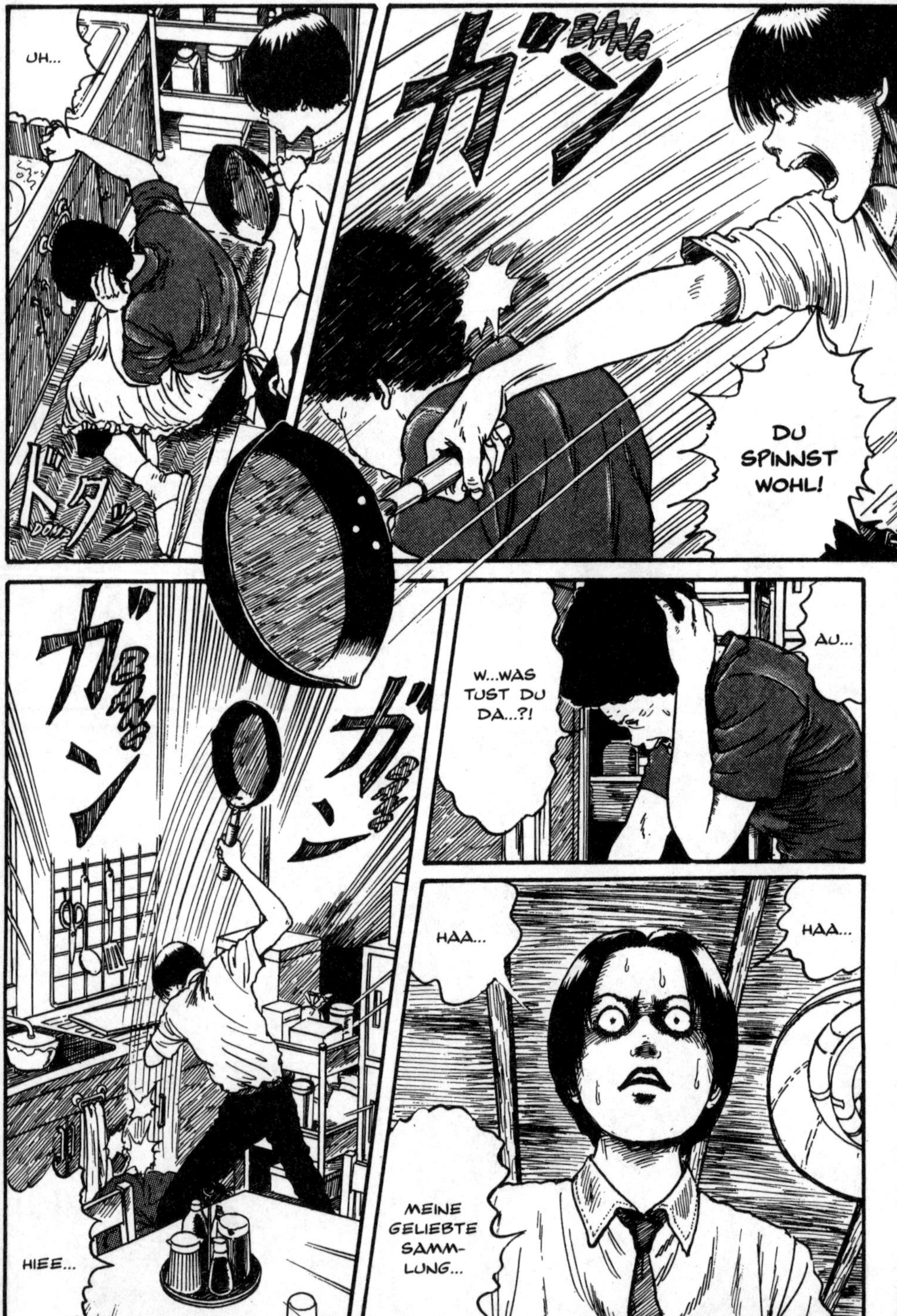
BANG
カン
DU SPINNST WOHL!
UH...
ドタッ
DOMP
AU...
W...WAS TUST DU DA...?!
ガン
ガン
HAA...
HAA...
MEINE GELIEBTE SAMMLUNG...
HIEE...

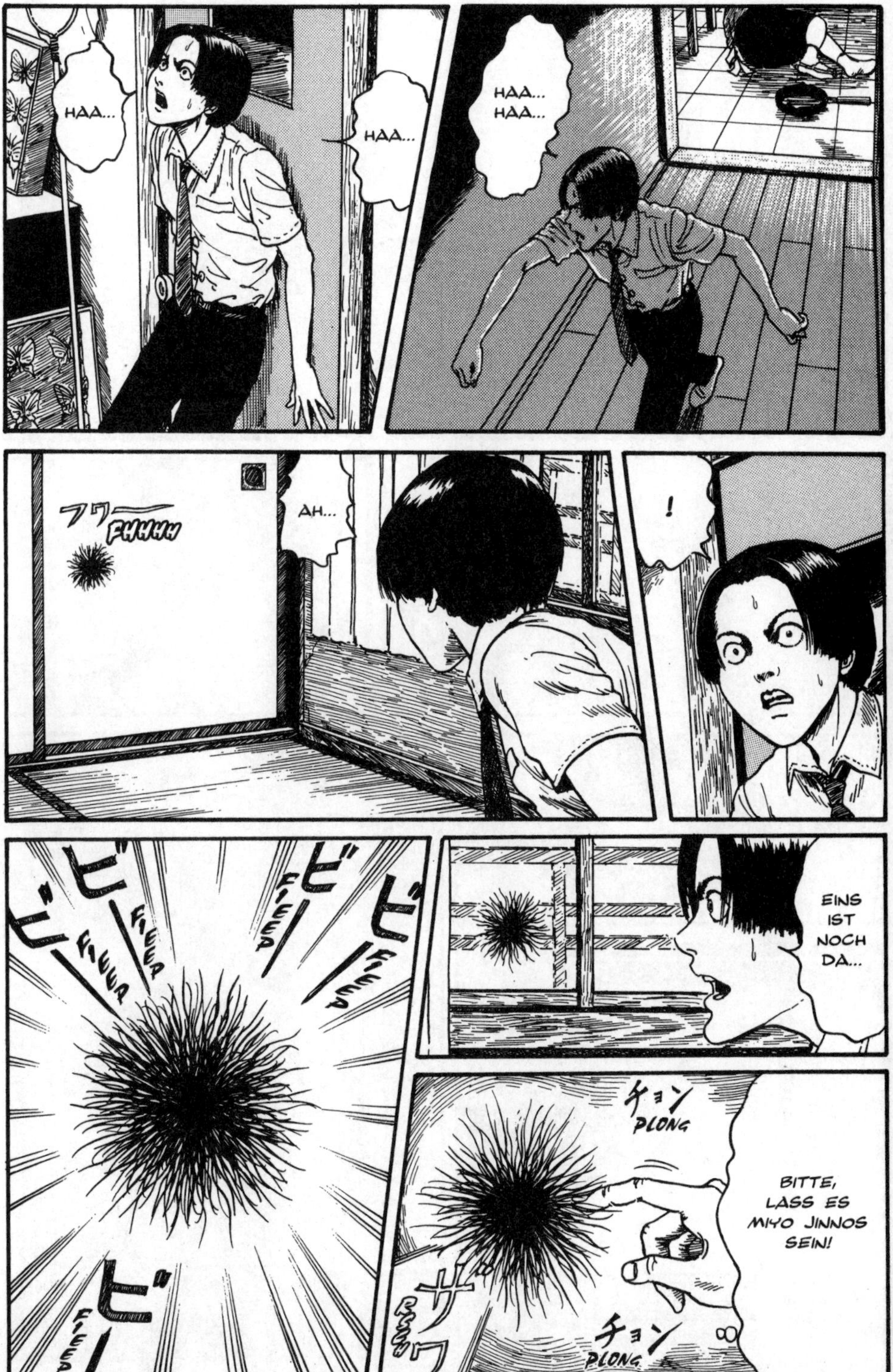
HAA...
HAA...
HAA... HAA...
AH...
フワー
FHHHH
!
EINS IST NOCH DA...
ビ
FIEEP
ビ
FIEEP
ビ
FIEEP
ビ
FIEEP
ビ
FIEEP
チョン
PLONG
BITTE, LASS ES MIYO JINNOS SEIN!
チョン
PLONG
ザワ

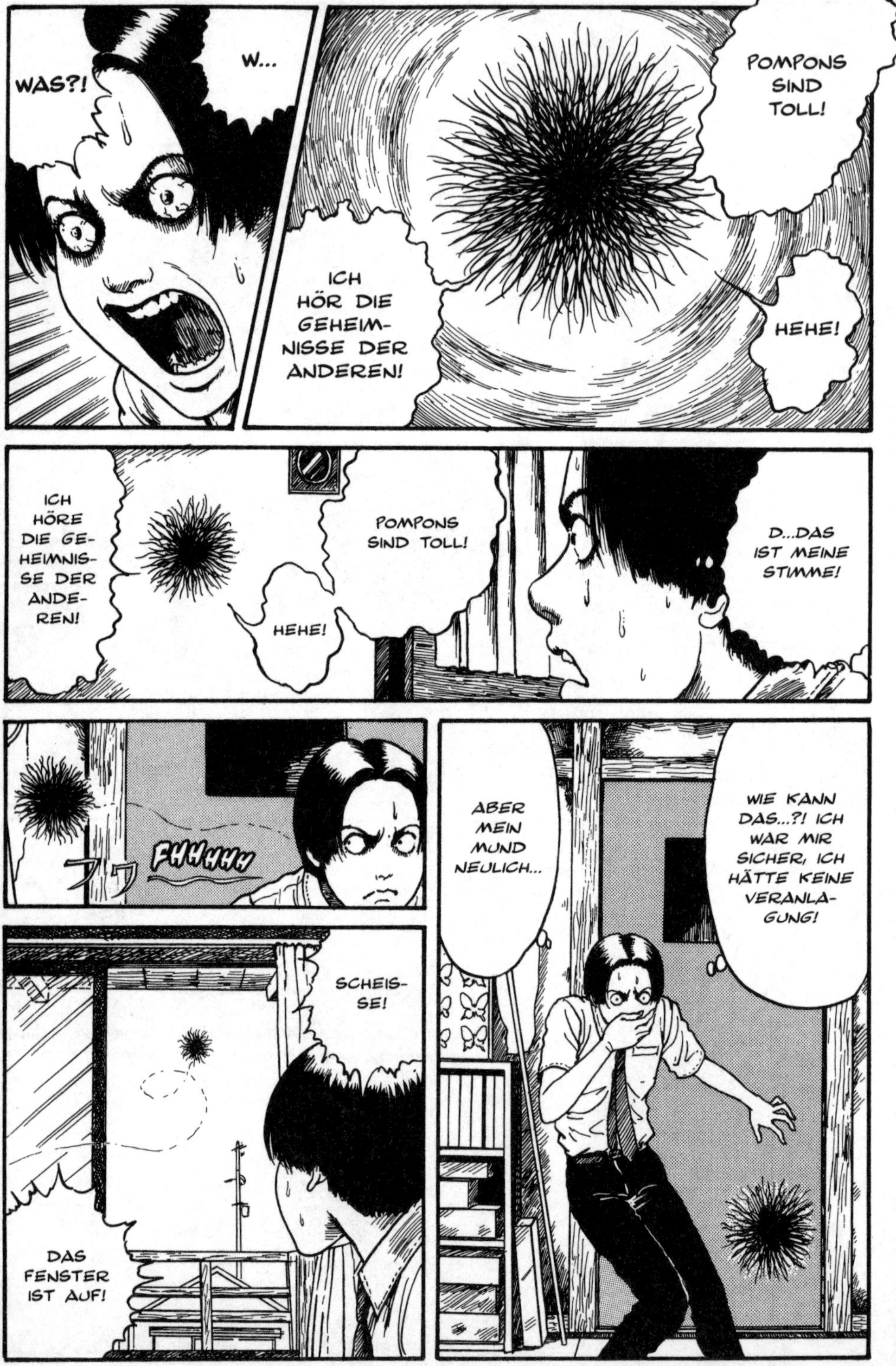
POMPONS SIND TOLL!
HEHE!
ICH HÖR DIE GEHEIMNISSE DER ANDEREN!
W...
WAS?!
D...DAS IST MEINE STIMME!
POMPONS SIND TOLL!
HEHE!
ICH HÖRE DIE GEHEIMNISSE DER ANDEREN!
WIE KANN DAS...?! ICH WAR MIR SICHER, ICH HÄTTE KEINE VERANLAGUNG!
ABER MEIN MUND NEULICH...
FHHHHH
フワ
SCHEISSE!
DAS FENSTER IST AUF!

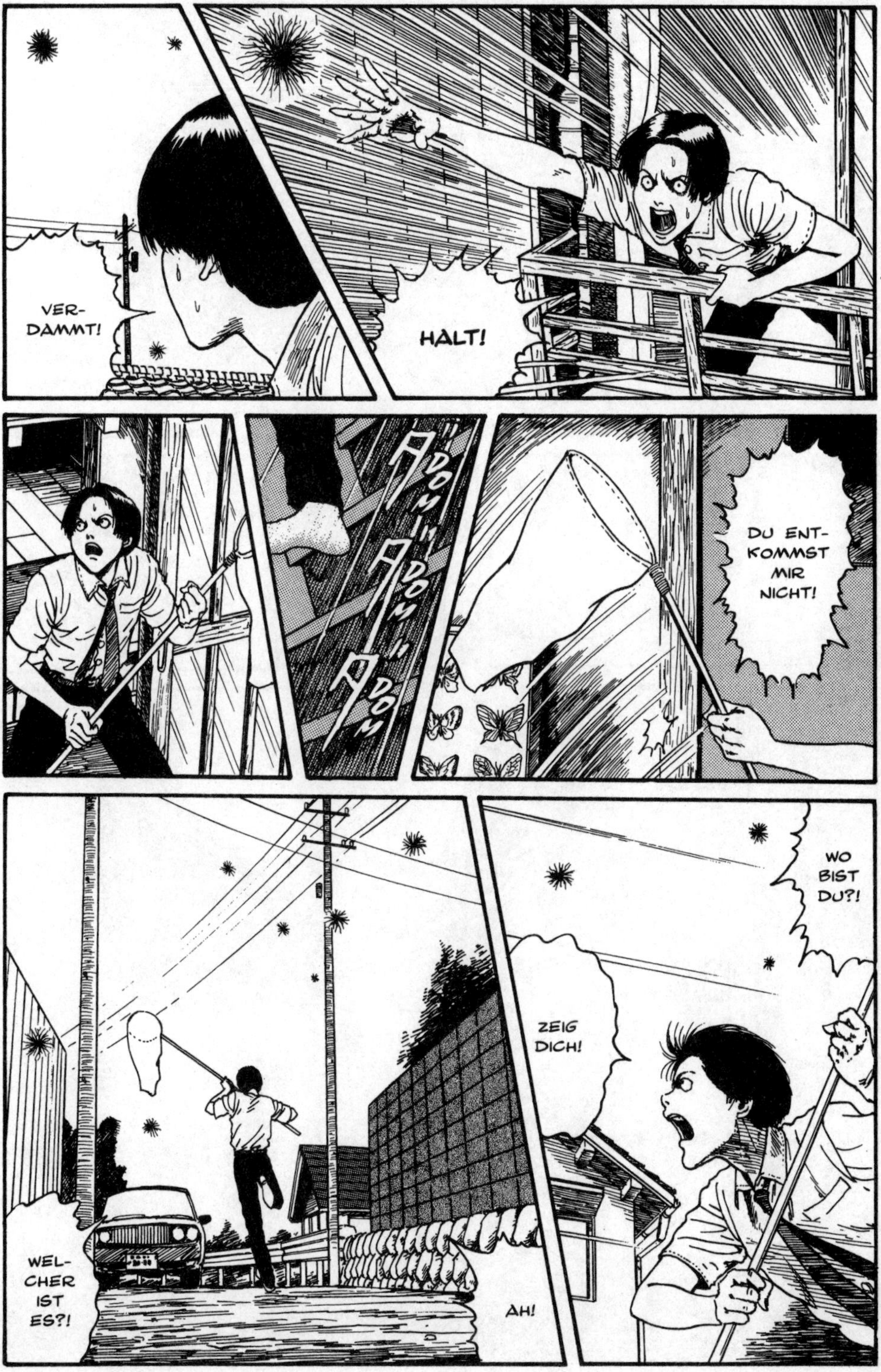
HALT!
VER-
DAMMT!
DU ENT-
KOMMST
MIR
NICHT!
DOM DOM DOM
WO
BIST
DU?!
ZEIG
DICH!
WEL-
CHER
IST
ES?!
AH!

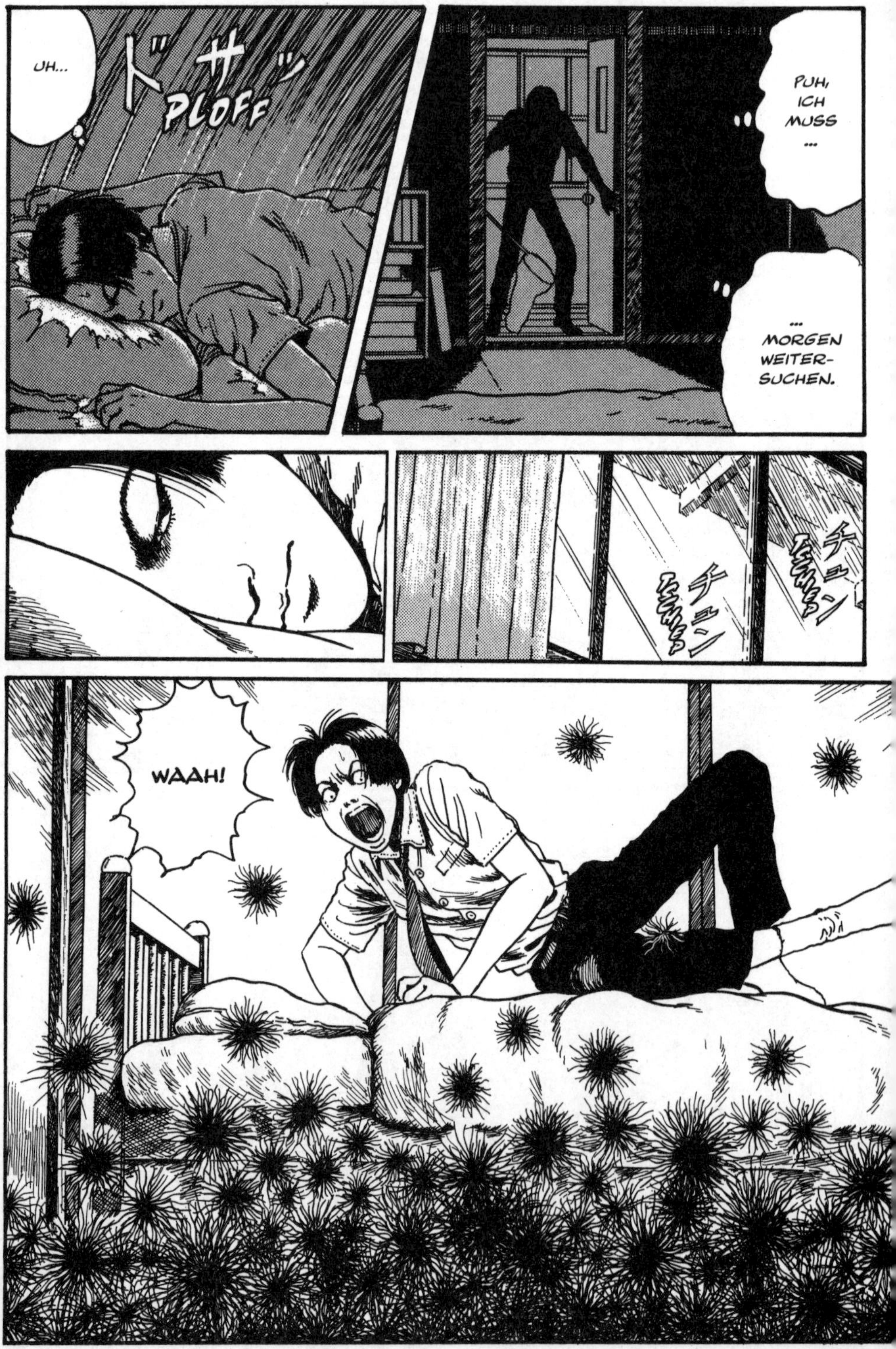
UH...
ドサッ
PLOFF
PUH, ICH MUSS ...
... MORGEN WEITER-SUCHEN.
チュン
チュン
WAAH!

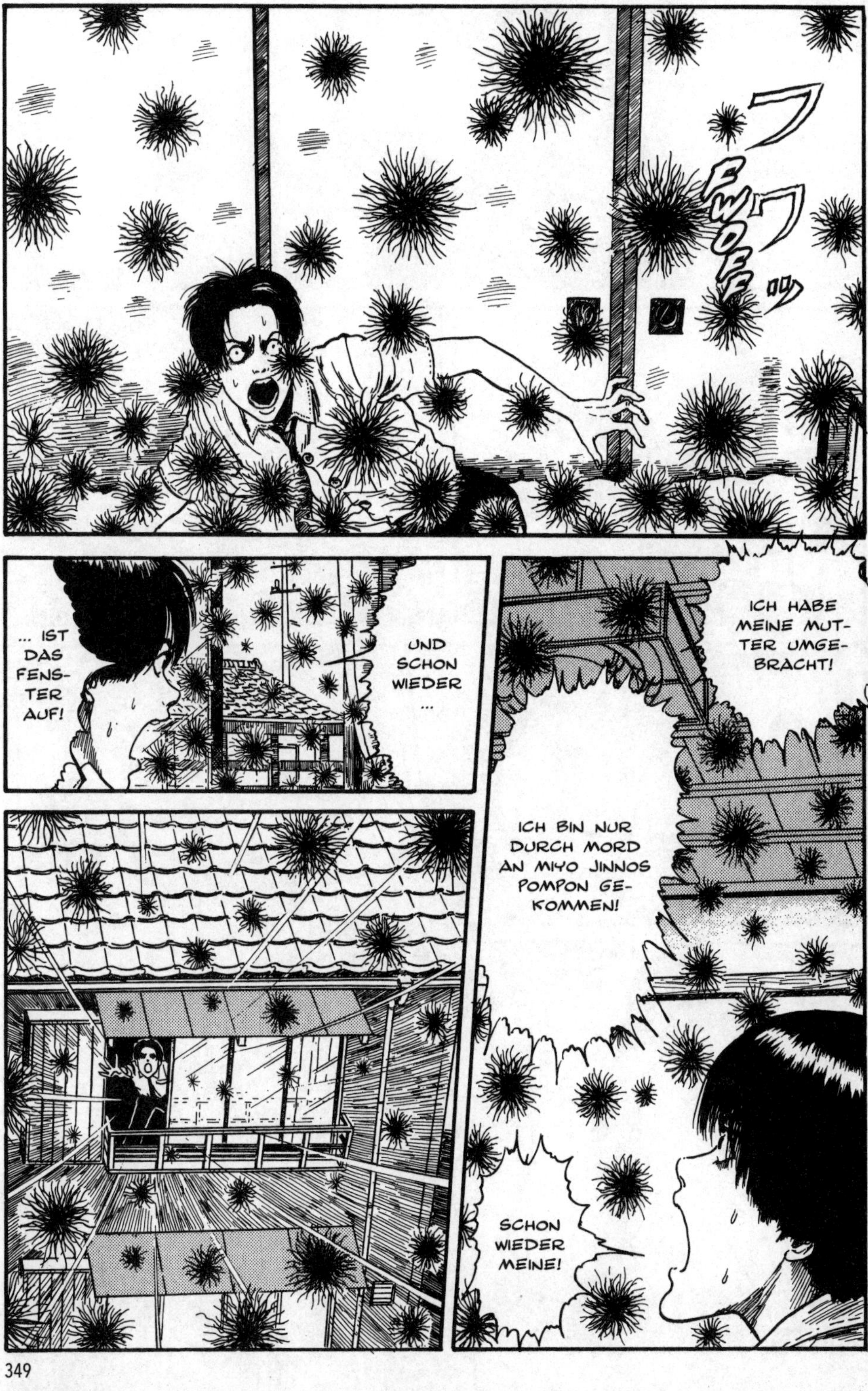
フワッ
FWOFF
UND SCHON WIEDER ...
... IST DAS FENS- TER AUF!
ICH HABE MEINE MUT- TER UMGE- BRACHT!
ICH BIN NUR DURCH MORD AN MIYO JINNOS POMPON GE- KOMMEN!
SCHON WIEDER MEINE!

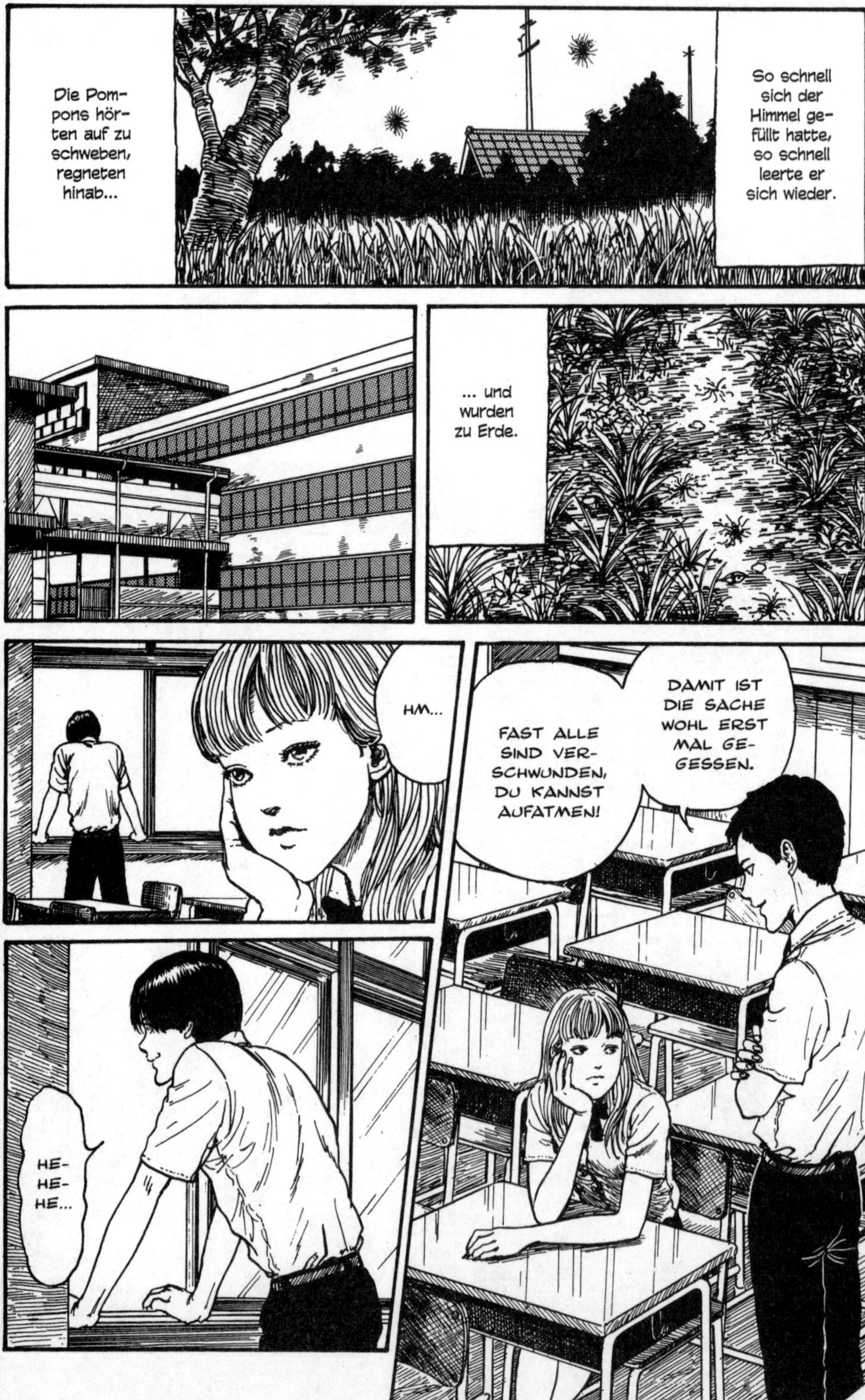
So schnell sich der Himmel gefüllt hatte, so schnell leerte er sich wieder.
Die Pompons hörten auf zu schweben, regneten hinab...
... und wurden zu Erde.
DAMIT IST DIE SACHE WOHL ERST MAL GEGESSEN.
FAST ALLE SIND VERSCHWUNDEN, DU KANNST AUFATMEN!
HM...
HE-HE-HE...

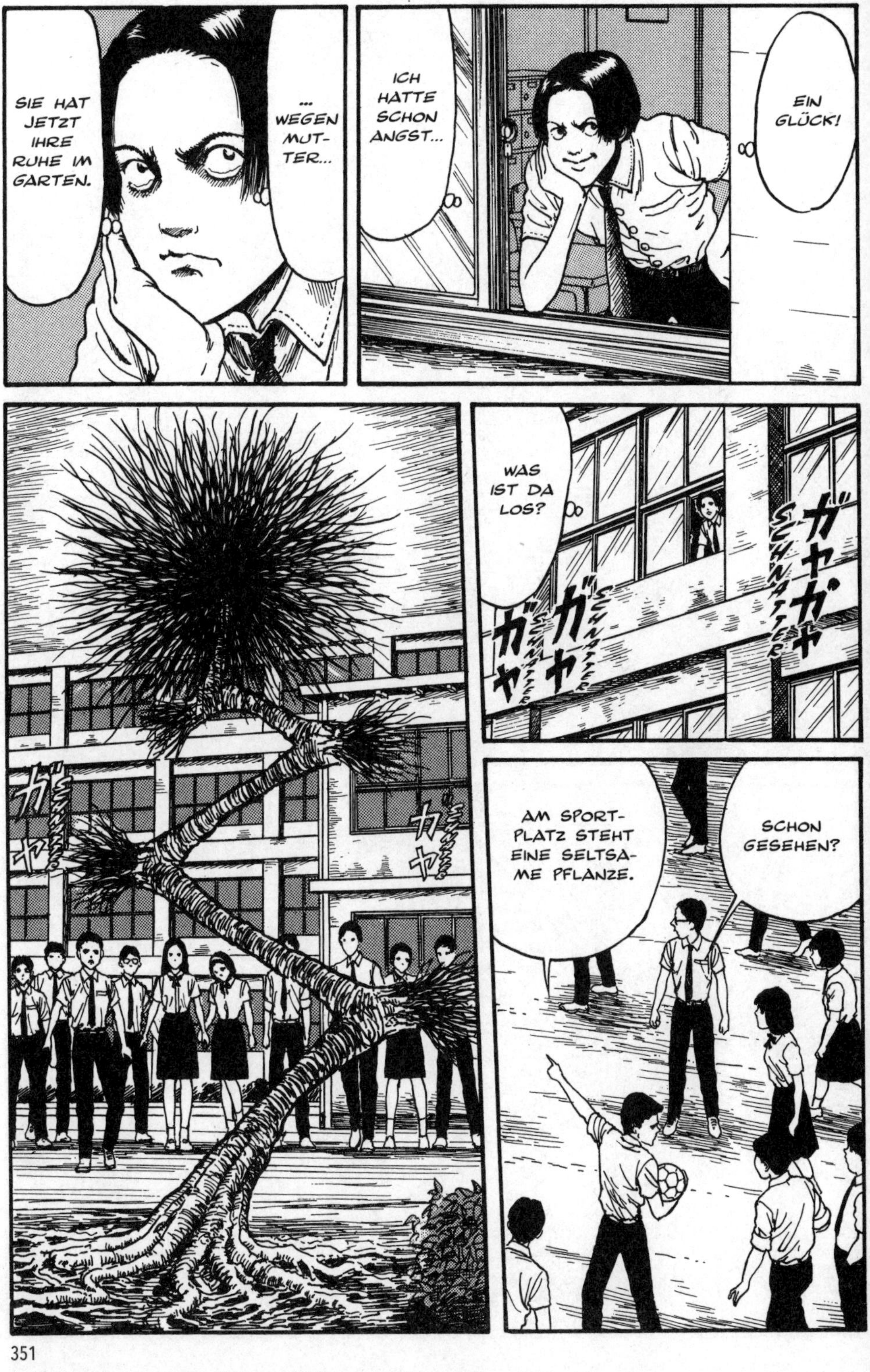

EIN GLÜCK!
ICH HATTE SCHON ANGST...
... WEGEN MUTTER...
SIE HAT JETZT IHRE RUHE IM GARTEN.
WAS IST DA LOS?
ガヤガヤ SCHNATTER
ガヤ SCHNATTER
ガヤ SCHNATTER
SCHON GESEHEN?
AM SPORTPLATZ STEHT EINE SELTSAME PFLANZE.
ガヤ SCHNATTER
ガヤ SCHNATTER

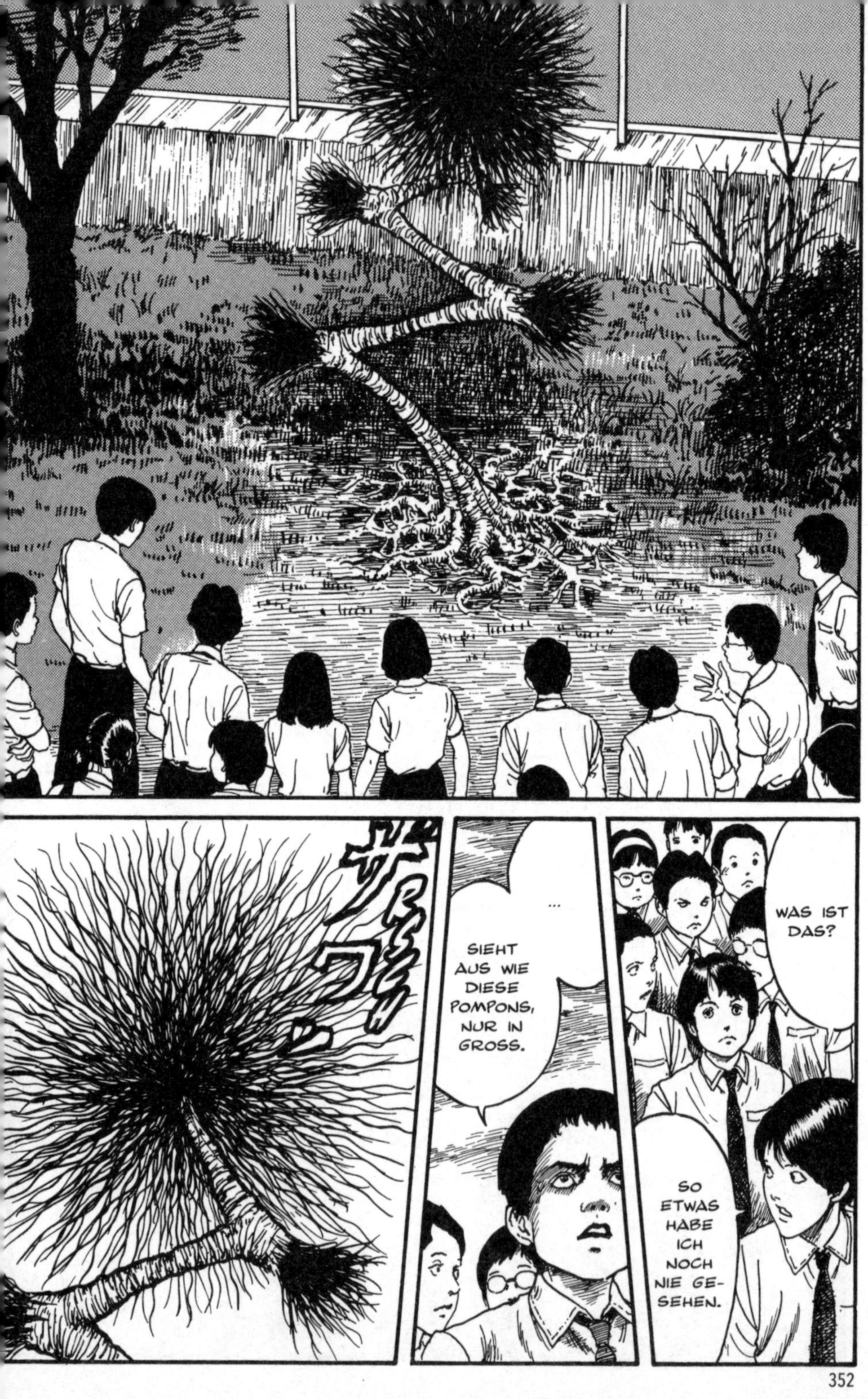
WAS IST DAS?
SO ETWAS HABE ICH NOCH NIE GE-SEHEN.
...
SIEHT AUS WIE DIESE POMPONS, NUR IN GROSS.
ザワッ

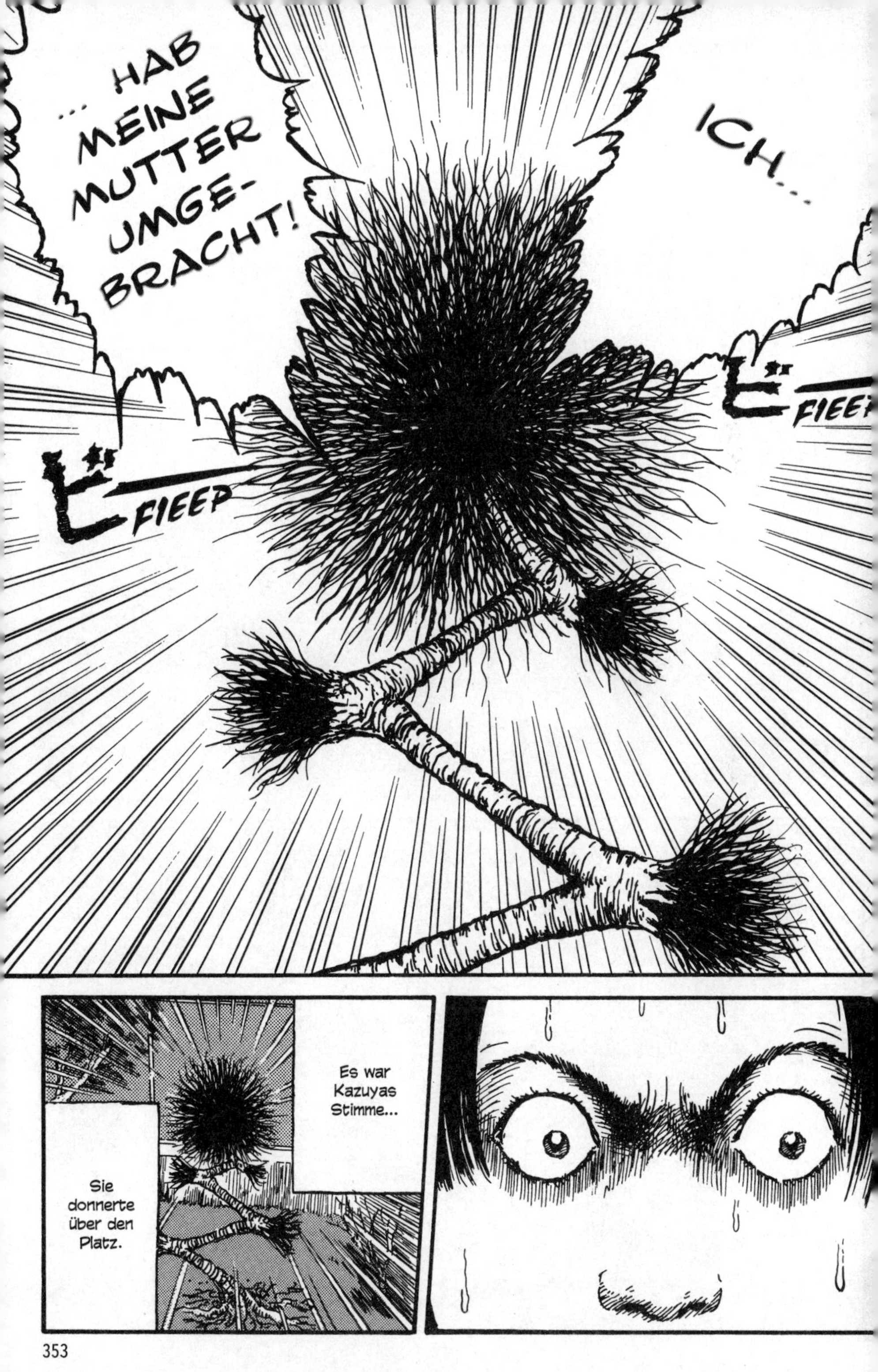
ICH...
... HAB MEINE MUTTER UMGE-BRACHT!
FIEEP
FIEEP
Es war Kazuyas Stimme...
Sie donnerte über den Platz.

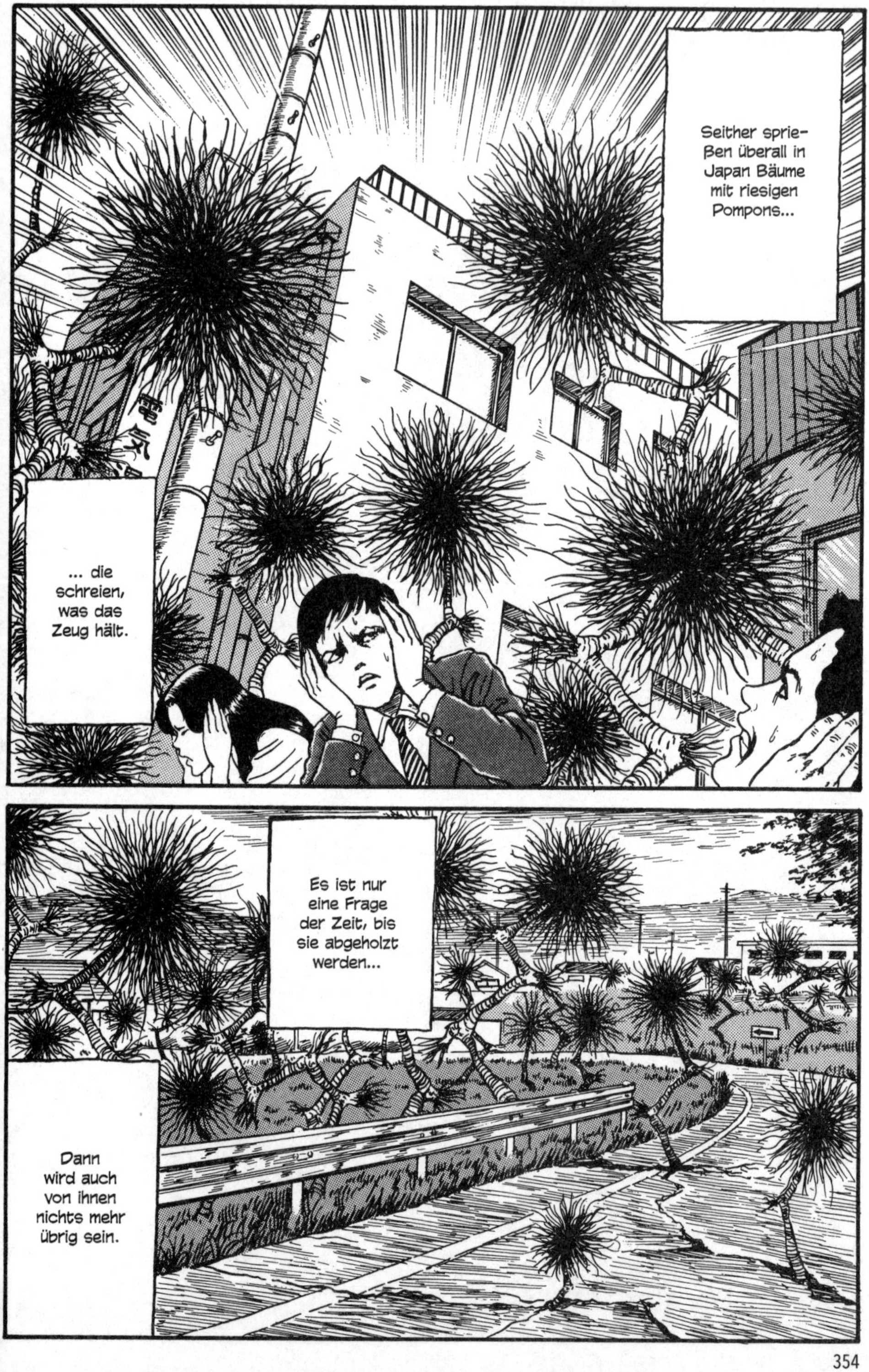
Seither sprießen überall in Japan Bäume mit riesigen Pompons...
... die schreien, was das Zeug hält.
Es ist nur eine Frage der Zeit, bis sie abgeholzt werden...
Dann wird auch von ihnen nichts mehr übrig sein.

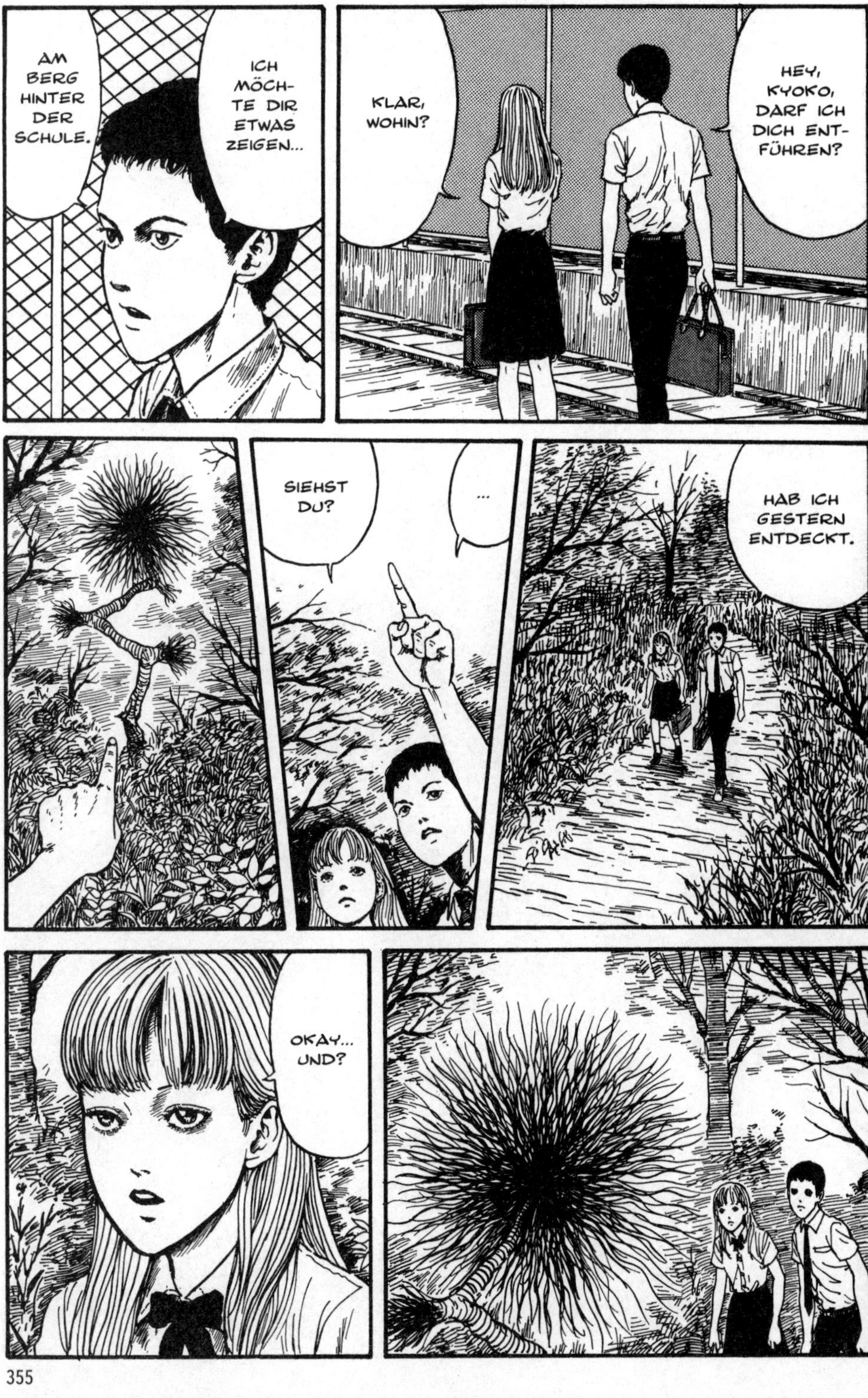
HEY, KYOKO, DARF ICH DICH ENTFÜHREN?
KLAR, WOHIN?
ICH MÖCHTE DIR ETWAS ZEIGEN...
AM BERG HINTER DER SCHULE.
HAB ICH GESTERN ENTDECKT.
SIEHST DU?
...
OKAY... UND?

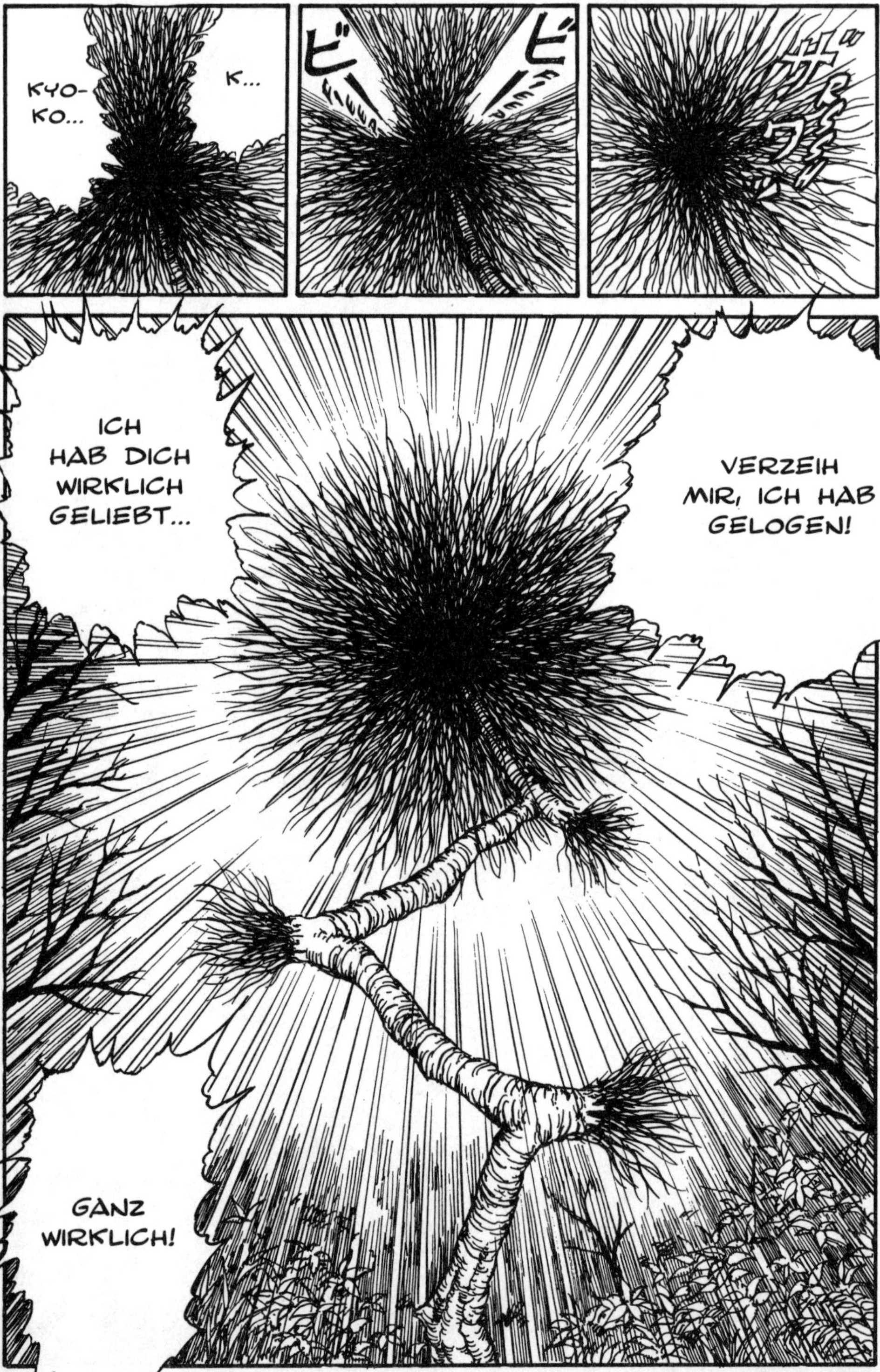

POMPONS – ENDE

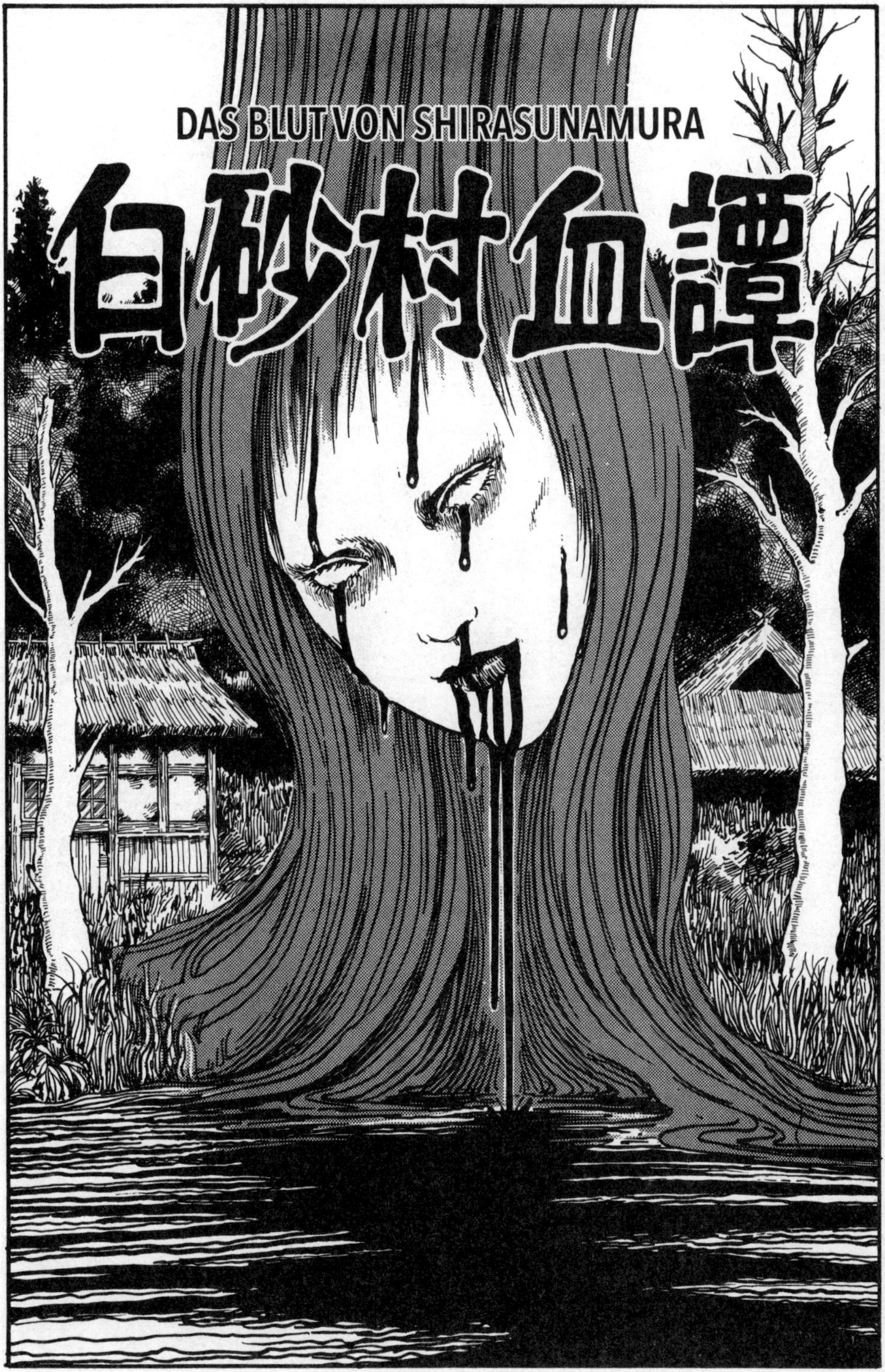
DAS BLUT VON SHIRASUNAMURA
白砂村血譚

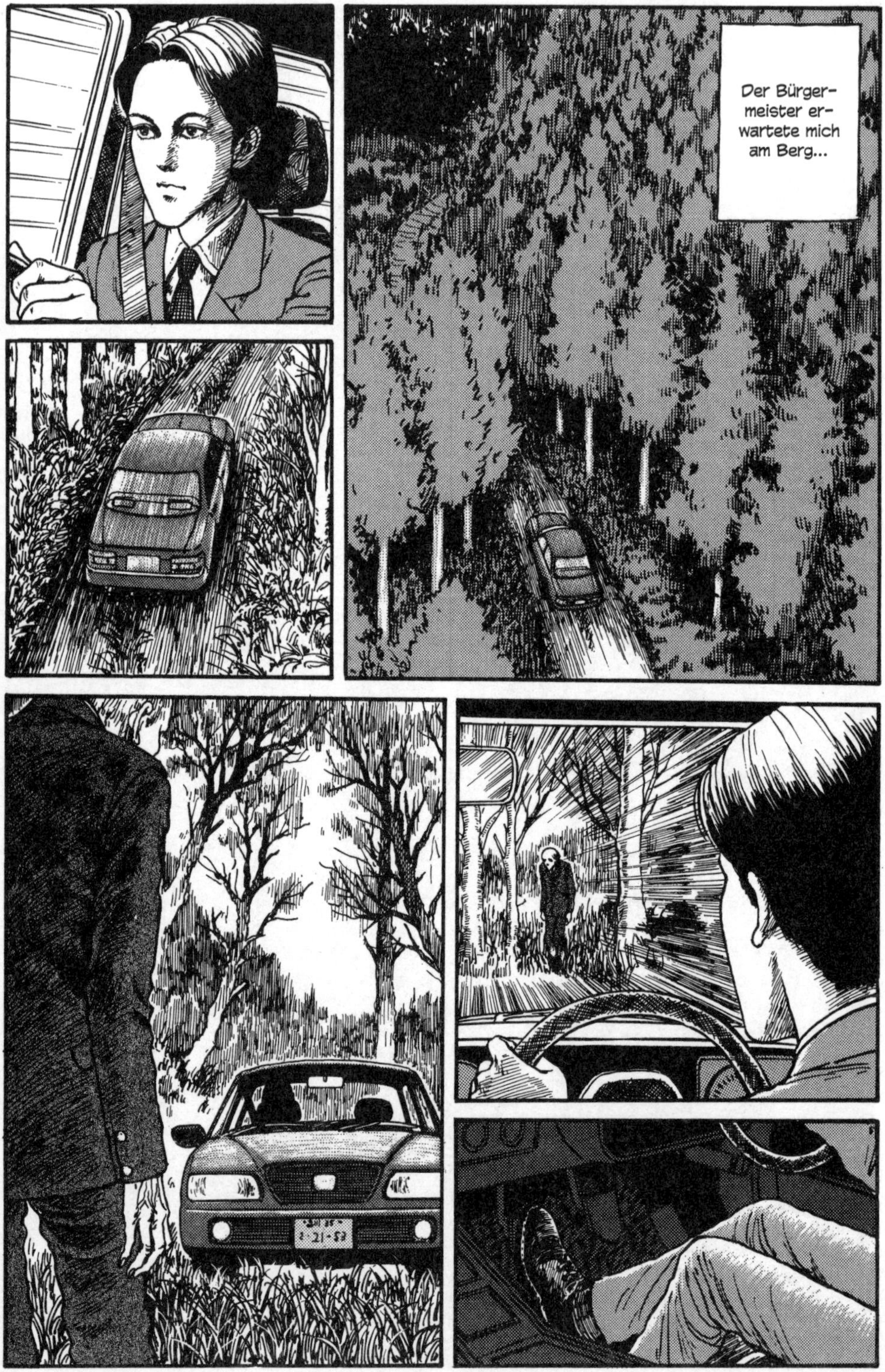
Der Bürgermeister erwartete mich am Berg...

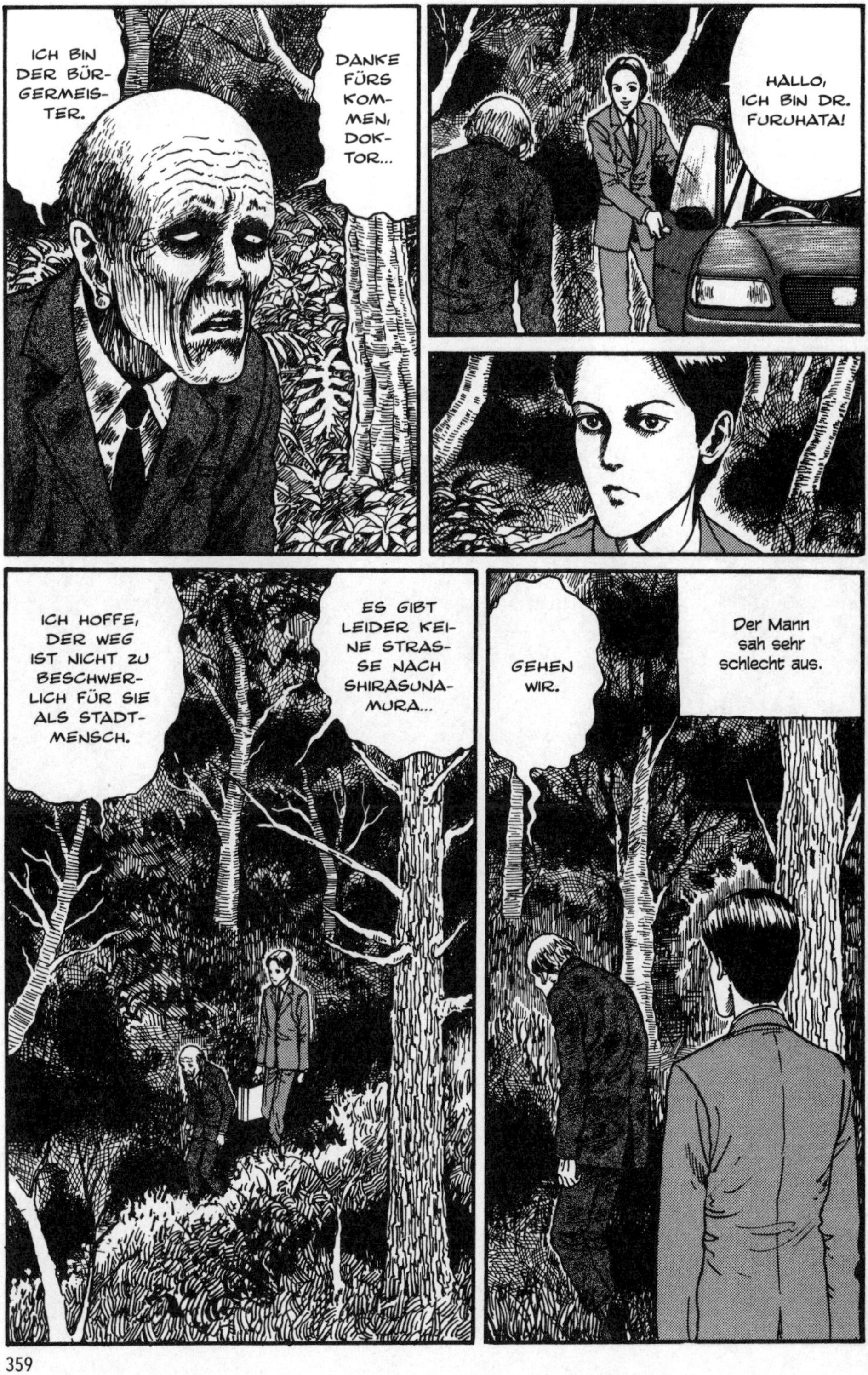

Danke fürs Kommen, Doktor...
Ich bin der Bürgermeister.
Hallo, ich bin Dr. Furuhata!
Es gibt leider keine Strasse nach Shirasunamura...
Ich hoffe, der Weg ist nicht zu beschwerlich für Sie als Stadtmensch.
Der Mann sah sehr schlecht aus.
Gehen wir.

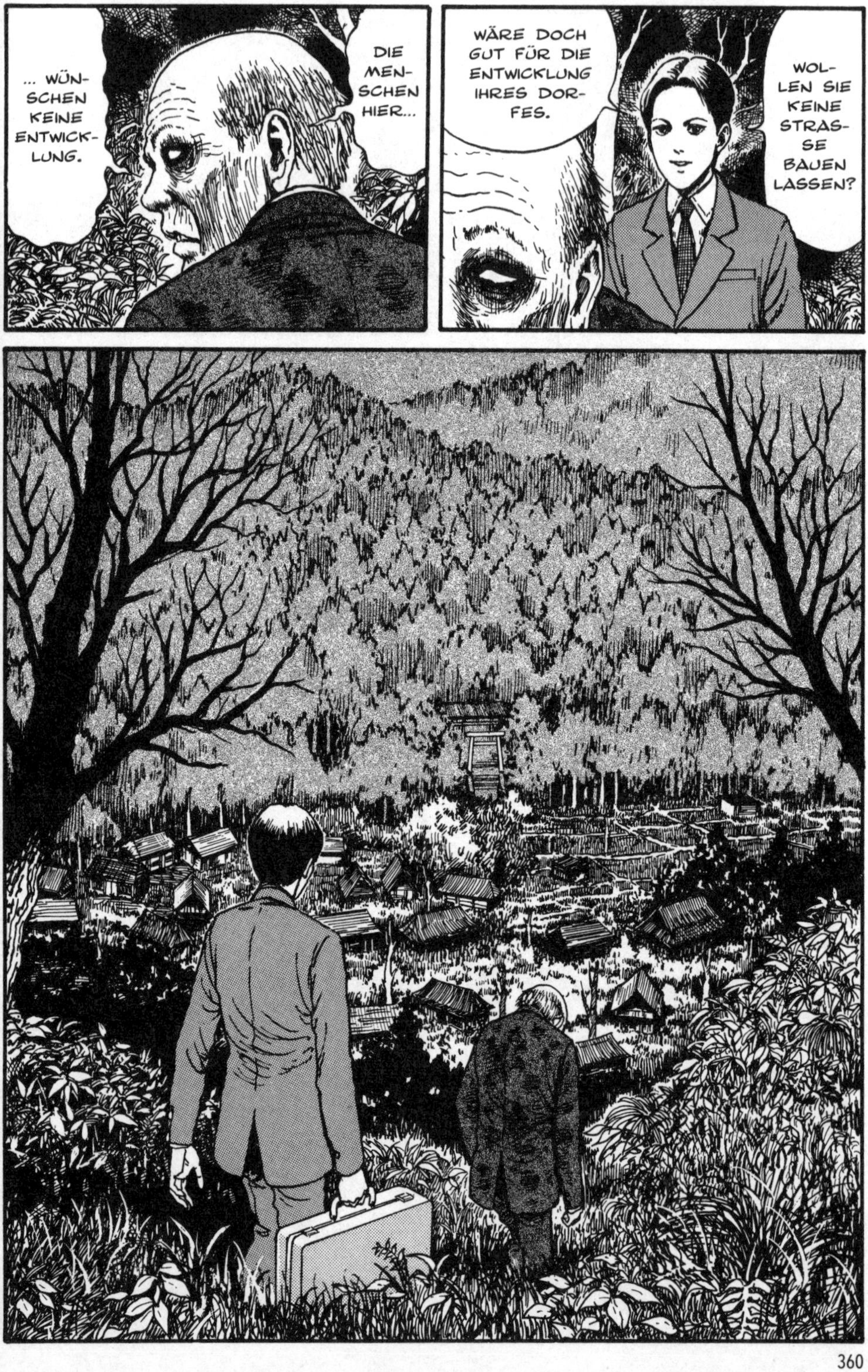
WOLLEN SIE KEINE STRASSE BAUEN LASSEN?
WÄRE DOCH GUT FÜR DIE ENTWICKLUNG IHRES DORFES.
DIE MENSCHEN HIER...
... WÜNSCHEN KEINE ENTWICKLUNG.

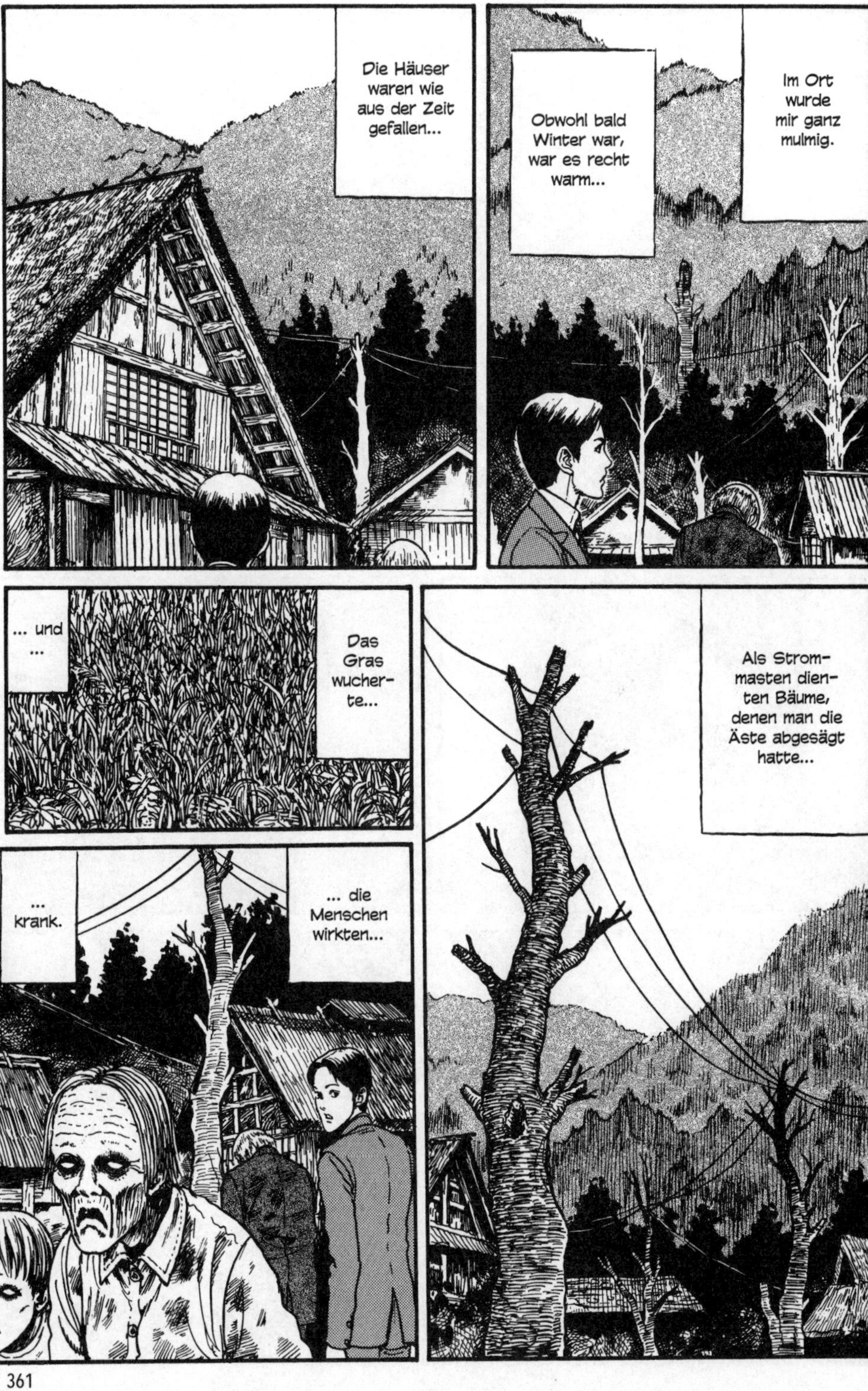
Die Häuser waren wie aus der Zeit gefallen...
Obwohl bald Winter war, war es recht warm...
Im Ort wurde mir ganz mulmig.
Das Gras wucherte...
... und ...
Als Strommasten dienten Bäume, denen man die Äste abgesägt hatte...
... die Menschen wirkten...
... krank.

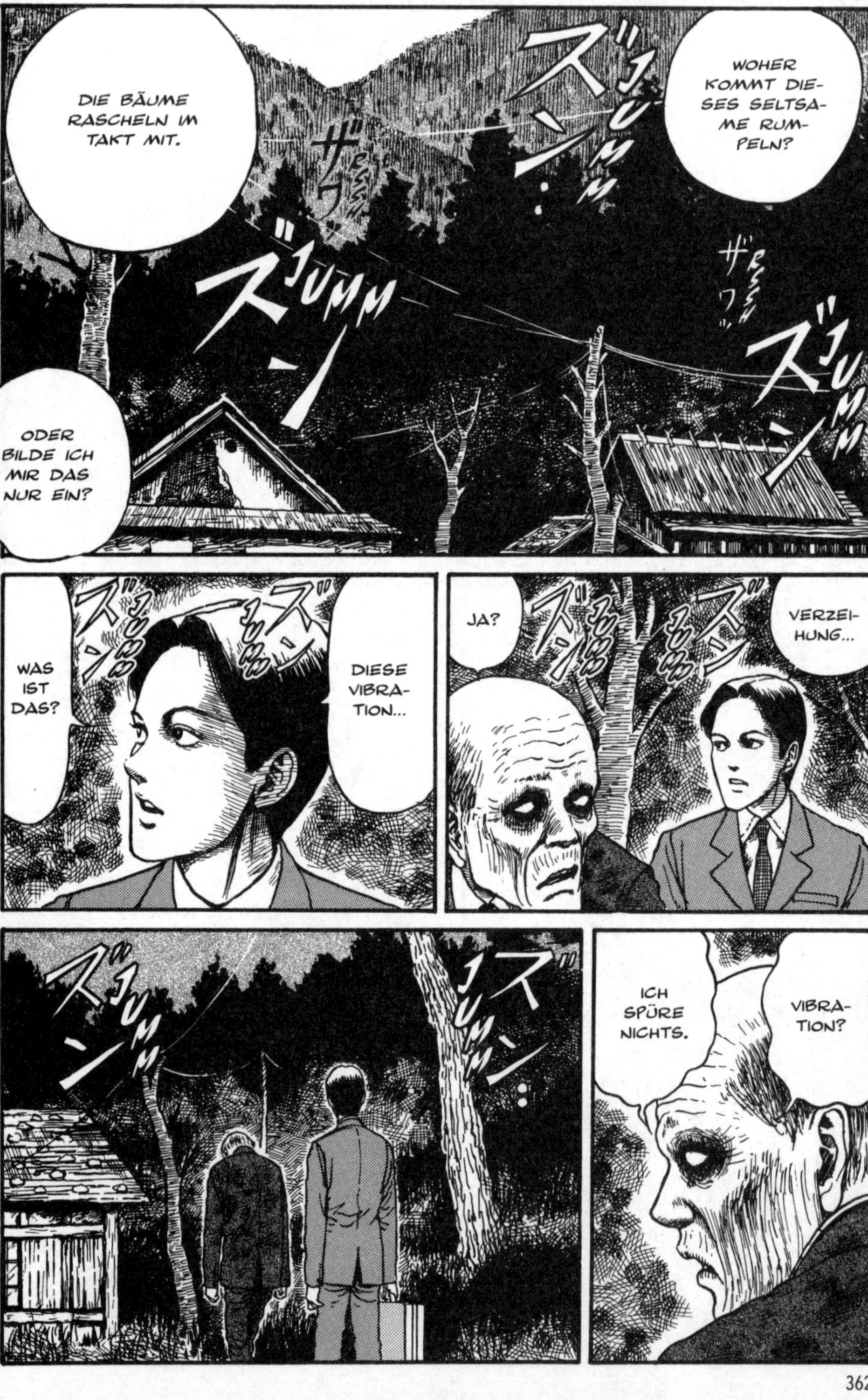
JUMM
WOHER KOMMT DIESES SELTSAME RUMPELN?
RASCH
DIE BÄUME RASCHELN IM TAKT MIT.
JUMM
RASCH
JUMM
ODER BILDE ICH MIR DAS NUR EIN?
VERZEIHUNG...
JUMM
JUMM
JA?
DIESE VIBRATION...
JUMM
JUMM
WAS IST DAS?
VIBRATION?
ICH SPÜRE NICHTS.
JUMM
JUMM

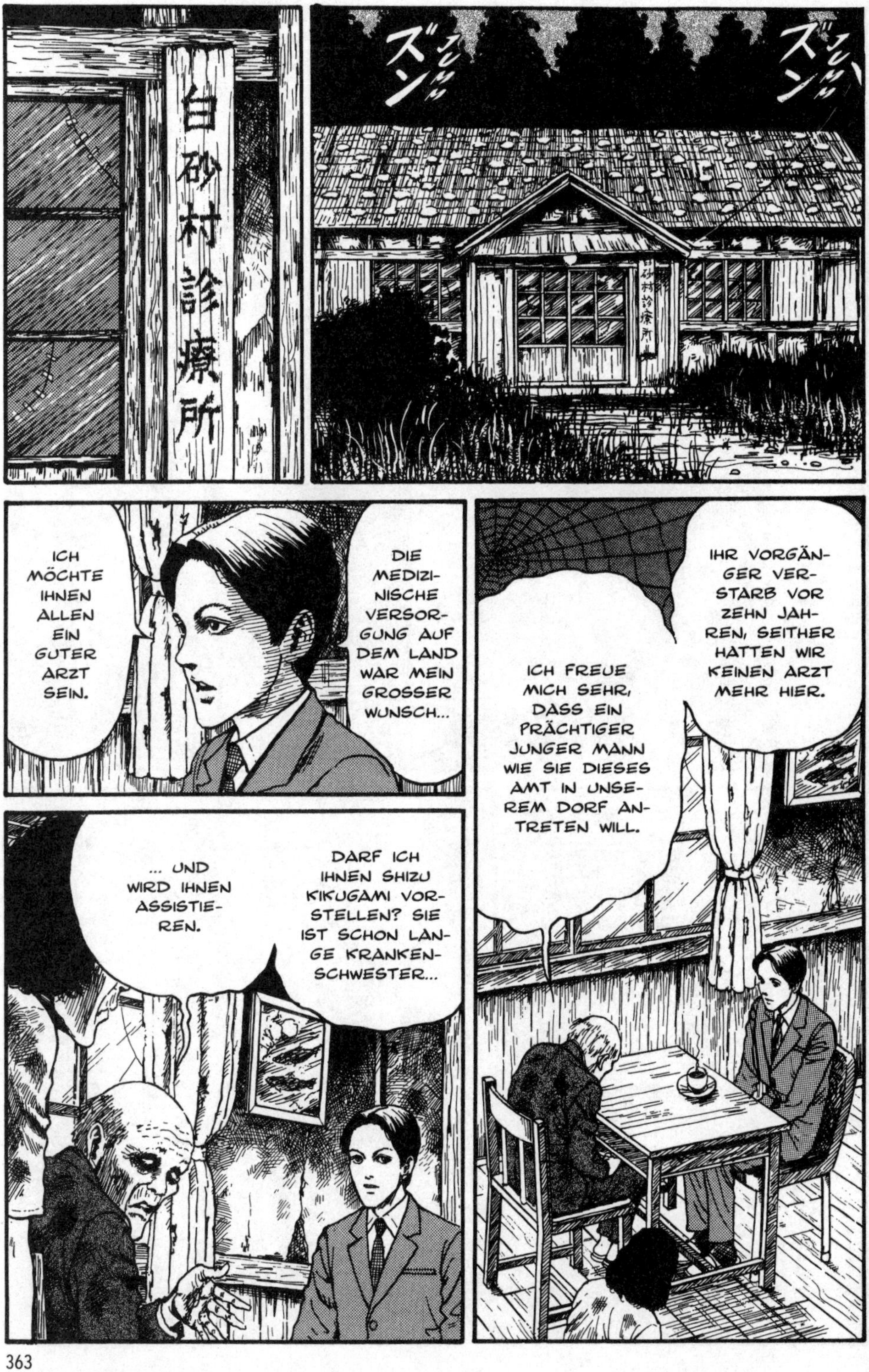
ズン JUMM
ズン JUMM
白砂村診療所
IHR VORGÄNGER VERSTARB VOR ZEHN JAHREN, SEITHER HATTEN WIR KEINEN ARZT MEHR HIER.
ICH FREUE MICH SEHR, DASS EIN PRÄCHTIGER JUNGER MANN WIE SIE DIESES AMT IN UNSEREM DORF ANTRETEN WILL.
DIE MEDIZINISCHE VERSORGUNG AUF DEM LAND WAR MEIN GROSSER WUNSCH...
ICH MÖCHTE IHNEN ALLEN EIN GUTER ARZT SEIN.
DARF ICH IHNEN SHIZU KIKUGAMI VORSTELLEN? SIE IST SCHON LANGE KRANKENSCHWESTER...
... UND WIRD IHNEN ASSISTIEREN.

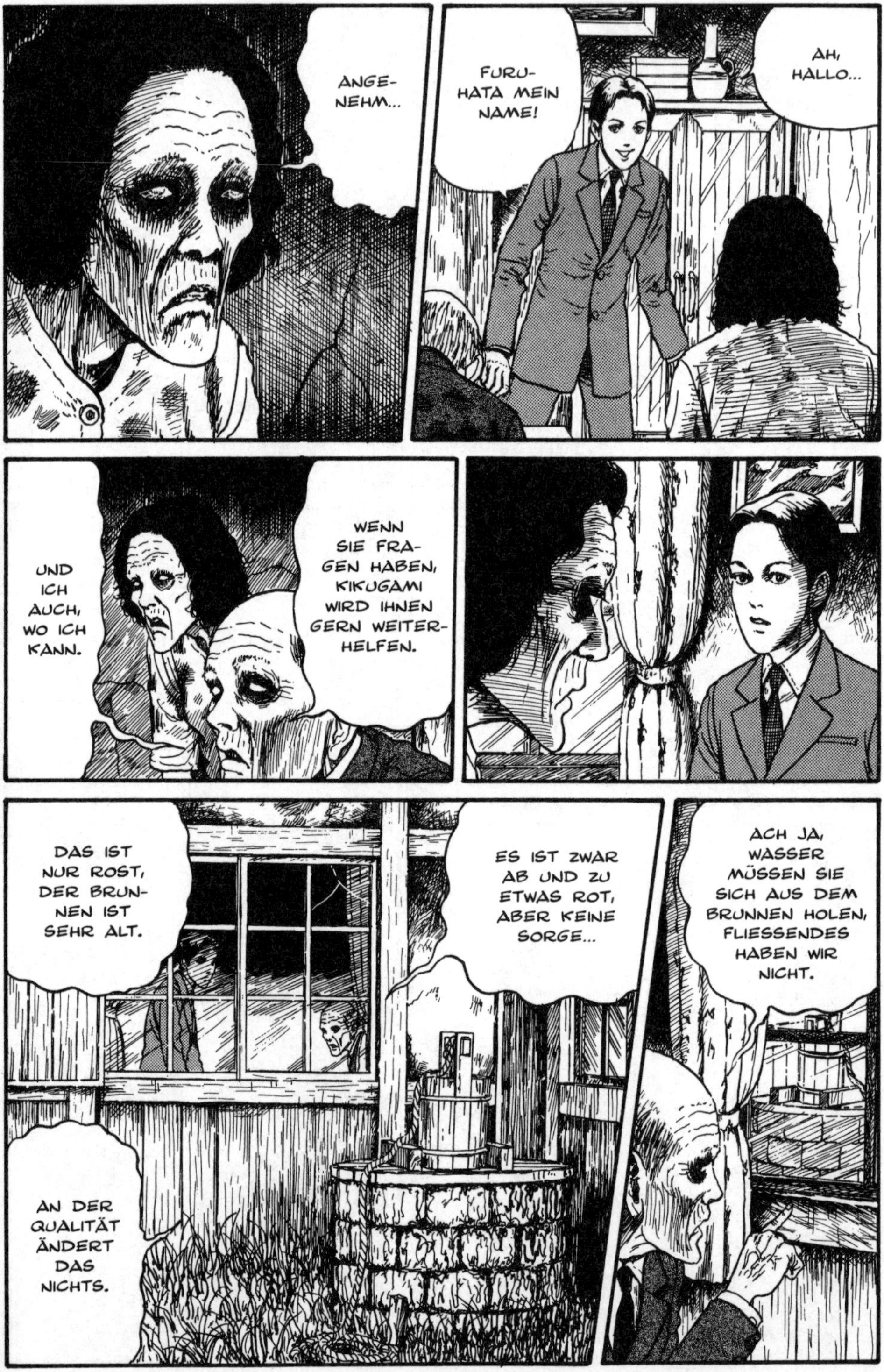
AH, HALLO...
FURU-HATA MEIN NAME!
ANGE-NEHM...
WENN SIE FRA-GEN HABEN, KIKUGAMI WIRD IHNEN GERN WEITER-HELFEN.
UND ICH AUCH, WO ICH KANN.
ACH JA, WASSER MÜSSEN SIE SICH AUS DEM BRUNNEN HOLEN, FLIESSENDES HABEN WIR NICHT.
ES IST ZWAR AB UND ZU ETWAS ROT, ABER KEINE SORGE...
DAS IST NUR ROST, DER BRUN-NEN IST SEHR ALT.
AN DER QUALITÄT ÄNDERT DAS NICHTS.

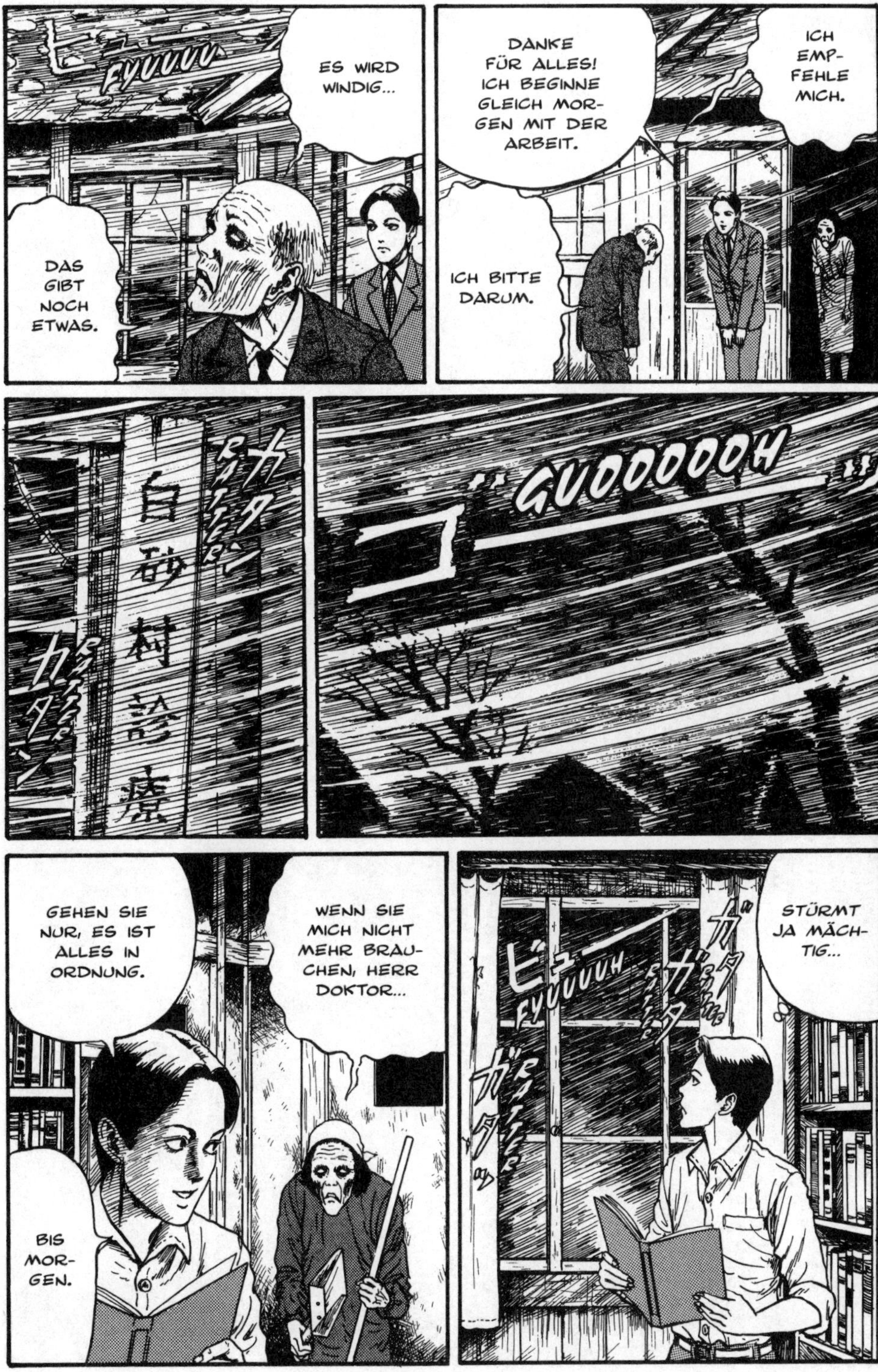
ICH EMPFEHLE MICH.
DANKE FÜR ALLES! ICH BEGINNE GLEICH MORGEN MIT DER ARBEIT.
ICH BITTE DARUM.
FYUUUU
ES WIRD WINDIG...
DAS GIBT NOCH ETWAS.
GUOOOOOH
RATTER
白砂村診療
RATTER
STÜRMT JA MÄCHTIG...
FYUUUUH
RATTER
WENN SIE MICH NICHT MEHR BRAUCHEN, HERR DOKTOR...
GEHEN SIE NUR, ES IST ALLES IN ORDNUNG.
BIS MORGEN.

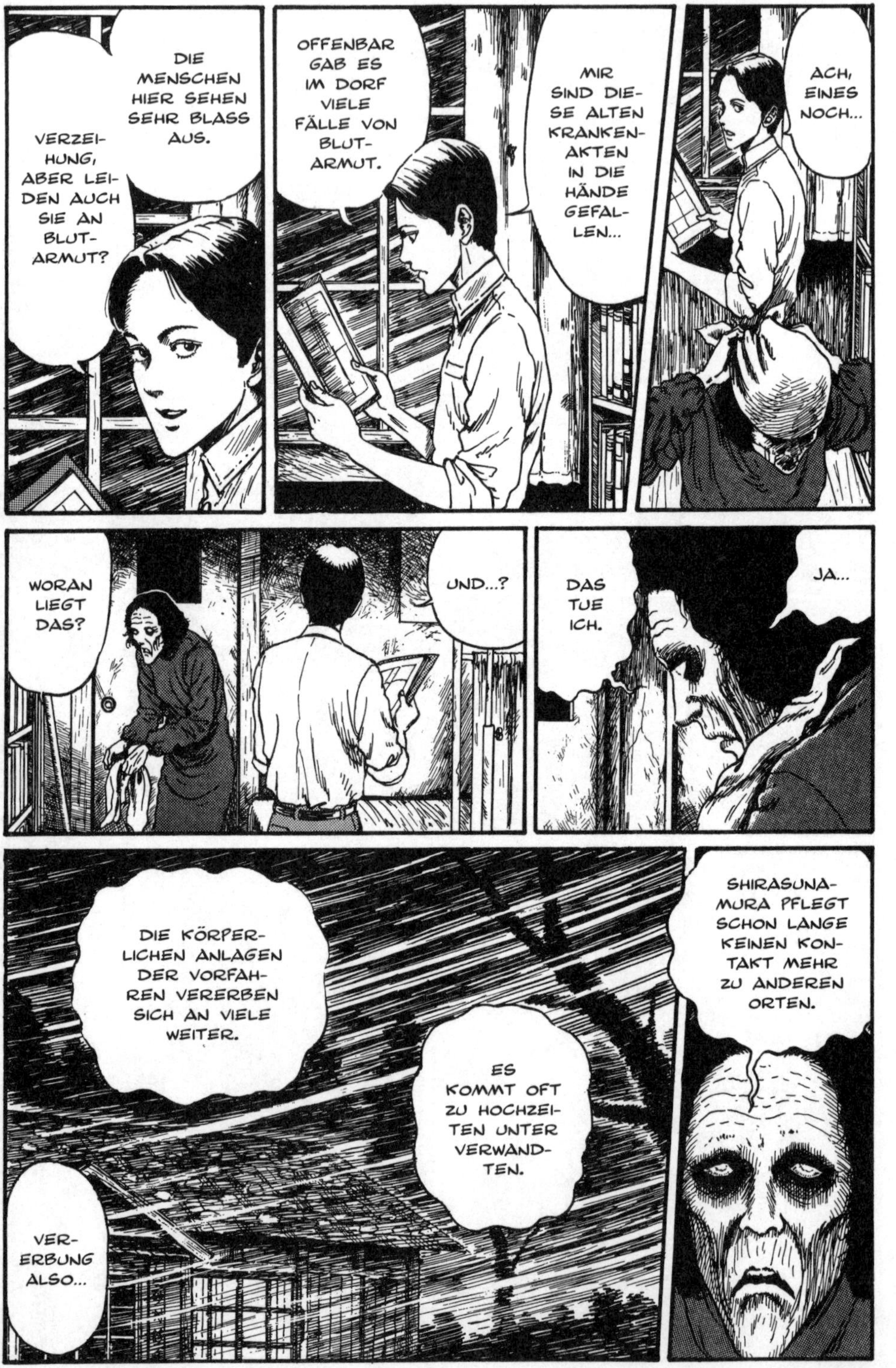
ACH, EINES NOCH...
MIR SIND DIESE ALTEN KRANKENAKTEN IN DIE HÄNDE GEFALLEN...
OFFENBAR GAB ES IM DORF VIELE FÄLLE VON BLUTARMUT.
DIE MENSCHEN HIER SEHEN SEHR BLASS AUS.
VERZEIHUNG, ABER LEIDEN AUCH SIE AN BLUTARMUT?
JA...
DAS TUE ICH.
UND...?
WORAN LIEGT DAS?
SHIRASUNAMURA PFLEGT SCHON LANGE KEINEN KONTAKT MEHR ZU ANDEREN ORTEN.
ES KOMMT OFT ZU HOCHZEITEN UNTER VERWANDTEN.
DIE KÖRPERLICHEN ANLAGEN DER VORFAHREN VERERBEN SICH AN VIELE WEITER.
VERERBUNG ALSO...

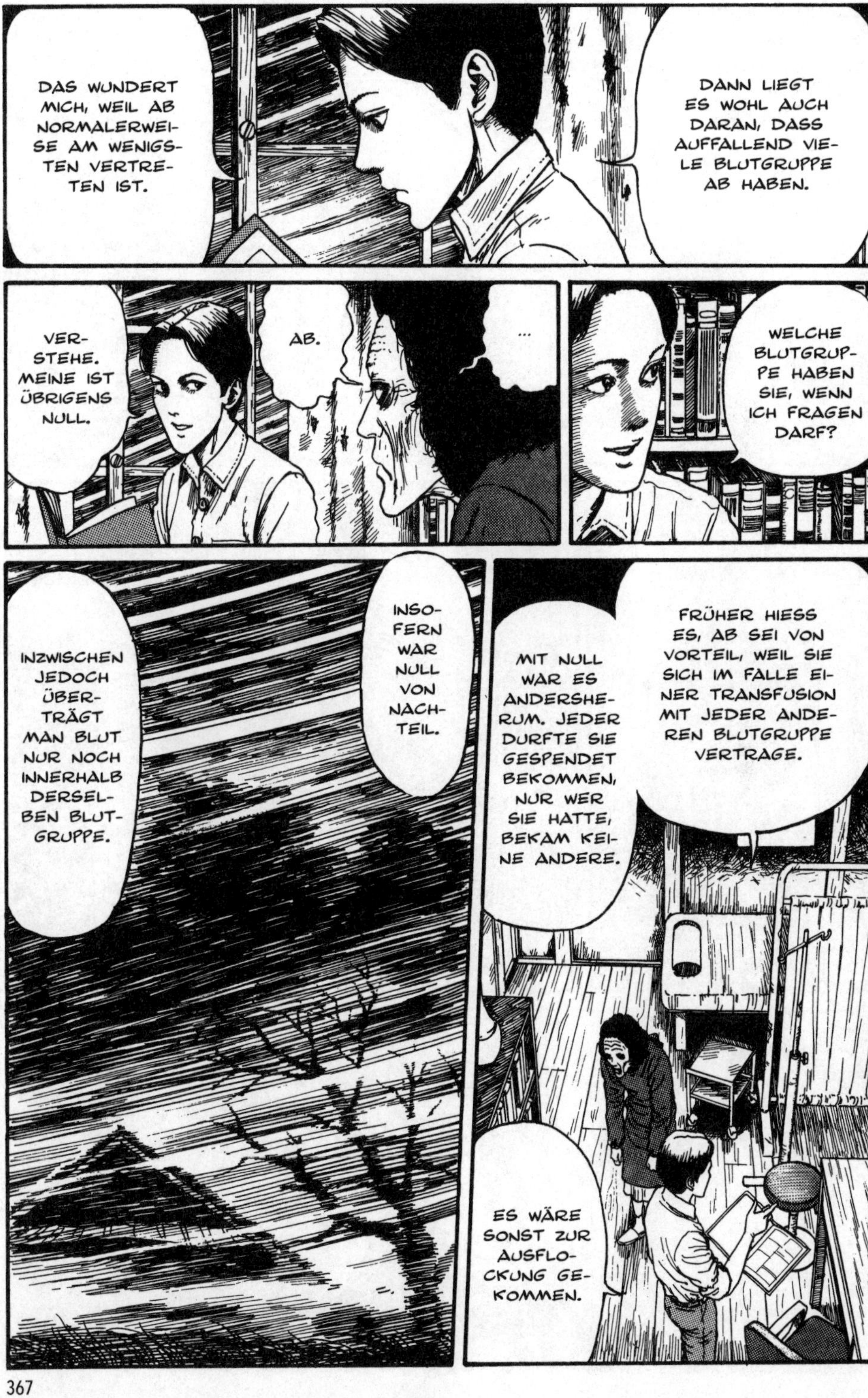

DANN LIEGT ES WOHL AUCH DARAN, DASS AUFFALLEND VIELE BLUTGRUPPE AB HABEN.
DAS WUNDERT MICH, WEIL AB NORMALERWEISE AM WENIGSTEN VERTRETEN IST.
WELCHE BLUTGRUPPE HABEN SIE, WENN ICH FRAGEN DARF?
...
AB.
VERSTEHE. MEINE IST ÜBRIGENS NULL.
FRÜHER HIESS ES, AB SEI VON VORTEIL, WEIL SIE SICH IM FALLE EINER TRANSFUSION MIT JEDER ANDEREN BLUTGRUPPE VERTRAGE.
MIT NULL WAR ES ANDERSHERUM. JEDER DURFTE SIE GESPENDET BEKOMMEN, NUR WER SIE HATTE, BEKAM KEINE ANDERE.
ES WÄRE SONST ZUR AUSFLOCKUNG GEKOMMEN.
INSOFERN WAR NULL VON NACHTEIL.
INZWISCHEN JEDOCH ÜBERTRÄGT MAN BLUT NUR NOCH INNERHALB DERSELBEN BLUTGRUPPE.

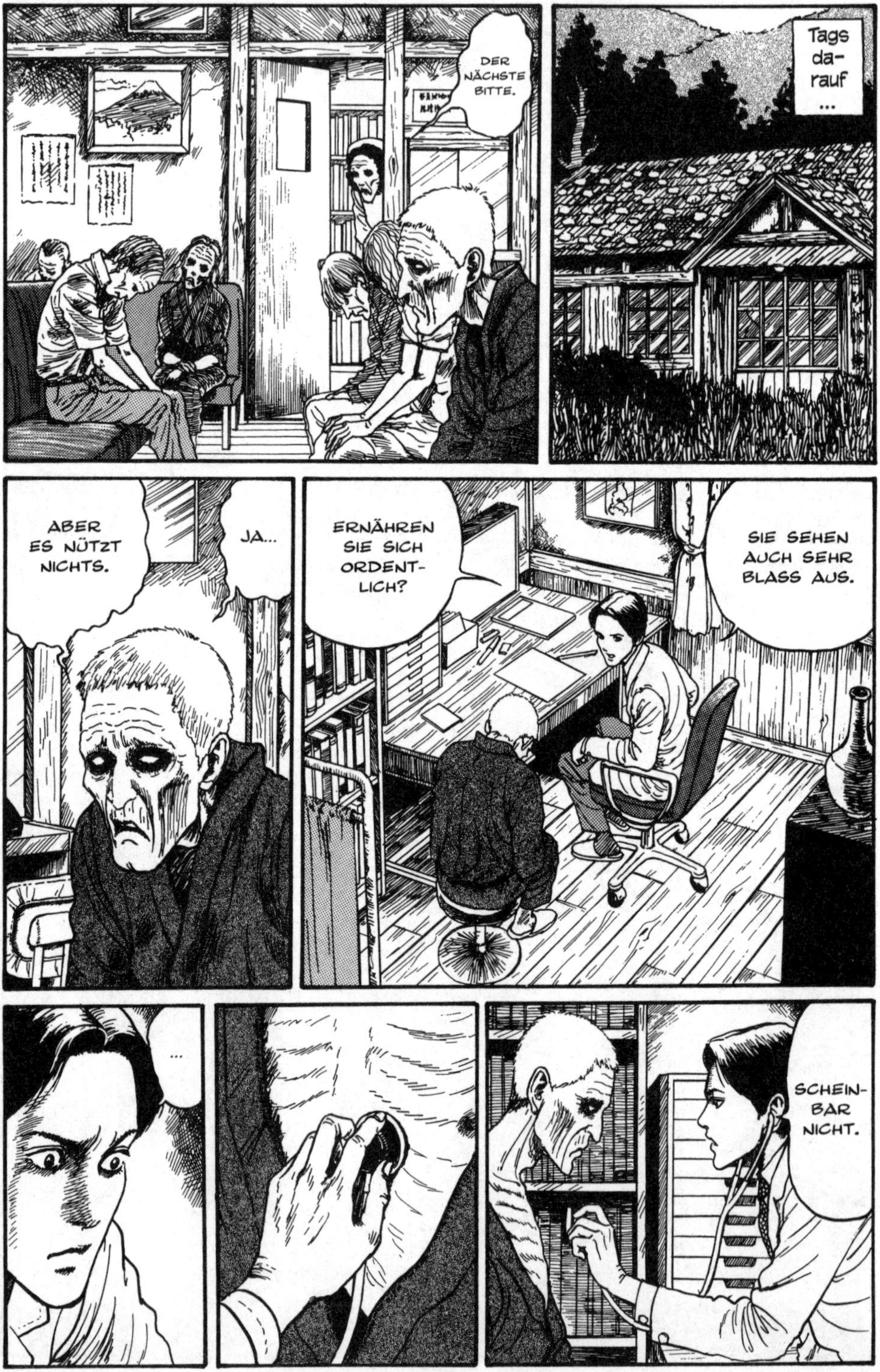
Tags darauf ...
DER NÄCHSTE BITTE.
SIE SEHEN AUCH SEHR BLASS AUS.
ERNÄHREN SIE SICH ORDENTLICH?
JA...
ABER ES NÜTZT NICHTS.
SCHEINBAR NICHT.
...

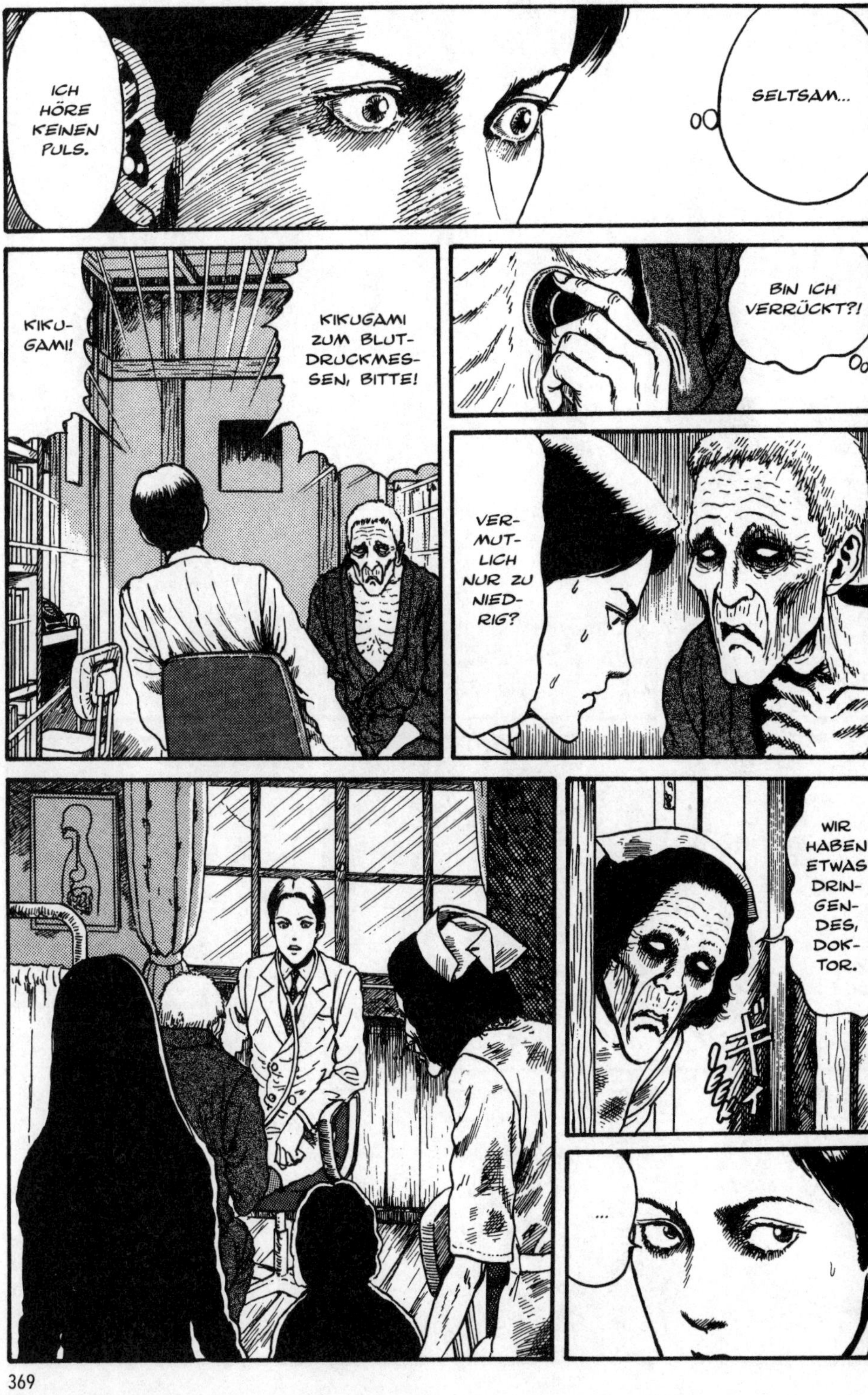
SELTSAM...
ICH HÖRE KEINEN PULS.
BIN ICH VERRÜCKT?!
VERMUT-LICH NUR ZU NIED-RIG?
KIKUGAMI ZUM BLUT-DRUCKMES-SEN, BITTE!
KIKU-GAMI!
WIR HABEN ETWAS DRIN-GEN-DES, DOK-TOR.
...

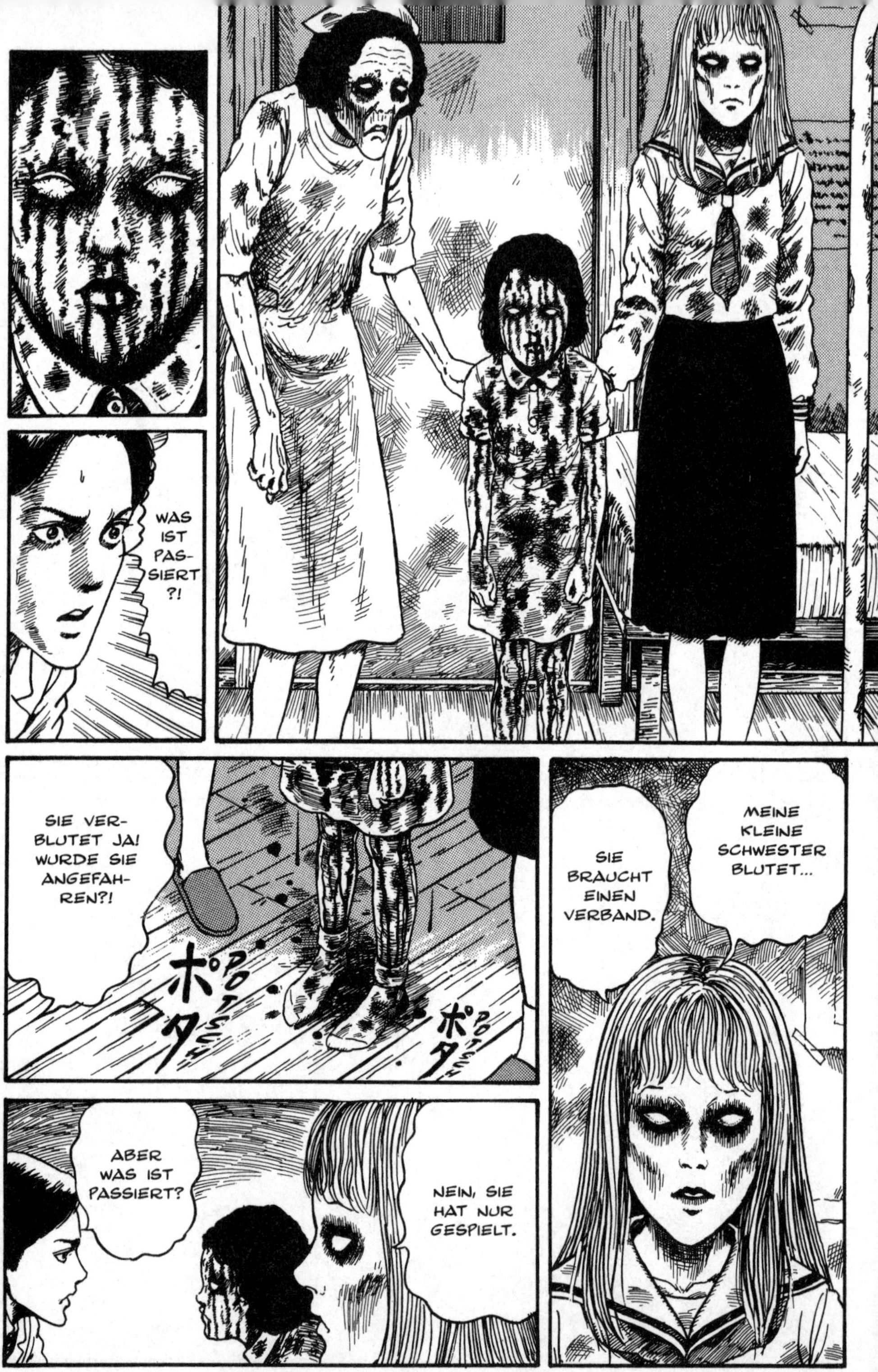
WAS IST PAS-SIERT ?!
SIE VER-BLUTET JA! WURDE SIE ANGEFAH-REN?!
ポタ POTSCH
ポタ POTSCH
MEINE KLEINE SCHWESTER BLUTET...
SIE BRAUCHT EINEN VERBAND.
ABER WAS IST PASSIERT?
NEIN, SIE HAT NUR GESPIELT.

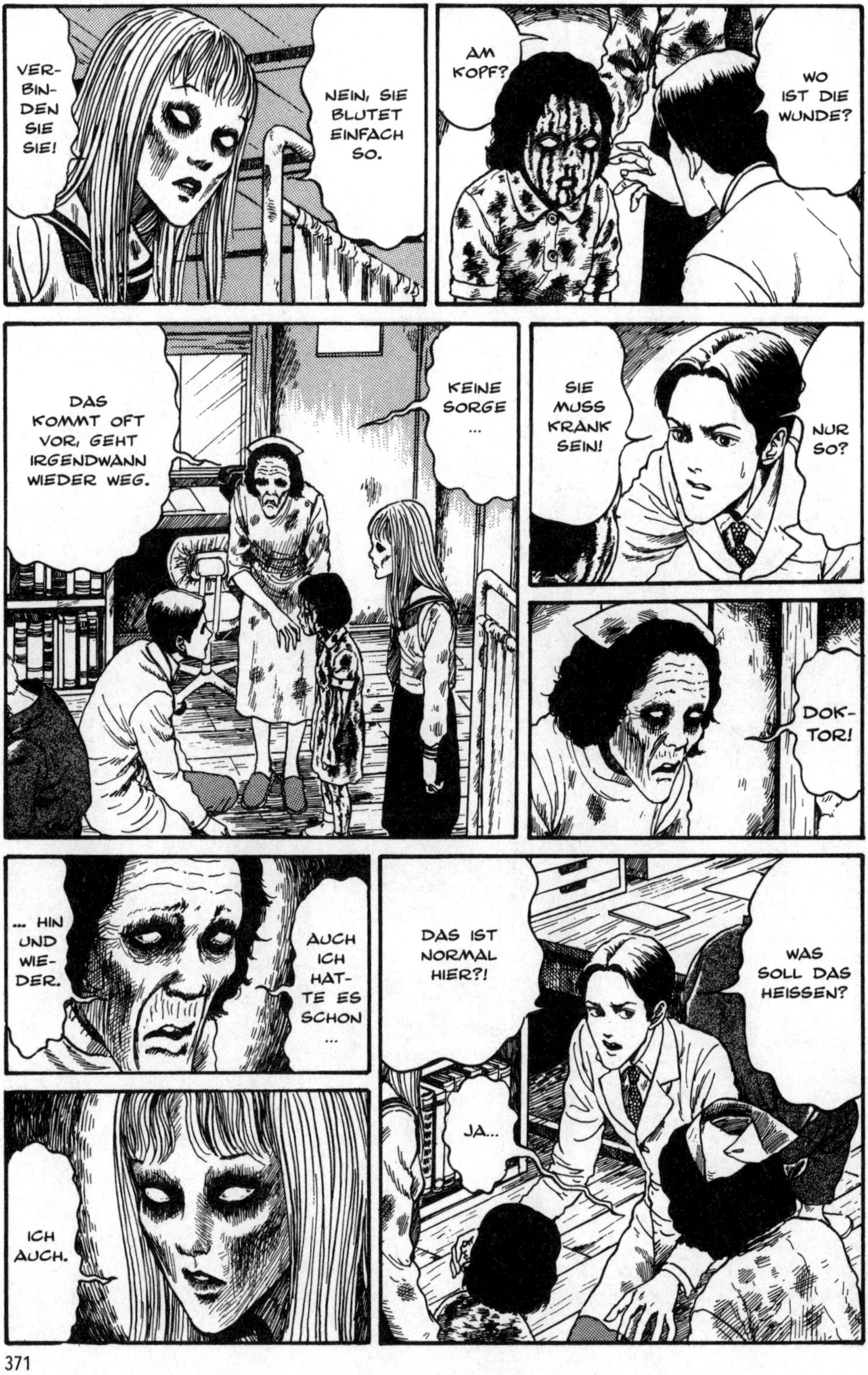
WO IST DIE WUNDE?
AM KOPF?
NEIN, SIE BLUTET EINFACH SO.
VERBINDEN SIE SIE!
NUR SO?
SIE MUSS KRANK SEIN!
KEINE SORGE ...
DAS KOMMT OFT VOR, GEHT IRGENDWANN WIEDER WEG.
DOKTOR!
WAS SOLL DAS HEISSEN?
DAS IST NORMAL HIER?!
JA...
AUCH ICH HATTE ES SCHON ...
... HIN UND WIEDER.
ICH AUCH.

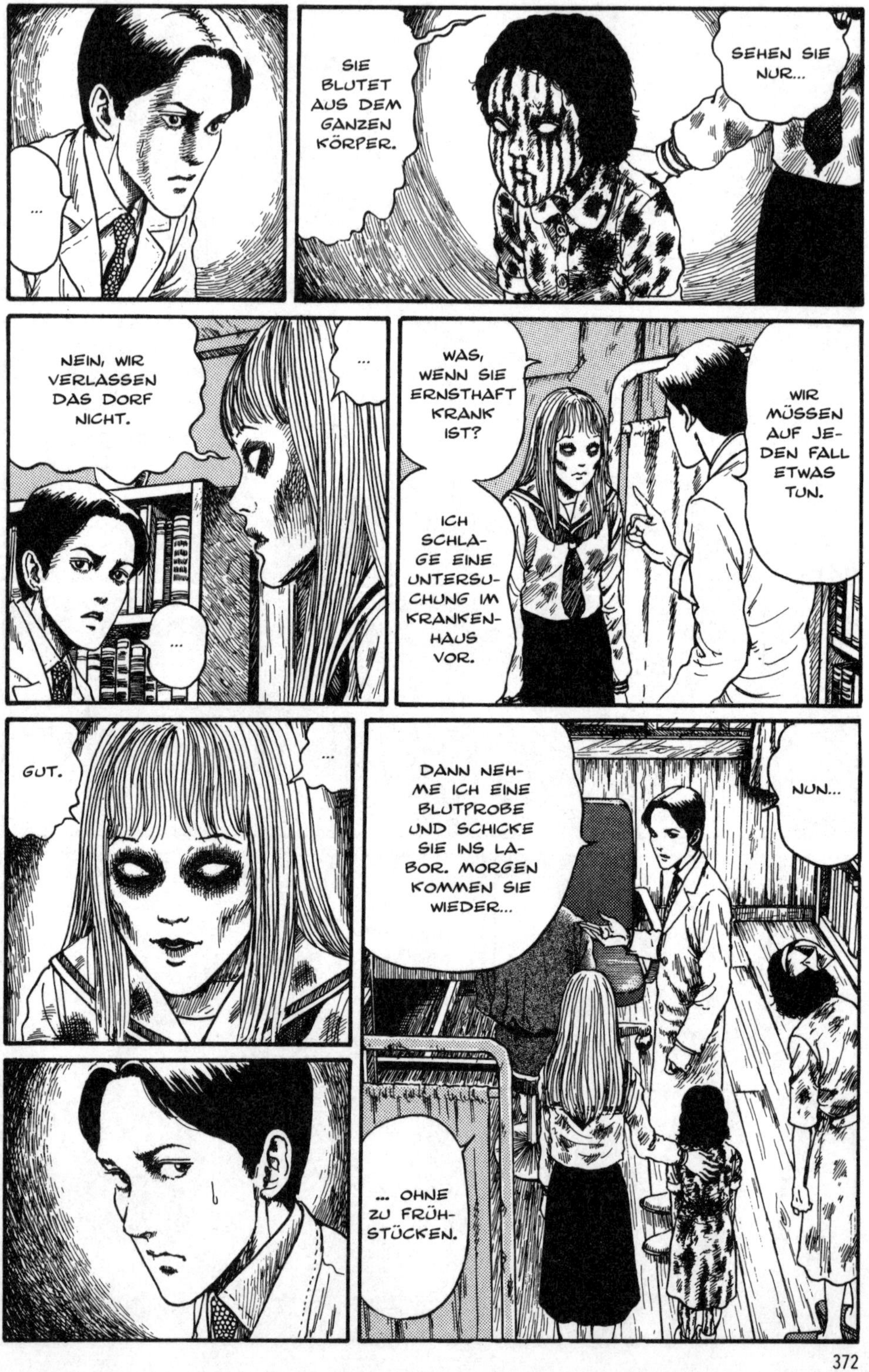
SEHEN SIE NUR...
SIE BLUTET AUS DEM GANZEN KÖRPER.
...
WIR MÜSSEN AUF JEDEN FALL ETWAS TUN.
WAS, WENN SIE ERNSTHAFT KRANK IST?
ICH SCHLAGE EINE UNTERSUCHUNG IM KRANKENHAUS VOR.
...
NEIN, WIR VERLASSEN DAS DORF NICHT.
...
NUN...
DANN NEHME ICH EINE BLUTPROBE UND SCHICKE SIE INS LABOR. MORGEN KOMMEN SIE WIEDER...
... OHNE ZU FRÜHSTÜCKEN.
...
GUT.

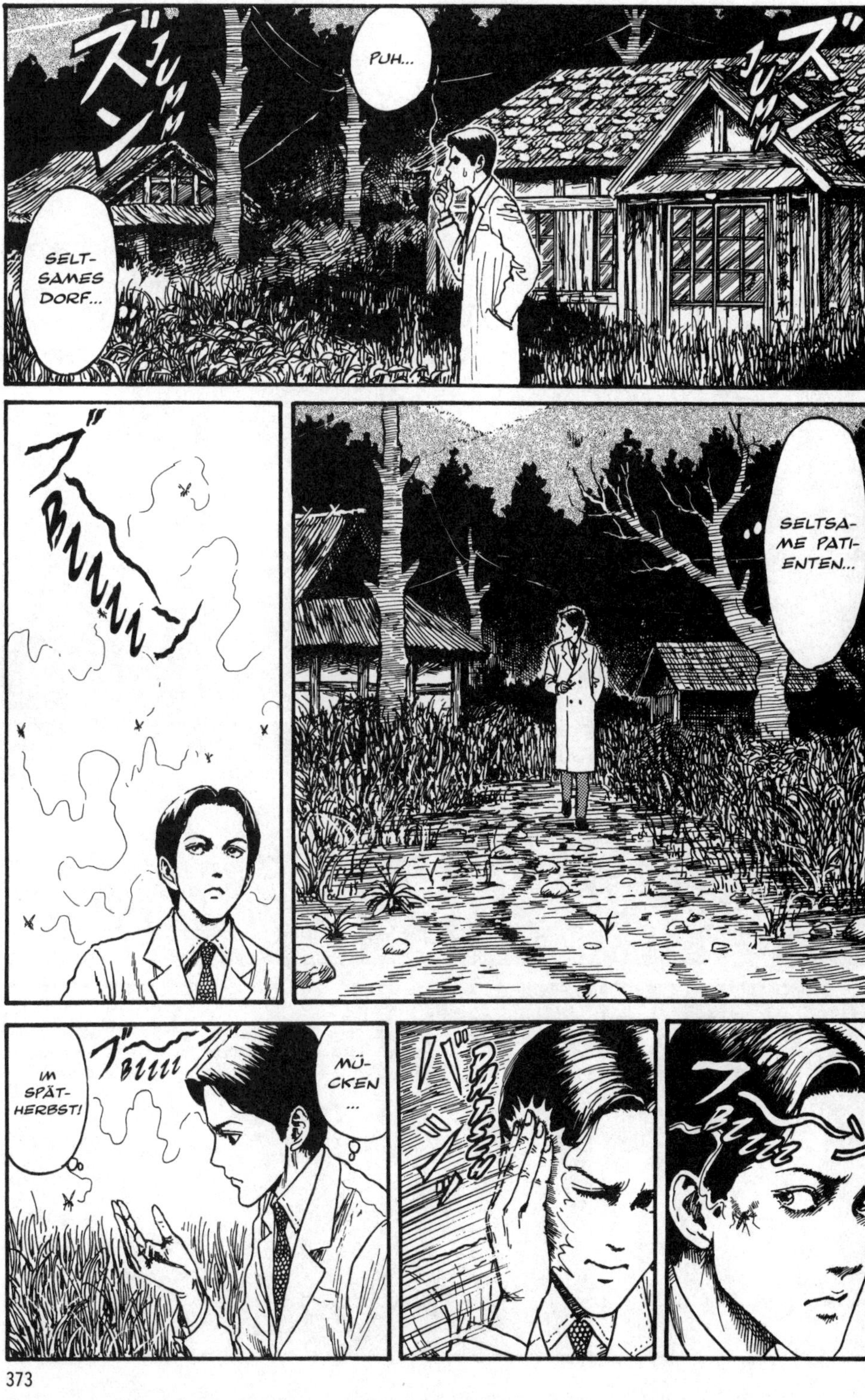
ズン
JUMMM
PUH...
SELT-
SAMES
DORF...
ズン
JUMMM
SELTSA-
ME PATI-
ENTEN...
ブ
BZZZZZ
バ
PATSCH
MÜ-
CKEN
...
IM
SPÄT-
HERBST!
ブ
BZZZZ
ブ
BZZZZ

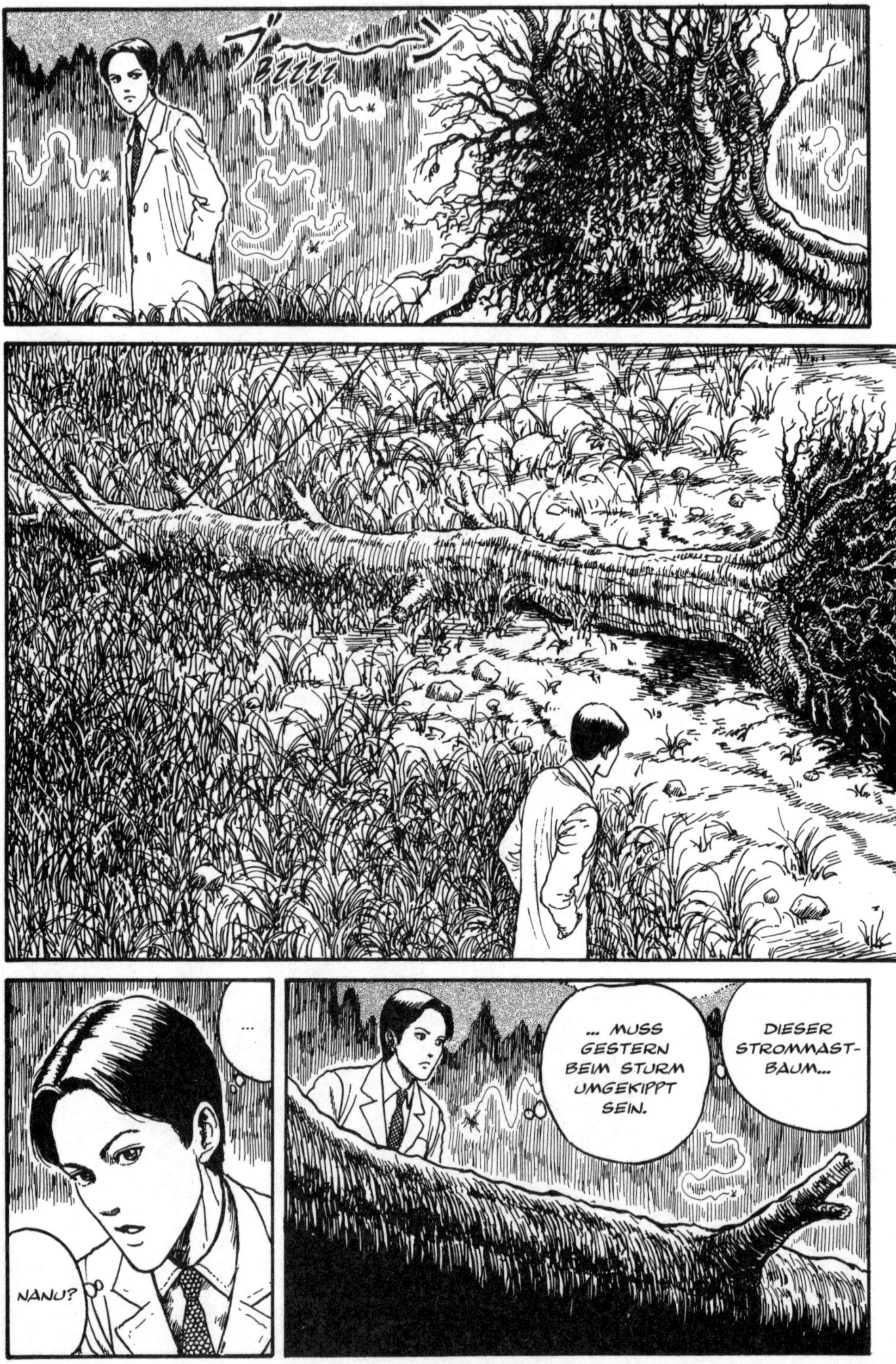
BZZZZ
DIESER STROMMAST-BAUM...
... MUSS GESTERN BEIM STURM UMGEKIPPT SEIN.
...
NANU?

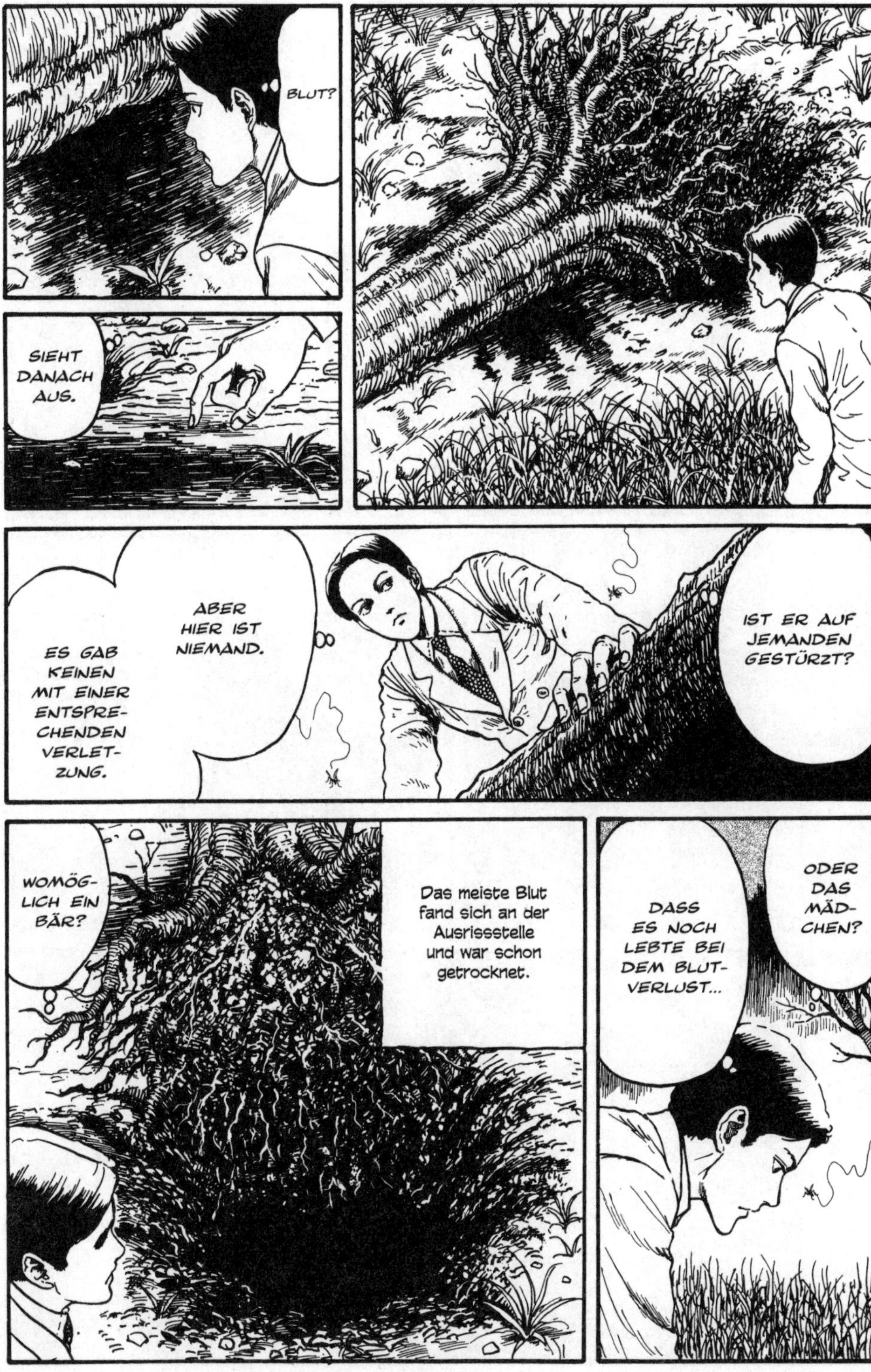
BLUT?
SIEHT DANACH AUS.
IST ER AUF JEMANDEN GESTÜRZT?
ABER HIER IST NIEMAND.
ES GAB KEINEN MIT EINER ENTSPRE-CHENDEN VERLET-ZUNG.
ODER DAS MÄD-CHEN?
DASS ES NOCH LEBTE BEI DEM BLUT-VERLUST...
Das meiste Blut fand sich an der Ausrissstelle und war schon getrocknet.
WOMÖG-LICH EIN BÄR?

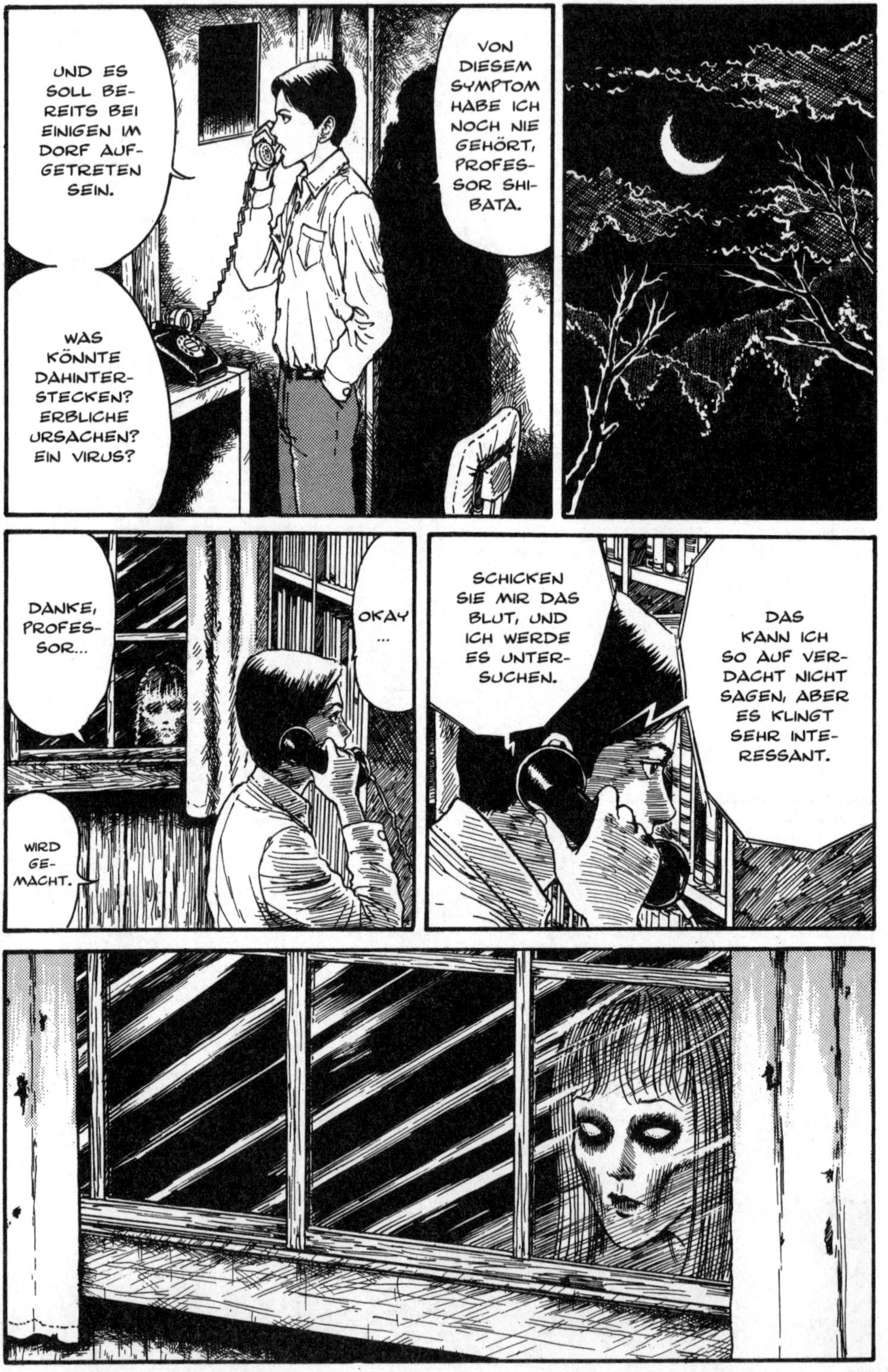
UND ES SOLL BEREITS BEI EINIGEN IM DORF AUFGETRETEN SEIN.
WAS KÖNNTE DAHINTERSTECKEN? ERBLICHE URSACHEN? EIN VIRUS?
VON DIESEM SYMPTOM HABE ICH NOCH NIE GEHÖRT, PROFESSOR SHIBATA.
DAS KANN ICH SO AUF VERDACHT NICHT SAGEN, ABER ES KLINGT SEHR INTERESSANT.
SCHICKEN SIE MIR DAS BLUT, UND ICH WERDE ES UNTERSUCHEN.
OKAY ...
DANKE, PROFESSOR...
WIRD GEMACHT.

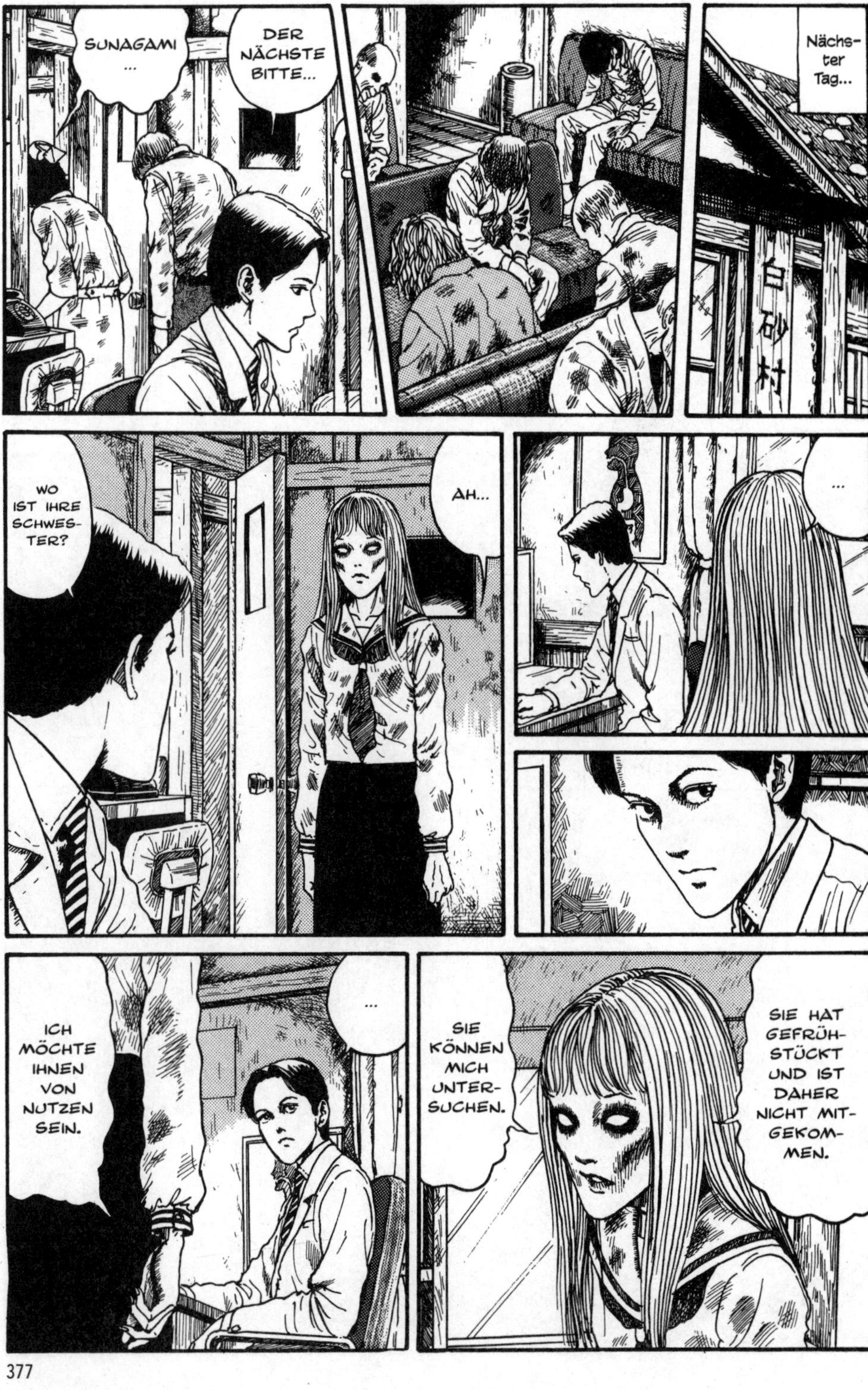
Nächster Tag...
白砂村
Der nächste bitte...
Sunagami ...
...
Ah...
Wo ist Ihre Schwester?
Sie hat gefrühstückt und ist daher nicht mitgekommen.
Sie können mich untersuchen.
...
Ich möchte Ihnen von Nutzen sein.

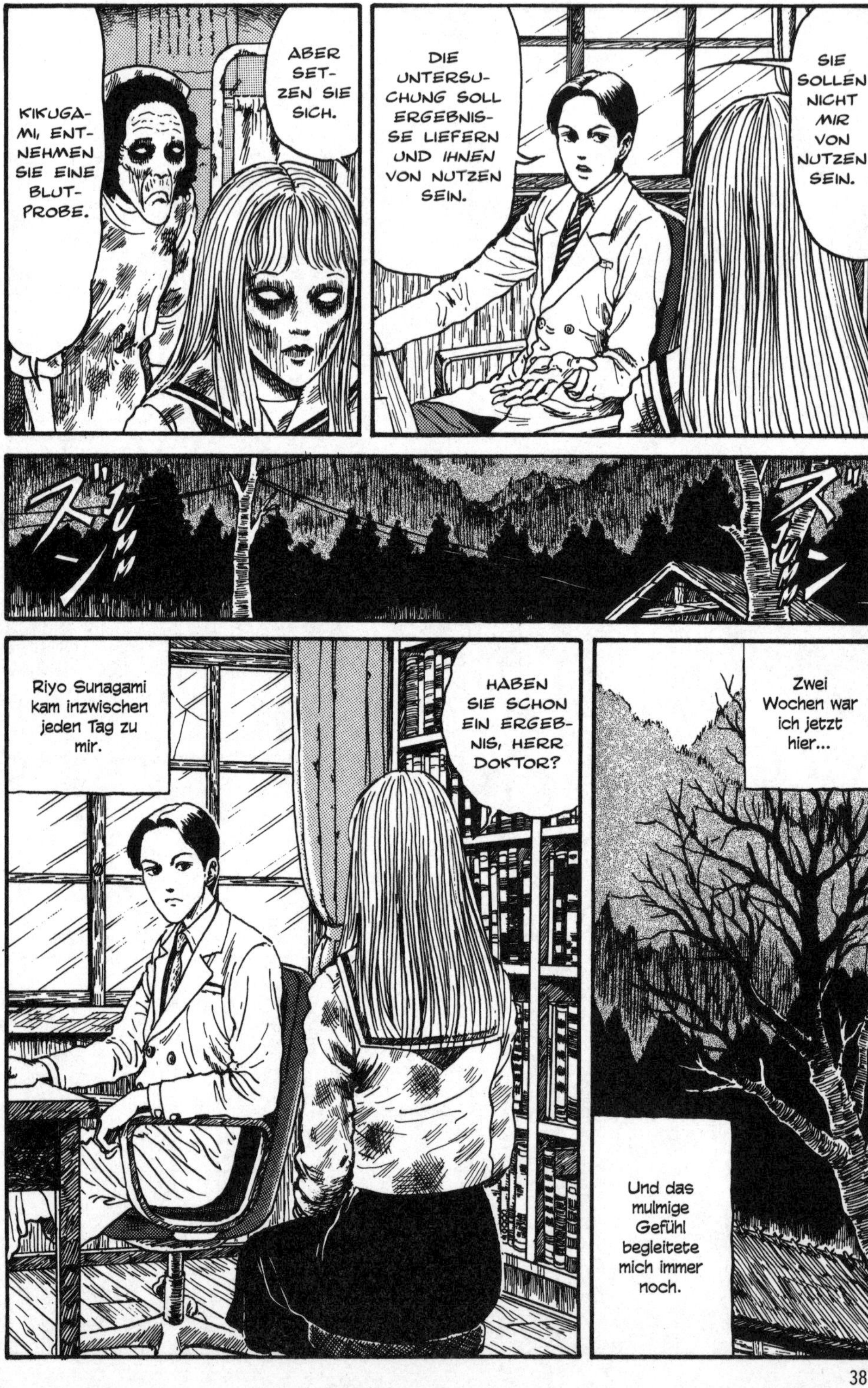
Sie sollen nicht mir von Nutzen sein.
Die Untersuchung soll Ergebnisse liefern und Ihnen von Nutzen sein.
Aber setzen Sie sich.
Kikugami, entnehmen Sie eine Blutprobe.
SUMM
SUMM
Zwei Wochen war ich jetzt hier...
Und das mulmige Gefühl begleitete mich immer noch.
Haben Sie schon ein Ergebnis, Herr Doktor?
Riyo Sunagami kam inzwischen jeden Tag zu mir.

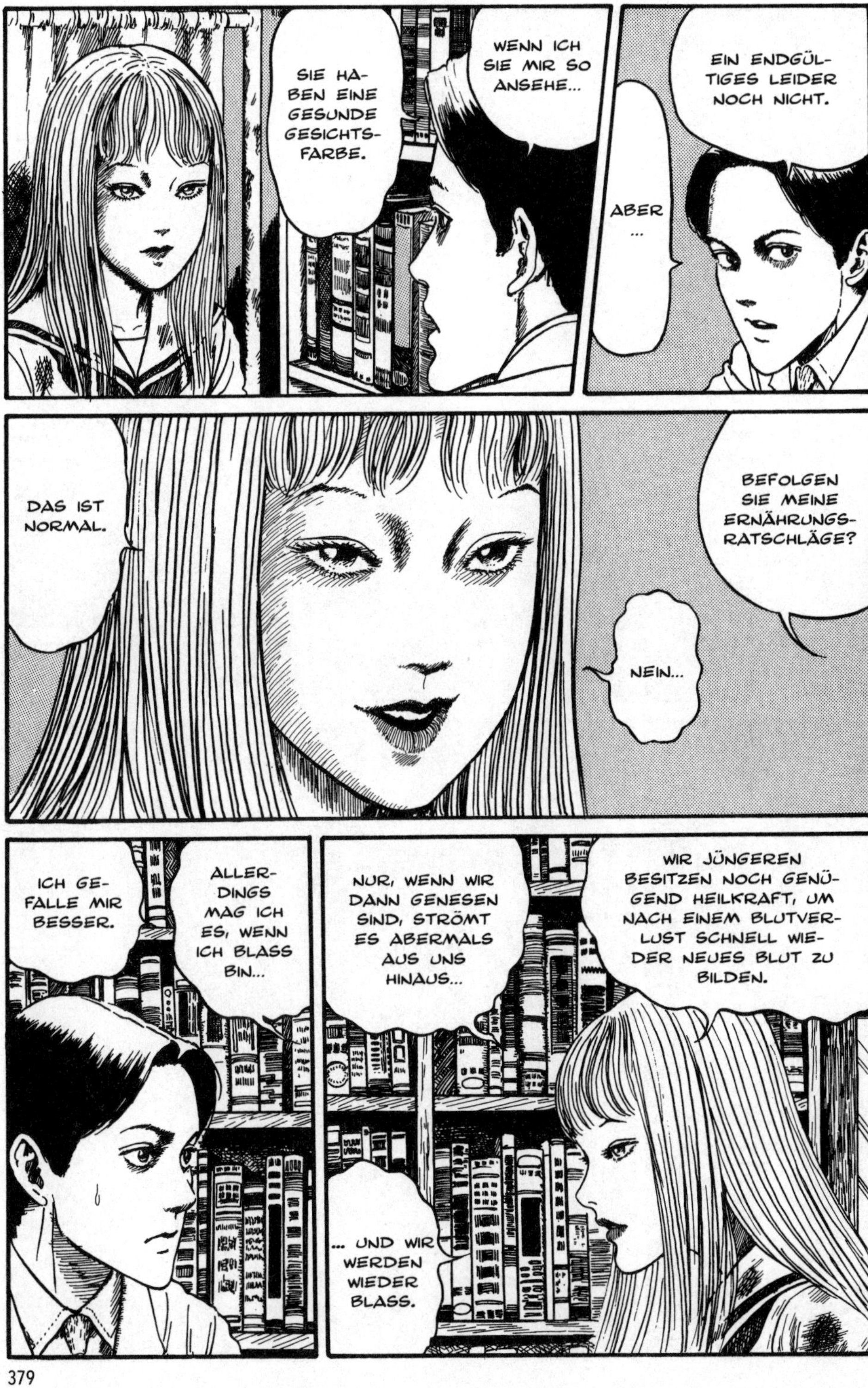
EIN ENDGÜLTIGES LEIDER NOCH NICHT.
ABER ...
WENN ICH SIE MIR SO ANSEHE...
SIE HABEN EINE GESUNDE GESICHTSFARBE.
BEFOLGEN SIE MEINE ERNÄHRUNGSRATSCHLÄGE?
NEIN...
DAS IST NORMAL.
WIR JÜNGEREN BESITZEN NOCH GENÜGEND HEILKRAFT, UM NACH EINEM BLUTVERLUST SCHNELL WIEDER NEUES BLUT ZU BILDEN.
NUR, WENN WIR DANN GENESEN SIND, STRÖMT ES ABERMALS AUS UNS HINAUS...
... UND WIR WERDEN WIEDER BLASS.
ALLERDINGS MAG ICH ES, WENN ICH BLASS BIN...
ICH GEFALLE MIR BESSER.

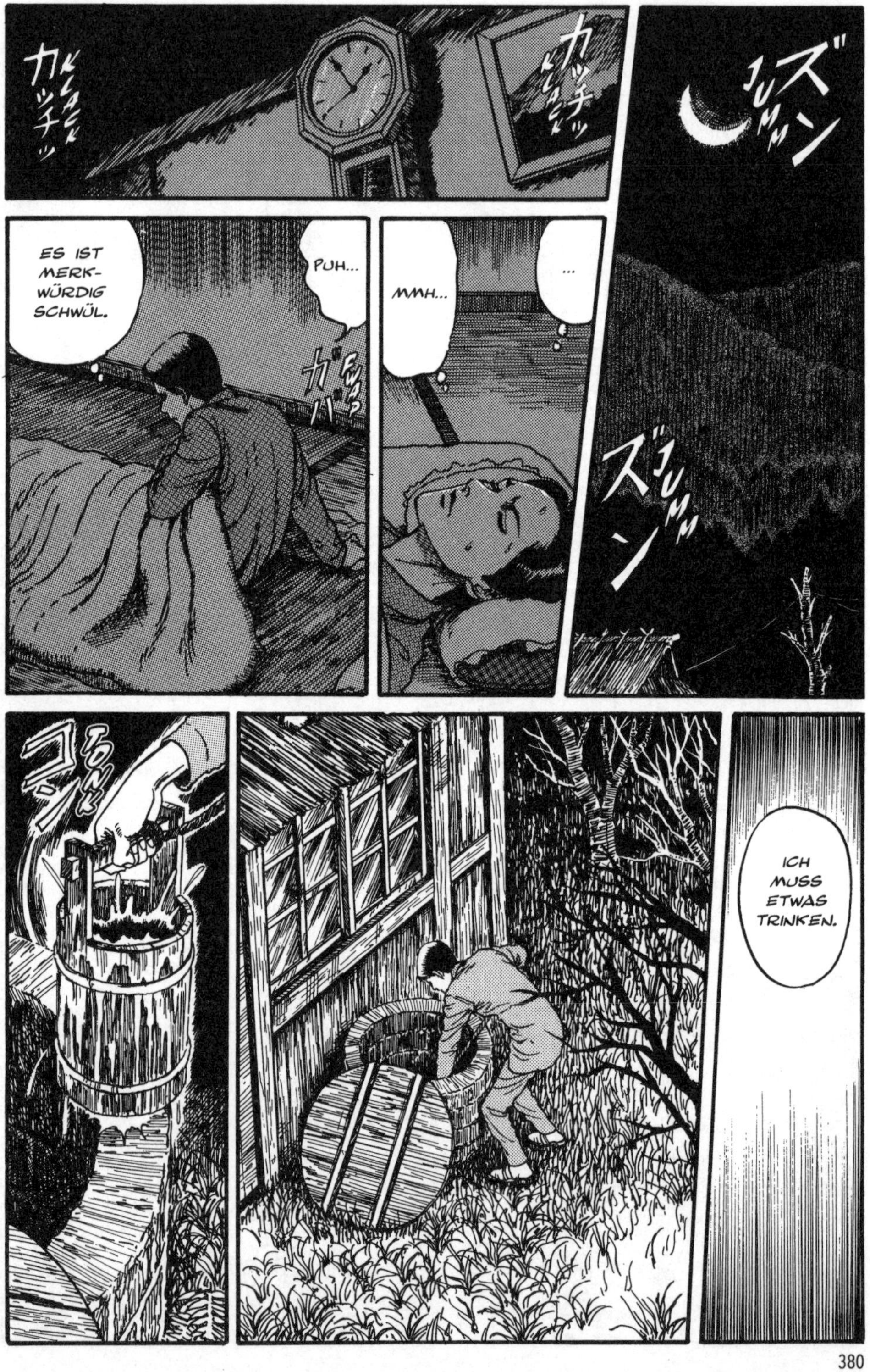

ズン
JUMM
カッチッ
KLACK
カッチッ
KLACK
ズン
JUMM
...
MMH...
PUH...
ES IST MERKWÜRDIG SCHWÜL.
ガバ
FWMP
ICH MUSS ETWAS TRINKEN.
コン
TONK

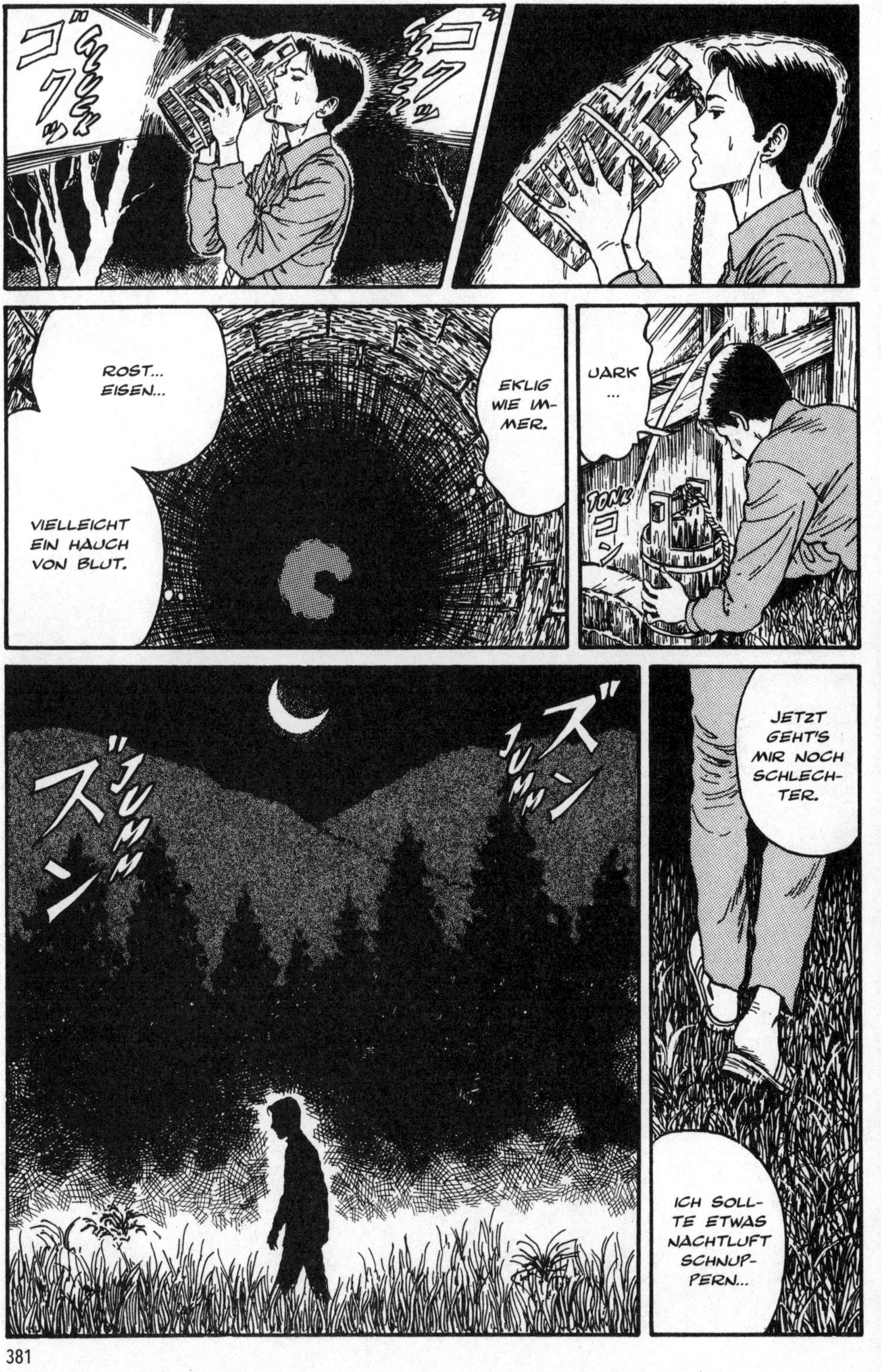
コクッ
GLUCK
ゴクッ
GLUCK
UARK ...
TONK
コン
EKLIG WIE IMMER.
ROST... EISEN...
VIELLEICHT EIN HAUCH VON BLUT.
JETZT GEHT'S MIR NOCH SCHLECHTER.
ICH SOLLTE ETWAS NACHTLUFT SCHNUPPERN...
ズン
JUMM
ズン
JUMM

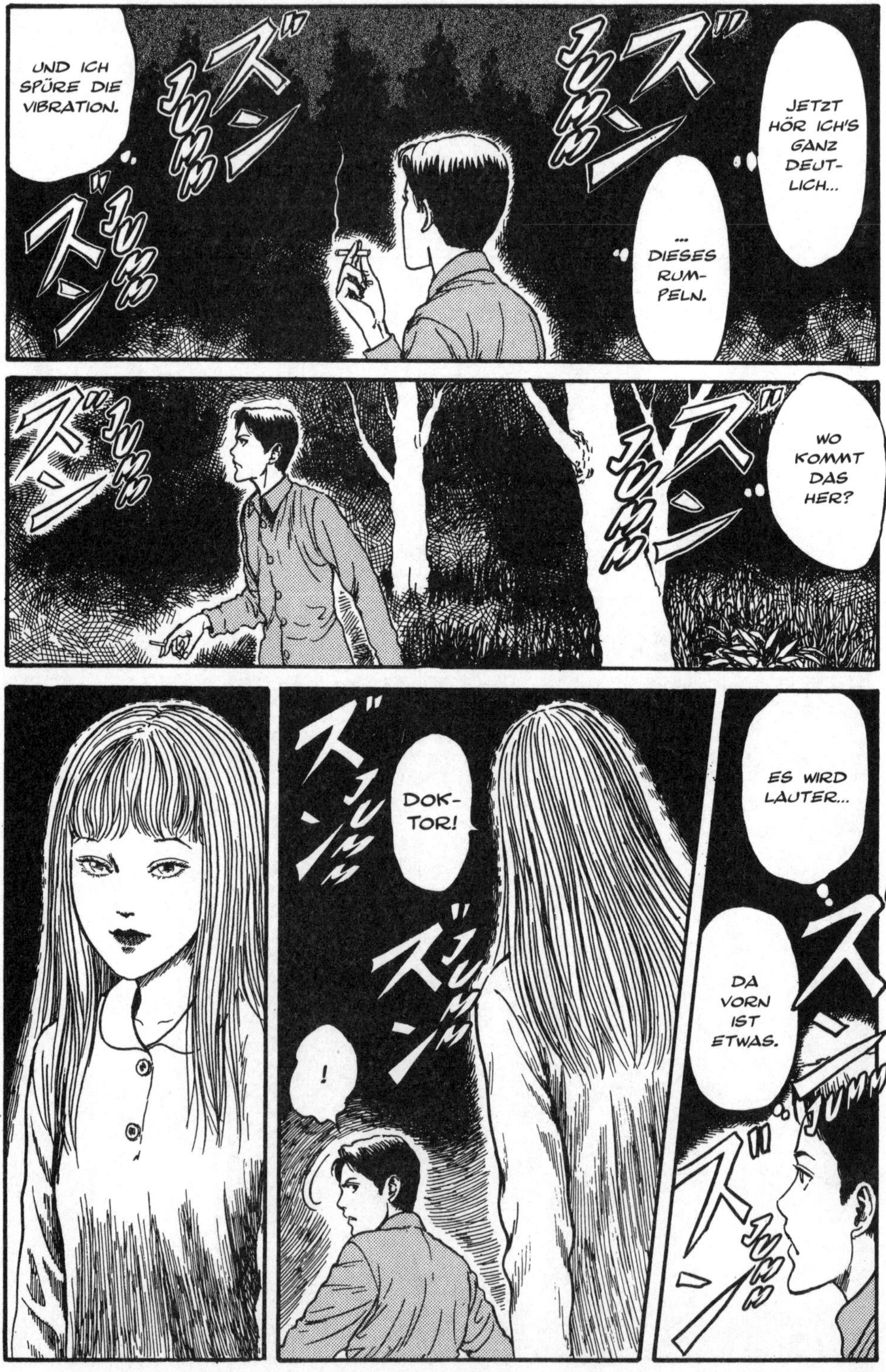
JETZT HÖR ICH'S GANZ DEUTLICH...
... DIESES RUMPELN.
UND ICH SPÜRE DIE VIBRATION.
WO KOMMT DAS HER?
ES WIRD LAUTER...
DA VORN IST ETWAS.
DOKTOR!
!

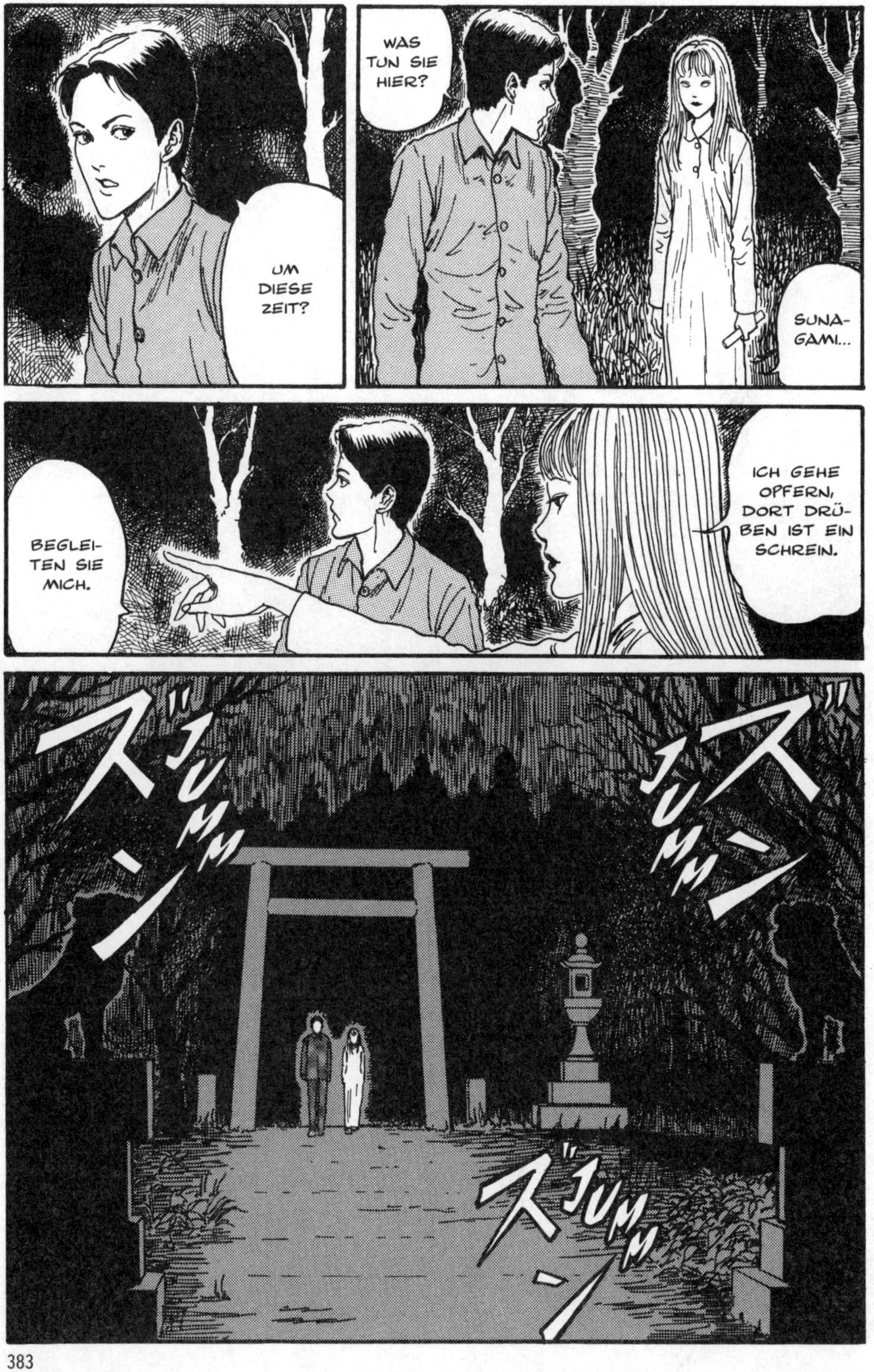
SUNA-GAMI...
WAS TUN SIE HIER?
UM DIESE ZEIT?
ICH GEHE OPFERN, DORT DRÜBEN IST EIN SCHREIN.
BEGLEI-TEN SIE MICH.
JUMM
JUMM
JUMM

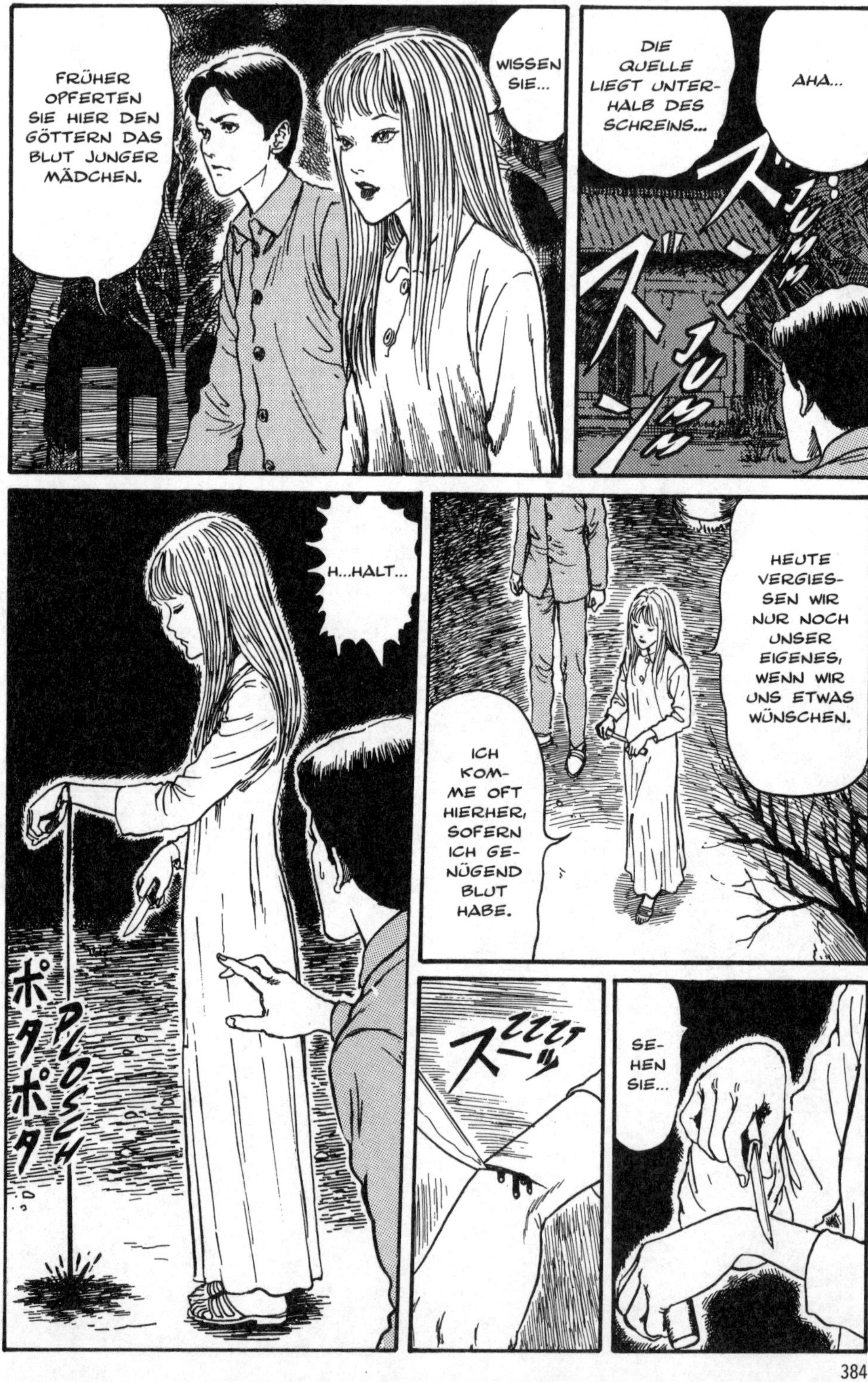
WISSEN SIE...
DIE QUELLE LIEGT UNTERHALB DES SCHREINS...
AHA...
JUMM
JUMM
FRÜHER OPFERTEN SIE HIER DEN GÖTTERN DAS BLUT JUNGER MÄDCHEN.
ICH KOMME OFT HIERHER, SOFERN ICH GENÜGEND BLUT HABE.
HEUTE VERGIESSEN WIR NUR NOCH UNSER EIGENES, WENN WIR UNS ETWAS WÜNSCHEN.
SEHEN SIE...
ZZZZT
H...HALT...
PLOSCH

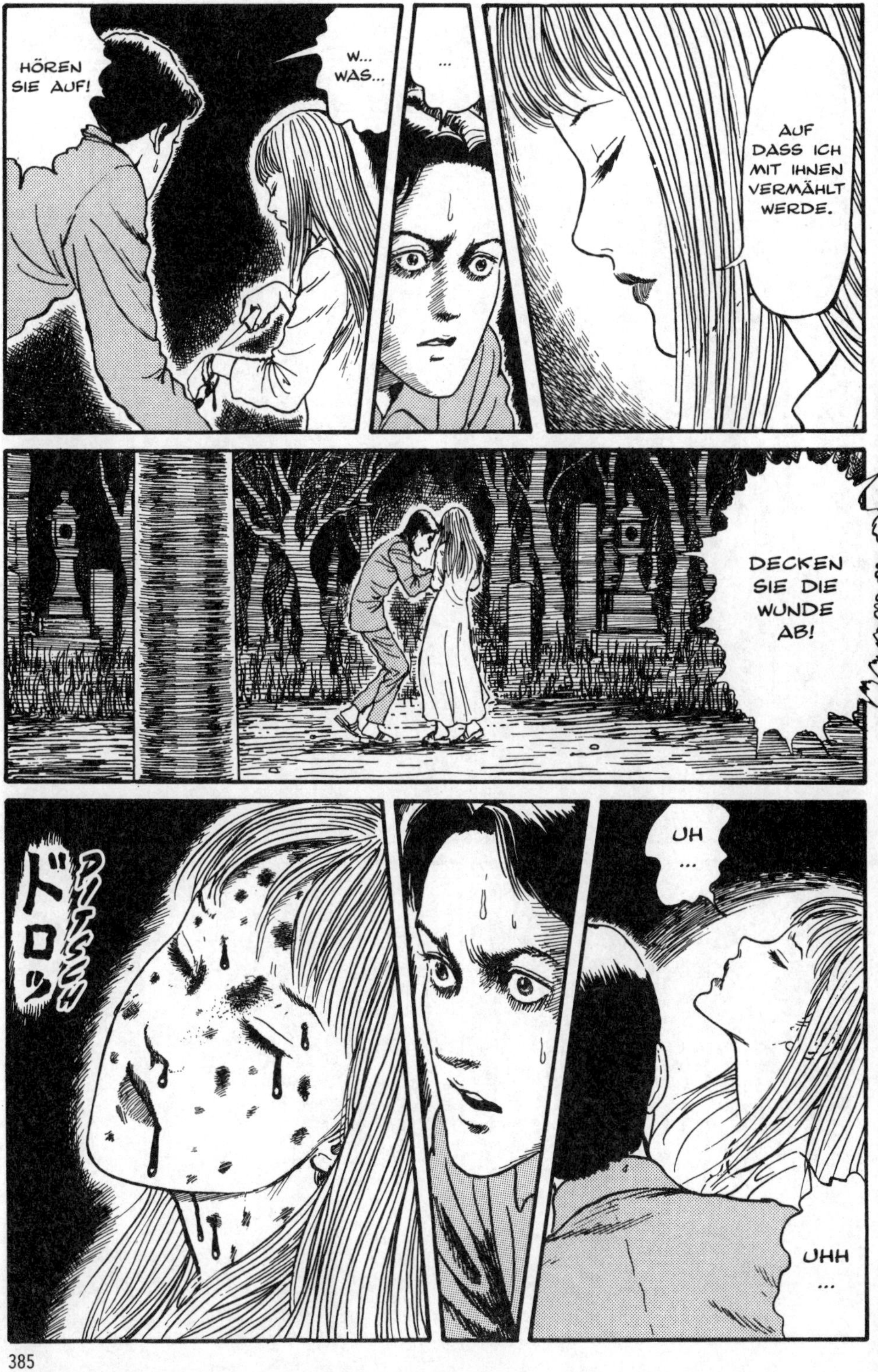
HÖREN SIE AUF!
W... WAS...
...
AUF DASS ICH MIT IHNEN VERMÄHLT WERDE.
DECKEN SIE DIE WUNDE AB!
ドロッ
PITSCHH
UH ...
UHH ...

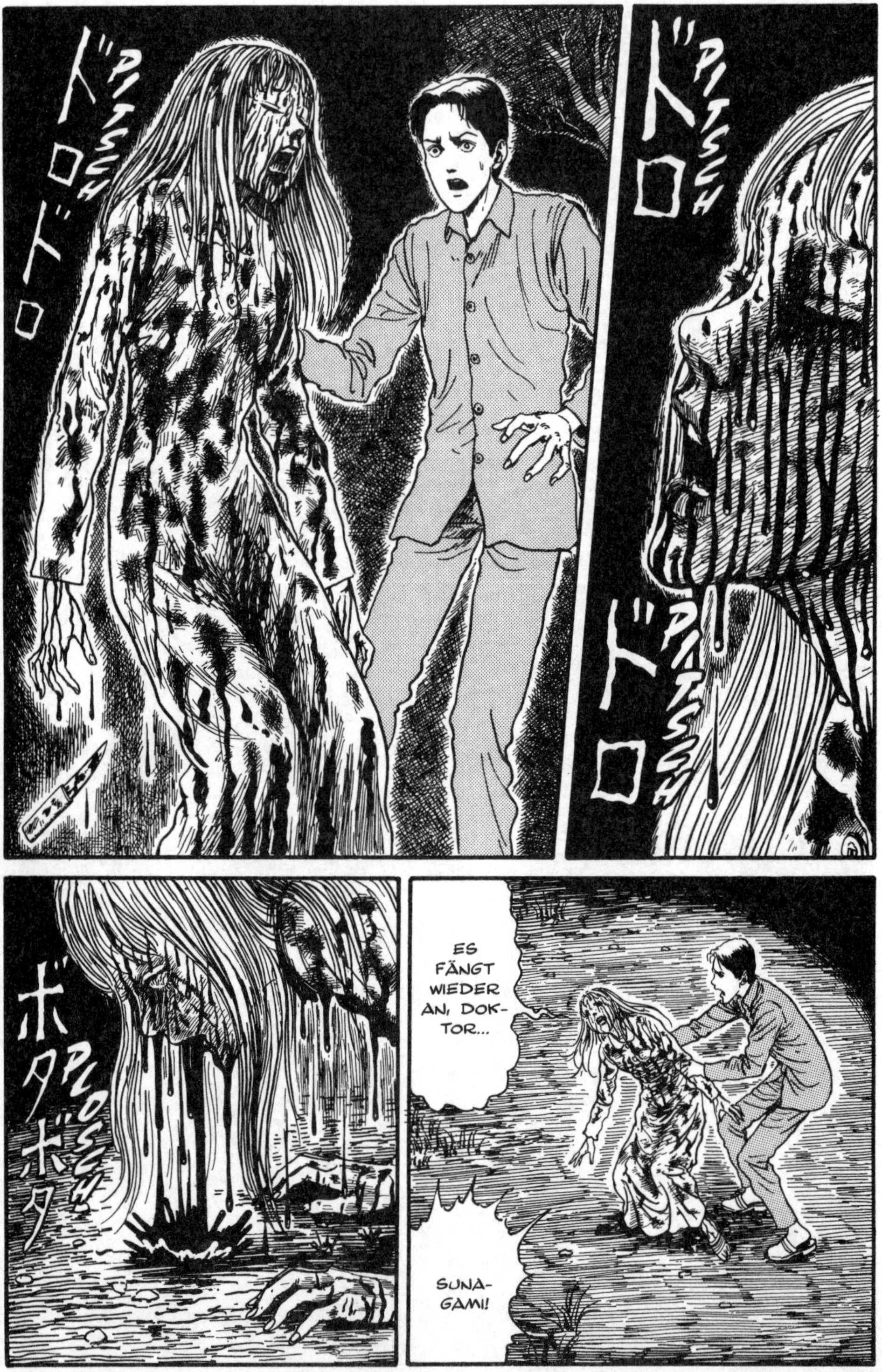

ドロ
PITSCH
ドロ
PITSCH
PITSCH
ドロドロ
ES FÄNGT WIEDER AN, DOKTOR...
SUNAGAMI!
ボタボタ
PLOSCH

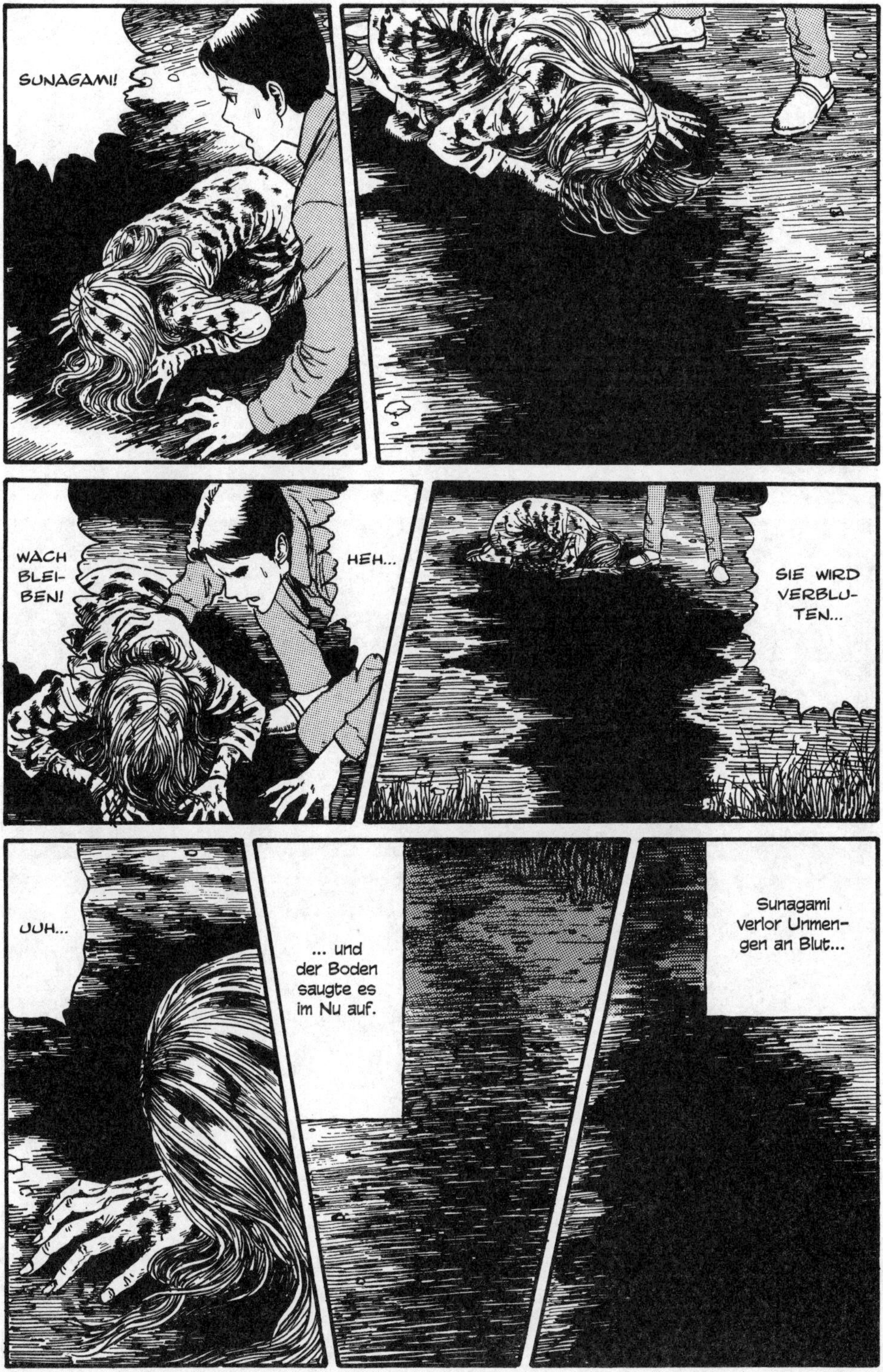
SUNAGAMI!
WACH BLEI-BEN!
HEH...
SIE WIRD VERBLU-TEN...
Sunagami verlor Unmen-gen an Blut...
... und der Boden saugte es im Nu auf.
UUH...

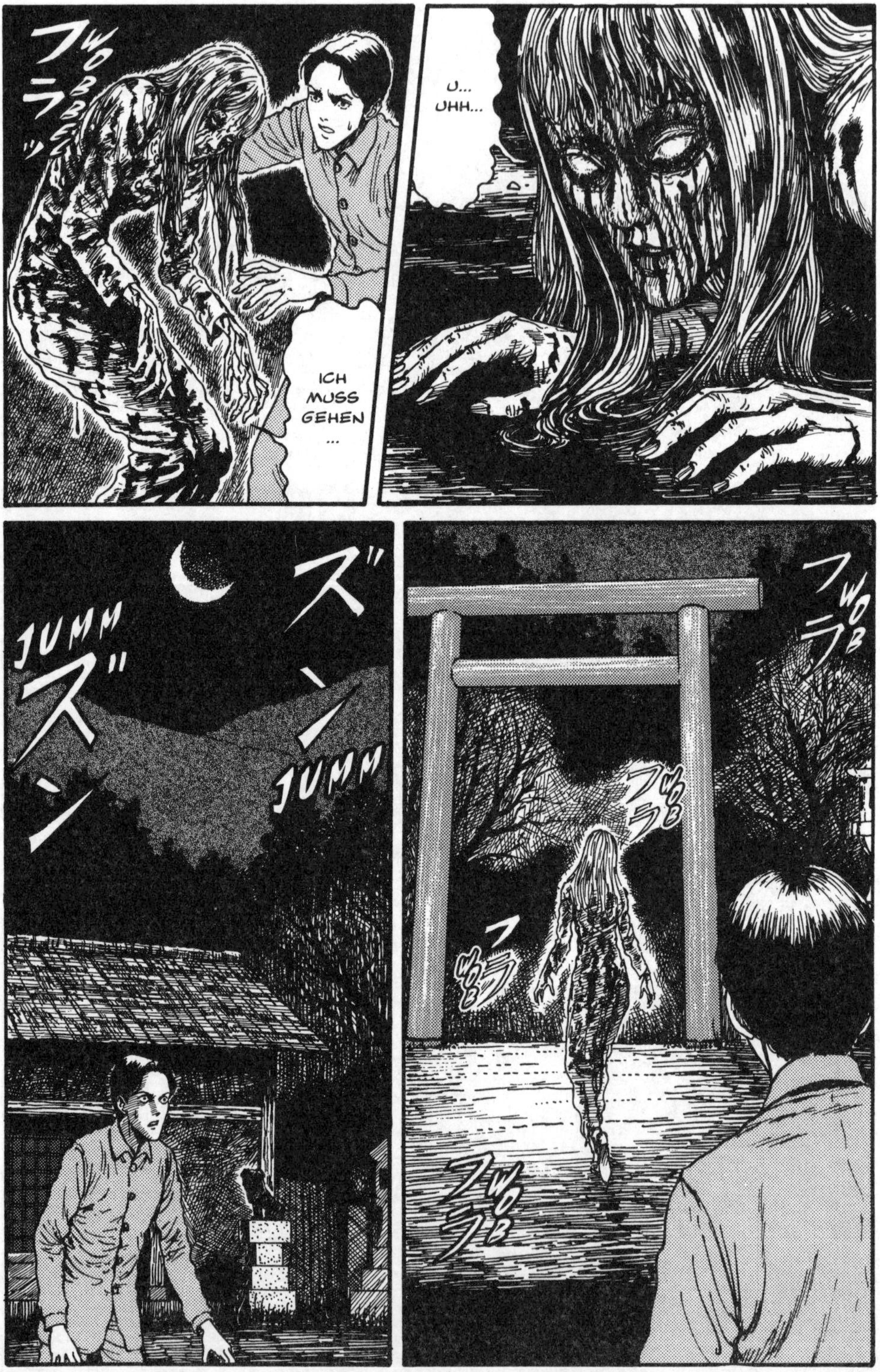
U... UHH...
フラッ
WOBBEL
ICH MUSS GEHEN ...
フラ
WOB
フラ
WOB
フラ
WOB
フラ
WOB
ズーン
JUMM
ズーン
JUMM

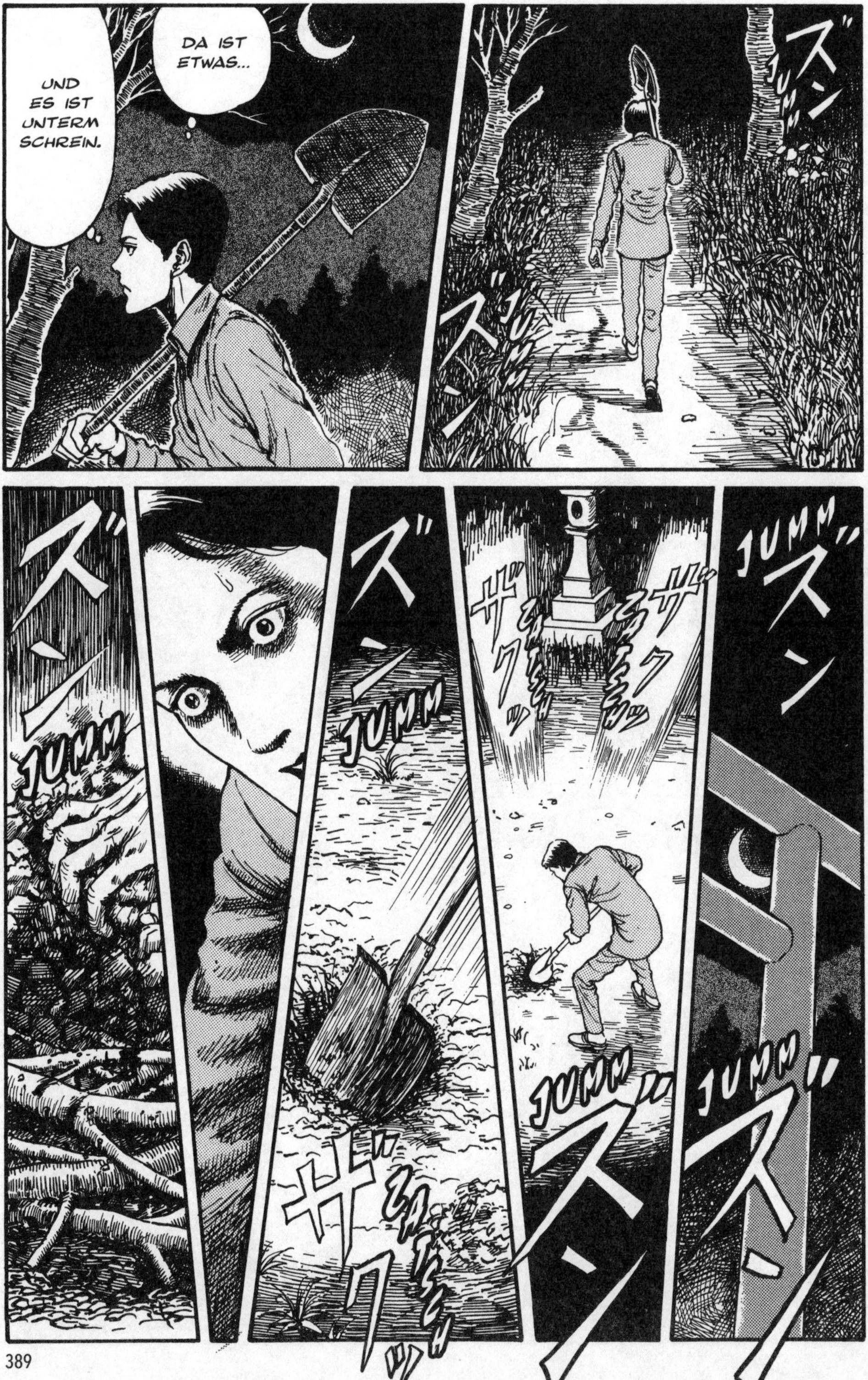
DA IST ETWAS...
UND ES IST UNTERM SCHREIN.
ズン
JUMM
ズン
JUMM
JUMM
ズン
ザク
ザク
JUMM
ズン
JUMM
ズン
ザク
JUMM
ズン
JUMM
ズン

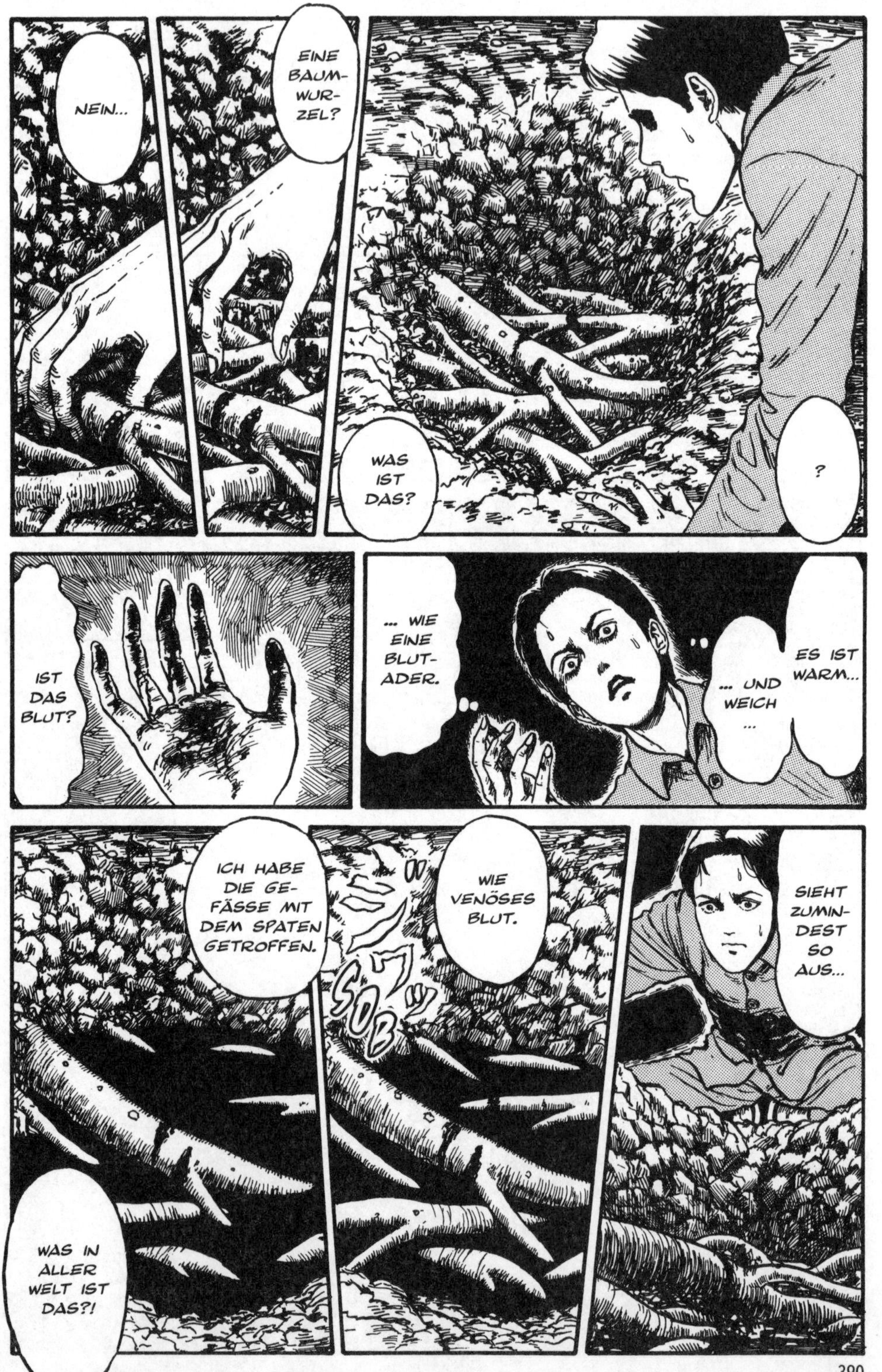
?
Was ist das?
Eine Baum-wurzel?
Nein...
Es ist warm...
... und weich ...
... wie eine Blut-ader.
Ist das Blut?
Sieht zumin-dest so aus...
Wie venöses Blut.
SOB
Ich habe die Ge-fässe mit dem Spaten getroffen.
Was in aller Welt ist das?!

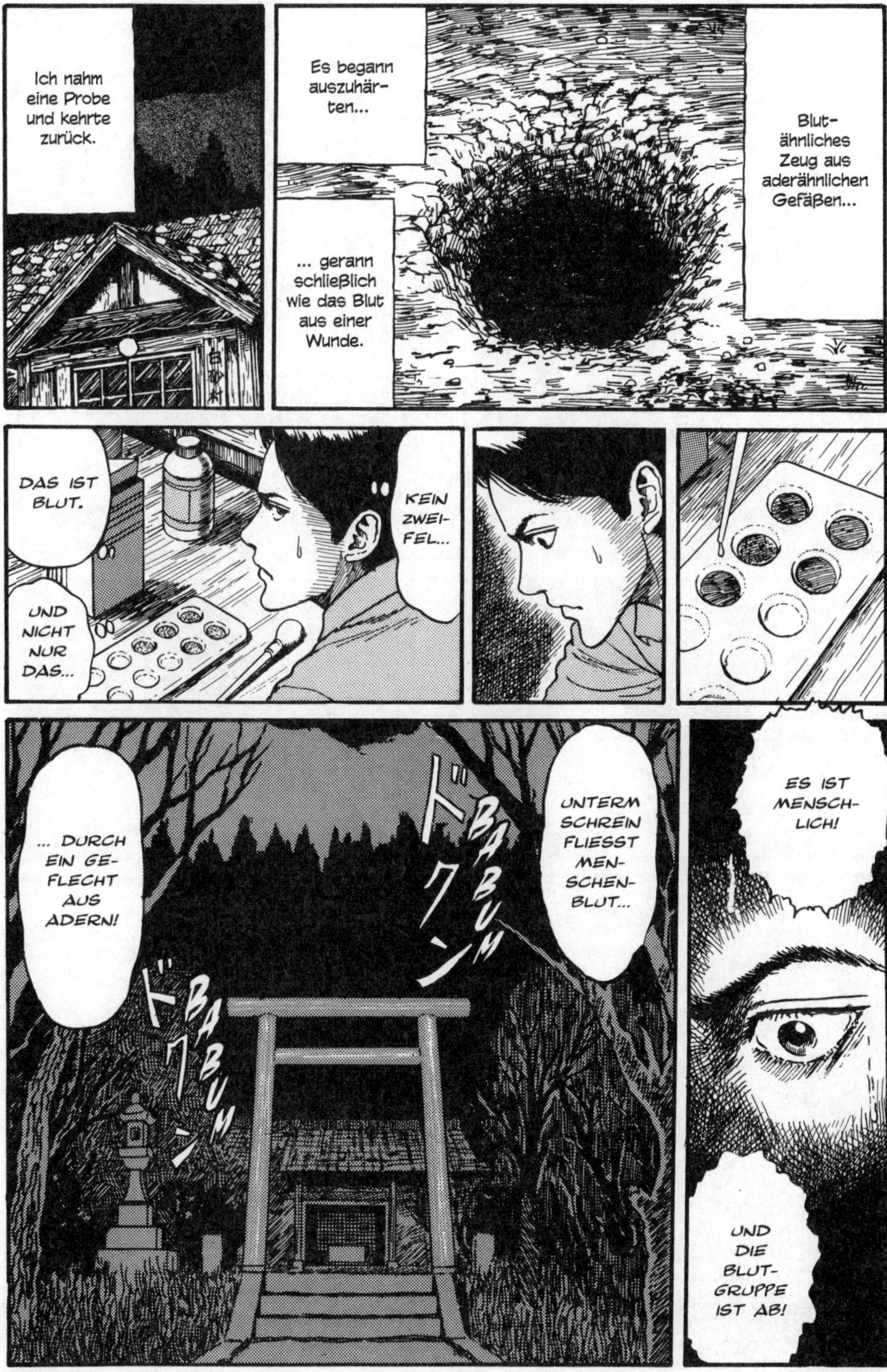
Blut-ähnliches Zeug aus aderähnlichen Gefäßen...
Es begann auszuhärten...
... gerann schließlich wie das Blut aus einer Wunde.
Ich nahm eine Probe und kehrte zurück.
KEIN ZWEIFEL...
DAS IST BLUT.
UND NICHT NUR DAS...
ES IST MENSCHLICH!
UND DIE BLUTGRUPPE IST AB!
UNTERM SCHREIN FLIESST MENSCHENBLUT...
BABUM
ドクン
BABUM
ドクン
... DURCH EIN GEFLECHT AUS ADERN!

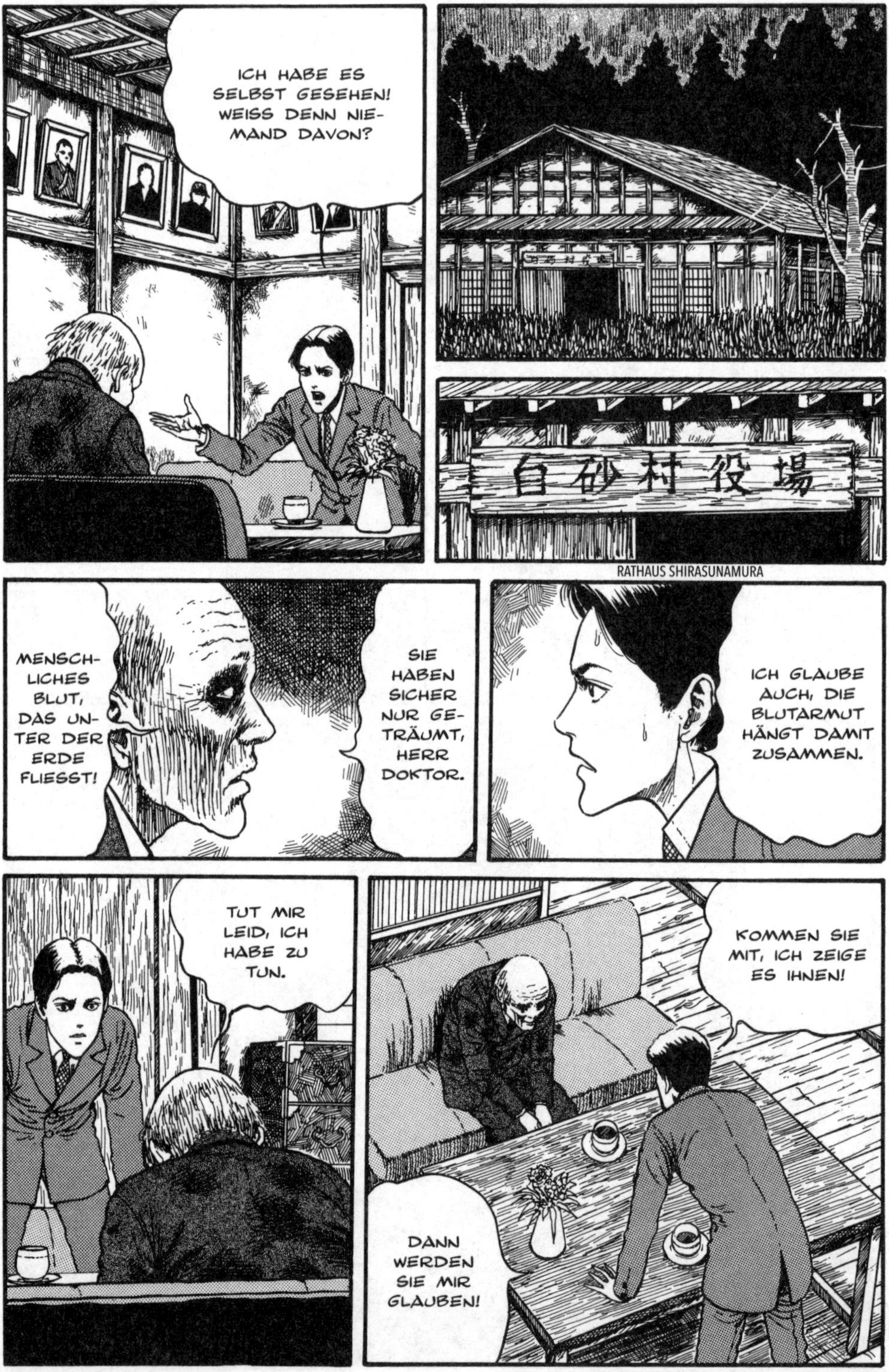

白砂村役場
RATHAUS SHIRASUNAMURA
ICH HABE ES SELBST GESEHEN! WEISS DENN NIE-MAND DAVON?
ICH GLAUBE AUCH, DIE BLUTARMUT HÄNGT DAMIT ZUSAMMEN.
SIE HABEN SICHER NUR GE-TRÄUMT, HERR DOKTOR.
MENSCH-LICHES BLUT, DAS UN-TER DER ERDE FLIESST!
KOMMEN SIE MIT, ICH ZEIGE ES IHNEN!
DANN WERDEN SIE MIR GLAUBEN!
TUT MIR LEID, ICH HABE ZU TUN.

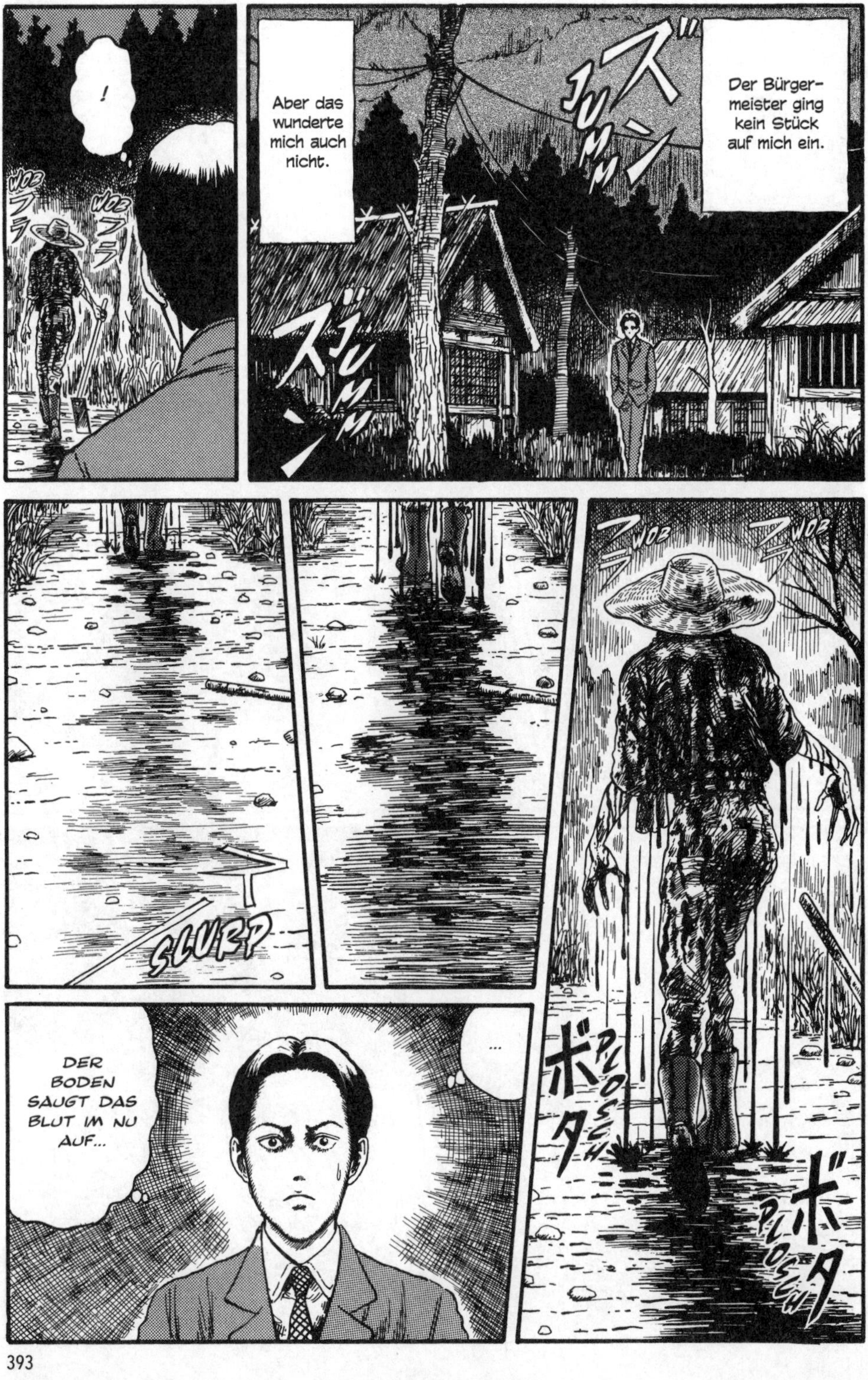
Der Bürgermeister ging kein Stück auf mich ein.
ズーン JUMMM
Aber das wunderte mich auch nicht.
ズーン JUMMM
!
WOB フラ
WOB フラ
WOB フラ
WOB フラ
ボタ PLOSCH
ボタ PLOSCH
SLURP
...
DER BODEN SAUGT DAS BLUT IM NU AUF...

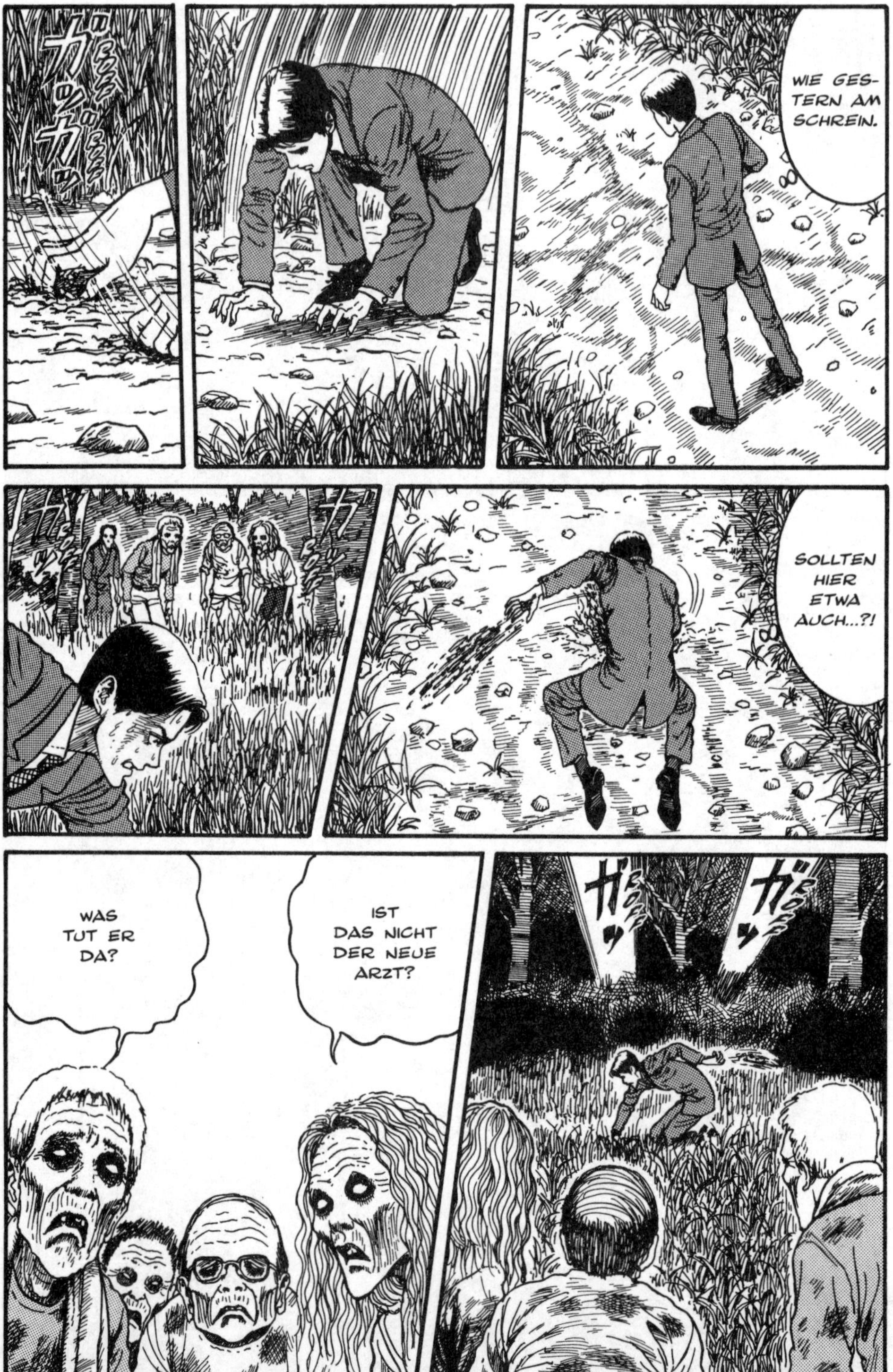
WIE GESTERN AM SCHREIN.
SOLLTEN HIER ETWA AUCH...?!
IST DAS NICHT DER NEUE ARZT?
WAS TUT ER DA?

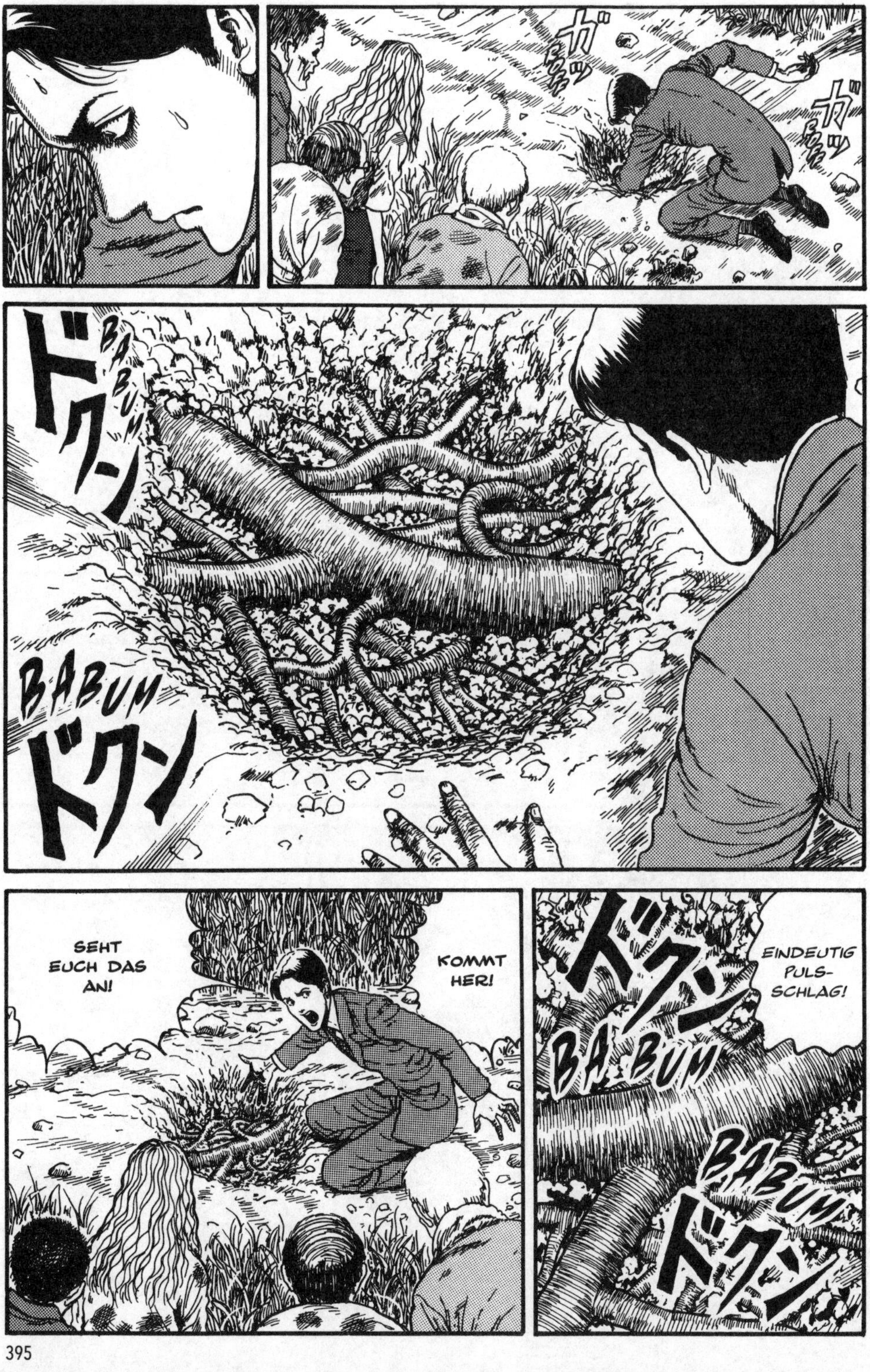
BABUM
ドクーン
BABUM
ドクン
ドクン
BA BUM
EINDEUTIG PULS-SCHLAG!
BABUM
ドクン
KOMMT HER!
SEHT EUCH DAS AN!

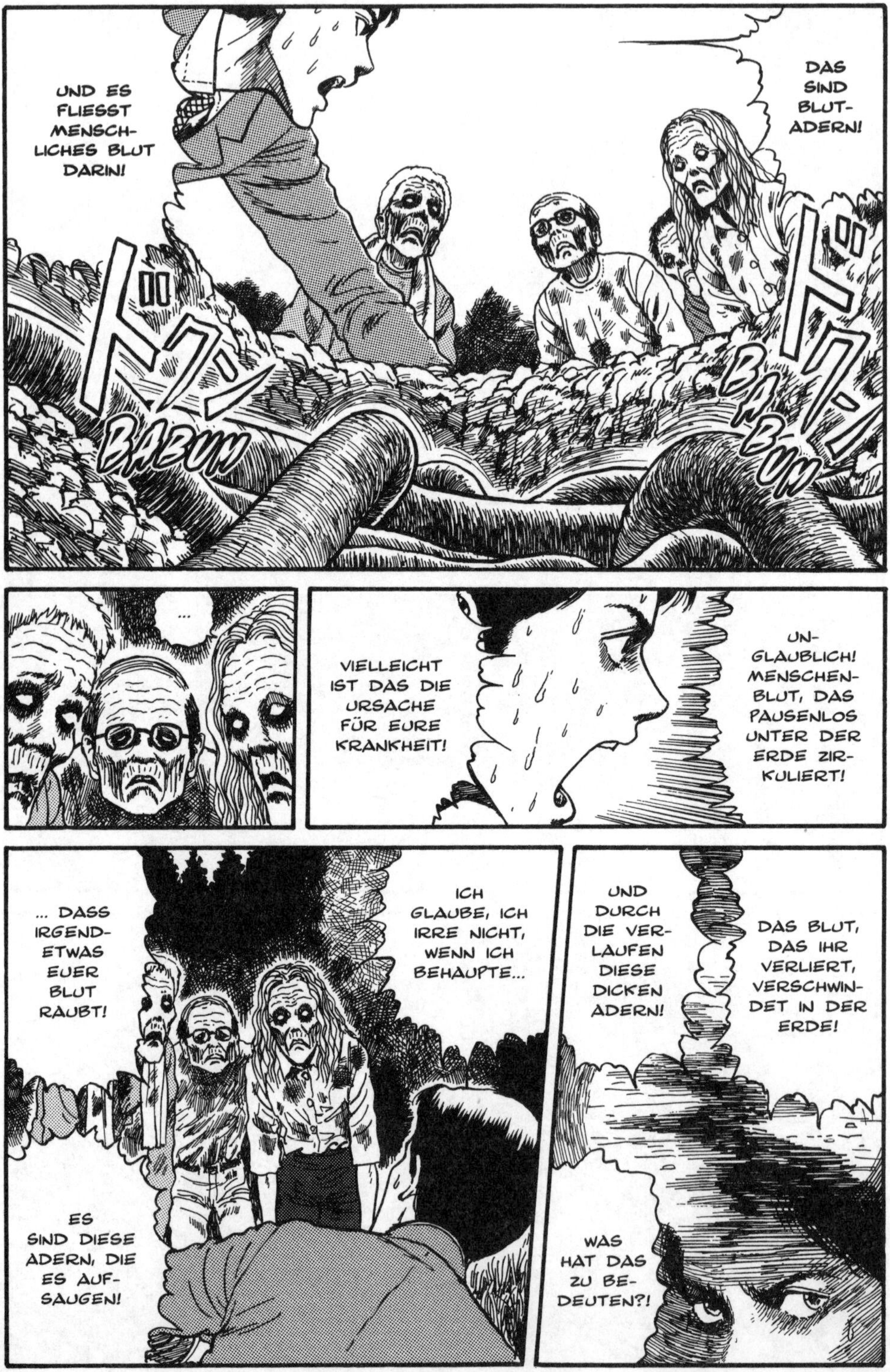
DAS SIND BLUTADERN!
UND ES FLIESST MENSCHLICHES BLUT DARIN!
BABUM
BABUM
UNGLAUBLICH! MENSCHENBLUT, DAS PAUSENLOS UNTER DER ERDE ZIRKULIERT!
VIELLEICHT IST DAS DIE URSACHE FÜR EURE KRANKHEIT!
...
DAS BLUT, DAS IHR VERLIERT, VERSCHWINDET IN DER ERDE!
UND DURCH DIE VERLAUFEN DIESE DICKEN ADERN!
WAS HAT DAS ZU BEDEUTEN?!
ICH GLAUBE, ICH IRRE NICHT, WENN ICH BEHAUPTE...
... DASS IRGENDETWAS EUER BLUT RAUBT!
ES SIND DIESE ADERN, DIE ES AUFSAUGEN!

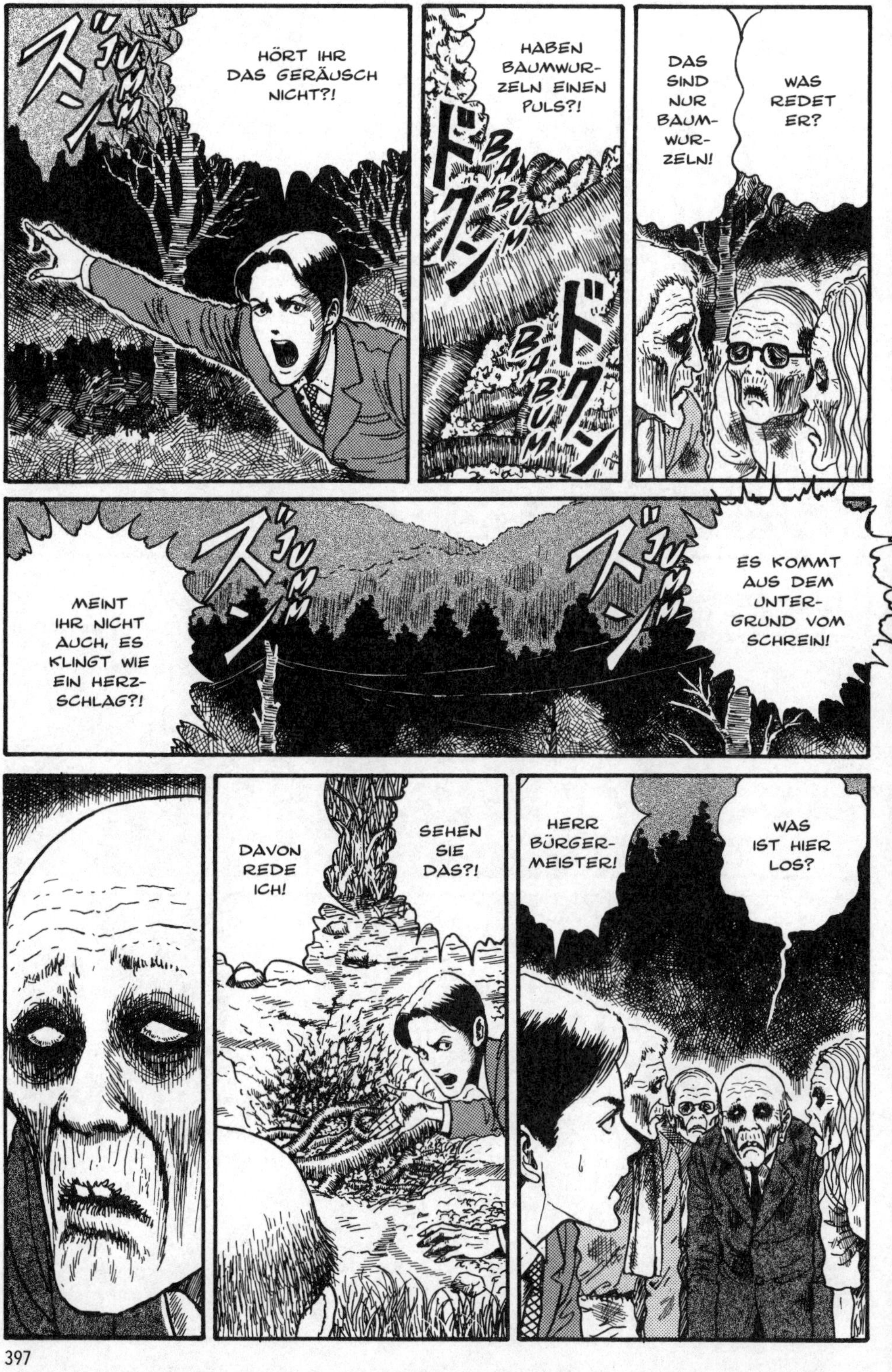

WAS REDET ER?
DAS SIND NUR BAUMWURZELN!
HABEN BAUMWURZELN EINEN PULS?!
ドクン BABUM
ドクン BABUM
HÖRT IHR DAS GERÄUSCH NICHT?!
ズーン JUMM
ES KOMMT AUS DEM UNTERGRUND VOM SCHREIN!
ズーン JUMM
ズーン JUMM
MEINT IHR NICHT AUCH, ES KLINGT WIE EIN HERZSCHLAG?!
WAS IST HIER LOS?
HERR BÜRGERMEISTER!
SEHEN SIE DAS?!
DAVON REDE ICH!

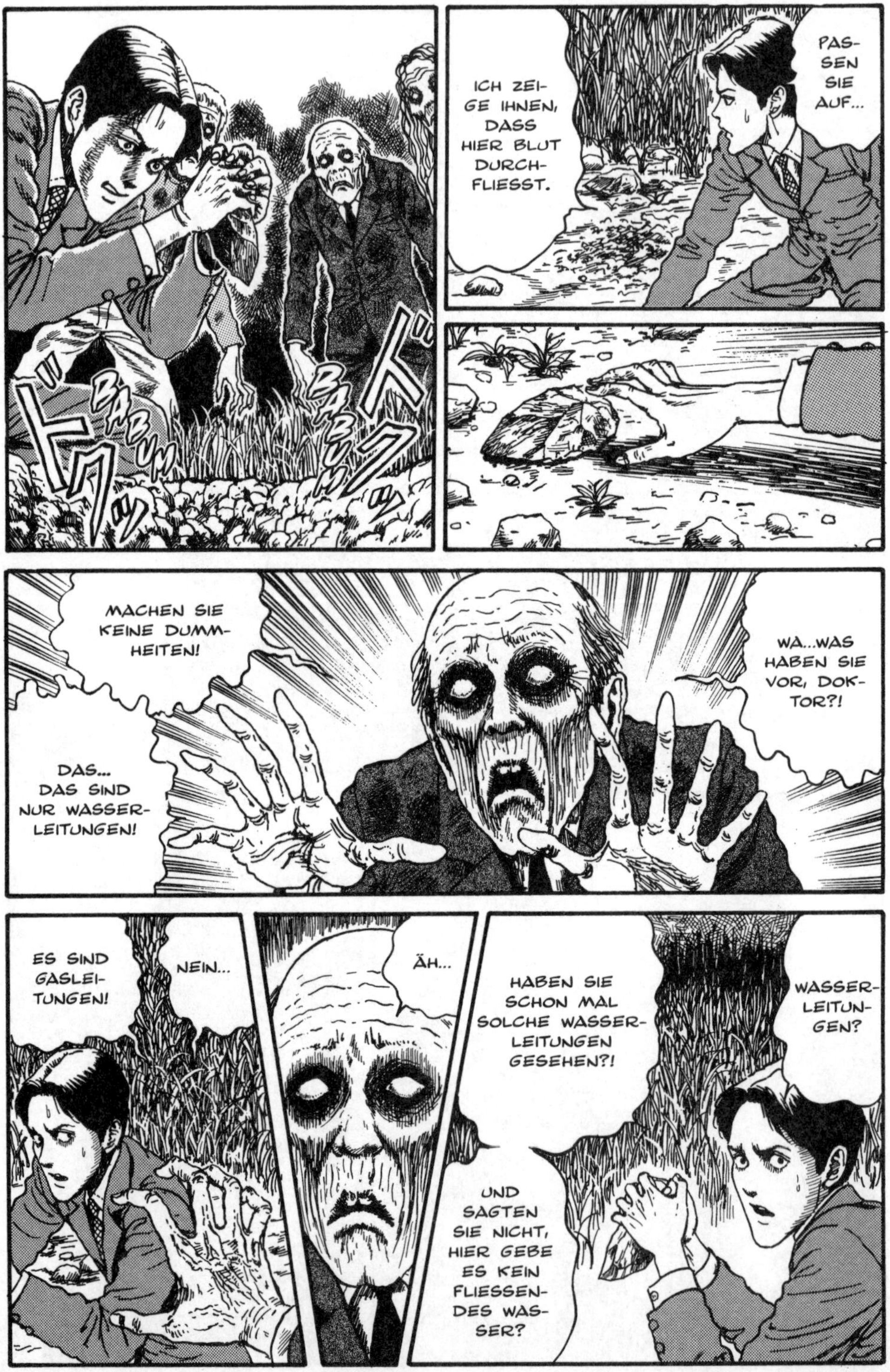
PASSEN SIE AUF...
ICH ZEIGE IHNEN, DASS HIER BLUT DURCHFLIESST.
BABUM
BABUM
WA...WAS HABEN SIE VOR, DOKTOR?!
MACHEN SIE KEINE DUMMHEITEN!
DAS... DAS SIND NUR WASSERLEITUNGEN!
WASSERLEITUNGEN?
HABEN SIE SCHON MAL SOLCHE WASSERLEITUNGEN GESEHEN?!
UND SAGTEN SIE NICHT, HIER GEBE ES KEIN FLIESSENDES WASSER?
ÄH...
NEIN...
ES SIND GASLEITUNGEN!

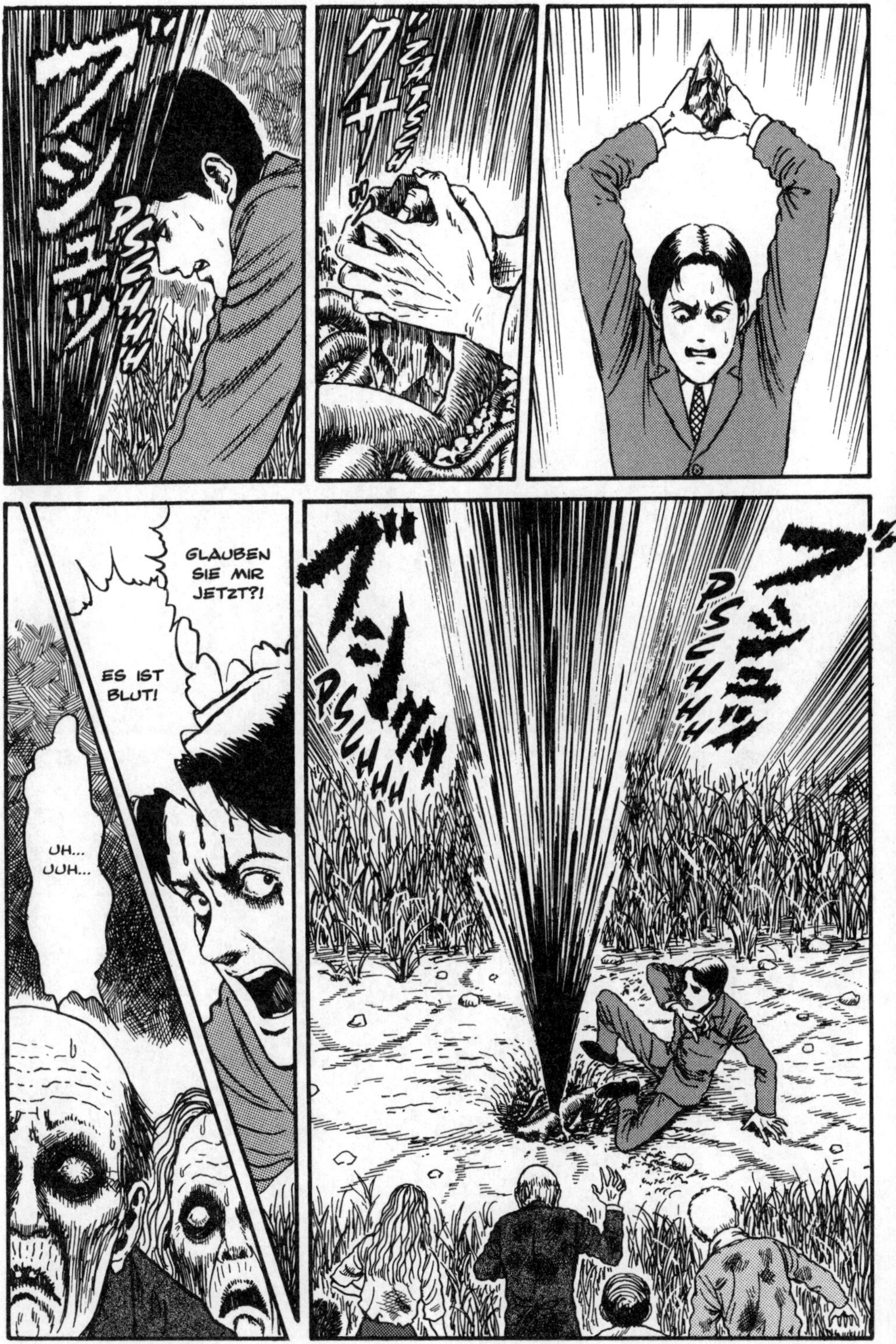
ZATSCH
PSCHHHH
PSCHHHH
PSCHHHH
GLAUBEN SIE MIR JETZT?!
ES IST BLUT!
UH... UUH...

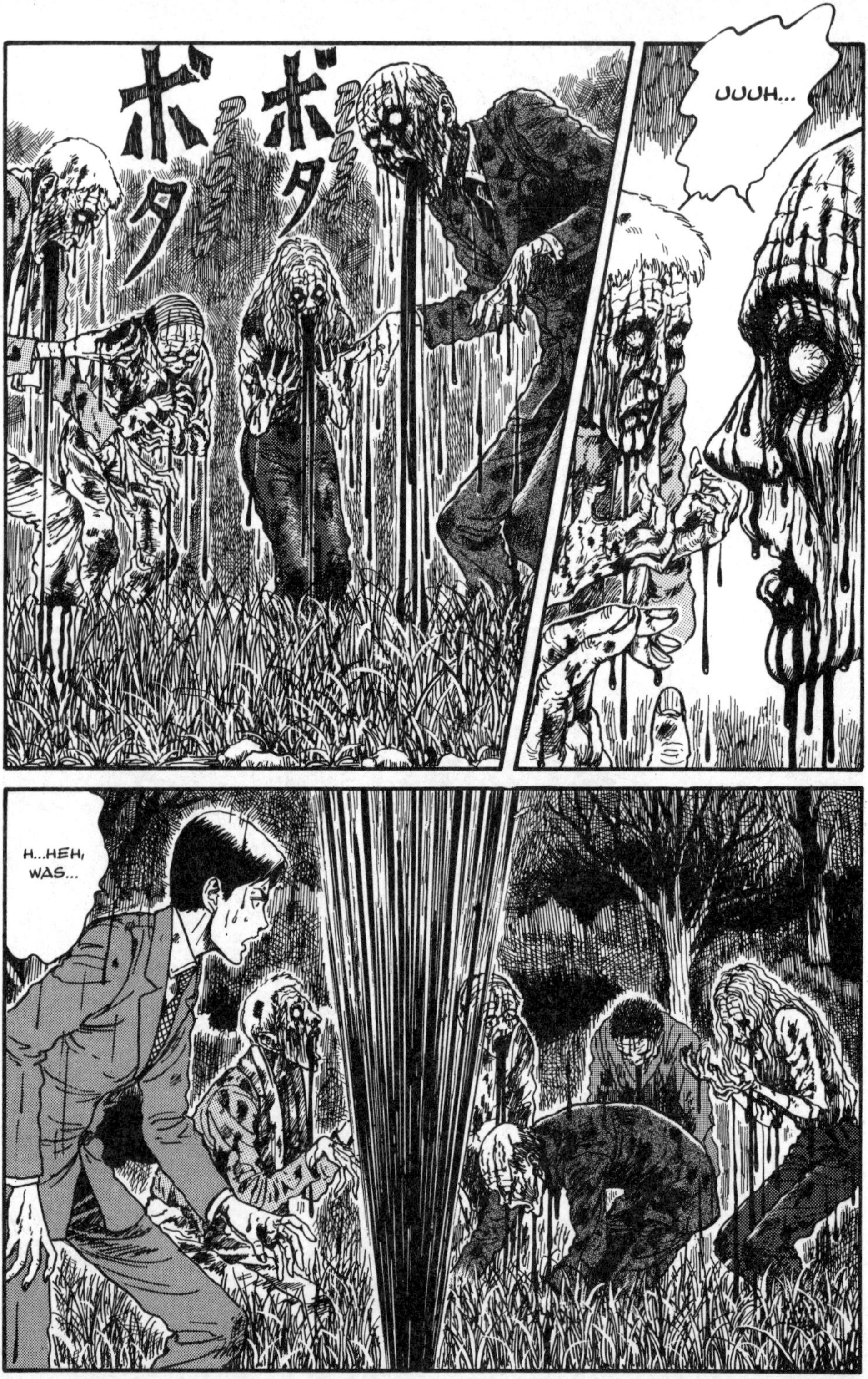
UUUH...
ボタ
ボタ
H...HEH, WAS...

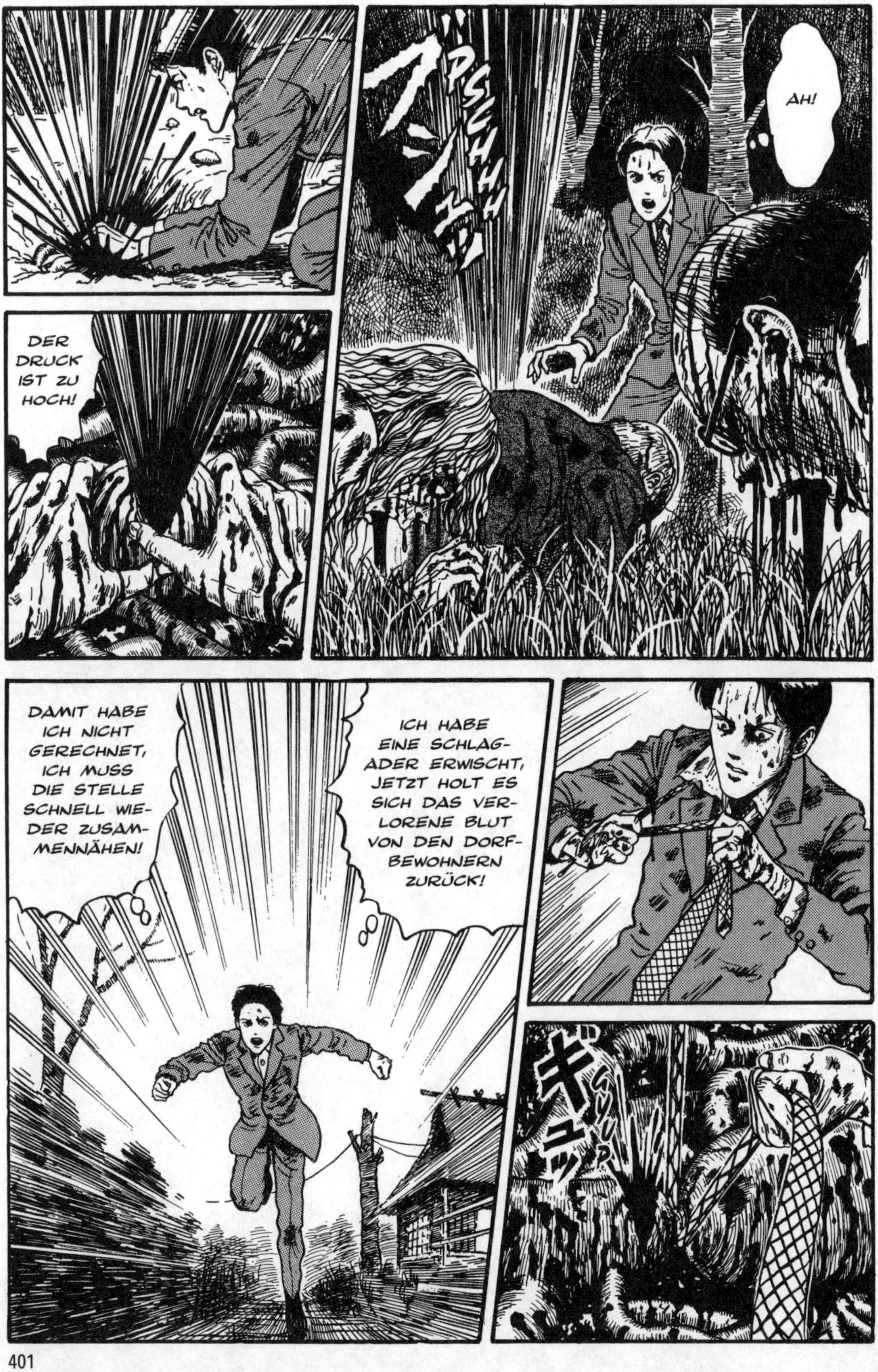
PSCHHHH
AH!
DER DRUCK IST ZU HOCH!
ICH HABE EINE SCHLAG-ADER ERWISCHT, JETZT HOLT ES SICH DAS VER-LORENE BLUT VON DEN DORF-BEWOHNERN ZURÜCK!
DAMIT HABE ICH NICHT GERECHNET, ICH MUSS DIE STELLE SCHNELL WIE-DER ZUSAM-MENNÄHEN!

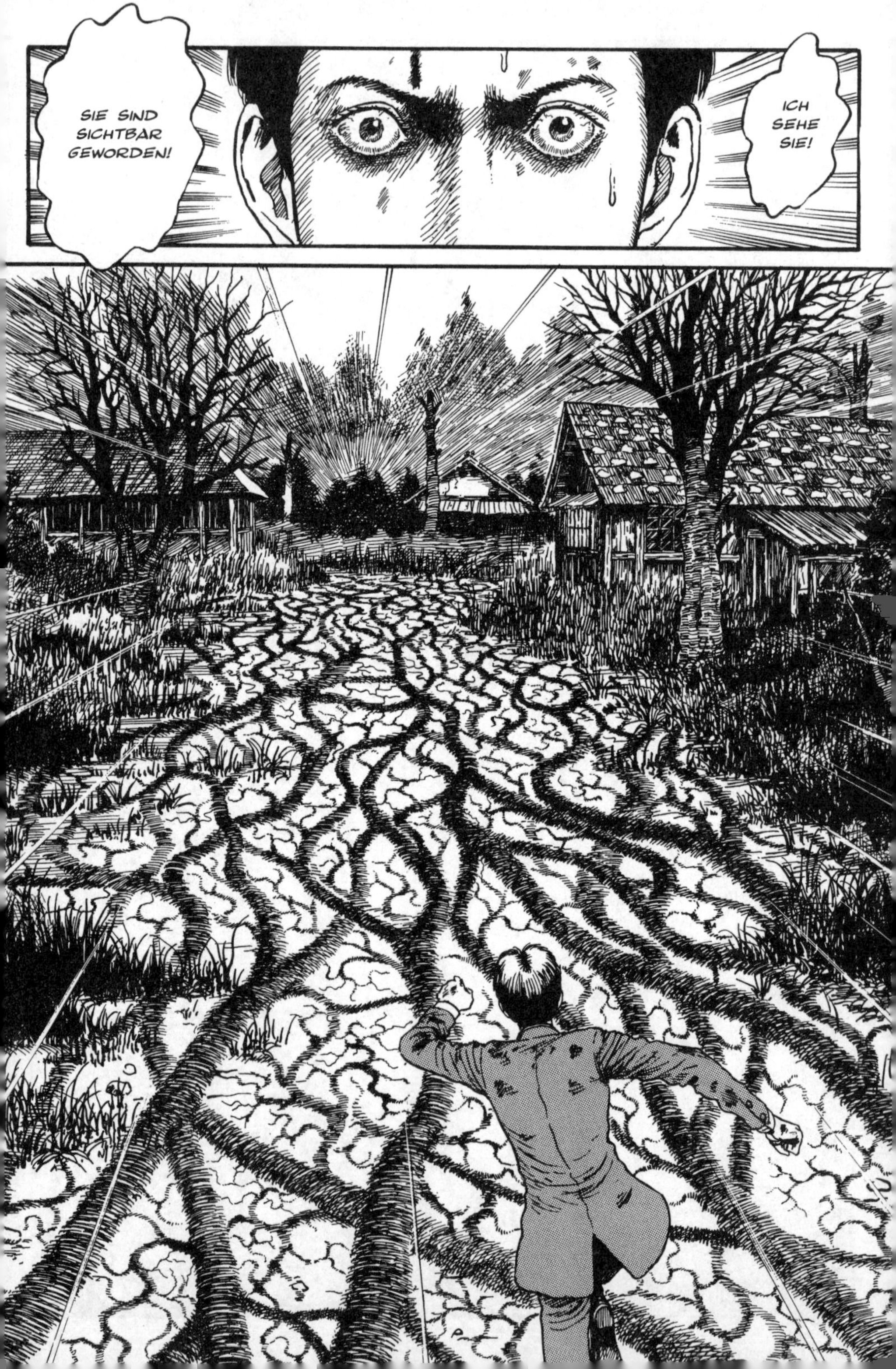
ICH SEHE SIE!
SIE SIND SICHTBAR GEWORDEN!

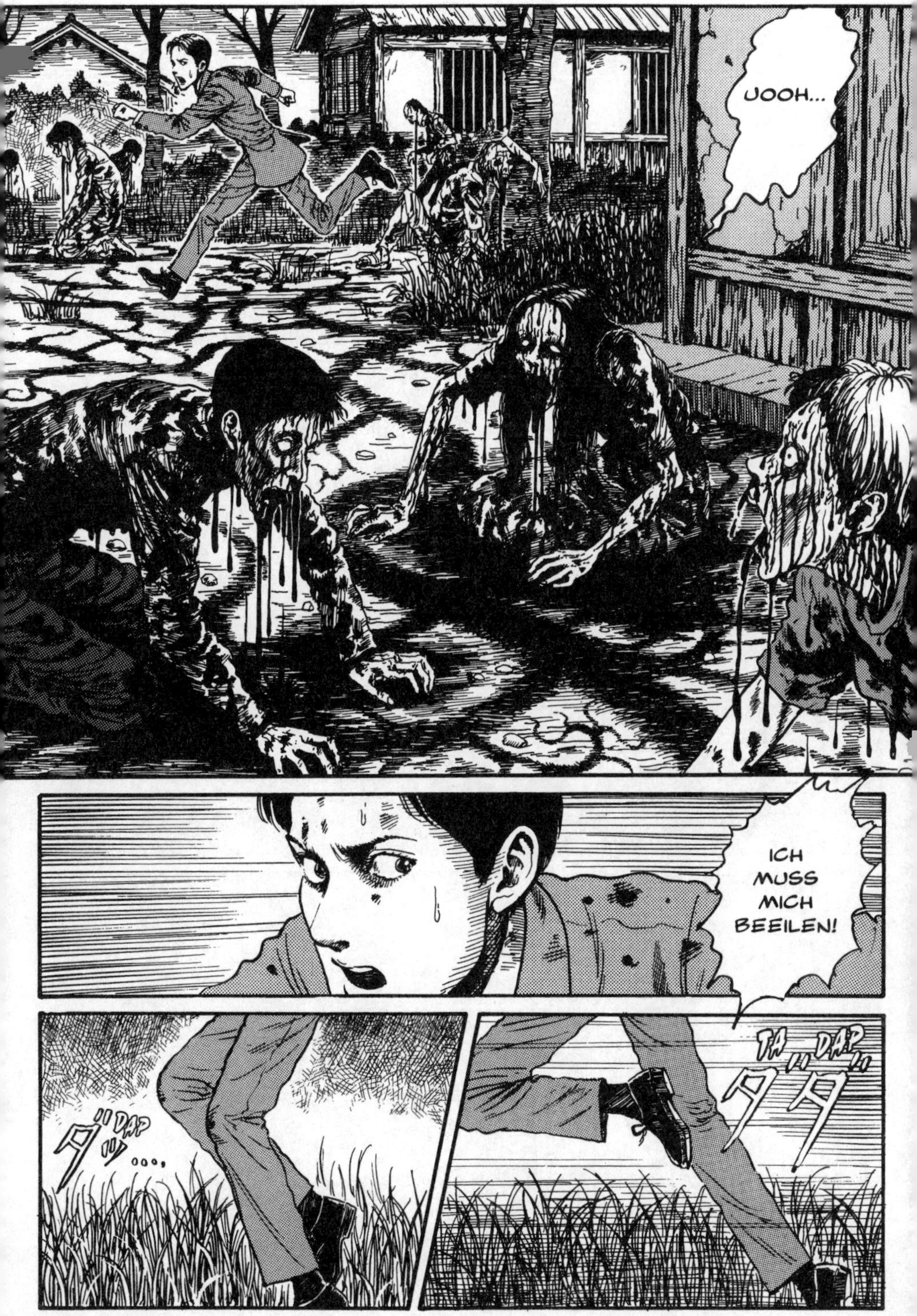
UOOH...
ICH MUSS MICH BEEILEN!
TA DAP
DAP

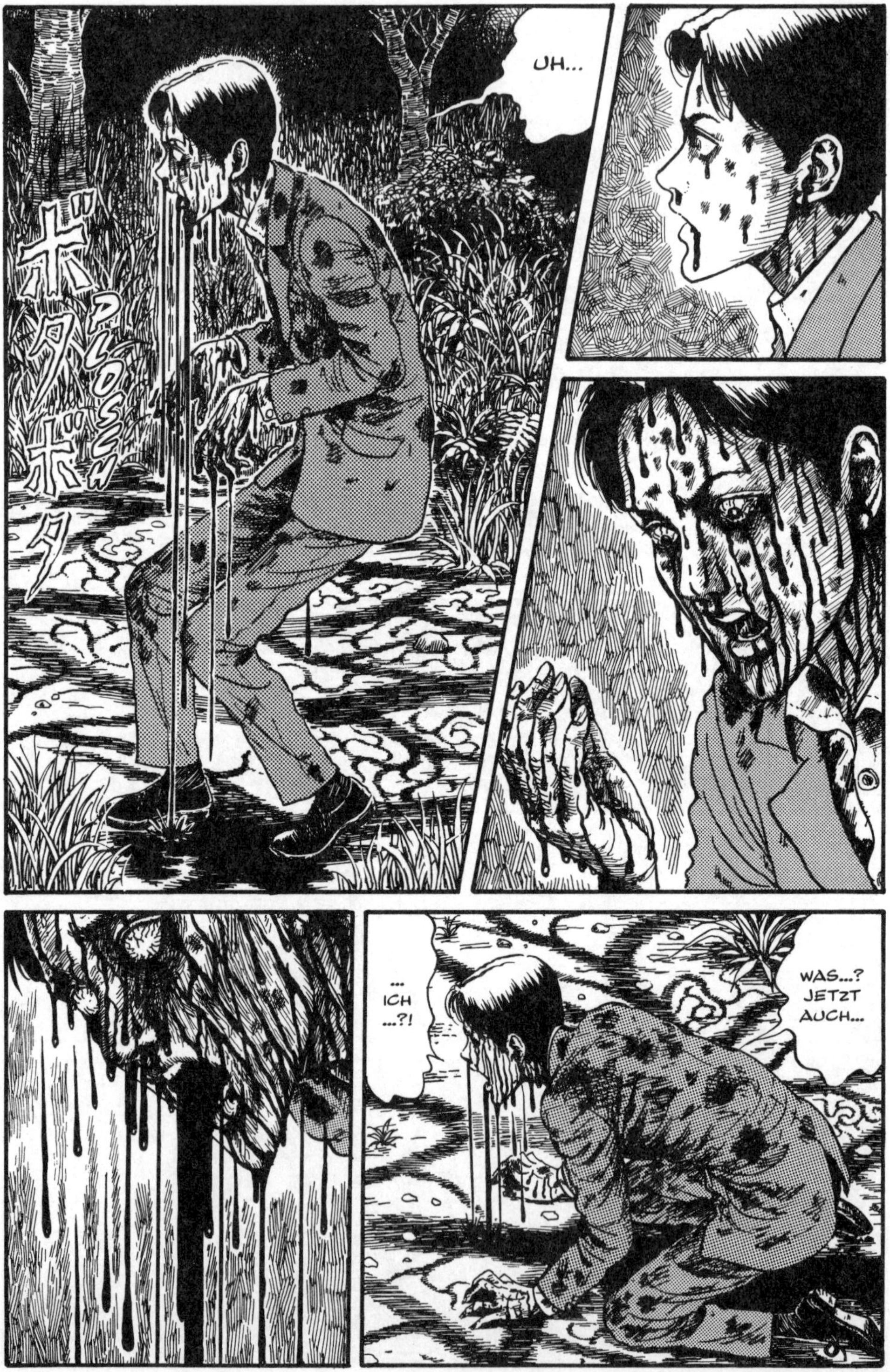
UH...
ボタッボタ
PLOSCH
WAS...? JETZT AUCH...
... ICH ...?!

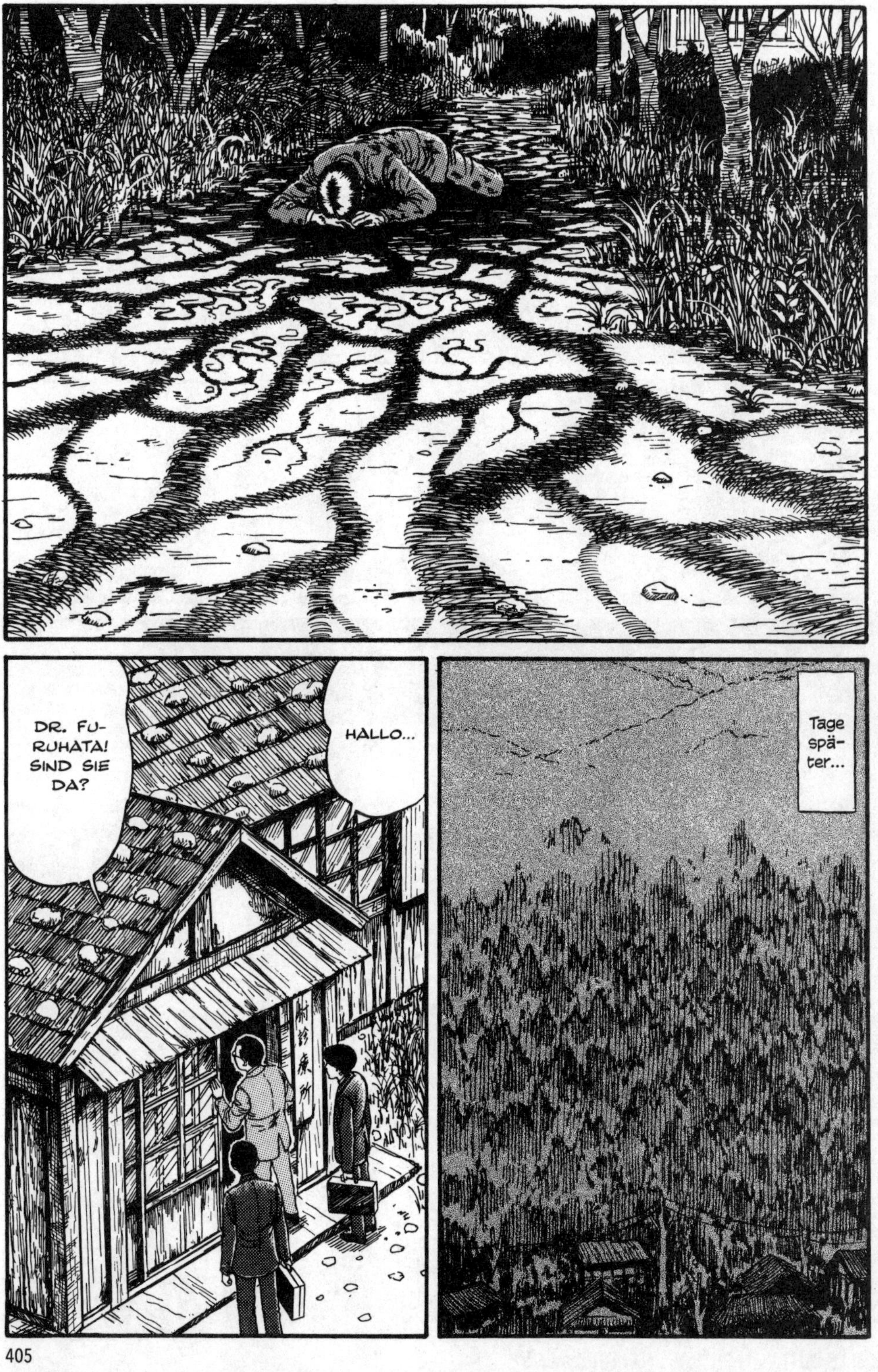
Tage spä-
ter...
HALLO...
DR. FU-
RUHATA!
SIND SIE
DA?

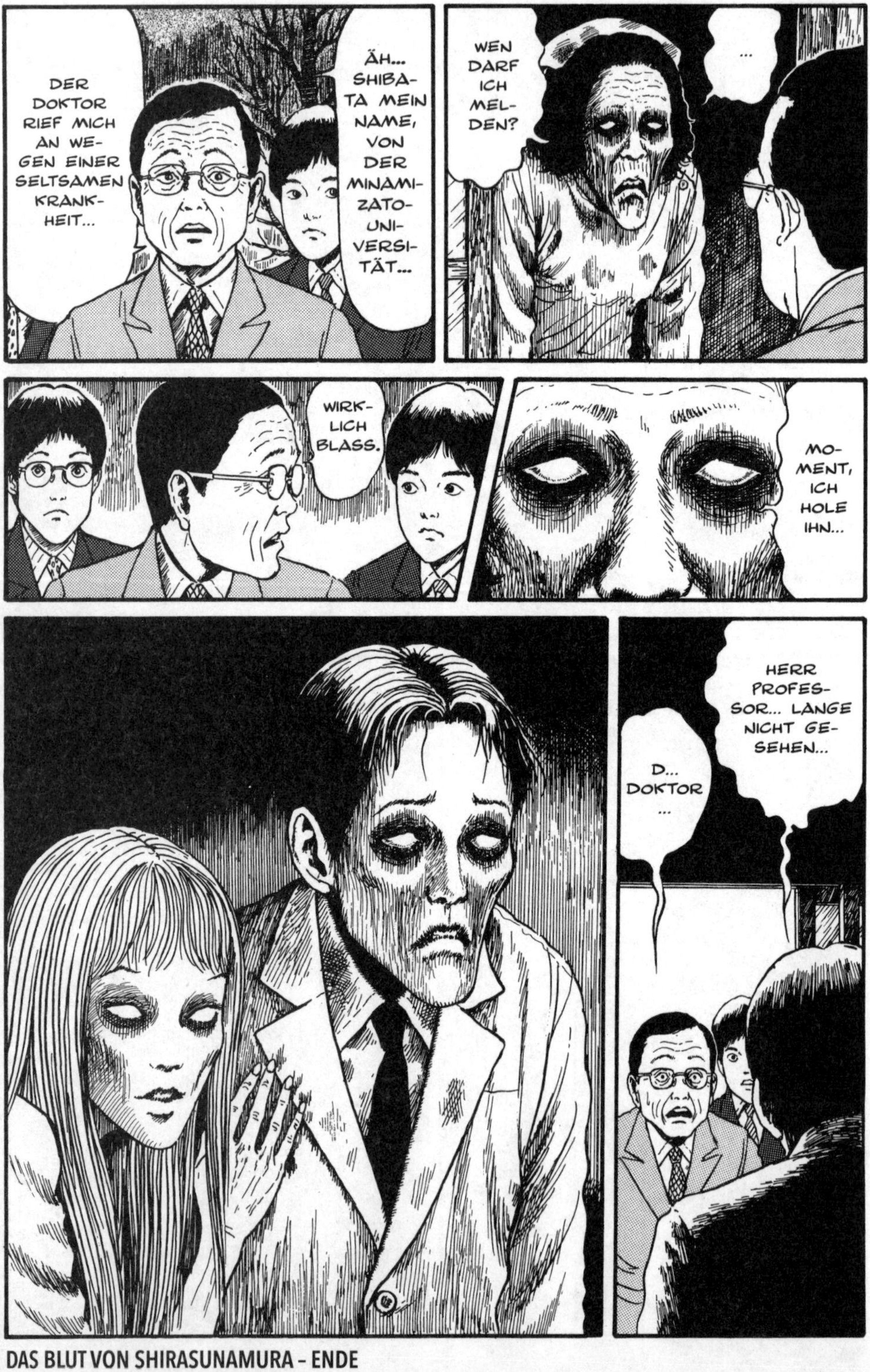

DAS BLUT VON SHIRASUNAMURA – ENDE

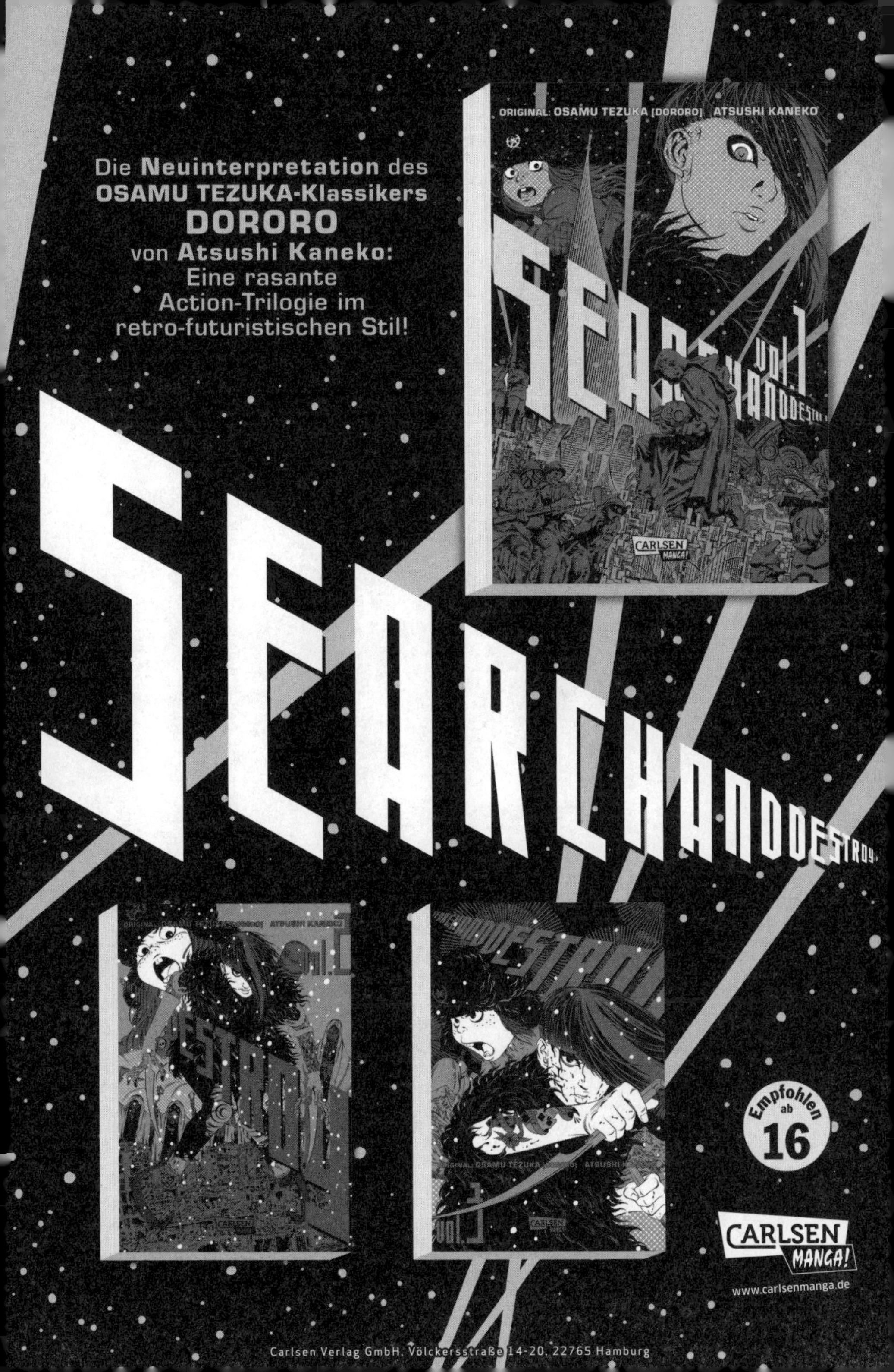

Die Neuinterpretation des
OSAMU TEZUKA-Klassikers
DORORO
von Atsushi Kaneko:
Eine rasante
Action-Trilogie im
retro-futuristischen Stil!
ORIGINAL: OSAMU TEZUKA [DORORO] ATSUSHI KANEKO
SEARCHANDDESTROY
Empfohlen ab 16
CARLSEN MANGA!
www.carlsenmanga.de
Carlsen Verlag GmbH, Völckersstraße 14-20, 22765 Hamburg

Wir produzieren nachhaltig
• Klimaneutrales Produkt
• Papiere aus nachhaltigen und kontrollierten Quellen
• Hergestellt in Deutschland

FSC www.fsc.org
MIX
Papier | Fördert gute Waldnutzung
FSC® C014496

CARLSEN MANGA

Aus dem Japanischen von Jens Ossa

ITO JUNJI JISEN KESSAKUSHU 9

Originally published in Japan in 2013
by Asahi Shimbun Publications Inc., Tokyo.
German translation rights arranged with
Asahi Shimbun Publications Inc., Tokyo,
through TOHAN CORPORATION, Tokyo.

Redaktion: Petra Lohmann
Herstellung: Lena Voigt

ISBN: 978-3-551-71487-9

HALT!

TOMB TOWN ist ein japanischer Comic, und in Japan wird von hinten nach vorn und von rechts nach links gelesen. Man schlägt dieses Buch also hinten auf und blättert es nach vorn durch. Auch die Bilderfolgen und der Erzähl- bzw. Lesefluss funktionieren auf den Seiten von rechts oben nach links unten – wie in der kleinen Grafik hier gezeigt.

Wir wünschen gruselige Unterhaltung!

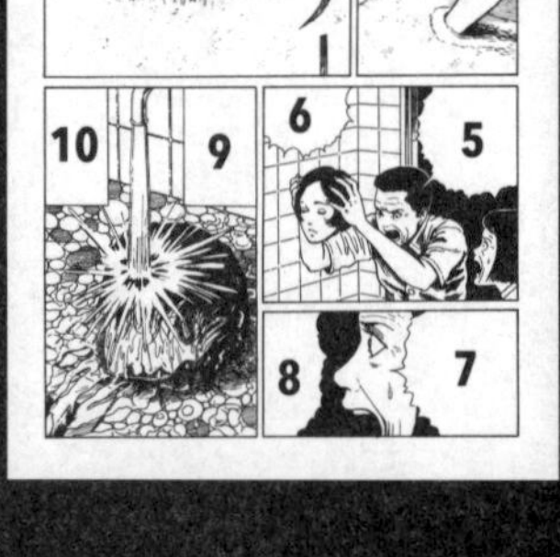

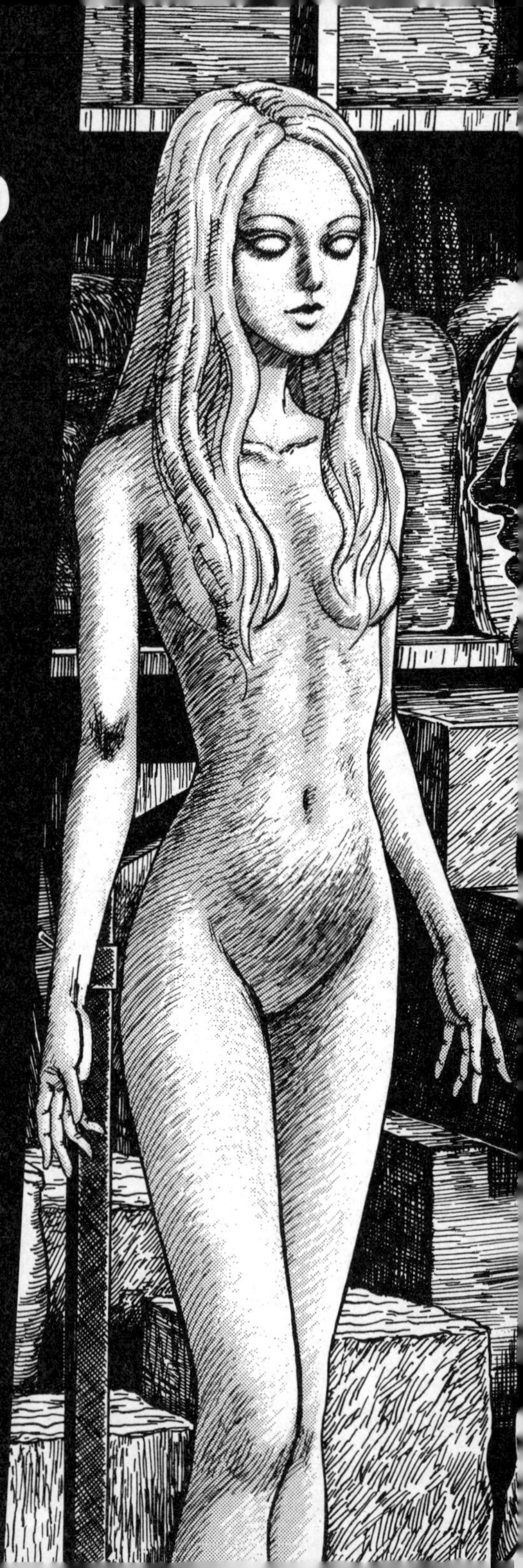